Allgemeine
Bildungs- und
Wissenschaftsschranke

Katherine de le Montagne

S. Golla

I. Annsen

Simon Scharf

Jan Hink

Linda Kuschel

M. V

b. Liere

B.

G. Rochmol

MV-WISSENSCHAFT

J. P

Allgemeine Bildungs- und Wissenschaftsschranke

Katharina de la Durantaye

Das diesem Bericht zugrundeliegende Vorhaben wurde mit Mitteln des Bundesministeriums für Bildung und Forschung unter dem Kennzeichen 16WIS001 gefördert. Die Verantwortung für den Inhalt dieser Veröffentlichung liegt bei der Autorin.

GEFÖRDERT VOM

Bundesministerium
für Bildung
und Forschung

Die Deutsche Nationalbibliothek verzeichnet diese Publikation in der Deutschen Nationalbibliografie; detaillierte bibliographische Daten sind im Internet über www.dnb.de abrufbar.

Hinweis zum Urheberrecht
Das Werk darf bei Nennung der Autorin und ohne Veränderung des Inhalts im Internet beliebig genutzt werden. Die Rechte an der gedruckten Ausgabe liegen beim Verlagshaus Monsenstein und Vannerdat.

1. Auflage 2014 (Stand: Februar 2014)

ISBN 978-3-95645-160-7

Verlagshaus Monsenstein und Vannerdat OHG
www.mv-wissenschaft.com
Druck und Bindung: MV-Verlag
Umschlaggestaltung: Wilm Lindenblatt

Inhaltsübersicht

Inhaltsverzeichnis

Einleitung[1]

A. Ausgangslage und Problemstellung

Die herausragende Bedeutung von Bildung und Wissenschaft für den Wirtschaftsstandort Deutschland steht außer Frage. Um im internationalen Wettbewerb konkurrenzfähig zu bleiben, müssen wir die Potenziale digitaler Medien und Kommunikationssysteme nutzen, und zwar sowohl bei der Schaffung von Wissen als auch bei der Wissensvermittlung, insbesondere an Schulen und Hochschulen.

Die derzeitige Rechtslage im Urheberrecht ermöglicht dies nur eingeschränkt. Die für Bildung und Wissenschaft relevanten urheberrechtlichen Schranken erfassen in der Regel nur eng umrissene Sachverhalte, sind wenig technologieoffen und nicht allgemein verständlich formuliert. Zudem sind sie über mehrere Einzelnormen hinweg verstreut. Das führt zu großer Rechtsunsicherheit für Forscher,[2] Wissenschaftler und Lehrer, aber auch für Infrastruktureinrichtungen wie Bibliotheken, Archive und Museen.

Die Gesetzesänderungen des vergangenen Jahrzehnts, mit denen der Gesetzgeber auf die voranschreitende Digitalisierung reagiert hat, haben die Rechtslage zusätzlich verkompliziert. Dass die Gerichte Schranken herkömmlicherweise restriktiv auslegen, verstärkt das Problem.

Es ist mittlerweile allgemein anerkannt, dass das Urheberrecht reformiert werden muss, damit es den Bedürfnissen von Bildung und Wissenschaft angemessen Rechnung tragen kann. Von mehreren Seiten wurde darum die Einführung einer „allgemeinen (Bildungs- und) Wissenschaftsschranke" gefordert. Entsprechende Vorschläge kommen zumeist aus der Politik[3] sowie von wissenschaftlichen Interessenverbänden.[4]

---

[1] Sebastian J. Golla, Eva-Marie König, Leonhard Kreuzer, Benjamin Lück und Maximilian Vonthien haben maßgeblich an der Studie mitgewirkt. Eine große Hilfe waren überdies Sven Asmussen, Jennifer Borrmann, Marcel Breite, Judith Hackmack, Tom Hirche, Linda Kuschel, Arend Liese, Patrick Neu, Ilona Prodeus und Simon Scharf. Ihnen allen danke ich sehr.

[2] Alle Personenbezeichnungen im folgenden Text sind geschlechtsneutral zu verstehen.

[3] Vgl. nur den Koalitionsvertrag von *CDU, CSU und SPD*, Deutschlands Zukunft gestalten, S. 134, abrufbar unter www.cdu.de/artikel/der-koalitionsvertrag-von-cdu-csu-und-spd, außerdem *Bündnis 90/Die Grünen-Bundestagsfraktion*, Freien Zugang zu wissenschaftlichen Informationen im Netz verbessern (29. September 2011), abrufbar unter www.gruene-bundestag.de/themen/netzpolitik/ freien-zugang-zu-wissenschaftlichen-informationen-im-netz-verbessern.html; *CDU/CSU-Bundestagsfraktion*, Positionspapier Urheberrecht in der digitalen Gesellschaft (25. Juni 2012), abrufbar unter www.cducsu.de/Titel__publikationen/TabID__13/SubTabID__100/InhaltTypID__16/ Jahr__2012/Monat__6/Inhalte.aspx, S. 5; *DIE LINKE.-Bundestagsfraktion*, Urheberrecht im digitalen Zeitalter, abrufbar unter www.linksfraktion.de/themen/urheberrecht-internet/; *SPD-Bundestagsfraktion*, Zwölf Thesen für ein faires und zeitgemäßes Urheberrecht (21. Mai 2012), abrufbar unter http://blogs.spdfraktion.de/netzpolitik/2012/05/21/zwolf-thesen-urheberrecht/.

[4] *Aktionsbündnis „Urheberrecht für Bildung und Wissenschaft"*, Pressemitteilung 06/10 (6. Juli 2010), abrufbar unter www.urheberrechtsbuendnis.de/pressemitteilung0610.html.de, sowie Pressemitteilung 03/12 (12. Juni 2012), abrufbar unter www.urheberrechtsbuendnis.de/pressemitteilung

Der Begriff „allgemeine (Bildungs- und) Wissenschaftsschranke" wird hierbei für zwei unterschiedliche Regelungskonzepte verwendet. Zum einen wird darunter eine Vorschrift verstanden, in der die für Bildungs- und Wissenschaftszwecke bestehenden Schrankenregelungen zusammengefasst werden.[5] Eine allgemeine Wissenschaftsschranke wäre demnach zum Beispiel eine neue Norm im Urheberrechtsgesetz (UrhG), welche die wissenschaftsrelevanten Aspekte der §§ 46, 47, 52a, 52b, 53 und 53a UrhG vereinen würde. Zum anderen wird als allgemeine Wissenschaftsschranke eine generalklauselartige Schrankenregelung für Bildungs- und Wissenschaftszwecke bezeichnet. Eine solche Regelung stellt einen allgemeinen Grundsatz auf, dessen Konkretisierung den Gerichten unter Mithilfe der Rechtswissenschaft überlassen ist.[6] Dem folgenden Text liegt dieses zweite Verständnis des Begriffs zu Grunde.

Bisher fehlt es an einer umfassenden Untersuchung, ob eine allgemeine Bildungs- und Wissenschaftsschranke rechtlich zulässig ist und wie sie beschaffen sein müsste, um den Bedürfnissen der Praxis am besten zu entsprechen und einen angemessenen Interessenausgleich zwischen Rechteinhabern und den durch die Schranke Berechtigten herbeizuführen. Die vorliegende Studie soll hier Abhilfe schaffen.

Untersucht werden nicht nur Möglichkeiten und Grenzen einer Schranke, welche Privilegierungen von Nutzungen urheberrechtlich geschützter Werke zu Zwecken von Bildung und Wissenschaft in einer flexiblen, technologieoffenen Norm normiert. Auch Schrankenregelungen für Infrastruktureinrichtungen im Bildungs- und Wissenschaftsbereich werden in die Studie einbezogen.[7]

B. Gang der Untersuchung

Zunächst werden die tatsächlichen Gegebenheiten ermittelt. Es wird herausgearbeitet, wer die für den Bildungs- und Wissenschaftsbereich relevanten Akteure sind und unter welchen technischen Bedingungen sie arbeiten. Zudem wird dargestellt, in welcher Hinsicht sich diese Bedingungen in den letzten Jahrzehnten geändert haben und inwiefern die geltende Rechtslage in Deutschland diesen Veränderungen gerecht wird.

Sodann werden die völker- und europarechtlichen Rahmenbedingungen analysiert, die der Gesetzgeber beachten muss, wenn er die bestehenden Schran-

---

0312.html.de; *Allianz der deutschen Wissenschaftsorganisationen*, Neuregelung des Urheberrechts, S. 8 ff.; *DBV*, Nutzerinteressen stärken, Urheberrechte wahren; *freier zusammenschluss von studentInnenschaften*, Forderung auf Einrichtung einer Wissenschaftsschranke im Urheberrecht (09. Juni 2012), abrufbar unter www.fzs.de/aktuelles/positionen/270502.html.

[5] *Allianz der Wissenschaftsorganisationen*, Neuregelung des Urheberrechts, S. 8 ff.; *Schwartmann*, BFP 2013, 16, 24. Siehe zuvor schon *Pflüger/Heeg*, ZUM 2008, 649, 656 Fn. 47.

[6] Zum Begriff „Generalklausel" siehe Teil 6.A.III.4.

[7] Die Studie beschränkt sich auf urheberrechtliche Schrankenregelungen. Das Urhebervertrags- und das Datenbankherstellerrecht behandelt sie nur peripher.

kenregelungen umgestalten möchte. Besonderes Augenmerk wird hierbei auf den urheberrechtlichen Drei-Stufen-Test sowie auf die Richtlinie zur Harmonisierung bestimmter Aspekte des Urheberrechts und der verwandten Schutzrechte in der Informationsgesellschaft (InfoSoc-Richtlinie)[8] gelegt.

Darauf aufbauend wird die Rechtslage in Deutschland untersucht. Zunächst wird der verfassungsrechtliche Rahmen dargestellt. Der Eigentumsfreiheit gemäß Art. 14 GG, der Informationsfreiheit gemäß Art. 5 Abs. 1 S. 1 2. Alt. GG, der Wissenschaftsfreiheit gemäß Art. 5 Abs. 3 S. 1 2. Alt. GG und dem durch Art. 2 Abs. 1 i.V.m. Art. 1 Abs. 1 GG geschützten Urheberpersönlichkeitsrecht kommen dabei besondere Bedeutung zu. Gleiches gilt für das Recht auf Bildung und das Kulturstaatsprinzip.

Nach einem kurzen Überblick über die einfachgesetzlichen Grundlagen des Urheberrechts und die allgemeine Schrankensystematik werden die für Bildung und Wissenschaft relevanten Schrankenregelungen ausführlich analysiert.[9] Dies schließt jene Schrankenregelungen mit ein, die Bildungseinrichtungen, Bibliotheken, Museen und Archive privilegieren. Es wird untersucht, wo und inwiefern Handlungsbedarf besteht. Die im Anhang befindlichen Tabellen illustrieren, welche Tatbestandsmerkmale die einzelnen Schrankenregelungen beinhalten (Tabelle 1), welche dieser Merkmale umstritten oder unklar sind (Tabelle 2) und wie die Vorgaben der InfoSoc-Richtlinie für Schrankenbestimmungen im Bildungs- und Wissenschaftsurheberrecht in das Urheberrechtsgesetz umgesetzt wurden bzw. welche Normen diesen Vorgaben entsprechen müssen (Tabelle 3).

Deutschland ist nicht das einzige Land, das vor der Herausforderung steht, seine urheberrechtlichen Regelungen den veränderten technischen Gegebenheiten anzupassen.[10] Die Studie wird darum untersuchen, welche Strategien andere Länder verfolgen, um ihr Urheberrecht bildungs- und wissenschaftsfreundlicher zu gestalten.

Betrachtet werden insbesondere die geltende Rechtslage und die rechtspolitische Diskussion in Großbritannien. Das Land unterliegt in dem für den Untersuchungsgegenstand relevanten Bereich denselben völker- und europa-

---

[8] Richtlinie 2001/29/EG.

[9] Nicht in die Betrachtung einbezogen werden §§ 51, 52 UrhG. Erstere ist auch für den Bildungs- und Wissenschaftsbereich relevant, jedoch auch außerhalb dessen anwendbar. Letztere ist vergleichsweise unproblematisch und verfügt über eine andere Zielsetzung als jene Normen, denen die Untersuchung gewidmet ist.

[10] Irland beispielsweise erwägt die Einführung einer *fair use*-Schranke nach US-amerikanischem Vorbild, siehe hierzu Teil 4.C.II. Fn. 928. Auch in Spanien werden derzeit Änderungen der Schrankenregelungen diskutiert, vgl. den Entwurf zur Änderung der revidierten Fassung des Gesetzes zum geistigen Eigentum, S. 3, abrufbar unter www.mecd.gob.es/servicios-al-ciudadano-mecd/dms/mecd/servicios-al-ciudadano-mecd/participacion-publica/propiedad-intelectual/propiedad-intelectual-anteproyecto-ley.pdf.

4

rechtlichen Vorgaben wie Deutschland, verfügt aber über einige Ausnahmeregelungen, die in gewisser Hinsicht flexibler sind als die Einzelregelungen des Urheberrechtsgesetzes. Zudem ist die Struktur der britischen Ausnahmeregelungen, die nicht nach Verwertungsrechten, sondern nach Nutzungszwecken und privilegierten Akteuren unterteilt sind, übersichtlicher als jene des deutschen Rechts. In beiden Punkten kann das britische Recht in gewissem Umfang als Vorbild für eine allgemeine Bildungs- und Wissenschaftsschranke in Deutschland dienen. Im Anhang befindet sich eine Übersicht der auf bestimmte Nutzungshandlungen anwendbaren Normen im deutschen und britischen Bildungs- und Wissenschaftsurheberrecht (Tabelle 4).

Im Jahr 2013 hat das britische *Intellectual Property Office* (IPO) Gesetzesänderungen vorgeschlagen, die das Recht weiter flexibilisieren und technologieneutraler machen sollen. Der Vorschlag, eine *fair use*-Klausel nach US-amerikanischem Vorbild zu schaffen, wurde hingegen abgelehnt.[11] In einem kurzen Seitenblick wird aufgezeigt, dass das US-amerikanische Urheberrecht im Bildungs- und Wissenschaftsbereich trotz seiner *fair use*-Klausel mit ähnlichen Problemen zu kämpfen hat wie das Urheberrecht in Deutschland und Großbritannien.

Auf den Erkenntnissen der vorherigen Kapitel aufbauend werden die Kernprobleme des deutschen Rechts zusammengefasst und Lösungsstrategien entwickelt. Es wird sich zeigen, dass eine allgemeine Bildungs- und Wissenschaftsschranke, die durch Regelbeispiele konkretisiert wird, am besten geeignet ist, um die aktuellen Herausforderungen zu meistern: Sie kann das Recht systematisch vereinfachen und in sachgerechter Weise flexibilisieren, dabei aber Bestimmtheit und Rechtssicherheit wahren. Infrastruktureinrichtungen im Bildungs- und Wissenschaftsbereich sollten sich daneben auf möglichst präzise und technologieneutrale Spezialregelungen berufen können.

Die Untersuchung schließt mit konkreten Regelungsvorschlägen für eine allgemeine Bildungs- und Wissenschaftsschranke sowie für eine Schranke zugunsten öffentlich zugänglicher Bibliotheken, Archive und Museen. Regelungssystematik, Anwendungsbereich und die gewählten Formulierungen werden eingehend erläutert.

---

[11] In einer für das IPO erstellten Studie hatte *Dnes*, S. 13 f. vertreten, dass *fair use* größere Flexibilität schaffe und dadurch eine Anpassung des Rechts an technologische Neuerungen ermögliche, ohne dass der Gesetzgebers tätig werden müsse; aus diesem Grunde sei eine *fair use*-Klausel innovationsfördernd (ebd., S. 2). Der im Auftrag der britischen Regierung verfasste *Hargreaves Review 2011* hingegen riet unter anderem wegen völker- und europarechtlicher Bedenken von der Einführung einer *fair use*-Klausel in Großbritannien ab, vgl. *Hargreaves* Rn. 5.19.

Teil 1: Untersuchungsgegenstand

Wer rechtliche Zulässigkeit und Nutzen einer allgemeinen Bildungs- und Wissenschaftsschranke beurteilen möchte, muss mit den tatsächlichen Gegebenheiten im Bildungs- und Wissenschaftsbetrieb vertraut sein. Dies schließt technische Fragen ebenso ein wie die Interessen und Desiderate der relevanten Akteure.

Im Folgenden wird daher zunächst der wissenschaftliche Forschungsprozess beschrieben. Der Fokus liegt hierbei auf den aus urheberrechtlicher Sicht besonders interessanten Phasen von Recherche und Publikation wissenschaftlicher Forschungsergebnisse.

In dem anschließenden Kapitel zur Bewahrung von Exemplaren urheberrechtlich geschützter Werke bilden wissenschaftliche Werke nur eine Untergruppe. Gleiches gilt für das letzte Kapitel dieses Teils, das der Rezeption und Anwendung gewidmet ist. Hier wird insbesondere auf die Verwendung urheberrechtlich geschützter Werke im Unterricht eingegangen.

A. Überblick

Der wissenschaftliche Forschungsprozess lässt sich in mehrere Etappen unterteilen. Das Kommunikationsmodell (*scholarly communication process model*) von *Houghton* unterscheidet fünf Phasen:[12] Die Beantragung finanzieller Mittel (1), die eigentliche Forschungstätigkeit einschließlich der formellen und informellen Kommunikation erster Ergebnisse (2), die formelle Publikation des (Gesamt-) Ergebnisses (3), die Speicherung und Archivierung der Publikation (4) sowie schließlich die Rezeption der Forschungsergebnisse (5).[13]

Die wichtigsten Akteure sind demnach Forscher als Schaffende und Rezipienten von (wissenschaftlichen) Werken,[14] Fachverlage und Redaktionen, Gedächtnisinstitutionen wie Bibliotheken, Archive und Repositorien sowie Bildungs- und Forschungsinstitutionen.[15] Der Prozess ist jedoch kein geschlossener Kreislauf.[16] Auch außerhalb des Forschungsbetriebs stehende Akteure, seien es Schüler, Studierende, Wirtschaftsunternehmen, (Nicht-)Regierungs-

---

[12] Vgl. dazu und zum Folgenden *Houghton et al.* 2009, S. 24. *Houghton et al.* greifen dieses Modell in ihrem Deutschland-Report wieder auf, vgl. *Houghton et al.* 2012. Entwickelt wurde das Modell auf Basis eines früheren, in vier Phasen gegliederten Modells von *Björk*, 12(2) Information Research 2007, paper 307, 1, 13. Eine ähnliche, nicht modellbasierte Unterteilung der Forschungsetappen findet sich bei *Hagenhoff et al.*, S. 9 f.

[13] *Houghton et al.* 2009, S. 23 f. Ihr *scholarly communication process model* findet sich auf S. X; sie beschreiben hier die Lage in Großbritannien, allerdings bestehen – insbesondere während der Publikationsphase – kaum nationale Unterschiede, vgl. *Houghton et al.* 2009, S. 50, 102.

[14] *Houghton et al.* 2009, S. XXII.

[15] *Houghton et al.* 2009, S. 30, 39, 49, 86, 103.

[16] *Houghton et al.* 2009, S. 39.

organisationen oder Privatpersonen, profitieren von der Publikation und Verfügbarkeit wissenschaftlicher Ergebnisse.[17]

Welche Objekte Gegenstand der Forschung sind, ist abhängig von der jeweiligen Disziplin. Bei den Objektwissenschaften wie etwa der Kunstgeschichte sind Fotografien, Zeichnungen, Grafiken oder Filme von besonderer Bedeutung.[18] Auch Daten sind wichtige Quellen für Forschung und Wissenschaft.[19] Dies gilt für unsortierte Rohdaten wie für sortierte Datensammlungen in Repositorien.[20] Sie dienen als Ausgangspunkt für die Formulierung von Hypothesen und weiteren Datenerhebungen.[21] Eine wichtige Quelle für die Informationsbeschaffung in nahezu allen Fachrichtungen sind Artikel in Fachzeitschriften.[22]

B. Forschungstätigkeit, insbesondere Recherche

I. Allgemeines

Ein wichtiger Teil der Forschungstätigkeit ist die Recherche.[23] Gegenstand der Recherche sind oftmals wissenschaftliche Veröffentlichungen Dritter. Forscher finden diese entweder aktiv, zum Beispiel mittels Suche in Bibliotheken, Buchhandlungen, Repositorien und anderen Datenbanken oder dem Internet allgemein, oder passiv, etwa indem sie (elektronische) Benachrichtigungen, zum Beispiel RSS- oder Twitter-Feeds oder E-Mail-Newsletter abonnieren.[24]

Digitale Technologien spielen hierbei eine wichtige Rolle – Daten lassen sich dank Internet und Computer leichter und schneller erfassen und sammeln als durch papierbasierte Recherchemethoden. Online-Datenrepositorien etwa gewinnen zunehmend an Bedeutung.[25] Auch Social Media-Netzwerke und -Umgebungen erleichtern den wissenschaftlichen Kommunikationsprozess.[26]

---

[17] *Houghton et al.* 2009, S. 108, 110.

[18] Vgl. *Simon* in Peifer/Gersmann, Schriften zum europäischen Urheberrecht, S. 65, 68.

[19] Wie Daten Eingang in Veröffentlichungen finden, beschreiben *Gray*, S. XXV f., Figure 3 sowie *Reilly et al.*, S. 4, 18 f.

[20] „Repositorien sind an Universitäten oder Forschungseinrichtungen betriebene Dokumentenserver, auf denen wissenschaftliche Materialien archiviert und weltweit entgeltfrei zugänglich gemacht werden". Vgl. nur http://open-access.net/de/allgemeines/was_bedeutet_open_access/reposito rien/#ixzz2t2X01zhG.

[21] *Reilly et al.*, S. 4. Sie betonen die Bedeutung von Strategien für die Verfügbarmachung, Validierung, Erhaltung, Verbreitung, Lesbarkeit und Interpretierbarkeit von Daten.

[22] Bei einer im Jahr 2005 durchgeführten Studie gaben 94,7 % der 1023 Befragten verschiedener Fachrichtungen an, dass sie bevorzugt Zeitschriftenbeiträge verwenden, vgl. *Deutsche Forschungsgemeinschaft*, Publikationsstrategien im Wandel?, S. 22, 70. Vgl. auch *Peifer* in Peifer/Gersmann, Schriften zum europäischen Urheberrecht, S. 31, 34 f.

[23] *Houghton et al.* 2009, S. 103.

[24] Vgl. dazu *Houghton et al.* 2009, S. 103 ff.

[25] Eine Übersicht von Datenrepositorien findet sich bei *Ware/Mabe*, S. 90.

[26] Bislang spielen diese Kommunikationswege noch eine untergeordnete Rolle. Vermutlich wird ihre Bedeutung künftig jedoch zunehmen, vgl. *Ware/Mabe*, S. 87 m.w.N. Laut *Finch*, S. 30 macht

Immer mehr Werke werden elektronisch veröffentlicht,[27] beispielsweise in elektronischen Zeitschriften, elektronischen Büchern, institutionellen Repositorien oder auf E-Print-Servern.[28] Schätzungen besagen, dass mehr als 90% aller Zeitschriften in den MINT-Fächern (Medizin, Informatik, Naturwissenschaften und Technik) in elektronischer Form erhältlich sind.[29] Digitale Kommunikationstechnologien und Forschungsinstrumente führen zudem zu einer „Explosion" von Forschungsdaten.[30] Instrumente und Applikationen, welche die Sichtung und Verarbeitung von Texten und Daten unterstützen, gewinnen daher zunehmend an Bedeutung.[31]

Verlage und Bibliotheken planen die Verbesserung der Nutzbarkeit von Online-Fachzeitschriften durch den Einsatz bestimmter elektronische Formate,[32] die – über das print-orientierte PDF-Format hinaus – einen Online-Zugriff ermöglichen oder erleichtern, oder indem sie Semantic Publishing praktizieren.[33] Beim Semantic Publishing werden Texte mit interaktiven Inhalten, Verlinkungsstrukturen und Zusatzdaten angereichert.[34] Beispielsweise kann ein Text mit thematisch ähnlichen Veröffentlichungen verknüpft werden.[35] Durch diese strukturierte Informationsspeicherung werden Daten einfacher auffindbar.[36]

II. Text und Data Mining

Eine besondere Form der wissenschaftlichen Nutzung von Texten und Daten stellen Text und Data Mining-Verfahren dar. Sie wurden entwickelt, um die Schwächen herkömmlicher digitaler Suchmethoden wie etwa der Stichwortsuche zu überwinden. Diese stoßen schon dann an ihre Grenzen, wenn Wörter in verschiedenen Fachbereichen Unterschiedliches bedeuten, etwa der Begriff „Baum" in der Biologie oder der Informatik.[37] Während der Mensch aus dem

---

bereits jeder zweite Wissenschaftler in Großbritannien von „blogs, wikis, podcasts, online videos, Twitter feeds, RSS feeds, comments on online articles" etc. Gebrauch.

[27] *Hagenhoff et al.*, S. 13 f.

[28] *Hagenhoff et al.*, S. 14 f.

[29] *Börsenverein des Deutschen Buchhandels*, Die Publikation wissenschaftlicher Zeitschriften in der digitalen Welt, S. 9; dabei wird der Begriff STM (Science, Technology, Medicine) verwendet.

[30] *Ware/Mabe*, S. 89. Nach Schätzungen werden bis 2020 bis zu 35 zetabytes (10^{21} bytes) jährlich an wissenschaftlichen Daten produziert, vgl. *Finch*, S. 26.

[31] Vgl. zu Datenrepositorien, Datenindizes und Datenjournalen *Ware/Mabe*, S. 90.

[32] Vgl. *Finch*, S. 24 f.

[33] Vgl. *Finch*, S. 25. Vgl. zum Begriff des Semantic Web generell *Ware/Mabe*, S. 91 f.

[34] Nach *Reilly et al.*, S. 37 ff. bietet ein Großteil der Verlage Möglichkeiten, Daten in Fachpublikationen zu implementieren. Allerdings gebe es zurzeit viele unterschiedliche Entwicklungen; bislang gelinge die Implementierung nicht immer, vgl. *Finch*, S. 27, 58.

[35] *Shotton* [2009] (22) Learned Publishing 85, 86.

[36] Vgl. *Finch*, S. 24 f.; *Ware/Mabe*, S. 91.

[37] Vgl. *McDonald/Kelly*, S. 13.

Kontext auf die Bedeutung eines Begriffes schließen kann, können traditionelle Suchmechanismen diese Unterscheidung nicht vornehmen.[38]

Als Text Mining werden computergestützte Verfahren bezeichnet, mit denen eine sehr große Menge von Texten automatisch bzw. semi-automatisch strukturiert wird, um die Texte semantisch zu analysieren.[39] Im Laufe des Verfahrens wird neues und potenziell nützliches Wissen aus den Texten extrahiert.[40] Der Unterschied zwischen Text und Data Mining besteht in der zugrundeliegenden Datenbasis. Während sich das Text Mining mit der Analyse von Texten befasst, liegen beim Data Mining bereits strukturierte Daten (im Sinne der Informatik) vor, deren Werte nicht weiter zerlegt werden können bzw. müssen (zum Beispiel Zahlen in einer Datenbank).[41]

Beim Text Mining werden zunächst relevante Dokumente aus dem Internet, einem Dateisystem, einer Datenbank oder einem sonstigen Informationssystem erfasst. Die selektierten Texte liegen häufig in unterschiedlichen Formaten vor (PDF, Doc-Files, HTML, XML, E-Mail, E-Books etc.).[42] Diese Originaldokumente präsentieren die Information so, wie sie vom Autor gedacht waren. Sie können also neben Text auch Tabellen oder Abbildungen enthalten. Für eine computergestützte Analyse müssen diese Dokumente in reinen Text umgewandelt und in einer Textdatenbank gespeichert werden (Speicher-Ebene).[43] Für die weitere semantische Analyse werden die Texte dabei in Sätze und Wörter zerlegt.[44] Im Zuge dessen werden eine Wortliste mit den in den Texten enthaltenen Wörtern sowie eine Satzdatenbank angelegt.[45]

---

[38] Vgl. *McDonald/Kelly*, S. 13 f.

[39] Ein Beispiel sind Rechtsdatenbanken, bei denen bestimmte ähnliche Fälle durch eine komplexe Suchanfrage gefunden oder Urteilszusammenfassungen erstellt werden sollen, vgl. *Stranieri/Zeleznikow*, S. 7 f. m.w.N. Vgl. auch das text2genome-Projekt, in welchem DNA-Sequenzen aus über 150.000 wissenschaftlichen Artikeln extrahiert wurden, um eine Genomkarte zu erstellen, in der die Genome mit den analysierten wissenschaftlichen Artikeln verknüpft wurden (http://text2genome.smith.man.ac.uk/). Im NeuroSynth-Projekt wurden funktionelle MRT Bilder aus über 5.800 wissenschaftlichen Artikeln extrahiert, um zu eingegebenen Gehirnaktivitäten oder Gehirnarealen alle relevanten wissenschaftlichen Artikel aufzulisten. Der Benutzer sieht dann die Autoren, das Erscheinungsjahr und das Journal, in dem der Artikel publiziert wurde und die Verfügbarkeit des Artikels (http://neurosynth.org). Vgl. überdies FACTA+ (www.nactem.ac.uk/facta/) sowie www.SureChem.com.

[40] *Ben-Dov/Feldman* in Maimon/Rokach, Data Mining and Knowledge Discovery Handbook, S. 809; *Chattamvelli*, S. 13, 311; *Heyer/Quasthoff/Wittig*, S. 3 f.

[41] *Heyer/Quasthoff/Wittig*, S. 3 f.

[42] *Chattamvelli*, S. 311 f.

[43] *Heyer/Quasthoff/Wittig*, S. 58.

[44] *Heyer/Quasthoff/Wittig*, S. 6.

[45] *Heyer/Quasthoff/Wittig*, S. 60 f.: Die Wortliste enthält alle in den Texten vorkommenden Wörter und häufig auch eine Angabe zu deren Häufigkeit. Mittels der Satzdatenbank kann jederzeit auf bestimmte Sätze zugegriffen und können alle Sätze mit bestimmten Eigenschaften herausgesucht werden. Die Sätze werden mit einer Referenz hinsichtlich Quelle und ursprünglicher Position versehen, um eine Rekonstruktion des Originaltextes weitestgehend zu ermöglichen. Zudem wird

Die statistische und linguistische Analyse erfolgt mittels unterschiedlicher Algorithmen; sie ermöglichen die Berechnung inhaltlicher Zusammenhänge zwischen den Konzepten der Texte.[46] Manche Algorithmen können Texte zusammenfassen oder nach bestimmten Kriterien kategorisieren.[47] Die so gewonnenen Erkenntnisse über Fachausdrücke, semantische Relationen zwischen den Ausdrücken und inhaltliche Strukturen der Texte können genutzt werden, um zum Beispiel effiziente und hochselektive Recherchen in Textbeständen durchzuführen oder Systeme für Wissensmanagement aufzubauen.[48]

III. Desiderate

Im Rahmen einer von der Europäischen Kommission durchgeführten Studie gab eine große Mehrheit der teilnehmenden Forscher (84 %) an, sie hätten Zugangsprobleme zu wissenschaftlichen Publikationen in der EU.[49] Als Gründe nannten sie unter anderem hohe Abonnementpreise für Fachzeitschriften (89 %) und geringe Bibliotheksetats (85 %).[50]

Auch der *Finch Report* kritisiert, dass das wissenschaftliche Arbeiten (in Großbritannien) durch eingeschränkte Zugangsmöglichkeiten zu Bibliotheken, inadäquate Hard- und Software, elektronische Publikationen in verarbeitungsfeindlichen Datei-Formaten sowie überhöhte Gebühren für den Zugang zu wissenschaftlichen Informationen und technische Schutzmaßnahmen behindert werde.[51]

Den „sofortigen Zugriff auf eine Vielzahl von Volltextjournalen" für eine „produktivere Forschung" wünscht sich nach einer anderen, allerdings wenig

---

häufig eine Indexstruktur (die sogenannte inverse Liste) angelegt, die die in der Wortliste enthaltenen Wörter den Sätzen in der Satzdatenbank zuordnet.

[46] *Heyer/Quasthoff/Wittig*, S. 4 f.: Mit einer Differenzanalyse der verwendeten Wörter in den Texten können relevante fachspezifische Begriffe identifiziert werden. Unter Heranziehung von sogenannten Cluster-Analysen können semantische Abhängigkeiten zwischen Begriffen oder Texten berechnet werden (z.B. Abhängigkeiten zwischen „Auftrag", „Lieferung", „Ware", „Kosten" und „Kostenstelle" in Texten über die Finanzbuchhaltung). Bei musterbasierten Methoden können Texte bzw. Textpassagen anhand von vorher festgelegten Mustern herausgefunden werden (z.B. haben Personennamen, Produktnamen oder Firmennamen meist ein bestimmtes Muster).

[47] *Stranieri/Zeleznikow*, S. 147.

[48] *Heyer/Quasthoff/Wittig*, S. 7.

[49] Vgl. *Europäische Kommission*, Online survey on scientific information in the digital age. Befragt wurden 1140 Teilnehmer; die Gruppe setzt sich im Wesentlichen aus Regierungen, Forschungsförderungsorganisationen, Universitäten und Forschungsinstituten, Bibliotheken, Verlagen, internationalen Organisationen, einzelnen Forschern und NGOs zusammen (ebd., S. 9). Die Befragten kamen aus einer Vielzahl von EU-Mitgliedsstaaten sowie aus Ländern außerhalb Europas, 422 davon waren aus Deutschland (ebd., S. 11). Von den Teilnehmern, die Zugangsprobleme bemängelten (88,2 % davon waren Forscher), waren 39 % der Auffassung, dass die Schwierigkeiten erheblich seien (ebd., S. 5, 17). Vertreter der Verlage sahen dagegen kein Problem beim Zugang zu wissenschaftlichen Publikationen (ebd., S. 17).

[50] Vgl. *Europäische Kommission*, Online survey on scientific information in the digital age, S. 5, 18.

[51] *Finch*, S. 46.

10

aussagekräftigen Studie,[52] aber nur eine kleine Minderheit der befragten Forscher.[53] Problematisch erschienen ihnen danach vor allem die Modalitäten der Beantragung und Verteilung der (insgesamt als zu gering befundenen) Forschungsgelder.[54]

Insbesondere in den MINT-Fächern ist die Zugriffsmöglichkeit auf Forschungsdaten entscheidend. Bislang speichert nur eine Minderheit der Forscher ihre Daten in „digitalen Archiven" ab.[55] Die Bereitschaft, die eigenen Forschungsdaten für alle frei zugänglich zu machen, ist eher gering.[56] Als Gründe nennen Forscher rechtliche Hemmnisse sowie die Angst vor Missbrauch der Daten.[57] Zugleich äußern sie den Wunsch, Daten anderer Forscher der eigenen Disziplin für ihre Projekte verwenden zu können.[58] Eine Option dafür ist die Verlinkung von Zeitschriftenartikeln und Daten, die in den MINT-Fächern bereits praktiziert wird: Nahezu alle Forscher veröffentlichen die dank der Daten gefundenen oder aus ihnen extrahierten Ergebnisse in Fachzeitschriften. Dort

---

[52] *Rowlands/Olivieri*, S. 17. Die Studie wurde im Auftrag von Fachverlagen durchgeführt; befragt wurden Immunologen und Mikrobiologen. Nur 883 der 10.000 angeschriebenen Personen beantworteten die ihnen gestellten Fragen, die Antwortquote lag somit bei knapp 9 %; aus der Studie geht nicht hervor, welchen Ländern die Antwortenden entstammen (es finden sich nur generelle Hinweise auf „Nordamerika" und „Westeuropa", ebd., S. 17).
[53] *Börsenverein des Deutschen Buchhandels*, Kommentar zur Stellungnahme der Allianz der deutschen Wissenschaftsorganisationen ‚Neuregelung des Urheberrechts: Desiderate und Anliegen für einen Dritten Korb', S. 3. Er verweist auf *Rowlands/Olivieri*, S. 22. Danach wünschen sich nur 0,4 % der 883 befragten Mikrobiologen und Immunologen „sofortigen Zugriff auf eine Vielzahl von Volltextjournalen" für eine „produktivere Forschung". Ein Drittel der befragten Forscher beklagt allerdings, dass sie nicht auf die Literatur zugreifen können, die sie brauchen; die Studie relativiert dies mit dem unklaren Kommentar, bei diesem Drittel handele es sich vorwiegend um „jüngere, weniger produktive Forscher, die in Europa arbeiten" (ebd., S. 5). Fraglich ist zudem, ob die Befragung von Immunologen und Mikrobiologen ein repräsentatives Bild der Forschung geben kann. So wurde in der Studie nicht berücksichtigt, dass in Fachbereichen, die nicht so intensiv angewandte Forschung betreiben wie die hier genannten, der Auseinandersetzung mit wissenschaftlichen Zeitschriften ungleich mehr Bedeutung zukommt. Nach – unbelegten – Angaben empfinden 94 % der Forscher den Zugang zu wissenschaftlicher Literatur als „sehr leicht oder leicht", vgl. *Sprang*, Politik & Kultur 6/2012, 19.
[54] Eine Verbesserung des Zugriffs auf wissenschaftlich relevante Forschungsgegenstände wurde bei den Wünschen erst an drittletzter Stelle genannt, vgl. *Rowlands/Olivieri*, S. 22.
[55] Im Rahmen der zweijährigen, von der Europäischen Kommission mitfinanzierten *PARSE.Insight*-Studie wurden weltweit 1.389 Forschern und Vertreter anderer Interessengruppen befragt. Lediglich 20 % der befragten Forscher gaben an, ihre Daten in digitalen Archiven zu speichern. 50 – 80 % der Forscher hinterlegten ihre Daten auf ihren Computern am Arbeitsplatz bzw. zu Hause, auf tragbaren Speichermedien oder auf Einrichtungsservern, vgl. *PARSE.Insight*, S. 19.
[56] So stellen nur 25 % der befragten Forscher ihre Forschungsdaten ohne Einschränkung öffentlich zur Verfügung. 11 % der befragten Forscher machen „ihre Daten lediglich innerhalb ihrer Wissenschaftsdisziplin zugänglich". 58 % der Wissenschaftler teilen Daten nur innerhalb eigener Forschungsgruppen, vgl. *PARSE.Insight*, S. 19.
[57] *PARSE.Insight*, S. 19.
[58] Dies gaben 63 % der Befragten an, vgl. *PARSE.Insight*, S. 19.

könnten sie Datenmaterial für andere sichtbar machen, kontextualisieren und Nutzungsmodalitäten klarstellen.[59]

Kritisiert werden überdies die urheberrechtlichen Schrankenregelungen: Sie seien unübersichtlich und verkomplizierten sowie verlangsamten das wissenschaftliche Arbeiten[60]. Außerdem führten sie zu großer Rechtsunsicherheit bei den Nutzern.[61] Wegen urheberrechtlicher Barrieren könnten nicht alle bestehenden und für die Verarbeitung von Werken sinnvollen Werkzeuge genutzt werden.[62] So sei beispielsweise die Erstellung großer Text-Korpora für das Text Mining nach geltendem Urheberrecht unzulässig.[63] Das Urheberrecht wirke insoweit innovationshemmend und beschränke die Wissenschafts- und Forschungsfreiheit unangemessen.[64]

Notwendig seien darum „verlässliche, transparente, leicht handhabbare und faire" rechtliche Rahmenbedingungen für das wissenschaftliche Arbeiten.[65] Dies gelte insbesondere für das Arbeiten in netzbasierten Forschungsumgebungen.[66] Informationen und Begleitdienste müssten frei zur Verfügung stehen, damit ihr Potenzial voll ausgeschöpft werden könne.[67] In diesem Zusammenhang bedürfe es der besseren Integration von Forschungsdaten in Publikationen, damit Daten verfügbar und auffindbar seien und leichter interpretiert und wiederverwendet werden könnten.[68] *Open Access*-Publikationen würden den Zugriff auf wissenschaftliche Informationen, verbessern und ihre Sichtbarkeit und Verfügbarkeit steigern. Dafür seien erweiterte Lizenzierungsvereinbarungen sowie der Auf- und Ausbau von Repositorien erforderlich.[69]

C. Publikation

Die Ergebnisse der Recherche und die gewonnenen Erkenntnisse müssen schließlich für die Publikation aufbereitet werden.[70] Dazu gehören die Wahl des

---

[59] *PARSE.Insight*, S. 14. Vgl. auch *Reilly et al.*, S. 36 ff.
[60] *Allianz der deutschen Wissenschaftsorganisationen*, Neuregelung des Urheberrechts, S. 1 f.
[61] *Aktionsbündnis „Urheberrecht für Bildung und Wissenschaft"*, Pressemitteilung 06/12 vom 16. Dezember 2012, abrufbar unter www.urheberrechtsbuendnis.de/pressemitteilung0612.html.de.
[62] Vgl. *Finch*, S. 15, 28 (zur Situation in Großbritannien); *Hargreaves*, S. 4, 48 (zu Großbritannien, der EU allgemein und den USA) sowie, zum Data Mining speziell, *Lutz*, S. 3.
[63] Vgl. *Grolman.Result*, S. 34.
[64] *Aktionsbündnis „Urheberrecht für Bildung und Wissenschaft"*, Pressemitteilung 03/12 vom 12. Juni 2012, abrufbar unter www.urheberrechtsbuendnis.de/pressemitteilung0312.html.de; *Allianz der deutschen Wissenschaftsorganisationen*, Neuregelung des Urheberrechts, S. 2; *Lutz*, S. 2 f.
[65] *Allianz der deutschen Wissenschaftsorganisationen*, Neuregelung des Urheberrechts, S. 2. Vgl. auch *Aktionsbündnis „Urheberrecht für Bildung und Wissenschaft"*, Pressemitteilung 06/12 vom 16. Dezember 2012, abrufbar unter www.urheberrechtsbuendnis.de/pressemitteilung0612.html.de.
[66] *Allianz der deutschen Wissenschaftsorganisationen*, Neuregelung des Urheberrechts, S. 6.
[67] *Finch*, S. 28.
[68] *Reilly et al.*, S. 19 f.
[69] *Finch*, S. 68.
[70] Dazu und zum Folgenden, *Houghton et al.* 2009, S. 40 ff. Eine ähnliche Differenzierung der vorläufigen Kommunikation wissenschaftlicher Ergebnisse nehmen *Ware/Mabe*, S. 12 vor. Eine tief-

Publikationsmediums, die Erstellung des Manuskripts sowie der Erwerb etwaiger Nutzungsrechte. Neben Fachzeitschriften sind, vor allem in den Sozial- und Geisteswissenschaften, Monographien ein wichtiges Publikationsmedium.[71] Auch Beiträge zu Lehrbüchern und Lexika sowie zu Sammel-, Tagungs- und Konferenzbänden oder Festschriften können, je nach Fachgebiet, von Bedeutung sein.[72]

Bei (gedruckten und elektronischen) Fachzeitschriften übersteigt die Nachfrage das Angebot.[73] Teilweise sind Autoren bereit, hohe Summen an die Verlage zu entrichten, damit ihr Aufsatz veröffentlicht wird.[74] Ein wichtiges Entscheidungskriterium für die Wahl der Zeitschrift ist der *(journal) impact factor.*[75] Er gibt an, wie oft Artikel einer bestimmten Zeitschrift durchschnittlich zitiert werden.[76] Der *impact factor* trifft also keine Aussage über einen einzelnen Artikel eines Autors, sondern beschreibt die „relative Bedeutung einer Zeitschrift innerhalb eines Fachgebiets".[77]

Von vergleichbarer Wichtigkeit für die Wahl eines Publikationsorgans wie der *impact factor* sind Maßnahmen zur Qualitätssicherung. Die wichtigste Form der Qualitätssicherung stellt das *peer reviewing* dar. Verlage beauftragen hierbei externe, möglichst unabhängige Wissenschaftler aus dem Fachbereich des Autors damit zu begutachten, ob ein eingereichtes Manuskript zur Veröffentlichung angenommen werden soll.[78] Die Letztentscheidung trifft dann der Verlag.[79]

---

gehende Auseinandersetzung mit dem Begriff der Wissenschaftskommunikation findet sich bei *Hagenhoff et al.*, S. 4 ff.

[71] *Müller*, S. 25. Nach *Finch*, S. 44 sind allerdings Monographieveröffentlichungen in den vergangenen Jahren weltweit zurückgegangen und gleichzeitig immer teurer geworden.

[72] *Müller*, S. 25 f.

[73] *Peifer* in Peifer/Gersmann, Schriften zum europäischen Urheberrecht, S. 31, 34 ff. Interessant ist diese Aussage im Vergleich zum Standpunkt der DFG in ihrem Positionspapier *Deutsche Forschungsgemeinschaft*, Elektronisches Publizieren, S. 3, wonach mit den elektronischen Publikationsformen vor allem die Hoffnung verbunden war, dass die physikalischen Begrenzungen der gedruckten Publikationsmedien überwunden werden könnten.

[74] *Peifer* in Peifer/Gersmann, Schriften zum europäischen Urheberrecht, S. 31, 36. Er kritisiert die *gatekeeper*-Funktion von Verlagen, wenn sich Autoren um einen Publikationsplatz bewerben müssen. So seien es letztlich die Verlage, die den Zugang des Autors zum Publikationsmedium und damit die Publikation des Wissens selbst bestimmen.

[75] Die wissenschaftliche Reputation nehme „in der Rezeption und Zitierung ihrer Werke Gestalt" an, *Rosenkranz*, S. 5. Vgl. zum Thema auch *Gumpenberger et al.*, 96 Scientometrics, 221, 222 (2013); *Müller*, S. 8 f. Teilweise wird gefordert, bei Berufungsverfahren und der Drittmittelvergabe sollten stärker inhaltliche als quantitative Maßstäbe herangezogen werden, vgl. *Grolman.Result*, S. 51 f.

[76] Berechnet wird dies üblicherweise, indem die Anzahl der Zitationen aller Artikel einer Zeitschrift aus den zwei Jahren vor dem Zitierungsjahr durch die Gesamtanzahl aller in der Zeitschrift in diesen zwei Jahren veröffentlichten Artikel geteilt wird. Entwickelt wurde dieser Indikator durch *Garfield/Sher*, 14 AM. DOCUMENTATION 195 ff. (1963).

[77] Datenbank-Infosystem (DBIS) der Humboldt-Universität zu Berlin, abrufbar unter http://rzblx10.uni-regensburg.de/dbinfo/detail.php?bib_id=ubhub&colors=&ocolors=&lett=fs&tid=0&titel_id=359.

[78] Vgl. *Andermann/Degkwitz* in Hofmann, Wissen und Eigentum, S. 221, 222; *Müller*, S. 70 f., 168.

I. Publikation in kommerziellen Fachverlagen

Wissenschaftliche Fachverlage, insbesondere Fachzeitschriftenverlage, sind die zentralen Akteure bei der Publikation wissenschaftlicher Ergebnisse, denn Fachzeitschriften sind das wichtigste Publikationsmedium.[80] Lizenz- und Abonnementgebühren von Forschern, Forschungseinrichtungen und Bibliotheken machen einen signifikanten Teil der Verlagseinnahmen aus.[81]

Fachzeitschriftenverlage unterhalten Zeitschriftenredaktionen und stellen Infrastrukturen für die Betreuung der Forscher sowie die technische Bearbeitung der Manuskripte zur Verfügung.[82] Sie treffen die Vorauswahl, organisieren den *peer review*-Prozess, erwerben Nutzungsrechte und ziehen eventuelle Veröffentlichungsgebühren ein.[83] Außerdem betreuen sie die Drucklegung und den Vertrieb durch den Verlag oder durch Zwischenhändler.[84] Schließlich kümmern sie sich um die Vermarktung der Titel.[85]

Die fünf größten Verlagshäuser verlegen 35 % der wissenschaftlichen Zeitschriften weltweit.[86] Nach Schätzungen hatten diese Verlagshäuser in den MINT-Fächern im Jahr 2010 einen Marktanteil von 56 %.[87] Die Markteintrittsbarrieren steigen; bestehende kleine Verlage verlieren Marktanteile.[88]

Die Preise für wissenschaftliche Fachzeitschriften sind in den vergangenen Jahrzehnten stark gestiegen.[89] Diese Entwicklung und ihre Folgen für Wissen-

---

[79] *Müller*, S. 70 f. Zu den Kritikpunkten am und der ambivalenten Rolle des *peer review*-Verfahrens in Wissenschaft und Forschung vgl. ebd., S. 78 ff., 208; *Pampel*, S. 101 f.

[80] *Finch*, S. 14 bezeichnen Fachzeitschriften als *invisible colleges*.

[81] *Campbell/Wates* in Deutsche UNESCO-Kommission, Open Access, S. 89 f. Der Umsatz innerhalb des Wissenschaftsmarktes in den MINT-Fächern beliefen sich im Jahr 2011 auf etwa 23,5 Milliarden US-Dollar, vgl. *Ware/Mabe*, S. 19.

[82] Vgl. *Houghton et al.* 2009, S. 51.

[83] Vgl. *Börsenverein des Deutschen Buchhandels*, Die Publikation wissenschaftlicher Zeitschriften in der digitalen Welt, S. 14 f.; *Woll*, S. 9.

[84] *Woll*, S. 9. In Deutschland beliefen sich die durchschnittlichen Kosten des Verlags pro „only-print-production"-Artikel im Jahre 2008 auf 3.485 €, vgl. *Houghton et al.* 2012, S. 12.

[85] Vgl. *Houghton et al.* 2009, S. 51 f.

[86] Verlage wie Elsevier oder Springer verlegen mehr als 2.000 Zeitschriftentitel, während 95 % der Verlage höchstens zwei Fachzeitschriften publizieren, vgl. *Ware/Mabe*, S. 33 (ohne Nachweis, auf welches Jahr sie sich beziehen).

[87] Nach Schätzungen des *Springer*-Verlages verteilen sich die Marktanteile 2010 wie folgt: Elsevier (25 %), Springer (10 %), Wolters Kluwer Health (9 %), Wiley-Blackwell (7 %) und Informa STM (5 %), vgl. *Mager*, Präsentation: Text Mining in STM Publishing, 2010, abrufbar unter www.scai.fraunhofer.de/fileadmin/download/bio/Text_Mining_10/TMS10_Mager_Text-Mining-in-STM-Publishing.pdf, S. 6. Im Jahr 2006 sah die Verteilung nach einer Studie anders aus; die fünf größten Verlage hatten hiernach 40,1 % Marktanteil: Elsevier (17,4 %), Wolters Kluwer (6,4 %), Thomson Science/Health (6,2 %), John Wiley (inc Blackwell) (5,5 %) und Springer S&BM (4,6 %), *Outsell Inc.*, Scientific, Technical & Medical Information: 2007 Market Forecast and Trends Report, zitiert nach *Brown/Boulderstone*, S. 77.

[88] Eine ausführliche Beschreibung der Fusionen und Aufkäufe der letzten 20 Jahre findet sich bei *Boni*, Leviathan 2010, 293, 298 ff.

[89] Nach *Hagenhoff et. al.*, S. 10 f. liegen die weltweiten Preissteigerungen für institutionelle Zeitschriften-Abonnements in den MINT-Fächern seit Ende der 1970er Jahre weit über der allgemei-

schaft und Forschung werden als „Zeitschriftenkrise" bezeichnet.[90] Ein Teil der gestiegenen Preise ist auf die Einführung elektronischer Zeitschriften zurückzuführen, die Investitionen in Hard- und Software erforderlich machten.[91] Als wesentlichen Grund für die Preisentwicklung wird zudem die Markstruktur angeführt – Wissenschaftsverlage mit starker wirtschaftlicher Stellung könnten hohe Preise am Markt durchsetzen.[92]

Allerdings seien auch die Gepflogenheiten der Forschergemeinschaft für die Krise mitverantwortlich. So reguliere sich das Preis-Leistungs-Verhältnis wegen der Bedeutung des *impact factors* nicht über rein objektiv-ökonomische Faktoren, sondern sei abhängig vom Ansehen der jeweiligen Zeitschrift; dies stärke die Position von „etablierten Fachtiteln".[93]

Schließlich wird auch der vergleichsweise geringe Anstieg der Bibliotheksetats dafür verantwortlich gemacht, dass die steigenden Zeitschriftenpreise zu einer Krise geführt hätten.[94] Die Zeitschriftenkrise sei wenigstens auch eine „Finanzierungskrise der zunehmend schlechter ausgestatteten öffentlichen wissenschaftlichen Bibliotheken in Deutschland"; diese seien nicht bereit, sich an den „Produktivitätsfortschritten" finanziell zu beteiligen.[95]

---

nen Inflationsrate. Nach *van Orsdel/Born*, 128.7 *Library Journal*, 51, 52 (2003) sind die Zeitschriftenpreise im MINT-Sektor zwischen 1986 und 2001 weltweit um 215 % gestiegen. Nach der *Bundesregierung*, BT-Drucks. 17/13423, S. 9 setzten die Preissteigerungen in Deutschland erst in den 1990er Jahren ein. Vgl. außerdem *Deutsche Forschungsgemeinschaft*, Publikationsstrategien im Wandel?, S. 11; *Swets*, Serials Price Increase Report 2013, abrufbar unter www.swets.com/Serials-Price-Increase-Report. Institutionelle Abonnements von Bibliotheken und Forschungseinrichtungen kosten nach *Boni*, Leviathan 2010, 293, 295 regelmäßig zehnmal so viel wie individuelle Abonnements.

[90] Vgl. nur *Bargheer* in Hagenhoff, Internetökonomie der Medienbranche, S. 173 ff.; *Hanekop/Wittke* in Hagenhoff, Internetökonomie der Medienbranche, S. 201 ff. m.w.N.

[91] Vgl. *Bargheer* in Hagenhoff, Internetökonomie der Medienbranche, S. 173, 176.

[92] So etwa *Bargheer* in Hagenhoff, Internetökonomie der Medienbranche, S. 173, 174 f. Vgl. auch *Degkwitz/Andermann*, ABI Technik 2003, 122, 123 f.; *Houghton et al.* 2009, S. 64; *van Orsdel/Born*, 128.7 *Library Journal*, 51, 53 (2003); *Woll*, S. 14. Darum sind unter Umständen kartellrechtliche Lösungen zu erwägen, vgl. *Grolman.Result*, S. 51.

[93] *Bargheer* in Hagenhoff, Internetökonomie der Medienbranche, S. 173, 176. Vgl. auch DFG-Studie, *Deutsche Forschungsgemeinschaft*, Publikationsstrategien im Wandel?, S. 26: Von 1028 befragten Wissenschaftlern waren bzgl. Auswahl einer Fachzeitschrift zur Publikation für 90,7 % das generelle Renommee der Zeitschrift und für 61,7 % der Impact-Factor der Zeitschrift von entscheidender Bedeutung neben der organisatorischen Qualität des Titels und Kostengesichtspunkten.

[94] Nach *Woll*, S. 17 wuchs das Etatvolumen deutscher Universitätsbibliotheken von 1992 bis 1998 jährlich um 3,5 – 6,2 %, das wissenschaftlicher Bibliotheken für Printmedien und für elektronische Medien von 1999-2002 um 1,8 – 4,5 %. Er bezieht sich lediglich auf die alten Bundesländer und verwendet die absoluten Zahlen von *Griebel/Tscharntke*, S. 80 Abb. 5 bzw. Deutsche Bibliotheksstatistik (DBS) 2002. Ähnlich *Sprang*, Politik & Kultur 6/2012, 19. In den USA stiegen die Ausgaben für Grundlagenforschung zwischen 1999 und 2009 um 54 %. Der Anteil der Bibliotheksetats an den Universitätsbudgets sank allerdings zwischen 1980 und 2009 von 3,5 auf 2,0 %, vgl. *Finch*, S. 23 m.w.N.

[95] *Börsenverein des Deutschen Buchhandels*, Stellungnahme zum Entwurf eines Gesetzes zur Nutzung verwaister Werke, S. 2 f., abrufbar unter www.boersenverein.de/sixcms/media.php/976/Stellungnahme_Dritter_Korb_Endfassung.pdf. Die Zuwachsraten der Bibliotheksetats würden gerade die

II. Neue Publikationsformen und Akteure

Der Anteil elektronischer Publikationen nimmt stetig zu.[96] Elektronisch sind alle Veröffentlichungen, die in digitaler Form vorliegen bzw. über das Internet als „dezentrales Kommunikationsmedium"[97] abgerufen werden können.[98] Vor allem elektronische wissenschaftliche Fachzeitschriften verzeichnen Zuwachsraten.[99] Auch Monographien werden zunehmend elektronisch publiziert, vor allem im englischsprachigen Raum.[100] Auf elektronischem Wege können Ergebnisse schneller und bisweilen günstiger veröffentlicht und die den Printmedien inhärenten, physikalischen Beschränkungen überwunden werden.[101]

1. Open Access

Eines der wichtigsten neuen Publikationsformen ist Open Access. Bei Open-Access-Veröffentlichungen werden wissenschaftliche Werke so zugänglich gemacht, dass ein unbeschränkter Personenkreis ohne Hindernisse darauf zugreifen, diese vervielfältigen, verbreiten und verarbeiten kann.[102] Der freie Zugang kann eröffnet werden, indem das Werk unter Open Access-Bedingungen erstveröffentlicht („Goldener Weg") oder zugleich mit oder im Anschluss an die

---

allgemeine Inflationsrate ausgleichen, vgl. *Sprang*, Politik & Kultur 6/2012, 19. Hiernach ist die Zahl der erhältlichen Zeitschriftentitel zwischen 2004 und 2008 jährlich um 7 % gestiegen, die Kosten für den Zugang hingegen innerhalb der gleichen Zeitspanne jährlich um 3 % gesunken; die Kosten für einzelne Artikel sanken demnach von 2004 bis 2008 sogar um 12 %. Vgl. dazu auch die Aussage von Tom Reller in *Grossman* in The Daily Californian, 05.05.2013, abrufbar unter www.dailycal.org/2013/05/05/campus-joins-movement-demanding-access-to-research/.

[96] Vgl. nur *Hagenhoff et al.*, S. 13. Nach *Schmolling*, Bibliotheksdienst 2001, 1037, 1055 hatte etwa die Elektronische Zeitschriftenbibliothek der Universität Regensburg im Jahre 2001 lediglich 9.215 elektronische Zeitschriftentitel im Angebot. Bis 2004 wuchs der Katalog auf 20.524 Titel an, vgl. *Woll*, S. 19. Im November 2013 bestand das Angebot aus 72.681 Zeitschriftentiteln, davon waren 12.528 reine Online-Zeitschriften. Die jeweils aktuellen Daten der EZB sind abrufbar unter http://rzblx1.uni-regensburg.de/ezeit/about.phtml.

[97] *Bargheer* in Hagenhoff, Internetökonomie der Medienbranche, S. 173.

[98] *Müller*, S. 39.

[99] Vgl. Fn. 95 sowie zur Situation in Großbritannien, *Finch*, S. 15.

[100] Einige internationale Initiativen erproben derzeit die Möglichkeiten zur elektronischen Veröffentlichung von Monographien. Ein Beispiel ist das europäische OAPEN (Open Access Publishing in European Networks), welches ein „nachhaltiges OA-Publikationsmodell" für Monographien der Geistes- und Sozialwissenschaften entwickelt. Vergleichbare Projekte gibt es auf nationaler Ebene z.B. im Vereinigten Königreich und in Australien. Vgl. dazu *Finch*, S. 45 m.w.N.

[101] *Deutsche Forschungsgemeinschaft*, Elektronisches Publizieren, S. 2 f.; *Kaiser* in Peifer/Gersmann, Schriften zum europäischen Urheberrecht, S. 9, 11 f.

[102] Die Voraussetzungen im Einzelnen finden sich bei der *Budapest Open Access Initiative*, abrufbar unter http://legacy.earlham.edu/~peters/fos/boaifaq.htm#openaccess, sowie in der *Berliner Erklärung über den Zugang zu wissenschaftlichem Wissen*, abrufbar unter http://openaccess.mpg.de/ 3515/Berliner_Erklärung. Vgl. hierzu *Andermann/Degkwitz* in Hofmann, Wissen und Eigentum, S. 221, 227 f.

Veröffentlichung in einem kommerziellen Verlag unter Open Access-Bedingungen zur Verfügung gestellt wird („Grüner Weg").[103] Die Qualitätssicherungsmaßnahmen bei Open Access-Zeitschriften scheinen dem traditionellen *peer review*-Verfahren herkömmlicher Journale weitgehend zu gleichen.[104] Gleichwohl haben diese Maßnahmen anscheinend bislang (noch) nicht dazu geführt, dass Open Access-Zeitschriften über einen den etablierten Zeitschriften entsprechenden *impact factor* verfügen.[105]

Auch Repositorien werden derzeit nur begrenzt zur Zweitveröffentlichung genutzt.[106] Allerdings bestehen große Unterschiede zwischen den einzelnen Disziplinen: So haben fachbezogene Repositorien die Publikations- und Wissenschaftskultur beispielsweise in der Physik enorm beeinflusst.[107] In anderen Fächern fehlen Repositorien dagegen noch ganz.[108]

Zum 1. Januar 2014 ist § 38 Abs. 4 UrhG in Kraft getreten. Nach ihm haben Urheber wissenschaftlicher Beiträge unter bestimmten Voraussetzungen ein unabdingbares Recht, ihre Beiträge nach Ablauf einer Karenzfrist öffentlich zugänglich zu machen.

2. Universitätsverlage
Trotz der technischen Veränderungen der letzten Jahrzehnte besteht weiter Bedarf an Akteuren, die eine Qualitätsprüfung wissenschaftlicher Inhalte vorneh-

---

[103] Vgl. *Hagenhoff et al.*, S. 17 f.; *Lossau* in Deutsche UNESCO-Kommission, Open Access, S. 18 f.; *KII*, Gesamtkonzept für die Informationsstruktur in Deutschland, Anhang B, S. B92. Open Access-Zweitverwertungen erfolgen oftmals auf institutionellen Repositorien. Finanziert werden die elektronischen Veröffentlichungen regelmäßig über Autorengebühren, die der Forscher oder (institutionelle) Förderer zahlen, vgl. *Hagenhoff et al.*, S. 18.
[104] 75,7 % (920 Titel) der 1.216 von *Müller* zu Qualitätssicherungsmaßnahmen befragten Herausgeber von *Open Access*-Zeitschriften führten ein unabhängiges *peer review*-Verfahren durch, *Müller*, S. 168. Vgl. auch die Informationsplattform *Open Access*, Zeitschriften, 2010, abrufbar unter http://open-access.net/?id=168. Im Einzelnen bestehen allerdings große Unterschiede zwischen den einzelnen Zeitschriften; bereits große elektronische Verzeichnisse wie DOAJ oder EZB, die *Open Access*-Zeitschriften führen, stellen unterschiedliche Anforderungen an die Qualitätssicherung der von ihnen geführten *Open Access*-Zeitschriften, vgl. *Müller*, S. 142 f., 167 f., 201. Zur Wichtigkeit der Qualitätssicherung siehe auch *BÜNDNIS 90/DIE GRÜNEN-Bundestagsfraktion*, Förderung von Open Access im Wissenschaftsbereich und freier Zugang zu den Resultaten öffentlich geförderter Forschung, BT-Drucks. 17/7031, S. 1 f., die zugleich anmerken, dass nur eine kleine Minderheit der deutschen Wissenschaftlerinnen und Wissenschaftler *Open Access* publiziert.
[105] Vgl. *Grolman.Result*, S. 37.
[106] Vgl. *Finch*, S. 82.
[107] *Finch*, S. 84. Ein Beispiel hierfür ist arXiv.org, das über knapp 1 Million ePrints verfügt und außer der Physik auch Publikationen aus der Mathematik, der Informatik, der quantitativen Biologie, der quantitativen Finanzwissenschaften und der Statistik bereitstellt. Auch in den Lebenswissenschaften und der Medizin gibt es sehr einflussreiche Repositorien, etwa PMC (www.ncbi. nlm.nih.gov/pmc/) und UKPMC (www.ncbi.nlm.nih.gov/pmc/articles/PMC3013671/). Für die Sozialwissenschaften vgl. www.ssrn.com.
[108] *Finch*, S. 84.

men und „Such- und Navigationssysteme" bereithalten.[109] Die Bedeutung von Verlagen hat sich aber geändert.[110] Zum Teil sind neue Verlagsstrukturen entstanden.

Ein Beispiel dafür sind Universitätsverlage, also Verlage, die organisatorisch und finanziell an eine Hochschule angebunden sind.[111] Im angelsächsischen Raum existieren sie schon lange; dort wirtschaften sie wie traditionelle kommerzielle Fachverlage.[112] Zunehmend werden Universitätsverlage auch in deutschsprachigen Ländern gegründet.[113] Begünstigt wurde diese Entwicklung vor allem durch die Zeitschriftenkrise[114] sowie durch die Möglichkeiten der Informations- und Kommunikationstechnologien.[115] Universitätsverlage veröffentlichen oftmals auch im Wege des Open Access.[116]

Die Verlage werden in der Regel gegründet, um kostengünstige Publikationsmöglichkeiten für die Angehörigen der betreffenden Hochschule anzubieten und sicherzustellen, dass die Rechte am „intellektuellen Output" einer Hochschule dort verbleiben und die Werke dort frei zugänglich sind.[117] Universitätsverlage finanzieren sich überwiegend aus den Etats ihre Hochschule und erbringen ihre Leistungen vorrangig für deren Angehörige.[118] Teilweise können sie dadurch Werke veröffentlichen, die für kommerzielle Verlage nicht von In-

---

[109] *Finch*, S. 29.

[110] Nach *Finch*, S. 28 f. hat sich nicht nur die Rolle verändert, sondern die Bedeutung hat abgenommen.

[111] Vgl. *Pampel*, S. 48 f. Teilweise wird vertreten, dass Universitätsverlage keine Gewinnerzielung beabsichtigen dürfen, vgl. *Halle*, ZfBB 2004, 277, 278 f.

[112] Die University Presses von Oxford und Cambridge wurden bereits im 16. Jahrhundert gegründet. Vgl. zu den Universitätsverlagen in Großbritannien *Andermann/Degkwitz* in Hofmann, Wissen und Eigentum, S. 221, 231; *Halle*, ZfBB 2004, 277, 277 f.; *ders.*, Bibliotheksdienst 2006, 809, 809.

[113] Die ältesten deutschen Universitätsverlage sind der Universitätsverlag der Bauhaus-Universität Weimar (seit 1954), der BIS-Verlag der Universität Oldenburg (seit 1980) und Fachhochschulverlag der Fachhochschule Frankfurt (1980), vgl. *Halle*, Bibliotheksdienst 2006, 809, 811. Im Jahr 2006 führten 13 Hochschulen einen Eigenverlag, vgl. *Pampel*, S. 47. Im Jahr 2013 sind in der Internetpräsenz der Arbeitsgemeinschaft der Universitätsverlage in Deutschland und Österreich 22 Universitätsverlage verzeichnet, vgl. http://blog.bibliothek.kit.edu/ag_univerlage/?page_id=535. Hochschulexterne (Privat-)Verlage mit enger örtlicher Anbindung an eine bestimmte Universität sind etwa Vandenhoeck & Ruprecht in Göttingen oder Mohr Siebeck in Tübingen, vgl. *Halle*, Bibliotheksdienst 2006, 809, 810.

[114] Vgl. *Halle*, Bibliotheksdienst 2006, 809, 811; *Pampel*, S. 49 f.

[115] Vgl. *Halle*, Bibliotheksdienst 2006, 809, 811 m.w.N.

[116] Vgl. *Bargheer* in Hagenhoff, Internetökonomie der Medienbranche, S. 173, 191 f. Universitätsverlage publizieren oftmals hybrid, also sowohl elektronisch als auch gedruckt, vgl. nur Kassel University Press, abrufbar unter http://cms.uni-kassel.de/unicms/index.php?id=3223 oder Hamburg University Press, abrufbar unter http://blogs.sub.uni-hamburg.de/hup/leitlinien/.

[117] Vgl. *Bargheer* in Hagenhoff, Internetökonomie der Medienbranche, S. 173, 192; *SPD-Fraktion*, Entwurf eines ... Gesetzes zur Änderung des Urheberrechtsgesetzes, BT-Drucks. 17/5053, S. 4.

[118] Vgl. *Bargheer* in Hagenhoff, Internetökonomie der Medienbranche, S. 173, 192 m.w.N. Das Tätigkeitsspektrum reicht von reinen Druckdienstleistungen bis hin zu typisch verlegerischen Tätigkeiten wie Lektorat oder Durchführung von *peer review*-Verfahren, vgl. *Pampel*, S. 50.

teresse sind.[119] Kritiker bemängeln allerdings, dass Universitätsverlage mit ihrer staatlichen Subventionierung den Verlagsmarkt verzerrten[120] und weder über ein klares fachliches Profil[121] noch über effektive Verfahren zur Qualitätssicherung verfügten.[122]

III. Desiderate

Die Desiderate der Verlage unterscheiden sich je nach befragter Gruppe. Branchenvertreter kommerzieller Verlage betonen, dass deutsche Wissenschaftler und Angehörige deutscher Hochschulen weitreichenden Zugang zu wissenschaftlichen Publikationen hätten; etwaig bestehende Zugangshindernisse seien vor allem auf die mangelnde finanzielle Ausstattung wissenschaftlicher Bibliotheken zurückzuführen.[123] Um die Chancen Deutschlands im globalen Wettbewerb zu verbessern, solle vermehrt auf marktwirtschaftliche Strukturen gesetzt werden.[124]

Universitätsverlage sind der Ansicht, kommerzielle Fachverlage würden den Bedürfnissen der Wissenschaft nur unzureichend Rechnung tragen; ihnen selbst komme daher eine entscheidende Ergänzungsfunktion zu.[125] Insofern solle ihr Geschäftsmodell stärker gefördert werden.[126]

Zum Teil wird grundsätzliche Kritik an dem bestehenden Publikationssystem im wissenschaftlichen Bereich geäußert: Es sei problematisch, wenn mit staatlichen Geldern finanzierte Forschung und daraus resultierende Publikationen wiederum mit öffentlichen Mitteln beschafft werden müssten, um sie der Forschungsöffentlichkeit in Hochschulbibliotheken zur Verfügung stellen zu können.[127] Die durchaus wertvolle Arbeit der Fachverlage rechtfertige die

---

[119] Beispielsweise Vorlesungsbeilagen, Institutsschriften oder Tagungsbände, vgl. *Bargheer* in Hagenhoff, Internetökonomie der Medienbranche, S. 173, 193, außerdem Dissertationen, Schriftenreihen, Festschriften und *Open Access*-Zeitschriften, vgl. *Halle*, Bibliotheksdienst 2006, 809, 815.

[120] *Götze/Korwitz*, Börsenblatt 50/2004, 16 f.; *Schulte*, Börsenblatt 19/2005, 34, 35.

[121] Ulrich Martin, Marketingleiter des Bankakademie-Verlags, zitiert von *Pampel*, S. 108.

[122] Diesen Kritikpunkt hätten insbesondere Wissenschaftler selbst geäußert, vgl. *Halle*, ZfBB 2003, 243, 246.

[123] *Börsenverein des Deutschen Buchhandels*, Kommentar zur Stellungnahme der Allianz der deutschen Wissenschaftsorganisationen, Neuregelung der Urheberrechts, S. 3.

[124] Vgl. *Sprang*, Politik & Kultur 6/2012, 19.

[125] Vgl. *University of Bamberg Press*, abrufbar unter www.uni-bamberg.de/ubp/profil/; *Universitätsverlag der Technischen Universität Chemnitz*, abrufbar unter www.bibliothek.tu-chemnitz.de/UniVerlag/.

[126] Vgl. *AG Universitätsverlage*, abrufbar unter http://blog.bibliothek.kit.edu/ag_univerlage/?page_id=538.

[127] So etwa *Bundesregierung*, Entwurf eines Gesetzes zur Nutzung verwaister und vergriffener Werke und einer weiteren Änderung des Urheberrechtsgesetzes, BT-Drucks. 17/13423, S. 9; *Deutsche Forschungsgemeinschaft*, Publikationsstrategien im Wandel?, S. 11; *Kuhlen* in Schmitz/von Becker/Hrubesch-Millauer, Probleme des neuen Urheberrechts, S. 110, 122 f.; *Pflüger/Ertmann*, ZUM 2004, 436, 439; *Tauss* in Deutsche UNESCO-Kommission, Open Access, S. 100 f. Auch unter Wissenschaftlern stößt dieses System auf Missfallen. So sprachen sich 90 % der 1140 Teilnehmer einer europaweiten Studie aus dem Jahr 2012 dafür aus, dass die Ergebnisse der mit öffentlichen

Zeitschriftenpreise nur bis zu einem gewissen Grad.[128] Zudem würde das Lektorat an Bedeutung verlieren; Verlage würden also weniger Leistungen für ihre Autoren erbringen als früher,[129] zugleich aber, vor allem bei der Veröffentlichung von Promotionen, nur ein geringes Honorar zahlen oder sogar Druckkostenzuschüsse von ihren Autoren verlangen.[130]

D. Bewahrung und Zugang

Die Bewahrung und Eröffnung von Zugang zu wissenschaftlichen Informationen, aber auch zum kulturellen Erbe allgemein, ist Aufgabe von Gedächtnisinstitutionen wie Museen, Archiven und Bibliotheken.[131]

Archive nehmen keinen planmäßigen Bestandsaufbau vor; ihre Bestände setzen sich vor allem aus einer über längere Zeit gewachsenen Sammlung an Dokumenten zusammen.[132] Archive konzentrieren sich auf die Bewahrung und Ordnung, weniger auf die Vermittlung des Bestandes.[133] Anders als Bibliotheken verwahren sie insbesondere auch unveröffentlichte Dokumente.[134] Die gesetzlichen Vorgaben, aufgrund derer sie handeln, unterscheiden sich je nach Archivart.[135] Sie sind vorrangig auf analoge kulturelle Äußerungen zugeschnitten; fraglich ist daher, inwiefern die digitale Kommunikation von diesen Gesetzen erfasst wird.[136] So stellen manche Ämter ihre elektronischen Dokumente

---

Mitteln finanzierten Forschung der Öffentlichkeit frei zur Verfügung stehen sollen, *Europäische Kommission*, Online survey on scientific information in the digital age, S. 21. Vgl. auch *Andermann/Degkwitz* in Hofmann, Wissen und Eigentum, S. 221, 224.

[128] Anfang 2012 unterstützten über 11.000 Wissenschaftler weltweit einen Aufruf des Cambridge-Professors *Timothy Gowers*, bei dem Fachverlag Elsevier weder zu publizieren noch anderweitig für diesen tätig zu werden. Vgl. *Gowers*, The Cost of Knowledge, S. 2, abrufbar unter http://gowers. files.wordpress.com/2012/02/elsevierstatementfinal.pdf.

[129] *Rosenkranz*, S. 5. Die Begutachtung übernähmen zudem andere Forscher ohne Entgelt; sie müsse der Verlag lediglich organisieren, vgl. *DIE LINKE.-Bundestagsfraktion*, Wissenschaftliche Urheberinnen und Urheber stärken – Unabdingbares Zweitveröffentlichungsrecht einführen, BT-Drucks. 17/5479, S. 1.

[130] *DIE LINKE.-Bundestagsfraktion*, Wissenschaftliche Urheberinnen und Urheber stärken – Unabdingbares Zweitveröffentlichungsrecht einführen, BT-Drucks. 17/5479, S. 1.

[131] *Dreier/Euler/Fischer/van Raay*, ZUM 2012, 273, 274.

[132] Vgl. *Gantert/Hacker*, S. 15. Nach § 2 Abs. 8 Bundesarchivgesetz (BArchG) etwa sind Archivgut alle archivwürdigen Unterlagen wie Urkunden, Akten, Einzelschriftstücke, Film-, Bild- und Tonmaterial, Karten, Pläne, Karteien, Dateien oder Teile davon, maschinenlesbare Datenträger, auf diesen gespeicherte Informationen und Programme zu ihrer Auswertung sowie sonstiges Informationsmaterial und Hilfsmittel zu ihrer Nutzung.

[133] *Dreier/Euler/Fischer/van Raay*, ZUM 2012, 273, 274; *Plassmann/Rösch/Seefeldt/Umlauf*, S. 12.

[134] *Plassmann/Rösch/Seefeldt/Umlauf*, S. 10; *Umstätter*, S. 11.

[135] Für öffentliche Archive existieren auf Bundes- und Landesebene Tätigkeitsbestimmungen; so legt etwa das das BArchG die Aufgaben des Bundesarchivs fest und bestimmt die anbietungspflichtigen Stellen, vgl. § 2 Abs. 1 BArchG Eine vergleichbare Regelung enthält etwa das Archivgesetz des Landes Berlin, vgl. §§ 2 Abs. 2, § 4 Abs. 1 ArchGB.

[136] Zu diesem rechtlichen Problem ausführlich *Euler*, S. 114 ff. Zur Zunahme digitaler Kommunikation allgemein *Keitel*, Archive, in nestor Handbuch, Kap. 2.9 ff.; *Scheffel/Rohde-Enslin*, ZfBB 2005, 143, 146.

Archiven nicht zur Verfügung, weil sie der Ansicht sind, dass diese nicht von der Anbietungspflicht erfasst seien.[137]

Bibliotheken sind Einrichtungen, „die unter archivarischen, ökonomischen und synoptischen Gesichtspunkten publizierte Information" sammeln, ordnen und verfügbar machen.[138] Sie sollen der Bevölkerung einen möglichst weitreichenden Zugang zu Informationen und Wissen aller Art ermöglichen,[139] um die intellektuelle Auseinandersetzung und damit auch die Entwicklung der Forschung zu fördern.[140] Öffentlich sind Bibliotheken dann, wenn sie ihren Bestand einem nicht näher eingegrenzten Nutzerkreis zur Verfügung stellen.[141] Im Hinblick auf Bestandsaufbau und -erhaltung überschneiden sich die Aufgaben von Archiven und Bibliotheken.[142] Von Museen unterscheiden sich die beiden insofern, als die Darstellung der Sammlung, etwa in Form von Ausstellungen, dort einen weitaus höheren Stellenwert hat.[143]

Die Tätigkeit von Gedächtnisinstitutionen hat sich in allen drei Aufgabenbereichen – Bestandsaufbau, Bestandserhaltung und Bestandsvermittlung – in den letzten Jahren massiv verändert.

I. Bestandsaufbau

Pro Jahr erscheinen weltweit über eine Million Bücher.[144] Hinzu kommt eine stetig wachsende Zahl kultureller Äußerungen, die in digitaler Form über das Internet veröffentlicht werden.[145] Bibliotheken und Archive müssen daher beim

---

[137] Vgl. *Euler*, S. 111.

[138] *Ewert/Umstätter*, Bibliotheksdienst 1999, 957, 966. Für eine detaillierte Aufschlüsselung der einzelnen Begriffe dieser Definition vgl. *Umstätter*, S. 11 ff. Laut *Deutsche Bibliotheksstatistik*, Gesamtauswertung Berichtsjahr 2012, 2013, abrufbar unter www.hbz-nrw.de/dokumentencenter/produkte/dbs/aktuell/auswertungen/gesamt/dbs_gesamt_dt_12.pdf bestanden in Deutschland im Jahr 2012 10.195 Bibliotheken mit insgesamt rund 365 Millionen Medien; 210 Millionen Menschen besuchten Bibliotheken in Deutschland und entliehen dabei circa 471 Millionen Medien. *Gantert/Hacker*, S. 11 gehen von rund 12.000 Bibliotheken in Deutschland aus, ohne jedoch eine Quelle für diese Zahl zu nennen.

[139] *Lux* in Deutsche UNESCO-Kommission, Open Access, S. 86.

[140] Vgl. *Beger* in Dreier/Euler, Kulturelles Gedächtnis im 21. Jahrhundert, S. 75 ff.

[141] *Euler*, S. 78. Zur Definition der „öffentlichen Bibliothek" im UrhG siehe Teil 3.B.IV.2. sowie Teil 6.B.II.2.a).

[142] *Euler*, S. 86. Insbesondere bei digitaler Kommunikation wie etwa Netzkommunikation kann die Überschneidung zu Problemen führen (S. 112).

[143] *Dreier/Euler/Fischer/van Raay*, ZUM 2012, 273, 275. Museen sammeln und erforschen Objekte der Natur sowie von Menschen hergestellte (kulturelle) Güter und präsentieren diese der Öffentlichkeit, vgl. Art. 3 Sect. 1 ICOM-Statutes vom 24. August 2007; *Gantert/Hacker*, S. 16; *Plassmann/Rösch/Seefeldt/Umlauf*, S. 11. In Deutschland gibt es mindestens 6.355 Museen, die im Jahr 2012 von mehr als 112 Millionen Menschen besucht wurden, vgl. *Institut für Museumsforschung*, S. 7.

[144] *Gantert/Hacker*, S. 125.

[145] Vgl. *Euler*, S. 62 f.; *Heckmann/Weber*, AfP 2008, 269 ff. Nach *Börsenverein des Deutschen Buchhandels*, Buch und Buchhandel in Zahlen 2013, S. 80 gab es 2012 in Deutschland 91.100 Neuerscheinungen. Davon sind Erst- und Neuauflagen erfasst, *Print-on-Demand*-Produktionen und E-Books aber nur in geringen Teilen.

Bestandsaufbau eine Auswahl treffen, die möglichst ihren Aufgaben und Nutzerkreisen entspricht.[146] Dabei sehen sie sich mit rechtlichen, technischen und wirtschaftlichen Herausforderungen konfrontiert.

1. Gesetzlicher Auftrag

Zum Teil sind Bibliotheken und Archive gesetzlich verpflichtet, bestimmte Inhalte zu sammeln und zu bewahren.[147] Welche Rechtsgrundlage im Einzelfall einschlägig ist und welchen Sammelauftrag eine Bibliothek oder ein Archiv hat, hängt von ihrer jeweiligen Trägerschaft ab.[148] Bibliotheken und Archive befinden sich in Deutschland überwiegend in Trägerschaft von Ländern und/oder Kommunen.[149]

Einige Bibliotheken haben die Aufgabe, Pflichtexemplare entgegenzunehmen und zu verwahren. Dies sind Medienwerke, die Verleger aufgrund gesetzlicher Verpflichtung unentgeltlich an eine (Pflichtexemplars)Bibliothek abgeben müssen.[150]

Traditionell waren die Pflichtexemplargesetze von Bund und Ländern auf die Sammlung von Darstellungen in körperlicher Form ausgerichtet. Auf Bundesebene wurde der Sammelauftrag der Deutschen Nationalbibliothek (DNB) auf Darstellungen in unkörperlicher Form erweitert;[151] manche Bundesländer sind diesem Beispiel gefolgt.[152] Gegenstand des Sammelauftrags der DNB sind Medienwerke, also „alle Darstellungen in Schrift, Bild und Ton, die in körperlicher Form verbreitet oder in unkörperlicher Form der Öffentlichkeit zugänglich gemacht werden."[153] Dies schließt Netzpublikationen mit ein.[154]

2. Digitale Sammlungen

Digitale Techniken werden für den Bestandsaufbau von Gedächtnisinstitutionen immer wichtiger.

---

[146] *Gantert/Hacker*, S. 125.
[147] Vgl. z.B. BArchG, DNBG.
[148] Dazu *Wiesner/Werner/Schäffler* in Frankenberger/Haller, Die moderne Bibliothek, S. 166 ff.
[149] *Seefeldt/Syré*, S. 35.
[150] *Gantert/Hacker*, S. 143 f. Sowohl Bund als auch Länder verfügen über Pflichtexemplargesetze.
[151] Vgl. § 3 Abs. 1 DNBG. Bis 2006 war der Sammelauftrag auf „Druckwerke" beschränkt (§ 2 Abs. 1 DBiblG).
[152] Vgl. nur § 1a PflExG (Baden-Württemberg), §§ 1, 2 Abs. 2. PflExG (Hamburg), § 3 Abs. 1 PflExG (NRW), § 2 PflExplVO (Sachsen-Anhalt), § 12 Abs. 3 TPG (Thüringen).
[153] § 3 Abs. 1 DNBG. Die gem. § 20 DNBG erlassene Pflichtablieferungsverordnung konkretisiert den Anwendungsbereich der grds. unbeschränkten Sammel- und Archivierungspflicht der DNB, vgl. § 9 Pflichtabgabeverordnung (PflAV).
[154] Zum Begriff „Netzpublikation" vgl. *Euler*, S. 88 f. m.w.N.

a) Digitale Bibliotheken

Manche Bibliotheken bieten ihre Bestände digital an und ermöglichen Nutzern den Zugriff darauf von Orten und zu Zeiten ihrer Wahl.[155] Beispiele für öffentlich finanzierte digitale Bibliotheken sind das durch die Deutsche Forschungsgemeinschaft (DFG) geförderte Zentrale Verzeichnis Digitalisierter Drucke (zvdd),[156] das von der Europäischen Kommission geschaffene Portal Europeana[157] und die Deutsche Digitale Bibliothek (DDB), ein Gemeinschaftsprojekt von Bund, Ländern und Kommunen.[158] Das wohl bekannteste privatwirtschaftliche Projekt ist *Google Books*.[159]

Digitale Bibliotheken bieten gewisse Vorteile gegenüber physischen Bibliotheken: Sie ermöglichen eine leichtere Suche und sind weder orts- noch zeitgebunden; zudem benötigen sie weniger Platz.[160] Allerdings sind Aufbau und Unterhalt einer solchen Bibliothek kostenintensiv und technisch komplex.[161] Zudem können rechtliche Probleme auftreten, da urheberrechtlich geschützte Werke nur dann in digitalisierter Form verfügbar gemacht werden können, wenn die Bibliothek über eine entsprechende Lizenz verfügt.[162]

b) Digitaler Bestandsaufbau, insbesondere Web-Harvesting

Auch herkömmlichen Bibliotheken und Archiven steht es offen, ihren Bestand mittels digitaler Techniken aufzubauen. Sie können digitale Werkexemplare erwerben. Zudem können sie Netzpublikationen mittels Web-Harvesting einsammeln.[163]

Beim zielgerichtetem Harvesting (*focused crawl*) wird einem Programm (*crawler*) eine Liste von URLs vorgegeben. Der Crawler ruft die Inhalte, auf welche die URLs verweisen, ab und speichert sie. Sollen bestimmte Bereiche des Webs vollständig gesammelt werden, muss ein flächiges Harvesting (*broad crawl*) durchgeführt werden. Dem Crawler wird dann zusätzlich aufgegeben, die abgespeicherten Inhalte auf Hyperlinks zu untersuchen. Sofern die Hyperlinks bestimmte Kriterien erfüllen, werden sie der Liste abzurufender Webadressen

---

[155] *Gantert/Hacker*, S. 292, 343 ff.

[156] Seiner Selbstbeschreibung nach dient das zvdd als „Nachweisportal für in Deutschland erstellte Digitalisate von Druckwerken vom 15. Jahrhundert bis heute." Das Angebot ist abrufbar unter www.zvdd.de.

[157] www.europeana.eu. Zur Entwicklung der Europeana ausführlich *Woldering*, ZfBB 2008, 33 ff.

[158] www.ddb.de.

[159] http://books.google.de. Zu den Gerichtsverfahren, die das Projekt veranlasst hat, siehe Teil 5.A.II.

[160] Vgl. ausführlich *Gantert/Hacker*, S. 344.

[161] *Gantert/Hacker*, S. 344 f.

[162] *Gantert/Hacker*, S. 344.

[163] Vgl. zum Folgenden sowie zu weiteren Einzelheiten dieses Verfahrens *Euler*, CR 2008, 64; *Euler/Steinhauer/Bankhardt*, Bibliotheksdienst 2011, 322, 323; *Liegmann* in Hoen, Planungen, Projekte, Perspektiven, S. 57 ff.

beigefügt. Dieser Vorgang erfolgt rekursiv und führt zu einer fortwährenden Erweiterung der Liste abzurufender und abzuspeichernder Webadressen.

Das flächige Web-Harvesting ist für Gedächtnisinstitutionen mit einem umfassenden Sammelauftrag eine sinnvolle Strategie, da es schwierig ist vorherzusagen, welche Netzpublikationen zur Dokumentation und für künftige Forschung gespeichert werden müssen.[164] Zudem sind sie, wenn sie Web-Harvesting praktizieren, nicht mehr darauf angewiesen, dass die Ablieferungspflichtigen ihrer Pflicht tatsächlich nachkommen.[165]

3. Wirtschaftliche Rahmenbedingungen

Während Archive regelmäßig keinen planmäßigen Bestandsaufbau betreiben, bauen Bibliotheken, die keine Pflichtexemplarbibliotheken sind, ihren Bestand in erster Linie über den Kauf von Medien auf, entweder in Form des Einzelkaufs oder im Abonnement.[166] Dauerbezüge, vor allem Abonnements von Zeitschriften, Serien und Fortsetzungen, produzieren laufende Kosten. Sie binden also über einen längeren Zeitraum einen Teil des Bibliotheksetats. Steigen Abonnementspreise, schrumpft der Anteil der Etatmittel für Einzelkäufe,[167] wenn die Bibliothek nicht bereit ist, Fachzeitschriften abzubestellen.[168]

Hoffnungen, dass die zunehmende Verbreitung elektronischer Zeitschriftentitel zu sinkenden Kosten führen würde,[169] haben sich bisher nicht erfüllt.[170] Dafür werden unterschiedliche Gründe angeführt: Elektronische Zeitschriften seien bereits aus steuerlichen Gründen für Bibliotheken wenig attraktiv, weil sie anders als gedruckte Schriftwerke steuerlich nicht privilegiert sind.[171] Hinzu kämen die fortlaufenden Kosten, die durch die für den Betrieb der Zeitschriften

---

[164] *Plett*, S. 22 f.

[165] Bei einer Umfrage des internationalen Bibliothekenverbandes IFLA im Jahr 2005 gaben 16 der 32 europäischen Nationalbibliotheken an, dass sie Web-Harvesting praktizieren, vgl. *Wiggins*, IFLA survey on inclusion of electronic resources in national bibliographies, 2005, S. 4, abrufbar unter http://archive.ifla.org/IV/ifla71/papers/177e-Wiggins.pdf.

[166] *Gantert/Hacker*, S. 138 ff.; *Kirchgäßner*, Mitteilungen der VÖB 2002, 38, 43.

[167] Nach *Kirchgäßner*, Mitteilungen der VÖB 2002, 38, 44 f. ist der Anteil von Dauerbezügen am Etat der Universitätsbibliothek Konstanz in den Jahren 1986 bis 2001 von 54 auf 69 % gestiegen.

[168] Das kann vor allem bei einschichtigen Bibliotheken, also bei Bibliotheken, die eine Zeitschrift nur einfach abonnieren, negative Folgen haben. Beispielsweise habe die Universitätsbibliothek Wuppertal durch Abbestellungen „substantielle Einbußen" in der verfügbaren Literatur erlitten; der Bestand an elektronischen Zeitschriften sei allerdings gestiegen, vgl. *Boni*, Leviathan 2010, 293, 295; *Woll*, S. 19.

[169] Vgl. *Boni*, Leviathan 2010, 293, 296.

[170] Vgl. *Andermann/Degkwitz* in Hofmann, Wissen und Eigentum, S. 221, 225; *Kaiser* in Peifer/Gersmann, Schriften zum europäischen Urheberrecht, S. 12, 25 ff.

[171] Für gedruckte Bücher und Zeitschriften beträgt der Mehrwertsteuersatz 7 %, für elektronische Zeitschriften und E-Books 19 %. Kritisch zu dieser Ungleichbehandlung insb. *DBV*, Gleichstellung von gedruckten Büchern und E-Books, S. 2, abrufbar unter www.bibliotheksverband.de/fileadmin/user_upload/DBV/positionen/2012_10_19_dbv_Positionspapier_E-Books-Ausleihe.pdf.

benötigte Hard- und Software sowie die Erhaltung der digitalen Informationsinfrastruktur[172] verursacht würden,[173] sowie die oligopolistische Marktstruktur.[174]

Um ihre Verhandlungsposition zu stärken, die Beschaffungskosten zu verringern und technische und rechtliche Expertise zu bündeln, haben Bibliotheken in den vergangenen Jahren Einkaufskonsortien gebildet.[175] In vielen Fällen beinhalten die mit den Fachverlagen abgeschlossenen sogenannten Konsortialverträge folgende Punkte: Das elektronische Exemplar einer Zeitschrift wird nur dann zur Verfügung gestellt, wenn Bibliotheken auch die gedruckte Ausgabe erwerben.[176] Bibliotheken beziehen Zeitschriftenpakete (*big deals*) eines Verlagshauses.[177] Für gedruckte Zeitschriften werden Abbestellquoten vereinbart.[178] Der Abonnementpreis setzt sich aus den Bezugskosten der gedruckten Version und einem prozentualen Aufschlag für die jeweiligen elektronischen Zeitschriftentitel zusammen.[179]

Kritiker bemängeln, dass Konsortialverträge Bibliotheken den Aufbau eines individuellen Bestands unmöglich machen würden, weil sie Bibliotheken zum Bezug vereinheitlichter Verlagspaketangebote verpflichteten.[180] Zudem seien

---

[172] Eine Informationsinfrastruktur ist ein „Netz von Einrichtungen, die [...] in öffentlichem bzw. institutionellem Auftrag" wissenschaftliche Informationen erwerben und archivieren und überdies sicherstellen, dass diese Informationen verfügbar sind und verwertet werden können, vgl. *Kommission Zukunft der Informationsinfrastruktur (KII)*, S. 14.

[173] Vgl. *Kaiser* in Peifer/Gersmann, Schriften zum europäischen Urheberrecht, S. 9, 26.

[174] Vgl. RegE, BT-Drucks. 17/13423, S. 9.

[175] Vgl. *Boni*, Leviathan 2010, 293, 297 m.w.N.; *Reinhardt/Hartmann/Piguet*, ZfBB 2005, 245, 245; *Ware/Mabe*, S. 18. Die Bildung von Konsortien geht auf eine Empfehlung der Hochschulrektorenkonferenz (HRK) aus dem Jahr 2001 zurück, vgl. *Hochschulrektorenkonferenz*, Reduzierung der Etatkrise wissenschaftlicher Bibliotheken durch Konsortialverträge, 2001, abrufbar unter www.hrk.de/ positionen/beschluesse-nach-thema/convention/reduzierung-der-etatkrise-wissenschaftlicher-bibliotheken-durch-konsortialvertraege/. 1996 wurde die International Coalition of Library Consortia (ICOLC) gegründet, in der nach eigenen Angaben weltweit 200 Bibliothekskonsortien vertreten sind. 2000 gründete sich die German, Austrian and Swiss Consortia Organisation (GASCO), vgl. *Griebel/Reinhardt*, Bibliotheksdienst 2000, 799. Eine Übersicht der Konsortien, die 2003 bereits auf Bundes- und Landesebene bestanden, bieten *Degkwitz/Andermann*, ABI Technik 2003, 122, 129 ff.

[176] *Degkwitz/Andermann*, ABI Technik 2003, 122, 123; *Filipek*, S. 38. Inzwischen gibt es einige Konsortialverträge, die lediglich den Bezug elektronischer Zeitschriften zum Gegenstand haben.

[177] Zum Begriff des Zeitschriftenpakets vgl. *Boni*, Leviathan 2010, 297, 300, zum „*big deal*" *Reinhardt/Hartmann/Piguet*, ZfBB 2005, 245, 249; *Finch*, S. 24.

[178] *Filipek*, S. 37; *Plappert* in Mittermaier, eLibrary, S. 179, 192.

[179] Zu Basiskostensatz und Lizenzkosten-Aufschlag vgl. *Fladung/Dugall*, Bibliotheksdienst 2003, 1557, 1560. Dieses sogenannte Aufschlagsmodell existiert in zwei Formen: Entweder erhalten alle Konsortialbibliotheken Zugriff auf elektronische Zeitschriften, die zumindest eine Konsortialbibliothek als Printedition bezieht (*cross access*), oder den Bibliotheken wird Zugriff auf das gesamte Angebot an elektronischen Zeitschriften eines Verlagshauses gewährt (*additional access*), vgl. *Degkwitz/Andermann*, ABI Technik 2003, 122, 124; *Filipek*, S. 36; *Fladung/Dugall*, Bibliotheksdienst 2003, 1557, 1559 f.

[180] Dies führe zu einer „Tonnenmentalität", *Boni*, Leviathan 2010, 293, 300.

die vertraglich festgelegten starren Abbestellquoten bezüglich einzelner Titel aus dem Paket zu niedrig; zuweilen betrügen sie nur 5 %.[181] Teilweise wird darum bezweifelt, ob Konsortialverträge tatsächlich eine Kostenreduzierung bewirken.[182]

Die „National-" und „Allianz-Lizenzen" sollen gewisse Probleme der Konsortialverträge beheben.[183] Sie bezwecken die überregionale Versorgung von Bibliotheken, Wissenschaftsinstitutionen und Privatpersonen mit elektronischen Medien.[184] Außerdem stellen sie bibliographische Daten zur Verfügung, welche die einzelnen Bibliotheken in ihre Kataloge einpflegen können.[185]

II. Bestandserhaltung

Bibliotheken, Archive und Museen haben neben dem Bestandsaufbau die Aufgabe, geeignete Maßnahmen zu ergreifen, um ihren Bestand zu erhalten. Dies umfasst sowohl die Bestandssicherung analoger als auch digitaler Medien.[186]

1. Analoge Medien

Maßnahmen zur Bestandserhaltung analoger Medien dienen entweder der Konservierung oder Restauration und damit Wiederherstellung des Bestands[187] oder der Erstellung von Ersatzmedien.[188] Gegenstand der Bewahrungsmaßnahme ist entweder der Informationsträger selbst oder sein Inhalt.[189] In technischer Hinsicht geschieht dies durch Mikroverfilmung oder Digitalisierung. Bei der Mikroverfilmung wird der Inhalt verkleinert auf einem aus speziellen Stoffen

---

[181] Vgl. *Degkwitz/Andermann*, ABI Technik 2003, 122, 137.

[182] Der Preis sei nach wie vor hoch, vgl. *Gowers*, The Cost of Knowledge, S. 2, abrufbar unter http://gowers.files.wordpress.com/2012/02/elsevierstatementfinal.pdf. Teilweise wird befürchtet, die Oligopolisierung der Verlagsmarktes nehme weiter zu, da ein *big deal* Nutzer der Bibliotheken dazu zwinge, auf die Zeitschriften nur eines Verlagshauses zurückzugreifen, vgl. *Degkwitz/Andermann*, ABI Technik 2003, 122, 123 f.

[183] Zu den Begriffen und den Unterschieden zwischen National- und Allianzlizenzen vgl. www.nationallizenzen.de/ueber-nationallizenzen/allianz-lizenzen-2011-ff. Sie sind *very big deals* (siehe Teil 1.D.I.3. Fn. 177, 182), die möglichst viele Anwendungsfälle aus Sicht möglichst vieler Nutzertypen abdecken, vgl. *Grolman.Result*, S. 45.

[184] Vgl. *Gantert/Hacker*, S. 161.

[185] Vgl. *Gantert/Hacker*, S. 162.

[186] Hierzu *Jehn/Schrimpf*, LZA-Aktivitäten in Deutschland aus dem Blickwinkel von nestor, in nestor Handbuch, Kap. 2.2 ff.

[187] *Gantert/Hacker*, S. 247; *Umstätter*, S. 97.

[188] Vgl. *Gantert/Hacker*, S. 251. Ersatzmedien bezwecken entweder den Schutz des Inhalts von durch Zerfall bedrohten Werken (Ersatzkopie) oder der originalen Trägermedien vor abnutzendem Gebrauch (Schutzkopie), vgl. *Umstätter*, S. 106.

[189] Eine Gefahr für den Bestand ist etwa der durch Säure hervorgerufene Papierzerfall von Druckwerken, die zwischen 1840 und 1960 hergestellt wurden Damals wurden chemische Zusätze verwendet, die dazu führen, dass das Papier nach gewisser Zeit anfängt zu vergilben und zu zerfallen. Nach Schätzungen sind in Deutschland rund 80 % der in Magazinen gelagerten Bücher akut vom Säurezerfall gefährdet; ca. 60 Millionen Bücher sind nur noch eingeschränkt oder gar nicht mehr nutzbar, vgl. *Gantert/Hacker*, S. 249 f.

bestehenden Mikrofilm gespeichert.[190] Die Digitalisierung erfolgt durch die Erstellung reiner Bilddateien oder von Dateien mit maschinenlesbarem Text.[191]

2. Digitale Medien

Eine besondere Herausforderung für Gedächtnisinstitutionen liegt in der dauerhaften Speicherung und Sicherung digitaler Inhalte und in dem Erhalt ihrer Lesbarkeit.[192] Für Museen ist insbesondere die Digitalisierung von Videokunst eine Herausforderung.[193] Archive stehen vor dem Problem, dass in öffentlichen Einrichtungen zwar Akten und andere Dokumente digital angelegt werden, aber nicht unbedingt archivierbar sind.[194]

Die digitale Langzeitarchivierung verfolgt das Ziel, eine „integre und authentische Version der digitalen Ressourcen auch mit zukünftigen technischen Umgebungen zugänglich zu halten und benutzbar zu machen".[195] Wichtig ist dabei, nicht nur den Inhalt, sondern auch die Wahrnehmbarkeit elektronischer kultureller Äußerungen zu erhalten; digitale Medien bestehen aus Reihen von Informationseinheiten (Bitstreams), die ohne technische Hilfsmittel weder sicht- noch benutzbar sind.[196] Dabei muss der vergleichsweise geringen Haltbarkeit digitaler Speichermedien[197] sowie der Tatsache Rechnung getragen werden, dass sowohl Hard- als auch Software schnell veralten.[198]

Um diese Herausforderungen zu meistern, wurden verschiedene Methoden entwickelt.[199] Sie alle erfordern Vervielfältigungshandlungen. Unter Migration wird das Transferieren von digitalen Inhalten auf eine andere Hard- und/oder Softwarekombination verstanden.[200] Entweder wird dabei das Trägermedium

---

[190] *Umstätter*, S. 107 f. Seiner Ansicht nach sind die Nachteile dieses Verfahrens die technologische Abhängigkeit von bestimmten Lesegeräten und die umständliche Rezeption des gespeicherten Inhalts; Inhalte, die bereits auf Mikrofilm gespeichert seien, würden mittlerweile digitalisiert, um einen besseren Gebrauch der Medien zu ermöglichen. Ein Vorteil von Mikrofilmen in der Form der Silberfilme ist, dass sie bis zu 500 Jahre halten, vgl. *Gantert/Hacker*, S. 252.

[191] *Umstätter*, S. 109.

[192] *Jehn/Schrimpf*, LZA-Aktivitäten in Deutschland aus dem Blickwinkel von nestor, in nestor Handbuch, Kap. 2.2.

[193] Oftmals entscheiden Museen in Absprache mit dem Künstler, ob Inhalt oder Präsentationsform stärkere Berücksichtigung bei der Archivierung finden soll, vgl. *Bergmeyer*, Museum, in nestor Handbuch, Kap. 2.16, 2.18. Schwieriger ist die Situation, wenn Museen keine Vorgaben des Künstlers einholen können, vgl. *Scheffel/Rohde-Enslin*, ZfBB 2005, 143, 147.

[194] Vgl. *Keitel*, Archive, in nestor Handbuch, Kap. 2.9, 2.11.

[195] *Mittler* in Dreier/Euler, Kulturelles Gedächtnis im 21. Jahrhundert, S. 87, 88.

[196] *Funk*, Einführung, in nestor Handbuch, Kap. 8.1, 8.2.

[197] *Borghoff/Rödig/Scheffczyk/Schmitz*, Informatik Spektrum 2005, 489; *Gantert/Hacker*, S. 252; *Scholz/Pompe/Kümmel/Schumacher* in Frühwald/Jäger/Langewiesche/Martino/Wohlfeil, Rhetorik des Neuen, S. 177, 270 f.

[198] Vgl. *Borghoff/Rödig/Scheffczyk/Schmitz*, Informatik Spektrum 2005, 489; *Gantert/Hacker*, S. 252; *Hillegeist*, S. 22 f.; *Peters* in Bundesvereinigung deutscher Bibliotheksverbände, Rechtsfragen der Bestandserhaltung durch Digitalisierung S. 440, 440.

[199] Zu den einzelnen Methoden überblicksartig *Plassmann/Rösch/Seefeldt/Umlauf*, S. 296.

[200] *Borghoff/Rödig/Scheffczyk/Schmitz*, S. 38 f.

ausgewechselt[201] oder das Format, in dem die digitalen Inhalte abgespeichert sind, wird verändert.[202] Bei der Emulation wird die Abspielumgebung eines Dokuments auf fortgeschrittenen Rechnern nachgebildet,[203] um Benutzbarkeit, Aussehen und Inhalt eines elektronischen Dokumentes so weit wie möglich zu erhalten.[204] Als „Hardware Preservation" wird die Aufbewahrung des Computers mit den jeweiligen Abspielumgebungen verstanden, die erfolgt, um die elektronischen Dokumente unverändert wiedergeben zu können.[205] Schließlich können auch rein digitale Objekte auf Mikrofilm archiviert werden, um sie so besonders lang haltbar zu machen.[206]

III. Bestandsvermittlung

Bestandsvermittlung ist die Nutzung des Bestands einer Gedächtnisinstitution zur Informationsversorgung.[207] Auch hier eröffnen digitale Technologien neue Möglichkeiten, insbesondere zur Verbesserung der Informationsinfrastruktur.[208]

Die Ethischen Richtlinien für Museen der ICOM (International Council of Museums) sind nach wie vor vornehmlich auf den Umgang mit verkörperten Medien und Gegenstände ausgerichtet,[209] obwohl Objekt- und Bilddaten sowie originär digitale Objekte im Alltag von Museen inzwischen eine wichtige Rolle spielen.[210] Viele Museen haben ihre Sammlungsverwaltung und wissenschaftliche Inventarisierung inzwischen digitalisiert.[211] Einige Museen publizieren ihre

---

[201] Dies kann in Form des *refreshment* oder der *replication* geschehen. *Refreshment* bedeutet die Übertragung digitaler Inhalte auf ein Trägermedium gleichen Typs, *replication* das Kopieren der Daten auf einen Träger anderer Art. Vgl. *Borghoff/Rödig/Scheffczyk/Schmitz*, S. 45 f.; *Ullrich*, Bitstream Preservation, in nestor Handbuch, Kap. 8.3, 8.5 f.

[202] Die Änderung des Datenformats soll digitale Inhalte derart erhalten, dass sie auch in Zukunft bearbeitet bzw. von neuen Programmen dargestellt und verarbeitet werden können, vgl. *Borghoff/Rödig/Scheffczyk/Schmitz*, S. 40 f., 47 f.; *Funk*, Migration, in nestor Handbuch, Kap. 8.10, 8.11.

[203] Eine Emulation kann verschiedene Ebenen eines Computersystems betreffen, z.B. die Hardware, das Betriebssystem oder auch die Anwendungsprogramme selbst, mit denen die elektronischen Dokumente sichtbar gemacht werden; auch eine Kombinationen ist denkbar, vgl. *Borghoff/Rödig/Scheffczyk/Schmitz*, S. 60 ff.; *Funk*, Emulation, in nestor Handbuch, Kap. 8.16.

[204] *Hoeren*, S. 10.

[205] *Gantert/Hacker*, S. 252.

[206] Vgl. *Keitel*, Mikroverfilmung, in nestor Handbuch, Kap. 8.32 f.

[207] Vgl. *Euler*, S. 189 f. Zum Begriff der Informationsversorgung für Bibliotheken *Gantert/Hacker*, S. 254.

[208] Vgl. *Wissenschaftsrat*, Empfehlungen zur Weiterentwicklung der wissenschaftlichen Informationsinfrastrukturen in Deutschland bis 2020, S. 17.

[209] Die Richtlinien sind abrufbar unter www.icom-deutschland.de/client/media/362/code_ethics 2013_eng.pdf. Nach *Dreier/Fischer/Euler/van Raay*, ZUM 2012, 273, 276 lässt sich ihnen höchstens indirekt entnehmen, dass nicht verkörperte Gegenstände in den Aufgabenbereich der Museen fallen.

[210] *Scheffel/Rohde-Enslin*, ZfBB 2005, 143, 144.

[211] *Bergmeyer*, Museum, in nestor Handbuch, Kap. 2.16, 2.18. f. Zu den Vorteilen digitaler Inventarisierung *Scheffel/Rohde-Enslin*, ZfBB 2005, 143, 144.

Forschungsdaten digital.[212] Auch für Werbemaßnahmen und die eigene Außenwirkung verwenden sie Bilddaten.[213] Bislang fehlt es diesbezüglich an einheitlichen Standards in der Museumslandschaft.[214]

Bibliotheken vermitteln ihre verkörperten Bestände herkömmlicherweise, indem sie räumliche Nutzungsmöglichkeiten (zum Beispiel einen Lesesaal oder ein Magazin) vorhalten und ihren Kunden vor Ort beratend zur Seite stehen.[215] Digitale Technologien haben nicht nur die interne Arbeitsweise von Bibliotheken geändert, sondern auch die Möglichkeiten der Vermittlung.[216] Vermittelt werden nunmehr Literatur und Information. Bibliotheken könnten dadurch zu „virtuellen" Gedächtnisinstitutionen werden.[217]

Wichtig ist hierbei insbesondere, dass bibliographische Informationen verfügbar gemacht werden. So bieten Bibliotheken mittlerweile Recherchewerkzeuge an, die nicht nur den eigenen Bestand, sondern auch den anderer Einrichtungen auflisten (sogenannte Verbundkataloge), sowie solche, die unselbständige Literatur (etwa Aufsätze in Zeitschriften) auffinden können.[218]

Bei der Errichtung virtueller Forschungsumgebungen[219] könnten Bibliotheken eine Schlüsselrolle spielen. Im Gegensatz zur digitalen Bibliothek stellt eine virtuelle Forschungsumgebung nicht nur bibliographische Informationen und Dokumente in Netzwerken zur Verfügung („Portalgedanke"[220]), sondern sie ist ein vielseitig einsetzbares Instrument zur Unterstützung und Durchführung des gesamten Forschungsprozesses. Bibliotheken könnten solche virtuellen Forschungsumgebungen aufbauen und betreiben und dadurch ihr Aufgabenspektrum erweitern.[221]

---

[212] *Bergmeyer*, Museum, in nestor Handbuch, 2.16, Kap. 2.20.
[213] *Scheffel/Rohde-Enslin*, ZfBB 2005, 143, 144. So digitalisieren Museen ihre analogen Medien zum Teil, um sie auf hauseigenen Webseiten bzw. in interaktiven Sammlungen präsentieren zu können, vgl. *Bergmeyer*, Museum, in nestor Handbuch, Kap. 2.16.
[214] *Scheffel/Rohde-Enslin*, ZfBB 2005, 143, 147.
[215] *Plassmann/Rösch/Seefeldt/Umlauf*, S. 219 ff.
[216] Vgl. *Mittler* in Füssel, Medienkonvergenz – Transdisziplinär, S. 31, 79; *Plassmann/Syré* in Frankenberger/Haller, Die moderne Bibliothek, S. 11, 38 f.
[217] Zur Literatur- und Informationsvermittlung *Gantert/Hacker*, S. 291. Zur Bibliothek als „virtueller" Gedächtnisinstitution vgl. *Plassmann/Syré* in Frankenberger/Haller, Die moderne Bibliothek, S. 11, 39.
[218] *Enquête-Kommission*, 6. Zwischenbericht, S. 51; *Gantert/Hacker*, S. 292, 293 ff., 317 ff. Siehe etwa das Recherchetool „Primus" der Universitätsbibliothek der Humboldt-Universität zu Berlin, abrufbar unter http://primus.ub.hu-berlin.de/.
[219] Das sind „Arbeitsplattform[en], die eine kooperative Forschungstätigkeit durch mehrere Wissenschaftler an unterschiedlichen Orten zur gleichen Zeit ohne Einschränkungen ermöglich[en]", *Allianz der deutschen Wissenschaftsorganisationen*, Definition Virtuelle Forschungsumgebung, abrufbar unter www.allianzinitiative.de/fileadmin/user_upload/2011_VRE_Definition.pdf.
[220] *Lossau*, ZfBB 2011, 156, 161.
[221] Vgl. *Lossau*, ZfBB 2011, 156 ff.; *Mittler* in Füssel, Medienkonvergenz – Transdisziplinär, S. 31, 79.

IV. Desiderate

Bibliotheken empfinden das Urheberrecht als besondere Hürde für ihre Arbeit: So bestehe unter Bibliothekaren erhebliche Rechtsunsicherheit hinsichtlich der Auslegung und Anwendung urheberrechtlicher Schrankenvorschriften. Sie führe zu erhöhtem Bürokratieaufwand und der Gefahr von Gerichtsprozessen.[222] Bestimmte Services würden Bibliotheken aus Angst vor möglicher Haftung nicht mehr anbieten.[223] Bei vielen Regelungen sei etwa unklar, ob und inwiefern Anschlussnutzungen erlaubt seien.[224] Zudem seien unbedingt erforderliche Maßnahmen zum Aufbau des digitalen Bestands und zur Langzeitarchivierung aufgrund urheberrechtlicher Vorgaben nicht durchführbar.[225] Darüber hinaus behindere das Urheberrecht den Aufbau digitaler Bibliotheken, die einen unbeschränkten Zugriff gestatten.[226]

Die DNB möchte ihrem Sammelauftrag im Hinblick auf Websites nachkommen.[227] Pflichtexemplarbibliotheken sollten urheberrechtlich in die Lage versetzt werden, im Internet frei zugängliche Werke, die von der Ablieferungspflicht erfasst sind, aber nicht abgeliefert wurden, selbst zu sammeln.[228] Insgesamt sollten gedruckte und elektronische Werke rechtlich gleichbehandelt werden.[229]

---

[222] Beispielsweise § 52b UrhG, vgl. *DBV*, Nutzerinteressen stärken, Urheberrechte wahren, S. 2. Zu den Prozessen *Hoeren/Neubauer*, ZUM 2012, 636, 639 f.; *Jani*, GRUR-Prax 2010, 27 ff. Zu § 53a UrhG vgl. *Allianz der deutschen Wissenschaftsorganisationen*, Ergänzende Hinweise, S. 8 f. Vgl. allgemein *Aktionsbündnis „Urheberrecht für Bildung und Wissenschaft"*, Göttinger Erklärung zum Urheberrecht für Bildung und Wissenschaft vom 05. Juli 2004, S. 2, abrufbar unter www.urheberrechtsbuendnis.de/GE-Urheberrecht-BuW-Mitgl.pdf; *Allianz der deutschen Wissenschaftsorganisationen*, Neuregelung des Urheberrechts, S. 7 f.; *Freier Zusammenschluss von StudentInnenschaften (FZS)*, Forderung auf Einrichtung einer Wissenschaftsschranke im Urheberrecht, 2012, abrufbar unter www.fzs.de/positionen/270502.html. Siehe auch Teil 3.B.IV., Teil 3.B.V., Teil 3.B.VI.

[223] *Allianz der deutschen Wissenschaftsorganisationen*, Ergänzende Hinweise, S. 8; *Bartlakowski/Talke/Steinhauer*, S. 102; *DBV*, Nutzerinteressen stärken, Urheberrechte wahren, S. 2.

[224] *Allianz der deutschen Wissenschaftsorganisationen*, Neuregelung des Urheberrechts, S. 3; *DBV*, Nutzerinteressen stärken, Urheberrechte wahren, S. 2; *Hoeren/Neubauer*, ZUM 2012, 636, 640.

[225] *Euler/Steinhauer/Bankhardt*, Bibliotheksdienst 2011, 322, 323 f.; *Steinhauer*, K&R 2009, 161, 165 f.

[226] *DIE LINKE.-Bundestagsfraktion*, Entwurf eines Gesetzes zur Änderung des Urheberrechtsgesetzes – Digitalisierung vergriffener und verwaister Werke, BT-Drucks. 17/4661, S. 1.

[227] So die *DNB* unter der Frage „Welche Netzpublikationen werden derzeit von der Deutschen Nationalbibliothek gesammelt?", abrufbar unter www.dnb.de/DE/Netzpublikationen/FAQ/faq_node.html#doc1636bodyText10. Vgl. auch *Bundesregierung*, Entwurf eines Gesetzes über die Deutsche Nationalbibliothek (DNBG), BT-Drucks. 16/322, S. 12.

[228] Vgl. zum Web-Harvesting *Euler/Steinhauer/Bankhardt*, Bibliotheksdienst 2011, 322, 327; *Steinhauer*, K&R 2009, 161, 166.

[229] *DBV*, Gleichstellung von gedruckten Büchern und E-Books, S. 1 f., abrufbar unter www.bibliotheksverband.de/fileadmin/user_upload/DBV/positionen/2012_10_19_dbv_Positionspapier_E-Books-Ausleihe.pdf; *Lux* in Deutsche UNESCO-Kommission, Open Access, S. 86, 87; *Steinhauer*, K&R 2009, 161, 166.

Verbesserungsbedarf bestünde schließlich auch insoweit, als die Anzahl nicht-textueller Materialien zunehme, die Qualität von Aufbereitung, Zugriff und Nutzungsmöglichkeiten dieser Medien jedoch nicht in gleichem Maße steige; sie sollten weiter gefördert werden.[230] Gleiches gelte für standortübergreifende virtuelle Forschungsumgebungen. In Deutschland befänden sie sich noch in der Erprobungsphase.[231] Sie hätten unter anderem mit urheberrechtlichen Hindernissen zu kämpfen.[232]

E. Rezeption und Anwendung

I. Hochschulen und Forschungseinrichtungen

An Hochschulen werden neben analogen Medien seit vielen Jahren auch digitale Medien und Infrastrukturen eingesetzt.[233] Kennzeichnend für die traditionelle Hochschullehre sind Präsenzveranstaltungen, in denen neuere Medien hauptsächlich unterstützend zu Visualisierungszwecken herangezogen werden.[234] Typisch ist aber vor allem der Einsatz von Medien wie Folien, Handouts und Tafelbildern.[235]

Im Rahmen der Nutzung digitaler Medien ist das E-Learning von großer Bedeutung.[236] Darunter versteht man „Lernarrangements [...], die durch die Anwendung moderner Informations- und Kommunikationstechnologien geprägt sind, bei denen eine spezifische Methodik zur Anwendung kommt sowie eine organisatorische Einbindung in die jeweilige Institution stattfindet".[237] Ein Vor-

---

[230] *KII*, S. 27 f., 35 f.

[231] Nach *KII*, S. 39 wurden bislang 33 virtuelle Forschungsumgebungen von der Deutschen Forschungsgemeinschaft und dem BMBF gefördert. Viele davon betreffen naturwissenschaftliche Projekte, z.B. der LHC für die Teilchenphysik oder GISAID für die Grippeforschung, vgl. *Lossau*, ZfBB 2011, 156, 157. Vgl. zu UK und USA *Mittler* in Füssel, Medienkonvergenz – Transdisziplinär, S. 31, 62 ff., 65f.

[232] Vgl. *Allianz der deutschen Wissenschaftsorganisationen*, Neuregelung des Urheberrechts, S. 3.

[233] Vgl. *Kammerl* in Holten/Nittel, E-Learning in Hochschule und Weiterbildung, S. 19 ff.; *Zinth/Schütz*, E-Learning in der Hochschulpraxis, S. 95, 103. Zur Entwicklung des E-Learning vgl. auch *Fischer*, S. 39 ff.

[234] *Schulmeister* in Hauff, Medien und Hochschuldidaktik, S. 37, 45.

[235] Vgl. zum Beispiel *Berendt/Voss/Wildt*, Neues Handbuch der Hochschullehre: Lehren und Lernen effizient gestalten, D1 – D2.

[236] *Enquête-Kommission*, 6. Zwischenbericht, S. 21 ff. Vgl. auch *Zinth/Schütz* in Holten/Nittel, E-Learning in Hochschule und Weiterbildung, S. 103. In der Studie von *Kleimann/Özkilic/Göcks*, S. 9 f. gaben 86 % der 4.400 befragten Studierenden an, über „netzgestützte lehrveranstaltungsbegleitende Materialien" zu verfügen. 93 % der Befragten sagten, sie hätten, wenn ein solches Angebot bestand, davon auch Gebrauch gemacht. *Simon* in Peifer/Gersmann, Schriften zum europäischen Urheberrecht, S. 65, 70 spricht von einer „Netzwerk-Gesellschaft" und betont, dass Bildungseinrichtungen sich auf die „neuen digitalen Medien umstellen und deren mediale Eigenschaften sowohl für die Wissensakkumulation als auch für den Zugang zum Wissen nutzen" müssen.

[237] E-Learning wird uneinheitlich definiert, alle Definitionsversuche stellen aber auf „die Verschmelzung von Bildungsprozessen mit digitalen Technologien" ab, *Fischer*, S. 32. Vgl. auch *Alb-*

teil des E-Learning sei die Befreiung von „räumlich-zeitlichen Beschränkungen traditioneller Lernformen" wie gedruckter Lehrbücher oder klassischer Präsenzvorlesungen; E-Learning ermögliche individuelles, multimediales Lernen.[238] Es verbessere die Kommunikation zwischen Lehrkräften und Studierenden außerhalb von Präsenzveranstaltungen und erleichtere die Einbeziehung aktueller Lehrinhalte. [239] E-Learning-Plattformen ermöglichten die Verwendung verschiedenster multimedialer Inhalte, etwa digitalisierter Skripte, Podcasts, Veranstaltungsaufzeichnungen, Lernprogramme oder 3D-Welten.[240]

E-Learning-Plattformen lassen sich auf unterschiedliche Weisen einsetzen. „Offene Hochschulen" unterrichten ausschließlich elektronisch und richten sich an eine unbestimmte Zahl Lernender, während E-Learning und Präsenzveranstaltungen beim *blended learning* miteinander verzahnt werden.[241] Für das *blended learning* spielen *learning content management systems* (LCMS) wie Moodle eine wichtige Rolle.[242] Sie werden verwendet, um Lehrmaterialien und Kursunterlagen für die Präsenzveranstaltungen bereitzustellen und kollaborative Arbeit und Kommunikation von Studierenden zu ermöglichen.[243] Zahlreiche natur- und geisteswissenschaftliche Fakultäten haben Portale eingerichtet, um Inhalte zu verbreiten und zu archivieren.[244]

Weil Aufbau und Unterhalt von E-Learning-Infrastrukturen aufwändig und kostenintensiv sind, raten einige zur hochschulübergreifenden Vernetzung derartiger Strukturen.[245] Dadurch könnten Inhalte (zum Beispiel digitale Lernmaterialien) gemeinsam genutzt werden; auch kollaborative Arbeit über Hochschulen hinweg würde dadurch möglich.[246] Diskussionsforen, Blogs, Video-

---

recht, S. 14; *Enquête-Kommission*, 6. Zwischenbericht, S. 22; *Euler* in Euler/Seufert, E-Learning in Hochschulen und Bildungszentren, S. 1, 4 ff.; *Kleimann/Wannemacher*, S. 3 f.

[238] *Enquête-Kommission*, 6. Zwischenbericht, S. 22 f. Vgl. auch *Brödel* in Holten/Nittel, E-Learning in Hochschule und Weiterbildung, S. 7.

[239] *Enquête-Kommission*, 6. Zwischenbericht, S. 22.

[240] *Enquête-Kommission*, 6. Zwischenbericht, S. 24.

[241] Vgl. *Enquête-Kommission*, 6. Zwischenbericht, S. 23 f., 30 f. m.w.N.; *Kleimann/Wannemacher*, S. 5 f.; *Zinth/Schütz* in Holten/Nittel, E-Learning in Hochschule und Weiterbildung, S. 96 mit m.w.N.

[242] *Enquête-Kommission*, 6. Zwischenbericht, S. 26. Vgl. auch die Untersuchung zur Lernplattform Moodle von *Höbarth*, passim.

[243] *Enquête-Kommission*, 6. Zwischenbericht, S. 28 f.

[244] *Peifer* in Peifer/Gersmann, Schriften zum europäischen Urheberrecht, S. 1, 4.

[245] *Enquête-Kommission*, 6. Zwischenbericht, S. 25. Die *Enquête-Kommission* weist daraufhin, dass das Joint Information Systems Committee (JISC) als Vorbild dienen könne. Das JISC schaffe in Großbritannien Synergien im Hinblick auf technische, organisatorische und didaktische Aspekte der Nutzung digitaler Technologien im Bildungsbereich.

[246] *Wissenschaftsrat*, Empfehlungen zur Weiterentwicklung der wissenschaftlichen Informationsinfrastrukturen in Deutschland bis 2020, S. 22, wonach „Insellösungen", also mangelnde Kooperation verschiedener wissenschaftlicher Informationsinfrastrukturen in Deutschland, letztlich den „wissenschaftlichen Erkenntnisfortschritt" hemmen.

streaming, Wikis und sonstige Medien würden die Einbeziehung externer Experten sowie nicht physisch anwesender Studierender ermöglichen.[247]

II. Schulen

Im Schulunterricht werden vor allem Texte, Bilder, Musik und Filme verwendet, zum Teil auch kombiniert. Wie in allen Bereichen der Informations- und Wissensgesellschaft spielen digitale Technologien und Medien auch in Schulen zunehmend eine wichtige Rolle.[248] Beinahe alle Schulen in Deutschland sind mit stationären und mobilen Computern für den Unterrichtseinsatz ausgestattet.[249] Ein Großteil dieser Geräte verfügt über Internetzugang.[250] Dies entspricht einem europaweiten Trend: Innerhalb der EU sowie in Norwegen und der Türkei teilen sich nach einer Studie im Durchschnitt zwischen drei und sieben Schüler einen Schulcomputer; die überwiegende Mehrheit der europäischen Schulen verfügt hiernach über eine Breitband-Internetverbindung; Lehrkräfte benutzen neben Computern zunehmend Netbooks, Tablets und interaktive Whiteboards.[251]

---

[247] Vgl. *Enquête-Kommission*, 6. Zwischenbericht, S. 25 mit Hinweis auf *HRK-Kommission für Neue Medien und Wissenstransfer*, Herausforderungen Web 2.0. Beiträge zur Hochschulpolitik Nr. 11/2010, v.a. S. 39 ff.

[248] *Kultusministerkonferenz*, Medienbildung in der Schule – Beschluss der Kultusministerkonferenz vom 8.3.2012, S. 3, abrufbar unter www.kmk.org/fileadmin/veroeffentlichungen_beschluesse/2012/2012_03_08_Medienbildung.pdf; *Suttorp*, S. 6, 8 f. Die Studien, auf die im Folgenden Bezug genommen wird, verfolgen unterschiedliche methodologische Ansätze; sie sind nicht alle gleich repräsentativ. Der Sechste Zwischenbericht der Enquête-Kommission betont zudem die hohe Bedeutung von Informations- und Kommunikationstechnologien im Bereich der beruflichen Aus- und Weiterbildung, wobei jedoch in diesem Bereich wegen der großen Heterogenität der Ausbildungsberufe noch keine flächendeckende, gleichstarke Implementierung zu beobachten ist, vgl. *Enquête-Kommission*, 6. Zwischenbericht, S. 31 ff.

[249] Laut *BMBF*, IT-Ausstattung, S. 6 waren im Jahr 2006 99 % der bundesdeutschen Schulen mit Computern ausgestattet; an den insgesamt 30.304 Schulen waren 1.075.393 Computer vorhanden. Vgl. auch *European Schoolnet/University of Liege*, Survey of Schools: ICT in Education, abrufbar unter https://ec.europa.eu/digital-agenda/node/51275. Diese Studie beruht auf einer umfangreichen Befragung von Lehrern und Schülern, insgesamt wurden 180.000 Antworten ausgewertet. Allerdings gibt es keine Daten zur Lage in Deutschland, da hier die Rücklaufquote zu gering war. Die Zahlen der Studie beziehen sich daher auf die EU-27 mit Ausnahme von Deutschland, den Niederlanden und dem Vereinigten Königreich sowie auf Kroatien, Norwegen und die Türkei.

[250] Nach *BMBF*, IT-Ausstattung, S. 7 waren 2006 52% der Geräte an Grundschulen, 75 % der Geräte an Sekundarschulen I und II und 79 % der Geräte an berufsbildenden Schulen mit dem Internet verbunden; das ergebe einen Schnitt von 71 %.

[251] *European Schoolnet/University of Liege*, Survey of Schools: ICT in Education, S. 9 ff. Vgl. zu Deutschland auch *Initiative D21*, S. 8, wonach 93,8 % der in Deutschland zum Abitur führenden Schulen über einen Beamer, 89,5 % über Computer, 62 % über interaktive Whiteboards und 4,3 % über Netbooks verfügen. Diese Zahlen stehen in leichtem Widerspruch zu den zuvor genannten Angaben aus *BMBF*, IT-Ausstattung, S. 8, wonach 99 % der Schulen über Computer und 83 % über Beamer verfügen. Diese Differenzen lassen sich möglicherweise damit erklären, dass die Studien aus unterschiedlichen Jahren stammen und die Zahlen der Initiative D21 auf eine Stichprobe von 305 Interviews mit Lehrern zurückgehen, die mathematisch-naturwissenschaftliche Fächer an einer Schule unterrichten, die zum Abitur führt, während die Studie des BMBF alle Schulformen

Insgesamt sei in Deutschland eine stetige Zunahme der Mediennutzung durch Lehrer festzustellen.[252] Allerdings stünden Computer in vielen Schulen nur zeitlich begrenzt und an einem zentralen Ort zur Verfügung.[253] Die tatsächliche Benutzung der Technologien sei geringer als es Bestand und Verfügbarkeit ermöglichen würden.[254] Nach wie vor dominierten gedruckte Materialien den Unterricht.[255] In Deutschland verwende allerdings etwa die Hälfte der Lehrer in den MINT-Fächern Internetinhalte zur Unterrichtsvorbereitung.[256] An einigen deutschen Schulen werden überdies virtuelle Lehr- und Lernplattformen errichtet.[257]

Teilweise sind diese digitalen interaktiven Lernumgebungen auf bestimmte Themen zugeschnitten.[258] Es gibt aber auch themenunabhängige Online-Nutzungsplattformen. Dort werden Materialien zur Verfügung gestellt, Schüler und Lehrer tauschen sich aus, es finden Forendiskussionen statt und/oder werden Blogbeiträge verfasst.[259] Ein Vorteil dieser Lernumgebungen liege darin, dass Materialien nur für Mitglieder des Netzwerks (zum Beispiel Schüler eines Klassenverbandes) einsehbar seien, so dass die Mitglieder den Umgang mit dem Internet in einer sichereren Umgebung lernen könnten.[260]

---

mit einbezieht und auf den Angaben der Länder beruht sowie auf einem Fragenkatalog, der direkt an die Schulen geschickt wurde.

[252] Nach *Breiter/Welling/Stolpmann*, S. 72 f. setzen über die Hälfte (53 %) der 1.458 befragten Lehrer in weiterführenden allgemeinbildenden Schulen in Nordrhein-Westfalen digitale Medien zumindest gelegentlich in ihrem Unterricht ein. Nach *European Schoolnet/University of Liege*, Survey of Schools: ICT in Education, S. 10, 55 f., 77, 80 beziehen EU-weit Lehrer von 20-30 % der Schüler Unterrichtsmaterial aus dem Internet und bereiten Präsentationen am Computer vor. Lehrer von 10-15 % der Schüler gebrauchen zumindest einmal pro Woche die schuleigene Homepage, erstellen digitale Ressourcen und nutzen digitale Lernumgebungen. Schüler nutzen den Computer zu Hause weitaus häufiger als in der Schule; 50-80 % der Schüler nutzen weder digitale Lehrbücher noch andere Multimedia Werkzeuge.

[253] Diese Beschränkungen bestünden in über der Hälfte der Schulen, vgl. *Initiative D21*, S. 9.

[254] *Initiative D21*, S. 11. *European Schoolnet/University of Liege*, Survey of Schools: ICT in Education, S. 9 kommt für Europa zu einem ähnlichen Schluss.

[255] *Initiative D21*, S. 5.

[256] Dazu gehörten Webseiten wie YouTube oder Wikipedia, Online-Netzwerke, spezielle Online-Angebote für Lehrer sowie Online-Lernplattformen, vgl. *Initiative D21*, S. 16 ff. Zu beachten ist allerdings wiederum, dass für die Studie lediglich Lehrer der MINT-Fächer befragt wurden, so dass diese Angaben nicht unbedingt repräsentativ sind für Lehrer in anderen Fachrichtungen.

[257] Eine Reihe von Beispielen findet sich bei *Suttorp*, S. 12 f.

[258] Vgl. www.lehrer-online.de/interaktive-lernumgebung.php.

[259] *Akademie für Lehrerfortbildung und Personalführung Dillingen*, Medienrecht und Schule – Medien verantwortlich nutzen und selbst gestalten, S. 33 führt als Beispiele die (kostenlosen) Plattformen Moodle, Lo-net², Lo-net kompakt, Think.com und Teamlearn an.

[260] *Akademie für Lehrerfortbildung und Personalführung Dillingen*, Medienrecht und Schule – Medien verantwortlich nutzen und selbst gestalten, S. 33.

In der politischen Diskussion wird die Bedeutung des Einsatzes von Medien in Schulen betont.[261] Eine gute Ausstattung der Schulen mit Computern sei nicht ausreichend; vielmehr müssten Lehrverantwortliche systematisch in Medienkompetenz geschult und in den Stand versetzt werden, digitale Medien im Unterrichtsalltag einzusetzen.[262]

III. Sonstige Nutzer

Nicht nur Lehrer, Forscher und Wissenschaftler im öffentlichen Sektor machen Gebrauch von wissenschaftlichen Informationen und Daten.[263] So benötigen insbesondere Unternehmen in hochspezialisierten Technologiebereichen wie dem pharmazeutischen oder dem Luft- und Raumfahrtsektor Zugriff auf die für ihren Bereich relevanten Fachveröffentlichungen.[264] Einige von ihnen schließen daher Vereinbarungen mit den Fachverlagen, die sie zu einer umfassenden Nutzung der Texte berechtigen (einschließlich Text and Data Mining).[265]

Auch manche NGOs brauchen wissenschaftliche Informationen für ihre Arbeit.[266] Teilweise haben sie über Forschungsorganisationen und Regierungseinrichtungen oder über größere *non profit*-Verbände Zugang zu den Veröffentlichungen wissenschaftlicher Fachzeitschriften.[267]

Der allgemeinen Bevölkerung stehen wissenschaftliche Fachzeitschriften nicht umfassend kostenfrei zur Verfügung.[268] Bestehen Zugangsmöglichkeiten, sehen sich Nicht-Spezialisten vor allem mit drei Problemen konfrontiert: der enormen Fülle an Forschungsinformationen und -publikationen und der zunehmenden Spezialisierung der Sprache, in der Forscher einzelner Disziplinen miteinander kommunizieren.[269] Wie für die anderen Beteiligten kann das Urheberrecht zudem auch für Nicht-Spezialisten den Zugriff auf wissenschaftliche Informationen erschweren.[270]

---

[261] *Kultusministerkonferenz*, Medienbildung in der Schule – Beschluss der Kultusministerkonferenz vom 8.3.2012, S. 3, abrufbar unter www.kmk.org/fileadmin/veroeffentlichungen_beschluesse/2012/2012_03_08_Medienbildung.pdf.; *Enquête-Kommission*, Handlungsempfehlungen, S. 4

[262] *Kultusministerkonferenz*, Medienbildung in der Schule – Beschluss der Kultusministerkonferenz vom 8.3.2012, S. 3, abrufbar unter www.kmk.org/fileadmin/veroeffentlichungen_beschluesse/2012/2012_03_08_Medienbildung.pdf.; *Enquête-Kommission*, Handlungsempfehlungen, S. 2. Vgl. auch *BITKOM*, E-Learning wird mobiler, persönlicher und vernetzter – Presseerklärung vom 26. Mai 2013, S. 1, abrufbar unter www.bitkom.org/files/documents/BITKOM_Presseinfo_ELearning_Positionspapier_26_05_2013.pdf.

[263] Vgl. *Houghton et al.* 2009, S. 110.

[264] *Finch*, S. 49.

[265] *Finch*, S. 49.

[266] Vgl. *Houghton et al.* 2009, S. 110; *Finch*, S. 50.

[267] *Finch*, S. 50.

[268] Zumindest im Vereinigten Königreich haben nur sehr wenige öffentliche Bibliotheken Fachzeitschriften im Angebot, *Finch*, S. 51.

[269] *Finch*, S. 51.

[270] Vgl. *Houghton et al.* 2009, S. 110. Ein eindringliches Beispiel dafür findet sich bei *Hargreaves*, S. 46 f.

IV. Desiderate

Kritisiert wird, dass die urheberrechtlichen Schrankenregelungen den Bedürfnissen von Hochschulen und Schulen im Hinblick auf Lehre und Unterricht nicht in ausreichendem Maße Rechnung tragen würden.[271] Lehrerinnen und Lehrer seien sehr unsicher, welche Handlungen sie vornehmen dürften.[272] Dies gelte vor allem beim Kopieren von Texten und Noten,[273] aber auch bei der Präsentation von Filmen und Fernsehsendungen innerhalb des Unterrichts. Auch die Gestaltung von Schulzeitschriften und die Veranstaltung von Schulradioprogrammen würden Fragen aufwerfen.[274] Kultusministerkonferenz (KMK) und Schulbuchverlage haben einen Gesamtvertrag abgeschlossen, um den Rechtsrahmen zur Vervielfältigung urheberrechtlich geschützter Werke im Unterricht zu vereinheitlichen.[275]

Die Verwendung neuer Lehr- und Lernplattformen an Hochschulen (beispielsweise das Bereitstellen von Materialien auf Lernportalen oder per E-Mail) kreiere zum Teil ebenfalls komplexe urheberrechtliche Probleme.[276] Sie beträfen den Umfang des urheberrechtlichen Schutzes dieser Materialien und der urheberrechtlichen Schranken.[277] Regelmäßig würden mehrere Personen an der Ein-

---

[271] *Allianz der deutschen Wissenschaftsorganisationen*, Neuregelung des Urheberrechts, S. 3; *Pflüger*, ZUM 2010, 938, 939.

[272] Um diese Unsicherheit abzumildern, wurden verschiedene Broschüren geschaffen, vgl. etwa *Akademie für Lehrerfortbildung und Personalführung Dillingen*, Medienrecht und Schule – Medien verantwortlich nutzen und selbst gestalten, S. 3, sowie im Internet abrufbare Informationsangebote wie www.urheberrecht-in-der-schule.de (Thüringen), http://lehrerfortbildung-bw.de/sueb/recht/urh/ (Baden-Württemberg) oder www.schleswig-holstein.de/Bildung/DE/Zielgruppen/LehrerinnenLehrer/Urheberrecht/urheberrecht_node.html (Schleswig-Holstein).

[273] Ein ausführlicher Fragenkatalog über die Zulässigkeit verschiedener Kopiervorgänge für den Unterricht in Schulen enthält *Akademie für Lehrerfortbildung und Personalführung Dillingen*, Medienrecht und Schule – Medien verantwortlich nutzen und selbst gestalten, S. 15 f. Zwar ist die Vervielfältigung „graphischer Aufzeichnungen von Werken der Musik" nach § 53 Abs. 4 lit. a) UrhG grds. nur durch Abschreiben gestattet, allerdings haben VG Musikedition und Kultusministerkonferenz einen Pauschalvertrag abgeschlossen, der die Vervielfältigung erlaubt, vgl. *Otto*, Urheberrecht in Schule und Ausbildung, 2007, abrufbar unter www.bpb.de/gesellschaft/medien/urheberrecht/63412/urheberrecht-in-schule-und-ausbildung?p=all.

[274] *Akademie für Lehrerfortbildung und Personalführung Dillingen*, Medienrecht und Schule – Medien verantwortlich nutzen und selbst gestalten, S. 17 f.; *Otto*, Urheberrecht in Schule und Ausbildung, 2007, abrufbar unter www.bpb.de/gesellschaft/medien/urheberrecht/63412/urheberrecht-in-schule-und-ausbildung?p=all.

[275] Zu dem zwischen Kultusministerkonferenz und Schulbuchverlagen abgeschlossenen „Gesamtvertrag zur Einräumung und Vergütung von Ansprüchen gem. § 53 UrhG" www.kmk.org/presse-und-aktuelles/meldung/kultusministerkonferenz-handlungsfaehigkeit-der-schulen-datenschutz-und-schutz-des-geistigen-eigen.html.

[276] Vgl. nur BGH Urt. v. 28. November 2013 – I ZR 76/12 – *Meilensteine der Psychologie*. Vgl. überdies *Allianz der deutschen Wissenschaftsorganisationen*, Ergänzende Hinweise, S. 2, 10; *Enquête-Kommission*, 6. Zwischenbericht, S. 28 f. Siehe außerdem Teil 3.B.V.

[277] Vgl. die Illustration von *Junker*, 1. Teil, Abs. 5 ff. und 2. Teil.

richtung und Gestaltung der Portale mitwirken, so dass bisweilen auch die Urheberschaft selbst fraglich sein könne.[278]

Erforderlich sei hier demnach ein Wechsel von einer „kleinteilig-restriktiven Schrankensystematik" hin zu einer „großzügig-dynamischen Schrankenregelung".[279] Der Bildungsbereich sei auf leicht zugängliche und umfassende Informationsinfrastrukturen angewiesen, um Lehrveranstaltungen unterstützen und Medienkompetenz schaffen zu können; hier bestehe „Verbesserungsbedarf".[280] Zudem herrsche im Bildungsbereich erhebliche Rechtsunsicherheit.[281]

F. Zusammenfassung

Die Akteure im Bildungs- und Wissenschaftsbereich stehen vor zahlreichen Herausforderungen, vor allem im Hinblick auf die Nutzung digitaler Technologien. Manche Herausforderungen sind technischer oder wirtschaftlicher Art. So gut wie alle Akteure beklagen zudem, dass die bestehenden urheberrechtlichen Schranken für die praktischen Probleme unzureichende Lösungen bereithalten.

Forscher und Wissenschaftler wünschen sich möglichst weitreichenden Zugang und größtmögliche Verbreitung von wissenschaftlichen Texten und Daten. Gleiches gilt für Lehrer, Schüler und Studierende. Hier werden in Forschung und Lehre bzw. Unterricht gleichermaßen rechtliche Barrieren durch die Komplexität der urheberrechtlichen Schrankenregelungen beklagt. Zunächst betrifft das Unklarheiten über die Zulässigkeit der Nutzung bestimmter wissenschaftlicher Werkzeuge wie Text and Data Mining. Zudem wünschen sich Forscher und Wissenschaftler insbesondere rechtliche Klarheit im Zusammenhang mit der Nutzung von Werken in virtuellen Forschungsumgebungen. Es wird auch kritisiert, dass das Urheberrecht elektronischen Lern- und Lehrumgebungen nicht gerecht würde.

Bibliotheken und Museen fungieren als Mittler von Wissen und spielen dadurch eine zentrale Rolle im wissenschaftlichen Kommunikationsprozess. Auch sie haben ein starkes Interesse an der Vermittlung des von ihnen bewahrten Wissens. Eine allgemeine Forderung der Bibliotheken besteht darin, Werkinhalte digital auch außerhalb ihrer Räumlichkeiten zu beliebigen Zeiten vermitteln zu können – etwa im Rahmen virtueller Forschungsumgebungen. Bei der Umsetzung dieser Wünsche beklagen sie Unklarheiten und zu hohe Hürden bei den urheberrechtlichen Schranken. Gedächtnisinstitutionen allgemein sehen die Schrankenregelung als Hemmnis für Aufbau und Erhalt ihrer Bestände

---

[278] *Junker*, 1. Teil, Abs. 9
[279] *Pflüger*, ZUM 2010, 938, 939.
[280] *Wissenschaftsrat*, Empfehlungen zur Weiterentwicklung der wissenschaftlichen Informationsinfrastrukturen in Deutschland bis 2020, S. 22 f., 42 ff. m.w.N.
[281] *Aktionsbündnis „Urheberrecht für Bildung und Wissenschaft"*, Göttinger Erklärung zum Urheberrecht für Bildung und Wissenschaft vom 05. Juli 2004, S. 4, abrufbar unter www.urheberrechtsbuend nis.de/GE-Urheberrecht-BuW-Mitgl.pdf.

durch Techniken wie Web-Harvesting oder Maßnahmen der digitalen Langzeit-archivierung.

Auch (Wissenschafts-)Verlage haben ein originäres Interesse daran, den Zu-gang zu Informationen zu vereinfachen und somit ein größeres Publikum anzu-sprechen. Tendenziell sind sie aber vor allem an einer Vermittlung von Informationen im Rahmen des traditionellen Publikationsmodells interessiert. Der Fokus liegt weniger auf den urheberrechtlichen Schranken.

Teil 2: Völker- und europarechtliche Vorgaben

A. Völkerrechtliche Vorgaben

Bei der Ausgestaltung des Urheberrechts muss der deutsche Gesetzgeber die Vorgaben diverser internationaler urheberrechtlicher Abkommen beachten.[282] Für Schrankenregelungen ist insbesondere der Drei-Stufen-Test zentral. Im Bildungs- und Wissenschaftsurheberrecht sind daneben verschiedene menschenrechtliche Abkommen von Relevanz.

I. Menschenrechtsabkommen

Die Freiheit der wissenschaftlichen und künstlerischen Tätigkeit sowie der Zugang zu den hierbei geschöpften Ergebnissen sind als Menschenrechte anerkannt. Die Rechte ergeben sich unter anderem aus Art. 15 des Internationalesn Pakts über wirtschaftliche, soziale und kulturelle Rechte (IPwskR).[283] Sie stehen in einem Spannungsverhältnis zu Immaterialgüterrechten als individuellen Ausschließlichkeitsrechten, deren Schutzbereich sich von jenem des Art. 15 IPwskR unterscheidet.[284]

Menschenrechte sind zunächst Abwehrrechte gegen den Staat; sie verpflichten Staaten aber auch dazu, Eingriffe durch Private zu verhindern und die Entfaltung der geschützten Rechtsgüter zu fördern.[285] Damit wirken sie sich auch auf die völkerrechtlichen Vorgaben des Urheberrechts aus. Verpflichtungen aus unterschiedlichen völkerrechtlichen Quellen sind nicht isoliert zu betrachtet; sie stehen in Beziehung zueinander.[286] Nach Art. 31 Abs. 3 lit. c) Wiener Vertrags-

---

[282] Zur Übersicht Loewenheim/*v. Lewinski*, § 57 Rn. 1 ff.

[283] Internationaler Pakt über wirtschaftliche, soziale und kulturelle Rechte (IPwskR) vom 16. Dezember 1966, 993 UNTS 3. Dazu näher Teil 2.A.I.1.

[284] Vgl. *Shaheed*, Sonderberichterstatterin auf dem Gebiet der kulturellen Rechte, Bericht zur 20. Sitzung des Menschenrechtsrats der Vereinten Nationen, UN Doc A/HRC/20/26 vom 14. Mai 2012, S. 15: „*Concern has been widely expressed about the conflict between the right to science and intellectual property rights*"; *Ausschuss für wirtschaftliche, soziale und kulturelle Rechte des Wirtschafts- und Sozialrats der Vereinten Nationen* (ECOSOC), Allgemeine Bemerkung Nr. 17 (2005) zu Art. 15 Abs. 1 lit. c) IPwskR, UN Doc E/C.12/GC/17 vom 12. Januar 2006, S. 2: „*[I]t is therefore important not to equate intellectual property rights with the human rights recognized in article 15, paragraph 1(c)*"; *Unterausschuss Schutz und Förderung der Menschenrechte des Hochkommissariats für Menschenrechte der Vereinten Nationen*, 52. Sitzung, Resolution 2000/7 zu den Rechten am geistigen Eigentum und Menschenrechten, UN Doc E/CN.4/Sub.2/RES/2000/7 vom 17. August 2000, Nr. 2: „[T]atsächliche oder potentielle Konflikte [bestehen] zwischen der Implementierung des TRIPS-Abkommens und der Realisierung von wirtschaftlichen, sozialen und kulturellen Rechten".

[285] *Weltkonferenz über Menschenrechte*, Erklärung und Aktionsprogramm von Wien, UN Doc A/CONF.157/23 vom 12. Juli 1993, Abschnitt I Nr. 5; *Ausschuss für wirtschaftliche, soziale und kulturelle Rechte des Wirtschafts- und Sozialrats der Vereinten Nationen* (ECOSOC), Allgemeine Bemerkung Nr. 21 (2009) zu Art. 15 Abs. 1 lit. a) IPwskR, UN Doc. E/C.12/GC/21 vom 21. Dezember 2009, S. 5.

[286] *Völkerrechtskommission*, Bericht der Völkerrechtskommission über ihre 52. Tagung an die Generalversammlung der Vereinten Nationen, UN Doc A/61/10 2006 vom 18. Dezember 2006, Kap. XII Abs. 251 Nr. 1 (1).

rechtskonvention (WVK)[287] ist bei der Auslegung völkerrechtlicher Verträge jeder in den Beziehungen zwischen den Vertragsparteien anwendbare einschlägige Völkerrechtssatz zu berücksichtigen.

Zahlreiche Parteien der Urheberrechtsabkommen (Revidierte) Berner Übereinkunft (RBÜ)[288] und WIPO Copyright Treaty (WCT)[289] sind Unterzeichnerstaaten der großen Menschenrechtspakte IPbpR[290] und IPwskR, so dass diese Abkommen als Rechtssätze im Sinne des Art. 31 Abs. 3 lit. c) WVR Berücksichtigung finden müssen. Selbst dort, wo keine Pflicht zur Berücksichtigung besteht, können menschenrechtliche Verpflichtungen bei der Auslegung insofern beachtlich sein, als sie regelmäßig Teil des Völkergewohnheitsrechts darstellen,[291] das bei Unklarheiten über den Inhalt eines Vertrages heranzuziehen ist.[292]

1. IPwskR

Regelungen zum Verhältnis des Urheberrechts zu Belangen von Wissenschaft und Bildung finden sich in Art. 15 Abs. 1 – 4 IPwskR.

a) Schutz des Urhebers

Art. 15 Abs. 1 lit. c) IPwskR verpflichtet die Vertragsstaaten, die materiellen und geistigen Interessen des Urhebers zu schützen. Dieses Recht ist nicht absolut; es ist in Einklang zu bringen mit den anderen Rechten des Pakts, insbesondere mit Art. 15 Abs. 2 und Abs. 3 IPwskR, da auch Immaterialgüterrechte eine soziale Funktion haben.[293]

---

[287] Wiener Vertragsrechtskonvention vom 23. Mai 1969, 1155 UNTS 331.

[288] Revidierte Berner Übereinkunft in der Fassung vom 24. Juli 1971, 1161 UNTS 3.

[289] WIPO Copyright Treaty vom 20. Dezember 1996, 2186 UNTS 121.

[290] Internationaler Pakt über bürgerliche und politische Rechte (IPbpR) vom 16. Dezember 1966, 999 UNTS 171. Der IPbpR garantiert verschiedene Abwehrrechte der Bürger gegen den Staat. Ausdrücklich garantiert er aber weder die Freiheit der Wissenschaft noch den Zugang zu wissenschaftlichen Erkenntnissen. Er enthält auch keinen menschenrechtlichen Eigentumsschutz. Für die vorliegende Untersuchung sind deswegen vor allem die Bestimmungen des IPwskR relevant. Im Einzelfall können Urheberrechtsabkommen allerdings mit der in Art. 19 IPbpR geschützten Meinungsfreiheit konfligieren. Vgl. *La Rue*, Sonderberichterstatter über die Förderung und den Schutz der Meinungsfreiheit und des Rechts der freien Meinungsäußerung, Bericht zur 17. Sitzung des Menschenrechtsrats der Vereinten Nationen, UN Doc A/HRC/17/27 vom 17. Mai 2011, S. 12, 14.

[291] Nach anderer Ansicht sind sie allgemeine Rechtsgrundsätze, vgl. *Simma/Alston*, 12 AUST. Y. B. INT'L. L. 82, 102 ff. (1988/89).

[292] UN Doc A/61/10 2006, Kap. XII Abs. 251 Nr. 4 (20). Menschenrechten kann zudem Vorrang vor anderen völkerrechtlichen Verpflichtungen zukommen, vgl. UN Doc A/61/10 2006, Kap. XII Abs. 251 Nr. 6; UN Doc E/CN.4/Sub.2/RES/2000/7, Nr. 2.

[293] UN Doc E/C.12/GC/17, S. 9.

b) Zugang zum und Teilhabe am kulturellen Leben

Art. 15 Abs. 1 lit. a) IPwskR schützt den Zugang zum kulturellen Leben und die Teilhabe daran.[294] Er verpflichtet die Vertragsstaaten, Eingriffe in diese Rechte zu unterlassen und das kulturelle Leben aktiv zu fördern.[295]

c) Teilhabe an wissenschaftlichen Errungenschaften

Nach Art. 15 Abs. 1 lit. b) IPwskR hat jedermann das Recht, an den Errungenschaften des wissenschaftlichen Fortschritts teilzuhaben. Die menschenrechtliche Bedeutung dieses Rechts zeigt sich besonders deutlich, wenn der Zugang zu wissenschaftlichen Erkenntnissen notwendig ist für die Ausübung weiterer Menschenrechte. Art. 11 Abs. 2 lit. a) IPwskR nennt beispielsweise den Zugang zu wissenschaftlichen Erkenntnissen als Mittel, um gegen Hunger vorzugehen.[296]

d) Freiheit der wissenschaftlichen Forschung

Art. 15 Abs. 3 IPwskR verpflichtet die Vertragsstaaten, „die zu wissenschaftlicher Forschung und schöpferischer Tätigkeit unerlässliche Freiheit zu achten". Wissenschaftliche Tätigkeit soll grundsätzlich frei von unangemessener Beeinflussung stattfinden, die Vertragsstaaten sollen die Meinungs- und Informationsfreiheit respektieren und schützen.[297] Insbesondere sollen sie die freie, zensurlose Kommunikation von Forschungsergebnissen gewährleisten.[298]

Darüber hinaus sollen die Vertragsstaaten bestehende Hürden für wissenschaftliche Forschung abbauen.[299] Grundbedingung für Forschung ist der Zugang von Wissenschaftlern zu wissenschaftlichen Informationen.[300] Die Vertragsstaaten sollen den Zugang diskriminierungsfrei und finanziell erschwinglich ermöglichen.[301] Die Berichterstatterin des UN-Menschenrechtsrats verweist in diesem Zusammenhang auf die Bedeutung verschiedener Bemühungen, die breite Öffentlichkeit im Rahmen von Open Science- und Open Source-

---

[294] *Ausschuss für wirtschaftliche, soziale und kulturelle Rechte des Wirtschafts- und Sozialrats der Vereinten Nationen* (ECOSOC), Allgemeine Bemerkung Nr. 21 (2009) zu Art. 15 Abs. 1 lit. a) IPwskR, UN Doc E/C.12/GC/21 vom 21. Dezember 2009, S. 3 f. Kulturelles Leben ist danach als lebendiger Prozess zu verstehen, der sich mit der Zeit entwickelt.

[295] UN Doc E/C.12/GC/21, S. 2, 10 ff.

[296] Art. 11 Abs. 2: „In Anerkennung des grundlegenden Rechts eines jeden, vor Hunger geschützt zu sein, werden die Vertragsstaaten einzeln und im Wege internationaler Zusammenarbeit die erforderlichen Maßnahmen, einschließlich besonderer Programme, durchführen a) zur Verbesserung der Methoden der Erzeugung, Haltbarmachung und Verteilung von Nahrungsmitteln durch volle Nutzung der technischen und wissenschaftlichen Erkenntnisse, durch Verbreitung der ernährungswissenschaftlichen Grundsätze [...]."

[297] *Chapman*, S. 14 f.; UN Doc A/HRC/20/26, S. 9, 11.

[298] UN Doc A/HRC/20/26, S. 12.

[299] UN Doc A/HRC/20/26, S. 12.

[300] UN Doc A/HRC/20/26, S. 9.

[301] UN Doc A/HRC/20/26, S. 9.

Modellen an wissenschaftlichen Erkenntnissen teilhaben und an wissenschaftlichen Projekten mitarbeiten zu lassen.[302] Auch Art. 15 Abs. 2 IPwskR verpflichtet die Mitgliedstaaten, wissenschaftliche Erkenntnisse, Produkte und Werkzeuge zu bewahren, zu entwickeln und zu verbreiten.[303]

2. AEMR

Die Bedeutung der Wissenschaft drückt auch Art. 27 der Allgemeinen Erklärung der Menschenrechte von 1948 (AEMR)[304] aus. Er garantiert das Recht auf Freiheit des Kulturlebens, insbesondere das Recht von jedermann, sich „der Künste zu erfreuen und am wissenschaftlichen Fortschritt und dessen Wohltaten teilzuhaben". Art. 26 AEMR gewährleistet daneben das Recht auf Bildung. Die AEMR ist kein (verbindlicher) völkerrechtlicher Vertrag, beeinflusst jedoch als Soft Law das internationale Menschenrechtssystem[305] und ist in weiten Teilen Völkergewohnheitsrecht.[306]

3. EMRK

Die Konvention zum Schutz der Menschenrechte und Grundfreiheiten (EMRK)[307] garantiert in Art. 1 ihres Zusatzprotokolls[308] den Schutz des Urheberrechts als Teil des Eigentums. Art. 2 des Zusatzprotokolls gewährt das Recht auf Bildung. Den kommunikativen Gehalt der Wissenschaftsfreiheit schützt Art. 10 EMRK (Freiheit der Meinungsäußerung).[309]

In *Ashby Donald et autres/France* entschied der EGMR, dass eine Verurteilung wegen Urheberrechtsverletzung einen Eingriff in die Meinungs- und Pressefreiheit aus Art. 10 Abs. 1 EMRK darstellen kann, der dann nur unter den Voraussetzungen des Art. 10 Abs. 2 EMRK gerechtfertigt ist.[310] Der Eingriff muss demnach „gesetzlich vorgesehen" und für einen der genannten Zwecke „in einer demokratischen Gesellschaft notwendig" sein.[311] Im konkreten Fall sah das Gericht diese Voraussetzungen im Hinblick auf den weiten nationalstaatlichen Ermessensspielraum als erfüllt an.[312]

---

[302] UN Doc A/HRC/20/26, S. 9.
[303] UN Doc A/HRC/20/26, S. 13.
[304] UNGA Res. 217 A (III) (vom 10. Oktober 1948) UN Doc A/RES/3/217 A.
[305] *Shaver*, 121 WIS. L. REV. 121, 175 (2010).
[306] *Shaver*, 121 WIS. L. REV. 121, 176 (2010). Nach anderer Ansicht sind es allgemeine Rechtsgrundsätze, vgl. *Simma/Alston*, 12 AUST. Y. B. INT'L. L. 82, 102 ff. (1988/89).
[307] BGBl. II 2010, S. 1198 ff.
[308] BGBl. II 2010, S. 1054 ff.
[309] Dreier/*Britz*, Art. 5 Abs. 3 (Wissenschaft) Rn. 8.
[310] EGMR NJW 2013, 2735, 2736 Rn. 35 – *Ashby Donald et autres/France*.
[311] Dazu EGMR NJW 2013, 2735, 2736 f. Rn. 37 ff. – *Ashby Donald et autres/France*.
[312] EGMR NJW 2013, 2735, 2737 Rn. 41 ff. – *Ashby Donald et autres/France*.

Das Urteil ist bemerkenswert, da es urheberrechtlichen Schutz ausdrücklich als Eingriff in Kommunikationsfreiheiten behandelt.[313] Sollte sich diese Ansicht durchsetzen, könnte dies zu einer flexibleren Auslegung des Urheberrechts im Lichte anderer Menschenrechte führen.

II. Urheberrechtsabkommen

1. Allgemeines

Von den internationalen Urheberrechtsabkommen sind für diese Untersuchung die RBÜ, der WCT und das TRIPS-Übereinkommen von besonderer Bedeutung. Die darin enthaltenen Regelungen haben in Deutschland grundsätzlich den Rang einfacher Bundesgesetze. Nach dem Grundsatz der konventionsfreundlichen Auslegung spielen sie jedoch eine besondere Rolle bei der Anwendung nationalen Rechts.[314]

a) RBÜ

Die RBÜ von 1886 ist der erste und wichtigste multilaterale völkerrechtliche Vertrag im Bereich des Urheberrechts.[315] Sie garantiert einen gewissen Schutzstandard und sieht überdies diverse Schrankenbestimmungen vor,[316] welche die Verbandsländer neben historisch gewachsenen nationalen Schranken einführen können. Die RBÜ privilegiert Forschung und Bildung. Art. 10 Abs. 2 RBÜ etwa gestattet die Nutzung zu Unterrichtszwecken an Universitäten, Schulen oder anderen Bildungseinrichtungen.[317] Die Nutzung muss mit der angemessenen Verkehrssitte (*fair practice*) vereinbar sein.[318]

b) WCT

Der WCT von 1996[319] knüpft an die RBÜ an und stellt nach Art. 20 S. 1 RBÜ, Art. 1 Abs. 1 WCT ein über diese hinausgehendes Sonderabkommen dar.[320] Ein Merkmal des WCT ist die verstärkte Auseinandersetzung mit technologischen Entwicklungen, insbesondere mit der Digitalisierung.[321] Die Vertragsparteien

---

[313] In die gleiche Richtung geht die Diskussion auch bei Art. 19 IPpbR, vgl. UN Doc A/HRC/17/27 vom 17. Mai 2011, S. 12, 14.

[314] BGH GRUR 1999, 707, 713 – *Kopienversanddienst* m.w.N.; *W. Nordemann/Vinck/Hertin*, Einleitung Rn. 35; *Lutz*, S. 7 f.

[315] Insgesamt sind 166 Staaten Mitglieder des durch die RBÜ begründeten Verbands, vgl. www.wipo.int. Verwaltungsorgan des Verbandes ist das Internationale Büro in Genf, das gleichzeitig als Sekretariat der Weltorganisation für geistiges Eigentum (WIPO) fungiert.

[316] Einen Überblick bieten Loewenheim/*v. Lewinski*, § 57 Rn. 29 ff.; Schricker/*Dreier*, S. 143 ff.

[317] *V. Lewinski*, Rn. 5.169 ff.

[318] *Ricketson/Ginsburg*, Rn. 13.45.

[319] Der WCT wurde von 90 Staaten ratifiziert. Eine vollständige Liste ist abrufbar unter www.wipo.int. Vgl. außerdem *v. Lewinski*, GRUR-Prax 2010, 49 ff.

[320] Die materiellen Vorschriften der RBÜ sind durch Art. 1 Abs. 4 in den WCT integriert.

[321] Vgl. die Präambel des WCT.

haben eine gemeinsame Erklärung zu Art. 10 WCT verfasst, wonach bestehende Urheberrechtsschranken auch auf digitale Technologien angewandt und in angemessener Form ausgedehnt werden können.[322] Die Präambel des WCT spricht von der „Notwendigkeit, ein Gleichgewicht zwischen den Rechten der Urheber und dem umfassenderen öffentlichen Interesse (*public interest*), insbesondere Bildung, Forschung und Zugang zu Informationen, zu wahren".[323]

c) TRIPS

Das TRIPS-Übereinkommen wurde am 15. April 1994 als Teil des Übereinkommens zur Errichtung der Welthandelsorganisation beschlossen.[324] Art. 9 Abs. 1 S. 1 TRIPS verpflichtet die Mitgliedsstaaten zur Einhaltung der materiell-rechtlichen Vorgaben der RBÜ.[325] Das Übereinkommen erhöht den urheberrechtlichen Schutzstandard gegenüber der RBÜ in gewissen Bereichen („Berneplus-Approach").[326] Schrankenregelungen enthält es, bis auf eine Erweiterung des Drei-Stufen-Tests, nicht.

2. Drei-Stufen-Test

Die wichtigste Vorgabe zur Ausgestaltung der urheberrechtlichen Schrankenregelungen auf völkerrechtlicher Ebene ist der Drei-Stufen-Test. Er wurde zunächst in Art. 9 Abs. 2 RBÜ geregelt – dort betrifft er lediglich das Vervielfältigungsrecht.[327] Art. 10 Abs. 2 WCT erweitert seinen Anwendungsbereich auf sämtliche Beschränkungen und Ausnahmen der in der RBÜ vorgesehenen Rechte. Nach Art. 13 TRIPS ist er auch auf die in dem Übereinkommen geregelten Rechte anwendbar.[328] Zudem gilt der Drei-Stufen-Test nach Art. 5 Abs. 5 InfoSoc-Richtlinie für die in der Richtlinie vorgesehenen Schrankenregelungen.[329] Der Test ist also auch Bestandteil des europäischen Sekundärrechts.[330]

---

[322] Vgl. *Cohen Jehoram*, GRUR Int. 2001, 807, 808; *v. Lewinski*, Rn. 17.87.

[323] Der „Zugang" soll sich in Anlehnung an die Regelungen der RBÜ lediglich auf aktuelle Informationen beziehen, vgl. *Reinbothe/v. Lewinski*, S. 24. Die Passage wurde bei der diplomatischen Konferenz zum Urheberrechtabkommen nach einem Vorschlag Indiens aufgenommen. Im Vorfeld war sie kontrovers diskutiert worden, u.a. weil das „öffentliche Interesse" betont, vgl. *Reinbothe/v. Lewinski*, S. 22.

[324] BGBl. II 1994, S. 1438 ff.

[325] Gem. Art. 9 Abs. 1 S. 2 TRIPS ist Art. 6bis RBÜ hiervon ausgenommen.

[326] Vgl. insbesondere Art. 10 ff. TRIPS. Bedeutung hat das TRIPS-Übereinkommen aber vor allem in Bezug auf Rechtsdurchsetzung und Streitschlichtung, vgl. Loewenheim/*v. Lewinski*, § 57 Rn. 7.

[327] Der Drei-Stufen-Test entstand auf der Stockholmer Konferenz im Jahre 1967 zur Revision der Berner Übereinkunft aufgrund eines Vorschlags der englischen Delegation, (Art. 9 Abs. 2 RBÜ); *Senftleben*, GRUR Int. 2004, 200, 201 m.w.N.

[328] *Goldstein*, Rn. 6.74.

[329] Des Weiteren knüpfen Art. 6 Abs. 3 RL 91/250/EWG, Art. 6 Abs. 3 RL 96/9/EG und Art. 11 Abs. 1 lit. b) RL 2001/29/EG an den Drei-Stufen-Test an, vgl. *Senftleben*, GRUR Int. 2004, 200 f.

[330] Zur europarechtlichen Dimension des Drei-Stufen-Tests im Rahmen der InfoSoc-Richtlinie siehe Teil 2.B.II.4.

a) Voraussetzungen

Die Voraussetzungen des Drei-Stufen-Tests in den unterschiedlichen Rechtsquellen sind einheitlich auszulegen.[331] Urheberrechtliche Schranken

1. müssen sich auf bestimmte bzw. gewisse Sonderfälle beziehen,
2. dürfen die normale Verwertung von Werken nicht beeinträchtigen und
3. dürfen berechtigte Urheber- bzw. Rechteinhaberinteressen nicht unzumutbar beeinträchtigen.

Die Voraussetzungen des Drei-Stufen-Tests stehen den Voraussetzungen der angloamerikanischen *fair use* und *fair dealing* nahe.[332] Die zweite Teststufe etwa ähnelt dem im Rahmen der *fair use*-Klausel zu berücksichtigenden Frage, ob die Nutzung sich auf die potentielle wirtschaftliche Verwertbarkeit oder den Wert des Werkes ausgewirkt hat (*effect of the use upon the potential market for or value of the copyrighted work*).[333]

Eine Schrankenregelung muss die Stufen kumulativ erfüllen, um den Anforderungen des Drei-Stufen-Tests zu genügen. In welchem Verhältnis die Prüfungsstufen zueinander stehen und welche inhaltlichen Voraussetzungen im Einzelnen auf welcher Stufe zu prüfen sind, wird uneinheitlich beurteilt.[334]

b) Funktion

Der Drei-Stufen-Test hat zugleich eine begrenzende und eine ermöglichende Funktion. In seiner begrenzenden Funktion dient er als Schranken-Schranke: Eine urheberrechtliche Schrankenregelung kann grundsätzlich nur zulässig sein, wenn sie alle Voraussetzungen des Tests erfüllt.[335]

Gleichzeitig kann der Drei-Stufen-Test als Grundlage genutzt werden, um im Rahmen eines angemessenen Interessenausgleichs neue Schrankenregelungen zu schaffen.[336] Ausweislich der Verhandlungsdokumente zur RBÜ war der Test ursprünglich nicht als strenge Begrenzung der nationalen Regelungen konzi-

---

[331] So für RBÜ, TRIPS und WCT: WTO Panel, Bericht zu United States – Section 110(5) of the Copyright Act, WT/DS160/R vom 15. Juni 2000, S. 24, 26. Durch die Aufnahme des Drei-Stufen-Test in die InfoSoc-Richtlinie wollte die Europäische Kommission klarstellen, dass der Test aus RBÜ, TRIPS und WCT auch bei der Anwendung der in Art. 5 InfoSoc-Richtlinie genannten Schrankenregelungen zu beachten ist – sie möchte Art. 5 Abs. 5 InfoSoc-Richtlinie damit entsprechend der völkerrechtlichen Vorgaben verstanden wissen, vgl. KOM(97) 628 endg., S. 37.

[332] Siehe Teil 5.A., Teil 4.C.III.

[333] Siehe hierzu Teil 5.A.I.

[334] In der deutschen Literatur überwiegt die Auffassung, dass die drei Stufen getrennt voneinander zu prüfen sind, vgl. *Bornkamm* in FS Erdmann, S. 29, 45; *Reinbothe* in FS Dittrich, S. 251, 256. Zum Teil werden sie jedoch auch als unteilbare Einheit gesehen, *Griffiths* [2009] (13) IPQ 428, 444; *Geiger/Griffiths/Hilty*, GRUR Int. 2008, 822. Zu der unterschiedlichen Zuordnung bestimmter inhaltlicher Voraussetzungen sogleich.

[335] *Loewenheim/Goetting*, § 30 Rn. 21; *Senftleben*, GRUR Int. 2004, 200.

[336] *Hugenholtz/Okediji*, S. 25; *Senftleben*, 57 J. COPYRIGHT SOC'Y U.S.A. 521, 544 (2010).

piert, sondern als Kompromissformel, die den nationalen Gesetzgebern einen großen Freiraum geben sollte.[337]

Allerdings hatten Schrankenregelungen bei den Verhandlungen keine allzu hohe Priorität.[338] Ihre Ausgestaltung sollte vor allem den Verbandstaaten überlassen werden, unter anderem, weil sie von Staat zu Staat unterschiedlichen Interessen dienen.[339] Bereits existierende Regelungen sollte der Drei-Stufen-Test unberührt lassen. Insbesondere betraf dies die bereits damals bestehenden Schranken zu Gunsten von Bildung und Forschung.[340]

Auch in TRIPS und WCT ist der Drei-Stufen-Test ein flexibles Instrument, das Schrankenregelungen gleichzeitig ermöglicht und begrenzt.[341] So einigten sich die Verbandstaaten in einer gemeinsamen Erklärung zu Art. 10 WCT darauf, dass der Test die Fortentwicklung bestehender sowie die Einführung neuer Schranken im digitalen Umfeld ermöglichen soll.[342]

Der Drei-Stufen-Test dient als Maßstab für eine allgemeine Abwägung der Interessen von Urhebern, Nutzern und Allgemeinheit; er gewährt dem nationalen Gesetzgeber den Freiraum, soziale, kulturelle und ökonomische Bedürfnisse bei der Ausgestaltung der Schranken zu berücksichtigen.[343] In die Abwägung kann der Gesetzgeber weitere völkerrechtliche Erwägungen und Verpflichtungen einfließen lassen, beispielsweise Menschenrechte.[344]

Der Drei-Stufen-Test schreibt keine bestimmte Regelungssystematik vor: Sowohl offene Tatbestände als auch enumerierte Einzelregelungen oder eine Kombination beider Ansätze können zulässig sein.[345] Die Beurteilung der Zu-

---

[337] Records of the Intellectual Property Conference in Stockholm 1967, Volume I, S. 630. Vgl. auch *Hugenholtz/Okediji*, S. 18; *Senftleben*, 57 J. COPYRIGHT SOC'Y U.S.A. 521, 544 (2010); *Senftleben* in Dinwoodie, Methods and Perspectives, S. 15 f.

[338] *Hugenholtz/Okediji*, S. 2. Im Vordergrund der Verhandlungen standen Aspekte wie die Nicht-Diskriminierung ausländischer Urheber, vgl. Records of the Intellectual Property Conference in Stockholm 1967, Volume I, S. 81.

[339] *Hugenholtz/Okediji*, S. 3; Records of the Intellectual Property Conference in Stockholm 1967, Volume I, S. 112 f.

[340] *Griffiths* [2010] (32) EIPR 309, 310. Vgl. zu damals bestehenden Schranken in den nationalen Urheberrechtsgesetzen Records of the Intellectual Property Conference in Stockholm 1967, Volume I, S/1, S. 112 Fn. 1. Zur Notwendigkeit, den nationalen Gesetzgebern Gestaltungsspielraum für wichtige soziale und kulturelle Bedürfnisse zu belassen, Records of the Intellectual Property Conference in Stockholm 1967, Volume I, S. 113.

[341] *Hugenholtz/Okediji*, S. 18.

[342] „It is understood that the provisions of Article 10 permit Contracting Parties to carry forward and appropriately extend into the digital environment limitations and exceptions in their national laws which have been considered acceptable under the Berne Convention. Similarly, these provisions should be understood to permit Contracting Parties to devise new exceptions and limitations that are appropriate in the digital network environment. It is also understood that Article 10(2) neither reduces nor extends the scope of applicability of the limitations and exceptions permitted by the Berne Convention." WIPO Doc. CRNR/DC/96, Concerning Article 10.

[343] *Kleinemenke*, ZGE 2013, 103, 123.

[344] Vgl. *Geiger* in Ohly, Common Principles, S. 223, 237 Fn. 68.

[345] *Hugenholtz/Okediji*, S. 3, 25 f.

lässigkeit einer Schrankenregelung muss im Einzelfall erfolgen. Hierbei sind auch die Besonderheiten des jeweiligen Rechtssystems zu beachten.[346]

c) Bestimmte Sonderfälle

Schranken müssen „bestimmte" (TRIPS, WCT, InfoSoc-Richtlinie) bzw. „gewisse" (RBÜ) Sonderfälle regeln. Ob diese erste Stufe eigenständig zu prüfen ist, ist – insbesondere bei Art. 5 Abs. 5 InfoSoc-Richtlinie[347] – umstritten, wird aber überwiegend bejaht.[348] Hierbei ist zu prüfen, ob die erlaubten Nutzungen einen besonderen, privilegierten Zweck verfolgen (qualitatives Kriterium), und ob von der Schranke erfasste Nutzungshandlungen typischerweise häufig vorgenommen werden (quantitatives Kriterium).[349]

Nach dem qualitativen Kriterium können nur Nutzungen für spezifisch festgelegte Zwecke privilegiert werden. Ob sich dies aus dem Teilmerkmal „bestimmt" bzw. „gewiss" oder dem Teilmerkmal „Sonderfälle" ergibt, ist unklar,[350] hat aber inhaltlich keine Auswirkungen. Eine abstrakte Festlegung des Zwecks ist ausreichend; die generelle Reichweite der Regelung muss bekannt sein.[351] Nicht erforderlich ist, dass eine Schrankenregelung jede mögliche Situation, in der sie greift, explizit beschreibt.[352] Auch der Rechtsprechung kann hierbei eine klärende Funktion zukommen.[353]

Selbst wenn der Zweck der Schranke besonders qualifiziert sein müsste,[354] um die erste Stufe des Drei-Stufen-Tests zu erfüllen, wäre diese Voraussetzung bei wissenschaftlichen und Unterrichtszwecken grundsätzlich erfüllt.[355] Nach dem Willen der Delegierten des Hauptkomitee I, das bei der Stockholmer Kon-

---

[346] Zur Vereinbarkeit einer generalklauselartigen Schrankenregelung mit dem Drei-Stufen-Test siehe Teil 6.A.III.4-5.

[347] Nach *Dreier*, ZUM 2002, 28, 35 enthält der Katalog möglicher nationaler Schrankenregelungen in Art. 5 InfoSoc-Richtlinie bereits eine auf bestimmte Sonderfälle bezogene Auswahl. Eine über diesen Grad an Bestimmtheit hinausgehende Einschränkung könne nicht gewollt sein, tatsächlich handele es sich also um einen „Zwei-Stufen-Test". Noch weiter geht *Bayreuther*, ZUM 2001, 828, 839, der eine Überprüfung der nationalen Umsetzungen anhand des Drei-Stufen-Tests als insgesamt nicht notwendig erachtet. Dagegen spricht, dass auch bei der Umsetzung der Schrankenregeln noch ein Spielraum der Gesetzgeber in den Mitgliedsstaaten besteht, bei dem die Einschränkungen des Drei-Stufen-Tests zum Tragen kommen können, vgl. *Lutz*, S. 22.

[348] Vgl. hierzu allgemein *Frotz* in FS österr. UrhG, S. 119, 120, 122. Dass diese Frage umstritten ist, liegt u.a. daran, dass dem Kriterium bei Entstehung des Drei-Stufen-Tests nur geringe Aufmerksamkeit zuteilwurde, vgl. *Senftleben*, GRUR Int. 2004, 200, 205.

[349] Vgl. WTO Panel, WT/DS160/R, S. 33.

[350] Vgl. nur *Senftleben*, GRUR Int. 2004, 200, 206 f.

[351] WT/DS160/R, S. 33.

[352] WT/DS160/R, S. 33.

[353] So in Bezug auf die amerikanische *fair use*-Doktrin *Torremans* 32 ADI 369, 382 (2011-2012). Siehe Teil 6.A.III.1.

[354] Dafür: *Ricketson*, S. 482; *Ficsor*, S. 284. Dagegen: WT/DS160/R, S. 34; *Ginsburg*, 187 RIDA 3 (2001).

[355] *Sattler*, S. 64; *Senftleben*, GRUR Int. 2004, 200, 207.

ferenz zur Revision der Berner Übereinkunft 1967 für die Reform der materiell-rechtlichen Bestimmungen der RBÜ zuständig war, sind individuelle Vervielfältigungen von Werken für Forschungs- und Bildungszwecke nach Art. 9 Abs. 2 RBÜ zulässig.[356] Ergänzend zur Privilegierung nach Art. 10 Abs. 2 RBÜ kann die Vervielfältigung urheberrechtlicher Werke für Studierende zu Forschungs- und Privatstudienzwecken nach Art. 9 Abs. 2 RBÜ gestattet sein, soweit eine angemessene Begrenzung und eine Entschädigung vorgesehen sind.[357]

Das quantitative Kriterium erfordert, dass sich eine Schranke „von normalen Fällen der Werkverwertung hinreichend abhebt".[358] Zum Teil wird die Prüfung des quantitativen Kriteriums abgelehnt. Eine entsprechende inhaltliche Prüfung erfolge auf der zweiten Stufe bei der Frage nach der Beeinträchtigung der normalen Verwertung des Werkes.[359] Auch dieser Streit wirkt sich nicht auf das Ergebnis der Prüfung aus.

d) Keine Beeinträchtigung der normalen Verwertung

Nach der zweiten Stufe dürfen Schrankenregelungen die normale Verwertung von Werken nicht beeinträchtigen. Dies dient in erster Linie dem Schutz ökonomischer Interessen der Urheber und sonstigen Rechteinhaber. Zusätzlich sind allerdings auch nicht-ökonomische Interessen zu berücksichtigen.[360] „Normal" ist die Verwertung, mit der der Umsatz auf dem jeweiligen Markt typischerweise erzielt wird.[361] Die zweite Stufe schützt also „den ökonomischen Kern des Urheberrechts".[362] Die „normale Verwertung" ist wie die betroffenen Märkte dynamisch.[363] Auch neu hinzukommende Verwertungsformen sind nach ihrer wirtschaftlichen Bedeutung zu berücksichtigen.[364] Eine Beeinträchtigung der normalen Verwertung ist grundsätzlich auch nicht dadurch zu rechtfertigen, dass dem Rechteinhaber ein Vergütungsanspruch gewährt wird.[365]

---

[356] *Ricketson/Ginsburg*, Rn. 13.34. Vgl. auch *Masouyé*, Rn. 9.9.

[357] *Ricketson/Ginsburg*, Rn. 13.36. Im Rahmen der Stockholmer Konferenz wurde auch diskutiert, inwieweit Kopien für den wissenschaftlichen Gebrauch überhaupt entschädigungspflichtig sein müssen, vgl. die Stellungnahme von *Ulmer* als Vorsitzendem des Hauptkomitee I der Stockholmer Konferenz, Records of the Intellectual Property Conference in Stockholm 1967, Volume II, Summary Minutes, S. 883.

[358] *Senftleben*, GRUR Int. 2004, 200, 207.

[359] *Sattler*, S. 63 f.; *Senftleben*, GRUR Int. 2004, 200, 207.

[360] *Ricketson/Ginsburg*, Rn. 13.20 f.

[361] *Reinbothe/v. Lewinski*, S. 125.

[362] *Senftleben*, GRUR Int. 2004, 200, 209.

[363] *Poeppel*, S. 117.

[364] Vgl. WT/DS160/R, S. 48; *Sattler*, S. 65; *Senftleben*, GRUR Int. 2004, 200, 208 f.

[365] *Dreier/Schulze/Dreier*, Vor § 44a Rn. 21; *Senftleben*, GRUR Int. 2004, 200, 211. Ebenso dürfen dem Urheber auch nach Art. 14 GG nicht an Stelle seiner ausschließlichen Verwertungsrechte generell gesetzliche Vergütungsrechte eingeräumt werden, siehe Teil 3.A.II.1.a).

e) Keine unzumutbare Interessenbeeinträchtigung

Nach der dritten Teststufe dürfen Schranken berechtigte Interessen von Urhebern und sonstigen Rechteinhabern nicht unzumutbar beeinträchtigen. Auch hier sind ökonomische wie ideelle Interessen umfasst.[366] Grundsätzlich haben Urheber ein berechtigtes Interesse an Ausschließlichkeitsrechten; bisweilen kann ein solches Interesse aber, etwa unter Gemeinwohlaspekten, unberechtigt sein.[367]

Unzumutbar ist eine Beeinträchtigung berechtigter Interessen, wenn ein ungebührliches Maß erreicht ist[368] bzw. wenn diese Interessen unangemessen zurückgestellt werden.[369] Wann dies der Fall ist, ist eine Wertungsfrage.[370] Dabei sind die Interessen von Urhebern bzw. Rechteinhabern und Werknutzern gegeneinander abzuwägen.[371] Auch hier müssen Umfang, Inhalt und Zweck der jeweiligen Schrankenregelung im Einzelfall betrachtet werden.[372] Unter anderem ist zu berücksichtigen, ob die Schanke dem betroffenen Rechteinhaber einen Anspruch auf angemessene Vergütung für die Nutzung gewährt.[373]

3. Spezifische Regelungen für Bildung und Wissenschaft

Derzeit berät das *Standing Committee on Copyright and Related Rights* (SCCR) der WIPO über die Schaffung von zwei Verträgen, die Ausnahmen und Beschränkungen des Urheberrechts für Bibliotheken und Archive sowie für Bildungs- und Wissenschaftseinrichtungen vorsehen sollen.[374] Auf der Grundlage eines entsprechenden Beschlusses, den das SCCR in seiner 25. Sitzung vom Novem-

---

[366] WT/DS160/R, S. 58; *Frotz* in FS österr. UrhG, S. 119, 127; *W. Nordemann/Vinck/Hertin*, Art. 9 RBÜ Rn. 3. Soweit nur die InfoSoc-Richtlinie oder das TRIPS-Übereinkommen anwendbar sind, sind die Urheberpersönlichkeitsrechte jedoch nicht einbezogen, vgl. *Senftleben*, GRUR Int. 2004, 200, 210.

[367] *Senftleben*, GRUR Int. 2004, 200, 210 nennt als Beispiele die Werknutzung zu Zwecken der Kritik oder Parodie. *Sattler*, S. 67 nennt als weiteres Beispiel für ein nicht berechtigtes Interesse das Interesse des Urhebers an der ausschließlichen Kontrolle über die Nutzung auch nur kleinster Teile seines Werkes.

[368] So *Senftleben*, GRUR Int. 2004, 200, 205.

[369] So *Poeppel*, S. 119.

[370] *Frotz* in FS österr. UrhG, S. 119, 126.

[371] *Reinbothe/v. Lewinski*, Art. 10 WCT Rn. 22. *Senftleben*, GRUR Int. 2004, 200, 210 f. möchte hierbei den Verhältnismäßigkeitsgrundsatz heranziehen.

[372] *Poeppel*, S. 119.

[373] *W. Nordemann/Vinck/Hertin*, Art. 9 RBÜ Rn. 3; *Reinbothe/v. Lewinski*, Art. 10 WCT Rn. 23; *Senftleben*, GRUR Int. 2004, 200, 210 f. Ein Vergütungsanspruch führt aber nicht in jedem Fall dazu, dass eine Beeinträchtigung zumutbar ist, vgl. *Bornkamm* in FS Erdmann, S. 29, 48.

[374] So in der 24., 25. und 26. Sitzung des SCCR im Juli und November 2012 sowie im Dezember 2013 in Genf. Für die 27. Sitzung des SCCR stehen die Themen „*Limitations and exceptions for libraries and archives*" und „*Limitations and exceptions for educational and research institutions*" erneut auf der Tagesordnung. Die Ergebnisse der Beratungen sollen der WIPO Generalversammlung nach der 28. Sitzung (Bibliotheken und Archive) bzw. nach der 30. Sitzung (Bildungs- und Wissenschaftseinrichtungen) vorgelegt werden. Alle Sitzungsdokumente sind abrufbar unter www.wipo.int/meetings/en/topic.jsp?group_id=62.

ber 2012 gefällt hat, sollen Empfehlungen für die Generalversammlung der WIPO ausgearbeitet werden.[375]

Dass Ausnahmen und Beschränkungen des Urheberrechts einer Regelung auf völkerrechtlicher Ebene zugänglich sind, zeigt der Marrakesch-Vertrag der WIPO vom 25. Juni 2013.[376] Nach Art. 4 des Vertrages werden die Unterzeichnerstaaten zur Einführung einer Ausnahme oder Beschränkung für blinde und sehbehinderte Menschen verpflichtet. Der Marrakesch-Vertrag ist der erste völkerrechtliche Vertrag, der ausschließlich eine Begrenzung des urheberrechtlichen Schutzes für bestimmte Zwecke regelt.

B. Europarechtliche Vorgaben

Zwar existiert keine umfassende europäische Urheberrechtsordnung.[377] Die Vorgaben für die Schaffung nationaler urheberrechtlicher Schranken wurden aber, vor allem durch die InfoSoc-Richtlinie, weitgehend harmonisiert.

Im Jahr 2008 veröffentlichte die Europäische Kommission das Grünbuch „Urheberrechte in der wissensbestimmten Wirtschaft".[378] Darin erörterte sie unter anderem Ausnahmevorschriften für Bibliotheken und Archive sowie für Unterrichts- und Forschungszwecke.[379] Im Anschluss führte sie eine Konsultation betroffener Akteure wie Verleger, Bibliotheken und Universitäten durch. Im Oktober 2009 kündigte die Europäische Kommission an, auf Grundlage der dabei erzielten Ergebnisse Lösungen für bestimmte Problembereiche zu entwickeln.[380]

Derzeit wird die Möglichkeit einer Urheberrechtsreform diskutiert, die auch die Ausnahmen und Begrenzungen zugunsten von Bildung und Wissenschaft betreffen könnte. Am 5. Dezember 2012 einigte sich die Europäische Kommission auf ein Konzept zur Modernisierung des Urheberrechts in der Digitalwirtschaft.[381] Unter anderem möchte die Europäische Kommission den erwünschten Grad der Harmonisierung ermitteln sowie die Ausnahmeregelungen für das digitale Zeitalter untersuchen. Ein strukturierter Dialog mit Interes-

---

[375] *WIPO Standing Committee on Copyright and Related Rights*, Twenty-Fifth Session, Conclusions, SCCR/25/REF/CONCLUSIONS, S. 2.

[376] Mit vollem Titel „Marrakesh Treaty to Facilitate Access to Published Works for Persons who are Blind, Visually Impaired, or otherwise Disabled". Der Vertragstext ist abrufbar unter www.wipo.int/edocs/mdocs/diplconf/en/vip_dc/vip_dc_8.pdf.

[377] Im Jahr 2010 veröffentliche eine Gruppe von Wissenschaftlern (die sogenannte Wittem-Group) einen Modellvorschlag für ein einheitliches europäisches Urheberrechtsrechtsgesetz, den *European Copyright Code*, abrufbar unter www.copyrightcode.eu. Schranken für Wissenschaft und Bildung finden sich in Art. 5.2 Abs. 2 lit. b) (wissenschaftliche Forschung), Art. 5.3 Abs. 1 lit. c) (Archivierung in Gedächtnisinstitutionen und Archiven) und Art. 5.3 Abs. 2 lit. b) (Bildung).

[378] KOM(2008) 466, endg.

[379] KOM(2008) 466 endg., S. 6 ff.

[380] KOM(2009) 532, endg.

[381] MEMO/12/950.

senträgern zur Vorbereitung neuer Regelungen hat Anfang 2013 begonnen.[382] Im Jahr 2014 will die Europäische Kommission darüber entscheiden, ob sie Reformvorschläge unterbreiten wird. Bis 5. März 2014 führt sie eine öffentliche Konsultation zu einer Überarbeitung des europäischen Urheberrechts durch.[383]

I. Primärrecht

Seit Inkrafttreten des Vertrags von Lissabon verfügt die Europäische Union mit Art. 118 AEUV über eine ausdrückliche und umfassende primärrechtliche Kompetenzgrundlage für den Erlass von Regelungen zum „Schutz der Rechte des geistigen Eigentums".[384]

Zudem wird das Immaterialgüterrecht durch Art. 17 Abs. 2 der Charta der Grundrechte der EU (GRCharta) geschützt. Nach Art. 52 Abs. 1 GRCharta ist der Schutz nicht absolut; das Recht ist mit anderen Freiheiten und Interessen abzuwägen, insbesondere mit der Freiheit von Kunst und Forschung (Art. 13 GRCharta) und der Meinungs- und Informationsfreiheit (Art. 11 GRCharta).[385]

II. Sekundärrecht, insbesondere InfoSoc-Richtlinie

Bislang hat die EU acht urheberrechtliche Richtlinien verabschiedet.[386] Die Vermiet- und Verleihrechts-Richtlinie und die Datenbank-Richtlinie sehen Ausnahmen urheberrechtlicher Ausschließlichkeitsrechte zugunsten der Wissenschaft vor.[387] Die am 13. September 2012 verabschiedete Richtlinie 2012/28/EU des Europäischen Parlaments und des Rates über bestimmte zulässige Formen der Nutzung verwaister Werke soll unter anderem „Forschern und Wissenschaftlern [...] neue Erkenntnisquellen eröffnen."[388]

---

[382] Dieser ist nachvollziehbar auf der Website der Europäischen Kommission unter http://ec.europa.eu/licences-for-europe-dialogue/en. Schwerpunktmäßig behandelt werden hierbei u.a. das Text und Data Mining im wissenschaftlichen Bereich sowie die Nutzung audiovisueller Werke für kulturelle und Bildungszwecke.

[383] *Europäische Kommission*, Public consultation on the review of the EU copyright rules, abrufbar unter http://ec.europa.eu/internal_market/consultations/2013/copyright-rules/index_en.htm.

[384] Davor wurde die Zuständigkeit in erster Linie aus Art. 114 AEUV (ehemals Art. 95 EGV), insbesondere im Zusammenhang mit den Gewährleistungen des freien Waren- (Art. 28 ff. AEUV) und Dienstleistungsverkehrs (Art. 56 ff. AEUV) abgeleitet, vgl. *Hilty* in Hilty/Geiger, Impulse, S. 51, 52 f.; Grabitz/Hilf/Nettesheim/*Stieper*, Art. 118 AEUV Rn. 2. Die InfoSoc-Richtlinie wurde auf Art. 47 Abs. 2, 55 EGV (nun Art. 53 Abs. 1, 62 AEUV) gestützt.

[385] *Geiger* in Ohly, Common Principles, S. 223, 232.

[386] Die Kabel-Satelliten-Richtlinie (93/83/EWG), die Datenbank-Richtlinie (96/9/EG), die Info-Soc-Richtlinie (2001/29/EG), die Folgerechts-Richtlinie (2001/84/EG), die Vermiet- und Verleihrechts-Richtlinie (2006/115/EG), die Schutzdauer-Richtlinie (2006/116/EG) die Software-Richtlinie (2009/24/EG) und die Richtlinie zu verwaisten Werken (2012/28/EU).

[387] Vgl. Art. 10 Abs. 1 lit. d) Vermiet- und Verleihrechts-Richtlinie; Art. 6 Abs. 2 lit. b), Art. 9 lit. b) Datenbank-Richtlinie.

[388] Vgl. Erwägungsgrund 1 Verwaiste Werke-Richtlinie.

Mit der InfoSoc-Richtlinie wollte die Europäische Union den durch die WIPO-Verträge von 1996[389] entstandenen internationalen Verpflichtungen nachkommen.[390] Zudem dient die Richtlinie der Harmonisierung von Ausnahmen und Begrenzungen des Urheberrechtsschutzes in den Mitgliedstaaten.[391] Insbesondere sollen diejenigen Schrankenregelungen in den Mitgliedstaaten vereinheitlicht werden, die vor dem Hintergrund der elektronischen Medien einer Neubewertung bedurften.[392]

Art. 2 – 4 InfoSoc-Richtlinie bestimmen in Anlehnung an die WIPO-Verträge von 1996 zunächst die von der Richtlinie betroffenen Verwertungsrechte. Dies sind das Vervielfältigungsrecht (Art. 2 InfoSoc-Richtlinie), das Recht der öffentlichen Wiedergabe[393] einschließlich des Rechts der öffentlichen Zugänglichmachung (Art. 3 InfoSoc-Richtlinie) und das Verbreitungsrecht (Art. 4 InfoSoc-Richtlinie).

1. Schrankenregelungen allgemein

Art. 5 Abs. 1 – 3 InfoSoc-Richtlinie enthalten einen Katalog zulässiger Ausnahmen und Beschränkungen der in Art. 2 und 3 InfoSoc-Richtlinie genannten Rechte. Dieser Katalog ist abschließend.[394] Lediglich Art. 5 Abs. 3 lit. o) InfoSoc-Richtlinie gestattet die Regelung von Ausnahmen und Beschränkungen „in bestimmten anderen Fällen von geringer Bedeutung, soweit solche [...] bereits in einzelstaatlichen Rechtsvorschriften vorgesehen sind und sofern sie nur analoge Nutzungen betreffen [...]." Daraus folgt jedoch nicht, dass keine neuen Schranken durch andere Richtlinien (oder sonstige Akte des Sekundärrechts) eingeführt werden dürfen.[395]

Unter bestimmten Voraussetzungen gestattet Art. 5 Abs. 4 InfoSoc-Richtlinie den Mitgliedstaaten zudem – als Annex zu einer Ausnahme oder Beschränkung

---

[389] WIPO-Urheberrechtsvertrag (WCT) und WIPO-Vertrag über Darbietungen und Tonträger (WPPT).

[390] Vgl. Erwägungsgrund 15 InfoSoc-Richtlinie.

[391] *Garnett/Davies/Harbottle*, Rn. 9-06; *Laddie/Prescott/Vitoria*, Rn. 21.8; Loewenheim/*Lehmann*, § 54 Rn. 43. Vgl. auch *Cohen Jehoram*, GRUR Int. 2001, 807, 809.

[392] Vgl. Erwägungsgrund 31 InfoSoc-Richtlinie.

[393] Das Recht der öffentlichen Wiedergabe in Art. 3 InfoSoc-Richtlinie ist inhaltlich nicht deckungsgleich mit dem Recht der öffentlichen Wiedergabe in § 15 Abs. 2 UrhG, Dreier/Schulze/ *Dreier*, § 15 Rn. 29, vgl. EuGH, Urt. v. 24.11.2011, Rs. C-283/10 – *Circul Globus Bucureşti*, Rn. 30 ff. Vgl. überdies EuGH, Urt. v. 13.02.2014, Rs. C-466/12 – *Nils Svensson u.a./Retriever Sverige AB* (Entscheidungsgründe liegen noch nicht vor). Die Unterschiede können in der Diskussion um eine allgemeine Bildungs- und Wissenschaftsschranke aber ausgeblendet werden. Das dort im Vordergrund stehende Recht der öffentlichen Zugänglichmachung (siehe Teil 1.B.III., Teil 1.C.III., Teil 1.D.IV. und Teil 1.E.IV.) ist jeweils als Unterfall umfasst, vgl. Schricker/Loewenheim/*v. Ungern-Sternberg*, § 19a Rn. 1.

[394] Erwägungsgrund 32 InfoSoc-Richtlinie. Die Einführung einer offenen Liste wurde nach kontrovers geführter Diskussion verworfen, vgl. *Cohen Jehoram*, GRUR Int. 2001, 807, 810; *Sattler*, S. 54 m.w.N.

[395] Ein Beispiel dafür ist die Verwaiste Werke-Richtlinie, vgl. ihren Erwägungsgrund 20.

des Vervielfältigungsrechts gemäß Art. 5 Abs. 2 oder 3 InfoSoc-Richtlinie – den Erlass von Ausnahmen oder Beschränkungen des Verbreitungsrechts im Sinne des Art. 4 InfoSoc-Richtlinie.

Von den zahlreichen in Art. 5 InfoSoc-Richtlinie vorgesehenen Ausnahmen und Beschränkungen ist nur eine zwingend umzusetzen: Nach Art. 5 Abs. 1 InfoSoc-Richtlinie sind bestimmte flüchtige oder begleitende Vervielfältigungshandlungen vom Vervielfältigungsrecht auszunehmen.[396] Bei allen anderen Ausnahmen und Beschränkungen ist die Umsetzung in nationales Recht fakultativ.[397] Dies gilt auch für Ausnahmen und Beschränkungen zu Zwecken der Bildung und Wissenschaft.

Für Bildung und Wissenschaft sind vor allem Art. 5 Abs. 2 lit. c), Abs. 3 lit. a) und lit. n) InfoSoc-Richtlinie relevant. Zudem sind die allgemeinen Beschränkungen zur Privatkopie (Art. 5 Abs. 2 lit. b) InfoSoc-Richtlinie) und zum Zitatrecht (Art. 5 Abs. 3 lit. d) InfoSoc-Richtlinie) von Interesse.

2. Unterricht und wissenschaftliche Forschung

a) Allgemein

Nach ihrem Erwägungsgrund 14 besteht eines der Ziele der InfoSoc-Richtlinie darin, „Lernen und kulturelle Aktivitäten durch den Schutz von Werken und sonstigen Schutzgegenständen zu fördern; hierbei müssen allerdings Ausnahmen oder Beschränkungen im öffentlichen Interesse für den Bereich Ausbildung und Unterricht vorgesehen werden." Nach Erwägungsgrund 34 InfoSoc-Richtlinie sollen die Mitgliedstaaten „die Möglichkeit erhalten, Ausnahmen oder Beschränkungen für bestimmte Fälle, etwa für Unterrichtszwecke und wissenschaftliche Zwecke" vorzusehen.

Nach Art. 5 Abs. 3 lit. a) InfoSoc-Richtlinie dürfen Mitgliedstaaten Ausnahmen und Beschränkungen des Vervielfältigungsrechts und des Rechts der öffentlichen Wiedergabe vorsehen für die Nutzung von Werken und anderen Schutzgegenständen „ausschließlich zur Veranschaulichung im Unterricht oder für Zwecke der wissenschaftlichen Forschung, sofern – außer in Fällen, in denen sich dies als unmöglich erweist – die Quelle, einschließlich des Namens des Urhebers, wann immer dies möglich ist, angegeben wird und soweit dies zur Verfolgung nicht kommerzieller Zwecke gerechtfertigt ist".[398]

Weil Art. 5 Abs. 3 lit. a) InfoSoc-Richtlinie die unbestimmten Begriffe „Veranschaulichung im Unterricht" und „wissenschaftliche Forschung" verwendet,

---

[396] Umgesetzt in § 44a UrhG.

[397] *Cook*, Rn. 3.146; *Garnett/Davies/Harbottle*, 9-07. Erwägungsgrund 32 InfoSoc-Richtlinie fordert die Mitgliedstaaten darüber hinaus auf, die Ausnahmen und Beschränkungen in kohärenter Weise anzuwenden. Kritisch hierzu *Bayreuther*, ZUM 2001, 828, 829.

[398] Zu ähnlichen Vorschriften in der Vermiet- und Verleihrechts-Richtlinie sowie der Datenbank-Richtlinie Walter/*Walter*, Rn. 124.

haben nationale Gesetzgeber einen relativ großen Spielraum bei der Umsetzung.[399] Als Beispiel für zulässige Nutzungen nennt die Europäische Kommission in der Begründung der Richtlinie lediglich die „Zusammenstellung einer Anthologie".[400] Den Spielraum haben die einzelnen Mitgliedstaaten unterschiedlich genutzt;[401] nach Ansicht der Europäischen Kommission wurde [d]iese Ausnahme [...] häufig eng ausgelegt".[402]

Weder Nutzungen zur Veranschaulichung des Unterrichts noch solche zu Zwecken der wissenschaftlichen Forschung dürfen kommerziellen Zwecken dienen. Für die Auslegung dieser Einschränkung ist Erwägungsgrund 42 der Richtlinie heranzuziehen, wonach „die nicht kommerzielle Art der betreffenden Tätigkeit durch diese Tätigkeit als solche bestimmt sein" soll. Weiter heißt es dort: „Die organisatorische Struktur und die Finanzierung der betreffenden Einrichtung sind in dieser Hinsicht keine maßgeblichen Faktoren." Abzustellen ist auf den Zweck der jeweiligen Nutzungshandlung. Demnach kann beispielsweise auch Forschung, die durch Organisationen oder Unternehmen finanziert wird, die kommerzielle Zwecke verfolgen, privilegiert sein, solange nur die Forschung selbst nichtkommerziellen Zwecken dient.[403]

b) Veranschaulichung im Unterricht

Das Merkmal „zur Veranschaulichung im Unterricht" in Art. 5 Abs. 3 lit. a) InfoSoc-Richtlinie lehnt sich an die Formulierung des Art. 10 Abs. 2 RBÜ an.[404] wonach die Verbandsländer die Nutzung „zur Veranschaulichung des Unterrichts" gestatten dürfen. Der Begriff „Unterricht" umfasst in Anlehnung a diese Vorschrift alle Stufen und Institutionen der Schul-, Hochschul- und Weiterbildung. Nach Erwägungsgrund 42 der InfoSoc-Richtlinie gehören dazu auch Fernunterricht und Online-Unterrichtsangebote.[405]

Die Werknutzung muss der „Veranschaulichung" dienen. In quantitativer Hinsicht darf also nicht mehr genutzt werden als für die Veranschaulichung erforderlich ist.[406] Die Nutzung ist aber nicht nur dann gestattet, wenn sie wäh-

---

[399] KOM(2008) 466 endg., S. 16.
[400] Vorschlag der Europäischen Kommission für eine Richtlinie des Europäischen Parlaments und des Rates zur Harmonisierung bestimmter Aspekte des Urheberrechts und der verwandten Schutzrechte in der Informationsgesellschaft, KOM(97) 628 endg. S. 36. Diesen Fall regelt § 46 UrhG.
[401] Das beklagt die Europäische Kommission in ihrem Fragebogen zu ihrer öffentlichen Konsultation zur Überprüfung der Regeln zum EU-Urheberrecht, die sie derzeit durchführt, vgl. *Europäische Kommission*, Consultation document, S. 23, 25.
[402] KOM(2008) 466 endg., S. 16.
[403] *Spindler*, GRUR 2002, 105, 114.
[404] KOM(97) 628 endg., S. 36.
[405] Erwägungsgrund 42 InfoSoc-Richtlinie, *Walter/v. Lewinski*, Rn. 11.5.47. Vgl. dazu KOM(2008) 466 endg., S. 16.
[406] *Walter/v. Lewinski*, Rn. 11.5.47.

rend der Unterrichtszeit und in den Räumen der Bildungseinrichtung erfolgt.[407] Zwar ist in der deutschen Fassung der Richtlinie nur die Nutzung „zur Veranschaulichung *im* Unterricht" privilegiert. Aus dem Wortlaut ließe sich also eine räumlich-zeitliche Begrenzung ableiten. Allerdings würde dies der beabsichtigten Privilegierung von Fernunterricht und Online-Unterrichtsangeboten widersprechen. Außerdem wäre die Nutzung von Werken zur Aufnahme in eine Sammlung zum Unterrichtsgebrauch nicht zulässig.[408] Derartige Nutzungen soll die Richtlinie aber gerade ermöglichen.[409]

Dass das Merkmal „zur Veranschaulichung im Unterricht" nicht als räumlichzeitliche Beschränkung zu verstehen ist, zeigt zudem die englische Fassung der InfoSoc-Richtlinie. Die entsprechende Formulierung lautet dort „*for the sole purpose of illustration for teaching*". Die Präposition „*for*" verdeutlicht, dass der Zweck, nämlich das „*teaching*", also das Unterrichten, im Zentrum steht. Die Formulierung enthält hingegen keinen Hinweis darauf, dass die Nutzung im Unterrichtsraum und während der Unterrichtszeit erfolgen muss.

Dies belegt schließlich auch der Vergleich mit Art. 10 Abs. 2 RBÜ. Die Entsprechung der Formulierung *illustration for teaching* in Art. 10 Abs. 2 RBÜ lautet in der deutschen Fassung „zur Veranschaulichung *des* Unterrichts".

Der britische Gesetzgeber interpretiert die Norm ebenfalls in diesem Sinne. Auf Grundlage von Art. 5 Abs. 3 lit. a) InfoSoc-Richtlinie will er zulässige Nutzungen zum Zweck des Unterrichts (*for the purposes of instruction*) neu regeln.[410] In seinem Regelungsvorschlag stellt er ausdrücklich klar, dass Unterricht (*instruction*) sowohl den Vorgang des Unterrichtens selbst (*a person giving instruction*) als auch die Vorbereitung des Unterrichts (*preparation for instruction*) erfasst.[411]

In dem Fragebogen zu der öffentlichen Konsultation, welche die Europäische Kommission derzeit durchführt, bemerkt sie, dass sich die Ausnahmenregelungen der einzelnen Mitgliedstaaten zu Gunsten von Nutzungen urheberrechtlich geschützter Werke für Unterrichtszwecke erheblich unterscheiden und das geltende Recht nach Ansicht einiger den Bedürfnissen des Fernunterrichts sowie des Unterrichts zu Hause nicht hinreichend Rechnung trage.[412]

---

[407] OLG Stuttgart GRUR 2012, 718, 722 – *Moodle* (nicht rechtskräftig); *Braun/Keller*, jurisPR-ITR 14/2012 Anm. 4.

[408] In diesen Fällen findet weder die relevante Nutzungshandlung im Unterricht statt (die Sammlungen werden im Vorfeld erstellt), noch beschränkt sich die Benutzung durch die Schüler bzw. Lehrer auf die reine Unterrichtssphäre: Ein Schulbuch, mit dem sich der Unterricht weder vornoch nachbereiten ließe, wäre praktisch ohne Wert. Schüler und Lehrer müssten das Exemplar in den Klassenzimmern lassen.

[409] KOM(97) 628 endg., S. 36.

[410] Hierzu näher Teil 4.C.IV.1.b)bb).

[411] Siehe die Änderungsvorschläge zum britischen Recht in Bezug auf Bildung, *IPO*, Amendments to Exceptions for Education, Rn. 4, Annex A, s. 32 (2) (a).

[412] *Europäische Kommission*, Consultation document, S. 23 f.

c) Kein allgemeines Bildungsprivileg

Das Merkmal „zur Veranschaulichung im Unterricht" lässt darauf schließen, dass Bildungszwecke nur unter bestimmten Voraussetzungen privilegiert werden, Nutzungen urheberrechtlicher Werke zu Bildungszwecken also nicht in jedem Fall zulässig sind. Die grundsätzliche Privilegierung von Bildungszwecken in Art. 5 Abs. 3 lit. a) InfoSoc-Richtlinie war im europäischen Legislativprozess angedacht worden.[413]

d) Wissenschaftliche Forschung

Der Begriff der „wissenschaftlichen Forschung" in Art. 5 Abs. 3 lit. a) InfoSoc-Richtlinie bietet einen weiten Auslegungsspielraum. Weder der Richtliniengeber[414] noch der EuGH haben den Begriff bisher konkretisiert. In dem Fragebogen zu der öffentlichen Konsultation, welche die Europäische Kommission derzeit durchführt, stellt sie fest, dass sich die Ausnahmenregelungen zu Gunsten von Nutzungen urheberrechtlich geschützter Werke für Forschungszwecke in einzelnen Mitgliedstaaten erheblich unterscheiden.[415] Zudem thematisiert die Kommission in der Konsultation die urheberrechtliche Einordnung von Text und Data Mining-Verfahren zu Forschungszwecken.[416] Auf die Frage, ob Art. 5 Abs. 3 lit. a) InfoSoc-Richtlinie bei solchen Verfahren einschlägig sein kann, nimmt sie dabei nicht Bezug.

Zur Auslegung des Begriffs „wissenschaftliche Forschung" kann Art. 13 GRCharta herangezogen werden, nach dem „Forschung" geschützt ist.[417] Die InfoSoc-Richtlinie als Bestandteil des Europäischen Sekundärrechts ist vor dem Hintergrund der Charta auszulegen.[418] Der weite Forschungsbegriff des Art. 13 S. 1 GRCharta umfasst auch vorbereitende und unterstützende Tätigkeiten sowie die private Forschung.[419] Auf wissenschaftliche Anerkennung kommt es dabei ebenso wenig an wie auf den Umstand, ob die Forschung innerhalb oder außerhalb von Institutionen wie etwa Hochschulen stattfindet.[420]

---

[413] Bericht des Ausschusses für Recht und Bürgerrechte, A4-0026/1999, S. 51.

[414] KOM(2008) 466 endg., S. 16.

[415] *Europäische Kommission*, Consultation document, S. 23 f.

[416] *Europäische Kommission*, Consultation document, S. 27 f.

[417] In den englischen Fassungen lauten die Begriffe in Art. 5 Abs. 3 lit. a) InfoSoc-Richtlinie und Art. 13 S. 1 GRCharta wortgleich „*scientific research*". Der Zusatz „wissenschaftlich" in der deutschen Fassung des Art. 5 Abs. 3 lit. a) InfoSoc-Richtlinie ist wohl allein der Übersetzung geschuldet.

[418] Vgl. Art. 6 Abs. 1 UA 1 EU.

[419] Callies/Ruffert/*Ruffert*, Art. 13 GRCharta Rn. 8; Lenz/Borchardt/*Wolffgang*, Art. 13 GRCharta Rn. 4; Meyer/*Bernsdorff*, Art. 13 GRCharta Rn. 15. Für die weite Auslegung der Forschungsfreiheit spricht unter anderem, dass Art. 13 der Charta zwischen Forschung und akademischer Freiheit differenziert, vgl. Schwarze et al./*Sparr*, Art. 13 GRCharta Rn. 3.

[420] *Jarass*, Art. 13 GRCharta Rn. 6.

3. Bibliotheken, Bildungseinrichtungen, Museen und Archive

a) Allgemeines

Die InfoSoc-Richtlinie sieht auch Privilegierungen von Infrastruktureinrichtungen für Forschung und Bildung vor. Nach ihrem Erwägungsgrund 34 sollen die Mitgliedstaaten „die Möglichkeit erhalten, Ausnahmen oder Beschränkungen für bestimmte Fälle, etwa [...] zugunsten öffentlicher Einrichtungen wie Bibliotheken und Archive" vorzusehen. In Erwägungsgrund 40 der InfoSoc-Richtlinie heißt es, dass „eine Ausnahme oder Beschränkung zugunsten bestimmter nicht kommerzieller Einrichtungen, wie der Öffentlichkeit zugängliche Bibliotheken und ähnliche Einrichtungen sowie Archive" möglich ist.

Nach Art. 5 Abs. 2 lit. c) InfoSoc-Richtlinie sind Ausnahmen und Beschränkungen des Vervielfältigungsrechts „in Bezug auf bestimmte Vervielfältigungshandlungen von öffentlich zugänglichen Bibliotheken, Bildungseinrichtungen oder Museen oder von Archiven, die keinen unmittelbaren oder mittelbaren wirtschaftlichen oder kommerziellen Zweck verfolgen", zulässig. Erwägungsgrund 40 macht deutlich, dass entsprechende Regelungen „auf bestimmte durch das Vervielfältigungsrecht erfasste Sonderfälle begrenzt werden" sollen. Dies soll sicherstellen, dass sie dem Drei-Stufen-Test entsprechen; er findet sich ausdrücklich in Art. 5 Abs. 5 InfoSoc-Richtlinie.[421]

Art. 5 Abs. 2 lit. c) InfoSoc-Richtlinie bezieht sich nur auf das Vervielfältigungsrecht, nicht aber auf das Recht zur öffentlichen Wiedergabe. In der Begründung der InfoSoc-Richtlinie heißt es, dass aufgrund der „zu erwartenden wirtschaftlichen Auswirkungen [...] eine gesetzliche Ausnahme für derartige Nutzungen nicht gerechtfertigt" wäre.[422]

Aus Erwägungsgrund 40 ergibt sich noch eine weitere Einschränkung: „Eine Nutzung im Zusammenhang mit der Online-Lieferung von geschützten Werken oder sonstigen Schutzgegenständen" soll Art. 5 Abs. 2 lit. c) InfoSoc-Richtlinie nicht umfassen. Die Europäische Kommission hatte in der Begründung ihres Vorschlags zur InfoSoc-Richtlinie noch vorsichtiger formuliert: Online-Lieferungen durch Bibliotheken und ähnliche Einrichtungen könnten „im Aufgabenbereich dieser Einrichtungen in Zukunft durchaus eine Hauptaufgabe" sein.[423] Sie sollten, wenn möglich, auf Vertragsbasis, also nicht unter Ausnutzung von Schrankenregelungen, durchgeführt werden.[424] Allerdings sollten

---

[421] KOM(97) 628 endg., S. 35. Wohl vor allem mit dessen erster Stufe, nach der nur Schrankenregelungen für „bestimmte Sonderfälle" zulässig sind.
[422] KOM(97) 628 endg., S. 35.
[423] KOM(97) 628 endg., S. 36.
[424] So auch KOM(97) 628 endg., S. 36.

sie „nicht unangemessenen finanziellen oder sonstigen Beschränkungen unterliegen".[425]

In dem Fragebogen zu der Konsultation, welche die Europäische Kommission derzeit durchführt, stellt sie fest, dass die Mitgliedstaaten die Vorgabe des Art. 5 Abs. 2 lit. c) InfoSoc-Richtlinie uneinheitlich umgesetzt haben, und zwar sowohl bezüglich der berechtigten Institutionen als auch hinsichtlich der erfassten Werkarten, der zulässigen Arten der Vervielfältigung und der Anzahl der Vervielfältigungsstücke, die hergestellt werden dürfen.[426] Ihrer Ansicht nach besteht insbesondere bezüglich der Zulässigkeit von neuen Formen der Archivierung Unsicherheit; als Beispiele nennt sie das Harvesting und die Archivierung öffentlich zugänglicher Webinhalte.[427]

b) Terminals

Art. 5 Abs. 3 lit. n) InfoSoc-Richtlinie erlaubt Ausnahmen und Beschränkungen „für die Nutzung von Werken und sonstigen Schutzgegenständen, für die keine Regelungen über Verkauf und Lizenzen gelten und die sich in den Sammlungen der Einrichtungen gemäß Absatz 2 Buchstabe c) befinden, durch ihre Wiedergabe oder Zugänglichmachung für einzelne Mitglieder der Öffentlichkeit zu Zwecken der Forschung und privater Studien auf eigens hierfür eingerichteten Terminals in den Räumlichkeiten der genannten Einrichtungen". Dies ermöglicht es etwa öffentlich zugänglichen Bibliotheken, aber auch Bildungseinrichtungen, Museen und Archiven, Präsenzbestände an Terminals in ihren Räumlichkeiten digital zugänglich zu machen.

Art. 5 Abs. 3 lit. n) InfoSoc-Richtlinie bezieht sich anders als Art. 5 Abs. 2 lit. c) InfoSoc-Richtlinie neben dem Recht auf Vervielfältigung auch auf das Recht zur öffentlichen Wiedergabe. Die eng gefasste Norm wurde auf Wunsch der Mitgliedstaaten in die Richtlinie eingefügt.[428] Sie unterscheidet sich grundsätzlich von Art. 5 Abs. 3 lit. a) und Abs. 2 lit. c) InfoSoc-Richtlinie. Diese beiden Normen geben den Mitgliedstaaten einen relativ großen Spielraum bei der Umsetzung. Art. 5 Abs. 3 lit. n) InfoSoc-Richtlinie steckt hingegen einen eng begrenzten Bereich dessen ab, was zulässig ist. Anders als bei Art. 5 Abs. 3 lit. a) und Abs. 2 lit. c) InfoSoc-Richtlinie ist eine zusätzliche Einschränkung bei der Umsetzung daher weder notwendig, etwa um den Anforderungen des Drei-Stufen-Tests Rechnung zu tragen, noch ist sie sinnvoll.

Es lässt sich darüber streiten, ob die durch Art. 5 Abs. 3 lit. n) InfoSoc-Richtlinie vorgesehene Ausnahme für die berechtigten Einrichtungen praktisch

---

[425] KOM(97) 628 endg., S. 36.
[426] Vgl. *Europäische Kommission*, Consultation document, S. 19.
[427] Vgl. *Europäische Kommission*, Consultation document, S. 19.
[428] *Gemeinsame Position des Rates der Europäischen Union*, 9512/00 ADD 1, S. 9.

handhabbar ist.[429] Auch sind die Anwendungsvoraussetzungen der Norm nicht ganz geklärt. Fraglich ist vor allem, wann für ein Werk oder einen sonstigen Schutzgegenstand „Regelungen über Verkauf und Lizenzen gelten". Der BGH hat dem EuGH diesbezüglich Fragen zur Vorabentscheidung vorgelegt.[430]

Bei der derzeit stattfindenden Konsultation fragt die Europäische Kommission Nutzer in ihrem Fragebogen explizit, ob auch der *Remote Access* zu Bibliotheksbeständen durch eine Ausnahmeregelung gestattet werden sollte, oder ob es den Marktteilnehmern obliege, dies durch Lizenzvereinbarungen zu regeln.[431] Auch das E-Lending thematisiert sie.[432]

4. Drei-Stufen-Test

Art. 5 Abs. 5 InfoSoc-Richtlinie bestimmt, dass die Ausnahmen und Beschränkungen, welche die Mitgliedstaaten zu den in Art. 5 Abs. 1 – 4 genannten Zwecken erlassen, den Anforderungen des Drei-Stufen-Tests genügen müssen.[433]

III. Rechtsprechung des EuGH

Durch Auslegung des Primär- und Sekundärrechts schafft auch die Rechtsprechung des EuGH wichtige Vorgaben für das Urheberrecht. Für die vorliegende Untersuchung interessant ist dabei vor allem die Rechtsprechung zur Anwendung urheberrechtlicher Schranken.

Nach der *Infopaq*-Entscheidung des EuGH ist Art. 5 Abs. 1 InfoSoc-Richtlinie, der flüchtige Vervielfältigungshandlungen betrifft, eng auszulegen.[434] Es handele sich um eine Abweichung vom allgemeinen Grundsatz, dass die Verwertung eines Werkes von der Zustimmung des Rechteinhabers abhängt.[435] Grundsätzlich müssten solche Abweichungen eng ausgelegt werden.[436] Dies sei auch nach dem Drei-Stufen-Test angebracht.[437] Zudem sei Art. 5 Abs. 1 InfoSoc-Richtlinie „auch im Licht der Rechtssicherheit der Urheber in Bezug auf den Schutz ihrer Werke auszulegen".[438]

In der *Murphy*-Entscheidung schränkte der EuGH diesen Grundsatz der engen Auslegung zumindest im Hinblick auf Art. 5 Abs. 1 InfoSoc-Richtlinie ein.[439] „Ihrem Zweck entsprechend" müsse „diese Ausnahme [...] die Entwick-

---

[429] Siehe dazu auch Teil 3.B.VI., Teil 6.B.II.4.
[430] BGH GRUR 2013, 503 – *Elektronische Leseplätze*. Siehe dazu näher Teil 3.B.VI.7.
[431] Vgl. *Europäische Kommission*, Consultation document, S. 20 f.
[432] Vgl. *Europäische Kommission*, Consultation document, S. 21 f.
[433] Dazu auch Erwägungsgrund 44 InfoSoc-Richtlinie.
[434] EuGH, Rs. C-5/08 – *Infopaq*, Rn. 56 ff.
[435] EuGH, Rs. C-5/08 – *Infopaq*, Rn. 57.
[436] EuGH, Rs. C-5/08 – *Infopaq*, Rn. 56 m.w.N.
[437] EuGH, Rs. C-5/08 – *Infopaq*, Rn. 58.
[438] EuGH, Rs. C-5/08 – *Infopaq*, Rn. 59.
[439] EuGH, Rs. C-403, 429/08 – *Murphy*, Rn. 163 f. Vgl. hierzu *Berger*, ZUM 2012, 353, 358; *Metzger*, GRUR 2012, 118, 123.

lung und den Einsatz neuer Technologien ermöglichen und gewährleisten sowie einen angemessenen Rechts- und Interessenausgleich zwischen den Rechtsinhabern auf der einen Seite und den Nutzern der geschützten Werke, die in den Genuss dieser neuen Technologien kommen wollen, auf der anderen Seite beibehalten."[440] Hieran knüpfte er in der *Painer*-Entscheidung an, in der er die in der *Murphy*-Entscheidung formulierten Grundsätze auf Art. 5 Abs. 3 lit. d) InfoSoc-Richtlinie übertrug.[441] Ob diese Grundsätze für Art. 5 InfoSoc-Richtlinie allgemein gelten, hat das Gericht noch nicht entschieden.[442]

Der EuGH legt Art. 5 InfoSoc-Richtlinie mithin zwar grundsätzlich eng aus. Er verschließt sich aber vor allem im Zusammenhang mit digitalen Sachverhalten nicht einer weiteren Auslegung, wenn dies Sinn und Zweck der Norm entspricht. Zu den für Bildung und Wissenschaft bedeutsamen Vorgaben des Art. 5 InfoSoc-Richtlinie hat sich der EuGH bislang noch nicht geäußert. Im September 2012 legte der BGH dem Gerichtshof Fragen zur Auslegung des Art. 5 Abs. 3 lit. n) InfoSoc-Richtlinie vor.[443]

C. Zusammenfassung

Die völker- und europarechtlichen Vorgaben ermöglichen und begrenzen die Einführung von urheberrechtlichen Schranken für Bildung und Wissenschaft.

Die wichtigste übergreifende Vorgabe ist der Drei-Stufen-Test. Nach ihm müssen Ausnahmen auf bestimmte Sonderfälle beschränkt sein und dürfen weder die normale Verwertung von Werken beeinträchtigen noch die Interessen von Rechteinhabern unzumutbar verletzen. Innerhalb dieser Grenzen ermöglicht der Drei-Stufen-Test die Einführung neuer Schrankenregelungen, insbesondere vor dem Hintergrund technologischer Neuentwicklungen.

Neben den Interessen der Rechteinhaber sind auch die rechtlich geschützten Interessen von Werknutzern im Rahmen des Drei-Stufen-Tests zu berücksichtigen. Dabei sind Wissenschaft und Bildung als besondere privilegierte Zwecke anerkannt. Dies ergibt sich nicht nur aus den internationalen Abkommen des Urheberrechts, sondern auch aus menschenrechtlichen Garantien.

Europarechtliche Vorgaben enthält vor allem die InfoSoc-Richtlinie. Ihr Art. 5 Abs. 3 lit. a) erlaubt die Einführung von Ausnahmen zur wissenschaftlichen Forschung und zur Veranschaulichung des Unterrichts. Art. 5 Abs. 2 lit. c) und Art. 5 Abs. 3 lit. n) InfoSoc-Richtlinie gestatten die Privilegierung von Infrastruktureinrichtungen im Bildungs- und Wissenschaftsbereich.

---

[440] EuGH, Rs. C-403, 429/08 – *Murphy*, Rn. 164.
[441] EuGH, Rs. C-145/10 – *Painer*, Rn. 133. Vgl. hierzu *Metzger*, GRUR 2012, 118, 124.
[442] Vgl. *Berger*, ZUM 2012, 353, 358.
[443] BGH GRUR 2013, 503 – *Elektronische Leseplätze*.

Teil 3: Schranken für Bildung und Wissenschaft in Deutschland

A. Verfassungsrechtliche Vorgaben und allgemeine Systematik

I. Schutz des Urhebers und Rechteinhabers

Das deutsche Urheberrecht ist Teil des kontinentaleuropäischen *droit d'auteur*-Systems. Hiernach ist der urheberrechtliche Schutz eng mit der Persönlichkeit des Schöpfers verknüpft.[444] Das deutsche Urheberrecht folgt der monistischen Theorie:[445] Sowohl die geistigen und persönlichen Beziehungen des Urhebers zu seinem Werk als auch seine vermögensrechtlichen Interessen unterstehen einem einheitlichen Schutz (vgl. § 11 UrhG).[446] Das Urheberrecht ist nach § 29 Abs. 1 UrhG grundsätzlich nicht übertragbar. Der Urheber kann einem anderen lediglich das Recht einräumen, das Werk auf einzelne oder alle Nutzungsarten zu nutzen (§ 31 UrhG).

1. Verfassungsrechtlicher Schutz

Im Grundrechtskatalog des Grundgesetzes wird das Urheberrecht nicht ausdrücklich erwähnt.[447] Dennoch unterstehen seine kommerziellen und ideellen Bestandteile verfassungsrechtlichem Schutz.

Die persönlichkeitsrechtliche Komponente findet ihre verfassungsrechtlichen Grundlagen im Recht auf freie Entfaltung der Persönlichkeit gemäß Art. 2 Abs. 1 GG sowie im Schutz der Menschenwürde gemäß Art. 1 Abs. 1 GG.[448] Nach herrschender Auffassung stellt das Urheberpersönlichkeitsrecht ein gegenüber dem allgemeinen Persönlichkeitsrecht selbstständiges, besonderes Recht dar,[449] das die Verbindung des Urhebers zu seinem Werk als „Kind seines Geistes" schützt.[450] Grundsätzlich umfasst sind die in den §§ 12 ff. UrhG konkretisierten Rechte. Im Einzelnen ist die Reichweite des grundrechtlichen Schutzes jedoch nicht vollständig geklärt.[451]

---

[444] Dreier/Schulze/*Dreier*, Einleitung Rn. 54; Wandtke/Bullinger/*Wandtke*, Einleitung Rn. 25. Zur Geschichte des personalistisch gerechtfertigten Urheberrechtsschutzes *Hansen*, S. 12 ff., 38 f., der ihn als „historisch bedingt und keineswegs inhaltlich determiniert" ansieht.

[445] Dazu näher *Ulmer*, S. 94 ff.

[446] Wandtke/Bullinger/*Bullinger*, § 11 Rn. 1. Dies ist in anderen kontinentaleuropäischen Staaten anders, vgl. Loewenheim/*W. Nordemann/Nordemann-Schiffel*, § 4 Rn. 13.

[447] Anders im Bereich der Gesetzgebungskompetenzen, vgl. Art. 73 Nr. 9 GG. Dazu *Dietz*, GRUR Int. 2006, 1, 4.

[448] BGH GRUR 1955, 197; Loewenheim/*Götting*, § 3 Rn. 2. A.A. *Ahrens*, GRUR 2013, 21, 22.

[449] *Ahrens*, GRUR 2013, 21, 23 f.; Loewenheim/*Dietz/Peukert*, § 15 Rn. 8; Wandtke/Bullinger/*Bullinger*, Vor §§ 12 ff. Rn. 16 m.w.N. A.A. *Lucas-Schloetter*, GRUR Int. 2002, 809, 810 f.

[450] *Ulmer*, S. 11.

[451] *Poeppel*, S. 142 f.

Die kommerziellen Rechte des Urhebers folgen unmittelbar aus dem durch den Schöpfungsakt begründeten „geistigen Eigentum".[452] Sie sind von der verfassungsrechtlichen Eigentumsgarantie des Art. 14 Abs. 1 GG erfasst.[453] Die Ausschließlichkeitsfunktion des Eigentums ermöglicht es dem Urheber, das Werk grundsätzlich alleine zu nutzen und zu verwerten (positive Ausschließlichkeit)[454] und andere von der Nutzung und Verwertung des Werkes auszuschließen (negative Ausschließlichkeit). [455] Auch die Inhaber eingeräumter Nutzungsrechte werden durch Art. 14 GG nach einem ähnlichen Maßstab geschützt wie der Urheber.[456] Gleiches gilt für die Inhaber von Leistungsschutzrechten.[457]

Die vorbehaltlos gewährleisteten Grundrechte der Kunst- und Wissenschaftsfreiheit (Art. 5 Abs. 3 S. 1 GG) bieten unter bestimmten Voraussetzungen einen ergänzenden Schutz für den Urheber.[458] Dies gilt vor allem für das Urheberpersönlichkeitsrecht.[459] Im Hinblick auf die Verwertungsrechte spielen sie nur eine untergeordnete Rolle.[460] Die Kunstfreiheit erfasst den Werk- und Wirkbereich künstlerischer Tätigkeit.[461] Der verfassungsrechtliche Kunstbegriff ist teils weiter, teils enger als der urheberrechtliche Werkbegriff.[462] Auf die Kunstfreiheit kann sich der Urheber nur dann berufen, wenn das betreffende Werk dem verfassungsrechtlichen Kunstbegriff unterfällt. Die Wissenschaftsfreiheit schützt den Urheber dann, wenn er sein Werk in eigenverantwortlicher wissenschaftlicher Betätigung geschaffen hat.[463]

---

[452] BVerfGE 78, 101, 102 – *Eigentumsrecht von Rundfunkanstalten*. Näher zum Begriff des „geistigen Eigentums" vgl. nur *Götting*, GRUR 2006, 353 m.w.N.

[453] Vgl. nur BVerfGE 31, 229, 239 – *Kirchen- und Schulgebrauch*; BVerfGE 79, 29, 40 – *Vollzugsanstalten*; BVerfG GRUR 2010, 999, 1001 f. – *Drucker und Plotter*.

[454] BVerfGE 79, 29, 40 – *Vollzugsanstalten* m.w.N.; BGH GRUR 1955, 492, 497.

[455] Loewenheim/*Loewenheim*, § 1 Rn. 1.

[456] Vgl. *Peifer*, GRUR 2009, 22, 24. Beispielsweise unterfallen Nutzungsrechte der Verlage Art. 14 GG.

[457] Vgl. für Tonträgerhersteller BVerfGE 81, 12, 16 – *Vermietungsvorbehalt*; für ausübende Künstler BVerfGE 81, 208, 219 f. – *Bob Dylan*.

[458] *Fechner*, S. 288. Neben der Kunst- und Wissenschaftsfreiheit kann ein grundrechtlicher Schutz etwa durch die Kommunikationsgrundrechte oder die Berufsfreiheit gegeben sein (S. 342 ff.).

[459] *Seith*, S. 98 ff.

[460] BVerfGE 31, 229, 239 – *Kirchen- und Schulgebrauch*; BVerfGE 49, 382, 392 – *Kirchenmusik*; BVerfG NJW 2002, 3458, 3460 – *Chick Corea*. Ob die Kunstfreiheit dann die kommerziellen Interessen des Urhebers schützt, wenn Schrankenregelungen die Verwertungsmöglichkeiten derart beschränken, dass „die freie künstlerische Betätigung praktisch nicht mehr möglich wäre", wie es das Gericht in *Chick Corea* formuliert, lässt es in beiden Fällen offen. Dafür v. Münch/Kunig/*Wendt*, Art. 5 Rn. 94 m.w.N; *Sattler*, S. 29.

[461] BVerfGE 30, 173, 189 – *Mephisto*; BVerfGE 119, 1, 21 f. – *Roman Esra* m.w.N.

[462] *Fechner*, S. 289 ff. Vgl. zum verfassungsrechtlichen Kunstbegriff BVerfGE 67, 213, 226 f. – *Anachronistischer Zug*.

[463] Siehe hierzu Teil 3.A.II.2.b).

2. Einfachgesetzliche Ausgestaltung

Die einfachgesetzlichen Grundlagen des Urheberrechts finden sich im Wesentlichen im Urheberrechtsgesetz (UrhG). Neben Regelungen zum Urheberrecht im engeren Sinne (§§ 1 – 69g UrhG) finden sich dort auch solche zum Schutz von Inhabern verwandter Schutzrechte wie etwa der Leistungsschutzrechte.

Grundlegendes Schutzobjekt und damit „Eingangstor zum Urheberrecht"[464] ist das Werk. Geschützt werden Werke der Literatur, Wissenschaft und Kunst. § 2 Abs. 1 UrhG zählt Beispiele geschützter Werkarten auf. Der Gesetzgeber bedient sich dabei unbestimmter Rechtsbegriffe. Dadurch ist der Werkbegriff entwicklungsoffen.[465] Nach § 2 Abs. 2 UrhG sind Werke im Sinne des Urheberrechtsgesetzes nur „persönliche geistige Schöpfungen". Das Werk muss in einer wahrnehmbaren Form aus einer menschlichen gestalterischen Tätigkeit hervorgegangen sein sowie einen geistigen Gehalt als Ausdruck der Urheberpersönlichkeit und eine gewisse Gestaltungshöhe in Form eines Mindestmaßes an Individualität aufweisen.[466]

Urheber ist nach § 7 UrhG der Schöpfer des Werkes. Dieses Schöpferprinzip kann vertraglich nicht abbedungen werden.[467]

Der Inhalt des Urheberrechts ist in §§ 11 – 27 UrhG geregelt. Hierbei werden Urheberpersönlichkeitsrechte (§§ 12 – 14 UrhG) und Verwertungsrechte (§§ 15 – 24 UrhG) sowie sonstige Rechte (§§ 25 – 27 UrhG) unterschieden. §§ 12 ff. UrhG schützen den „sozialen Geltungsanspruch des Urhebers".[468] Sie normieren seine Rechte zur Entscheidung über die Veröffentlichung des Werkes (§ 12 UrhG) sowie auf Anerkennung seiner Urheberschaft (§ 13 UrhG) und den Schutz vor Entstellung des Werkes (§ 14 UrhG).

Die Verwertungsrechte nach §§ 15 ff. UrhG stehen dem Urheber grundsätzlich ausschließlich zu. Dies bestimmt die Generalklausel des § 15 UrhG. Einzelne Formen der Verwertung sind in §§ 16 ff. UrhG konkretisiert. Diese enumerierten Rechte sind nicht abschließend (vgl. § 15 Abs. 1 UrhG).[469] Die absolute, umfassende und allgemeine Natur der Verwertungsrechte[470] ist von

---

[464] Wandtke/Bullinger/*Bullinger*, § 2 Rn. 1.

[465] Wandtke/Bullinger/*Bullinger*, § 2 Rn. 4.

[466] Zu den Voraussetzungen im Einzelnen Dreier/Schulze/*Schulze*, § 2 Rn. 6 ff.; Loewenheim/*Nordemann*, § 6 Rn. 7 ff.; Wandtke/Bullinger/*Bullinger*, § 2 Rn. 15 ff. Insbesondere das Merkmal der Gestaltungshöhe ist umstritten, vgl. nur *Schricker*, GRUR 1996, 815, 817 f. Kritisiert wird vor allem, dass die Schutzuntergrenze nicht für alle Werkarten einheitlich beurteilt wird. Zum Urheberrechtsschutz für Werke der angewandten Kunst jüngst aber BGH Urt. v. 13.11.2013 – I ZR 143/12 – *Geburtstagszug*.

[467] Wandtke/Bullinger/*Thum*, § 7 Rn. 1 f.

[468] Loewenheim/*Götting*, § 3 Rn. 2.

[469] Dort ist von Verwertungsformen die Rede, die das Verwertungsrecht *insbesondere* umfasst, vgl. Dreier/Schulze/*Schulze*, § 15 Rn. 10.

[470] Dreier/Schulze/*Schulze*, § 15 Rn. 7 ff.

erheblicher Bedeutung für das Verständnis und die Auslegung der Schranken des UrhG als ihr Gegengewicht.[471]

Für Nutzungen in Bildung und Wissenschaft besonders relevant sind das Vervielfältigungsrecht (§ 16 UrhG) und das Recht der öffentlichen Zugänglichmachung (§ 19a UrhG). Gemäß § 16 Abs. 1 UrhG ist das Vervielfältigungsrecht „das Recht, Vervielfältigungsstücke des Werkes herzustellen, gleichviel ob vorübergehend oder dauerhaft, in welchem Verfahren und in welcher Zahl". Unter einer Vervielfältigung ist eine körperliche Festlegung des Werkes zu verstehen, die geeignet ist, „das Werk den menschlichen Sinnen auf irgendeine Weise unmittelbar oder mittelbar wahrnehmbar zu machen".[472] Dies gilt unabhängig davon, ob die Herstellung der Vervielfältigungstücke analog oder digital erfolgt.[473] Das Vervielfältigungsrecht umfasst also Handlungen von der Erstellung von Fotokopien bis zur Speicherung von Dateien im Arbeitsspeicher eines Computers. Alle diese Handlungen sind Teil des Alltags der im Bildungs- und Wissenschaftsbetrieb tätigen Personen.[474]

Das Recht zur öffentlichen Zugänglichmachung ist nach § 19a UrhG „das Recht, das Werk drahtgebunden oder drahtlos der Öffentlichkeit in einer Weise zugänglich zu machen, dass es Mitgliedern der Öffentlichkeit von Orten und zu Zeiten ihrer Wahl zugänglich ist". Hierbei handelt es sich um eine besondere Form der öffentlichen Wiedergabe (§ 15 Abs. 2 UrhG), die über das Internet und ähnliche Netzwerksysteme erfolgt.[475] Der Begriff der Öffentlichkeit bestimmt sich nach § 15 Abs. 3 S. 2 UrhG: „Zur Öffentlichkeit gehört jeder, der nicht mit demjenigen, der das Werk verwertet, oder mit den anderen Personen, denen das Werk in unkörperlicher Form wahrnehmbar oder zugänglich gemacht wird, durch persönliche Beziehungen verbunden ist." Das Recht zur öffentlichen Zugänglichmachung ist im Bildungs- und Wissenschaftsbereich oftmals betroffen, wenn das Internet zum Einsatz kommt, um urheberrechtlich geschützte Inhalte verfügbar zu machen – etwa bei E-Learning-Plattformen wie beispielsweise Moodle.

II. Allgemeine Schrankensystematik

Die Rechte des Urhebers werden durch kollidierende Grundrechte Dritter sowie durch die Sozialbindung nach Art. 14 Abs. 2 GG beschränkt.[476]

---

[471] Dazu näher Teil 3.A.II.3.

[472] BT-Drucks. IV/270, S. 47. Vgl. auch BGHZ 17, 266, 269 f. – *Grundig-Reporter*.

[473] BGH NJW 1999, 1964, 1965 – *Elektronische Pressearchive*; Dreier/Schulze/*Schulze*, § 16 Rn. 7 m.w.N.

[474] Vgl. *Sattler*, S. 128 f.

[475] Hiervon kann etwa auch das Intranet einer Einrichtung umfasst sein. Mit Beispielen weiterer Technologien, bei denen das Recht zur öffentlichen Zugänglichmachung einschlägig ist, Dreier/Schulze/*Dreier*, UrhG, § 19a Rn. 6.

[476] Schricker/Lowenheim/*Melichar*, Vor §§ 44a ff. Rn. 1, 15.

1. Allgemeine verfassungsrechtliche Grundlagen

Grund und Grenzen urheberrechtlicher Schrankenregelungen sind verfassungsrechtlich zunächst an Art. 14 GG,[477] sekundär an Art. 2 Abs. 1, Art. 1 Abs. 1 GG zu messen.[478] Schrankenregelungen stellen Inhalts- und Schrankenbestimmungen des Urheberrechts als Bestandteil des Eigentums im Sinne des Art. 14 Abs. 1 S. 2 GG dar.[479] Bei der Ausgestaltung der Schranken muss der Gesetzgeber die Institutsgarantie des Eigentums sowie den Verhältnismäßigkeitsgrundsatz und das Bestimmtheitsgebot als Ausprägungen des Rechtsstaatsprin-Rechtsstaatsprinzips gemäß Art. 20 Abs. 3 GG beachten.[480]

a) Sozialbindung und Institutsgarantie des Eigentums (Art. 14 GG)

Der Gebrauch des Eigentums soll nach Art. 14 Abs. 2 S. 2 GG dem „Wohl der Allgemeinheit" dienen; das Eigentum ist entsprechend auszugestalten.[481] Als Bestandteil dessen ist das Urheberrecht mithin ein „sozialgebundenes Recht".[482] Die Sozialgebundenheit des Urheberrechts begründet auch die Notwendigkeit, die Ausschließlichkeitsrechte gesetzlich zu beschränken.[483] Der Gesetzgeber hat den Auftrag, „sachgerechte Maßstäbe festzulegen, die eine der Natur und sozialen Bedeutung des Urheberrechts entsprechende Nutzung und angemessene Verwertung sicherstellen".[484] Dabei hat er einen großen Gestaltungsspielraum.[485] Allerdings muss er die Mittel ausschöpfen, die ihm bei der Sachverhalts- und Folgenabschätzung zur Verfügung stehen.[486] Das

---

[477] BVerfGE 31, 229, 238 – *Kirchen- und Schulgebrauch*; BVerfGE 49, 382, 392 – *Kirchenmusik*.

[478] In BVerfGE 31, 229, 239 f. – *Kirchen- und Schulgebrauch* wird das Urheberpersönlichkeitsrecht im Rahmen des Art. 14 GG berücksichtigt. Im Ergebnis ergeben sich keine Unterschiede.

[479] Die Schrankenregelungen der §§ 44a ff. UrhG begründen keine Enteignungen, da sie keine rechtlich abtrennbaren Bestandteile des Eigentums entziehen. Dem Urheber werden seine Verwertungsrechte von vornherein nur in einem bestimmten, begrenzten Umfang eingeräumt. Vgl. BVerfGE 49, 382, 393 f. – *Kirchenmusik*; BVerfGE 104, 1, 9 – *Baulandumlegung* m.w.N.

[480] Weitere verfassungsrechtliche Grenzen sind das Vertrauensschutzprinzip (Art. 20 Abs. 3 GG) und der Gleichheitsgrundsatz (Art. 3 Abs. 1 GG). Das Vertrauensschutzprinzip kann insbesondere bei der Änderung von Schrankenregelungen relevant werden, vgl. *Sattler*, S. 42 f. In vereinzelten Fällen kann nach *Schwartmann/Hentsch*, ZUM 2012, 759, 764 fraglich sein, ob und inwiefern eine Ungleichbehandlung von Sacheigentum und geistigem Eigentum gerechtfertigt ist, oder ob dies einen Verstoß gegen den Gleichheitsgrundsatz darstellt. Beachte auch *Raue*, GRUR Int. 2012, 402, der darauf hinweist, dass in bestimmten (vollharmonisierten) Bereichen des Urheberrechts die Regelungen allein an europäischen Grundrechten zu messen sind.

[481] Art. 14 Abs. 1 S. 2 und Abs. 2 enthalten einen einheitlichen Gesetzesvorbehalt und Regelungsauftrag, vgl. Maunz/Dürig/*Papier*, Art. 14 Rn. 305 ff.

[482] Wandtke/Bullinger/*Lüft*, Vor §§ 44a ff. Rn. 1. Vgl. auch BVerfGE 49, 382 ff. – *Kirchenmusik*.

[483] BVerfGE 49, 382, 394 – *Kirchenmusik*. Zu beachten ist auch, dass die Sozialbindung des Urheberrechts die Regelung von Schranken nicht nur erfordert, sondern gleichzeitig auch begrenzt. Schranken dürfen nicht über die verfolgten Allgemeinwohlzwecke hinausgehen, vgl. BVerfGE 79, 29, 40 f. – *Vollzugsanstalten*.

[484] BVerfGE 31, 229, 230 – *Kirchen- und Schulgebrauch*.

[485] BVerfGE 31, 229, 241 – *Kirchen- und Schulgebrauch*.

[486] *Spindler*, S. 58.

Immaterialgüterrecht verfügt über einen starken Sozialbezug, weil die schöpferische Leistung zur Schaffung eines Werkes grundsätzlich auf die Rezeption des Ergebnisses durch die Allgemeinheit ausgerichtet ist.[487]

Zudem obliegt es dem Gesetzgeber, den Begriff „Wohl der Allgemeinheit" mit Leben zu füllen, die entsprechenden Belange herauszuarbeiten und zu beschreiben.[488] Der Begriff ist grundsätzlich weit zu verstehen.[489] Wissenschaftliche Forschung und Lehre sind anerkannte Zwecke des Allgemeinwohls. Entsprechendes gilt für den (Schul-)Unterricht.[490]

Die Institutsgarantie des Art. 14 Abs. 1 S. 1 GG verpflichtet den Gesetzgeber dazu, die Rechtsordnung so auszugestalten, dass Existenz, Funktionsfähigkeit und Privatnützigkeit des Eigentums gesichert bleiben.[491] Art. 14 GG schützt mithin einen Kernbestand des Eigentums, der auch einen „grundgesetzlich geschützten Kern des Urheberrechts" umfasst.[492] Zwar ist nicht „jede nur denkbare Verwertungsmöglichkeit verfassungsrechtlich gesichert".[493] Allerdings müssen die vermögenswerten Ergebnisse seiner schöpferischen Leistung grundsätzlich dem Urheber zugeordnet werden.[494] Auch muss er grundsätzlich frei darüber verfügen können; dem Urheber dürfen anstatt seiner ausschließlichen Verwertungsrechte nicht generell gesetzliche Vergütungsrechte eingeräumt werden.[495]

b) Verhältnismäßigkeitsgrundsatz (Art. 20 Abs. 3 GG)

Dem Verhältnismäßigkeitsgrundsatz als Ausprägung des Rechtsstaatsprinzips gemäß Art. 20 Abs. 3 GG können urheberrechtliche Schrankenregelungen

---

[487] BVerfGE 31, 229, 242 – *Kirchen- und Schulgebrauch*; BVerGE 49, 382, 394 – *Kirchenmusik*; BVerfGE 79, 29, 41 f. – *Vollzugsanstalten*.

[488] Maunz/Dürig/*Papier*, Art. 14 Rn. 306 m.w.N.

[489] Bei der Beschreibung der konkreten Allgemeinwohlbelange ist allerdings dem verfassungsrechtlichen Bestimmtheitsgebot Rechnung zu tragen, vgl. *Sattler*, S. 33 f. m.w.N. Siehe zum Bestimmtheitsgebot im Einzelnen Teil 3.A.II.c).

[490] Vgl. BVerfGE 31, 229, 242 – *Kirchen- und Schulgebrauch*: „[D]ie Allgemeinheit [hat] ein bedeutsames Interesse daran, daß die Jugend im Rahmen eines gegenwartsnahen Unterrichts mit dem Geistesschaffen vertraut gemacht wird. Das gleiche gilt für Teilnehmer entsprechender Unterrichtsveranstaltungen."

[491] Vgl. v. Mangoldt/Klein/Starck/*Depenheuer*, Art. 14 Rn. 91; Maunz/Dürig/*Papier*, Art. 14 Rn. 11; Sachs/*Wendt*, Art. 14 Rn. 10.

[492] BVerfGE 31, 229, 241 – *Kirchen- und Schulgebrauch*.

[493] BVerfGE 31, 229, 241 – *Kirchen- und Schulgebrauch*.

[494] Vgl. BVerfGE 31, 229, 243 – *Kirchen- und Schulgebrauch*: „[D]er Ausschluß eines Vergütungsanspruchs [kann] nicht durch jede Gemeinwohlerwägung gerechtfertigt werden; insbesondere reicht das Interesse der Allgemeinheit an einem ungehinderten Zugang zu urheberrechtlich geschützten Werken allein nicht aus. Im Hinblick auf die Intensität der Beschränkung der urheberrechtlichen Stellung muß ein gesteigertes öffentliches Interesse gegeben sein, damit eine solche Regelung vor der Verfassung Bestand hat."

[495] BVerfGE 79, 29, 41 – *Vollzugsanstalten*. Nach Ansicht von Schricker/Loewenheim/*Melichar*, Vor §§ 44a ff. Rn. 15 entsprechen gesetzliche Vergütungsansprüche den wirtschaftlichen Interessen der Urheber allerdings gelegentlich mehr als Ausschließlichkeitsrechte.

66

Rechnung tragen, wenn sie geeignet und erforderlich sind, um die beabsichtigten Gemeinwohlzwecke zu erreichen.[496] Sie müssen außerdem angemessen sein, dürfen den Betroffenen also nicht unzumutbar oder übermäßig belasten.[497] Ob eine urheberrechtliche Schrankenregelung verhältnismäßig ist, hängt vor allem davon ab, ob sie einen vorher festgelegten Allgemeinwohlzweck verfolgt, welche Bedeutung dieser Zweck hat und wie hoch die Intensität des Eingriffs für den Urheber oder sonstigen Rechteinhaber ist.[498]

c) Bestimmtheitsgebot (Art. 20 Abs. 3 GG)

Nach dem Bestimmtheitsgebot des Art. 20 Abs. 3 GG muss eine Norm „in ihren Voraussetzungen und ihrem Inhalt so formuliert sein, daß die von ihr Betroffenen die Rechtslage erkennen und ihr Verhalten danach einrichten können".[499] Das erforderliche Maß an Bestimmtheit richtet sich vor allem danach, mit welcher Intensität die betreffende Norm in entgegenstehende Interessen eingreift und auf welchen Regelungsgegenstand sie sich bezieht.[500] So sollten Schrankenregelungen im Rahmen des Möglichen entsprechend der jeweils geschützten Interessen untergliedert werden.[501]

Allerdings müssen abstrakt-generelle Normen bis zu einem bestimmten Grad unbestimmt sein, um eine Vielzahl von Sachverhalten regeln zu können.[502] Die Verwendung von unbestimmten Rechtsbegriffen und Generalklauseln ist nicht allgemein unzulässig.[503] Insbesondere mit Blick auf die fortschreitende technische Entwicklung müssen Schranken möglichst flexibel sein.[504] Insgesamt lassen sich daher nur eingeschränkt Aussagen darüber treffen, unter welchen Voraussetzungen eine Schranke in ihrer konkreten Ausgestaltung dem Bestimmtheitsgebot Genüge trägt.[505]

---

[496] *Gounalakis*, S. 15, 17; Loewenheim/*Götting*, § 3 Rn. 4.

[497] Zur Prüfung der Verhältnismäßigkeit grundlegend Maunz/Dürig/*Grzeszick*, Art. 20 VII. Rn. 110 ff.

[498] BVerfGE 49, 382, 400 – *Kirchenmusik*; Loewenheim/*Götting*, § 3 Rn. 4; *Schwartmann/Hentsch*, ZUM 2012, 759, 763.

[499] BVerfGE 31, 255, 264 – *Tonbandvervielfältigungen*. Vgl. auch BVerfGE 110, 33, 53 – *Zollkriminalamt*.

[500] BVerfGE 83, 130, 145 – *Josephine Mutzenbacher*; Maunz/Dürig/*Grzeszick*, Art. 20 VII. Rn. 60 ff. Normen von hoher Eingriffsintensität, die sich auf klar abgrenzbare Regelungsgegenstände beziehen, erfordern demnach das höchste Maß an Bestimmtheit.

[501] *Poeppel*, S. 501 f.; *Sattler*, S. 33 f.

[502] Maunz/Dürig/*Grzeszick*, Art. 20 VII. Rn. 59.

[503] BVerfGE 8, 274, 326 – *Preisgesetz*.

[504] *Förster*, S. 176; *Poeppel*, S. 501 ff. m.w.N.

[505] Vgl. *Förster*, S. 177 ff.; *Ott*, ZUM 2009, 345, 352. Dies gilt insbesondere für die Zulässigkeit generalklauselartiger Schrankenregelungen.

d) Urheberpersönlichkeitsrecht (Art. 2 Abs. 1 i.V.m. Art. 1 Abs. 1 GG)

Das Urheberpersönlichkeitsrecht leitet sich aus Art. 2 Abs. 1 i.V.m. Art. 1 Abs. 1 GG ab und unterliegt dem Schrankenvorbehalt der verfassungsmäßigen Ordnung.[506] Bei der Beurteilung der verfassungsrechtlichen Zulässigkeit von Schrankenbestimmungen ist der Schutz gemäß Art. 2 Abs. 1, 1 Abs. 1 GG allerdings praktisch ohne eigene Bedeutung. Wenn die Beschränkung der eigentumsrechtlich geschützten Verwertungsinteressen gerechtfertigt ist, ist die damit einhergehende Einschränkung des Urheberpersönlichkeitsrechts in aller Regel ebenfalls verfassungsrechtlich zulässig.[507]

2. Interessen Dritter und der Allgemeinheit

Bei der Ausgestaltung urheberrechtlicher Schranken hat der Gesetzgeber die verfassungsrechtlich geschützten Interessen Dritter sowie der Allgemeinheit zu berücksichtigen und mit den Interessen der Urheber in einen schonenden Ausgleich zu bringen.[508] Für das Wissenschaftsurheberrecht sind Informations- und Wissenschaftsfreiheit sowie das Kulturstaatsprinzip von besonderer Bedeutung.[509]

a) Informationsfreiheit (Art. 5 Abs. 1 S. 1 Hs. 2 GG)

Die Informationsfreiheit aus Art. 5 Abs. 1 S. 1 Hs. 2 GG schützt das Recht des Einzelnen, „sich aus allgemein zugänglichen Quellen ungehindert zu unterrichten". Jedermann soll sich aus Angeboten, die sich an einen unbestimmten Personenkreis richten, Informationen verschaffen oder diese entgegennehmen können.[510] Die Informationsfreiheit sichert so das Entstehen neuen Wissens als Grundlage für die Schaffung neuer Werke grundrechtlich ab.[511]

Die Informationsfreiheit verlangt nicht, dass der freie Zugang zu Informationen kostenlos sein muss.[512] Auch muss der Zugang nicht so bequem wie möglich sein, also beispielsweise nicht unbedingt digital ermöglicht werden.[513] Den Voraussetzungen des Art. 5 Abs. 1 S. 1 Hs. 2 GG ist üblicherweise Genüge getan, wenn Nutzungsrechten an urheberrechtlich geschützten Werken gegen

---

[506] Loewenheim/*Götting*, § 3 Rn. 2.

[507] Vgl. *Ahrens*, GRUR 2013, 21, 23.

[508] BVerfGE 49, 382, 394 – *Kirchenmusik*.

[509] Daneben können auch die Meinungs-, Presse-, Rundfunk-, Film- und Kunstfreiheit sowie das allgemeine Persönlichkeitsrecht einschlägig sein, vgl. *Geiger*, GRUR Int. 2004, 815, 817. Zu den vielfältigen, durch die einfachgesetzliche Regelung der §§ 44a ff. UrhG geschützten, Interessen Dreier/Schulze/*Dreier*, Vor § 44a Rn. 3; Loewenheim/*Götting*, § 30 Rn. 5 ff.

[510] BVerfGE 27, 71, 82 – *Leipziger Volkszeitung*.

[511] *Sattler*, S. 40.

[512] BT-Drucks. 16/1828, S. 20 f.; BVerwGE 29, 214, 218; *Berger*, ZUM 2004, 257, 264; Wandtke/Bullinger/*Wandtke*, Einleitung Rn. 44.

[513] *Poeppel*, S. 147.

Entgelt eingeräumt werden.[514] Das Grundrecht kann aber verletzt sein, wenn die Vergütungsforderungen unverhältnismäßig hoch sind oder Lizenzen willkürlich vergeben werden.[515]

Zu beachten ist zudem, dass Zugang zu Informationen und Verwertung urheberrechtlich geschützter Werke nicht identisch sind. Ein Werk beinhaltet zwar Informationen, stellt aber selbst keine Information dar.[516] Den durch Art. 5 Abs. 1 GG geschützten Informations- und Kommunikationsbedürfnissen ist regelmäßig dadurch hinreichend Rechnung getragen, dass die in einem Werk enthaltenen Informationen und Gedanken in einer „entkleideten" Form, die nicht vom urheberrechtlichen Schutz des Werkes gedeckt ist, frei kommuniziert werden dürfen.[517]

Geschützt sind jedenfalls Wahrnehmung und Erfassung der Informationen, einschließlich der dafür im Einzelfall unter Umständen erforderlichen Vervielfältigungshandlungen.[518] Der Schutzbereich der Informationsfreiheit erfasst nur die eigene Unterrichtung, nicht die Weitergabe von Informationen an andere.[519] Die Informationsfreiheit sowie die übrigen Kommunikationsfreiheiten unterliegen zudem den Schranken des Art. 5 Abs. 2 GG. §§ 44a ff. UrhG stellen allgemeine Gesetze im Sinne dieser Vorschrift dar.[520]

b) Wissenschaftsfreiheit (Art. 5 Abs. 3 S. 1 GG)

Die Wissenschaftsfreiheit schützt die wissenschaftliche Betätigung in Forschung und Lehre.[521] Das Bundesverfassungsgericht definiert Wissenschaft als „die auf wissenschaftlicher Eigengesetzlichkeit beruhenden Prozesse, Verhaltensweisen und Entscheidungen bei der Suche nach Erkenntnissen, ihrer Deutung und Weitergabe".[522] Wissenschaft werde durch die Unabgeschlossenheit des For-

---

[514] *Schack*, AfP 2003, 1, 5.

[515] *Poeppel*, S. 147 m.w.N.

[516] *Berger*, ZUM 2004, 257, 264 f.; *Sattler*, S. 40; Wandtke/Bullinger/*Wandtke*, Einleitung Rn. 43.

[517] *Poeppel*, S. 151 m.w.N.

[518] Die einmalige Wahrnehmung einer Information ist zu ihrer Erfassung ggf. nicht ausreichend, vgl. v. Mangoldt/Klein/Starck/*Starck*, Art. 5 I, II Rn. 51.

[519] Die Weitergabe von Inhalten ist durch Meinungsfreiheit und Medienfreiheiten (Art. 5 Abs. 1 GG) geschützt, vgl. v. Mangoldt/Klein/Starck/*Starck*, Art. 5 I, II Rn. 51; Spindler/Schuster/*Fink*, Allgemeines C, Rn. 20.

[520] *Sattler*, S. 40 m.w.N.

[521] BVerfGE 35, 79, 112 ff. – *Hochschulurteil*. Vgl. auch Bonner Kommentar/*Fehling*, Art. 5 Abs. 3 Rn. 57; Dreier/*Britz*, Art. 5 III Rn. 11; Epping/Hillgruber/*Kempen*, Art. 5 Rn. 179; Jarass/Pieroth/*Jarass*, Art. 5 Rn. 121. A.A. v. Mangoldt/Klein/Starck/*Starck*, Art. 5 Rn. 352, der nur die Begriffe Forschung und Lehre unterscheidet, die jeweils durch ihre Wissenschaftlichkeit charakterisiert würden. Demnach sind nicht Wissenschaft, Forschung und Lehre, sondern lediglich wissenschaftliche Forschung und wissenschaftliche Lehre voneinander abzugrenzen (Rn. 361, 375).

[522] BVerfGE 111, 333, 354 – *Brandenburgisches Hochschulgesetz*.

schungsprozesses charakterisiert; sie sei wandelbar und für unorthodoxe Methoden offen.[523]

Forschung ist der Teil der Wissenschaft, der nicht Lehre ist.[524] Positiv formuliert ist Forschung eine „geistige Tätigkeit mit dem Ziele, in methodischer, systematischer und nachprüfbarer Weise neue Erkenntnisse zu gewinnen."[525] Der Schutzbereich umfasst vorbereitende und unterstützende Tätigkeiten – etwa die Wahl der Fragestellung und Methodik – sowie die Publikationsphase.[526]

Lehre ist die „wissenschaftlich fundierte Übermittlung der durch die Forschung gewonnenen Erkenntnisse".[527] Art. 5 Abs. 3 S. 1 GG schützt nur die weisungsfreie, wissenschaftliche Lehre, also beispielsweise nicht den Unterricht an Schulen.[528]

Insgesamt muss die wissenschaftliche Betätigung eigenverantwortlich sein, um dem Schutzbereich zu unterfallen. Bei Hochschullehrern an Universitäten und Forschern an privaten Wissenschaftseinrichtungen ist diese Voraussetzung jedenfalls gegeben. Die Betätigung von Studierenden an Hochschulen ist in der Regel nicht erfasst.[529] Eine trennscharfe Zuordnung sämtlicher Akteure ist jedoch nicht möglich.[530] Gemäß Art. 19 Abs. 3 GG können sich auch juristische Personen auf die Wissenschaftsfreiheit berufen. Berechtigt sein können insbesondere Universitäten, Fakultäten und öffentlich- sowie privatrechtlich organisierte außeruniversitäre Forschungseinrichtungen.[531]

---

[523] BVerfGE 35, 79, 112 – *Hochschulurteil*; Epping/Hillgruber/*Kempen*, Art. 5 Rn. 179 f. Siehe auch BVerfGE 90, 1, 12 – *Jugendgefährdende Schriften*: Erfasst sei „alles, was nach Inhalt und Form als ernsthafter, planmäßiger Versuch zur Ermittlung der Wahrheit anzusehen sei". Kritisch hierzu v. Mangoldt/Klein/*Starck*, Art. 5 Rn. 352.

[524] Jarass/Pieroth/*Jarass*, Art. 5 Rn. 122.

[525] BVerfGE 35, 79, 113 – *Hochschulurteil* unter Bezugnahme auf Bundesbericht Forschung III, BT-Drucks. V/4335 S. 4.

[526] Epping/Hillgruber/*Kempen*, Art. 5 Rn. 182; *Sandberger*, ZUM 2006, 818, 820.

[527] BVerfGE 35, 79, 113 – *Hochschulurteil*.

[528] Dreier/*Britz*, Art. 5 III Rn. 18; Jarass/Pieroth/*Jarass*, Art. 5 Rn. 123; Schmidt-Bleibtreu/Hofmann/Hopfauf/*Kannengießer*, Art. 5 Rn. 30. Besonders eng, die Lehrfreiheit auf lehrende Wissenschaftler begrenzend, Maunz/Dürig/*Scholz*, Art. 5 Abs. 3 Rn. 104.

[529] Maunz/Dürig/*Scholz*, Art. 5 Abs. 3 Rn. 113. Anderes gilt, wenn Studierende selbst wissenschaftlich tätig werden, etwa beim Verfassen von Diplomarbeiten oder Dissertationen, vgl. Jarass/Pieroth/*Jarass*, Art. 5 Rn. 124 m.w.N. Die Nutzungsinteressen von nicht eigenverantwortlich wissenschaftlich tätigen Akteuren wie Studierenden oder Lehrenden im schulischen Bereich werden durch die Kommunikationsgrundrechte geschützt.

[530] Vgl. *Kaufhold*, NJW 2010, 3276 ff.

[531] Dreier/*Britz*, Art. 5 Abs. 3 (Wissenschaft) Rn. 65 f.; Jarass/Pieroth/*Jarass*, Art. 5 Rn. 125 m.w.N. Zu öffentlichen Hochschulen und Fakultäten BVerfGE 21, 362, 373 f. – *Sozialversicherungsträger*; BVerfGE 31, 314, 322 – *Umsatzsteuer*.

Die Wissenschaftsfreiheit hat neben ihrem subjektiv-rechtlichen einen objektiv-rechtlichen Gehalt.[532] Sie ist eine „wertentscheidende Grundsatznorm", die den Staat dazu verpflichtet, die freie wissenschaftliche Betätigung so weit wie möglich zu schützen.[533]

c) Kulturstaatsprinzip

Eng mit der Wissenschaftsfreiheit verknüpft ist das Kulturstaatsprinzip als Staatszielbestimmung.[534] Es verpflichtet den Staat dazu, ein „freiheitliches Kunst- und Wissenschaftsleben zu erhalten und zu fördern".[535] Das Kulturstaatsprinzip ist nicht ausdrücklich im Grundgesetz erwähnt, ist aber in verschiedenen Verfassungsnormen ausgeformt[536] und wird vom Bundesverfassungsgericht anerkannt.[537] Es verpflichtet den Staat sowohl dazu, das Urheberrecht zu schützen, als auch, seinen Schutz zu beschränken.[538] Der „Kulturstaat" hat die Aufgabe, Hochschulen, Forschungseinrichtungen, Museen, Bibliotheken usw. einzurichten und zu unterhalten, um „die kulturelle Entwicklung der Gemeinschaft zu fördern".[539]

d) Schulbildung

Für die Schulbildung existiert kein der Wissenschaftsfreiheit vergleichbarer spezieller Schutz.[540] Sie ist ein anerkannter Allgemeinwohlzweck, der zumindest im Rahmen der Sozialbindung des Eigentums zu beachten ist.[541] Zudem enthält Art. 7 Abs. 1 GG einen Auftrag an den Staat, „ein leistungsfähiges Schulwesen zu gewährleisten".[542]

---

[532] Maunz/Dürig/*Scholz*, Art. 5 Abs. 3 Rn. 3 ff.

[533] BVerfGE 35, 79 – *Hochschul-Urteil*.

[534] Maunz/Dürig/*Scholz*, Art. 5 Abs. 3 Rn. 81. *Losch*, S. 125 bezeichnet die Wissenschaftsfreiheit als „Eckpfeiler [...] des Kulturstaatsprinzips".

[535] BVerfGE 81, 108, 116 – *Einkommensteuer*. Vgl. auch BVerfGE 35, 79, 112 f. – *Hochschul-Urteil*; BVerfGE 36, 321, 331 – *Kunstförderung*.

[536] Vgl. die Übersicht bei *Fechner*, S. 360. Wichtigste Ausprägung ist Art. 5 Abs. 3 GG, vgl. Maunz/Dürig/*Scholz*, Art. 5 Abs. 3 Rn. 8.

[537] BVerfGE 36, 321, 331 – *Kunstförderung*.

[538] Vgl. *Fechner*, S. 360.

[539] BVerfGE 10, 20, 36 f. – *Preußischer Kulturbesitz*. Vgl. auch Maunz/Dürig/*Scholz*, Art. 5 Abs. 3 Rn. 8. Zu konkreten Abwägungsergebnissen verpflichtet es darum jedoch nicht, vgl. *Fechner*, S. 360.

[540] Vgl. BVerwG NVwZ 1994, 583; Sachs/*Schmitt-Kammler/Thiel*, Art. 7 Rn. 7 m.w.N.

[541] BVerfGE 31, 229, 242 – *Kirchen- und Schulgebrauch*.

[542] Dreier/*Brosius-Gersdorf*, Art. 7 Rn. 20. Vgl. auch Jarass/Pieroth/*Jarass*, Art. 7 Rn. 1. Teilweise wird zudem aus dem Sozialstaatsprinzip die Pflicht des Staates hergeleitet, die „Möglichkeit der Bildung" sicherzustellen, Bonner Kommentar/*Robbers*, Art. 20 Abs. 1 Rn. 1377 m.w.N. Die Landesverfassungen sehen außerdem häufig Bestimmungen vor, deren Anwendungsbereich über jenen des Art. 7 Abs. 1 GG hinausgeht. Vgl. die Zusammenfassung bei Dreier/*Brosius-Gersdorf*, Art. 7 Rn. 18. Wegen des Vorrangs von Bundesrecht gem. Art. 31 GG haben sie für urheberrechtliche Schranken aber keine Bedeutung.

Aus Art. 2 Abs. 1 GG leitet die Rechtsprechung „ein Recht [des einzelnen Schülers] auf eine möglichst ungehinderte Entfaltung seiner Persönlichkeit und damit seiner Anlagen und Befähigungen" ab.[543] Die genauen Konturen dieses Rechts auf Bildung sind nicht abschließend geklärt.[544]

3. Einfachgesetzliche Ausgestaltung

§§ 44a ff. UrhG begrenzen die Verwertungsrechte, die primär dem Schutz der kommerziellen Interessen des Urhebers dienen.[545] Die Schrankenregeln betreffen allerdings nicht ausschließlich kommerzielle, sondern auch ideelle Interessen des Urhebers. Wenn die Nutzung eines Werkes ohne Zustimmung des Urhebers zulässig ist, wird dadurch die Möglichkeit des Urhebers beschränkt, die mit der Verwertung seines Werkes einhergehende Darstellung seiner Persönlichkeit zu kontrollieren.

Die zulässigen Nutzungen werden in eng umrissenen Einzeltatbeständen beschrieben.[546] Jede Schranke privilegiert einzelne, verfassungsrechtlich geschützte Interessen. Dem jeweiligen Schutzzweck entsprechend kann der Tatbestand auf die Verwertung bestimmter Werkarten durch einen begrenzten Kreis von Berechtigten[547] oder zu bestimmten Nutzungszwecken beschränkt sein.[548] Die Zivilgerichte müssen sich an diese gesetzgeberischen Vorgaben halten; eine allgemeine Güter- und Interessenabwägung außerhalb von urheberrechtlichen Verwertungsbefugnissen sowie Schrankenbestimmungen ist nicht zulässig.[549]

Die Schrankenregelungen sind von unterschiedlicher Eingriffsintensität. Einige stufen das Verwertungsrecht des Urhebers zu einem Vergütungsanspruch herab (gesetzliche Lizenz).[550] Bei ihnen ist die Nutzung urheberrechtlich ge-

---

[543] BVerfGE, 45, 400, 417 – *Oberstufenreform*. Vgl. auch BVerfGE 53, 185, 203 – *Reform der gymnasialen Oberstufe in Hessen*; BVerfGE 96, 288, 304 ff. – *Integrative Beschulung*; BVerfGE 98, 218, 257 – *Rechtschreibreform*; BVerwGE 47, 201, 206; BVerwGE 56, 155, 158; BVerwGE 105, 44, 47; Hess-StGH, NJW 1982, 1381, 1385

[544] Umstritten ist insbesondere, ob und inwieweit hieraus Leistungsansprüche gegen den Staat bestehen. In diese Richtung BVerfGE 96, 288, 304 ff. –*Rechtschreibreform*; BVerwGE 56, 155, 158. Kritisch insbesondere Sachs/*Murswiek*, Art. 2 Rn. 111, der lediglich ein derivatives Teilhaberecht aus Art. 3 GG anerkennt, und Maunz/Dürig/*di Fabio*, Art. 2 Rn. 58 m.w.N. Nach letzterem ergeben sich allenfalls aus Art. 3 GG i.V.m. der Menschenwürde (Art. 1 Abs. 1 GG) und dem Sozialstaatsprinzip (Art. 20 Abs. 3 GG) „Teilhabe-, womöglich auch in begrenztem Umfang Leistungsansprüche [...] bei Unterschreitung eines Mindeststandards an staatlicher Bildungsgewährleistung".

[545] § 15 UrhG. Vgl. Dreier/Schulze/*Schulze*, § 15 Rn. 1; Loewenheim/*Götting*, § 30 Rn. 10.

[546] Loewenheim/*Götting*, § 30 Rn. 4.

[547] § 52a Abs. 1 Nr. 1 UrhG berechtigt beispielsweise nur bestimmte Bildungseinrichtungen.

[548] So etwa der Zweck des eigenen wissenschaftlichen Gebrauchs in § 53 Abs. 2 S. 1 Nr. 1 UrhG. Die Ordnungsgruppe der Ziel- und Zweckvorgaben beinhaltet dazu unterschiedlichste Kriterien wie etwa zeitliche und technologische Grenzen der Verwertung, vgl. zum Ganzen *Poeppel*, S. 39 f.

[549] BGH GRUR 2003, 956, 957 – *Gies-Adler*. Vgl. auch, im Hinblick auf § 51 UrhG, Schricker/Loewenheim/*Schricker*/*Spindler*, § 51 Rn. 8.

[550] Beispiele sind §§ 52a, 52b, 53a UrhG.

schützter Werke ohne Zustimmung des Urhebers gegen Zahlung einer Lizenzgebühr zulässig.[551] Andere Schranken führen zu einer ersatzlosen Aufhebung der Verwertungsrechte; sie ermöglichen die vergütungsfreie Nutzung von Werken.[552] Innerhalb des „abgestuften Eingriffssystems"[553] der urheberrechtlichen Schranken greift diese zweite Gruppe am intensivsten in die Rechtsposition des Urhebers ein. Welche Eingriffsintensität im Einzelfall zulässig ist, richtet sich nach der Bedeutung der Allgemeinwohlinteressen, denen die betreffende Schranke dient.[554]

Bei Auslegung und Anwendung der Schrankenbestimmungen sind die geschützten Allgemein- und Partikularinteressen zu berücksichtigen.[555] Zugunsten der Urheber gilt traditionell der Grundsatz der engen Auslegung der Schrankenregelungen.[556] Allerdings ist dieser Grundsatz nicht uneingeschränkt anwendbar.[557] So haben Rechtsprechung[558] und Literatur[559] die Regel, dass Schranken keinesfalls analogiefähig sind,[560] zunehmend relativiert. Ob eine Schrankenvorschrift ausnahmsweise analog angewandt werden kann, ist anhand der jeweiligen Norm und der Umstände des Einzelfalles zu entscheiden.[561] Der Grundsatz der engen Auslegung sollte insbesondere dann keine Anwendung finden, wenn die betroffene Schranke konkrete Grundrechtspositionen Dritter schützt.[562]

---

[551] Der Vergütungsanspruch kann entweder an die eigentliche Verwertungshandlung oder an eine Handlung anknüpfen, die dieser zeitlich vorgelagert ist.

[552] Ein Beispiel hierfür ist das Zitatrecht nach § 51 UrhG.

[553] Loewenheim/*Götting*, § 30 Rn. 14. Zu beachten ist allerdings, dass die Schranken uneinheitlich systematisiert werden, vgl. etwa *Rehbinder*, Rn. 432 ff. mit Loewenheim/*Götting*, § 30 Rn. 18 f.

[554] BVerfGE 31, 229, 243 – *Kirchen- und Schulgebrauch*; BVerfGE 49, 382, 400 – *Kirchenmusik*; Loewenheim/*Götting*, § 30 Rn. 1.

[555] Dreier/Schulze/*Dreier*, Vor § 44a Rn. 3, 7; Loewenheim/*Götting*, § 3 Rn. 5; Wandtke/Bullinger/*Lüft*, Vor §§ 44a ff. Rn. 1.

[556] Siehe Teil 2.B.III. Mit ihm soll die verfassungsrechtliche Vorgabe, dass der Urheber möglichst uneingeschränkt an der Verwertung seines geistigen Eigentums beteiligt werden soll, umgesetzt werden, vgl. BGHZ 144, 232, 235 f. – *Parfumflakon*; BGHZ 151, 300, 310 – *Elektronischer Pressespiegel*.

[557] BGH GRUR 2002, 963, 966 – *Elektronischer Pressespiegel*; Loewenheim/*Götting*, § 30 Rn. 12 f.; *Metzger* in Leistner, Europäische Perspektiven, S. 101, 112 f.

[558] BVerfG GRUR 2001, 149, 151 f. – *Grenzen der Zitierfreiheit*; BGH GRUR 1999, 707 ff. – *Kopienversanddienst*; *Metzger* in Leistner, Europäische Perspektiven, S. 101, 112 ff. m.w.N. Vgl. auf europäischer Ebene EuGH, Rs. C-403, 429/08 – *Football Association Premier League/Murphy*, Rn. 163; EuGH, Rs. C-145/10 – *Painer/Standard*, Rn. 133. Siehe dazu Teil 2.B.III.

[559] *Kröger*, MMR 2002, 18 ff.; *Rehbinder*, Rn. 435; Wandtke/Bullinger/*Lüft*, Vor §§ 44a ff. Rn. 1.

[560] BGH GRUR 1985, 874 ff. – *Schulfunksendung*; BGH NJW 1992, 1171 f. – *Altenwohnheim II*.

[561] Wandtke/Bullinger/*Lüft*, Vor §§ 44a ff. Rn. 1. Zu einem ähnlichen Ergebnis kommt Schricker/Loewenheim/*Melichar*, Vor §§ 44a ff. Rn. 20 f., der die analoge Anwendung ablehnt, in begründeten Einzelfällen jedoch einer erweiternden Auslegung aufgeschlossen gegenüber steht.

[562] Vgl. BVerfG GRUR 2012, 389, 390 – *Kunstausstellung im Online Archiv* zu Art. 5 Abs. 1 GG, dem allerdings kein genereller Vorrang zukommt. Vgl. auch BVerfG GRUR 2011, 225, 226 – *PC*: „Art. 14 Abs. 1 GG determiniert [...] nicht das Ergebnis einer die beteiligten (Grund-)Rechtspositionen umfassend würdigenden Auslegung des Urheberrechts."

Überwiegend anerkannt ist inzwischen außerdem, dass technologische Entwicklungen, die bei Verabschiedung der konkreten Regelung nicht antizipiert wurden, bei der Auslegung der Schrankenregelungen zu berücksichtigen sind.[563] Eine solche „Lückensuche und -schließung" durch die Fachgerichte ist zulässig, weil das Urheberrecht in technischer Hinsicht einem „Alterungsprozess" unterworfen ist.[564]

B. Die Schrankenregelungen für Bildung und Wissenschaft

Die für den Bildungs- und Wissenschaftsbereich relevanten urheberrechtlichen Schrankenregelungen sind derzeit über mehrere Einzeltatbestände verteilt. Im Folgenden werden die für die Studie relevanten Schrankenregelungen vorgestellt.

Teilweise ist der Anwendungsbereich der Normen umstritten, teilweise ist die Bedeutung der im Gesetz verwendeten Begriffe unklar. Im Anhang findet sich eine Übersicht der Tatbestandsmerkmale der einzelnen Regelungen (Tabelle 1). Eine weitere Tabelle illustriert, welche Merkmale umstritten oder in ihrem Anwendungsbereich ungeklärt sind (Tabelle 2).

Auch inhaltlich werden die Normen kritisiert. Die inhaltliche Ausgestaltung beruht im Wesentlichen auf europarechtlichen Vorgaben. Allerdings schöpft das geltende Recht den Spielraum des europäischen Rechts nicht umfassend aus. Tabelle 3, die sich ebenfalls im Anhang befindet, stellt die Vorgaben der InfoSoc-Richtlinie und ihre Umsetzung in das bzw. ihre Entsprechung im deutschen Urheberrechtsgesetz dar.

I. Sammlungen für Kirchen-, Schul- oder Unterrichtsgebrauch (§ 46 UrhG)

1. Allgemeines

Nach § 46 Abs. 1 UrhG ist die Vervielfältigung, Verbreitung und öffentliche Zugänglichmachung von bestimmten Werken bzw. Werkteilen als Element von Sammlungen für den Unterrichtsgebrauch in privilegierten Bildungseinrichtungen sowie für den Kirchengebrauch zulässig.[565] Insbesondere soll die Norm die

---

[563] BGH GRUR 2002, 246, 247 f. – *Scanner*; Dreier/Schulze/*Dreier*, Vor § 44a Rn. 7; Wandtke/Bullinger/*Lüft*, Vor §§ 44a ff. Rn. 2. Auch hier hat sich die Anwendung und Auslegung der Schranken nach der Interessenlage im Einzelfall und dem Zweck der jeweiligen Norm zu richten, vgl. *Poeppel*, S. 46 ff. m.w.N. Zur ehemals vertretenen Gegenauffassung BGH GRUR 1955, 544, 546; *Loewenheim*, GRUR 1996, 636, 641.

[564] BVerfG GRUR 2010, 999, 1002 – *Drucker und Plotter*.

[565] Konventionsrechtliche Grundlage der Norm ist Art. 10 Abs. 2 RBÜ. Europarechtlich ist Art. 5 Abs. 3 lit. a) i.V.m. Abs. 4 InfoSoc-Richtlinie zu beachten, der eine Einschränkung des Vervielfältigungs- und Verbreitungsrechts und des Rechts der öffentlichen Wiedergabe von Werken zur Veranschaulichung im Unterricht zulässt, wenn und soweit dies zur Verfolgung nicht kommerzieller Zwecke gerechtfertigt ist und die Quelle angegeben wird. Für den Kirchengebrauch gilt Art. 5

Nutzung urheberrechtlich geschützter Inhalte in Schulbüchern im Rahmen von Schulausbildung und Jugenderziehung sowie für die Religionspflege erleichtern.[566]

2. Umfasste Werke

§ 46 UrhG gilt nur für Teile eines Werkes, für Sprachwerke oder Werke der Musik von geringem Umfang sowie für einzelne Werke der bildenden Künste oder einzelne Lichtbildwerke. Die Werke müssen zudem im Sinne des § 6 Abs. 1 UrhG veröffentlicht sein.[567]

Für die Beurteilung, ob „Teil" eines Werkes vorliegt, ist das Verhältnis des Ausschnitts zum Gesamtwerk maßgeblich.[568] Manche sind der Ansicht, dass eine Abwägung im Einzelfall erfolgen muss.[569] Andere vertreten, dass – gegebenenfalls zusätzlich – relative bzw. absolute Obergrenzen zu beachten sind; die als Grenzwerte vorgeschlagenen Prozentsätze und absoluten Zahlen variieren stark.[570] Das erschwert die praktische Anwendung der Norm. Zudem werden lediglich für Schriftwerke konkrete Vorschläge für absolute Obergrenzen (näm-

---

Abs. 3 lit. g) InfoSoc-Richtlinie. § 46 UrhG ist im Lichte dieser Regelungen auszulegen; verändert wurde er im Rahmen des „Ersten Korbes" (Gesetz zur Regelung des Urheberrechts in der Informationsgesellschaft, BGBl. I 2003, S. 1774) aber nur geringfügig. Bei der Frage, ob nichtkommerzielle Zwecke verfolgt werden, ist auf die Verwendung im Unterricht abzustellen (vgl. Erwägungsgrund 42 InfoSoc-Richtlinie), nicht auf die Herstellung der Schulbücher durch (kommerzielle) Verlage. Darum müssen die Sammlungen für die Verwendung in „nicht gewerblichen" Bildungseinrichtungen bestimmt sein, vgl. Schricker/Loewenheim/*Melichar*, § 46 Rn. 4.

[566] Schricker/Loewenheim/*Melichar*, § 46 Rn. 1.

[567] Vgl. dazu RegE, BT-Drucks. 15/38, S. 19: Ausreichend sei die Einstellung des Werkes in Online-Medien.

[568] Schricker/Loewenheim/*Melichar*, § 46 Rn. 18.

[569] Bei der Einzelabwägung ist zu beachten, dass der Teil nicht an die Stelle des Gesamtwerkes treten darf, vgl. BeckOK UrhG/*Schulz/Hagemeier*, § 46 Rn. 12; Dreier/Schulze/*Dreier*, § 46 Rn. 4; *Sattler*, S. 113.

[570] *Berger*, GRUR 2010, 1058, 1062 hält die Übernahme von „vier bis sechs DIN A4-Seiten" für zulässig. Fromm/Nordemann/*W. Nordemann*, § 46 Rn. 4 ist der Ansicht, ein „Teil eines Werkes" dürfe nicht wesentlich länger sein als ein „Werk geringen Umfangs" i.S.d. § 46 UrhG; zulässig sei die Übernahme von drei bis sechs „normale[n] DIN A 5-Seiten". Nach Schricker/Loewenheim/*Melichar*, § 46 Rn. 18 ist bei Sprachwerken eine absolute Obergrenze von 10 DIN A5-Seiten je Einzelbeitrag zu beachten. Das OLG München ZUM-RD 2011, 603, 617 – *Gesamtvertrag Hochschulen* (nicht rechtskräftig) zog bei der gleich lautenden Formulierung in § 52a Abs. 1 Nr. 2 UrhG eine relative Grenze von 33 % des Werkes und zusätzlich eine absolute Grenze von maximal 100 Seiten. Der BGH hat diese Entscheidung inzwischen teilweise aufgehoben, BGH GRUR 2013, 1220, 1223 – *Gesamtvertrag Hochschul-Intranet*: Das OLG habe nicht ausreichend begründet, warum es von der relativen Grenze von 25 % abgewichen sei, welche die Schiedsstelle im betreffenden Fall gezogen hatte. Die absolute Grenze von 100 Seiten sei jedoch nicht zu beanstanden (siehe allgemein zu dem Verfahren Teil 3.B.V.2.b)). Nach Wandtke/Bullinger/*Lüft*, § 52a Rn. 12 muss, ausdrücklich ebenfalls nur bei § 52a UrhG, ein „Teil" „deutlich unter 50 % des Gesamtwerkes" betragen; bei Schriftwerken dürften zudem maximal 20 DIN A5-Seiten genutzt werden. Siehe auch Teil 3.B.III.4.d).

lich ein Höchstmaß an Seitenzahlen) unterbreitet; bei anderen Werkarten fehlt es daran.[571]

Der Hersteller der Sammlung darf ganze Sprachwerke oder Werke der Musik nutzen, wenn sie lediglich „von geringem Umfang" sind.[572] Dies ist nach verbreiteter Ansicht quantitativ zu ermitteln.[573] Regelmäßig erfüllen Gedichte, kurze Erzählungen, Liedtexte und Lieder diese Voraussetzung.[574]

Auch einzelne Werke der bildenden Künste oder einzelne Lichtbildwerke dürfen als Ganzes in Sammlungen aufgenommen werden, die für den Unterrichts- oder Kirchengebrauch bestimmt sind,[575] allerdings nicht allein zu „Dekorationszwecken".[576] Insgesamt ist größere Zurückhaltung geboten, wenn ganze Werke in Sammlungen aufgenommen werden, als dies bei der Aufnahme bloßer Werkteile der Fall ist.[577]

3. Nutzungshandlungen

Die Norm erlaubt die Vervielfältigung, Verbreitung und, seit Verabschiedung des „Ersten Korbes",[578] die öffentliche Zugänglichmachung. Über den Wortlaut hinaus verlangt die Norm nach Ansicht des Gesetzgebers, dass bei der öffentlichen Zugänglichmachung nur Personen Zugriff erhalten, die einem „bestimmt abgegrenzten Kreis" angehören.[579]

---

[571] Siehe vorherige Fußnote.

[572] Kritisch zu der Beschränkung auf bestimmte Werkarten *Poeppel*, S. 183 f. Siehe außerdem Teil 6.B.I.2.c)aa).

[573] Wandtke/Bullinger/*Lüft*, § 46 Rn. 11. Nach *Sattler*, S. 115 sind Sinn und Zweck der Privilegierung ergänzend heranzuziehen: Ein Werk geringen Umfangs liege vor, wenn „das Erfordernis der Reduktion der Verwertung auf einen Teil schlichtweg zweckwidrig" erscheine.

[574] Vgl. nur Dreier/Schulze/*Dreier*, UrhG, § 46 Rn. 5. Siehe auch Teil 3.B.III.4.d).

[575] Die Beschränkung auf „einzelne" Werke solle über den Wortlaut hinaus auch für Sprachwerke und Werke der Musik gelten, Schricker/Loewenheim/*Melichar*, § 46 Rn. 21. A.A. Dreier/Schulze/*Dreier*, § 46 Rn. 5: Entscheidend sei, dass die Gesamtzahl aller aufgenommenen Werke durch den Zweck gerechtfertigt sei.

[576] Schricker/Loewenheim/*Melichar*, § 46 Rn. 20. Vgl. auch Dreier/Schulze/*Dreier*, § 46 Rn. 5; Wandtke/Bullinger/*Lüft*, § 46 Rn. 12. Diese Ansicht stützt sich auf die Vorgängerregelung des § 19 Abs. 1 KUG, welcher die Nutzung „ausschließlich zur Erläuterung des Inhalts" erlaubte. Die Vorgängerregelung für Schriftwerke etc. (§ 19 Nr. 4 LUG) enthielt keine solche Zweckbindung.

[577] Dreier/Schulze/*Dreier*, UrhG, § 46 Rn. 5.

[578] Gesetz zur Regelung des Urheberrechts in der Informationsgesellschaft vom 10. September 2003, BGBl. I 2003, S. 1774.

[579] Die Beschränkung lasse sich aus der Zweckbindung ableiten, Einzelheiten wolle der Gesetzgeber aber nicht festlegen; den Anforderungen der Norm genüge jedenfalls „die Einstellung in das lokale Netzwerk einer Schule dergestalt, dass ausschließlich von den im Rahmen des Unterrichts genutzten Arbeitsplätzen Zugriff gewährt wird", vgl. RegE, BT-Drucks. 15/38, S. 19. Zustimmend *Sattler*, S. 119, insoweit komme es zu einer gewissen Überschneidung der Anwendungsbereiche von § 46 UrhG und § 52a Abs. 1 Nr. 1 UrhG. Für die Aufnahme einer ausdrücklichen Begrenzung auf Unterrichtsteilnehmer Schricker/Loewenheim/*Melichar*, § 46 Rn. 8; *Poeppel*, S. 186. So § 52a Abs. 1 Nr. 1 UrhG, nach dem Werke ausdrücklich „ausschließlich für den bestimmt abgegrenzten Kreis von Unterrichtsteilnehmern" öffentlich zugänglich gemacht werden dürfen. Siehe dazu Teil 3.B.V.2.e).

4. Element einer Sammlung für den Unterrichtsgebrauch

Zulässig ist die Nutzung der Werke oder Werkteile „als Element einer Sammlung, die Werke einer größeren Anzahl von Urhebern vereinigt und die nach ihrer Beschaffenheit nur für den Unterrichtsgebrauch in Schulen, in nichtgewerblichen Einrichtungen der Aus- und Weiterbildung oder in Einrichtungen der Berufsbildung oder für den Kirchengebrauch bestimmt ist".[580]

Entscheidend für die Zulässigkeit der Nutzung ist also, dass die Sammlung dem Unterrichtsgebrauch dient. Damit fällt die Norm in den Anwendungsbereich des Art. 5 Abs. 3 lit. a) InfoSoc-Richtlinie; dessen Formulierung „zur Veranschaulichung im Unterricht" bedeutet nicht, dass die Nutzungshandlung selbst örtlich und zeitlich auf den Unterricht begrenzt sein muss.[581]

Die Beschränkung auf Schulen und andere „nichtgewerbliche" Bildungseinrichtungen entspricht im Wesentlichen jener des § 53 Abs. 3 S. 1 Nr. 1 UrhG.[582] Sie soll klarstellen, dass die (End-)Nutzung den europarechtlichen Vorgaben entsprechend keinen kommerziellen Zwecken dienen darf.[583]

Die Zweckbestimmung muss sich sowohl in der äußeren Ausgestaltung als auch in der inneren Aufbereitung des Stoffes niederschlagen. Die Sammlung muss also an pädagogischen (oder liturgischen) Überlegungen orientiert sein. Dadurch soll verhindert werden, dass Nutzer den Privilegierungstatbestand missbrauchen, um andere Käuferkreise anzusprechen.[584] Aus demselben Grund

---

[580] Zum Begriff der Sammlung vgl. § 4 Abs. 1 UrhG. Welches technische Medium zur Zusammenfassung der Werkteile etc. benutzt wird, ist unerheblich, *Poeppel*, S. 181. Die „größere Anzahl von Urhebern" lässt sich nicht genau festlegen, sondern richtet sich nach den Gesamtumständen. Ein Werk, das Elemente von weniger als sieben verschiedenen Urhebern vereint, soll aber keine privilegierte Sammlung i.S.d. § 46 UrhG darstellen, vgl. Schricker/Loewenheim/*Melichar*, § 46 Rn. 9; *Sattler*, S. 112 f. Vgl. *VG Wort/VG Wissenschaft/Verband der Schulbuchverlage e.V.*, Merkblatt zu § 46 des Gesetzes über Urheberrecht und verwandte Schutzrechte vom 9. September 1965 in der Fassung vom 10. November 1972, Punkt I.1.a), abgedruckt in UFITA 92 (1982), 83.

[581] Siehe Teil 2.B.II.2.b).

[582] Siehe dazu Teil 3.B.III.4.b). Danach sind Schulen alle öffentlichen und öffentlich zugänglichen Privatschulen. Zu den Einzelheiten des Begriffs *Sattler*, S. 120 ff. Angesichts der zunehmenden Bedeutung der Bildung im Vorschulalter soll die Regelung nach Schricker/Loewenheim/*Melichar*, § 46 Rn. 10 auch Sammlungen für die Elementarerziehung umfassen; Sammlungen für den Gebrauch an Universitäten und Hochschulen sind dagegen – wie auch im Rahmen von § 53 Abs. 3 S. 1 Nr. 1 UrhG – nicht privilegiert. Kritisch dazu *Rehbinder*, Rn. 495: Auch dort werde „unterrichtet"; ein Wille des Gesetzgebers, Hochschulen auszuschließen, sei aus dem Wortlaut der Norm nicht erkennbar und rechtspolitisch nicht überzeugend.

[583] Vgl. insoweit *v. Bernuth*, GRUR Int. 2002, 567, 569 f.: Entscheidend sei der kommerzielle Zweck des Unterrichts selbst, nicht aber die gewerbliche Ausrichtung des vervielfältigenden Verlags. So differenziere die Richtlinie zwischen kommerziellen Einrichtungen und kommerziellen Nutzungen. Sind private Schulen den öffentlichen Schulen gleichgestellt, gelten sie ebenfalls als nichtgewerblich. Vgl. auch Erwägungsgrund 42 InfoSoc-Richtlinie.

[584] BGH GRUR 1991, 903, 905 – *Liedersammlung*; Dreier/Schulze/*Dreier*, § 46 Rn. 9.

hat der Nutzer den Zweck in den Vervielfältigungsstücken oder bei der öffentlichen Zugänglichmachung anzugeben.[585]

5. Sonstige Einschränkungen

Werke, die für den Unterrichtsgebrauch an Schulen bestimmt sind, dürfen nur mit Einwilligung des Berechtigten öffentlich zugänglich gemacht werden.[586] Dies soll verhindern, dass der Primärmarkt der Schulbuchverlage beeinträchtigt wird.[587]

Der Nutzer muss dem Urheber seine Nutzungsabsicht durch eingeschriebenen Brief mitteilen, damit dieser überprüfen kann, ob die Voraussetzungen für die Nutzung vorliegen, und um ihn in die Lage zu versetzen, sein Verbotsrecht wegen gewandelter Überzeugung nach § 46 Abs. 5 UrhG geltend zu machen.[588] Widerspricht der Urheber der Verwendung innerhalb einer Frist von zwei Wochen nicht, ist die Nutzung erlaubt.[589]

6. Vergütung

Gemäß § 46 Abs. 4 UrhG ist dem Urheber für die nach den Absätzen 1 und 2 zulässige Verwertung eine angemessene Vergütung zu zahlen.[590] Der Anspruch ist nicht verwertungsgesellschaftspflichtig.[591] In der Praxis nimmt ihn aber regelmäßig die jeweils zuständige Verwertungsgesellschaft wahr.[592]

---

[585] § 46 Abs. 1 S. 3 UrhG. Es ist umstritten, ob der Vermerk bei einer Vervielfältigung auf der Titelseite der Sammlung erscheinen muss. Dafür Schricker/Loewenheim/*Melichar*, § 46 Rn. 14, dagegen Wandtke/Bullinger/*Lüft*, § 46 Rn. 9.

[586] Diese Beschränkung wurde mit dem „Zweiten Korb" (Zweites Gesetz zur Regelung des Urheberrechts in der Informationsgesellschaft, BGBl. I 2007, S. 2513) eingeführt, vgl. Schricker/Loewenheim/*Melichar*, § 46 Rn. 4.

[587] RegE, BT-Drucks. 16/1828, S. 25. Kritisch dazu *Poeppel*, S. 184 f.: Im Hinblick auf die zweite Stufe des Drei-Stufen-Tests sei es notwendig und sachgerecht, die Bereichsausnahme auf alle Werke auszudehnen, „die für den Unterrichtsgebrauch *an den in § 46 Abs. 1 S. 1 benannten Einrichtungen* bestimmt sind." Zudem werde der Primärmarkt auch durch Vervielfältigungen und Verbreitungen beeinträchtigt. Die Bereichsausnahme sei somit auf alle von der Schranke erlaubten Verwertungshandlungen auszuweiten. Siehe auch Teil 3.B.III.4.b) und Teil 3.B.V.5.

[588] § 46 Abs. 3 UrhG. Sind Wohnort oder Aufenthaltsort des Urhebers unbekannt, muss die Mitteilung an den Inhaber des ausschließlichen Nutzungsrechts erfolgen. Vgl. im Übrigen Dreier/Schulze/*Dreier*, § 46 Rn. 16.

[589] Wie hier Dreier/Schulze/*Dreier*, § 46 Rn. 19. Nach BeckOK UrhG/*Schulz/Hagemeier*, § 46 Rn. 23 ist die Mitteilung hingegen nicht Voraussetzung für die Rechtmäßigkeit der Nutzung.

[590] Vgl. BVerfGE 31, 229, 243 – *Kirchen- und Schulgebrauch*, wonach das ursprünglich vorgesehene Recht auf vergütungsfreie Nutzung mangels „gesteigerten öffentlichen Interesses" gegen Art. 14 Abs. 1 S. 1 GG verstieß.

[591] Insofern unterscheidet sich die Norm von §§ 52a Abs. 4 S. 2, 52b S. 4, 53a Abs. 2 S. 2, 54h UrhG. Wie hier aber § 47 Abs. 2 S. 2 UrhG. Der Grund für den Unterschied liege darin, dass die Verwertungshandlungen bei §§ 46, 47 UrhG zentral (durch Verlage) und nicht dezentral (durch einzelne Lehrer) vorgenommen werden, vgl. insoweit *Poeppel*, S. 188 f.

[592] Dreier/Schulze/*Dreier*, § 46 Rn. 21; Wandtke/Bullinger/*Lüft*, § 46 Rn. 15. Verwertungsgesellschaften sind nach § 12 UrhWahrnG verpflichtet, mit Vereinigungen, deren Mitglieder nach dem UrhG geschützte Werke oder Leistungen nutzen oder zur Zahlung von Vergütungen nach dem

II. Schulfunksendungen (§ 47 UrhG)

1. Allgemeines

§ 47 UrhG erlaubt die zustimmungs- und vergütungsfreie Vervielfältigung von Werken, die innerhalb von Schulfunksendungen gesendet werden.[593] Die Regelung ermöglicht Lehrern, Sendungen nicht nur zum Zeitpunkt ihrer Ausstrahlung, sondern entsprechend dem Stundenplan auch zeitversetzt in Schulklassen wiederzugeben.[594] Teilweise wird bezweifelt, ob die Regelung noch zeitgemäß ist.[595]

2. Berechtigte Einrichtungen

Von der Schrankenregelung profitieren allgemeinbildende Schulen, Berufs- und Sonderschulen,[596] Einrichtungen der Lehrerbildung und Lehrerfortbildung sowie Heime der Jugendhilfe, staatliche Landesbildstellen oder vergleichbare Einrichtungen in öffentlicher Trägerschaft.[597] Hochschulen werden grundsätzlich nicht privilegiert. Vorlesungen, Seminare und Kurse an Universitäten sind abr dann erfasst, wenn sie der Lehramtsausbildung dienen.[598] Nach herrschender Ansicht muss die Sendung in der Schule aufgezeichnet werden; der Lehrer darf die Aufzeichnung also nicht zu Hause anfertigen, um die Sendung dann in der Schule zu zeigen.[599]

UrhG verpflichtet sind, über die von ihr wahrgenommenen Rechte und Ansprüche Gesamtverträge zu angemessenen Bedingungen abzuschließen. Diese Verträge bilden den rechtlichen Rahmen für die jeweiligen Einzelverträge. Eine Übersicht über die Gesamtverträge zu § 46 UrhG ist abrufbar unter www.bildungsmedien.de/verband/wirfuersie/vertrage-mit-verwertungsgesellschaften/. Zu Gesamtverträgen allgemein Dreier/Schulze/*Schulze*, § 12 WahrnG Rn. 2; Schricker/Loewenheim/*Reinbothe*, § 12 WahrnG Rn. 4.

[593] Die Regelung kann sich somit auf Art. 10 Abs. 2 RBÜ stützen. Zudem ist Art. 5 Abs. 3 lit. a) InfoSoc-Richtlinie zu beachten, vgl. Wandtke/Bullinger/*Lüft*, § 47 Rn. 1.

[594] RegE, BT-Drucks. IV/270, S. 30 f.; Dreier/Schulze/*Dreier*, § 47 Rn. 1; Schricker/Loewenheim/*Melichar*, § 47 Rn. 1.

[595] Vgl. nur *Poeppel*, S. 204. Solange Schulfunksendungen noch ausgestrahlt würden, solle die Schranke aber erhalten bleiben.

[596] Wandtke/Bullinger/*Lüft*, § 47 Rn. 2.

[597] Vgl. hierzu *Sattler*, S. 141 f.: Bildungseinrichtungen bräuchten staatliche Landesbildstellen kaum mehr als Mittler; sie würden inzwischen über die technische Ausstattung verfügen, um Sendungen selbst aufzuzeichnen und zu speichern. Da Landesbildstellen keinen Unterricht veranstalten, sei ihre Privilegierung nicht gerechtfertigt. Vgl. auch Fromm/Nordemann/*W. Nordemann*, § 47 Rn. 2; Schricker/Loewenheim/*Melichar*, § 47 Rn. 5.

[598] Schricker/Loewenheim/*Melichar*, § 47 Rn. 12; Wandtke/Bullinger/*Lüft*, § 47 Rn. 2.

[599] Siehe nur *Sattler*, S. 136; Schricker/Loewenheim/*Melichar*, § 47 Rn. 11; Wandtke/Bullinger/*Lüft*, § 47 Rn. 7. A.A., auch unter Berücksichtigung der europarechtlichen Vorgaben, Dreier/Schulze/*Dreier*, § 47 Rn. 3. Die Aufzeichnung durch einen schulfremden Dritten ist jedenfalls unzulässig.

3. Umfasste Werke

Die Regelung erfasst nur „Schulfunksendungen".[600] Der Begriff des Schulfunks ist gesetzlich nicht definiert. Er soll jedenfalls solche Sendungen erfassen, die Rundfunkanstalten ausdrücklich als Schulfunksendung kennzeichnen.[601] Die Bezeichnung hat aber nur Indizwirkung.[602] Maßgeblich ist, ob eine Sendung für den Unterricht an Schulen produziert wurde[603] oder inhaltlich darauf zugeschnitten ist.[604]

4. Nutzungshandlungen

Gestattet ist die Anfertigung einzelner Vervielfältigungsstücke auf Bild- und Tonträgern.[605] Die Werke müssen „innerhalb einer Schulfunksendung gesendet werden", die Aufnahme muss mithin in unmittelbarem Zusammenhang mit der Ausstrahlung des Werkes im Hör- oder Fernsehfunk erfolgen.[606] Zulässig ist die Herstellung der für den Einzelfall notwendigen Anzahl von Vervielfältigungsstücken.[607] Lehrer dürfen diese nur „für den Unterricht" verwenden.[608]

---

[600] Der Begriff „Sendung" erfasst die öffentliche Wiedergabe i.S.d. § 20 UrhG, nicht aber die öffentliche Zugänglichmachung i.S.d. § 19a UrhG, also etwa die – zeitversetzt mögliche – Internetnutzung, vgl. Schricker/Loewenheim/*Melichar*, § 47 Rn. 8; Wandtke/Bullinger/*Lüft*, § 47 Rn. 6.

[601] Nach *Haupt/Wiśniewska*, UFITA 2010, 663, 670 werden Angebote eher als Bildungs- oder Wissenssendungen bezeichnet denn als „Schulfunksendung"; dies führe zu Rechtsunsicherheit. Die Norm solle daher gestrichen oder an die tatsächlichen Gegebenheiten angepasst werden (ebd., S. 677).

[602] So Wandtke/Bullinger/*Lüft*, § 47 Rn. 5. Ähnlich Fromm/Nordemann/*W. Nordemann*, § 47 Rn. 3; Schricker/Loewenheim/*Melichar*, § 47 Rn. 10. Enger dagegen Dreier/Schulze/*Dreier*, § 47 Rn. 4: Allein entscheidend sei die Bezeichnung; sei eine Sendungen nicht als Schulfunksendung bezeichnet, könne die Aufzeichnung aber nach §§ 48 Abs. 1 Nr. 2, 49 Abs. 2 sowie 53 Abs. 2 S. 1 Nr. 3, 4 lit. a) UrhG gerechtfertigt sein.

[603] So Wandtke/Bullinger/*Lüft*, § 47 Rn. 5. Keine Schulfunksendungen sind danach etwa Sprachkurse oder Sendungen zum Selbststudium.

[604] So Schricker/Loewenheim/*Melichar*, § 47 Rn. 10. Nach *Sattler*, S. 132, 144 ff. ist „der didaktische Zuschnitt auf den Unterricht in Schulen" maßgeblich. Sonstige Sendungen dürfen allerdings unter den Voraussetzungen anderer Schranken vervielfältigt werden.

[605] Die Wiedergabe der Werke innerhalb der Klasse stellt mangels Öffentlichkeit i.S.d. § 15 Abs. 3 UrhG keinen Eingriff in das Recht der Wiedergabe nach § 22 UrhG dar, notwendig ist daher allein eine Einschränkung des Vervielfältigungsrechts i.S.d. § 16 UrhG, vgl. *Poeppel*, S. 202 Fn. 520.

[606] *Sattler*, S. 133.

[607] *Sattler*, S. 134 m.w.N.

[608] § 47 Abs. 2 S. 1 UrhG. Umstritten ist, ob der Lehrer zur Vorbereitung des Unterrichts das Vervielfältigungsstück in Lehrerkonferenzen oder privat zu Hause vorführen darf. Für ein Verbot solcher Nutzungen Schricker/Loewenheim/*Melichar*, § 47 Rn. 18. Dagegen *Sattler*, S. 136 f.: Wortlaut sowie verfassungs-, konventions- und europarechtliche Vorgaben ließen alle Verwertungen zu, die dem Unterricht zu dienen bestimmt sind. So auch BeckOK UrhG/*Engels*, § 47 Rn. 14: Die Formulierung sei synonym zu jener des § 46 UrhG („für den Unterrichtsgebrauch") als Zweckbestimmung, nicht aber als räumliche Beschränkung zu verstehen.

5. Löschungspflicht

Die Vervielfältigungsstücke sind grundsätzlich am Ende des auf die Sendung folgenden Schuljahres zu löschen.[609]

6. Vergütung

Die Nutzung nach § 47 UrhG ist im Grundsatz nicht vergütungspflichtig. Bei der Norm handelt es sich insofern um den seltenen Fall einer ersatzlosen Aufhebung eines ausschließlichen Nutzungsrechts.[610] Wenn Schulen aber ein Archiv zu Unterrichtszwecken aufbauen wollen, müssen sie eine angemessene Vergütung zahlen.[611] Die Zahlung berechtigt (nur) zur Weiterverwendung des Bild- oder Tonträgers im Rahmen des § 47 Abs. 2 S. 1 UrhG.[612] Wie hoch die Vergütung sein muss, damit sie angemessen ist, hängt vom Einzelfall ab.[613]

Wie § 46 UrhG statuiert auch § 47 UrhG keine Verwertungsgesellschaftspflicht. Tatsächlich nehmen aber Verwertungsgesellschaften die Vergütungsansprüche wahr.[614]

III. Vervielfältigungen zum privaten und sonstigen eigenen Gebrauch (§ 53 UrhG)

1. Allgemeines

§ 53 UrhG erlaubt unter bestimmten Voraussetzungen die analoge und digitale Vervielfältigung von Werken oder Werkteilen. Die Norm gestattet die erlaub-

---

[609] § 47 Abs. 2 S. 2 UrhG. Teilweise wird bei Hochschulen auf das Ende des Semesters, ansonsten auf das Schuljahr im jeweiligen Bundesland abgestellt, Wandtke/Bullinger/*Lüft*, § 47 Rn. 10. Teilweise wird ein Kalenderjahr ab Ende des Unterrichtsabschnitts als maßgeblich erachtet, Schricker/Loewenheim/*Melichar*, § 47 Rn. 21.

[610] Siehe dazu Teil 3.A.II.3. Vgl. BVerfGE 31, 270, 274 – *Schulfunksendungen*: Die Schranke ermögliche es dem Lehrer nur, die Schulfunksendung zum passenden Zeitpunkt in den Unterricht einfließen zu lassen; es komme also gar nicht zu einer zusätzlichen Verwertung, insofern sei die Vergütungsregelung verfassungsrechtlich unbedenklich. Vgl. auch *Haupt/Wiśniewska*, UFITA 2010, 663, 667 sowie, zur verfassungsrechtlichen Zulässigkeit allgemein, Schricker/Loewenheim/*Melichar*, Vor §§ 44a ff. Rn. 11.

[611] § 47 Abs. 2 S. 2 a.E. UrhG. Vgl. Dreier/Schulze/*Dreier*, UrhG, § 47 Rn. 1. Der Anspruch steht reinen Sendeunternehmen nicht zu (§ 87 Abs. 4 UrhG), es sei denn, sie sind Inhaber von Leistungsschutzrechten nach §§ 85, 94 UrhG oder Miturheber der Sendung.

[612] Vgl. Schricker/Loewenheim/*Melichar*, § 47 Rn. 22; Wandtke/Bullinger/*Lüft*, § 47 Rn. 11.

[613] Hierbei sind die Dauer der Aufbewahrung der Aufzeichnungen (Dreier/Schulze/*Dreier*, § 47 Rn. 8) sowie die Häufigkeit der geplanten Verwendung (Wandtke/Bullinger/*Lüft*, § 47 Rn. 11) zu beachten. Siehe auch Fromm/Nordemann/*W. Nordemann*, § 47 Rn. 6.

[614] Dreier/Schulze/*Dreier*, § 47 Rn. 9; Schricker/Loewenheim/*Melichar*, § 47 Rn. 23. Skeptisch hierzu *Sattler*, S. 138 f. In dem einzigen bislang abgeschlossenen Gesamtvertrag regeln GEMA und Bundesvereinigung kommunaler Spitzenverbände die pauschale Abgeltung der in den Sendungen enthaltenen Musik, siehe den Gesamtvertrag von 1987. Zu Gesamtverträgen allgemein siehe Teil 3.B.I.6. Fn. 592. Dreier/Schulze/*Dreier*, § 47 Rn. 9; Schricker/Loewenheim/*Melichar*, § 47 Rn. 23 m.w.N. bezweifeln, ob sich die Vergütungsregelung bewährt hat.

nisfreie Nutzung für den eigenen Gebrauch.[615] Sie ist als gesetzliche Lizenz ausgestaltet – die Vergütung erfolgt nach §§ 54 – 54h UrhG.[616]

2. Privatgebrauch (Abs. 1)

§ 53 Abs. 1 UrhG erlaubt einzelne Vervielfältigungen zum Privatgebrauch durch natürliche Personen auf beliebigen Trägern.[617] Für Bildung und Wissenschaft ist die Ausnahme nur dann relevant, wenn die Nutzung ausschließlich im privaten Bereich erfolgt und keinen Bezug zu beruflichen oder erwerbswirtschaftlichen Tätigkeiten aufweist.[618]

3. Eigengebrauch (Abs. 2)

a) Allgemeines

§ 53 Abs. 2 UrhG erlaubt das Herstellen und Herstellenlassen einzelner Vervielfältigungsstücke für den eigenen Gebrauch.[619] Eigengebrauch erfordert die eigene Verwendung im Gegensatz zur Weitergabe an Dritte.[620] Auch juristische Personen, Gesellschaften und Körperschaften können sich darauf berufen.[621]

---

[615] Umfasst sind der „private Gebrauch" sowie der „sonstige eigene Gebrauch". Die Norm folgt mithin einer anderen Systematik als Art. 5 Abs. 2 und 3 InfoSoc-Richtlinie. Der Begriff des „eigenen Gebrauchs" ist dieser fremd, vgl. insoweit *Dreier*, ZUM 2011, 281, 283 f.

[616] Vgl. Schricker/Loewenheim/*Loewenheim*, § 53 Rn. 2. Allgemein zum Interessenausgleich siehe Teil 3.A.II. Die meisten anderen kontinentaleuropäischen Länder haben eine ähnliche Lösung gewählt. Nach *Spindler*, Kulturflatrate, S. 11 kennen lediglich das Vereinigte Königreich, Irland, Luxemburg, Malta und Zypern weder eine umfassende Privatkopieschranke noch Geräte- und Betreiberabgaben. Zur geplanten Gesetzesänderung in Großbritannien siehe Teil 4.C.III.7.

[617] Der Wortlaut entspricht damit weitgehend Art. 5 Abs. 2 lit. b) InfoSoc-Richtlinie. Die „digitale Privatkopie" ist weitgehend zulässig, allerdings dürfen technische Schutzmaßnahmen nach § 95a UrhG nicht überwunden werden, vgl. § 95b Abs. 1 Nr. 6 lit. a) UrhG. Dazu *Spindler*, NJW 2008, 9, 11 m.w.N. Zur Kritik an der „unnötigen Verlängerung" des Wortlauts *Poeppel*, S. 271, 289.

[618] BeckOK UrhG/*Grübler*, § 53 Rn. 9. Umfasst sind also allein die hobbymäßige wissenschaftliche Forschung oder Weiterbildung. Die Herstellung von Vervielfältigungsstücken für die berufliche Ausbildung etwa fällt nach überwiegender Ansicht nicht mehr unter § 53 Abs. 1 UrhG, vgl. Schricker/Loewenheim/*Loewenheim*, § 53 Rn. 15 m. w. N.; Wandtke/Bullinger/*Lüft*, § 53 UrhG Rn. 22. A.A. *Rehbinder*, Rn. 441: Es komme allein auf die „Benutzung innerhalb der privaten Sphäre [an], nicht auf den verfolgten Zweck."

[619] Die grundsätzliche Struktur des § 53 Abs. 2 UrhG wurde bei der Umsetzung der InfoSoc-Richtlinie beibehalten, die Norm wurde aber um zusätzliche Tatbestandsvoraussetzungen ergänzt. Vgl. insoweit RegE, BT-Drucks. 15/38, S. 21. Zu den Einzelheiten sogleich.

[620] Eigengebrauch ist der Oberbegriff; er erfasst auch den Privatgebrauch, vgl. Schricker/Loewenheim/*Loewenheim*, § 53 Rn. 34.

[621] BGH NJW 1997, 1363, 1365 – *CB Infobank* I; Schricker/Loewenheim/*Loewenheim*, § 53 Rn. 134. Das entspricht europäischem Recht: Nach Art. 5 Abs. 2 lit. b) InfoSoc-Richtlinie ist eine Nutzung zum privaten Gebrauch nur für natürliche Personen gestattet. Eine entsprechende Beschränkung fehlt bei Art. 5 Abs. 2 lit. a) InfoSoc-Richtlinie.

Berufliche und erwerbswirtschaftliche Zwecke stehen einer Vervielfältigung zum eigenen Gebrauch grundsätzlich nicht entgegen.[622]

Der Nutzer darf nur „einzelne" Vervielfältigungsstücke herstellen bzw. herstellen lassen. Wie viele Stücke im Einzelfall zulässig sind, geht aus dem Gesetzeswortlaut nicht hervor. Entscheidend soll sein, ob die Vervielfältigung in dem vorgenommenen Umfang zum jeweiligen Zweck erforderlich ist, um rein persönlichen Bedürfnissen gerecht zu werden.[623]

Zulässig ist auch das Herstellenlassen durch einen Dritten. Er muss sich aber im Wesentlichen auf das Herstellen beschränken und darf keine Zusatzdienste anbieten, die dem Auftraggeber die Entscheidung darüber abnehmen, welches Werk er im Einzelnen vervielfältigen will.[624]

b) Eigener wissenschaftlicher Gebrauch (S. 1 Nr. 1)

Nach § 53 Abs. 2 S. 1 Nr. 1 UrhG dürfen Nutzer Werke zum eigenen wissenschaftlichen Gebrauch vervielfältigen, wenn und soweit die Vervielfältigung zu diesem Zweck geboten ist und keinen gewerblichen Zwecken dient, und wenn die Quelle angegeben wird:[625] Wissenschaftler sollen nicht bei jeder Vervielfältigung urheberrechtlich geschützter Inhalte eine Einwilligung des Rechteinhabers einholen müssen.[626]

Kennzeichnend für die Wissenschaft ist das methodisch-systematische Streben nach Erkenntnis und deren Weitervermittlung.[627] Umfasst sind also Forschung und Lehre. Der wissenschaftliche Gebrauch beinhaltet nicht nur die Vervielfältigung im Rahmen wissenschaftlicher Arbeit, sondern auch zur eigenen Unterrichtung über den aktuellen Stand der Wissenschaft, auch durch

---

[622] BGH GRUR 1978, 474, 475 – *Vervielfältigungsstücke*; Wandtke/Bullinger/*Lüft*, § 53 UrhG Rn. 24. Dies ergibt sich schon im Umkehrschluss zu § 53 Abs. 2 S. 1 Nr. 1 UrhG, der gewerbliche Zwecke ausdrücklich ausschließt.

[623] Nach Dreier/Schulze/*Dreier*, § 53 Rn. 9, 20 sei zumindest im Rahmen der Privatkopie die Herstellung eines Exemplars regelmäßig ausreichend. Schricker/Loewenheim/*Loewenheim*, § 53 Rn. 16 f. m.w.N. vertritt in Anlehnung an BGH GRUR 1978, 474, 476 – *Vervielfältigungsstücke*, dass maximal sieben Vervielfältigungsstücke erstellt werden dürften. Gegen generelle Höchstgrenzen und für „normzweckadäquate Ergebnisse" im Einzelfall *Poeppel*, S. 288 f.

[624] Der reine Versand der Kopien ist grds. zulässig, vgl. nur BGH GRUR 1999, 707, 709 f. – *Kopienversanddienst*.

[625] Mit dem Ausschluss kommerzieller Zwecke und der Verpflichtung zur Quellenangabe (§ 63 Abs. 1 S. 1 UrhG) passte der Gesetzgeber die Vorschrift im Rahmen des „Zweiten Korbes" den Anforderungen von Art. 5 Abs. 3 lit. a) InfoSoc-Richtlinie an. Im Gesetzgebungsverfahren wurden die Begriffe „gewerblicher Zweck" und „kommerzieller Zweck" offenbar synonym verwendet, vgl. Gegenäußerung der Bundesregierung, BT-Drucks. 16/1828, S. 48. Kritisch dazu *Haupt/Kaulich*, UFITA 2009, 71, 89 f.

[626] RegE, BT-Drucks. IV/270, S. 73.

[627] BeckOK UrhG/*Grübler*, § 53 Rn. 20; Dreier/Schulze/*Dreier*, § 53 Rn. 23; Schricker/Loewenheim/*Loewenheim*, § 53 Rn. 40; Wandtke/Bullinger/*Lüft*, § 53 Rn. 26. Siehe Teil 3.A.II.2.b).

Nichtwissenschaftler.[628] Der sich Unterrichtende muss also nicht die Fortent-wicklung der Forschung beabsichtigen. Umfasst sind also grundsätzlich auch Recherchen einer Studentin für ihre Ausbildung oder Vervielfältigungshandlun-gen durch einen „Privatmann mit wissenschaftlichen Interessen".[629]

Die Herstellung eines Vervielfältigungsstücks muss zum eigenen wissen-schaftlichen Gebrauch geboten sein. Ob dies der Fall ist, muss der Nutzer selbst entscheiden.[630] Wenn er ein Werkstück unter zumutbaren Bedingungen kaufen oder ausleihen kann, ist die Vervielfältigung des Werkes nach überwie-gender Ansicht nicht geboten.[631] Wann genau Kauf oder Ausleihe zumutbar sind, hängt vom Einzelfall ab.[632] Grundsätzlich nicht erlaubt ist die vollständige Vervielfältigung von Büchern oder Zeitschriften.[633]

Die Vervielfältigung darf keinen gewerblichen Zwecken dienen.[634] Es wird kritisiert, dass der Anwendungsbereich der Norm dadurch unangemessen eng sei: Kommerzielle Forschungseinrichtungen, Unternehmen und Freiberufler, die einer wissenschaftlichen Tätigkeit nachgehen, könnten sich nicht auf die Vorschrift berufen.[635] Auch Hochschullehrer dürften hiernach keine Vervielfäl-tigungen für ein privatwirtschaftliches Gutachten vornehmen.[636] Damit werde die Ausnahmeregelung weitgehend zweckentleert.[637]

---

[628] Dreier/Schulze/*Dreier*, § 53 Rn. 23; Schricker/Loewenheim/*Loewenheim*, § 53 Rn. 40; Wandt-ke/Bullinger/*Lüft*, § 53 Rn. 26.

[629] Schricker/Loewenheim/*Loewenheim*, § 53 Rn. 40. Vgl. auch Fromm/Nordemann/*W. Norde-mann*, § 53 Rn. 19.

[630] BeckOK UrhG/*Grübler*, § 53 Rn. 21; Wandtke/Bullinger/*Lüft*, § 53 Rn. 27. Ihm komme dabei ein weiter Entscheidungsspielraum zu.

[631] So BeckOK UrhG/*Grübler*, § 53 Rn. 21; Dreier/Schulze/*Dreier*, § 53 Rn. 23; Fromm/Nordemann/*W. Nordemann*, § 53 Rn. 19; Schricker/Loewenheim/*Loewenheim*, § 53 Rn. 42; Wandtke/Bullinger/*Lüft*, § 53 Rn. 27.

[632] Nach BeckOK UrhG/*Grübler*, § 53 Rn. 21 ist dem Wissenschaftler die Beschaffung nicht zu-mutbar, wenn sie die wissenschaftliche Betätigung beeinträchtigen würde, etwa weil die Bestellung umständlich ist, Wartefristen bestehen, Fernleihe erforderlich oder das Werk nur im Präsenzbe-stand einer Bibliothek erhältlich ist. Nach Schricker/Loewenheim/*Loewenheim*, § 53 Rn. 42 darf der Kaufpreis zudem nicht außer Verhältnis zu dem zu vervielfältigenden Teil des Werkes stehen.

[633] Vgl. § 53 Abs. 4 lit. b) UrhG.

[634] Diese Einschränkung wurde erst durch den „Zweiten Korb" eingefügt. Sie „dient der Klarstel-lung im Sinne von Artikel 5 Abs. 3 Buchstabe a der Richtlinie", RegE, BT-Drucks. 16/1828, S. 26. Bei Erlass des „Ersten Korbes" ging der Gesetzgeber noch davon aus, dass § 53 Abs. 2 S. 1 Nr. 1 UrhG „insgesamt bereits durch Artikel 5 Abs. 3 Buchstabe a der Richtlinie gedeckt ist", RegE, BT-Drucks. 15/38, S. 21.

[635] Dreier/Schulze/*Dreier*, § 53 Rn. 23; Schricker/Loewenheim/*Loewenheim*, § 53 Rn. 43. A.A. BeckOK UrhG/*Grübler*, § 53 Rn. 22: Entscheidend sei der Zweck der jeweiligen Handlung.

[636] Dreier/Schulze/*Dreier*, § 53 Rn. 23; Schricker/Loewenheim/*Loewenheim*, § 53 Rn. 43; kritisch auch die Stellungnahme des Bundesrates, BT-Drucks. 16/1828, S. 41.

[637] Schricker/Loewenheim/*Loewenheim*, § 53 Rn. 43. Nach den Vorgaben der InfoSoc-Richtlinie war eine solche Beschränkung zwingend nur für digitale Vervielfältigungen vorzusehen, vgl. Art. 5 Abs. 2 lit. a) bzw. b) sowie Abs. 3 lit. a) InfoSoc-Richtlinie. Die Bundesregierung war sich dieser Problematik bewusst, verweist aber in ihrer Gegenäußerung zur Stellungnahme des Bundesrats

c) Aufnahme in ein eigenes Archiv (S. 1 Nr. 2)

Nach § 53 Abs. 2 S. 1 Nr. 2 UrhG ist die Vervielfältigung eines Werkes zur Aufnahme in ein eigenes Archiv zulässig, wenn und soweit die Vervielfältigung zu diesem Zweck geboten ist und als Vorlage für die Vervielfältigung ein eigenes Werkstück benutzt wird.[638] Die Regelung soll nach dem Willen des Gesetzgebers nur solche Fälle erfassen, bei denen es zu keiner „über die Sphäre des Archivbetreibers hinaus"[639] gehenden Verwertung des Werkes kommt.[640] Sie erlaubt lediglich die Sammlung und Erschließung von Materialien zum Zweck der Bestandssicherung oder der internen Nutzung.[641]

Archive sind „nach sachlichen Gesichtspunkten geordnete Sammel- und Aufbewahrungsstellen für Geistesgut jeglicher Art, etwa für Bücher, Zeitungen und Zeitschriften, Bilder, Filme, Schallplatten oder Ton- und Videobänder".[642] Um ein „eigenes" Archiv handelt es sich, wenn das Archiv persönlich oder betriebsintern ist, außen stehenden Dritten also nicht zur Benutzung offensteht.[643]

Die Vervielfältigung muss zum Zweck der Archivierung „geboten" sein. Das ist sie nur, wenn sich die Nutzung des Archivs auf den internen Gebrauch beschränkt, außenstehende Dritte die archivierten Vervielfältigungsstücke also nicht nutzen dürfen.[644] Zudem darf eine Vervielfältigung nur in dem für die Archivierung erforderlichen Umfang erfolgen.[645]

Als Vorlage für die Vervielfältigung muss ein „eigenes", also ein im Eigentum des Vervielfältigenden stehendes, Werkstück verwendet werden.[646] Die Vervielfältigung entliehener oder gemieteter Werkstücke ist nicht zulässig.[647] Jedes

---

darauf, dass analoge Vervielfältigungen in den meisten Fällen nach § 53 Abs. 2 S. 1 Nr. 4 UrhG gerechtfertigt seien, siehe Gegenäußerung der Bundesregierung, BT-Drucks. 16/1828 S. 48.

[638] Die Vorschrift lässt sich hinsichtlich reprographischer Vervielfältigungen auf Art. 5 Abs. 2 lit. a), hinsichtlich im öffentlichen Interesse tätiger Archive auf Art. 5 Abs. 2 lit. c) und hinsichtlich rein analoger Nutzungen auf Art. 5 Abs. 3 lit. o) InfoSoc-Richtlinie stützen, vgl. RegE, BT-Drucks. 15/38, S. 21.

[639] BeckOK UrhG/*Grübler*, § 53 Rn. 23.

[640] Vgl. RegE, BT-Drucks. IV/270, S. 73: Umfasst seien Fälle, in denen „eine Bibliothek ihre Bestände auf Mikrofilm aufnimmt, um entweder Raum zu sparen oder um die Filme an einem vor Katastrophen sicheren Ort unterzubringen."

[641] Dreier/Schulze/*Dreier*, § 53 Rn. 27; Schricker/Loewenheim/*Loewenheim*, § 53 Rn. 44.

[642] BGH GRUR 1997, 459, 461 – *CB-Infobank I*; BGH GRUR 1999, 325, 327 – *Elektronische Pressearchive*; Schricker/Loewenheim/*Loewenheim*, § 53 Rn. 45 m.w.N. Siehe Teil 1.D.

[643] BGH GRUR 1997, 459, 461 – *CB-Infobank I*; Dreier/Schulze/*Dreier*, § 53 Rn. 27.

[644] BGH GRUR 1997, 459, 461 – *CB-Infobank I*. Dies ist allein unter den engen Voraussetzungen des § 53 Abs. 6 S. 2 UrhG zulässig. Letztlich ergibt sich dieses Erfordernis bereits aus der Beschränkung auf ein „eigenes" Archiv.

[645] Schricker/Loewenheim/*Loewenheim*, § 53 Rn. 46. Die Einschränkung überschneidet sich mit der Beschränkung auf einzelne Vervielfältigungsstücke, siehe Teil 3.B.III.3.a).

[646] Schricker/Loewenheim/*Loewenheim*, § 53 Rn. 47. Das Erfordernis soll „verhindern, daß diese Vorschrift von Bibliotheken dazu benutzt wird, ihre Bestände durch Vervielfältigung entliehener Exemplare zu erweitern", vgl. RegE, BT-Drucks. IV/270, S. 73.

[647] Schricker/Loewenheim/*Loewenheim*, § 53 Rn. 47.

Werkstück darf nur einmal vervielfältigt werden, für jede Vervielfältigung muss also ein anderes Werkstück als Vorlage dienen – dies gilt auch, wenn ein Dokument unter mehreren Stichworten (und also mehrfach) archiviert werden soll.[648] Eine sachgerechte Langzeitarchivierung, für die mehrere Vervielfältigungsstücke erstellt werden müssen, ist so kaum möglich.[649] Auch ist Web-Harvesting hiernach unzulässig: Dabei werden Webseiten anderer zu Archivierungszwecken vervielfältigt und gerade keine Werkstücke des Archivierenden als Vorlage verwendet.[650]

§ 53 Abs. 2 S. 2 UrhG verengt den Anwendungsbereich der Archivschranke weiter: Der Nutzer darf die Vervielfältigung entweder nur auf Papier oder einem ähnlichen Träger mittels beliebiger photomechanischer Verfahren oder anderer Verfahren mit ähnlicher Wirkung vornehmen (Nr. 1),[651] oder die Nutzung erfolgt analog (Nr. 2),[652] oder das Archiv ist im öffentlichen Interesse tätig und verfolgt keinen unmittelbar oder mittelbar wirtschaftlichen oder Erwerbszweck (Nr. 3). Nur im öffentlichen Interesse tätige Archive, etwa solche gemeinnütziger Stiftungen, dürfen Werke also digital speichern.[653] Allerdings findet die Archivschranke nach § 53 Abs. 5 S. 1 UrhG auch in diesem Fall keine Anwendung auf elektronische Datenbankwerke.

d) Sonstiger eigener Gebrauch (S. 1 Nr. 4)

§ 53 Abs. 2 S. 1 Nr. 4 UrhG erlaubt schließlich unter einschränkenden Voraussetzungen die Anfertigung von Vervielfältigungen zum „sonstigen eigenen Gebrauch".[654] Erfasst sind auch wissenschaftliche Zwecke. Im Unterschied zu § 53 Abs. 1 und Abs. 2 S. 1 Nr. 1 UrhG darf der Nutzer auch gewerbsmäßige Zwecke verfolgen.[655]

---

[648] BGH GRUR 1997, 459, 461 f. – *CB-Infobank I*.

[649] Vgl. *Euler*, AfP 2008, 474, 478.

[650] Siehe Teil 1.D.I.2.b). Vgl. außerdem *Euler*, CR 2008, 64, 68. Dass der Gesetzgeber zwar den Sammelauftrag der Deutschen Nationalbibliothek (DNB) auf solche Werke ausgeweitet hat (vgl. § 14 Abs. 4 DNBG, der die DNB berechtigt, die Werke bei Nichtablieferung anderweitig zu beschaffen), aber keine entsprechende Anpassung der Schrankenregelungen vornahm, ist wohl ein Versehen, Dreier/Schulze/*Dreier*, § 53 Rn. 27. Eine der zwei „Säulen" der Sammlung elektronischer Publikationen soll nämlich die „stichprobenweise Sammlung von Internetquellen über Harvesting-Verfahren" sein, RegE, BT-Drucks. 16/322, S. 13.

[651] Dazu auch sogleich.

[652] Dies liegt beispielsweise bei einer Mikroverfilmung vor, vgl. Wandtke/Bullinger/*Lüft*, § 53 UrhG Rn. 30.

[653] RegE, BT-Drucks. 15/38, S. 21. Der Gesetzgeber stützt sich hierbei auf Art. 5 Abs. 2 lit. c) InfoSoc-Richtlinie, siehe Teil 2.B.II.3.a). Redaktionsarchive dürften angesichts der öffentlichen Aufgabe der Medien zumeist im öffentlichen Interesse tätig sein, vgl. RegE, BT-Drucks. 16/1828, S. 26. Kritisch Wandtke/Bullinger/*Lüft*, § 53 UrhG Rn. 29: Redaktionsarchive würden regelmäßig einen Erwerbszweck verfolgen.

[654] Wandtke/Bullinger/*Lüft*, § 53 UrhG Rn. 33 bezeichnet diese Schranke als „generalklauselartig," weil sie keine Beschränkung auf einen bestimmten Verwertungszweck enthalte.

[655] BeckOK UrhG/*Grübler*, § 53 Rn. 32.

Zulässig ist die Vervielfältigung kleiner Teile[656] erschienener Werke, von Einzelbeiträgen aus Zeitungen und Zeitschriften sowie von Werken, die seit mindestens zwei Jahren vergriffen sind. Nach Ansicht des Gesetzgebers ist es dem Nutzer nicht zuzumuten, das gesamte Werk anzuschaffen, wenn er nur einen kleinen Teil daraus benötigt.[657] Für die Frage, wann ein „kleiner Teil" eines Werkes vorliegt, ist das Verhältnis des vervielfältigten (kleinen) Teiles zum Gesamtwerk entscheidend.[658] Es ist umstritten, ob hierfür eine relative Grenze zu ziehen ist, zum Beispiel bei 10 – 20 % des Gesamtwerkes, oder ob auf einen festen Grenzwert verzichtet werden sollte.[659]

Zulässig ist die Vervielfältigung einzelner Beiträge aus Zeitungen und Zeitschriften.[660] Neben Textbeiträgen umfasst dies auch Gedichte, Lichtbildwerke oder Lichtbilder.[661] Wenn ein Nutzer allerdings mehrere Beiträge einer Zeitschrift oder Zeitung zum sonstigen Eigengebrauch vervielfältigt, dürfen diese insgesamt nur einen „kleinen Teil" der gesamten Publikation darstellen.[662]

Schließlich erlaubt die Vorschrift die Vervielfältigung von Werken, die seit mindestens zwei Jahren vergriffen sind.[663] Vergriffen ist ein Werk dann, wenn der Verlag es nicht mehr liefern kann.[664] Nach dem Willen des Gesetzgebers soll die Regelung vor allem Bibliotheken und wissenschaftlichen Instituten er-

---

[656] Vgl. die parallelen Formulierungen in §§ 52a Abs. 1, 53 Abs. 3 UrhG.

[657] Nach RegE, BT-Drucks. IV/270, S. 73 wäre dies „wirtschaftlich untunlich".

[658] BeckOK UrhG/*Grübler*, § 53 Rn. 33; Dreier/Schulze/*Dreier*, § 53 Rn. 33; Schricker/Loewenheim/*Loewenheim*, § 53 Rn. 52.

[659] Für eine Grenze von 10 % bis maximal 20 % des Gesamtwerkes sind Dreier/Schulze/*Dreier*, § 53 Rn. 33 m.w.N.; Schricker/Loewenheim/*Loewenheim*, § 53 Rn. 43 m.w.N. Gegen die Festlegung eines Grenzwerts BeckOK UrhG/*Grübler*, § 53 Rn. 33; Wandtke/Bullinger/*Lüft*, § 53 UrhG Rn. 33. Siehe die Ausführungen zu „Teilen" eines Werkes im Rahmen von § 46 UrhG in Teil 3.B.I.2. sowie zu „kleinen Teilen" im Rahmen von § 52a UrhG in Teil 3.B.V.2.b). Der BGH hat nunmehr entschieden, dass „kleine Teile" i.S.d. § 52a UrhG bei Schriftwerken maximal 12 % des Gesamtwerkes und nicht mehr als 100 Seiten betragen dürfen, BGH, Urt. v. 28.11.2013 – I ZR 76/12 – *Meilensteine der Psychologie* (Entscheidungsgründe liegen noch nicht vor).

[660] Die vollständige Nutzung ist vor allem deswegen gestattet, weil Verwerterinteressen aufgrund der kurzen Verwertungsspanne dieser Werke nur geringfügig beeinträchtigt werden, vgl. BeckOK UrhG/*Grübler*, § 53 Rn. 35.

[661] Beschlussempfehlung und Bericht des Rechtsausschusses, BT-Drucks. 10/3360, S. 19. Auch Grafiken, Tabellen etc. sind erfasst, vgl. Dreier/Schulze/*Dreier*, § 53 Rn. 33; Schricker/Loewenheim/*Loewenheim*, § 53 Rn. 53.

[662] So die überwiegende Auffassung, vgl. nur Dreier/Schulze/*Dreier*, § 53 Rn. 33; Schricker/Loewenheim/*Loewenheim*, § 53 Rn. 53; Wandtke/Bullinger/*Lüft*, § 53 UrhG Rn. 34: „einige wenige"; vor allem dürfe diese Schranke nicht verwendet werden, um ein Pressearchiv zusammenzustellen.

[663] Vgl. auch §§ 13d, 13e UrhWahrnG, die am 1. April 2014 in Kraft treten werden.

[664] Siehe nur Schricker/Loewenheim/*Loewenheim*, § 53 Rn. 56 m.w.N. Zu § 29 Abs. 1 VerlG, siehe BGH GRUR 1960, 636, 639 – *Kommentar*. Nicht zuletzt aus Gründen der Rechtssicherheit ist die Bezugsmöglichkeit über Antiquariate unschädlich, vgl. Wandtke/Bullinger/*Lüft*, § 53 UrhG Rn. 35 m.w.N.

möglichen, ihre Bestände an wissenschaftlichen Werken zu vervollständigen und weitere Leseexemplare herzustellen.[665]

§ 53 Abs. 2 S. 3 i.V.m. S. 2 Nr. 1 und 2 UrhG stellen zusätzliche Voraussetzungen auf: Die Vervielfältigung ist nur zulässig, wenn sie auf Papier oder einem ähnlichen Träger mittels beliebiger photomechanischer Verfahren oder mittels anderer Verfahren mit ähnlicher Wirkung vorgenommen wird oder eine ausschließlich analoge Nutzung stattfindet.[666] Im Rahmen von § 53 Abs. 2 S. 1 Nr. 4 UrhG dürfen also keine digitalen Kopien hergestellt werden.

4. Nutzung für Unterricht und Prüfungen (Abs. 3)

a) Allgemeines

Nach § 53 Abs. 3 UrhG ist die Herstellung von Vervielfältigungsstücken von kleinen Teilen eines Werkes, von Werken geringen Umfangs oder von Einzelbeiträgen aus Zeitungen und Zeitschriften für die Veranschaulichung des Unterrichts und für Prüfungszwecke in der erforderlichen Anzahl unter bestimmten Voraussetzungen zulässig.[667] Der Anwendungsbereich der Regelung ist somit zum Teil weiter, zum Teil enger als jener des Abs. 2.[668] Die Regelung soll einen „wesentlichen Bestandteil der Methodik des Lehrens" erleichtern.[669]

b) Veranschaulichung des Unterrichts (S. 1 Nr. 1)

§ 53 Abs. 3 S. 1 Nr. 1 UrhG erlaubt die Herstellung von Vervielfältigungen zum eigenen Gebrauch „zur Veranschaulichung des Unterrichts".[670] Nach überwie-

---

[665] RegE, BT-Drucks. IV/270, S. 74.

[666] Nur unter diesen einschränkenden Voraussetzungen sah der Gesetzgeber die Norm als von Art. 5 Abs. 2 lit. a) bzw. Art. 5 Abs. 3 lit. o) InfoSoc-Richtlinie gedeckt an, vgl. RegE, BT-Drucks. 15/38, S. 21.

[667] Es liegt nahe, diese Begriffe in einem gemeinsamen systematischen Kontext mit §§ 46, 52a, 53a UrhG zu lesen und – soweit möglich – einheitlich auszulegen, da sich die genannten Regelungen auf Bildung und Wissenschaft beziehen, so zumindest BeckOK UrhG/*Schulz/Hagemeier*, § 46 Rn. 2, 10; *Berger* GRUR 2010, 1058, 1062. Siehe auch Teil 3.B.I.2. Vgl. zudem RegE, BT-Drucks. 15/38, S. 21. § 53 Abs. 2 S. 1 Nr. 4 lit. a) UrhG („kleine Teile", „einzelne Beiträge") hingegen dient anderen Zwecken; der Grundsatz der einheitlichen Auslegung ist darum auf diese Norm nur eingeschränkt anwendbar, siehe hierzu Teil 3.B.III.3.d).

[668] Während Nutzer nach § 53 Abs. 2 UrhG nur einzelne, dafür unter Umständen aber gesamte Werke vervielfältigen dürfen, können Nutzer im Rahmen von § 53 Abs. 3 UrhG zwar nur kleine Teile, Werke geringen Umfangs und einzelne Beiträge vervielfältigen, dies aber in der „erforderlichen Anzahl". Die Beschränkung auf einzelne Vervielfältigungsstücke ist hier nach Ansicht des Gesetzgebers nicht sinnvoll, da eine Klasse regelmäßig mehr als sieben Schüler umfasse, vgl. RegE, BT-Drucks. 10/837, S. 16.

[669] Stellungnahme des Bundesrates, BT-Drucks. 10/837, S. 29. Gemeinsame Regeln von Ländern, Bildungs- und Schulbuchverlagen und Verwertungsgesellschaften sind abrufbar unter www.schulbuchkopie.de.

[670] Die Regelung lässt sich auf Art. 5 Abs. 3 lit. a) InfoSoc-Richtlinie stützen. Ihr Anwendungsbereich überschneidet sich mit dem von § 47 UrhG, sofern kleine Teile einer Sendung zur Veran-

gender Ansicht sind auch Vor- und Nachbereitung des Unterrichts durch die Lehrenden erfasst; die Formulierung „zur Veranschaulichung des Unterrichts" bedeutet nicht, dass die Nutzung räumlich-zeitlich auf den Unterricht selbst begrenzt sein muss.[671]

Dem Unterrichtsprivileg nach § 53 Abs. 3 S. 1 Nr. 1 UrhG unterfallen nur Schulen, nichtgewerbliche Einrichtungen der Aus- und Weiterbildung sowie Einrichtungen der Berufsbildung.[672] Schulen sind alle öffentlichen Schulen und öffentlich zugängliche Privatschulen.[673] Auch Fernunterricht, den fest institutionalisierte Organisationen anbieten, kann von der Regelung erfasst sein.[674] Hochschulen sind vom Anwendungsbereich ausgenommen. Sie werden allein durch § 53 Abs. 3 Nr. 2 UrhG privilegiert. Der Rechtsausschuss des Deutschen Bundestages war der Ansicht, die Rechte der Urheber und sonstigen Rechteinhaber würden zu stark eingeschränkt, wenn einem „nicht mehr überschaubaren Personenkreis das Kopieren ohne vorherige Genehmigung gestattet würde".[675] Ob dieser pauschale Ausschluss universitärer Lehrveranstaltungen sachgerecht ist, ist fraglich.[676]

Die Vervielfältigungsstücke müssen zum „eigenen Gebrauch" hergestellt werden. Sie dürfen also nicht einer anderen Bildungseinrichtung überlassen, wohl aber innerhalb einer Institution mehrfach benutzt werden, etwa durch mehrere Schulklassen oder Lehrer.[677]

---

schaulichung im Unterricht auf Bild- oder Tonträger übertragen werden, vgl. BeckOK UrhG/*Engels*, § 47 Rn. 4.

[671] So Dreier/Schulze/*Dreier*, § 53 Rn. 39; *Hoeren*, MMR 2007, 615, 618; Schricker/Loewenheim/*Loewenheim*, § 53 Rn. 60. Kritisch *Berger*, ZUM 2006, 844 ff. Die vorherige Fassung, die bis 31. Dezember 2007 galt, erlaubte dagegen lediglich den eigenen Gebrauch „im Schulunterricht". Das ließ sich als räumlich-zeitliche Beschränkung verstehen, vgl. Wandtke/Bullinger/*Lüft*, § 53 UrhG Rn. 37. Vgl. Teil 3.B.I.4. sowie Teil 3.B.V.2.d).

[672] Erfasst ist somit „der Gesamtbereich der Berufsbildung im Sinne des Berufsbildungsgesetzes", einschließlich der betrieblichen Ausbildung sowie der Ausbildung in überbetrieblichen Ausbildungsstätten, Beschlussempfehlung und Bericht des Rechtsausschusses, BT-Drucks. 10/3360, S. 19.

[673] Schricker/Loewenheim/*Loewenheim*, § 53 Rn. 59.

[674] Dreier/Schulze/*Dreier*, § 53 Rn. 39; Schricker/Loewenheim/*Loewenheim*, § 53 Rn. 59. Nicht umfasst sind Hochschulen sowie die Anbieter einzelner Kurse oder kürzerer Veranstaltungen wie etwa Privat- und Nachhilfeunterricht (ebd.).

[675] Beschlussempfehlung und Bericht des Rechtsausschusses, BT-Drucks. 10/3360, S. 19. Vgl. auch RegE, BT-Drucks. 10/837, S. 16: Erwachsene seien im Gegensatz zu Schülern im Stande, sich das notwendige Unterrichtsmaterial selbst zu beschaffen. So auch *Schack*, Rn. 560.

[676] Nach *Rehbinder* Rn. 448 werden dadurch „selbst Professoren für Urheberrecht zu Rechtsbrechern" gemacht. Zudem sind nicht alle Lehrveranstaltungen Massenveranstaltungen, und nicht alle Studierenden können sich das Unterrichtsmaterial selbst beschaffen. Siehe hierzu im Übrigen Teil 6.B.I.2.a)aa)(2).

[677] Vgl. Beschlussempfehlung und Bericht des Rechtsausschusses, BT-Drucks. 10/3360 S. 19 („Parallelklassen"); Dreier/Schulze/*Dreier*, § 53 Rn. 38; Schricker/Loewenheim/*Loewenheim*, § 53 Rn. 61. A.A. *Sattler*, S. 153 f., nach der auch innerhalb einer Institution das Anlegen eines „Kopienarchivs" verboten ist, weil die Grenze des Zulässigen anhand des individuellen Zwecks be-

c) Prüfungen (S. 1 Nr. 2)

§ 53 Abs. 3 S. 1 Nr. 2 UrhG gestattet die Herstellung von Vervielfältigungsstücken für staatliche Prüfungen und Prüfungen in Schulen, Hochschulen, nichtgewerblichen Einrichtungen der Aus- und Weiterbildung und der Berufsbildung. Prüfungen sind Leistungsnachweise, die einen Lehr- oder Studienabschnitt – auch in Form von Klausuren oder Zwischenprüfungen – abschließen; sie dienen dem Nachweis des Erwerbs von Kenntnissen und Fähigkeiten.[678] Staatlich ist eine Prüfung dann, wenn der Staat sie abnimmt oder anerkennt.[679]

d) Umfang der Nutzung

Sowohl für den Unterricht als auch für Prüfungen dürfen nur Vervielfältigungsstücke von kleinen Teilen eines Werkes, von Werken von geringem Umfang oder von einzelnen Beiträgen, die in Zeitschriften oder Zeitungen erschienen oder öffentlich zugänglich gemacht worden sind, hergestellt werden.[680] Unklar ist auch hier, in welchem Umfang genau die Nutzung gestattet ist.[681] Um zu bestimmen, wann ein „Werk geringen Umfangs" vorliegt, werden zum Teil absolute Größen verwendet.[682] Manche ordnen bestimmte Kategorien von Werken generell als Werke geringen Umfangs ein.[683]

---

stimmt werden müsse; in die zum Zeitpunkt der Vervielfältigungshandlung vorzunehmende Abwägung aber könnten etwaige, spätere Nutzungsbedarfe nicht einbezogen werden.

[678] Dreier/Schulze/*Dreier*, § 53 Rn. 40; Schricker/Loewenheim/*Loewenheim*, § 53 Rn. 66. *Oechsler*, GRUR 2006, 205, 208 versteht die Norm enger; bloße Übungs- oder Vorlesungsabschlussklausuren seien nicht umfasst, Klassenarbeiten nur unter den Voraussetzungen des § 53 Abs. 1 S. 1 Nr. 1 UrhG. Ob die Norm in der Form von der InfoSoc-Richtlinie gedeckt ist, bezweifelt Wandtke/Bullinger/*Lüft*, § 53 Rn. 39: Für digitale Vervielfältigungen zu Prüfungszwecken finde sich weder in Art. 5 Abs. 2 lit. a) noch in Art. 5 Abs. 3 lit. o) eine Grundlage. Allerdings kann die „Veranschaulichung des Unterrichts" gem. Art. 5 Abs. 3 lit. a) InfoSoc-Richtlinie nach einem weiten Verständnis durchaus den Prüfungsgebrauch umfassen, siehe Teil 6.B.I.3.c).

[679] Schricker/Loewenheim/*Loewenheim*, § 53 Rn. 66. A.A. BeckOK UrhG/*Grübler*, § 53 Rn. 42, der die Voraussetzung kumulativ versteht. Seines Erachtens ist eine Prüfung staatlich, „wenn die Prüfung durch den Staat erfolgt und von diesem anerkannt wird" (ebd.).

[680] Vgl. zu diesen Begriffen die Ausführungen bei Teil 3.B.I.2., Teil 3.B.III.3.d) und Teil 3.B.V.2.b). Die gleich lautenden Begriffe sind in engem Zusammenhang zu lesen, vgl. RegE, BT-Drucks. 15/38, S. 21 zum Verhältnis zwischen § 53 Abs. 3 und § 46 UrhG.

[681] Bei Schriftwerken dürfen „kleine Teile" i.S.d. § 52a UrhG, so der BGH jüngst, maximal 12 % des Gesamtwerkes und insgesamt höchstens 100 Seiten betragen, BGH, Urt. v. 28.11.2013 – I ZR 76/12 – *Meilensteine der Psychologie* (Entscheidungsgründe liegen noch nicht vor). Siehe hierzu Teil 3.B.V.2.b).

[682] So wird vertreten, dass bei Schriftwerken maximal zwei oder drei (so zu § 52a UrhG *Berger*, GRUR 2010, 1058, 1062) oder sogar bis zu 25 DIN A4-Seiten vervielfältigt werden dürfen (so, ebenfalls zu § 52a UrhG, OLG München ZUM-RD 2011, 603, 616 f. – *Gesamtvertrag Hochschulen* (nicht rechtskräftig) für den Gesamtvertrag für Hochschulen zu § 52a UrhG; diese Grenze hat der BGH, GRUR 2013, 1220, 1223 bestätigt). Vgl. auch *Hoeren*, ZUM 2011, 369, 371.

[683] Vgl. Schricker/Loewenheim/*Loewenheim*, § 53 Rn. 61: Zu den Werken geringen Umfangs gehörten Gedichte, Kurzgeschichten, kurze Artikel und Erzählungen sowie Liedtexte oder kurze wissenschaftliche Aufsätze; bei Werken der bildenden Künste oder Lichtbildwerken ließen sich Werke geringen Umfangs hingegen nicht sinnvoll von anderen Werken abgrenzen. Zu § 52a Abs. 1 Nr. 2

Der Wortlaut der Norm lässt offen, ob die betreffenden Werke veröffentlicht worden sein müssen.[684] Nur bei Beiträgen aus Zeitschriften oder Zeitungen stellt die Regelung explizit klar, dass sie zuvor erschienen oder öffentlich zugänglich gemacht worden sein müssen – damit sind auch digitale Veröffentlichungen von der Norm erfasst.[685]

Die Berechtigten dürfen Vervielfältigungsstücke nur in der zu den jeweiligen Unterrichts- bzw. Prüfungszwecken erforderlichen Anzahl herstellen.[686] Wie viele dies sind, richtet sich in erster Linie nach der Anzahl von Kursteilnehmern, Klassenmitgliedern oder Prüflingen, bei Prüfungen ergänzend auch nach der Art der Prüfung.[687]

Die Vervielfältigung ist schließlich nur zulässig, soweit sie zur Veranschaulichung des Unterrichts oder für Prüfungen geboten ist.[688] Vervielfältigungen zu anderen Zwecken, beispielsweise für die Schulverwaltung, erfasst die Ausnahmeregelung nicht.[689] Wie bei § 53 Abs. 2 S. 1 Nr. 1 UrhG gewährt das Gesetz auch hier den Nutzern, also dem Unterrichtenden bzw. der Prüferin, einen gewissen Entscheidungsspielraum.[690] Eine Vervielfältigung ist dann nicht mehr geboten, wenn der Nutzer Werkstücke zu einem vergleichbaren Preis hätte erwerben[691] bzw. den Erwerb des betreffenden Werkes vorab hätte planen können.[692]

Nach § 53 Abs. 3 S. 2 UrhG ist die Vervielfältigung eines Werkes, das für den Unterrichtsgebrauch an Schulen bestimmt ist, stets nur mit Einwilligung des Berechtigten zulässig. Dies soll verhindern, dass der (Primär-)Markt für Schulbücher über Gebühr beeinträchtigt wird.[693]

UrhG hatte der Gesetzgeber ausgeführt, dass auch Monographien Werke geringen Umfangs darstellen können, Beschlussempfehlung und Bericht des Rechtsausschusses, BT-Drucks. 15/837, S. 34. Kritisch *Hoeren*, ZUM 2011, 369, 371.

[684] *Sattler*, S. 156 geht, insbesondere wegen verfassungsrechtlicher Vorgaben, davon aus, dass es sich hierbei um ein Redaktionsversehen handelt.

[685] Kritisch hierzu *Sattler*, S. 156. Ihrer Ansicht nach hätte der Gesetzgeber § 6 Abs. 2 UrhG hätte ändern sollen, statt die öffentliche Zugänglichmachung in § 53 Abs. 3 UrhG aufzunehmen.

[686] § 53 Abs. 3 S. 1 Nr. 1 und 2 UrhG.

[687] Dreier/Schulze/*Dreier*, § 53 Rn. 42; Schricker/Loewenheim/*Loewenheim*, § 53 Rn. 62, 67. Letztlich ergibt sich dieses Erfordernis bereits aus der Zweckbindung.

[688] § 53 Abs. 3 S. 1 a.E. UrhG.

[689] Dreier/Schulze/*Dreier*, § 53 Rn. 41; Schricker/Loewenheim/*Loewenheim*, § 53 Rn. 63.

[690] Schricker/Loewenheim/*Loewenheim*, § 53 Rn. 63, 67. Vgl. auch Dreier/Schulze/*Dreier*, § 53 Rn. 41: Es komme nicht darauf an, ob die Kopien für den Unterricht unerlässlich sind oder ob sich der Lernerfolg auch auf andere Weise erreichen lasse; ausreichend sei, dass die Kopie im jeweiligen Einzelfall ein geeignetes Lehrmittel darstelle.

[691] So Dreier/Schulze/*Dreier*, § 53 Rn. 41.

[692] So *Berger*, ZUM 2006, 844, 847; *Sattler*, S. 158.

[693] Vgl. Beschlussempfehlung und Bericht des Rechtsausschusses, BT-Drucks. 16/5939, S. 45. Zu den parallelen Voraussetzungen in §§ 46 Abs. 1 S. 2 und 52a Abs. 2 S. 1 UrhG siehe Teil 3.B.I.5. sowie Teil 3.B.V.5.

5. Sonstige Voraussetzungen (Abs. 4 – 7)

§ 53 Abs. 4 – 7 UrhG schränken die nach den ersten drei Absätzen erlaubten Handlungen für gewisse Teilbereiche ein. So ist die Vervielfältigung von Noten und anderen graphischen Aufzeichnungen von Werken der Musik nur durch Abschreiben zulässig,[694] es sei denn die Aufzeichnung erfolgt zur Aufnahme in ein eigenes Archiv oder, wenn das Werk seit mindestens zwei Jahren vergriffen ist, zum eigenen Gebrauch.[695] Gleiches gilt für die im Wesentlichen vollständige Vervielfältigung von Büchern und Zeitschriften.[696] Dies soll den Markt für Noten und Schriftwerke schützen.[697] Wann eine „im wesentlichen vollständige Vervielfältigung" im Sinne des § 53 Abs. 4 lit. b) UrhG vorliegt, ist einzelfallabhängig.[698]

Einzelne, elektronisch zugängliche Elemente von Datenbankwerken dürfen zum eigenen wissenschaftlichen Gebrauch und zum Gebrauch im Unterricht vervielfältigt werden, wenn dies nicht zu gewerblichen Zwecken erfolgt.[699]

Die nach Abs. 1 – 3 hergestellten Vervielfältigungsstücke dürfen nicht verbreitet oder öffentlich wiedergegeben werden.[700] Rechtmäßig hergestellte Vervielfältigungsstücke von Zeitungen und vergriffenen Werken sowie Werkstücke, bei denen kleine beschädigte oder abhanden gekommene Teile durch Vervielfältigungsstücke ersetzt worden sind, dürfen aber verliehen werden.[701] Dies soll den Bedürfnissen von Bibliotheken Rechnung tragen, die „aus Raummangel und wegen mangelnder Qualität des Papiers" etwa Zeitungen nur als Mikrokopien, Mikrofilme oder in digitaler Form aufbewahren.[702]

Schließlich sind die Aufnahme öffentlicher Vorträge, Aufführungen oder Vorführungen eines Werkes auf Bild- oder Tonträger, die Ausführung von

---

[694] Die Abschrift darf entweder per Hand erfolgen oder zum Beispiel durch manuelle Eingabe in einen Computer, vgl. Schricker/Loewenheim/*Loewenheim*, § 53 Rn. 75.

[695] § 53 Abs. 4 lit. a) UrhG. Die Aufnahme in ein eigenes Archiv ist unter den Voraussetzungen des § 53 Abs. 2 S. 1. Nr. 2 UrhG zustimmungsfrei zulässig.

[696] § 53 Abs. 4 lit. b) UrhG. Gestattet ist hingegen die vollständige Vervielfältigung von Zeitungen, vgl. RegE, BT-Drucks. 10/837, S. 17: „Einmal erscheint eine Gefährdung des Zeitungsabsatzes durch das Kopieren ganzer Zeitungen ausgeschlossen; zudem besteht ein Interesse daran, z.B. mikroverfilmte Zeitungen zum wissenschaftlichen Gebrauch vollständig zu kopieren."

[697] Vgl. RegE, BT-Drucks. 10/837, S. 17. § 53 Abs. 4 lit. a) UrhG soll hiernach insbesondere verhindern, dass Chöre und Musikvereine ein Werkexemplar ausleihen oder kaufen, um davon Kopien in großer Zahl zu erstellen.

[698] Dazu Schricker/Loewenheim/*Loewenheim*, § 53 Rn. 74 m.w.N.

[699] § 53 Abs. 5 UrhG. Der Gesetzgeber trägt damit Art. 6 Abs. 2 lit. b) der Richtlinie 96/9/EG über den rechtlichen Schutz von Datenbanken Rechnung, vgl. Beschlussempfehlung und Bericht des Rechtsausschusses, BT-Drucks. 15/837, S. 34.

[700] § 53 Abs. 6 S. 1 UrhG.

[701] § 53 Abs. 6 S. 2 UrhG.

[702] RegE, BT-Drucks. 10/837, S. 16 f.

Plänen und Entwürfen zu Werken der bildenden Künste und den Nachbau eines Werkes der Baukunst nur mit Einwilligung des Berechtigten zulässig.[703]

6. Vergütung

a) Allgemeines

§§ 54 – 54h UrhG regeln die Vergütungspflicht für Nutzungen nach § 53 Abs. 1 – 3 UrhG. Dem Urheber eines Werkes steht gemäß § 54 Abs. 1 UrhG ein Anspruch auf Zahlung einer angemessenen Vergütung zu, wenn nach der Art eines Werkes zu erwarten ist, dass es nach § 53 Abs. 1 – 3 UrhG vervielfältigt wird.[704]

b) Digital zugängliche Werke

Ungeklärt war, ob die Verwertung von Werken, die im Internet veröffentlicht bzw. digital zugänglich sind, vergütungspflichtig ist. Vor Verabschiedung des „Zweiten Korbes" ging der BGH davon aus, dass der Rechteinhaber solcher Werke stets ausdrücklich oder konkludent in die Vervielfältigung durch Dritte eingewilligt habe.[705] Die Berechtigung zur Nutzung beruhe somit nicht auf einer gesetzlichen Lizenz; der gesetzliche Vergütungsanspruch entstünde nicht. Nachdem das BVerfG die relevanten BGH-Entscheidungen aufgehoben hatte,[706] richtete der BGH ein Vorabentscheidungsersuchen an den EuGH.[707] Der EuGH entschied, dass ein Ausgleichsanspruch unabhängig davon besteht, ob die Vervielfältigung mit dem Einverständnis des Rechteinhabers erfolgt ist.[708]

---

[703] § 53 Abs. 7 UrhG. Erlaubt sind bei § 53 Abs. 1 – 3 UrhG allerdings der „Mitschnitt einer internen Probe oder Vorführung" (Fromm/Nordemann/*W. Nordemann*, § 53 Rn. 39) sowie die Vervielfältigung der Pläne oder Entwürfe eines Werkes der Baukunst und die Anfertigung eines Modells (Dreier/Schulze/*Dreier*, § 53 Rn. 56; Schricker/Loewenheim/*Loewenheim*, § 53 Rn. 80).

[704] Eine Aufzählung der Werkarten, bei denen die Vervielfältigung zu erwarten, mithin wahrscheinlich ist, findet sich bei Dreier/Schulze/*Dreier*, § 54 Rn. 4. Dass § 54 UrhG alle Vervielfältigungshandlungen nach § 53 Abs. 1 – 3 UrhG für vergütungspflichtig erklärt, ist europarechtlich nicht erforderlich, vgl. EuGH, Rs. C-467/08 – *Padawan*, Rn. 59. Allerdings hatte *Padawan* allein die spanische Regelung zum Gegenstand, vgl. hierzu *Dreier*, ZUM 2011, 281, 287 f. Nach *Hoeren*, MMR 2010, 831 ist fraglich, ob die Geräteabgabe für rein gewerblich genutzte Kopierer und Drucker überhaupt zulässig ist. Vgl. diesbezüglich BGH GRUR 2012, 1017, 1018 – *Digitales Druckzentrum*.

[705] BGH GRUR 2008, 245, 247 – *Drucker und Plotter I*; BGH GRUR 2009, 53, 55 – *PC I*. §§ 54 ff. UrhG wurden im Zuge des „Zweiten Korbes" neu geregelt. Nunmehr unterliegen auch Geräte zur digitalen Vervielfältigung der Abgabepflicht.

[706] BVerfG GRUR 2010, 999, 1002 – *Drucker und Plotter*. Vgl. auch BVerfG GRUR 2011, 225 – *PC*.

[707] BGH GRUR 2011, 1007 – *Drucker und Plotter II*; BGH GRUR 2011, 1012 – *PC II*. Nach Schricker/Loewenheim/*Loewenheim*, § 54 Rn. 7 erteilt derjenige, der ein Werk ins Internet stellt, regelmäßig nicht zugleich eine Einwilligung in die Vervielfältigung des Werkes. Nach Dreier/Schulze/*Dreier*, UrhG, § 54 Rn. 4 kann selbst dann, wenn eine Einwilligung gegeben ist, wegen § 63a UrhG kein konkludenter Verzicht auf die Vergütung angenommen werden. Gegen dieses Argument *v. Ungern-Sternberg*, GRUR 2010, 273, 279 f., nach dem eine Einwilligung den Vergütungsanspruch allerdings ebenfalls nicht per se ausschließt.

[708] EuGH, Rs. C-457/11-460/11 – *VG Wort*, Rn. 37, 40.

Eine etwaige Zustimmung entfalte in dem Anwendungsbereich der Schrankenregelung keine Rechtswirkung.[709]

c) Geräte und Speichermedien

Der Anspruch knüpft an Geräte und Speichermedien an, deren Typ allein oder
in Verbindung mit anderen Geräten, Speichermedien oder Zubehör zur Vornahme von Vervielfältigungen im Sinne des § 53 Abs. 1 – 3 UrhG benutzt
wird.[710]

Entscheidend ist damit die tatsächliche Nutzung bzw. Nutzbarkeit des Gerätes.[711] Erfasst sind alle Geräte, die zur Vervielfältigung urheberrechtlich geschützter Werke geeignet sind, unabhängig davon, ob die Vorlage analog oder
digital ist – also auch Drucker, die mit einem PC verbunden sind.[712] „Speichermedien" sind „alle physikalischen Informations- und Datenträger mit Ausnahme von Papier oder ähnlichen Trägern".[713] Die Vergütungspflicht besteht auch
dann, wenn Geräte und/oder Speichermedien nur in Verbindung mit anderen
Geräten oder Speichermedien Vervielfältigungen vornehmen können.[714]

---

[709] EuGH, Rs. C-457/11-460/11 – *VG Wort*, Rn. 37: „Hat ein Mitgliedstaat aufgrund einer in
Art. 5 Abs. 2 oder 3 der Richtlinie 2001/29 enthaltenen Bestimmung beschlossen, im materiellen
Geltungsbereich dieser Bestimmung jede Befugnis der Rechtsinhaber zur Genehmigung der Vervielfältigung ihrer Werke oder sonstigen Schutzgegenstände auszuschließen, entfaltet eine etwaige
Zustimmung dieser Rechtsinhaber im Recht dieses Staates keine Rechtswirkungen. Somit wirkt sie
sich aufgrund der Einführung der betreffenden, die Befugnis ausschließenden Maßnahme nicht
auf den Schaden aus, der den Rechtsinhabern entstanden ist, und kann daher keinen Einfluss auf
den gerechten Ausgleich haben, unabhängig davon, ob dieser nach der einschlägigen Bestimmung
der Richtlinie 2001/29 zwingend oder fakultativ vorgesehen ist."
[710] § 54 Abs. 1 UrhG.
[711] Nach EuGH, Rs. C-467/08 – *Padawan*, Rn. 55 rechtfertigt allein die technische Möglichkeit,
(Privat-)Kopien zu fertigen, die Abgabepflicht; bei natürlichen Personen würde vermutet, dass sie
sämtliche Funktionen eines Geräts nutzen. Das tatsächliche Ausmaß der Nutzung ist lediglich für
die Bestimmung der Vergütungshöhe relevant, vgl. Beschlussempfehlung und Bericht des Rechtsausschusses, BT-Drucks. 16/5939, S. 45; Dreier/Schulze/*Dreier*, § 54 Rn. 10; Schricker/Loewen-
heim/*Loewenheim*, § 54 Rn. 13. Allerdings sollen „Geräte, die nur theoretisch zur Vervielfältigung
genutzt werden können, weil sie z.B. einen digitalen Speicherchip enthalten, der aber völlig anderen Funktionen dient," nach Beschlussempfehlung und Bericht des Rechtsausschusses, BT-
Drucks. 16/5939, S. 45 nicht der Vergütungspflicht unterfallen.
[712] Vgl. EuGH, Rs. C-457/11-460/11 – *VG Wort*, Rn. 80. A.A. noch BGH GRUR 2008, 245 –
Drucker und Plotter. Vgl. zur Vergütungspflicht bei Vervielfältigungen digitaler Vorlagen auch BGH
GRUR 2012, 1017, 1021 – *Digitales Druckzentrum*.
[713] RegE, BT-Drucks. 16/1828, S. 29: „Das sind alle elektronischen (z.B. Smartcard, Memory
Stick), magnetischen (z.B. Musikkassette, Magnetband, Festplatte, Diskette) und optischen (z.B.
Film, DVD, CD-ROM, CD-R, CD-RW, Laserdisk) Speicher." Wegen der zunehmenden Verbreitung Hardware-unabhängiger Cloud-Dienste bestehen Zweifel, ob das Modell zukunftsträchtig ist,
vgl. nur *Bisges*, GRUR 2013, 146, 148 f.
[714] RegE, BT-Drucks. 16/1828, S. 29.

d) Anspruchsschuldner (§§ 54 Abs. 1, 54b Abs. 1 UrhG)

Der Anspruch richtet sich grundsätzlich gegen den Hersteller des Gerätes oder Speichermediums. Hersteller ist, wer das Gerät tatsächlich hergestellt hat.[715]

Der Hersteller wird verpflichtet, weil es praktisch und rechtlich unmöglich ist, denjenigen zu belangen, der die Vervielfältigung gemäß § 53 Abs. 1 – 3 UrhG tatsächlich vornimmt,[716] und weil er die technischen Voraussetzungen für die Vervielfältigungen bereitstellt.[717] Dem Hersteller bleibt es überlassen, die geleistete Vergütung auf die durch § 53 Abs. 1 – 3 UrhG Berechtigten umzulegen.[718]

Neben dem Hersteller haften gesamtschuldnerisch auch gewerbliche Einführer und Händler.[719] Händler ist, wer gewerblich Geräte oder Speichermedien erwirbt und weiterveräußert,[720] unabhängig davon, auf welcher Handelsstufe er tätig ist.[721] Der Einzelhändler haftet jedoch nur dann, wenn keine vorgelagerte Handelsstufe die Vergütung einzieht.[722]

e) Anspruchsberechtigter

Anspruchsberechtigter ist der Urheber.[723] Er kann seine Vergütungsansprüche im Voraus nur an Verwertungsgesellschaften oder zusammen mit der Einräumung des Verlagsrechts an Verlage abtreten.[724]

f) Entfallen des Anspruchs (§ 54 Abs. 2 UrhG)

Soweit nach den Umständen erwartet werden kann, dass die Geräte oder Speichermedien im Geltungsbereich des Urhebergesetzes nicht zu Vervielfältigungen benutzt werden, entfällt der Anspruch auf eine Vergütung.[725]

---

[715] Vgl. nur BGH GRUR 1985, 287, 288 – *Herstellerbegriff IV*.

[716] So für die Privatkopievergütung gem. Art. 5 Abs. 2 lit. b) InfoSoc-Richtlinie EuGH, Rs. C-467/08 – *Padawan*, Rn. 46. Vgl. zum deutschen Recht nur Schricker/Loewenheim/*Loewenheim*, § 54 Rn. 1; Wandtke/Bullinger/*Lüft*, § 54 Rn. 1.

[717] So für die Privatkopievergütung gem. Art. 5 Abs. 2 lit. b) InfoSoc-Richtlinie EuGH, Rs. C-467/08 – *Padawan*, Rn. 48. Vgl. zum deutschen Recht *Riesenhuber*, GRUR 2013, 582, 585.

[718] Vgl. für die Privatkopievergütung gem. Art. 5 Abs. 2 lit. b) InfoSoc-Richtlinie nur EuGH, Rs. C-467/08 – *Padawan*, Rn. 48 f. Grundlegend zu diesem Modell eines einseitig verpflichtenden (dreiseitigen) gesetzlichen Schuldverhältnisses *Riesenhuber*, GRUR 2013, 582, 585 f.

[719] § 54b Abs. 1 UrhG. Der Begriff des „Einführers", also des Importeurs, ist in § 54b Abs. 2 S. 1 UrhG legal definiert.

[720] Dreier/Schulze/*Dreier*, § 54b Rn. 3; Schricker/Loewenheim/*Loewenheim*, § 54b Rn. 5.

[721] RegE, BR-Drucks. 218/94, S. 19.

[722] Vgl. § 54b Abs. 3 UrhG. Zu den bestehenden Gesamtverträgen i.S.d. § 54b Abs. 3 Nr. 1 UrhG vgl. Wandtke/Bullinger/*Lüft*, § 54b Rn. 4.

[723] Für entsprechend anwendbar erklärt wird § 54 Abs. 1 UrhG zudem für Leistungsschutzberechtigte, vgl. § 70 Abs. 1 UrhG (Verfasser wissenschaftlicher Ausgaben) sowie §§ 71 Abs. 1 Satz 3, 72 Abs. 1, 83, 85 Abs. 4, 94 Abs. 4, 95 i.V.m. 94 Abs. 4 UrhG. Vgl. außerdem § 87 Abs. 4 UrhG.

[724] § 63a S. 2 UrhG.

[725] § 54 Abs. 2 UrhG.

g) Vergütungshöhe (§ 54a UrhG)

Für die Höhe der Vergütung ist entscheidend, in welchem Maß die Geräte und Speichermedien als Typen tatsächlich für Vervielfältigungen nach § 53 Abs. 1 – 3 UrhG genutzt werden.[726] Außerdem ist zu berücksichtigen, inwieweit technische Schutzmaßnahmen nach § 95a UrhG auf die betreffenden Werke angewendet werden.[727]

Zumindest der europarechtlich vorgeschriebene „gerechte Ausgleich" richtet sich nach der Höhe des entstandenen Schadens.[728] Die Vergütung ist „insgesamt angemessen" zu gestalten.[729] Sie darf aber Hersteller von Geräten und Speichermedien nicht unzumutbar beeinträchtigen; sie muss in einem wirtschaftlich angemessenen Verhältnis zum Preisniveau des Geräts oder Speichermediums stehen.[730] Diese Regelung soll eine Benachteiligung inländischer Hersteller und Händler vermeiden.[731] Angesichts der vom EuGH entwickelten, schadensbezogenen Betrachtung wird sie teilweise als europarechtlich problematisch kritisiert.[732]

h) Anspruch gegen den Betreiber (§ 54c Abs. 1 UrhG)

aa) Allgemeines

Auch bestimmte Großbetreiber von Geräten sind zur Vergütung verpflichtet.

---

[726] § 54a Abs. 1 UrhG. Konzeptuell entspricht der Anspruch auf „angemessene Vergütung" dem des § 32 UrhG. Zur Auslegung im Einzelnen *Riesenhuber*, GRUR 2013, 582, 587 f.

[727] § 54a Abs. 1 S. 2 UrhG. Vgl. auch § 54h Abs. 2 S. 2 UrhG, nach dem Werke, die mit technischen Schutzmaßnahmen gem. § 95a UrhG versehen sind, bei der Verteilung der Einnahmen aus §§ 54 ff. UrhG nicht berücksichtigt werden. Rechteinhaber haben also die Wahl zwischen individueller Lizenz auf Basis technischer Schutzmaßnahmen und pauschaler Vergütung. Zu Erwägungen, die Pauschalvergütung gänzlich aufzugeben, vgl. RegE, BT-Drucks. 16/1828, S. 15.

[728] Vgl. zu Art. 5 Abs. 2 lit. b) InfoSoc-Richtlinie EuGH, Rs. C-467/08 – *Padawan*, Rn. 42 ff. Zu den möglichen Auswirkungen der *Padawan*-Entscheidung auf das deutsche Recht *Dreier*, ZUM 2011, 281, 285 ff. Vgl. außerdem *Riesenhuber*, GRUR 2013, 582, 584 f.; *Spindler*, Kulturflatrate, S. 76.

[729] § 54a Abs. 2 UrhG. Dies gilt auch mit Blick auf die Vergütungspflicht für in den Geräten enthaltene Speichermedien oder andere mit diesen funktionell zusammenwirkende Geräte oder Speichermedien. Bei Gerätekombinationen unterliegt jeder Teil der Vergütungspflicht, vgl. Wandtke/Bullinger/*Lüft*, § 54 Rn. 12. Nach EuGH, Rs. C-457/11-460/11 – *VG Wort*, Rn. 80 darf der Gesamtbetrag „nicht substanziell von dem Betrag abweichen, der für die Vervielfältigung mittels nur eines Geräts festgelegt ist". Zur alten Rechtslage (Vergütungspflicht nur für Scanner) vgl. BGH GRUR 2008, 245 – *Drucker und Plotter*.

[730] § 54a Abs. 4 UrhG.

[731] RegE, BT-Drucks. 16/1828, S. 30.

[732] Vgl. *Dreier*, ZUM 2011, 281, 286 f. So auch *Riesenhuber*, GRUR 2013, 582, 588 f., nach dem die „Kappungsgrenze" überdies systemfremd ist.

bb) Verfassungs-/Europarechtsmäßigkeit

Die Betreiberabgabe ist trotz beständiger Kritik verfassungsgemäß.[733] Laut BVerfG fügt sie „sich in das auch sonst im Urheberrecht verwirklichte Stufensystem zur mittelbaren Erfassung des Endverbrauchers" ein.[734] Nach EuGH ist es europarechtlich zulässig, die Vergütungspflicht an Schritte zu knüpfen, die vor der eigentlichen Vervielfältigungshandlung liegen.[735]

cc) Voraussetzungen

Die Vergütungspflicht besteht nur in Bezug auf Werke, bei denen nach der Art zu erwarten ist, dass sie nach § 53 Abs. 1 – 3 UrhG vervielfältigt werden,[736] und nur für Geräte im Sinne des § 54 Abs. 1 UrhG, die im Wege der Ablichtung oder einem Verfahren vergleichbarer Wirkung vervielfältigen. Nach dem Willen des Gesetzgebers sollen vor allem Fotokopiergeräte erfasst werden.[737] Aufgrund europarechtlicher Vorgaben sind auch Vervielfältigungen „mittels eines Druckers und eines PCs umfasst, wenn diese Geräte miteinander verbunden sind".[738]

dd) Anspruchsschuldner

Anknüpfungspunkt für die Abgabe ist das Betreiben der Geräte. Betreiber ist unabhängig von den Eigentumsverhältnissen, wer „die Geräte auf eigene Rechnung aufstellt oder unterhält".[739]

Schuldner des Anspruchs auf angemessene Vergütung sind beispielsweise Bildungs- und Forschungseinrichtungen sowie öffentliche Bibliotheken.[740] Das Gesetz differenziert hierbei nicht zwischen privaten und öffentlichen Einrich-

---

[733] Vgl. BVerfG GRUR 1997, 123 – *Kopierladen I*; BVerfG GRUR 1997, 124 – *Kopierladen II*; BGH NJW 1997, 3440, 3442 – *Betreibervergütung*.

[734] BVerfG GRUR 1997, 123 – *Kopierladen I*.

[735] EuGH, Rs. C-457/11-460/11 – *VG Wort*, Rn. 76 ff. Vgl. auch EuGH, Rs. C-467/08 – *Padawan*, Rn. 50.

[736] Siehe hierzu Teil 3.B.III.6.a).

[737] Gegenäußerung der Bundesregierung, BT-Drucks. 16/1828, S. 50.

[738] EuGH, Rs. C-457/11-460/11 – *VG Wort*, Rn. 80 zur Auslegung von Art. 5 Abs. 2 lit. a) InfoSoc-Richtlinie („Vervielfältigungen mittels beliebiger fotomechanischer Verfahren oder anderer Verfahren mit ähnlicher Wirkung"). Zu den Vorlagefragen vgl. BGH GRUR 2011, 1007 – *Drucker und Plotter II*; BGH GRUR 2011, 1012 – *PC II*.

[739] BGH GRUR 2012, 1017, 1018 – *Digitales Druckzentrum*.

[740] Zudem sind auch jene Einrichtungen erfasst, die Geräte für die entgeltliche Herstellung von Ablichtungen bereithalten, insbesondere Copyshops, aber auch Postämter, Foto- und Schreibwarenläden oder Kaufhäuser, vgl. Dreier/Schulze/*Dreier*, § 54c Rn. 5. Werden Geräte entgeltlich bereitgehalten, bestehe nämlich die – widerlegbare – gesetzliche Vermutung, dass die Geräte auch ihrer Zweckbestimmung entsprechend benutzt werden, vgl. BGH GRUR 2012, 1017, 1018 – *Digitales Druckzentrum*. Behörden, Privatleute und Angehörige freier Berufe hingegen unterliegen der Vergütungspflicht nicht. Der Gesetzgeber ging davon aus, dass in diesem „Bereich nur in geringem Umfang geschütztes Material abgelichtet wird", vgl. Beschlussempfehlung und Bericht des Rechtsausschusses, BT-Drucks. 10/3360, S. 20.

tungen.[741] Auch die „öffentliche" Bibliothek muss nicht in öffentlich-rechtlicher Trägerschaft stehen.[742]

ee) Anspruchsberechtigter

Anspruchsberechtigt sind die nach § 54 Abs. 1 UrhG berechtigten Personen.[743]

ff) Vergütungshöhe

Die Höhe der vom Betreiber geschuldeten Vergütung bemisst sich nach Art und Umfang der Nutzung des Geräts, die nach den Umständen wahrscheinlich ist, insbesondere nach dem Standort und der üblichen Verwendung.[744] Die Verwertungsgesellschaften müssen entsprechende Tarife aufstellen bzw. Gesamtverträge abschließen.[745]

i) Sonstige Regelungen

§§ 54d – f UrhG enthalten Regelungen zu Hinweis-, Melde- und Auskunftspflichten, die der Berechnung und Eintreibung der Vergütung dienen. Nach § 54g UrhG hat der Urheber unter bestimmten Voraussetzungen das Recht, Kontrollbesuche durchzuführen.[746]

j) Verwertungsgesellschaftspflicht (§ 54h UrhG)

Geltend gemacht werden kann der Vergütungsanspruch nur durch eine Verwertungsgesellschaft.[747] Jedem Berechtigten steht grundsätzlich ein angemessener Anteil an den gezahlten Vergütungen zu.[748]

---

[741] Das entspricht der Auslegung dieser Begriffe im Rahmen der §§ 46, 52a, 53 UrhG. Umfasst sind damit auch Schulen in privater oder kirchlicher Trägerschaft, Fromm/Nordemann/*W. Nordemann*, § 54c Rn. 4; Wandtke/Bullinger/*Lüft*, § 54c Rn. 3. Vgl. auch BGH NJW 1997 3440, 3442 – *Betreibervergütung:* „Im Hinblick auf den Gesetzeszweck wäre es nicht zu rechtfertigen, den Betrieb von Kopiergeräten [...] nur deshalb allgemein freizustellen, weil die Einrichtungen der gewerblichen Wirtschaft gehören."

[742] Maßgeblich ist vielmehr, ob die Benutzung der Bibliothek einem Personenkreis offensteht, der als Öffentlichkeit i.S.d. § 15 Abs. 3 UrhG anzusehen ist, vgl. BGH NJW 1997 3440, 3442 f. – *Betreibervergütung*, auch zum Begriff der Bibliothek. Siehe auch Teil 3.B.IV.2.

[743] Siehe Teil 3.B.III.6.e).

[744] § 54c Abs. 2 UrhG.

[745] Zu den Einzelheiten Dreier/Schulze/*Dreier*, § 54c Rn. 10; Schricker/Loewenheim/*Loewenheim*, § 54c Rn. 14.

[746] Nach § 54h Abs. 1 UrhG kann der Urheber dieses Recht nur durch eine Verwertungsgesellschaft geltend machen.

[747] § 54h Abs. 1 UrhG. Dies können auch mehrere Verwertungsgesellschaften sein (vgl. § 13c Abs. 2 S. 2 UrhWahrnG). Die Praxis unterscheidet zwischen „audio- und audiovisuellen Werken" und „stehender Text und Bild", vgl. Dreier/Schulze/*Dreier*, § 54h Rn. 4. Die Vergütung für die erstgenannte Gruppe macht die Zentralstelle für private Überspielungsrechte (ZPÜ) geltend. Zur Zulässigkeit solcher Inkassostellen BGH GRUR 2009, 480, 481 – *Kopierläden II*; Dreier/Schulze/*Schulze*, Vor § 1 WahrnG Rn. 17. Zum gestuften Verfahren nach §§ 13 ff. UrhWahrnG *Spindler*, NJW 2008, 9, 12.

IV. Kopienversand auf Bestellung (§ 53a UrhG)

1. Allgemeines

§ 53a UrhG gestattet öffentlichen Bibliotheken, auf Einzelbestellung einzelne Zeitschriftenbeiträge und kleine Teile erschienener Werke zu vervielfältigen und an den Nutzer zu übermitteln, sofern sich dieser auf einen von § 53 UrhG privilegierten Zweck berufen kann.

Die Norm soll die Voraussetzungen für ein „gut ausgebautes, schnell funktionierendes und wirtschaftlich arbeitendes Informationswesen" schaffen.[749] Sie basiert auf einem Urteil des BGH.[750]

2. Berechtigte Einrichtungen

Nur öffentliche Bibliotheken dürfen einen Kopienversand betreiben. „Öffentlich" ist eine Bibliothek dann, wenn eine Öffentlichkeit im Sinne des § 15 Abs. 3 UrhG die Möglichkeit zur Benutzung hat.[751] Ausgeschlossen sind damit vor allem rein private Kopienversanddienste.[752] Das Werk muss sich nicht im Bestand der versendenden Bibliothek befinden.[753] Die Bibliothek darf also auch auf den Bestand anderer Einrichtungen zurückgreifen.

3. Umfasste Werke

Bibliotheken dürfen nur „einzelne in Zeitschriften und Zeitungen erschienene Beiträge" sowie „kleine Teile eines erschienenen Werkes" vervielfältigen und

---

[748] Nicht berücksichtigt werden Werke, die mit technischen Maßnahmen gem. § 95a UrhG geschützt sind (§ 54h Abs. 2 S. 1, 2 UrhG). Im Übrigen entspricht die Regelung dem in § 7 S. 1 UrhWahrnG dargelegten Grundsatz, vgl. Schricker/Loewenheim/*Loewenheim*, § 54h Rn. 5 f.

[749] Wenn die Nutzung von Bibliotheksbeständen ausschließlich vor Ort gestattet wäre, „dürfte sich die Anschaffung eines umfassenden Bestands wissenschaftlicher Literatur unter allgemeinwirtschaftlichen Gesichtspunkten nicht mehr lohnen", RegE, BT-Drucks. 16/1828, S. 27.

[750] Nämlich auf BGH GRUR 1999, 707 – *Kopienversanddienst*, vgl. RegE, BT-Drucks. 16/1828, S. 21, 27. Europarechtlich hat die Norm keine direkte Vorlage. Die Regelung wird teilweise auf Art. 5 Abs. 3 lit. o) (Wandtke/Bullinger/*Jani*, § 53a Rn. 7), teilweise auf Art. 5 Abs. 2 lit. c) Info-Soc-Richtlinie (*Peifer*, GRUR 2009, 22, 24) gestützt. Der Gesetzgeber hat wegen der nur eingeschränkt zulässigen Herstellung digitaler Vervielfältigungsstücke nach der InfoSoc-Richtlinie für § 53a UrhG striktere Voraussetzungen geschaffen als es der BGH getan hatte. Der Versand in elektronischer Form ist nur im Anwendungsbereich von Art. 5 Abs. 3 lit. a) InfoSoc-Richtlinie zulässig, vgl. insoweit Dreier/Schulze/*Dreier*, § 53a Rn. 2.

[751] Nicht relevant ist dagegen, ob Träger der Einrichtung die öffentliche Hand ist, Schricker/Loewenheim/*Loewenheim*, § 53a Rn. 9. Die Auslegung entspricht also der in § 52b und § 54c UrhG, siehe hierzu Teil 3.B.III.6.h)dd) sowie Teil 3.B.VI.2.

[752] Dreier/Schulze/*Dreier*, § 53a Rn. 7; Wandtke/Bullinger/*Jani*, § 53a Rn. 8.

[753] Wie hier Dreier/Schulze/*Dreier*, § 53a Rn. 3; Schricker/Loewenheim/*Loewenheim*, § 53a Rn. 5; Wandtke/Bullinger/*Jani*, § 53a Rn. 15. Dagegen Fromm/Nordemann/*Nordemann-Schiffel*, § 53a Rn. 8 mit Verweis auf die (inzwischen aufgeweichte, siehe Teil 3.A.II.3.) Rechtsprechung, nach der Schranken grds. eng auszulegen sind; die angefragte Bibliothek dürfe sich aber einer anderen Bibliothek zur Erfüllung der Anfrage bedienen (ebd. Rn. 6).

übermitteln.[754] Die Ausnahmeregelung enthält keine Beschränkung auf bestimmte Werkarten; praktisch sind aber hauptsächlich Schriftwerke erfasst.[755]

4. Einzelbestellung

Zulässig ist allein der Versand von Kopien auf Einzelbestellung von Lesern, nicht aber der Aufbau von Abonnentendiensten.[756]

5. Zulässigkeit der Nutzung nach § 53 Abs. 1 – 3 UrhG

Voraussetzung für die Versendung ist, dass der Besteller die Werkteile oder Artikel nach § 53 UrhG nutzen darf. Er muss also selbst zur Anfertigung der Kopien berechtigt sein.[757] Aufgrund der Einschränkungen für digitale Kopien in § 53 UrhG verbleiben für den elektronischen Kopienversand nur Nutzungen für nichtkommerzielle private Zwecke, für den eigenen wissenschaftlichen Gebrauch oder zum Schul- und Prüfungsgebrauch.[758] Unklar ist, ob die Norm dadurch den elektronischen innerbibliothekarischen Leihverkehr ausschließt.[759]

Das Gesetz lässt offen, ob die Bibliothek die Berechtigung des Bestellers überprüfen muss. Gemeinhin wird eine (strenge) Prüfungspflicht der Bibliothek aus praktischen Gründen abgelehnt.[760] Die Bibliotheken sollen jedoch zumindest auf die Pflicht zur Einhaltung des Urheberrechts hinweisen.[761]

6. Vervielfältigung und Übermittlung

Die Übermittlung des Vervielfältigungsstücks soll grundsätzlich im Wege des Post- oder Faxversandes erfolgen. Die Vervielfältigung und Übermittlung in

---

[754] Zur Auslegung dieser Begriffe siehe Teil 3.B.III.3.d) und Teil 3.B.III.4.d). Zu § 52a UrhG hat der BGH nun für „kleine Teile" eine relative Grenze von 12 % des Gesamtwerkes und eine absolute Grenze von 100 Seiten gezogen, BGH, Urt. v. 28.11.2013 – I ZR 76/12 – *Meilensteine der Psychologie* (Entscheidungsgründe liegen noch nicht vor). Siehe dazu Teil 3.B.V.2.b). Es können auch mehrere Artikel derselben Zeitung oder Zeitschrift vervielfältigt werden, wenn sie insgesamt nur einen kleinen Teil derselben ausmachen. Ob dies der Fall ist, bemisst sich nach dem Verhältnis aller vervielfältigten Teile zum Gesamtwerk, vgl. Schricker/Loewenheim/*Loewenheim*, § 53a Rn. 4; Wandtke/Bullinger/*Jani*, § 53a Rn. 16.

[755] Wandtke/Bullinger/*Jani*, § 53a Rn. 15.

[756] Dreier/Schulze/*Dreier*, § 53a Rn. 3. Die Bibliotheken dürfen Einzelbestellungen aber auch zusammengefasst bearbeiten.

[757] Siehe dazu Teil 3.B.III.

[758] Vgl. auch Schricker/Loewenheim/*Loewenheim*, § 53a Rn. 6.

[759] Dafür Wandtke/Bullinger/*Jani*, § 53a Rn. 13. Gegen diesen Ausschluss *Kreutzer*, ZGE/IPJ 1 (2009), 220, 226. Die Antwort hängt letztlich davon ab, wer „Besteller" ist: die Bibliothek, die die Anfrage ihres Nutzers an eine andere Bibliothek weiterreicht, oder der Nutzer, der den Artikel schließlich lesen wird. Aus dem systematischen Vergleich mit § 46 UrhG spricht vieles für letztere Ansicht. Siehe im Übrigen Teil 6.B.II.5.c).

[760] So Dreier/Schulze/*Dreier*, § 53a Rn. 6; Schricker/Loewenheim/*Loewenheim*, § 53a Rn. 7; Wandtke/Bullinger/*Jani*, § 53a Rn. 12; einschränkend *Hoeren/Neubauer*, ZUM 2012, 636, 641.

[761] Wandtke/Bullinger/*Jani*, § 53a Rn. 12. Das entspricht der Rechtsprechung des BGH zu Kopierläden, vgl. BGH NJW 1984, 1106 – *Kopierläden*. Zum Parallelproblem bei § 52b UrhG siehe Teil 3.B.VI.6.

sonstiger elektronischer Form ist ausschließlich als grafische Datei und zur Veranschaulichung des Unterrichts oder für Zwecke der wissenschaftlichen Forschung zulässig.[762] Sie muss „zur Verfolgung nicht gewerblicher Zwecke gerechtfertigt sein".[763] Eine grafische Datei liegt dann vor, wenn sie nur zum Lesen des Inhalts genutzt werden kann.[764] Der elektronische Versand soll so in funktionaler Hinsicht die Einzelübermittlung in körperlicher Form ersetzen.[765]

7. Vorrang von Verlagsangeboten

Nach § 53a Abs. 1 S. 3 UrhG ist die Vervielfältigung und Übermittlung in sonstiger elektronischer Form ferner nur dann zulässig, wenn der Zugang zu den Beiträgen oder kleinen Teilen eines Werkes den Mitgliedern der Öffentlichkeit nicht offensichtlich von Orten und zu Zeiten ihrer Wahl mittels einer vertraglichen Vereinbarung zu angemessenen Bedingungen ermöglicht wird.[766] Mit diesem Vorrang von Verlagsangeboten will der Gesetzgeber das Informationsinteresse der Öffentlichkeit in einen Ausgleich bringen mit den Interessen der Verlage an einer ausreichenden Primärverwertung.[767] „Offensichtlich" ist die Zugangsmöglichkeit, wenn das Verlagsangebot für die Bibliothek mit hinrei-

---

[762] § 53a Abs. 1 S. 2 UrhG. Kritisch dazu *Hoeren/Neubauer*, ZUM 2012, 636, 642: So stelle das Computerfax einen Grenzfall dar. Die Zulässigkeit der elektronischen Übertragung hänge dann allein von der zur Übermittlung verwendeten Software ab. So auch *Spindler*, NJW 2008, 9, 14: Wie in Zeiten der Medienkonvergenz eine sinnvolle Unterscheidung getroffen werden könne, bleibe „das Geheimnis des Rechtsausschusses". Zur Auslegung der Formulierungen „Veranschaulichung des Unterrichts" und „wissenschaftliche Forschung" vgl. Fromm/Nordemann/*Nordemann-Schiffel*, § 53a Rn. 14 f. Siehe auch Teil 3.B.III.3.b) und Teil 3.B.III.4.b) sowie Teil 3.B.V.2.d) und Teil 3.B.V.3.

[763] Kritisch dazu *Hoeren/Neubauer*, ZUM 2012, 636, 641, nach deren Ansicht auch Auftrags- und Drittmittelforschung vom Anwendungsbereich ausgenommen wären, weil sie mittelbar gewerblich sind.

[764] Nicht erlaubt sind danach weitere elektronische Nutzungsmöglichkeiten wie beispielsweise eine elektronische Recherche, Schricker/Loewenheim/*Loewenheim*, § 53a Rn. 16. Skeptisch *Spindler*, NJW 2008, 9, 14. Kritisch *Hoeren/Neubauer*, ZUM 2012, 636, 642: Es existierten Programme, die grafische Dateien zuverlässig auf Textbausteine durchsuchen könnten. Im Übrigen sei eine Differenzierung der Versandarten je nachdem, ob ein Computerfax- oder E-Mail-Programm verwendet werde, wenig sinnvoll.

[765] RegE, BT-Drucks. 16/1828, S. 27.

[766] Zwar könnte aus dem Wortlaut („ferner") geschlossen werden, dass diese Beschränkung auch für weitere als die in S. 2 genannten Zwecke gelte, Vervielfältigung und Übermittlung in sonstiger elektronischer Form also auch zu anderen Zwecken möglich wäre, vgl. *Spindler*, NJW 2008, 9, 14. Der Rechtsausschuss hat jedoch klargestellt, dass der elektronische Versand ausschließlich zu den genannten Zwecken zulässig sein soll, Beschlussempfehlung und Bericht des Rechtsausschusses, BT-Drucks. 16/5939, S. 45.

[767] RegE, BT-Drucks. 16/1828, S. 27 f.; Schricker/Loewenheim/*Loewenheim*, § 53a Rn. 20. Kritisch Wandtke/Bullinger/*Jani*, § 53a Rn. 36: Die Lösung sei „mit den Grundsätzen des Urheberrechts im Grunde kaum zu vereinbaren", da sie darauf abziele, die – rein kartellrechtlich relevante – Marktmacht der anbietenden Unternehmen zu beschränken.

chender Sicherheit erkennbar ist.[768] Ob ein Angebot angemessen ist, ist im Einzelfall zu beurteilen; dies stellt Nutzer vor gewisse Probleme.[769] Zu berücksichtigen sind dabei „alle relevanten Komponenten eines Angebots", nicht allein der Preis.[770]

8. Vergütung

Für die Vervielfältigung und Übermittlung ist dem Urheber eine angemessene Vergütung zu zahlen.[771] Der Anspruch kann nur durch eine Verwertungsgesellschaft geltend gemacht werden.[772] Nicht derjenige, der die Kopie letztlich erhält, sondern die Bibliothek als sein „Gehilfe" schuldet also die Vergütung.[773]

---

[768] Nach dem Rechtsausschuss des Bundestages ist diese Voraussetzung erfüllt, wenn das Angebot in einer Datenbank aufgeführt wird, die von Bibliotheken und Verlagen aufgrund einer Vereinbarung zentral verwaltet wird, vgl. Beschlussempfehlung und Bericht des Rechtsausschusses, BT-Drucks. 16/5939, S. 45. Der gemeinsamen Stellungnahme des Deutschen Bibliotheksverbands sowie des Börsenverein des Deutschen Buchhandels zu den §§ 52b und 53a UrhG-RegE, abrufbar unter www.bibliotheksverband.de/fileadmin/user_upload/DBV/positionen/Schrankenpapier_070110_01.pdf, zufolge ist dies dann der Fall, wenn das Onlineangebot bei der Elektronischen Zeitschriftenbibliothek (EZB) der Universität Regensburg (http://ezb.uni-regensburg.de) registriert ist. Grundlegende Kritik äußert *Schack*, Rn. 496: „Die Voraussetzungen, unter denen § 53a I 3 UrhG eine elektronische Übermittlung der Kopien erlaubt, sind alles andere als ‚offensichtlich'; das Adverb verrät die Absicht, vor allem aber die Unsicherheit des Gesetzgebers".
[769] *Hoeren/Neubauer*, ZUM 2012, 636, 642. Vgl. auch Dreier/Schulze/*Dreier*, § 53a Rn. 15. Zum Parallelproblem bei §§ 52a, 52b UrhG siehe Teil 3.B.V.4.b) sowie Teil 3.VI.7.
[770] Siehe nur Wandtke/Bullinger/*Jani*, § 53a Rn. 35. Dazu gehörten der dauerhafte, zuverlässige Werkzugang sowie die Möglichkeit, benötigte Beiträge einzeln, also nicht nur im Paket oder im Abonnement, zu erwerben. Vgl. auch RegE, BT-Drucks. 16/1828, S. 28.
[771] § 53a Abs. 2 S. 1 UrhG. Der Anspruch geht auf BGH GRUR 1999, 707 – *Kopienversanddienst* zurück. Das Gericht hatte dem Urheber den Anspruch in analoger Anwendung von §§ 27 Abs. 2 und 3, 49 Abs. 1, 54a Abs. 2 i.V.m. 54h Abs. 1 UrhG als „Ausgleich für den Ausschluss des Verbotsrechts" zuerkannt. Auch die Übermittlung ist vergütungspflichtig, obgleich sie nicht von den Verwertungsrechten der §§ 15 ff. UrhG umfasst ist. Der Gesetzgeber wollte dadurch einer etwaigen Schutzlücke vorbeugen, RegE, BT-Drucks. 16/1828, S. 28. Findet die Vervielfältigungshandlung im Ausland statt, entfällt nämlich der urheberrechtlich relevante Anknüpfungspunkt für die Vergütung. Die Einfuhr des Vervielfältigungsstücks nach Deutschland stellt wohl auch keine Verbreitung i.S.d. § 17 UrhG dar. Vgl. hierzu Dreier/Schulze/*Dreier*, § 53a Rn. 4. Kritisch Wandtke/Bullinger/*Jani*, § 53a Rn. 57: Der Gesetzgeber erlaube etwas nicht Verbotenes mit dem Ziel, die vorher erlaubnisfreie (und damit erst recht vergütungsfreie) Handlung vergütungspflichtig zu machen; dies führe zu einer extraterritorialen Anwendung des deutschen Urheberrechts, sei also schwer mit dem Schutzlandprinzip zu vereinbaren – ob die Regelung einer gemeinschaftsrechtlichen Bewertung standhalte, bleibe abzuwarten. Allgemein zur Geltendmachung der Ansprüche im Ausland sowie zu Gegenseitigkeitsverträgen der jeweiligen nationalen Verwertungsgesellschaften Schricker/Loewenheim/*Reinbothe*, vor §§ 1 ff. WahrnG Rn. 15.
[772] § 53a Abs. 2 S. 2 UrhG. Gesamtverträge i.S.d. § 12 UrhWahrnG bestehen etwa zwischen der VG Wort und öffentlich-rechtlich organisierten Bibliotheken sowie dem Kopienversender subito e.V., vgl. www.vgwort.de/einnahmen-tarife/kopienversand.html. Vgl. auch Schricker/Loewenheim/*Loewenheim*, § 53a Rn. 25.
[773] Ähnlich wie bei der Betreiberabgabe nach § 54c UrhG (siehe Teil 3.B.III.6.h)) entspricht diese Lösung Praktikabilitätserwägungen, aber auch dem Interesse der versendenden Bibliothek als Anbieterin des Kopienversands. Die entstehenden Kosten kann die Bibliothek im Rahmen ihrer Ge-

V. Öffentliche Zugänglichmachung für Unterricht und Forschung (§ 52a UrhG)

1. Allgemeines

§ 52a Abs. 1 UrhG erlaubt die öffentliche Zugänglichmachung von bestimmten Werken oder Werkteilen zur Veranschaulichung im Unterricht (Nr. 1) und für die eigene wissenschaftliche Forschung (Nr. 2). Der deutsche Gesetzgeber erließ die Norm in Umsetzung des Art. 5 Abs. 3 lit. a) InfoSoc-Richtlinie.[774]

2. Zur Veranschaulichung im Unterricht

Zur Veranschaulichung im Unterricht an Schulen, Hochschulen, nichtgewerblichen Einrichtungen der Aus- und Weiterbildung sowie an Einrichtungen der Berufsbildung dürfen die aufgeführten Werke und Werkteile ausschließlich für einen bestimmt abgegrenzten Kreis von Unterrichtsteilnehmern öffentlich zugänglich gemacht werden (§ 52a Abs. 1 Nr. 1 UrhG). Damit entspricht die Norm § 53 Abs. 3 Nr. 1 UrhG in wesentlichen Punkten; die dazu entwickelten Grundsätze sind insoweit übertragbar.[775] Die Norm soll etwa Universitäten und ihren Lehrkräften die „schrankengestützte Nutzung moderner Kommunikationsformen" ermöglichen,[776] etwa durch Einstellen geschützter Werke in Intranets.[777] Teils geäußerte Zweifel an der Verfassungsmäßigkeit der Vorschrift teilt die Rechtsprechung nicht.[778]

a) Umfasste Bildungseinrichtungen

Der Unterricht muss an Schulen, Hochschulen, nichtgewerblichen Einrichtungen der Aus- und Weiterbildung oder an Einrichtungen der Berufsbildung stattfinden.[779] Damit ist der Kreis der privilegierten Einrichtungen weiter als bei

---

bührenordnung – werkbezogen – von dem Besteller der Kopien ersetzt verlangen. Vgl. insoweit Wandtke/Bullinger/*Jani*, § 53a Rn. 55.

[774] Eingeführt wurde § 52a UrhG durch den „Ersten Korb".

[775] Vgl. nur OLG Stuttgart GRUR 2012, 718, 719 – *Moodle* (nicht rechtskräftig) m.w.N. Die Trennung von § 52a Abs. 1 Nr. 1 und § 53 Abs. 3 UrhG kritisiert *Poeppel*, S. 195: § 53 Abs. 3 S. 1 Nr. 1 UrhG erlaube bereits die „Bereitstellung zum Abruf in einem Netzwerkkommunikationssystem zum Unterrichtsgebrauch", solange die Zugänglichmachung nicht öffentlich und also lediglich das Vervielfältigungsrecht erfasst sei. Zur Frage, ab wann eine Zugänglichmachung öffentlich ist, sogleich.

[776] RegE, BT-Drucks. 15/38, S. 20.

[777] Gesetzentwurf der Fraktionen der CDU/CSU und FDP, BT-Drucks. 17/11317, S. 1. Zur Bedeutung der Norm für Fernstudiengänge *Steinhauer*, RBD (42) 2012, 103, 104. Siehe zu elektronischen Lernplattformen auch Teil 1.E.I.

[778] LG Stuttgart GRUR-RR 2011, 419, 423 – *Elektronische Lernplattform* (nicht rechtskräftig); OLG Stuttgart GRUR 2012, 718, 719 f. – *Moodle* (nicht rechtskräftig); OLG München ZUM-RD 2011, 603, 615 f. – *Gesamtvertrag Hochschulen* (nicht rechtskräftig). Eine Zusammenfassung der Kritikpunkte findet sich bei BeckOK UrhG/*Schulz/Hagemeier*, § 52a Rn. 3 m.w.N.

[779] *Poeppel*, S. 199 f. weist darauf hin, dass dem Wortlaut nach auch die Zugänglichmachung durch Anbieter erfasst sei, die der Einrichtung nicht angehören. Die Norm werde nur dann funktional

§ 53 Abs. 3 Nr. 1 UrhG – dort wird Unterricht an Hochschulen nicht berechtigt. Der Gesetzgeber hat Hochschulen in den Anwendungsbereich des § 52a Abs. 1 Nr. 1 UrhG einbezogen, um die „Wettbewerbsfähigkeit deutscher Hochschulen [...] im internationalen Vergleich [zu] gewährleiste[n]."[780]

b) Umfasste Werke

Zulässig ist nur die Nutzung veröffentlichter kleiner Teile eines Werkes, von Werken geringen Umfangs sowie einzelner Beiträge aus Zeitungen oder Zeitschriften. Dies entspricht § 53 Abs. 3 S. 1 Nr. 1 UrhG. Grundsätzlich sind die Begriffe gleich auszulegen. Die Normen stehen in einem funktionalen Zusammenhang.[781] Es ist umstritten, wann ein „kleiner Teil" vorliegt[782] und ob diesbezüglich eine absolute oder eine relative Grenze zu ziehen ist.[783] Der BGH hat kürzlich entschieden, dass ein „kleiner Teil" eines Schriftwerkes höchstens 12 % des Werkes und maximal 100 Seiten betragen darf.[784]

---

und qualitativ mit § 53 Abs. 3 UrhG „funktional und qualitativ" vergleichbar, wenn allein die Einrichtungen berechtigt würden.

[780] Beschlussempfehlung und Bericht des Rechtsausschusses, BT-Drucks. 15/837, S. 34. Kritisch *Poeppel*, S. 200 f.: Es stelle einen systematischen Bruch dar, wenn § 52a Abs. 1 Nr. 1 UrhG, anders als §§ 46, 47, 53 Abs. 3 UrhG, Hochschulen berechtige.

[781] Vgl. Beschlussempfehlung und Bericht des Rechtsausschusses, BT-Drucks. 15/837, S. 34; BeckOK UrhG/*Schulz/Hagemeier*, § 46 Rn. 2; *Berger*, GRUR 2010, 1058, 1061; Schricker/Loewenheim/*Loewenheim*, § 52a Rn. 7. A.A. *Hoeren*, ZUM 2011, 369, 374 f., der eine gesonderte Betrachtung für jede Schranke fordert, um den unterschiedlichen Regelungszwecken gerecht zu werden. Die Grenzen des § 46 Abs. 1 UrhG („Teile eines Werkes") eignen sich nach OLG Stuttgart GRUR 2012, 718, 720 – *Moodle* (nicht rechtskräftig) hingegen als Orientierung für § 52a UrhG; § 52a UrhG sei spezieller, § 46 UrhG habe einen eingeschränkten Anwendungsbereich. Nach *Steinhauer*, RBD (42) 2012, 103, 106 ist eine Gleichsetzung von Schulunterricht und Lehre an Hochschulen im Hinblick auf Art. 5 Abs. 3 GG problematisch.

[782] Siehe hierzu Teil 3.B.III.3.d) und Teil 3.B.III.4.d).

[783] Siehe hierzu bereits Teil 3.B.I.2. sowie Schricker/Loewenheim/*Loewenheim*, § 52a Rn. 7 m.w.N. Nach *Steinhauer*, RBD (42) 2012, 103, 105 sind bei der Beurteilung der Frage, in welchem Umfang die Nutzung zulässig ist, „typographische Zufälle" zu bedenken: „So kann ein juristischer Fachaufsatz im Format DIN A4 im Zweispaltendruck einen Umfang von sechs Seiten haben, der gleiche Inhalt aber in einer juristischen Festschrift bereits 15 Seiten umfassen."

[784] BGH, Urt. v. 28.11.2013 – I ZR 76/12 – *Meilensteine der Psychologie* (Entscheidungsgründe liegen noch nicht vor). Das OLG Stuttgart GRUR 2012, 718, 720 – *Moodle* (nicht rechtskräftig) hatte vertreten, dass eine absolute Obergrenze festzusetzen sei, die aus Gründen der „leichteren und rechtssicheren Handhabbarkeit" neben die weiterhin notwendige Abwägung im Einzelfall trete. Kritisch *Hoeren/Neubauer*, ZUM 2012, 636, 637; *Rauer*, GRUR-Prax 2012, 226, 227. Das LG Stuttgart GRUR-RR 2011, 419, 422 – *Elektronische Lernplattform* (nicht rechtskräftig) hatte geurteilt, dass ein Umfang von bis zu 10 % der „Textseiten" im Hinblick auf den Regelungszweck noch einen „kleinen Teil" darstelle. Ähnlich bereits OLG Karlsruhe GRUR 1987, 818, 820 – *Referendarkurs*. Einen Mittelweg beschritt das OLG München ZUM-RD 2011, 603, 605 f., 617 – *Gesamtvertrag Hochschulen* (nicht rechtskräftig), das einen Gesamtvertrag zu § 52a UrhG für den Schulgebrauch zu überprüfen hatte. Ein „kleiner Teil" umfasst hiernach maximal 10 % des Werkes, höchstens aber 100 Seiten. Der BGH hob diese Entscheidung auf und verwies zurück: Das Gericht habe nicht überzeugend begründet, weshalb es bei der Festlegung der Grenzen teilweise von den Regelungen abgewichen sei, welche die Verfahrensbeteiligten in dem Gesamtvertrag festgesetzt hätten, BGH

c) Öffentliche Zugänglichmachung

Ein Werk wird nur dann „öffentlich zugänglich gemacht" im Sinne des § 19a UrhG, wenn es einer „Öffentlichkeit" im Sinne des § 15 Abs. 3 UrhG zugänglich gemacht wird.[785] Dafür ist nicht erforderlich, dass ein unbegrenzter Personenkreis Zugang zu dem betreffenden Werk hat. Maßgeblich ist vielmehr, dass die Wiedergabe des Werkes für eine Mehrzahl von Mitgliedern der Öffentlichkeit bestimmt ist.[786] Mitglied der Öffentlichkeit ist, wer nicht mit demjenigen, der das Werk verwertet, also öffentlich zugänglich macht, oder mit den anderen Personen, denen das Werk in unkörperlicher Form wahrnehmbar oder zugänglich gemacht wird, durch persönliche Beziehungen verbunden ist.[787] Auch wenn Materialien passwortgeschützt in ein Intranet eingestellt werden, werden sie also unter Umständen „öffentlich zugänglich" gemacht.[788] Ist keine Öffentlichkeit gegeben, ist die Nutzung erlaubnis- und vergütungsfrei zulässig – § 52a UrhG ist nicht einschlägig.

Die Veranschaulichung im Unterricht an Schulen könnte daher unter Umständen keine öffentliche Zugänglichmachung darstellen: Wenn Schüler und Lehrer einer Klasse grundsätzlich einen abgegrenzten Personenkreis darstellen und durch persönliche Beziehungen miteinander verbunden sind, ist die Nutzung im Schulunterricht nicht „öffentlich".[789] § 52a Abs. 1 Nr. 1 UrhG ist dann für den Unterricht an Schulen nur selten einschlägig.[790]

d) Veranschaulichung im Unterricht

Die öffentliche Zugänglichmachung muss „zur Veranschaulichung im Unterricht" erfolgen. Aus dem Vergleich mit § 53 Abs. 3 S. 1 Nr. 1 UrhG („zur Veranschaulichung des Unterrichts") könnte geschlossen werden, dass die öffentlich-öffentliche Zugänglichmachung im Rahmen des § 52a UrhG nur während des Unterrichts zulässig ist, mithin innerhalb der räumlichen und zeitlichen Grenzen des Unterrichts stattfinden muss.[791]

GRUR 2013, 1220, 1224 – *Gesamtvertrag Hochschul-Intranet*. Zu beachten ist, dass der BGH in jener Entscheidung allein die „korrekte Ausübung des Ermessens" durch das OLG München überprüft hat. Vgl. insoweit *Jani*, GRUR-Prax 2013, 494.

[785] Vgl. nur Schricker/Loewenheim/*v. Ungern-Sternberg*, § 19a Nr. 42 m.w.N.

[786] § 15 Abs. 3 S. 1 UrhG.

[787] § 15 Abs. 3 S. 2 UrhG.

[788] Dreier/Schulze/*Dreier*, § 19a Rn. 7.

[789] In diesem Sinne Dreier/Schulze/*Dreier*, § 15 Rn. 45; *Poeppel*, S. 178 f.; Schricker/Loewenheim/ *v. Ungern-Sternberg*, § 15 Rn. 84 (beachte aber Schricker/Loewenheim/*Loewenheim*, § 52a Rn. 4). Ähnliches gilt auch für den „bestimmt abgegrenzten Kreis von Personen für deren eigene wissenschaftliche Forschung" i.S.d. § 52a Abs. 1 Nr. 2 UrhG, dazu sogleich.

[790] Kritisch darum Schricker/Loewenheim/*Loewenheim*, § 52a Rn. 4 m.w.N. *Sattler*, S. 102, plädiert dafür, im UrhG festzulegen, dass der Unterricht in allen Bildungseinrichtungen „öffentlich" ist.

[791] In diesem Sinne *Sandberger*, ZUM 2006, 818, 824. Differenzierend *Berger*, GRUR 2010, 1058, 1063 f.

Eine solche Interpretation stünde jedoch im Widerspruch zur Legaldefinition der öffentlichen Zugänglichmachung in § 19a UrhG.[792] Auch Art. 5 Abs. 3 lit. a) InfoSoc-Richtlinie, der § 52a UrhG zu Grunde liegt und ebenfalls die Formulierung „zur Veranschaulichung im Unterricht" verwendet, wird so verstanden, dass Vor- und Nachbereitung des Unterrichts erfasst sind.[793] Eine Beschränkung auf die räumlich-zeitlichen Grenzen des Unterrichts ist also abzulehnen.[794] Entscheidend ist, ob ein inhaltlicher Bezug zum Unterricht besteht.[795]

Grundsätzlich erfolgt die öffentliche Zugänglichmachung „zur Veranschaulichung" im Sinne des § 52a Abs. 1 Nr. 1 UrhG, wenn der Lehrstoff „verständlicher dargestellt und besser, leichter erfassbar wird".[796] Die zugänglich gemachten Werke müssen also grundsätzlich der „Vertiefung, Verdeutlichung [oder] Illustration" der im Unterricht behandelten Stoffe dienen oder „erklärende Beispiele" dafür darstellen,[797] dürfen den Unterricht aber auch ergänzen.[798]

e) Bestimmt abgegrenzter Kreis von Unterrichtsteilnehmern

Die Zugänglichmachung muss schließlich für einen bestimmt abgegrenzten Kreis von Unterrichtsteilnehmern erfolgen.[799] Nutzer des Angebots darf also nur sein, wer den betreffenden Kurs besucht oder Teil der jeweiligen Klasse ist.[800] Wie viele Nutzer zu einem „bestimmt abgegrenzten Kreis" gehören dürfen, geht aus der Formulierung nicht hervor.[801] Die Berechtigten müssen in der

---

[792] *Hoeren*, ZUM 2011, 369, 371 f.

[793] Siehe Teil 2.B.II.2.b).

[794] So auch OLG Stuttgart GRUR 2012, 718, 721 f. – *Moodle* (nicht rechtskräftig): Bei der Zugänglichmachung während des Unterrichts sei eher das Recht aus § 22 UrhG als jenes aus § 19a UrhG betroffen. Insoweit bestätigend und noch weiter gehend BGH, Urt. v. 28.11.2013 – I ZR 76/12 – *Meilensteine der Psychologie* (Entscheidungsgründe liegen noch nicht vor). Vgl. auch Dreier/Schulze/*Dreier*, § 52a Rn. 6; *Hoeren*, ZUM 2011, 369, 372. Nach BeckOK UrhG/*Schulz/Hagemeier*, § 52a Rn. 12 ist der Begriff synonym zu „für den Unterrichtsgebrauch" i.S.d. § 46 UrhG. *Sieber*, MMR 2004, 715, 717 fordert die Anpassung der Formulierung an jene in § 87c Abs. 1 Nr. 3 UrhG.

[795] *Berger*, GRUR 2010, 1058, 1063. E-Learning-Angebote sind damit nach § 52a zulässig, solange sie in konkretem Zusammenhang mit dem Unterricht stehen.

[796] OLG Stuttgart GRUR 2012, 718, 721 – *Moodle* (nicht rechtskräftig). So auch Fromm/Nordemann/*Dustmann*, § 52a Rn. 9; Schricker/Loewenheim/*Loewenheim*, § 52a Rn. 9.

[797] OLG Stuttgart GRUR 2012, 718, 721 – *Moodle* (nicht rechtskräftig).

[798] BGH, Urt. v. 28.11.2013 – I ZR 76/12 – *Meilensteine der Psychologie* (Entscheidungsgründe liegen noch nicht vor). Anders noch das Berufungsgericht: Nicht umfasst sei die „Wiedergabe [...] als bloße Ergänzung und für einen anderen Blickwinkel, eine andere Sichtweise", OLG Stuttgart GRUR 2012, 718, 721 – *Moodle* (nicht rechtskräftig).

[799] Die Formulierung findet sich auch in § 52 Abs. 1 S. 3 UrhG. Wegen der unterschiedlichen Zielsetzung und Rechtsfolgen spricht *Hoeren*, ZUM 2011, 369, 372 sich dagegen aus, die restriktive Interpretation des Begriffs in § 52 UrhG auf § 52a UrhG zu übertragen.

[800] Dreier/Schulze/*Dreier*, § 52a Rn. 8; Schricker/Loewenheim/*Loewenheim*, § 52a Rn. 10.

[801] Vgl. OLG Stuttgart GRUR 2012, 718, 723 – *Moodle* (nicht rechtskräftig). Dem Tatbestandsmerkmal gegenüber kritisch darum *Gounalakis*, S. 34 f.

Regel technische Mittel einsetzen um sicherzustellen, dass nur der bestimmt abgegrenzte Kreis von Unterrichtsteilnehmern Zugang erhält.[802]

3. Für die eigene wissenschaftliche Forschung

§ 52a Abs. 1 Nr. 2 UrhG erlaubt die öffentliche Zugänglichmachung für einen bestimmt abgegrenzten Kreis von Personen für deren eigene wissenschaftliche Forschung. Anders als bei § 52a Abs. 1 Nr. 1 UrhG dürfen im Rahmen des § 52a Abs. 1 Nr. 2 UrhG auch „Teile" und nicht nur „kleine Teile" eines Werkes genutzt werden.[803]

Zulässig ist die Zugänglichmachung für die „eigene wissenschaftliche Forschung". Zum Teil wird der Begriff enger verstanden als jener des „wissenschaftlichen Gebrauch[s]" im Sinne des § 53 Abs. 2 S. 1 Nr. 1 UrhG; letzterer umfasse auch die „bloße Unterrichtung über den Stand der Wissenschaft", während die eigene wissenschaftliche Forschung ein „Streben nach Gewinnung neuer wissenschaftlicher Erkenntnis" voraussetze.[804] Dagegen spricht, dass beide Begriffe europarechtskonform auszulegen sind und mithin den Voraussetzungen des Art. 5 Abs. 3 lit. a) InfoSoc-Richtlinie genügen müssen. Darum sind sie entsprechend zu verstehen: Weil der Forschungsprozess stets auch die Suche und Erfassung neuer Erkenntnisse beinhaltet, ist der Begriff weit auszulegen, umfasst also auch die reine Unterrichtung über den Stand der Forschung.[805]

Die Zugänglichmachung darf nur für einen bestimmt abgegrenzten Kreis von Personen erfolgen, beispielsweise für „kleine Forschungsteams".[806] Nicht zulässig ist es nach Ansicht des Gesetzgebers, „Werke so in das Intranet einer Uni-

---

[802] OLG Stuttgart GRUR 2012, 718, 723 f. – *Moodle* (nicht rechtskräftig): Ist diese Voraussetzung erfüllt, dürfe der bestimmt abgegrenzte Kreis unter Umständen aus vielen Personen bestehen, auch müsse die Abrufmöglichkeit nicht auf Deutschland beschränkt werden. Vgl. auch Dreier/Schulze/*Dreier*, § 52a Rn. 8; *Hoeren*, ZUM 2011, 369, 373.

[803] Das entspricht der Formulierung in § 46 UrhG, siehe Teil 3.B.I.2. Maßgeblich ist, ob der einzelne Teil an Stelle des Gesamtwerkes tritt, dieses also ersetzt. *Gounalakis*, S. 33 f. zieht eine Obergrenze von 40 – 50 % des Gesamtwerkes. Wandtke/Bullinger/*Lüft*, § 52a Rn. 12 schlägt eine relative Obergrenze von „deutlich unter 50 % des Gesamtwerkes" sowie eine absolute Grenze von 20 DIN A5-Seiten vor. Schricker/Loewenheim/*Loewenheim*, § 52a Rn. 13 hält dies für „entschieden zu niedrig". Nach OLG München ZUM-RD 2011, 603, 617 – *Gesamtvertrag Hochschulen* (nicht rechtskräftig) ist eine Grenze von 33 % des Gesamtwerkes und maximal 100 Seiten zulässig.

[804] Schricker/Loewenheim/*Loewenheim*, § 52a Rn. 11. Vgl. auch Fromm/Nordemann/*Dustmann*, § 52a Rn. 13 („gezielte Wissenschaftsproduktion").

[805] Wie hier Dreier/Schulze/*Dreier*, § 52a Rn. 10. Ähnlich, aber etwas zurückhaltender *Lauber/Schwipps*, GRUR 2004, 293, 297; Fromm/Nordemann/*Nordemann-Schiffel*, § 53a Rn. 15. Nach Wandtke/Bullinger/*Lüft*, § 52a Rn. 14 erfasst die „wissenschaftliche Forschung" i.S.d. § 52a Abs. 1 Nr. 1 UrhG auch die „selbstständige Anfertigung von wissenschaftlichen Arbeiten im Rahmen des Studiums". So auch BeckOK UrhG/*Schulz/Hagemeier*, § 52a Rn. 18. Siehe auch Teil 6.B.I.2.a)bb). Zur Auslegung des „eigenen wissenschaftlichen Gebrauchs" siehe Teil 3.B.III.3.b), zum Forschungsprozess siehe Teil 1, vor allem Teil 1.A.

[806] Beschlussempfehlung und Bericht des Rechtsausschusses, BT-Drucks. 15/837, S. 34.

versität einzustellen, dass sämtlichen dort tätigen Forschern die Nutzung des Werkes ermöglicht wird".[807] Wie bei § 52a Abs. 1 Nr. 1 UrhG müssen auch hier technische Schutzmaßnahmen eingesetzt werden um sicherzustellen, dass nur der zulässige Kreis Zugang zu den Werken erhält.[808]

4. Gemeinsame Voraussetzungen

a) Verfolgung nichtkommerzieller Zwecke

Sowohl die Nutzung zur Veranschaulichung im Unterricht als auch jene für die eigene wissenschaftliche Forschung ist nur dann zulässig, wenn die öffentliche Zugänglichmachung zur Verfolgung nichtkommerzieller Zwecke gerechtfertigt ist. Die Zugänglichmachung gegen Entgelt ist somit grundsätzlich unzulässig.[809]

Nicht abschließend geklärt ist, ob Bildungseinrichtungen, die Gebühren erheben oder kommerziell betrieben werden, und Forschungseinrichtungen, die sich über Auftragsforschung finanzieren, vom Anwendungsbereich der Schranke ausgeschlossen sind.[810]

b) Gebotenheit

Die Nutzung muss zu dem jeweiligen Zweck „geboten" sein. Als unbestimmter Rechtsbegriff bietet dieses Tatbestandsmerkmal Raum für eine Abwägung der Interessen von Rechteinhabern und Nutzern.[811] Den Gerichten ermöglicht es zugleich, die Norm im Einzelfall verfassungs- sowie europarechtskonform auszulegen[812] und etwa den Voraussetzungen des Drei-Stufen-Tests aus Art. 5 Abs. 5 InfoSoc-Richtlinie Rechnung zu tragen.[813]

Die Nutzer müssen nicht nachweisen, dass die Verwendung zu dem privilegierten Zweck zwingend notwendig ist; es ist unschädlich, wenn die Informati-

---

[807] Beschlussempfehlung und Bericht des Rechtsausschusses, BT-Drucks. 15/837, S. 34. A.A. *Gounalakis*, S. 34 f.: „Bestimmt abgrenzbar" seien auch alle an einer Hochschule tätigen Forscher. Nach *Sandberger*, ZUM 2006, 818, 824 ist etwa die Erstellung einer „hochschulinternen Zeitschriften-Datenbank" unzulässig.

[808] Vgl. RegE, BT-Drucks. 15/38, S. 20.

[809] Zur grds. zulässigen, in der Praxis aber vermutlich wegen ihrer geringen Höhe bedeutungslosen Aufwandsentschädigung für die Zugänglichmachung Dreier/Schulze/*Dreier*, § 52a Rn. 13; *Hoeren*, ZUM 2011, 369, 373.

[810] Vgl. Dreier/Schulze/*Dreier*, § 52a Rn. 13: Nach dem Gesetzeswortlaut sei nicht der kommerzielle Charakter der Tätigkeit der unterrichtenden oder forschenden Institution maßgeblich, sondern der Zweck, der mit der konkreten Unterrichts- oder Forschungstätigkeit verfolgt werde. Dieses Verständnis entspricht Erwägungsgrund 42 InfoSoc-Richtlinie.

[811] *Hoeren*, ZUM 2011, 369, 373. Vgl. auch Wandtke/Bullinger/*Lüft*, § 52a Rn. 15. Zu einem geänderten Verständnis des Begriffs als Gebot zur umfassenden Interessenabwägung siehe Teil 6.A.III.4.d)aa) und Teil 6.B.I.2.e).

[812] BeckOK UrhG/*Schulz*/*Hagemeier*, § 52a Rn. 19.

[813] OLG Stuttgart GRUR 2012, 718, 724 – *Moodle* (nicht rechtskräftig). Vgl. dazu *Rauer*, GRUR-Prax 2012, 226, 227 f.

onen anders hätten vermittelt werden können.[814] Die Zugänglichmachung ist aber grundsätzlich nicht geboten, wenn der Nutzer „die Information mit demselben Effekt auch auf andere Weise" vermitteln könnte.[815] Umstritten war hierbei insbesondere, ob ein Lizenzangebot des Rechteinhabers, das Werk elektronisch bereitzustellen, die Gebotenheit entfallen lässt – der BGH entschied jüngst, dass eine Nutzung nicht geboten ist, „wenn der Rechtsinhaber [...] eine angemessene Lizenz für die fragliche Nutzung angeboten hat".[816]

5. Sonstige Einschränkungen

Nicht von der Schranke umfasst sind Werke, die für den Unterrichtsgebrauch an Schulen bestimmt sind.[817] Die Nutzung von Filmwerken ist vor Ablauf von zwei Jahren nach Beginn der üblichen regulären Auswertung in Filmtheatern nur mit Einwilligung des bzw. der Berechtigten gestattet.[818]

---

[814] Schricker/Loewenheim/*Loewenheim*, § 52a Rn. 14. So auch Dreier/Schulze/*Dreier*, § 52a Rn. 12. Gegenüber diesem Merkmal kritisch *Gounalakis*, S. 36. Siehe auch Teil 3.B.III.3.b) und Teil 3.B.III.4.d).

[815] Schricker/Loewenheim/*Loewenheim*, § 52a Rn. 14. Die Möglichkeit, die Information in analoger Form zu erhalten, schließe die Gebotenheit aber nicht per se aus. So auch BeckOK UrhG/*Schulz/Hagemeier*, § 52a Rn. 20; *Hoeren*, ZUM 2011, 369, 373. A.A. Wandtke/Bullinger/*Lüft*, § 52a Rn. 14.

[816] BGH, Mitteilung der Pressestelle zum Urt. v. 28.11.2013 – I ZR 76/12 – *Meilensteine der Psychologie* (Entscheidungsgründe liegen noch nicht vor). A.A. zuvor LG Stuttgart GRUR-RR 2011, 419, 422 f. – *Elektronische Lernplattform* (nicht rechtskräftig) aufgrund eines Vergleichs mit §§ 52b Abs. 1, 53a Abs. 1 S. 3 UrhG; zudem sei die Anwendung der Schranke sonst im Einzelfall von der „(gerichtlichen) Prüfung der Angemessenheit des Angebots" abhängig, was zu Rechtsunsicherheit führe. Wie der BGH bereits OLG Stuttgart GRUR 2012, 718, 726 – *Moodle* (nicht rechtskräftig) unter Hinweis auf die Systematik des § 52a UrhG sowie Erwägungsgründe 30 und 51 der InfoSoc-Richtlinie. Im Hinblick auf den in Art. 5 Abs. 5 InfoSoc-Richtlinie normierten Drei-Stufen-Test hält OLG München ZUM-RD 2011, 603, 614 – *Gesamtvertrag Hochschulen* (nicht rechtskräftig) die Aufnahme einer Vorrangklausel in einen Gesamtvertrag für zulässig. Insoweit zustimmend BGH GRUR 2013, 1220, 1225 – *Gesamtvertrag Hochschul-Intranet*: „Es kann offenbleiben, ob diese Annahme zutrifft und [Art. 5 Abs. 3 lit. a) InfoSoc-Richtlinie] daher die Aufnahme einer Vorrangklausel in den Gesamtvertrag gebietet [...]. Jedenfalls steht [Art. 5 Abs. 5 InfoSoc-Richtlinie] der Aufnahme einer Vorrangklausel in den Gesamtvertrag nicht entgegen." Nach *Jani*, GRUR-Prax 2013, 494 ist dies europarechtlich bedenklich: Auch in einem Gesamtvertrag sei eine Verfügung über Rechtspositionen, die durch eine Schranke entzogen worden seien, unzulässig. Siehe Teil 3.B.III.6.b). Siehe im Übrigen Teil 3.B.VI.7.

[817] Nach § 52a Abs. 2 S. 1 UrhG dürfen sie stets nur mit der Einwilligung des Berechtigten öffentlich zugänglich gemacht werden. Dies soll den Primärmarkt der Schulbuchverlage schützen, Beschlussempfehlung und Bericht des Rechtsausschusses, BT-Drucks. 15/837, S. 34. Siehe dazu Teil 3.B.I.5. und Teil 3.B.III.4.d). Nach *Berger*, GRUR 2010, 1058, 1061; *Gounalakis*, S. 12, 50 ff. verstößt die Norm gegen Art. 3 Abs. 1 GG, weil für den Hochschulgebrauch bestimmte Werke nicht erfasst sind. A.A. OLG Stuttgart GRUR 2012, 718, 727 – *Moodle* (nicht rechtskräftig) „[w]egen des über den Unterrichtsgebrauch hinausreichenden Einsatzes des akademischen Lehrbuchs"; deswegen bestehe ein sachlicher Grund für die Ungleichbehandlung.

[818] § 52a Abs. 2 S. 2 UrhG. Fraglich ist, ab wann Filmwerke öffentlich zugänglich gemacht werden dürfen, die nicht „üblich regulär" in Filmtheatern ausgewertet werden, etwa – und für den Unterricht besonders relevant – Reportagen, Dokumentationen und „Dokudramen", vgl. *Sieber*, MMR

6. Annexvervielfältigungen und Anschlussnutzungen

Bereits das bloße Abspeichern von Daten auf einem Computerserver oder im Arbeitsspeicher eines Computers stellt eine Vervielfältigung dar. Damit Inhalte mit Hilfe moderner Medien öffentlich zugänglich gemacht werden können, müssen diese Vervielfältigungen als Vorbereitungshandlung zulässig sein. § 52a Abs. 3 UrhG gestattet darum Vervielfältigungen, die für eine nach Abs. 1 der Vorschrift zulässige öffentliche Zugänglichmachung erforderlich sind (Annexvervielfältigungen).[819] Umstritten ist, ob die Norm auch die Digitalisierung von Werken gestattet, damit diese anschließend öffentlich zugänglich gemacht werden können.[820]

Wenn Unterrichtsteilnehmer oder Mitglieder eines Forscherteams öffentlich zugänglich gemachte Werke abspeichern oder ausdrucken, nehmen sie ebenfalls Vervielfältigungshandlungen vor. Ob § 52a Abs. 3 UrhG solche Anschlussnutzungen gestattet, ist umstritten.[821] Der BGH hat jüngst entschieden, dass eine öffentliche Zugänglichmachung auch dann nach § 52a Abs. 1 Nr. 1 UrhG zulässig ist, wenn Unterrichtsteilnehmer dadurch Texte ausdrucken und abspeichern können.[822]

7. Vergütung

Für beide Arten der öffentlichen Zugänglichmachung gemäß § 52a Abs. 1 UrhG ist nach § 52a Abs. 4 UrhG eine angemessene Vergütung zu zahlen.[823] Der Anspruch kann nur durch eine Verwertungsgesellschaft geltend gemacht

---

2004, 715, 717. Das gleiche Problem tritt nach *Poeppel*, S. 198 f. bei Filmwerken von geringem Umfang auf, also bei Kurzfilmen. Die „werkartspezifische" Ungleichbehandlung sei überholt (ebd.).

[819] Ist eine Vervielfältigung nicht erforderlich, beurteilt sich ihre Zulässigkeit nach § 53 Abs. 2 und 3 UrhG, vgl. Beschlussempfehlung und Bericht des Rechtsausschusses, BT-Drucks. 15/837, S. 34; LG Stuttgart GRUR-RR 2011, 419, 420 – *Elektronische Lernplattform* (nicht rechtskräftig). Nach letzterem ist die vorbereitende Vervielfältigung dann nicht erforderlich, wenn sie den Endnutzern „eine einfachere und qualitativ höherwertige Vervielfältigung als die analoge Nutzung" ermöglicht.

[820] Dafür BeckOK UrhG/*Schulz/Hagemeier*, § 52a Rn. 24, dagegen, mit verfassungsrechtlichen Argumenten, *Gounalakis*, S. 39 f.; *Sattler*, S. 194 f. Daran schließt sich die Frage an, ob die Norm die Herstellung und Zugänglichmachung durchsuchbarer Volltextdigitalisate erlaubt, vgl. *Steinhauer*, RBD (42) 2012, 103, 109 f.

[821] Nach OLG Stuttgart GRUR 2012, 718 – *Moodle* (nicht rechtskräftig) dürfen Werke nur als „read only" zur Verfügung gestellt werden. Dreier/Schulze/*Dreier*, § 52a Rn. 8a bezweifelt sowohl die technische Umsetzbarkeit dieser Pflicht als auch ihre Sinnhaftigkeit. Kritisch auch *Kianfar*, GRUR 2012, 691, 696 f. LG Stuttgart GRUR-RR 2011, 419, 423 – *Elektronische Lernplattform* (nicht rechtskräftig) unterscheidet zwischen (unzulässiger) Abspeicherung und (zulässigem) Ausdrucken. Nach *Hoeren*, ZUM 2011, 369, 374; *Rauer*, GRUR-Prax 2012, 226, 229 sind Anschlussnutzungen gegebenenfalls nach § 53 Abs. 1 – 3 UrhG zulässig.

[822] BGH, Urt. v. 28.11.2013 – I ZR 76/12 – *Meilensteine der Psychologie* (Entscheidungsgründe liegen noch nicht vor). Siehe auch Teil 3.B.VI.5.

[823] Damit machte der Gesetzgeber von der in Erwägungsgrund 36 InfoSoc-Richtlinie (siehe dazu allgemein Teil 2.B.II.2.) eingeräumten Befugnis Gebrauch, einen gerechten Ausgleich vorzusehen, auch wenn die Richtlinie diesen nicht vorschreibt.

werden.[824] Eine pauschale Berechnung ist hierbei nach Ansicht des OLG München nicht zulässig; die Vergütung muss nutzungsbezogen berechnet werden.[825]

8. Befristung

Nach § 137k UrhG ist § 52a UrhG mit Ablauf des 31. Dezember 2014 nicht mehr anzuwenden.[826] Bis 30. Juni 2014 soll die Bundesregierung den Entwurf einer entsprechenden Neuregelung – gegebenenfalls auch als „neue einheitliche Wissenschaftsschranke" – vorlegen.[827]

VI. Wiedergabe von Werken an elektronischen Leseplätzen (§ 52b UrhG)

1. Allgemeines

§ 52b UrhG erlaubt die (öffentliche) Zugänglichmachung veröffentlichter Werke an eigens dafür eingerichteten elektronischen Leseplätzen bestimmter Einrichtungen zur Forschung und für private Studien.[828] Zwar ist es nach dem Wortlaut von § 52b UrhG nur zulässig, Werke „zugänglich zu machen". Jedoch ist eine Zugänglichmachung innerhalb öffentlich zugänglicher Einrichtungen stets öffentlich im Sinne des § 19a UrhG.[829] Die Regelung soll es den Nutzern der Einrichtungen ermöglichen, deren Bestände in digitaler Form so zu ver-

---

[824] Einen Überblick über bestehende Gesamtverträge zwischen Verwertungsgesellschaften und der KMK bzw. den Bundesländern bietet Schricker/Loewenheim/*Loewenheim*, § 52a Rn. 20.

[825] OLG München ZUM-RD 2011, 603, 613 ff. – *Gesamtvertrag Hochschulen* (nicht rechtskräftig). Nur so lasse sich der Beteiligungsgrundsatz verwirklichen. Die Höhe müsse sich aber nicht an den Einbußen der Primärverwertung, sondern dürfe sich an der Kopiervergütung orientieren – eine Bindung an Erwägungsgrund 35 der InfoSoc-Richtlinie bestehe nicht, die Grundsätze aus EuGH, Rs. C-467/08 – *Padawan*, Rn. 41, seien daher nicht einschlägig. Diesen Teil des Urteils hat BGH GRUR 2013, 1220, 1227 – *Gesamtvertrag Hochschul-Intranet* ausdrücklich nicht beanstandet. Kritisch aber Dreier/Schulze/*Dreier*, UrhG, § 52a Rn. 20; *Pflüger*, ZUM 2012, 444, 451.

[826] Zunächst war die Norm bis zum 31.12.2006 befristet gewesen. Der Gesetzgeber wollte dadurch „Befürchtungen der wissenschaftlichen Verleger vor unzumutbaren Beeinträchtigungen" Rechnung tragen, vgl. Beschlussempfehlung und Bericht des Rechtsausschusses, BT-Drucks. 15/837, S. 36. Aufgrund der Befristung tragen nun de facto die Begünstigten die Beweislast, dass die Norm Verlagsinteressen nicht über Gebühr beeinträchtigt, Dreier/Schulze/*Dreier*, § 137k Rn. 2. Kritisch hierzu und mit Übersicht der vom BMJ durchgeführten Evaluationen *Pflüger*, ZUM 2012, 444, 445 ff. Bislang wurde die Befristung dreimal verlängert, zuletzt durch das Siebte Gesetz zur Änderung des Urheberrechtsgesetzes von 2012 (BGBl. I 2012, S. 2579).

[827] Gesetzentwurf der Fraktionen der CDU/CSU und FDP, BT-Drucks. 17/11317, S. 2. Der Gesetzentwurf stellt eine Entfristung der Regelung nach Abschluss zu § 52a UrhG anhängigen Verfahren in Aussicht (ebd.).

[828] Zu dem in diesem Zusammenhang verwirrenden Begriff des „Leseplatzes" (Art. 5 Abs. 3 lit. n) InfoSoc-Richtlinie spricht von „Terminals"), der suggerieren könnte, dass lediglich Schriftwerke zugänglich gemacht werden dürften, vgl. nur LG Frankfurt a.M. GRUR 2011, 614, 616 – *Elektronische Leseplätze* (nicht rechtskräftig); *Lutz*, S. 154; *Steinbeck*, NJW 2010, 2852, 2854.

[829] Vgl. *Berger*, GRUR 2007, 754, 755; Dreier/Schulze/*Dreier*, § 52b Rn. 1.

wenden „wie in analoger Form".[830] § 52b UrhG basiert auf Art. 5 Abs. 3 lit. n) InfoSoc-Richtlinie.

2. Berechtigte Einrichtungen

Die Regelung privilegiert Bibliotheken, Museen und Archive.[831] Alle diese Einrichtungen müssen öffentlich zugänglich sein.[832] Archive dürfen zudem „keinen unmittelbar oder mittelbar wirtschaftlichen oder Erwerbszweck verfolgen".[833] Ein Erwerbszweck liegt vor, wenn die Gebrauchsüberlassung der Werkstücke wirtschaftlichen Interessen dient.[834]

3. Umfasste Werke

Die Werke, welche die Institutionen zugänglich machen wollen, müssen veröffentlicht sein und dem Bestand der jeweiligen Einrichtung entstammen.[835] Zum Bestand gehören Werke, „die von den genannten Einrichtungen erworben wurden oder die sie als Pflichtexemplare erhalten haben."[836] Ausreichend ist, dass eine Einrichtung über ein Werk dauerhaft verfügen kann.[837]

Einrichtungen dürfen grundsätzlich nur so viele Exemplare eines Werkes an den Leseplätzen gleichzeitig zugänglich machen, wie sie in ihrem Bestand haben.[838] Dies soll verhindern, dass die Berechtigten einzelne Exemplare eines

---

[830] RegE, BT-Drucks. 16/1828, S. 25 f. Dies soll dem „Bildungsauftrag" der öffentlichen Einrichtungen Rechnung tragen und die „Medienkompetenz der Bevölkerung" fördern (ebd., S. 26, 40). Kritisch *Berger*, GRUR 2007, 754, 757.

[831] Eine Ausweitung der Regelung auf weitere Bildungseinrichtungen i.S.d. Art. 5 Abs. 3 lit. n) i.V.m. lit. c) InfoSoc-Richtlinie, wurde abgelehnt. Der Bundesrat beklagte, dass „die maßgebliche EU-Richtlinie einen großen Spielraum [bietet], den der Regierungsentwurf nicht nutzt", Stellungnahme des Bundesrates, BT-Drucks. 16/1828, S. 40. Allerdings verfügen Bildungseinrichtungen oftmals über öffentlich zugängliche Bibliotheken und werden also mittelbar privilegiert. Siehe hierzu Teil 6.B.II.2.

[832] Vgl. nur Dreier/Schulze/*Dreier*, § 52b Rn. 3; Schricker/Loewenheim/*Loewenheim*, § 52b Rn. 3 m.w.N. *Spindler*, NJW 2008, 9, 13 weist darauf hin, dass nach Art. 5 Abs. 2 lit. c) InfoSoc-Richtlinie nur Bibliotheken öffentlich zugänglich sein müssen.

[833] § 52b S. 1 UrhG. Aus Art. 5 Abs. 2 lit. c) InfoSoc-Richtlinie, auf den Art. 5 Abs. 3 lit. n) InfoSoc-Richtlinie verweist, geht nicht hervor, ob lediglich Archive oder aber sämtliche privilegierten Einrichtungen „keinen unmittelbaren oder mittelbaren wirtschaftlichen oder kommerziellen Zweck verfolgen" dürfen. Nach Ansicht des Bundesrats bezieht sich der Satzteil nur auf Archive, Stellungnahme des Bundesrates, BT-Drucks. 16/1828, S. 40. Zustimmend Schricker/Loewenheim/*Loewenheim*, § 52b Rn. 4 m.w.N.; BeckOK UrhG/*Schulz*, § 52b Rn. 8 mit Verweis auf die englische Sprachfassung. A.A. wohl Fromm/Nordemann/*Dustmann*, § 52b Rn. 5.

[834] BGH GRUR 1972, 617, 618 – *Werkbücherei* zu § 27 UrhG. Die Einrichtung dürfe aber eine Benutzungsgebühr erheben, um ihre Verwaltungskosten zu decken, Wandtke/Bullinger/*Jani*, § 52b Rn. 11 unter Verweis auf Erwägungsgrund 11 Vermiet- und Verleihrechts-Richtlinie 2006/115/EG vom 12. Dezember 2006.

[835] § 52b S. 1 UrhG.

[836] RegE, BT-Drucks. 16/1828, S. 26.

[837] Schricker/Loewenheim/*Loewenheim*, § 52b Rn. 6.

[838] Sog. Bestandsakzessorietät, § 52b S. 2 UrhG. Die Beschränkung wurde erst im Laufe des Gesetzgebungsverfahrens eingefügt. In der InfoSoc-Richtlinie findet sich keine (ausdrückliche)

Standardwerkes anschaffen und dieses dann für beliebig viele Leser an elektronischen Arbeitsplätzen zugänglich machen.[839] In Ausnahmefällen, etwa bei „Belastungsspitzen", soll es zulässig sein, dass ein Bestandsexemplar gleichzeitig an vier Leseplätzen zugänglich gemacht wird.[840]

4. Annexvervielfältigungen

Umstritten ist, ob die von der Vorschrift privilegierten Einrichtungen analoge Werkstücke aus ihrem Bestand digitalisieren und also vervielfältigen dürfen, um sie dann an Leseterminals zugänglich zu machen. In den meisten Fällen sind solche Annexvervielfältigungen notwendig, damit die Werke überhaupt öffentlich zugänglich gemacht werden können.[841]

Der BGH hat eine entsprechende Vorlagefrage an den EuGH gerichtet.[842] Wenn die Digitalisierung grundsätzlich zulässig ist, stellt sich die Folgefrage, ob lediglich eine grafische Datei erstellt werden darf oder auch eine Datei, die dem Nutzer erlaubt, das jeweilige Dokument nach Schlagworten zu durchsuchen.[843]

5. In den Räumen der Einrichtung/Anschlussnutzungen

Die öffentliche Zugänglichmachung darf nur in den Räumen der jeweiligen Einrichtung erfolgen.[844] Eine „Onlinenutzung von außen", also ein Heimzugriff

---

Grundlage hierfür, vgl. *Spindler*, NJW 2008, 9, 13. Nach *Lorenz*, ZRP 2008, 261, 264 konterkariert diese Beschränkung den Zweck der Norm.

[839] Dreier/Schulze/*Dreier*, § 52b Rn. 9. Zur Kritik am Regierungsentwurf, der eine solche Regelung nicht vorsah, *Berger*, GRUR 2007, 754, 755 f.

[840] Beschlussempfehlung und Bericht des Rechtsausschusses, BT-Drucks. 16/5939, S. 44. Kritisch hinsichtlich der praktischen Umsetzbarkeit Dreier/Schulze/*Dreier*, § 52b Rn. 9. Mit grundsätzlicher Kritik Wandtke/Bullinger/*Jani*, § 52b Rn. 33: „Eine hohe Nachfrage ist für sich genommen keine Rechtfertigung dafür, das Urheberrecht zurückzudrängen, sondern im Gegenteil Anlass, geschützte Werke in ausreichender Zahl anzuschaffen."

[841] Dreier/Schulze/*Dreier*, § 52b Rn. 14; Wandtke/Bullinger/*Jani*, § 52b Rn. 19. Zum Parallelproblem bei § 52a Abs. 3 UrhG siehe Teil 3.B.V.6.

[842] BGH GRUR 2013, 503 – *Elektronische Leseplätze*. Von der Zulässigkeit solcher Vervielfältigungen gehen u.a. aus: OLG Frankfurt a.M. NJW 2010, 2890, 2892 – *Elektronische Leseplätze* (nicht rechtskräftig); LG Frankfurt a.M. GRUR 2011, 614, 617 – *Elektronische Leseplätze* (nicht rechtskräftig); Dreier/Schulze/*Dreier*, § 52b Rn. 14 f. (auch das „Herstellenlassen durch Dritte" sei erfasst); Fromm/Nordemann/*Dustmann*, § 52b Rn. 10; Wandtke/Bullinger/*Jani*, § 52b Rn. 19 (seiner Ansicht nach handelt es sich um ein Redaktionsversehen des Gesetzgebers). Eine Nutzung des Bestands „in gleicher Weise wie in analoger Form" (RegE, BT-Drucks. 16/1828, S. 26) ist ohne Annexberechtigung zur Vervielfältigung in der Tat kaum vorstellbar.

[843] Eine Beschränkung auf grafische Dateien enthält § 53a UrhG, siehe Teil 3.B.IV.6. Für eine solche Beschränkung im Rahmen des § 52b UrhG Wandtke/Bullinger/*Jani*, § 52b Rn. 18, weil die digitale Nutzung sonst mehr sei als ein „Substitut für die analoge Nutzung". Dagegen *Völzmann-Stickelbrock*, WRP 2013, 843, 848: Der Gesetzgeber wolle die Medienkompetenz stärken, dafür reiche eine reine Bilddatei nicht.

[844] Diese – auf europarechtlichen Vorgaben beruhende – Beschränkung kritisieren beispielsweise *Bündnis 90/Die Grünen*, Antwort auf Frage 2.2. der Wahlprüfsteine des DBV, abrufbar unter www.bibliotheksverband.de/dbv/themen/bundestagswahl-wahlpruefsteine/urheberrecht.html; *Lorenz*, ZRP 2008, 261, 264. Vgl. auch *Hoeren*, MMR 2007, 615, 617; *Kuhlen*, S. 373 ff.

durch die Nutzer, ist nicht gestattet.[845] Der elektronische Leseplatz muss zudem eigens für die Nutzung nach § 52b UrhG eingerichtet sein.[846]

Die Norm bestimmt nicht explizit, ob die öffentlich zugänglich gemachten Werke ausgedruckt oder abgespeichert werden dürfen. Es ist daher fraglich, ob § 52b UrhG Anschlussnutzungen implizit verbietet.[847] Unklar ist bereits, woran ein solches Verbot anknüpfen würde. In Betracht kämen die öffentliche Zugänglichmachung durch die Bibliothek sowie die Vervielfältigung durch die Benutzer der Leseplätze.[848]

Maßgeblich hierfür ist letztlich die Auslegung von Art. 5 Abs. 3 lit. n) InfoSoc-Richtlinie. Der BGH hat daher dem EuGH die Frage vorgelegt, ob die von den Mitgliedsstaaten im Umsetzung dieser Norm „vorgesehenen Rechte so weit reichen, dass Nutzer der Terminals dort zugänglich gemachte Werke auf Papier ausdrucken oder auf einem USB-Stick abspeichern können".[849]

6. Zur Forschung und für private Studien

Die Leseplätze dürfen nur zur Forschung und für private Studien genutzt werden. Anders als etwa bei § 53 Abs. 2 S. 1 Nr. 1 UrhG, aber ähnlich wie bei § 53a UrhG, knüpft die Privilegierung an das Verhalten der Endnutzer an und nicht an die Einrichtung, die die Werke zur Verfügung stellt.[850]

---

[845] Vgl. RegE, BT-Drucks. 16/1828, S. 26. Ebenso ausgeschlossen ist der Zugang über universitätsweite Netze, vgl. *Spindler*, NJW 2008, 9, 13.

[846] § 52b S. 1 UrhG. Siehe dazu Wandtke/Bullinger/*Jani*, § 52b Rn. 12; Schricker/Loewenheim/*Loewenheim*, § 52b Rn. 3.

[847] Zum Parallelproblem bei § 52a UrhG siehe Teil 3.B.V.6.

[848] Die Vervielfältigung durch die Nutzer des Angebots ist gegebenenfalls nach § 53 UrhG zulässig. *Steinbeck*, NJW 2010, 2852, 2853 f. ist der Ansicht, dass als Anknüpfungspunkt nur die öffentliche Zugänglichmachung i.S.d. § 19a UrhG durch die Bibliothek, also die unmittelbare Verletzungshandlung, in Betracht kommt. LG Frankfurt a.M. GRUR 2011, 614, 616 – *Elektronische Leseplätze* (nicht rechtskräftig) knüpfte an die „Eröffnung von Vervielfältigungsmöglichkeiten" an.

[849] BGH GRUR 2013, 503 – *Elektronische Leseplätze*. In den vorausgehenden Verfahren wurden unterschiedliche Ansichten vertreten: Laut LG Frankfurt a.M. GRUR-RR 2009, 330, 332 – *Elektronische Leseplätze* (nicht rechtskräftig) dürfen Werke zwar an Leseplätzen ausgedruckt (das sei Voraussetzung für eine „sinnvolle Arbeit" mit längeren Texten), nicht aber digital vervielfältigt werden. Auch der BGH (ebd., S. 506) ist der Ansicht, dass analoge Vervielfältigungen zulässig sind. So auch *Schack*, Rn. 577; *Steinbeck*, NJW 2010, 2852, 2855; Wandtke/Bullinger/*Jani*, § 52b Rn. 26. Nach OLG Frankfurt a.M. NJW 2010, 2890, 2892 f. - *Elektronische Leseplätze* (nicht rechtskräftig) und LG Frankfurt a.M. GRUR 2011, 614, 616 – *Elektronische Leseplätze* (nicht rechtskräftig) sind weder digitale noch analoge Vervielfältigungen nach § 52b UrhG zulässig. So auch Dreier/Schulze/*Dreier*, § 52b Rn. 10 m.w.N. Gegen einen impliziten Ausschluss digitaler Anschlussnutzungen, vor allem wegen § 53 UrhG, Fromm/Nordemann/*Dustmann*, § 52b Rn. 13; *Hartmann*, GRUR 2013, 507, 508 f.; *Kianfar*, GRUR 2012, 691, 694; *Völzmann-Stickelbrock*, WRP 2013, 843, 849 ff. Zum „Problem der Schrankenketten" im wissenschaftlichen Bereich *Berger*, GRUR 2007, 754, 756: Ein nach § 52b UrhG zugänglich gemachtes Werk könne gem. § 53 Abs. 2 S. 1 Nr. 1 UrhG vervielfältigt und sodann gem. § 52a UrhG in einer Universität zu Zwecken der Lehre und Forschung öffentlich zugänglich gemacht werden; deswegen solle § 52b UrhG eine dem § 53 Abs. 6 UrhG entsprechende Regelung erhalten.

[850] Vgl. die Kritik daran bei *Berger*, GRUR 2007, 754, 756.

Der Begriff der Forschung entspricht dabei dem Begriff der wissenschaftlichen Forschung in § 52a UrhG.[851] Private Studien müssen „dem Gewinn von Erkenntnissen zur Befriedigung rein persönlicher Bedürfnisse dienen", der Studierende darf mit ihnen keine kommerziellen Zwecke verfolgen.[852]

Die Institutionen sind nicht verpflichtet, den Zweck der Nutzung im Einzelfall zu überprüfen. Praktisch wäre eine solche Überprüfung auch kaum durchführbar.[853] Die Einrichtungen müssen aber vermeiden, dass ihre Nutzer glauben, die Nutzung sei auch zu anderen als den im Gesetz genannten Zwecken erlaubt.[854] Der Bibliothek ist es dabei „möglich und zumutbar, in ihren allgemeinen Geschäftsbedingungen die Nutzer auf die Verpflichtung zur Beachtung fremder Urheberrechte hinzuweisen."[855]

7. Entgegenstehen vertraglicher Regelungen

Nach § 52b S. 1 UrhG ist eine Nutzung im Sinne der Vorschrift nicht zulässig, soweit dem „vertragliche Regelungen entgegenstehen".[856] Der genaue Umfang des Vorrangs vertraglicher Regelungen ist jedoch umstritten – fraglich ist insbesondere, ob eine vertragliche Vereinbarung bestehen muss, damit die Norm unanwendbar ist, oder ob bereits ein Angebot über den Abschluss eines Vertrags

---

[851] Siehe hierzu Teil 3.B.III.3.b), Teil 3.B.V.3. sowie Teil 6.B.I.2.a)bb).

[852] Schricker/Loewenheim/*Loewenheim*, § 52b Rn. 9. Nach BeckOK UrhG/*Schulz*, § 52b Rn. 12 geht es dagegen gerade nicht um den Erkenntnisgewinn, sondern allein um das Lernen oder Studieren vorhandenen Wissens. Vgl. auch Wandtke/Bullinger/*Jani*, § 52b Rn. 24: Das Merkmal, das auf s. 29 CDPA 1988 zurückgehe, habe eine Auffangfunktion gegenüber der „wissenschaftlichen Forschung" i.S.d. § 52b S. 1 UrhG. Es erfasse Tätigkeiten, die „dem Erkenntnisgewinn dienen, aber nicht die Kriterien erfüllen, die an eine wissenschaftliche Tätigkeit zu stellen sind", also auch Tätigkeiten der „Aus- und Fortbildung". Die Nutzung müsse aber „außerhalb der offiziellen Lehrveranstaltungen" erfolgen. Zu s. 29 CDPA 1988 siehe Teil 4.C.III.

[853] Vgl. LG Frankfurt a.M. GRUR-RR 2009, 330, 331 – *Elektronische Leseplätze* (nicht rechtskräftig).

[854] Praktische Bedeutung kommt der Zweckbestimmung damit kaum zu, vgl. Dreier/Schulze/*Dreier*, § 52b Rn. 11; Schricker/Loewenheim/*Loewenheim*, § 52b, Rn. 9. Zum Parallelproblem bei § 53a UrhG siehe Teil 3.B.IV.5.

[855] *Steinbeck*, NJW 2010, 2852, 2855 f., die überdies die Frage erörtert, ob die Bibliothek womöglich als Störer oder mittelbarer Täter haftet.

[856] Vgl. auch Erwägungsgrund 45 der InfoSoc-Richtlinie.

zu angemessenen Bedingungen die Anwendbarkeit ausschließt.[857] Der BGH hat eine entsprechende Vorlagefrage an den EuGH gerichtet.[858]

8. Vergütung

Für die Zugänglichmachung ist nach § 52b S. 3 UrhG eine angemessene Vergütung zu zahlen. Art. 5 Abs. 3 lit. n) InfoSoc-Richtlinie ordnet eine solche Vergütungspflicht nicht ausdrücklich an.[859] Berechnet wird die angemessene Vergütung grundsätzlich nach den Sätzen, die üblicherweise für eine öffentliche Zugänglichmachung zu zahlen sind.[860] Der Anspruch kann nur durch eine Verwertungsgesellschaft geltend gemacht werden.[861]

---

[857] Eine vertragliche Vereinbarung erfordert LG Frankfurt a.M. GRUR-RR 2009, 330, 331 – *Elektronische Leseplätze* (nicht rechtskräftig): Im Gegensatz zu § 53a Abs. 1 S. 3 UrhG sei nicht von „Ermöglichen" die Rede. Insoweit zustimmend *Schöwerling*, ZUM 2009, 665, 666. Für dieses Ergebnis auch Fromm/Nordemann/*Dustmann*, § 52b Rn. 11; Wandtke/Bullinger/*Jani*, § 52b Rn. 27 unter Hinweis auf RegE, BT-Drucks. 16/1828, S. 26: „§ 52b gilt nicht für solche Werke, für die vertragliche Vereinbarungen über eine Nutzung in digitaler Form getroffen wurden". Der Ansicht, dass bereits ein Angebot zu angemessenen Bedingungen die Anwendung des § 52b UrhG ausschließt, sind nur *Berger*, GRUR 2007, 754, 756 (sonst drohe Missbrauch durch die Einrichtungen); Dreier/Schulze/*Dreier*, § 52b Rn. 12; Schricker/Loewenheim/*Loewenheim*, § 52b Rn. 10; *Völzmann-Stickelbrock*, WRP 2013, 843, 844, (nur offensichtliche Angebote).

[858] BGH GRUR 2013, 503 – *Elektronische Leseplätze*. Entscheidend ist die Auslegung des Satzteils „für die keine Regelungen über Verkauf und Lizenzen gelten" in Art. 5 Abs. 3 lit. n) InfoSoc-Richtlinie. Nach Ansicht des BGH scheint bereits ein Angebot zu angemessenen Bedingungen die Anwendbarkeit der Schranke auszuschließen (ebd., 504 f.).

[859] Zur völker-, europa- und verfassungsrechtlichen Notwendigkeit, eine solche Pflicht vorzusehen, Wandtke/Bullinger/*Jani*, § 52b Rn. 36.

[860] Insbesondere sind dabei etwaige Benutzungsgebühren sowie der Nutzungsumfang einzuberechnen, BeckOK/*Schulz*, UrhG, § 52b Rn. 19 m.w.N. Stellen die Institutionen Leseterminals mit Ausdruckmöglichkeit zur Verfügung, müssen die Hersteller der elektronischen Leseplätze eine Abgabe gem. § 54 UrhG leisten, vgl. *Steinbeck*, NJW 2010, 2852, 2855.

[861] Nach dem Rahmenvertrag zur Vergütung von Ansprüchen nach § 52b UrhG zwischen VG Wort, VG Bild-Kunst sowie Bund und Ländern beträgt die Vergütung 46,5 % des Nettoladenpreises des jeweiligen Printwerkes. Die Einrichtungen müssen sie einmalig entrichten. Der Vertrag ist abrufbar unter www.bibliotheksverband.de/fileadmin/user_upload/DBV/vereinbarungen/2011_RSVOR_207AK_TOP24a_Urheberrecht_Anlage.pdf.

Teil 4: Ausnahmen für Bildung und Wissenschaft in Großbritannien

A. Grundprinzipien des anglo-amerikanischen *copyright*-Systems

Das *copyright*-System unterscheidet sich vom kontinentaleuropäischen Urheberrechtssystem in seiner Schutzrichtung und historisch gewachsenen Terminologie. Im *droit d'auteur*-System, zu dem das deutsche Urheberrecht gehört, steht traditionell der Urheber im Mittelpunkt. Seine immateriellen und materiellen Interessen bilden das Zentrum des Urheberrechts; nach deutschem Rechtsverständnis sind sie untrennbar miteinander verflochten.[862]

Das britische Urheberrecht schützt dagegen klassischerweise das Recht, ein Werk zu kopieren. Nicht der Urheber, sondern die Verwertung des Werkes stand zunächst im Vordergrund; nur Verleger konnten Rechtsinhaber sein.[863] Erst im Zuge der rechtsphilosophischen Fokussierung auf das Individuum wurde der Autor als Inhaber des Urheberrechts an seinem Werk anerkannt.[864] Anstelle eines „Autorenrechts" oder „Urheberrechts" blieb es aber bei der Bezeichnung *copyright*.[865]

Das *copyright* soll die wirtschaftliche Position des Rechtsinhabers sichern.[866] Zugleich verfolgt das *copyright law* einen gesamtgesellschaftlichen Zweck – es soll Anreize bieten für die Schaffung und Verbreitung neuer Werke.[867] Bis 1911 war zudem eine Registrierung der Werke erforderlich.[868] Die Registrierungspflicht bringt ebenfalls die Anbindung an die öffentliche Sphäre zum Ausdruck.

Das britische Rechtssystem steht in der *common law*-Rechtstradition. Es basiert also neben Parlamentsgesetzen auch auf Gerichtsentscheidungen, die Präzedenzwirkung für vergleichbare spätere Fälle entfalten. Einen schriftlichen Katalog von Grundrechten gibt es in Großbritannien nicht. Die Interessen der Allgemeinheit fließen als systemimmanente Grundbausteine in die gerichtliche Praxis ein.

B. Allgemeine Systematik der Ausnahmeregelungen

Der utilitaristische Ansatz des *copyright law* spiegelt sich in der Systematik der britischen Ausnahmeregelungen wider. Anders als die Schranken des deutschen

---

[862] Siehe Teil 3.A.I.

[863] *Rose* [1988] (23) Representations 51, 54.

[864] *Alexander*, S. 180 f.; *Rose* [1988] (23) Representations 51, 56.

[865] Das ursprüngliche Verständnis von einem Recht auf Vervielfältigung (*right to copy*) scheint darin nach wie vor durch, vgl. *Cornish/Llewelyn/Aplin*, Rn. 10-05.

[866] *Macqueen/Waelde/Laurie/Brown*, S. 44.

[867] Siehe nur die Präambel der *Copyright Statute 1842*: „[...] *to afford greater encouragement to the production of literary works for lasting benefit to the world.*" Vgl. außerdem den Titel der Statute of Anne von 1710: „*An Act for the Encouragement of Learning, by Vesting the Copies of Printed Books in the Authors or Purchasers of such Copies, during the Times therein mentioned.*"

[868] Als Reaktion auf die Berner Übereinkunft wurde das Registrierungserfordernis mit dem *Copyright Act 1911* abgeschafft. Vgl. hierzu *Cornish/Llewelyn/Aplin*, Rn. 11-32.

Urheberrechtsgesetzes sind die Ausnahmeregelungen in Großbritannien aus der Nutzerperspektive formuliert. Im *Copyright, Designs and Patents Act 1988* (CDPA 1988) werden sie als „erlaubte Nutzungen" (*Acts Permitted in Relation to Copyrighted Works*) bezeichnet.[869]

I. Ursprung des *fair dealing*

Traditionell ist das *fair dealing* die wichtigste Ausnahmeregelung im britischen *copyright law*. Im 18. und 19. Jahrhundert wurde es von der Rechtsprechung als flexible Generalklausel entwickelt. Die Rechtsprechung begann damals, die Interessen von Urhebern, sonstigen Rechteinhabern, Nutzern und der Öffentlichkeit allgemein in Ausgleich zu bringen.[870] Sie entwickelte flexible Kriterien um zu entscheiden, ob eine Werknutzung im Einzelfall *fair* war.[871] Maßgeblich sind insbesondere die Intensität der Nutzung des geschützten Werkes, der quantitative Umfang des genutzten Werkteils im Verhältnis zum Gesamtwerk, die Motivation für die Nutzung, die wirtschaftlichen Konsequenzen für die Verwertung des genutzten Werkes, sowie die Frage, ob der Urheber genannt wird; letztlich ist der Gesamteindruck entscheidend.[872] *Fair dealing* ist hierbei nicht im Sinne eines geschäftlichen Handelns zu verstehen, sondern als (Eigen-) Nutzung, Verwendung.[873] Im CDPA 1988 finden sich mehrere *fair dealing*-Klauseln.[874]

II. Verengung des Anwendungsbereichs

Die Rechtsprechung vor 1911 führte nicht durchgehend zu einer Verengung des *fair dealing*.[875] Allerdings scheinen vereinzelte, restriktive Entscheidungen[876] das Bedürfnis geweckt zu haben, erlaubte Nutzungen im Gesetz zu verankern. Verstärkt wurde dieser Trend zur Revision des *Copyright Act 1842* nach Unter-

---

[869] CDPA 1988, Part I, Ch. III.

[870] *Bradshaw* [1995] (10) Denning Law Journal 67, 69; *Patry*, S. 3.

[871] Vgl. *Gyles v Wilcox* [1740] 26 ER 489, 490; *Scott v Stanford* [1867] LR 3 Eq. 718.

[872] Anschaulich zu fair dealing Denning LJ in *Hubbard v Vospar* [1972] 2 QB 84, 94: „*It is impossible to define what is 'fair dealing'. It must be a question of degree. You must consider first the number and extent of the quotations and extracts. Are they altogether too many and too long to be fair? Then you must consider the use made of them. If they are used as a basis for comment, criticism or review, that may be fair dealing. If they are used to convey the same information as the author, for a rival purpose, that may be unfair. Next, you must consider the proportions. To take long extracts and attach short comments may be unfair. But, short extracts and long comments may be fair. Other considerations may come to mind also. But, after all is said and done, it must be a matter of impression.*"

[873] *Garnett/Davies/Harbottle*, Rn. 9-06-07. Bis ins 20. Jahrhundert waren alternative Formulierungen wie *fair abridgment* und *fair use* gebräuchlich, vgl. hierzu *de Zwart* [2007] (11) IPQ 60, 68.

[874] Vgl. CDPA 1988, Part 1, Ch. III.

[875] Anders aber *Burrell* [2001] (8) IPQ 361, 363; *Sims* [2010] (14) IPQ 192, 193; kritisch zur zunehmend restriktiven Auslegung von Schranken einschließlich *fair dealing* im 20. Jahrhundert *Laddie* [1996] (18) EIPR 253, 260.

[876] *Dickens v Lee* [1844] 8 Jurist 183.

zeichnung der Berner Übereinkunft von 1886.[877] Während *fair dealing* im 19. Jahrhundert als Gebot zur flexiblen Begrenzung eines Ausschließlichkeitsrechts im Einzelfall verstanden wurde, setzte sich zunehmend die Auffassung durch, dass es abschließend und eng auszulegen sei,[878] damit die normale Werkverwertung durch die Rechteinhaber nicht beeinträchtigt werde.[879]

Der *Copyright Act 1911* stellte zwar eine Reaktion auf die Berner Übereinkunft dar.[880] Er sollte die bestehende, auf *case law* basierende Rechtslage aber lediglich kodifizieren; Modifikationen waren nicht beabsichtigt.[881] Der Begriff *fair dealing* wurde weder konkretisiert noch beschränkt.[882] Auch verzichtete der britische Gesetzgeber darauf, den Drei-Stufen-Test explizit ins Gesetz aufzunehmen.

Gleichwohl wurde *fair dealing* nach Erlass des Gesetzes zunehmend restriktiv gehandhabt; dies kritisierte der Gregory Report 1952:[883] Um die Rechtslage liberaler zu gestalten, solle das Gesetz die erlaubten Nutzungen expliziter benennen. Den Vorschlag setzte der britische Gesetzgeber im *Copyright Act 1956* um. Dort wird hinsichtlich *fair dealing* erstmals zwischen einzelnen Werkarten unterschieden.[884] Gleichzeitig werden sektorspezifische Ausnahmen eingeführt.[885] Ein Nebeneffekt dieser klarstellenden Unterscheidungen ist, dass *fair dealing* zunehmend inflexibler wird.[886]

Weiterer Reformbedarf entstand, als Wissenschafts- und Bildungsinstitutionen zunehmend Fotokopierer einsetzten.[887] Der CDPA 1988 sieht darum zusätzliche sektorenspezifische Sonderregelungen unter anderem für diesen Bereich vor.[888]

III. *Public interest*

Der Durchsetzung des *copyright* kann im Einzelfall das öffentliche Interesse (*public interest*) entgegenstehen. Bereits im 19. Jahrhundert berücksichtigte die

---

[877] *Bainbridge*, S. 35 f.

[878] Vgl. die restriktiven Entscheidungen in *University of London Press v University Tutorial Press* [1916] 2 Ch. 601; *British Oxygen v Liquid Air* [1925] 1 Ch. 383, 394; *Hawkes and Son v Paramount Film Service* [1934] 1 Ch. 593, 602. Vgl. hierzu *Burrell* [2001] (8) IPQ 361, 364.

[879] *Patry*, S. 18.

[880] *Bainbridge*, S. 36.

[881] *Burrell* [2001] (8) IPQ 361, 364.

[882] S. 2 (1) (i) *Copyright Act 1911*: „*Any fair dealing with any work for the purposes of private study, research, criticism, review or newspaper summary [shall not constitute an infringement of copyright]*".

[883] Vgl. hierzu *Burrell/Coleman*, S. 261 mit Verweis auf Gregory Report Rn. 40. Der Report hatte die Aufgabe, den *Copyright Act 1911* zu evaluieren und Reformvorschläge zu unterbreiten. Hierzu *Sherman/Wiseman* [2010] (73) MLR 240, 252.

[884] Hinsichtlich Wissenschaft und Bildung vgl. s. 6 (1) *Copyright Act 1956*: „*No fair dealing with a literary, dramatic or musical work for the purposes of research and private study shall constitute an infringement of the copyright in the work.*" Anders noch s. 2 (1) *Copyright Act 1911*, siehe dazu Teil 4.B.II. Fn. 882.

[885] Ss. 7 – 10 *Copyright Act 1956*.

[886] *Burell* [2001] IPQ 361, 364.

[887] *Leopold* [1977] (40) MLR 685, 696 mit Verweis auf Whitford Report Rn. 222.

[888] Ss. 29 (3) (a), 36 CDPA 1988. Hierzu *Picciotto* [2002] (24) EIPR 438, 439.

Rechtsprechung das öffentliche Interesse im Rahmen der Gesamtabwägung.[889] Ausdrücklich wird *public interest* allerdings erstmalig 1973 in *Beloff v Pressdram* als Einschränkung genannt: *Public interest* sei ein allgemeiner Rechtsgrundsatz, der zur Rechtfertigung jeglicher Art von Rechtsverletzungen herangezogen werden könne; dies gelte auch bei Beeinträchtigungen des *copyright*.[890] In Anknüpfung an diese Rechtsprechung nahm der Gesetzgeber *public interest* in den CDPA 1988 auf.[891]

Der *public interest*-Grundsatz ist bei Verletzungsverfahren mithin grundsätzlich anwendbar. Unter welchen Voraussetzungen *public interest* der Durchsetzung des *copyright* entgegenstehen kann, ist allerdings nach wie vor ungeklärt.[892] Zudem hat die Rechtsfigur seit Erlass des *Human Rights Act 1998*[893] an Bedeutung verloren, da die britischen Gerichte die in der EMRK niedergelegten Grundfreiheiten, wie etwa die Meinungsfreiheit,[894] nun unmittelbar zu berücksichtigen haben, ohne dazu auf das Institut des *public interest* zurückgreifen zu müssen.[895]

IV. *Substantiality*

Im britischen *copyright law* kommt, wie im deutschen Urheberrecht, eine Ausnahmeregelung als Rechtfertigung nur zur Anwendung, wenn eine Rechtsposition beeinträchtigt ist. Dies ist bei einzelnen Teilen eines Werkes dann nicht der Fall, wenn sie keinen wesentlichen Teil (*substantial part*) des Gesamtwerkes darstellen.[896] Maßgeblich ist dabei die Qualität des Teils, nicht seine Quantität.[897] Seit den *Meltwater*-Entscheidungen, die infolge der *Infopaq*-Entscheidung des

---

[889] Vgl. *Spiers v Brown* [1858] 6 WR 352. Vgl. ausführlich hierzu *Alexander*, S. 174, 204.

[890] *Beloff v Pressdram* [1973] 1 All ER 241: „*Public interest is a defence outside and independent of statutes, is not limited to copyright cases and is based on a general principle of common law.*" Vgl. auch *Lion Laboratories v Evans* [1985] QB 526, 536.

[891] S. 171 (3) CDPA 1988: „*Nothing in this Part affects any rule of law preventing or restricting the enforcement of copyright, on grounds of public interest or otherwise.*" Vgl. zur zurückhaltenden Auslegung von s. 171 (3) CDPA 1988 in Literatur und Rechtsprechung jedoch Burrell [2000] (22) EIPR 402 ff.

[892] Vgl. *Ashdown v Telegraph Group Ltd* [2001] EWCA Civ. 1142, wonach das Konzept von *public interest* keiner präzisen Kategorisierung oder Definition zugänglich sei. Vgl. auch *Lauber-Rönsberg*, S. 333.

[893] Durch s. 3 HRA 1998 werden britische Gerichte verpflichtet, nationales Recht so auszulegen, dass es so weit wie möglich mit den in der EMRK normierten Rechten vereinbar ist.

[894] Art. 10 EMRK.

[895] Vgl. *Ashdown v Telegraph Group Ltd* [2001] EWCA Civ. 1142 Rn. 58 f.

[896] Vgl. *Bainbridge*, S. 132 f.

[897] *Designers Guild v Williams* [2000] 1 WLR 2416, 2426. Auch eine vom Umfang her geringe Nutzung eines Werkes kann *substantial* sein, vgl. *Express Newspapers v Liverpool Daily post* [1985] FSR 306; *Ludlow Music v Robbie Williams* [2001] FSR 19. Umgekehrt kann sogar die komplette Übernahme eines Werkteils, der nicht oder nur wenig originell ist, *insubstantial* sein, vgl. *Ladbroke (Football) v William Hill (Football)* [1964] 1 WLR 273, 293.

EuGH ergangen sind, können allerdings bereits sehr kleine Werkteile Schutz genießen.[898]

Vor Inkrafttreten des *Copyright Act 1911* überschnitt sich häufig die Prüfung einer Rechtsverletzung durch Verwendung eines wesentlichen Teils (*substantial part*) und der Rechtfertigung einer Nutzung durch *fair dealing*. Die Rechtsprechung verneinte *fair dealing* häufig, wenn der genutzte Teil wesentlich war.[899] Inzwischen unterscheiden die Gerichte dogmatisch klarer zwischen Rechtsverletzung und Rechtfertigung.[900]

V. Einfluss des Europarechts

Die Rechtsprechung des EuGH sowie die Richtlinien der EU beeinflussen selbstverständlich auch das britische *copyright law*. Insbesondere die InfoSoc-Richtlinie zwang die Briten zur Anpassung ihres Rechts. Dies gilt auch für Ausnahmen, nach denen die Nutzung von Werken zu Zwecken der Wissenschaft und Bildung gestattet wird.[901]

1. „Minimalistischer Ansatz" bei der Umsetzung

Bei der Umsetzung der InfoSoc-Richtlinie wählte Großbritannien einen „minimalistischen Ansatz": Umgesetzt wurden nur die zwingenden Vorgaben der Richtlinie, wenn und soweit der CDPA 1988 ihnen nicht entsprach.[902] Schon bei den Verhandlungen hatte Großbritannien darauf hingewirkt, dass die bestehenden Ausnahmeregelungen des CDPA 1988 so weit wie möglich beibehalten werden konnten.[903] Die Regierung war der Ansicht, das geltende Recht sei ausreichend, um den Herausforderungen durch Internet und E-Commerce gerecht zu werden.[904]

---

[898] *Public Relations Consultants Association Ltd v Newspaper Licensing Agency Ltd* [2013] UKSC 18. Vgl. hierzu auch die Rechtsprechung des EuGH in *Infopaq*, wonach bereits wenige Worte Urheberrechtsschutz genießen können, EuGH, Rs. C-5/08 – *Infopaq*, Rn. 48.

[899] *De Zwart* [2007] (11) IPQ 60, 70.

[900] Vgl. zur unklaren Unterscheidung von Rechtsbeeinträchtigung und Rechtfertigung *Griffiths* [2000] (2) IPQ 164, 165 Fn. 6 mit Verweis auf *Chatterton v Cave* [1878] 3 App. Cas. 483. Die Rechtsfigur der *substantiality* wurde in s. 1 (2) *Copyright Act 1911* erstmals kodifiziert, vgl. hierzu *Bently/Sherman*, S. 185.

[901] Siehe dazu sogleich.

[902] *Garnett/Davies/Harbottle*, Rn. 9-08. Vgl. außerdem *Laddie/Prescott/Vitoria*, Rn. 21.17.

[903] 2001/29/EC on the Harmonisation of Certain Aspects of Copyright and Related Rights in the Information Society, Consultation Paper on Implementation of the Directive in the United Kingdom, 7. August 2002, S. 9: „*The Government's basic approach during negotiations on the Directive was always to seek to maintain existing UK exceptions as far as possible. It is now proposed only to amend these where required to comply with the Directive.*" Ebenso Consultation on UK Implementation of Directive 2001/29/EC on Copyright and Related Rights in the Information Society: Analysis of Responses and Government Conclusions, S. 5.

[904] Hansard, HC Deb 03 July 2002 vol 388 cc349-50W: „*UK copyright law (the Copyright, Designs and Patents Act 1988) has proved remarkably 'future-proof' as regards the challenges of the internet and electronic*

Diesen Ansatz verfolgte Großbritannien auch bei der Umsetzung anderer Richtlinien; optionale Ausnahmeregelungen wurden nur selten übernommen.[905] Dabei kommt der Regierung der *European Communities Act 1972* zugute.[906] Danach kann sie Verordnungen (*regulations*) erlassen, also delegierte Rechtsakte auch einzelner Ministerien, die aufgrund eines Gesetzes ergehen. Dank der *regulations* können europäische Vorgaben zügig in das britische Recht integriert werden, ohne das betroffene Gesetz selbst im Parlament ändern zu müssen.[907]

2. Umsetzung der InfoSoc-Richtlinie

Mit der Umsetzung der InfoSoc-Richtlinie ergänzte der britische Gesetzgeber die allgemeine Ausnahmeregelung für den wissenschaftlichen Bereich in s. 29 CDPA 1988 und formulierte sie um.[908] Eine Privatkopieregelung fügte er nicht ein, obwohl die InfoSoc-Richtlinie dies ermöglicht hätte. Der CDPA 1988 enthält Einzelvorschriften, die den privaten Gebrauch von Werken unter bestimmten Voraussetzungen erlauben.[909]

Bei der Umsetzung der Vorgaben der Richtlinie verzichtete der Gesetzgeber auf einen Verweis auf den Drei-Stufen-Test, da die jeweiligen Ausnahmeregelungen bereits im Lichte des Tests formuliert worden seien.[910] Die Rolle des Drei-Stufen-Tests ist im britischen *copyright law* jedoch nicht eindeutig geklärt.[911]

3. Einfluss des EuGH

Der europarechtliche Grundsatz, nach dem Ausnahmeregelungen restriktiv auszulegen seien,[912] stieß in der britischen Literatur auf Kritik: Ausnahmen vom *copyright* dürften nicht zu eng ausgelegt werden, entscheidend sei der gerechte

---

commerce but some modifications will be needed to implement EU Directive 2001/29/EC on copyright and related rights in the information society."

[905] Beispielsweise bei der Software-Richtlinie, der Datenbank-Richtlinie oder der Vermiet- und Verleihrechts-Richtlinie. Vgl. dazu *Garnett/Davies/Harbottle*, Rn. 9-06.

[906] S. 2 *European Communities Act 1972*.

[907] Vgl. *Garnett/Davies/Harbottle*, Rn. 9-08 Fn. 1, 12-09; *Laddie/Prescott/Vitoria*, Rn. 1.7.

[908] Zu der Norm allgemein gleich unter Teil 4.C.III.

[909] Siehe *Garnett/Davies/Harbottle*, Rn. 9-17. Eine umfassendere Ausnahmeregelung für den privaten Gebrauch ist derzeit in Arbeit, vgl. *IPO*, Modernising Copyright, S. 25. Siehe dazu auch Teil 4.C.III.1.b), Teil 4.C.III.7.

[910] Consultation on UK Implementation of Directive 2001/29/EC on Copyright and Related Rights in the Information Society: Analysis of Responses and Government Conclusions, S. 6; EC Directive 2001/29/EC on the Harmonisation of Certain Aspects of Copyright and Related Rights in the Information Society, Consultation Paper on Implementation of the Directive in the United Kingdom, 7. August 2002, S. 11; *Cornish/Llewelyn/Aplin*, Rn. 12-37; *Garnett/Davies/Harbottle*, Rn. 9-08, 9-19; *Laddie/Prescott/Vitoria*, Rn. 21.15.

[911] Zum Drei-Stufen-Test allgemein siehe Teil 2.A.II.2.

[912] Siehe hierzu Teil 2.B.III.

Ausgleich der Interessen.[913] Nachdem der EuGH seine Rechtsprechung modifiziert hat, ist diese Kritik weniger virulent.[914]

VI. Zusammenfassung

Das britische Recht entwickelte mit *fair dealing* bereits früh eine allgemeine Regelung für gestattete Nutzungshandlungen. Im Laufe der Zeit entstanden spezifische Tatbestände, nach denen Nutzungen zu bestimmten Zwecken privilegiert sind. In seltenen Einzelfällen kann der Durchsetzung des *copyright* in Großbritannien zudem das öffentliche Interesse (*public interest*) entgegenstehen. Die in der frühen Rechtsprechung anzutreffende Vermischung der Prüfung von Rechtsverletzung und ihrer Rechtfertigung durch *fair dealing* wird nunmehr dogmatisch getrennt.

Zwar verfolgt Großbritannien einen zurückhaltenden Ansatz bei der Umsetzung europarechtlicher Vorgaben. Gerade bei den Ausnahmeregelungen für die Wissenschaft zeigt sich aber der Einfluss etwa der InfoSoc-Richtlinie sowie der Rechtsprechung des EuGH.

C. Ausnahmeregelungen für Bildung und Wissenschaft

I. Historische Entwicklung

Einige ausgewählte Universitäten wurden in der Geschichte des britischen *copyright law* stets privilegiert. Seit dem *Copyright Act 1775* hatten die Universitäten von Cambridge, Dublin, Edinburgh und Oxford ein unbefristetes Vervielfältigungsrecht (*perpetual copyright*) an den in ihrem Bestand befindlichen Werken.[915] Nach dem *Copyright Act 1842* mussten Verleger den Bibliotheken dieser Universitäten zudem auf Anfrage innerhalb eines Monats vergütungsfrei ein Exemplar ihrer Werke zusenden.[916] S. 27 *Copyright Act 1842* befreite diese Universitäten sowie die Colleges in Eton, Westminster und Winchester von den Rechtswirkungen des *Copyright Act 1911*. Der *Copyright Act 1911* behielt die Abgabepflicht der Verleger und das unbefristete Vervielfältigungsrecht (*perpetual copyright*) der Universitäten an den in ihrem Bestand befindlichen Werken bei.[917]

In der ersten Hälfte des 20. Jahrhunderts schlossen *Royal Societies* und Verlage sogenannte *gentlemen's agreements* ab, also Vereinbarungen ohne rechtliche Verbindlichkeit.[918] Sie sollten die Voraussetzungen konkretisieren, unter denen eine

---

[913] *Laddie/Prescott/Vitoria*, Rn. 21.16.

[914] Siehe hierzu Teil 2.B.III.

[915] In Anknüpfung an *Donaldson v Beckett* [1774] 1 ER 837. Vgl. hierzu *Copinger*, S. 144.

[916] S. 8 *Copyright Act 1842*. Die Nichterfüllung dieser Verpflichtung wurde sanktioniert, s. 10 *Copyright Act 1842*.

[917] Ss. 15 (2), 33 *Copyright Act 1911*.

[918] In der (rechtlich nicht bindenden) *Royal Society's Fair Copy Declaration* erlaubten die Verlage die Erstellung einzelner Kopien für die Forschung, vgl. hierzu *Sherman/Wiseman* [2010] (73) MLR 242, 249.

wissenschaftliche Nutzung gerechtfertigt war.[919] Sie erlaubten eine vom *copyright law* weitgehend unbehinderte wissenschaftliche Kommunikation. Mit dem Aufkommen von Fotokopien um 1970 ließ sich das Verhältnis von Rechteinhabern und Wissenschaftseinrichtungen nicht mehr in *gentlemen's agreements* fassen.[920]

II. Überblick

Das britische Recht verfügt über verschiedene Ausnahmeregelungen für die Nutzung von Werken im wissenschaftlichen Bereich. Nach s. 29 CDPA 1988 ist eine faire Nutzung (*fair dealing*) von Werken zu Zwecken von Forschung und privater Studien (*research or private study*) erlaubt.[921] Darüber hinaus enthält das Gesetz einzelne sektorspezifische Ausnahmeregelungen für den Bildungsbereich sowie für Bibliotheken und Archive.

Anders als die urheberrechtlichen Schrankenregelungen in Deutschland führen die *fair dealing*-Regelungen des CDPA 1988 die einzelnen gestatteten Verwertungshandlungen nicht ausdrücklich auf. Die Prüfung, ob *fair dealing* gegeben ist, erfolgt in zwei Schritten: Zunächst wird untersucht, ob die tatbestandlichen Voraussetzungen der betreffenden Ausnahmeregelung erfüllt sind; dann prüfen die Gerichte die Fairness der Nutzung.[922] Die Prüfung obliegt insbesondere den Tatsacheninstanzen.[923] Die Fairness wird anhand von richterrechtlich entwickelten Faktoren festgestellt.[924]

Aktuell steht in Großbritannien eine umfassende Reform des *copyright* an.[925] Dem Reformprozess ging eine intensive Debatte über das *copyright* im Allgemeinen und die Regelungen für den Bildungs- und Wissenschaftsbereich sowie für Bibliotheken im Besonderen voraus. Kritisiert wurde insbesondere, dass der bestehende Regelungsrahmen im digitalen Zeitalter innovationshinderlich sei und in der Schul- und Hochschulpraxis unerwünschte Hürden aufstellen könne.[926] Auch die Einführung einer generalklauselartigen Ausnahmeregelung nach dem

---

[919] Wesentliche Beschränkungen waren die Voraussetzung der Nichtkommerzialität der Forschung und die Begrenzung des Nutzungsrechts auf eine Kopie, vgl. *Sherman/Wiseman* [2010] (73) MLR 242, 249.

[920] Siehe hierzu Teil 4.D.II.

[921] Daneben existieren *fair dealing*-Regelungen für urheberrechtliche Nutzungen zu Zwecken der Kritik (*criticism or review*, s. 30 (1) CDPA 1988) und der Berichterstattung (*reporting current events*, s. 30 (2), (3) CDPA 1988).

[922] Vgl. *Burrell/Coleman*, S. 116. Siehe dazu Teil 4.C.III.5.

[923] *Pro Sieben Media AG v Carlton UK Television Ltd* [1999] 1 WLR 605; *Sillitoe v McGraw Hill* [1983] FSR 545, 563.

[924] Siehe Teil 4.C.III.5.

[925] Siehe dazu im Einzelnen Teil 4.C.III. und IV.

[926] Die *copyright*-Richtlinien der *British Academy* von 2006 belegen beispielsweise, dass in der Wissenschaftspraxis vielfältige Anwendungsprobleme bestehen, vgl. *British Academy*, Guidelines on Copyright and Academic Research, S. 13 f.

amerikanischen *fair use*-Modell wurde diskutiert[927], in den aktuellen Reformplänen aber nicht aufgegriffen.[928]

III. *Fair dealing* (s. 29 CPDA 1988)

Vor der Umsetzung der InfoSoc-Richtlinie bestimmte s. 29 CDPA 1988, dass ein Werk zum Zweck der Forschung verwendet werden darf, wenn und soweit die Nutzung *fair* ist.[929] Im Zuge der Umsetzung der Richtlinie wurde eine Beschränkung eingeführt: *Fair* kann eine Nutzung zu Forschungszwecken nur dann sein, wenn sie einem nichtkommerziellen Zweck (*non-commercial purpose*) dient. Auch private Studien dürfen weder unmittelbar noch mittelbar kommerziellen Zwecken dienen (*directly or indirectly for a commercial purpose*, s. 178 CDPA 1988). Soweit möglich, muss außerdem die Quelle des Textes genannt werden, einschließlich des Namens des Autors.[930]

S. 29 CDPA 1988 beinhaltet mehrere Ausnahmeregelungen für den wissenschaftlichen Bereich. Sie lassen sich nach Nutzungszweck, Nutzern und betroffenen Werkarten unterscheiden. Sofern das Gesetz nicht ausdrücklich etwas anderes vorgibt, werden grundsätzlich alle Nutzungshandlungen erfasst.

1. Nutzungszweck und Berechtigte

a) Forschung

Nach s. 29 (1) CDPA 1988 stellt die faire Nutzung (*fair dealing*) von Werken der Literatur, Dramatik, Musik und Kunst zum Zweck nichtkommerzieller For-

---

[927] Eine von der *British Library* herausgegebene Stellungnahme von 13 Wissenschaftlern, Autoren und Dozenten forderte explizit die Einführung einer *fair use*-Klausel, um so das „Recht" auf erlaubnisfreie Nutzung von Werken im Wissenschaftsbereich deutlicher gesetzlich zu verankern, vgl. *British Library*, Driving UK Research. Auch der *Hargreaves Review* empfiehlt Modifikationen im Wissenschaftsbereich und schlägt unter anderem die Einführung einer Ausnahme für *text and data mining* zu Forschungszwecken vor, vgl. *Hargreaves*, Recommendation 5, S. 8.

[928] In Irland hingegen ist die Einführung einer *fair use*-Klausel geplant. Am 29. Oktober 2013 veröffentlichte das *Copyright Review Committee* einen abschließenden Bericht, in dem dies unter anderem vorgeschlagen wird, siehe *Copyright Review Committee*, Report, S. 89 ff. Die bestehenden Ausnahmeregelungen für den Bildungsbereich sollen zudem nicht mehr nur Forschung (*research*) und private Studien (*private study*), sondern künftig auch Bildung (*education*) umfassen und statt „Unterricht und Prüfungen" (*instruction and examination*) nunmehr „Bildung und Prüfungen" (*education and examination*) heißen. Unter „Bildung" (*education*) solle aber nur die formelle Ausbildung im nichtkommerziellen Sektor verstanden werden. Außerdem sollen Fernunterricht und die Nutzung von Materialien im Internet ausdrücklich ermöglicht werden. Schließlich sollen Ausnahmen für Text und Data Mining eingeführt werden.

[929] Bis zum 31. Oktober 2003 lautete s. 29 CDPA 1988 wie folgt: „*Fair dealing with a literary work, other than a database, or a dramatic, musical or artistic work for the purposes of research or private study does not infringe any copyright in the work or, in the case of a published edition, in the typographical arrangement.*" Zwischen „Forschung" und „privaten Studien" bestand daher insofern ein Unterschied, als private Studien ihrer Natur nach nichtkommerziell sein können. Nun darf auch Forschung keinem kommerziellen Zweck mehr dienen. Die Abgrenzung beider Begriffe ist nicht geklärt.

[930] Ss. 29 (1), (1B), 178 CDPA 1988.

schung (*research for a non-commercial purpose*) keine Rechtsverletzung dar. Sofern dies möglich ist, muss die Quelle genannt werden.[931]

Der Gesetzgeber hat darauf verzichtet, den Begriff *scientific research* der InfoSoc-Richtlinie (vgl. Art. 5 Abs. 3 lit. a)) in den CDPA 1988 umzusetzen. In der britischen Literatur wird angemerkt, dass dieser Begriff des europäischen Rechts bei enger Auslegung nur naturwissenschaftliche Forschung umfassen könnte, also unter Umständen nur die Naturwissenschaften von der Ausnahme profitieren dürften.[932] Es wird aber einhellig davon ausgegangen, dass der Begriff weit zu verstehen ist.[933]

Überwiegend wird angenommen, dass Forschung, die auf Gewinnerzielung angelegt ist und somit kommerziellen Wert hat, auch einen kommerziellen Zweck verfolgt und mithin nicht von der Ausnahmeregelung gedeckt ist.[934] So urteilte auch der britische *High Court* in *HM Stationery Office v Green Amps Ltd*:[935] Ein Unternehmen hatte über die Universitätslizenz eines ehemaligen Praktikanten auf urheberrechtlich geschütztes Kartenmaterial zurückgegriffen, um ein geographisches Informationssystem zu entwickeln, das in einer Anwendung für Windturbinen Verwendung finden sollte. Nach Ansicht des Unternehmens war die Nutzung zu Forschungszwecken erfolgt, da sich das Informationssystem noch in der Forschungs- und Entwicklungsphase befunden habe. Das Gericht folgte dieser Argumentation nicht: Die geplante Endnutzung des Kartenmaterials sei eine kommerzielle Anwendung, zudem habe ein Wirtschaftsunternehmen gehandelt. Auch die Forschung zur Entwicklung des Systems diene somit einem kommerziellen Zweck.[936] Dass ein Wirtschaftsunternehmen die Forschung betrieb, ist nach der InfoSoc-Richtlinie zwar nicht ausschlaggebend.[937] Entscheidend ist allein die Endnutzung. Diese war in dem betreffenden Fall tatsächlich kommerzieller Natur.

Einige praktische Fragen sind allerdings auch nach *HM Stationery Office v Green Amps Ltd* noch ungelöst.[938] So ist beispielsweise fraglich, ob die Forschung ei-

---

[931] Zur Pflicht zur Quellenangabe siehe Teil 4.C.III.3.

[932] *Laddie/Prescott/Vitoria*, Rn. 21.32.

[933] Vgl. hierzu Consultation on UK Implementation of Directive 2001/29/EC on Copyright and Related Rights in the Information Society: Analysis of Responses and Government Conclusions, S. 6, Abs. 5.4; *Garnett/Davies/Harbottle*, Rn. 9-30, Rn. 21.32.

[934] *Garnett/Davies/Harbottle*, Rn. 9-32; *Laddie/Prescott/Vitoria*, Rn. 21.34.

[935] *HM Stationery Office v Green Amps Ltd* [2007] EWHC 2755 Ch.

[936] *HM Stationery Office v Green Amps Ltd* [2007] EWHC 2755 Ch., Abs. 21 – 23: „[...] *Section 29 requires both that what would otherwise be the act of infringement is 'for the purposes of research' and that such research should be 'for a non-commercial purpose'. The second of these requirements is plainly not satisfied. This is apparent from [...] a report sent to the claimants [...], detailing the 'end-use' which the defendant wished to make of the Ordinance Survey map data. [...] These passages in the document, and others, demonstrate that this is a commercial company and that, even if its use of the mapping data so far has been for research, that research is for commercial purposes.*"

[937] Vgl. Erwägungsgrund 42 InfoSoc-Richtlinie.

[938] Kritisch insoweit auch *Haynes* [2012] (34) EIPR 811, 812.

ner gemeinnützigen bzw. nichtkommerziellen Organisation von *fair dealing* gedeckt ist, wenn die Ergebnisse der Untersuchung auch wirtschaftlich genutzt werden sollen.[939] Auch akademische Forschung verfolgt häufig Zwecke, die sich nicht in Lehre und unvergüteter Forschung erschöpfen.[940] Beispielsweise soll eine Buchveröffentlichung eines Wissenschaftlers auch Gewinn erzielen. Wenn in einer solchen Veröffentlichung eine urheberrechtlich geschützte Zeichnung abgedruckt wird, könnte dies bereits eine kommerzielle Nutzung des Werkes darstellen.[941] Überdies ist unklar, ob ein Nutzer Werkteile, die er zunächst für eine nichtkommerzielle Veröffentlichung verwendet hat, später zu kommerziellen Zwecken verwenden darf.[942] Insbesondere bei Bibliotheken besteht in der Praxis häufig Unsicherheit, ob eine Nutzung kommerziell oder nichtkommerziell ist.[943]

b) Private Studien

Auch die faire Nutzung von Werken zu privaten Studien (*private study*) stellt keine Verletzungshandlung dar.[944] Eine Quellenangabe ist hierbei nicht erforderlich.[945] Private Studien dürfen allerdings weder unmittelbar noch mittelbar kommerziellen Zwecken dienen.[946] Die Nutzung ist nicht vergütungspflichtig.[947]

Der Begriff der privaten Studien bestimmt sich nach dem allgemeinen Sprachgebrauch. Im Wesentlichen erfasst er das Erlernen von Wissen bzw. einer bestimmten Lernmethodik sowie die Untersuchung eines bestimmten Themas.[948] Die Regelung ist im Einklang mit Art. 5 Abs. 2 lit. b) InfoSoc-Richtlinie auszulegen.[949] Danach dürfen nur natürliche Personen Werke vervielfältigen, und die öffentliche Zugänglichmachung ist nicht gestattet.[950] Der Vervielfälti-

---

[939] *Garnett/Davies/Harbottle*, Rn. 9-32.

[940] *Derclaye* [2008] (30) EIPR 162, 163.

[941] *Derclaye* [2008] (30) EIPR 162, 163. Ähnlich auch *Garnett/Davies/Harbottle*, Rn. 9-32.

[942] *Haynes* [2012] (34) EIPR 811, 812.

[943] *Burrell/Coleman*, S. 119.

[944] S. 29 (1C) CDPA 1988.

[945] *Laddie/Prescott/Vitoria*, Rn. 21.32.

[946] S. 178 CDPA 1988.

[947] Der britische Gesetzgeber war der Ansicht, Erwägungsgrund 35 der Richtlinie schreibe eine solche Pflicht nur für bestimmte Fällen vor, vgl. Consultation Paper on Implementation of the Directive in the United Kingdom, 7. August 2002, S. 9; Consultation on UK Implementation of Directive 2001/29/EC on Copyright and Related Rights in the Information Society: Analysis of Responses and Government Conclusions, S. 6, Rn. 5.6. Allerdings verlangt Art. 5 Abs. 2 lit. b) InfoSoc-Richtlinie einen „gerechten Ausgleich". Nach *Laddie/Prescott/Vitoria*, Rn. 21.35 ist die Ausnahmeregelung für private Studien daher europarechtskonform nur dann anwendbar, wenn im Einzelfall keine Vergütung erforderlich sei.

[948] *Garnett/Davies/Harbottle*, Rn. 9-37 mit Verweis auf australische Entscheidungen, die für die Auslegung auch in Großbritannien herangezogen werden.

[949] *Laddie/Prescott/Vitoria*, Rn. 21.35.

[950] Vgl. Art. 5 Abs. 2 lit. b) InfoSoc-Richtlinie; *Laddie/Prescott/Vitoria*, Rn. 21.35.

gende selbst muss nichtkommerzielle Zwecke verfolgen. So entschied ein Gericht, dass sich ein kommerzieller Herausgeber eines Studienkommentars für Schüler oder Studenten nicht auf *fair dealing* berufen könne, nur weil die Studierenden den Kommentar später für private Studien nutzen sollen.[951]

c) Berechtigte

Grundsätzlich muss also eine Person, die sich auf *fair dealing* beruft, selbst Forschung oder private Studien betreiben.[952] Ein Bibliothekar oder eine von ihm beauftragte Person darf aber ein Werk für einen Dritten kopieren, wenn er überprüft, dass der Dritte es für private Studien oder zu Forschungszwecken verwenden wird, und wenn er nur eine einzelne Kopie oder einen angemessen kleinen Teil des Gesamtwerkes (*reasonable proportion*) herausgibt.[953] In der Praxis ist unklar, in welchem Umfang institutionelle Nutzer, insbesondere Bibliothekare, Vervielfältigungshandlungen für Studenten oder Wissenschaftler vornehmen dürfen.[954]

Personen, die keine Bibliothekare sind, dürfen dann keine Kopien anfertigen, wenn sie wissen oder Grund haben anzunehmen, dass im Wesentlichen dasselbe Material zum selben Zweck und zur selben Zeit an mehrere Personen weitergegeben wird.[955] So dürfen beispielsweise Lehrer nach s. 29 CDPA 1988 Werke nicht für den Unterricht vervielfältigen.[956] Wenn Bildungseinrichtungen Texte vervielfältigen, müssen sie Rechteinhabern dafür eine angemessene Vergütung zahlen.[957] Dozenten dürfen ihre Schüler oder Studenten auch nicht dazu anhalten, einen im Unterricht besprochenen Text selbst zu kopieren.[958] Sie dürfen aber in ihren Kursen Lektürelisten herausgeben, wenn sie ihre Schüler oder Studenten nicht auffordern, die dort verzeichneten Texte zu vervielfältigen.[959] Es wird kritisiert, dass diese Regelung, konsequent angewendet, wenig sachgemäße Ergebnisse produziere: So dürfe ein Wissenschaftler seinen Artikel, der fremde Werke zitiert, zwar selbst vervielfältigen und bei einer Fachkonferenz

---

[951] *Sillitoe v McGraw Hill* [1983] FSR 545, 568.

[952] Vgl. s. 29 (3) CDPA 1988; *Universities UK Ltd v Copyright Licensing Agency Ltd* [2002] EMLR 35, Abs. 39: „[...] [T]he fair dealing defence of research and private study is a personal one, and will not normally extend to the making of multiple copies for others". Vgl. auch *Garnett/Davies/Harbottle*, Rn. 9-38.

[953] Ss. 29 (3), 38 – 40 CDPA. Dazu im Einzelnen Teil 4.C.IV.2.a).

[954] Die Rechtsprechung ist dazu nicht eindeutig, vgl. *Burrell/Coleman*, S. 119 f.

[955] S. 29 (3) (b) CDPA 1988.

[956] *Universities UK Ltd v Copyright Licensing Agency Ltd* [2002] EMLR 35, Abs. 35; *Burrell/Coleman*, S. 117; *Garnett/Davies/Harbottle*, Rn. 9-38.

[957] *Universities UK Ltd v Copyright Licensing Agency Ltd* [2002] EMLR 35, Abs. 40.

[958] *Universities UK Ltd v Copyright Licensing Agency Ltd* [2002] EMLR 35, Abs. 35.

[959] *Universities UK Ltd v Copyright Licensing Agency Ltd* [2002] EMLR 35, Abs. 35. Bildungseinrichtungen können sich allerdings neben *fair dealing* auch auf spezielle Ausnahmeregelungen berufen, ss. 32 – 36A CDPA 1988. Siehe dazu Teil 4.C.IV.1.

austeilen, nicht aber vorab an den Organisator schicken und diesen bitten, die Kopien des Artikels zu verteilen.[960]

2. Umfasste Werkarten

Die Ausnahmeregelungen für Forschung und private Studien gelten nur für die Nutzung von Werken der Literatur (einschließlich Computerprogrammen und Datenbanken[961]), Dramatik, Musik und Kunst[962] sowie des Layouts von Textausgaben (*typographical arrangement of a published edition*).[963] Filme, Tonaufnahmen, Sendungen und Aufführungen sind nicht erfasst.[964]

In der britischen Literatur wird die Beschränkung auf gewisse Werkarten scharf kritisiert.[965] Die Norm stelle eine unangemessene Diskriminierung von Wissenschaftlern dar, die für ihre Forschung auf Medien wie Filme und Tonaufnahmen angewiesen sind.[966] Dass Aufnahmen nicht genutzt werden dürfen, die Musikwerke, auf denen sie beruhen, aber schon, sei sachlich nicht zu rechtfertigen.[967]

Die britische Regierung plant, die Ausnahmeregelung auf Tonaufnahmen, Filme und Sendungen auszuweiten, um die Qualität der Forschung zu erhöhen, Transaktionskosten zu senken und Kritik am bestehenden Recht Rechnung zu tragen.[968]

3. Quellenangabe

Nutzer dürfen ein Werk nur dann verwerten, wenn sie den Titel angeben oder das Werk auf eine andere Weise beschreiben, und wenn sie den Urheber nennen (*sufficient acknowledgement*), es sei denn, das Werk wurde anonym veröffentlicht oder der Urheber eines unveröffentlichten Werkes konnte auch nach angemessener Suche (*reasonable inquiry*) nicht identifiziert werden.[969] Die Quelle muss außerdem dann nicht angegeben werden, wenn dies aus praktischen oder

---

[960] *Burrell/Coleman*, S. 118.
[961] S. 3 (1b), (d) CDPA 1988 zählt Computerprogramme und Datenbanken zu den Werken der Literatur.
[962] S. 29 (1), (1C) CDPA 1988.
[963] S. 29 (2) CDPA 1988. Siehe dazu auch Teil 4.C.III.4.
[964] *Laddie/Prescott/Vitoria*, Rn. 21.36.
[965] *Haynes* [2012] (34) EIPR 811, 812 m.w.N.; *Burrell/Coleman*, S. 116.
[966] *IPO*, Consultation on Copyright, S. 76 Rn. 7.74.
[967] *Burrell/Coleman*, S. 116; *Garnett/Davies/Harbottle*, Rn. 9-29. Wenig sachgerecht seien auch die Beschränkungen für Computerprogramme, etwa jene, nach der eine Konvertierung von einer maschinenorientierten Programmiersprache zu einer höheren Programmiersprache nicht zulässig ist (s. 29 (4) (a) CDPA 1988). Ähnlich heftig werden die anderen, für Computerprogramme geltenden Beschränkungen (ss. 29 (4) (b), 50B, 50BA CDPA 1988) kritisiert, vgl. *Garnett/Davies/Harbottle*, Rn. 9-39.
[968] *IPO*, Modernising Copyright, S. 35.
[969] S. 178 CDPA 1988.

sonstigen Gründen nicht möglich ist.[970] Ausreichend ist, dass der Name des Urhebers ohne weiteres erkennbar ist, eine ausdrückliche Bezeichnung als Urheber ist nicht erforderlich.[971]

4. Sonderfall: Layouts von Textausgaben

Das Layout von Textausgaben (*typographical arrangement of a published edition*)[972] darf ebenfalls zu Forschungszwecken oder für den privaten Gebrauch genutzt werden.[973] Das Recht am Layout fällt nicht in den Anwendungsbereich der Richtlinie.[974] Die Nutzung kann darum grundsätzlich auch zu kommerziellen Zwecken erfolgen; die Quellenangabe ist ebenfalls entbehrlich.[975]

5. *Fairness*

Die Nutzung muss *fair* sein. Ob dies der Fall ist, beurteilt das Gericht nach Prüfung der jeweiligen tatbestandlichen Voraussetzungen einer *fair dealing*-Regelung.[976] Es gibt keine allgemeingültige Definition, die besagt, wann eine Nutzung fair ist.[977] Allerdings haben Gerichte Faktoren entwickelt, die für die Frage, ob eine Nutzung *fair* ist, relevant sind.[978] Bei der Prüfung ist ein objektiver Maßstab anzulegen. Maßgeblich ist, ob eine ehrliche und aufrichtige Person (*a fair-minded and honest person*) das Werk für den jeweiligen Zweck in derselben

---

[970] S. 29 (1B) CDPA 1988. Diese Voraussetzung nahm der Gesetzgeber erst in den CDPA 1988 auf, als er die InfoSoc-Richtlinie umsetzte, vgl. *Garnett/Davies/Harbottle*, Rn. 9-33. Es ist umstritten, ob diese Norm europarechtlichen Vorgaben entspricht, vgl. *Garnett/Davies/Harbottle*, Rn. 9-33. So sei ein Nutzer nach britischem Recht, anders als nach europäischem Recht, nicht verpflichtet, den Namen eines Autors anzugeben, der ein Werk anonym veröffentlicht habe und bei dem Name und Umstände der Veröffentlichung bekannt seien. Der betreffende Fall, *PCR Ltd v Dow Jones Telerate Ltd* [1998] FSR 170, 184, wurde allerdings vor Inkrafttreten der InfoSoc-Richtlinie entschieden.
[971] *Fraser-Woodward Ltd v British Broadcasting Corporation* [2005] EMLR 22, Abs. 72. Danach ist es bei einer Serie mehrerer Fotografien eines Fotografen ausreichend, wenn sich die Urheberschaft erst aus dem Zusammenhang der Serie ergibt (Abs. 75). Den Anforderungen an eine korrekte Quellenangabe genügt aber nicht, wer bei der Benutzung von Überschriften von Zeitungsartikeln nur einen Link zu den ursprünglichen Artikeln angibt, unter denen die Namen der Autoren zu finden sind, *Newspaper Licensing Agency Ltd v Meltwater Holding BV* [2010] EWHC 3099 Ch., Abs. 146. Sonstige Rechteinhaber müssen hingegen nicht genannt werden, vgl. *Laddie/Prescott/Vitoria*, Rn. 21.49. Vgl. aber *Sillitoe v McGraw Hill* [1983] FSR 545, 565, wo gefordert wurde, dass der Urheber auch als Inhaber des Urheberrechts benannt wird.
[972] Nach britischem Recht sind sie als urheberrechtliches Werk geschützt, s. 1 (1) (c) CDPA 1988.
[973] S. 29 (2) CDPA 1988.
[974] *Laddie/Prescott/Vitoria*, Rn. 21.32 Fn. 6.
[975] *Laddie/Prescott/Vitoria*, Rn. 21.32.
[976] *Burrell/Coleman*, S. 116.
[977] *Hubbard v Vosper* [1972] 2 QB 84; *Laddie/Prescott/Vitoria*, Rn. 21.47.
[978] Vgl. *Garnett/Davies/Harbottle*, Rn. 9-60; *Laddie/Prescott/Vitoria*, Rn. 21.47. Die Faktoren, die für die Bewertung einer Nutzungshandlung als *fair* maßgeblich sind, gelten grds. für die einzelnen Ausnahmeregelungen gleichermaßen. Daher sind auch Entscheidungen zu Sachverhalten, bei denen der Zweck der Nutzung Berichterstattung (*news reporting*) oder Kritik (*review*) war, für den wissenschaftlichen Bereich von Bedeutung, vgl. *Garnett/Davies/Harbottle*, Rn. 9-58.

Weise wie der etwaige Rechtsverletzer genutzt hätte.[979] Entscheidend ist der Gesamteindruck im Einzelfall.[980]

Wichtigster Faktor ist grundsätzlich, ob das ursprüngliche und das potentiell verletzende Werk wirtschaftlich miteinander konkurrieren.[981] Im Rahmen von Wissenschaft und Forschung wird dieses Kriterium deswegen kaum eine Rolle spielen, weil die Nutzung nicht zu kommerziellen Zwecken erfolgen darf.[982] Zudem ist zu berücksichtigen, ob das genutzte Werk bereits veröffentlicht ist.[983] Wird ein unveröffentlichtes Werk genutzt, spricht dies regelmäßig gegen *fairness*.[984]

Von Relevanz sind außerdem der Umfang der Nutzung sowie die Bedeutung der entnommenen Passagen oder Werkteile.[985] Hierbei kommt es zur Überschneidung mit der Prüfung der *substantiality*.[986] Ist die Nutzung in ihrem Umfang so unwesentlich, dass schon keine Beeinträchtigung des Rechts gegeben ist, ist eine Rechtfertigung durch *fair dealing* nicht zu prüfen.[987] Ist diese Schwelle überschritten, kann *fair dealing* die Verwendung rechtfertigen. Das Gericht prüft dann, ob es tatsächlich angemessen (*reasonable and appropriate*) ist, das fremde Werk in dem jeweiligen Umfang zu verwenden.[988] Auch die Motive des Nutzers und der Zweck der Nutzung können bei der Beurteilung der *fairness* berücksich-

---

[979] *HM Stationery Office v Green Amps Ltd* [2007] EWHC 2755 Ch., Abs. 24; *Garnett/Davies/Harbottle*, Rn. 9-59.

[980] *Hubbard v Vosper* [1972] 2 QB 84; *Sillitoe v McGraw Hill* [1983] FSR 545, 563; *Fraser-Woodward Ltd v BBC* [2005] EWHC 472, 517; *HM Stationery Office v Green Amps Ltd* [2007] EWHC 2755 Ch., Abs. 24. Vgl. auch *Garnett/Davies/Harbottle*, Rn. 9-59: „*Ultimately the decision must be a matter of impression.*"

[981] *Garnett/Davies/Harbottle*, Rn. 9-60; *Laddie/Prescott/Vitoria*, Rn. 21.46.

[982] *Garnett/Davies/Harbottle*, Rn. 9-60 Fn. 4; *Laddie/Prescott/Vitoria*, Rn. 21.46. Siehe zudem Teil 4.C.III.1.a) und b). In *HM Stationery Office v Green Amps Ltd* [2007] EWHC 2755 Ch., Abs. 24, 26 verwies das Gericht indes auf die fehlende *fairness* und führte dafür die Wettbewerbssituation zwischen den Parteien an, obwohl es bereits die Kommerzialität der Nutzung angenommen hatte. Die Nutzung sei „jedenfalls" (*in any event*) nicht *fair*.

[983] *Nora Beloff v Pressdram Ltd.* [1973] RPC 765; *Ashdown v Telegraph Group* [2001] EWCA Civ. 1142; *Garnett/Davies/Harbottle*, Rn. 9-60; strenger *Hubbard v Vosper* [1972] 2 QB 84: Dieser Entscheidung zufolge kann die Nutzung eines unveröffentlichten Werkes niemals *fair* sein.

[984] Dies gilt vor allem dann, wenn es in illegaler Weise erlangt wurde, vgl. *Nora Beloff v Pressdram Ltd.* [1973] RPC 765; *Garnett/Davies/Harbottle*, Rn. 9-60; *Laddie/Prescott/Vitoria*, Rn. 21.47.

[985] *Hubbard v Vosper* [1972] 2 QB 84; *Sillitoe v McGraw Hill* [1983] FSR 545, 563; *Fraser-Woodward Ltd v BBC* [2005] EWHC 472, 517; *HM Stationery Office v Green Amps Ltd* [2007] EWHC 2755 Ch., Abs. 24; *Garnett/Davies/Harbottle*, Rn. 9-60; *Laddie/Prescott/Vitoria*, Rn. 21.47.

[986] Siehe dazu Teil 4.B.IV.

[987] *Garnett/Davies/Harbottle*, Rn. 9-60.

[988] *PCR Ltd v Dow Jones Telerate Ltd* [1998] FSR 170; *Garnett/Davies/Harbottle*, Rn. 9-60. Wird das ursprüngliche Werk zu umfangreich oder werden kleinere Teile davon in regelmäßigen Abständen gebraucht, spricht dies beispielsweise gegen *fairness*, vgl. *Laddie/Prescott/Vitoria*, Rn. 21.47. So ist es etwa *fair*, wenn ein Student einen Aufsatz oder einen kurzen Auszug aus einem Lehrbuch für seinen Kurs kopiert, nicht aber, wenn er zu privaten Studien ein ganzes Buch vervielfältigt, vgl. *Universities UK v Copyright Licensing Agency* [2002] EMLR 35.

tigt werden.[989] Schließlich ist auch der Drei-Stufen-Test in die Prüfung einzubeziehen.[990]

6. Zusammenfassung

S. 29 CDPA 1988 ist eine generalklauselartige Ausnahmeregelung, die eine faire Nutzung von bestimmten Werken zu nichtkommerziellen Forschungszwecken oder für private Studien erlaubt. Erfasst sind grundsätzlich alle Nutzungshandlungen. Im Hinblick auf eine richtlinienkonforme Auslegung wird in der britischen Literatur allerdings betont, dass ein Werk zum Zwecke privater Studien nicht öffentlich zugänglich gemacht werden dürfe.

Die Regelung enthält zahlreiche Voraussetzungen, die den richterlichen Spielraum deutlich einschränken. Zum Teil beruhen sie auf europarechtlichen Vorgaben, namentlich der InfoSoc-Richtlinie, zum Teil auf Richterrecht. Unsicherheit besteht in der Auslegung einzelner Tatbestandsmerkmale, insbesondere bei europarechtlichen Begriffen. Unklar ist auch, ob die britische Norm europarechtlichen Anforderungen genügt, da sie eine Werknutzung zu privaten Studien vergütungsfrei erlaubt. Außerdem wird kritisiert, dass die Norm unangemessen enge Vorgaben hinsichtlich Nutzerkreis und Werkarten mache.

Im Zuge der Reform des CDPA 1988 ist neben *fair dealing* eine Ausnahmeregelung für Text und Data Mining geplant (s. 29A CDPA 1988). Künftig sollen Personen, die bereits rechtmäßigen Zugang zu einem Werk haben,[991] das Werk vervielfältigen dürfen, um seinen Inhalt mittels eines technischen Verfahrens zu analysieren und zu synthetisieren, sofern dies allein für den Zweck nichtkommerzieller Forschung geschieht.[992] Die britische Regierung ist ausdrücklich der Ansicht, dass Art. 5 Abs. 3 lit. a) InfoSoc-Richtlinie die Einführung einer solchen Ausnahme gestatte.[993] Die neue Regelung soll klarstellen, dass Text und Data Mining im britischen *copyright* zulässig ist, und zwar unabhängig von anderslautenden vertraglichen Vereinbarungen (*contract override*).[994]

---

[989] *Sillitoe v McGraw Hill* [1983] FSR 545, 563; *Fraser-Woodward Ltd v BBC* [2005] EWHC 472, 517; *Garnett/Davies/Harbottle*, Rn. 9-60. So spricht etwa die offensichtliche Rechtswidrigkeit der Verwendung einer Universitätslizenz durch ein kommerzielles Unternehmen gegen die Fairness, vgl. *HM Stationery Office v Green Amps Ltd* [2007] EWHC 2755 Ch., Abs. 24.
[990] Siehe hierzu Teil 2.A.II.2., Teil 4.B.V. *Laddie/Prescott/Vitoria*, Rn. 21.44 kritisieren, dass die Gerichte den Bezug zum Drei-Stufen-Test deutlicher herstellen sollten. Ausdrücklich auf den Drei-Stufen-Test verweisen etwa *Fraser-Woodward Ltd v BBC* [2005] EWHC 472, 518 Abs. 55, 520 f. Abs. 61 und *Newspaper Licensing Agency Ltd v Meltwater Holding BV* [2010] EWHC 3099 Ch., Abs. 130.
[991] Beispielsweise kann die Person Zugang mittels einer Lizenz haben.
[992] *IPO*, Modernising Copyright, S. 37. Vgl. auch den Entwurf des *IPO*, New Exception for Data Analysis for Non-commercial Research.
[993] Vgl. den Entwurf des *IPO*, New Exception for Data Analysis for Non-commercial Research.
[994] Im Rahmen von s. 29 CDPA 1988 wäre ein etwaiges vertragliches Verbot im Rahmen der *fairness*-Prüfung zu beachten.

7. Vergleich mit dem deutschen Recht

Das deutsche Urheberrecht kennt keine den *fair dealing*-Regelungen vergleichbare generalklauselartige Ausnahmeregelung für Forschung und private Studien.[995] Während die deutschen Schrankenregelungen zwischen einzelnen Verwertungshandlungen differenzieren, knüpfen die *fair dealing*-Regelungen des britischen Rechts an einen bestimmten Zweck an. Sie gestatten zu den jeweils normierten Zwecken grundsätzlich sämtliche Formen der Verwertung, solange diese *fair* sind. Die Systematik der Regelungen unterscheidet sich somit grundlegend. Inhaltlich decken die einschlägigen Schrankenregelungen des deutschen Rechts[996] aber viele Handlungen ab, die in Großbritannien nach s. 29 CDPA 1988 gerechtfertigt sind.

Die Vervielfältigung von Werken für eigene wissenschaftliche Recherche und für Forschung ist in beiden Ländern gestattet. In Deutschland dürfen Werke zu Forschungszwecken in gewissen Grenzen auch öffentlich zugänglich gemacht werden. Im britischen Recht sind für Zwecke der Forschung grundsätzlich sämtliche Verwertungshandlungen zulässig. Für private Studien dürfen Werke bei richtlinienkonformer Auslegung des CDPA allerdings nur vervielfältigt, nicht aber öffentlich zugänglich gemacht werden. Die Wiedergabe von Werken an elektronischen Leseplätzen ist nach deutschem Recht gestattet; in Großbritannien soll dies künftig ausdrücklich erlaubt werden.[997]

Das britische Recht differenziert zwischen „Forschung" und „privaten Studien". Letztere erfassen nur die Recherche und Fortbildung von natürlichen Personen, während auch juristische Personen „forschen" können. Das deutsche Recht unterscheidet ebenfalls ausdrücklich zwischen „Forschung" und „privaten Studien".[998] Daneben wird der „eigene wissenschaftliche Gebrauch" privilegiert.[999] Er umfasst Recherchen und Forschung auch juristischer Personen. Allerdings werden die Nutzungszwecke nicht durchgehend einheitlich bezeichnet;[1000] die Bedeutung mancher Begriffe ist nicht endgültig geklärt.[1001]

Eine dem deutschen Recht entsprechende Ausnahme, die die Vervielfältigung von Werken durch natürliche Personen zum Privatgebrauch gestattet,[1002] exis-

---

[995] Die einzige generalklauselartige Schrankenregelung im deutschen Urheberrecht ist § 51 UrhG.
[996] Vor allem §§ 52a Abs. 1 Nr. 1, 52b und 53 Abs. 2 S. 1 Nr. 1 UrhG, siehe Teil 3.B.III.3.b), Teil 3.B.V., Teil 3.B.VI.
[997] Siehe Teil 3.B.VI., Teil 4.C.IV.2.e).
[998] Vgl. § 52b UrhG.
[999] § 53 Abs. 2 S. 1 Nr. 1 UrhG.
[1000] Teilweise ist „eigener wissenschaftlicher Gebrauch" gestattet, teilweise „Forschung"; auch „private Studien" und „privater Gebrauch" sowie „sonstiger eigener Gebrauch" werden im Gesetz genannt.
[1001] Siehe dazu Teil 3.B.III.3.b), Teil 3.B.V.3., Teil 6.B.I.2.a)bb) und Tabelle 2.
[1002] § 53 Abs. 1 UrhG.

tiert in Großbritannien bislang nicht. Sie soll aber – in eng begrenztem Umfang – eingeführt werden.

Das deutsche Recht ist gegenwärtig insofern großzügiger, als Werke sämtlicher Werkarten vervielfältigt werden dürfen.[1003] S. 29 CDPA 1988 hingegen gestattet derzeit nur die Vervielfältigung von Werken einiger Werkarten; Erweiterungen sind geplant.[1004] Enger sind im deutschen Recht allerdings die Vorgaben für die öffentliche Zugänglichmachung von Werken für Forschungszwecke. Nur Werkteile, Werke geringen Umfangs und Zeitschriften- oder Zeitungsartikel dürfen genutzt werden.[1005]

Die Frage des zulässigen Umfangs der Nutzung hängt in Großbritannien von der *fairness* im Einzelfall ab. In Deutschland müssen die Vervielfältigung und die öffentliche Zugänglichmachung regelmäßig geboten sein, damit sie gestattet sind.[1006] Wann dies der Fall ist, konkretisiert – wie in Großbritannien – die Rechtsprechung. Anders als das britische sieht das deutsche Recht schließlich vor, dass für die Nutzungen eine angemessene Vergütung zu zahlen ist.[1007]

IV. Sektorspezifische Ausnahmeregelungen

Neben s. 29 CDPA 1988 enthält das britische *copyright law* sektorspezifische Ausnahmen für den Bildungsbereich[1008] sowie für Bibliotheken und Archive.[1009]

1. Bildungsbereich

Unter bestimmten Voraussetzungen dürfen Werke in Bildungseinrichtungen (*educational establishments*) ohne Zustimmung des Rechteinhabers verwertet werden. Einzelne Regelungen gestatten etwa die Verwendung von Werkteilen in Sammlungen für Bildungszwecke,[1010] die Aufführung von Werken in Bildungseinrichtungen,[1011] die Aufnahme von Sendungen,[1012] die reprographische Vervielfältigung von einzelnen Passagen veröffentlichter Werke[1013] sowie den Verleih von Werkexemplaren durch Bildungseinrichtungen.[1014] Für Unterricht

---

[1003] § 53 Abs. 2 S. 1 Nr. 1 UrhG.
[1004] Siehe Teil 4.C.III.2.
[1005] § 52a Abs. 1 Nr. 2 UrhG.
[1006] So bei §§ 52a Abs. 1, 53 Abs. 2 S. 1 Nr. 1, 2, Abs. 3 S. 1 UrhG.
[1007] Vgl. §§ 52a Abs. 4, 52b S. 3 sowie §§ 54 – 54 h UrhG. Zur Vergütungspflicht nach britischem Recht siehe Teil 4.D.
[1008] Ss. 32 – 36A CDPA 1988.
[1009] Ss. 37 – 44 CDPA 1988.
[1010] S. 33 CDPA 1988.
[1011] S. 34 CDPA 1988.
[1012] S. 35 CDPA 1988.
[1013] S. 36 CDPA 1988.
[1014] S. 36A CDPA 1988.

und Prüfungen dürfen Werke auch außerhalb von Bildungseinrichtungen genutzt werden.[1015]

a) Nutzung in Bildungseinrichtungen

aa) Bildungseinrichtungen

Bildungseinrichtungen (*educational establishments*) sind Schulen, die primäre und sekundäre Ausbildung außerhalb des Hochschul- und Weiterbildungsbereichs anbieten, sowie Einrichtungen, die vom *Secretary of State* als Bildungseinrichtung anerkannt werden.[1016] Letztere umfassen auch Hochschulen, einschließlich konfessioneller Hochschulen, sowie bestimmte weiterführende Ausbildungseinrichtungen. [1017] Auch Lehrer, die Schüler unterrichten, welche keine Schule besuchen können, werden erfasst.[1018]

Um den Veränderungen im digitalen Umfeld Rechnung zu tragen, sollen künftig auch Handlungen, die bei Fernstudien oder Fernunterricht über gesicherte Netzwerkverbindungen ausgeführt werden, der Ausnahmeregelung unterfallen.[1019]

bb) Aufnahme in Sammlungen (s. 33 CDPA 1988)

(1) Rechtslage

Nach s. 33 CDPA 1988 dürfen einzelne Passagen veröffentlichter literarischer oder dramatischer Werke in Sammlungen aufgenommen werden, die für Bildungszwecke verwendet werden sollen. Dafür müssen vier Voraussetzungen erfüllt sein: Erstens muss der Verleger die Sammlung so betiteln und bewerben, dass sie nur für die Nutzung in Bildungseinrichtungen bestimmt erscheint.[1020] Zweitens muss die Sammlung hauptsächlich aus Material bestehen, das urheberrechtlich nicht geschützt ist;[1021] Sammlungen mit Auszügen moderner Werke sind danach regelmäßig nicht zulässig.[1022] Drittens darf das Werk, aus dem die Passage entnommen wird, nicht für die Verwendung zu Bildungszwecken bestimmt sein.[1023] Lehrbücher von Professoren und Lehrern etc. sind mithin nicht von der Regelung erfasst.[1024] Viertens muss der Verleger grundsätzlich den

---

[1015] S. 32 CDPA 1988. Vgl. *Burrell/Coleman*, S. 120; *Garnett/Davies/Harbottle*, Rn. 9-99.

[1016] S. 174 CDPA 1988. Vgl auch *The Copyright (Educational Establishments) Order 2005* (SI 2005/223); *Education Act 1996* (c. 56), außerdem *Garnett/Davies/Harbottle*, Rn. 9-99; *Laddie/Prescott/Vitoria*, Rn. 21.71.

[1017] *Laddie/Prescott/Vitoria*, Rn. 21.71.

[1018] S. 174 (2) CDPA 1988. Vgl. *Laddie/Prescott/Vitoria*, Rn. 21.71.

[1019] *IPO*, Modernising Copyright, S. 41.

[1020] S. 33 (1) (a) CDPA 1988. Vgl. *Garnett/Davies/Harbottle*, Rn. 9-103.

[1021] S. 33 (1) (b) CDPA 1988. Vgl. *Garnett/Davies/Harbottle*, Rn. 9-103.

[1022] *Burrell/Coleman*, S. 124.

[1023] S. 33 (1) CDPA 1988. Vgl. *Garnett/Davies/Harbottle*, Rn. 9-103.

[1024] Vgl. *Burrell/Coleman*, S. 124.

Namen des Autors sowie den Titel des Werkes angeben oder das Werk beschreiben.[1025]

Auch wenn diese Voraussetzungen erfüllt sind, darf ein Verlag innerhalb von fünf Jahren nicht mehr als zwei Auszüge von Werken desselben Autors in Sammlungen veröffentlichen.[1026] Zudem darf er nur eine „kurze Passage" (*short passage*) eines Werkes verwenden.[1027] Allerdings ist unklar, wann eine Passage „kurz" ist.[1028]

Bezweifelt wird zudem, ob die Regelung von Art. 5 Abs. 3 lit. a) InfoSoc-Richtlinie erfasst ist, obwohl die meisten Sammlungen dieser Art wirtschaftlichen Zwecken dienen.[1029] Teilweise wird vertreten, dass die Regelung den Bedürfnissen von Bildungseinrichtungen oder Verlagen in diesem Bereich so wenig Rechnung trage, dass sie überflüssig sei.[1030]

(2) Vergleich mit dem deutschen Recht

S. 33 CDPA 1988 ist vergleichbar mit § 46 UrhG. Er ermöglicht die Nutzung von Werkteilen sowie bestimmten Werken in Sammlungen für den (Kirchen-,) Schul- und Unterrichtsgebrauch.

Das britische Recht ist allerdings insoweit strenger, als die Sammlung hauptsächlich aus nicht (mehr) geschütztem Material bestehen muss, während die Verwendung geschützter Werke im deutschen Recht grundsätzlich gestattet ist. Eine zusätzliche Beschränkung stellt die Fünf-Jahres-Klausel dar. Während das britische Recht Werke, die für Bildungszwecke bestimmt sind, von der Regelung ganz ausnimmt, verlangt das deutsche Recht die Einwilligung des Berechtigten für die öffentliche Zugänglichmachung von für den Schulunterricht bestimmten Werken:[1031] Grundsätzlich ist die Nutzungsabsicht dem Urheber mitzuteilen; erst zwei Wochen danach darf die Nutzung aufgenommen werden.[1032] Trotz unterschiedlicher Rechtstechnik führen beide Ansätze insoweit also praktisch zum selben Ergebnis. Beiden Ländern gemeinsam ist das Prob-

---

[1025] S. 33 (1) CDPA 1988. Vgl. *Garnett/Davies/Harbottle*, Rn. 9-103.

[1026] S. 33 (2) CDPA 1988. Vgl. *Garnett/Davies/Harbottle*, Rn. 9-103. Dies gilt auch, wenn der Autor das Werk gemeinsam mit anderen Autoren verfasst hat, s. 33 (3) CDPA 1988. Vgl. *Burrell/Coleman*, S. 124. Kritisch dazu *Garnett/Davies/Harbottle*, Rn. 9-103.

[1027] S. 33 (1) CDPA 1988.

[1028] So *Burrell/Coleman*, S. 124; *Garnett/Davies/Harbottle*, Rn. 9-103; *Laddie/Prescott/Vitoria*, Rn. 21.82: Handelt es sich um einen unwesentlichen Teil (*insubstantial part*), ist das Recht gar nicht beeinträchtigt (siehe Teil 4.B.IV.). Überschreitet die Nutzung diese Schwelle, könnten Gerichte eine Prüfung ähnlich der *fairness*-Prüfung vornehmen. Ausschlaggebend könnte aber auch allein ein Element dieser Prüfung sein, nämlich die Frage, ob die Verwendung des Werkteils die wirtschaftliche Auswertung des Werkes durch den Rechteinhaber beeinträchtigt.

[1029] So *Laddie/Prescott/Vitoria*, Rn. 21.82.

[1030] So *Burrell/Coleman*, S. 124.

[1031] § 46 Abs. 1 S. 2 UrhG.

[1032] § 46 Abs. 3 UrhG.

136

lem zu bestimmen, was eine *short passage* bzw. ein Werk geringen Umfangs ist.[1033]

cc) Vortrag, Aufführung, Vorführung (s. 34 CDPA 1988)

(1) Rechtslage

Führen Lehrer oder Schüler literarische, dramatische oder musikalische Werke in einer Bildungseinrichtung vor einem Publikum aus Lehrern, Schülern oder anderen mit den Aktivitäten der Einrichtung direkt verbundenen Personen[1034] auf, stellt dies keinen öffentlichen Vortrag bzw. keine öffentliche Aufführung[1035] dar (s. 34 (1) CDPA 1988). Auch Filme, Sendungen oder Tonaufnahmen dürfen zum Zweck des Unterrichts vor Lehrern oder Schülern in der Bildungseinrichtung gezeigt bzw. gespielt werden, ohne dass es sich dabei um eine öffentliche Vorführung[1036] handelt (s. 34 (2) CDPA 1988). Führen Dritte ein Werk zu Unterrichtszwecken vor oder auf oder tragen sie ein solches Werk vor, müssen sie dies an der jeweiligen Einrichtung tun.[1037] Das Vortrags-, Aufführungs- bzw. Vorführungsrecht ist in all diesen Fällen nicht betroffen. Die Regelungen setzen somit bereits auf Tatbestandsebene an; sie stellen keine Ausnahmeregelung im engeren Sinne dar.[1038]

(2) Vergleich mit dem deutschen Recht

Da das britische Recht streng genommen keine Ausnahmeregelung vom Vortrags-, Aufführungs- und Vorführungsrecht vorsieht, findet sich im deutschen Recht keine direkt vergleichbare Vorschrift. Allerdings verfügt das deutsche Recht mit § 52 Abs. 1 S. 1, 3 UrhG über eine Ausnahmeregelung, die einen (wenigstens teilweise) ähnlichen Anwendungsbereich hat.

dd) Aufnahme (s. 35 CDPA 1988)

(1) Rechtslage

Bildungseinrichtungen dürfen Sendungen aufnehmen oder aufnehmen lassen, ohne urheberrechtliche Befugnisse an den Sendungen[1039] oder den in ihnen

---

[1033] Siehe dazu auch Teil 3.B.III.4.d), Teil 3.B.IV.3., Teil 6.B.I.2.e)bb).

[1034] Eltern von Schülern sind nicht automatisch mit der Bildungseinrichtung ihrer Kinder verbunden, s. 34 (3) CDPA 1988. Für eine Vorführung vor einem Publikum, in dem auch Eltern vertreten sind, wird daher grds. eine Lizenz benötigt, vgl. *Laddie/Prescott/Vitoria*, Rn. 21.72. Sind zufällig einzelne Eltern ohne Einladung zugegen, ist dies jedoch unschädlich, vgl. Hansard, HL Vol. 493, col. 1167. Hiernach sollen die Beschränkungen hinsichtlich des Publikums den Vorgaben der RBÜ Rechnung tragen.

[1035] Vgl. s. 19 (2) CDPA 1988.

[1036] Vgl. s. 19 (3) CDPA 1988.

[1037] S. 34 (1) (b), (2) CDPA 1988.

[1038] Vgl. *Laddie/Prescott/Vitoria*, Rn. 21.72.

[1039] Sendungen genießen in Großbritannien urheberrechtlichen Schutz, s. 1 (1) (b) CDPA 1988.

verkörperten Werken zu verletzen, soweit sie dies zu nichtkommerziellen Bildungszwecken tun und Urheber sowie Titel nennen (s. 35 (1) CDPA 1988). Unterricht an Schulen oder Universitäten verfolgt nichtkommerzielle Bildungszwecke auch dann, wenn dafür Gebühren verlangt werden.[1040]

Eine innerhalb der Bildungseinrichtung befindliche Person darf eine derart aufgezeichnete Sendung oder eine Kopie davon öffentlich zeigen (*communicate to the public*), wenn die Sendung nicht außerhalb der Einrichtung empfangen werden kann.[1041] Wird die Sendung aber später verkauft, vermietet, zum Verkauf oder zur Miete angeboten oder Personen außerhalb der Einrichtung zugänglich gemacht, gilt bereits die Aufnahme als rechtsverletzende Kopie (*infringing copy*).[1042]

Die Vorschrift findet nur Anwendung, wenn kein Lizenzmodell zur Verfügung steht, das vom *Secretary of State* anerkannt (*certified*) wurde.[1043] S. 35 CDPA 1988 setzt also Anreize für Rechteinhaber, ein angemessenes Lizenzmodell anzubieten.[1044]

(2) Vergleich mit dem deutschen Recht

Die britische Regelung ist großzügiger formuliert als die deutsche Schranke für Schulfunksendungen.[1045] S. 35 CDPA 1988 erfasst sämtliche Arten von Sendungen und darin verkörperter Werke. Zudem dürfen Dritte im Auftrag der Bildungseinrichtung Aufzeichnungen herstellen.[1046] Vor allem kennt das briti-

---

[1040] Vgl. *Laddie/Prescott/Vitoria*, Rn. 21.76. Ihrer Ansicht nach greift die Ausnahmeregelung dann nicht mehr, wenn eine kommerzielle Organisation eine Bildungseinrichtung mit der Fortbildung ihrer Mitarbeiter beauftragt.

[1041] S. 35 (1A) CDPA 1988. *Laddie/Prescott/Vitoria*, Rn. 21.74 kritisieren, dass die britische Regelung nicht ohne Weiteres mit der InfoSoc-Richtlinie vereinbar sei, da sie ihrem Wortlaut nach auch eine öffentliche Vorführung in der Bildungseinrichtung vor einem allgemeinen Publikum gegen Entgelt erfasse. Das sei weder von Art. 5 Abs. 3 lit. a) noch von Art. 5 Abs. 3 lit. n) InfoSoc-Richtlinie gedeckt. Die Norm müsse daher so ausgelegt werden, dass nur eine öffentliche Wiedergabe zur Veranschaulichung von Unterricht oder Forschung zulässig sei.

[1042] S. 35 (3) CDPA 1988. Zur *infringing copy* vgl. s. 27 CDPA 1988. Dies spielt eine Rolle für die Anwendung der Vorschriften zum sogenannten *secondary infringement* (ss. 22 – 26 CDPA 1988).

[1043] Ss. 35 (2), 143 CDPA 1988. Der *Secretary of State* prüft, ob das zu nutzende Werk hinreichend genau benannt und die Zahlungsmodalitäten und sonstigen Bedingungen klar formuliert sind, s. 143 (2) CDPA 1988. Halten Bildungseinrichtungen die Lizenzbedingungen für unangemessen, können sie das *Copyright Tribunal* zur Klärung oder Schlichtung anrufen. *Secretary of State* und *Copyright Tribunal* sollen zudem mittels Aufsicht sicherstellen, dass Bildungseinrichtungen nicht unangemessen benachteiligt werden, vgl. *Burrell/Coleman*, S. 127 f. Zur Vereinfachung der Lizenzierung will die britische Regierung das Anerkennungsverfahren abschaffen, vgl. *IPO, Modernising Copyright*, S. 41.

[1044] *Burrell/Coleman*, S. 126 ff. Das aktuelle Lizenzmodell stammt von der *Educational Recording Agency Ltd.*

[1045] Zur Ausnahmeregelung für Schulfunksendungen (§ 47 UrhG) siehe Teil 3.B.II.

[1046] Die Ansicht in der britischen Literatur, nach der nur eine Wiedergabe zur Veranschaulichung von Unterricht und Forschung von der britischen Norm gedeckt ist, kommt dem deutschen Recht

sche Recht keine Löschungspflicht.[1047] Die deutsche Regelung ist allerdings insofern weiter, als sie keinen Vorrang von Lizenzierungsmodellen statuiert.

ee) Reprographische Vervielfältigung (s. 36 CDPA 1988)

(1) Rechtslage

Bildungseinrichtungen dürfen Werke der Literatur, Dramatik oder Musik für den Unterricht reprographisch vervielfältigen oder vervielfältigen lassen,[1048] ohne die Zustimmung des Rechteinhabers einholen zu müssen, wenn der Unterricht zu nichtkommerziellen Zweck erfolgt und Urheber und Werktitel, soweit möglich, genannt werden (s. 36 (1), (1A) CDPA 1988). Auch Textausgaben dürfen unter diesen Voraussetzungen vervielfältigt werden, ohne dass dabei das *copyright* am Layout des Texts beeinträchtigt wird.[1049] Allerdings darf eine Einrichtung pro Quartal nicht mehr als ein Prozent eines Werkes kopieren oder kopieren lassen.[1050] Selbst unterschiedliche Fachbereiche einer Universität werden dafür nicht als selbständige Einrichtungen gewertet.[1051]

Um den Anwendungsbereich der Norm zu erweitern und gleichzeitig den Vorgaben des Drei-Stufen-Tests Rechnung zu tragen, plant die britische Regierung, künftig Kopien von insgesamt fünf Prozent eines Werkes innerhalb eines Zeitraumes von 12 Monaten zuzulassen.[1052] Außerdem sollen Bildungseinrichtungen in Zukunft ihren Mitarbeitern oder Schülern nicht nur physische Kopien aushändigen, sondern auch elektronische Kopien in geschlossenen elektelektronischen Netzwerken zugänglich machen dürfen.[1053]

Die bestehende Regelung gilt nicht für Werke der bildenden Künste.[1054] Eine Grafik in einem Lehrbuch darf daher bislang nicht vervielfältigt werden.[1055] Künftig sollen alle Werkarten mit Ausnahme von Sendungen von der Norm

---

nahe. Danach dürfen die aufgezeichneten Sendungen ausschließlich für den Unterricht verwendet werden; eine öffentliche Wiedergabe i.S.d. § 15 UrhG ist grds. nicht gestattet.

[1047] Im deutschen Recht ist der Zeitpunkt der Löschung für die Vergütungspflicht von Relevanz, § 47 Abs. 2 S. 2 UrhG.

[1048] Reprographie ist der Prozess zur Herstellung originalgetreuer Kopien, einschließlich der Nutzung von Kopiergeräten (*an appliance for making multiple copies*), sowie die Vervielfältigung mit elektronischen Mitteln, soweit es sich um Werke in elektronischer Form handelt, s. 178 CDPA 1988.

[1049] S. 36 (1B) CDPA 1988. Die Weitergabe bzw. der Handel mit diesen Kopien ist jedoch verboten, eine solchermaßen gehandelte Kopie gilt als rechtswidrig, s. 36 (5) CDPA. Die Regelung ähnelt insoweit jener zu Sendungen (siehe Teil 4.C.IV.1.a)dd)).

[1050] S. 36 (2) CDPA 1988.

[1051] *Burrell/Coleman*, S. 129.

[1052] *IPO*, Amendments to Exceptions for Education, Annex A, s. 36 (4).

[1053] *IPO*, Amendments to Exceptions for Education, Annex A, s. 36 (1) (b). Die Kopien sollen allerdings nicht anderweitig öffentlich zugänglich gemacht werden dürfen (Annex A, s. 36 (7) (c)).

[1054] Vgl. s. 36 (1) CDPA 1988.

[1055] Diese Begrenzung sei „einigermaßen unrealistisch" (*somewhat unrealistic*), *Laddie/Prescott/Vitoria*, Rn. 21.79.

erfasst werden, künstlerische Werke allerdings nur, wenn sie in einem anderen Werk enthalten sind.[1056]

Zudem greift auch diese Ausnahmeregelung nur, wenn kein Lizenzmodell zur Verfügung steht.[1057] Die Lizenzen für reprographische Vervielfältigungen verwaltet die *Copyright Licensing Agency*; sie schließt Vereinbarungen mit Schulen, Hochschulen oder deren Vertretern.[1058]

(2) Vergleich mit dem deutschen Recht

Das britische Recht privilegiert im Gegensatz zum deutschen[1059] auch Nutzungshandlungen zum Zweck von Unterricht, der nicht an bestimmten Bildungseinrichtungen stattfindet.[1060] Die Differenzierung im Gesetz richtet sich überwiegend nach den verschiedenen Verwertungshandlungen, nicht nach den privilegierten Einrichtungen. Für Vervielfältigungen von Werken für den Gebrauch im Unterricht an Bildungseinrichtungen sind die deutsche und die britische Regelung aber vergleichbar. Darüber hinaus erlaubt das deutsche Recht auch eine öffentliche Zugänglichmachung von Werken für den Unterricht,[1061] das britische hingegen derzeit nicht.[1062]

In beiden Ländern ist die Vervielfältigung von Werken in bestimmten, einzeln im Gesetz genannten Einrichtungen gestattet. Anders als s. 36 CDPA 1988 gehören Hochschulen nach deutschem Recht nicht zum Kreis der Berechtigten.[1063] Sie dürfen lediglich einzelne Vervielfältigungsstücke, die nicht an Dritte weitergegeben werden, zum eigenen wissenschaftlichen Gebrauch herstellen[1064] sowie kleine Teile eines Werkes, Werke geringen Umfangs und einzelne Zeitschriftenbeiträge für Prüfungen vervielfältigen.[1065]

Das deutsche Recht erlaubt insgesamt lediglich die Vervielfältigung von kleinen Teilen eines Werkes, von Werken geringen Umfangs oder von einzelnen Zeitungs- oder Zeitschriftenartikeln.[1066] Großbritannien zieht die relative Grenze der zulässigen Nutzung bei 1 % des Werkes pro Quartal. Beide Begrenzun-

---

[1056] *IPO*, Amendments to Exceptions for Education, Annex A, s. 36 (2).

[1057] S. 36 (3) CDPA 1988.

[1058] *Burrell/Coleman*, S. 128 f. Auch hier können sich Bildungseinrichtungen zur Prüfung der Lizenzbedingungen an das *Copyright Tribunal* wenden. Das Lizenzierungssystem soll beibehalten werden, allerdings dürfen Lizenzvereinbarungen künftig nicht enger sein als die gesetzliche Regelung, vgl. *IPO*, Amendments to Exceptions for Education, Annex A, s. 36 (5), (6).

[1059] § 53 Abs. 3 S. 1 Nr. 1 UrhG.

[1060] Das Unterrichtsprivileg nach § 53 Abs. 3 S. 1 Nr. 1 UrhG erfasst nur Schulen, nichtgewerbliche Einrichtungen der Aus- und Weiterbildung sowie Einrichtungen der Berufsbildung, siehe Teil 3.B.III.4.b).

[1061] § 52a Abs. 1 Nr. 1 UrhG, siehe Teil 3.B.V.2.

[1062] Vgl. aber *IPO*, Amendments to Exceptions for Education, Annex A, s. 36 (1) (b).

[1063] Vgl. § 53 Abs. 3 S. 1 Nr. 1 UrhG, siehe Teil 3.B.III.4.b).

[1064] Vgl. § 53 Abs. 2 S. 1 Nr. 1 UrhG, siehe Teil 3.B.III.3.a).

[1065] § 53 Abs. 3 S. 1 Nr. 2 UrhG, siehe Teil 3.B.III.4.c).

[1066] § 53 Abs. 3 UrhG, siehe Teil 3.B.III.4.d).

gen werden kritisiert, in Großbritannien soll die Grenze künftig (sehr moderat) auf 5 % pro Jahr angehoben werden.

Restriktiver ist das britische Recht in Bezug auf die erfassten Werkarten. Nur literarische, dramatische und musikalische Werke dürfen für den Unterricht vervielfältigt werden, nicht aber künstlerische Werke. Das deutsche Recht schränkt die Möglichkeit, Noten und andere graphische Aufzeichnungen von Werken der Musik zu vervielfältigen, weitgehend ein.[1067] Eine vergleichbare Begrenzung findet sich im britischen Recht für die Verwendung von Werken in Prüfungen.[1068] Eine „im Wesentlichen vollständige" Vervielfältigung von Büchern oder Zeitschriften, die nicht manuell erfolgt oder zur Aufnahme in ein eigenes Archiv dient, ist nach deutschem Recht unzulässig.[1069] Künftig sollen in Großbritannien sämtliche Werkarten mit Ausnahme von Sendungen und künstlerischen Werken, die nicht in andere Werke integriert sind, von s. 36 CDPA 1988 erfasst werden.

S. 36 CDPA 1988 kommt überdies, anders als sein deutsches Pendant, nur dann zur Anwendung, wenn kein Lizenzmodell zur Verfügung steht.

ff) Verleih (s. 36A CDPA 1988)

(1) Rechtslage
Bildungseinrichtungen dürfen Werkexemplare verleihen (s. 36A CDPA 1988). Außerdem verletzen sie keine Rechte an Aufführungen, wenn sie Aufzeichnungen davon auf Bild- oder Tonträgern verleihen.[1070] Diese Ausnahmen, die keine gesonderte Vergütungspflicht vorsehen, gehen auf die Vermiet- und Verleihrechts-Richtlinie zurück.[1071]

(2) Vergleich mit dem deutschen Recht
Das deutsche Recht sieht für den Verleih von Werken keine Schrankenregelung vor. Der Verleih eines Werkes, an dem sich das Recht zur Verbreitung erschöpft hat, ist in Deutschland gegen Zahlung einer angemessenen Vergütung zulässig.[1072]

b) Nutzung für Unterricht und Prüfungen (s. 32 CDPA 1988)
Für Unterricht und Prüfungen darf urheberrechtlich geschütztes Material unter bestimmten Bedingungen inner- und außerhalb von Bildungseinrichtungen zustimmungsfrei verwendet werden (s. 32 CDPA 1988). Die Nutzung ist damit

---

[1067] § 53 Abs. 4 lit. a) UrhG.
[1068] Siehe dazu Teil 4.C.IV.1.b).
[1069] § 53 Abs. 4 lit. b) UrhG.
[1070] *Laddie/Prescott/Vitoria*, Rn. 21.81.
[1071] *Laddie/Prescott/Vitoria*, Rn. 21.81.
[1072] §§ 17 Abs. 2, 27 Abs. 2 UrhG.

nicht an Bildungseinrichtungen gekoppelt, sondern darf – unter engen Voraussetzungen – in jeglicher Form von Unterricht unabhängig von der Einrichtung erfolgen.

aa) Unterricht

Für den Unterricht oder dessen Vorbereitung dürfen Werke der Literatur, Kunst, Musik oder Dramatik vervielfältigt werden.[1073] Der Begriff des „Unterrichts" (*instruction*) ist weit auszulegen, so dass jegliche Form der Aus- oder Weiterbildung darunter fällt, auch beispielsweise eigenständiges Lernen (*self-instruction*).[1074] Nur die Person, die unterrichtet oder unterrichtet wird, darf die Vervielfältigungshandlung vornehmen.[1075] Dagegen erlaubt die Norm nicht die Bereitstellung von vorgefertigten Materialien, die beispielsweise von einem Verlag kommen.[1076] Soweit möglich, sind Autor und Quelle der verwendeten Werke anzugeben.[1077] Außerdem darf der Unterricht nicht zu kommerziellen Zwecken erfolgen.[1078]

Die Vervielfältigung darf nicht mit reprographischen Mitteln erfolgen.[1079] Fotokopien sind beispielsweise von der Ausnahmeregelung ausgeschlossen.[1080] Auch die Vervielfältigung von elektronisch gespeicherten Werken mit elektronischen Mitteln, beispielsweise das Kopieren von Computerprogrammen, ist nicht gestattet.[1081] Lehrende und Lernende müssen daher praktisch die Kopien von Hand erstellen, etwa indem sie einen Text an die Tafel schreiben.[1082]

Wurde das betreffende literarische, dramatische, musikalische oder künstlerische Werk der Öffentlichkeit bereits zugänglich gemacht, darf die Nutzung auch kommerziellen Zwecken dienen, wenn sie fair (im Sinne des *fair dealing*) ist.[1083]

[1073] S. 32 (1) CDPA 1988.

[1074] *Laddie/Prescott/Vitoria*, Rn. 21.84.

[1075] S. 32 (1) (a) CDPA 1988.

[1076] *Laddie/Prescott/Vitoria*, Rn. 21.84.

[1077] S. 32 (1) (c) CDPA 1988. Dies gilt nicht, wenn die Angabe aus praktischen oder sonstigen Gründen unmöglich ist, s. 32 (3A) CDPA 1988.

[1078] S. 32 (1) CDPA 1988. Damit soll den Vorgaben der InfoSoc-Richtlinie Rechnung getragen werden, vgl. *Laddie/Prescott/Vitoria*, Rn. 21.84.

[1079] S. 32 (1) (b) CDPA 1988.

[1080] *Laddie/Prescott/Vitoria*, Rn. 21.84.

[1081] *Laddie/Prescott/Vitoria*, Rn. 21.84.

[1082] *Laddie/Prescott/Vitoria*, Rn. 21.84. Vgl. auch *Burrell/Coleman*, S. 121 f.: Mangels quantitativer Beschränkungen dürfte eine Lehrerin beispielsweise ein Gedicht in voller Länge an die Tafel schreiben. Die Schüler dürften es dann in voller Länge abschreiben. Burrell und Coleman kritisieren (ebd.), dass die Ausnahmeregelung nur altmodische Lehrmethoden in Bezug auf Werke der Literatur, Dramatik, Musik und Kunst privilegierten. Auch eine Folie auf einem Projektor sei von einem Kopierapparat hergestellt und fiele aus dem Anwendungsbereich der Norm heraus. Gleiches gelte für eine PowerPoint-Folie, auf der Werke wiedergegeben werden.

[1083] S. 32 (2A) CDPA 1988. Vgl. *Laddie/Prescott/Vitoria*, Rn. 21.84.

Für den Unterricht oder dessen Vorbereitung dürfen auch Tonaufnahmen, Filme oder Sendungen vervielfältigt werden, um damit Filme oder Soundtracks herzustellen, soweit die Vervielfältigung durch einen Lehrer oder Schüler zu nichtkommerziellen Zwecken erfolgt und Autor sowie Quelle angegeben werden.[1084]

bb) Prüfungen

Die Nutzung zu Prüfungszwecken ist gestattet, wenn in den Prüfungsfragen der Autor und die Quelle des verwendeten Werkes im Rahmen des Möglichen genannt werden.[1085] Ein Werk darf danach zum Beispiel ganz oder in Auszügen abgedruckt werden, um dazu Fragen oder Aufgaben zu stellen.[1086] Die Regelung gilt grundsätzlich für alle Werkarten und alle Nutzungshandlungen[1087] und erfasst beispielsweise auch die Weitergabe von Kopien an die Öffentlichkeit.[1088] Musikwerke, die Prüfungskandidaten in einer Prüfung aufführen, dürfen allerdings nicht reprographisch vervielfältigt werden.[1089] Zudem gelten Kopien oder Aufnahmen, die gemäß s. 32 CDPA 1988 hergestellt wurden, als rechtsverletzende Kopien, wenn sie anschließend verkauft, zum Verkauf angeboten oder öffentlich zugänglich gemacht werden.[1090]

Angesichts der Kritik an der Ausnahmeregelung plant die britische Regierung, die gesamte s. 32 CDPA 1988 durch eine *fair dealing*-Regelung für Unterrichtszwecke (*for the purposes of instruction*) zu ersetzen.[1091] Sie soll die Nutzung von Werken in dem zur Veranschaulichung des Unterrichts nötigen Umfang (*to the extent necessary*) gestatten, und zwar für alle Institutionen und Personen, die unterrichten, nicht nur für Bildungseinrichtungen, wie sie im Gesetz definiert sind.[1092] Überdies sollen alle Nutzungshandlungen erfasst werden.[1093] Die Quel-

---

[1084] S. 32 (2) CDPA 1988. Diese Regelung sollte ursprünglich Filmhochschulen privilegieren, vgl. *Laddie/Prescott/Vitoria*, Rn. 21.85 Fn. 1.

[1085] S. 32 (3) CDPA 1988. Erlaubt sind das Aufsetzen der Fragen für Prüfungen, das Stellen dieser Fragen an Prüfungskandidaten sowie die Beantwortung der Fragen durch diesen. Die Pflicht zur Quellenangabe entfällt, wenn dies aus praktischen oder sonstigen Gründen unmöglich ist, s. 32 (3A) CDPA 1988. Kritisiert wird, dass die Pflicht zur Quellenangabe es dem Prüfer unmöglich mache, nach der Herkunft eines Zitats oder Werkauszugs zu fragen, *Burrell/Coleman*, S. 123.

[1086] *Burrell/Coleman*, S. 123. Auch eine Übersetzung im Rahmen einer Prüfung wäre hiernach keine Rechtsverletzung.

[1087] S. 32 (3) CDPA 1988. *Laddie/Prescott/Vitoria*, Rn. 21.86 sind allerdings der Ansicht, dass die Ausnahmeregelung möglichst eng ausgelegt werden müsse, da Prüfungen eigentlich nicht der Veranschaulichung von Unterricht dienten.

[1088] Vgl. zu Letzterem *Laddie/Prescott/Vitoria*, Rn. 21.86.

[1089] S. 32 (4) CDPA 1988. Eine wesentliche Einnahmequelle von Musikverlagen seien Noten, die für eben diesen Zweck verkauft würden, vgl. *Laddie/Prescott/Vitoria*, Rn. 21.86.

[1090] S. 32 (5) CDPA 1988. Zu den parallelen Regelungen bei ss. 35, 36 CDPA 1988 siehe Teil 4.C.IV.1.a)ee) und ff).

[1091] *IPO*, Modernising Copyright, S. 40. Vgl. *IPO*, Amendments to Exceptions for Education, Annex A.

[1092] *IPO*, Modernising Copyright, S. 40.

le muss genannt werden; die Nutzung muss nichtkommerziell und *fair* sein, darf die normale Verwertung also nicht beeinträchtigen.[1094]

Die neue *fair dealing*-Regelung soll auf Art. 5 Abs. 3 lit. a) InfoSoc-Richtlinie aufbauen.[1095] Erfasst werden sollen also sowohl Vervielfältigung als auch öffentliche Zugänglichmachung sowie die nicht harmonisierten Verwertungsrechte. Die Neuregelung soll beispielsweise ermöglichen, dass Universitäten alte Klausuren, die Zitate oder Teile aus fremden Werken enthalten, im Intranet für Studenten bereitstellen.[1096] Nicht gestattet wäre aber zum Beispiel die Vervielfältigung eines größeren Teils eines Lehrbuchs für eine ganze Klasse.[1097]

cc) Vergleich mit dem deutschen Recht

Das britische Recht differenziert zwischen der Nutzung von Werken innerhalb und außerhalb von Bildungseinrichtungen. Innerhalb von Bildungseinrichtungen dürfen Werke reprographisch vervielfältigt werden. Für jede Form des Unterrichts, innerhalb wie außerhalb von Bildungseinrichtungen, sowie für Prüfungen dürfen nur nichtreprographische Vervielfältigungen, für Prüfungsfragen und deren Beantwortung auch andere Nutzungshandlungen vorgenommen werden.[1098] Das deutsche Recht gestattet nur die Nutzung an einzelnen, im Gesetz genannten Einrichtungen.[1099]

Das deutsche Recht erlaubt neben der Vervielfältigung in gewissem Umfang auch die öffentliche Zugänglichmachung von Werken für den Unterricht.[1100] Das britische Recht tut dies bislang nicht; künftig soll dies jedoch gestattet werden.

Vergleichbar sind die jeweiligen Regelungen zum Prüfungsgebrauch von Werken. Die britische Vorschrift verfügt jedoch insofern über einen breiteren Anwendungsbereich, als auch vollständige Werke verwendet werden dürfen. Das deutsche Recht erlaubt nur eine Nutzung von kleinen Teilen, Werken geringen Umfangs oder einzelnen Zeitungs- oder Zeitschriftenbeiträgen.[1101] Außerdem sind in Großbritannien grundsätzlich sämtliche Nutzungshandlungen gestattet, während in Deutschland nur Vervielfältigungen zulässig sind. In beiden Ländern fallen Werke der Musik bzw. deren graphische Aufzeichnung aus dem Anwendungsbereich der jeweiligen Normen heraus. Darüber hinaus enthält das britische *copyright law* eine allgemeine Ausnahmeregelung für Prüfungen,

---

[1093] Vgl. *IPO*, Amendments to Exceptions for Education, Annex A, s. 32.
[1094] *IPO*, Modernising Copyright, S. 40.
[1095] *IPO*, Amendments to Exceptions for Education, Annex A, s. 32 (1).
[1096] *IPO*, Modernising Copyright, S. 40.
[1097] *IPO*, Modernising Copyright, S. 40.
[1098] Siehe Teil 4.C.IV.1.b)aa).
[1099] Vgl. § 53 Abs. 3 UrhG.
[1100] § 52a Abs. 1 Nr. 1 UrhG. Siehe Teil 3.B.V.2.
[1101] § 53 Abs. 3 S. 1 Nr. 2 UrhG. Siehe Teil 3.B.III.4.c).

die innerhalb oder außerhalb von Bildungsinstitutionen abgenommen werden können.

2. Bibliotheken und Archive

Für Bibliotheken und Archive gelten drei Gruppen von Ausnahmeregelungen:[1102] Bibliothekare dürfen Kopien von Werken oder Werkteilen anfertigen und an Leser weitergeben.[1103] Zudem dürfen Bibliothekare Kopien zu internen Zwecken wie etwa der Bestandserhaltung erstellen und an andere Bibliotheken weitergeben.[1104] Schließlich dürfen sie Werkexemplare verleihen und Kopien zur Vorbereitung des Exports von Werken außerhalb Großbritanniens herstellen.[1105]

a) Ausgabe von Kopien an Leser

Wenn ein Leser ein Werk an einem Kopierapparat in einer Bibliothek oder in einem Archiv vervielfältigt, kann dies durch *fair dealing* gedeckt sein.[1106] Fertigt ein Bibliothekar oder Archivar die Kopien an oder lässt er sie anfertigen, finden dagegen die Sonderregelungen für Bibliotheken und Archive Anwendung.[1107] In der Praxis betrifft dies vorrangig Kopien von Werken, die ein Leser einer anderen Bibliothek bei der aushändigenden Bibliothek bestellt.[1108]

Die Bibliothek muss sicherstellen, dass die in der jeweiligen Norm genannten Voraussetzungen[1109] tatsächlich erfüllt sind.[1110] In der Praxis ist damit ein erheblicher Verwaltungsaufwand verbunden.[1111] Um die Kosten für Bibliotheken, Archive und Leser zu reduzieren, soll die Prüfpflicht der Bibliotheken im Zuge einer Reform des CDPA 1988 abgeschwächt werden.[1112] Die schriftlichen Erklärungen der Nutzer sollen dann nicht mehr der derzeit gesetzlich vorge-

---

[1102] Ss. 37 – 44A CDPA 1988. Vgl. insoweit *Burrell/Coleman*, S. 145.

[1103] Ss. 38, 39, 43 CDPA 1988.

[1104] Ss. 41, 42, 44A CDPA 1988.

[1105] Ss. 40A, 44 CDPA 1988.

[1106] Siehe dazu Teil 4.C.III.

[1107] *Burrell/Coleman*, S. 145.

[1108] *Burrell/Coleman*, S. 145.

[1109] Dazu sogleich.

[1110] Sie darf sich dabei auf eine schriftliche Erklärung des Nutzers berufen, s. 37 (2) CDPA 1988. Nach *Burrell/Coleman*, S. 145 verpflichten Bibliotheken ihre Besucher darum meist, entsprechende Formulare auszufüllen, die sie dann zu Beweiszwecken archivieren. Musterformulare finden sich in den *Library Regulations*, vgl. *The Copyright (Librarians and Archivists) (Copying of Copyright Material) Regulations* 1989, Schedule 2.

[1111] *Burrell/Coleman*, S. 147 kritisieren, dass die geltende Rechtslage hohe Kosten für die Einrichtungen verursache, aber kaum Rechtsverletzungen vorbeuge. Vgl. auch *Laddie/Prescott/Vitoria*, Rn. 35.10.

[1112] *IPO*, Modernising Copyright, S. 35.

schriebenen Form entsprechen müssen.[1113] Insbesondere sollen die Erklärungen in digitaler Form abgegeben werden dürfen.[1114]

aa) Artikel in Zeitschriften (s. 38 CDPA 1988)

Vervielfältigt ein Bibliothekar einen Zeitschriftenartikel oder lässt er ihn kopieren, stellt dies keine Verletzung des *copyright* an dem Artikel, den darin enthaltenen Illustrationen oder seinem Layout dar, wenn die Voraussetzungen von s. 38 CDPA 1988 erfüllt sind.[1115] Berechtigt sind nur die in den *Library Regulations* genannten Bibliotheken.[1116] Dazu zählen etwa die *British Library* und andere Pflichtexemplarbibliotheken sowie Bibliotheken von Bildungsreinrichtungen.[1117] Bibliotheken, die von profitorientierten Organisationen betrieben werden und/oder zum Zweck der Gewinnerzielung eingerichtet wurden, werden nicht erfasst.[1118]

Der Leser muss der Bibliothek die Kosten für die Kopien sowie einen generellen Unkostenbeitrag erstatten.[1119] Außerdem muss er dem Bibliothekar schriftlich versichern, dass er den Artikel nur für nichtkommerzielle Forschung oder private Studien verwenden wird,[1120] weder einen Artikel mehrmals noch mehr als einen Artikel aus derselben Ausgabe der Zeitschrift erhalten hat,[1121] und dass keine andere Person im Wesentlichen dieselbe Anfrage stellt.[1122] Wenn der Leser falsche Angaben macht, haftet er wegen Verletzung des *copyright*, und

---

[1113] Beispielsweise sollen dann nicht mehr die Vordrucke der *Librarian and Archivist Regulations* verwendet werden müssen, vgl. *IPO*, Modernising Copyright, S. 35; *IPO*, Amendments to Exceptions for Research, Libraries and Archives, Annex A, s. 37 (3) (d).

[1114] Vgl. *IPO*, Amendments to Exceptions for Research, Libraries and Archives, Annex Annex A, s. 37 (3) (d).

[1115] S. 38 (1) CDPA 1988.

[1116] S. 37 (1) (a) CDPA 1988; *The Copyright (Librarians and Archivists) (Copying of Copyright Material) Regulations 1989*, reg. 3 (1).

[1117] Erfasst werden auch öffentliche Bibliotheken, Bibliotheken des Parlaments oder andere Bibliotheken, die von öffentlicher Hand verwaltet werden, vgl. *The Copyright (Librarians and Archivists) (Copying of Copyright Material) Regulations 1989*, reg. 3 (1). Vgl. auch *Laddie/Prescott/Vitoria*, Rn. 35.7.

[1118] *Laddie/Prescott/Vitoria*, Rn. 35.7.

[1119] S. 38 (2) (c) CDPA 1988.

[1120] S. 38 (2) (a) CDPA 1988.

[1121] S. 38 (2) (b) CDPA 1988. *Burrell/Coleman*, S. 149 f. kritisieren, dass das Gesetz keine Frist benennt, nach deren Ablauf die Kopie eines weiteren Artikels einer Zeitschriftenausgabe erlaubt ist. Bei strikter Anwendung der Regelung dürfe ein Leser nie zwei Artikel derselben Zeitschrift kopieren lassen.

[1122] S. 40 CDPA 1988; *The Copyright (Librarians and Archivists) (Copying of Copyright Material) Regulations 1989*, reg. 4 (2). Dies ist dann der Fall, wenn mehrere Personen im Grunde dasselbe Material zur im Grunde selben Zeit und für im Grunde denselben Zweck als Kopie bei der Bibliothek bestellen und die Materialien für Unterricht benötigen, der zur selben Zeit und am selben Ort stattfindet. Dadurch sollte verhindert werden, dass ganze Schulklassen mit Kopien ausgestattet werden, indem jeder einzelne Schüler der Klasse eine individuelle Anfrage stellt, vgl. *Laddie/Prescott/Vitoria*, Rn. 35.9 Fn. 3. *Burrell/Coleman*, S. 149 kritisieren, dass darum bei mehreren ähnlichen Anfragen verschiedener Leser oftmals die erste privilegiert werde.

die Kopie gilt als widerrechtlich.[1123] Ist dem Bibliothekar bewusst, dass eine Erklärung falsch ist, und vervielfältigt er ein Werk dennoch, verletzt er das *copyright* daran.[1124] Praktisch können Leser diese Beschränkungen aber relativ einfach umgehen.[1125]

bb) Teile von veröffentlichten Werken (s. 39 DCPA 1988)

Nach s. 39 CDPA 1988 dürfen Bibliothekare unter bestimmten Voraussetzungen Teile von veröffentlichten Werken der Literatur, Dramatik oder Musik vervielfältigen oder vervielfältigen lassen.[1126] Auch diese Regelung gilt nur für die in den *Library Regulations* genannten Bibliotheken.[1127] Wie bei s. 38 CDPA 1988 muss der Nutzer geltend machen, dass er die Kopien nur für nichtkommerzielle Zwecke oder private Studien verwendet.[1128] Eine Person darf zudem nicht mehr als eine Kopie desselben Materials (*material*), nicht im Wesentlichen dasselbe Material wie Dritte und insgesamt nur einen angemessenen Teil (*reasonable proportion*) eines Werkes erhalten.[1129] Im Übrigen muss der Leser auch hier Herstellungskosten sowie einen generellen Unkostenbeitrag zahlen.[1130]

Ganze Werke dürfen nur zwischen Bibliotheken weitergereicht werden.[1131] Nicht einmal ein kurzes Gedicht darf beispielsweise vollständig kopiert und einem Leser ausgehändigt werden, es sei denn, für diesen Leser sind die Voraussetzungen von *fair dealing* erfüllt.[1132]

Für den E-Mail- oder Faxversand sind neben der eigentlichen Übermittlung von Werkteilen oder Zeitschriftenartikeln regelmäßig weitere Vervielfältigungshandlungen nötig. Sie sind vermutlich nicht von der Ausnahmeregelung ge-

---

[1123] S. 37 (3) CDPA 1988.

[1124] S. 37 (2) (a) CDPA 1988.

[1125] Die Begrenzung auf eine Veröffentlichung pro Ausgabe einer Zeitschrift kann ein Leser beispielsweise umgehen, indem er mehrere Anträge an verschiedene Bibliotheken stellt, vgl. *Laddie/ Prescott/ Vitoria*, Rn. 35.10. Zudem ist es für die Bibliotheken kaum nachprüfbar, ob ein Leser bereits ein oder mehrere Exemplare bezogen hat, da die retrospektive Prüfung der Formulare einen erheblichen Aufwand bedeutet, *Burrell/ Coleman*, S. 149.

[1126] Nach *Burrell/ Coleman*, S. 149 trägt die Begrenzung auf Werke der Literatur, Dramatik und Musik der zunehmenden Bedeutung von anderen Medien in Unterricht und Forschung nicht ausreichend Rechnung. Künstlerische Werke dürfen beispielsweise nur als Teil eines Buchs vervielfältigt werden, vgl. *Laddie/ Prescott/ Vitoria*, Rn. 35.14.

[1127] S. 37 (1) CDPA 1988.

[1128] S. 39 (2) (a) CDPA 1988.

[1129] Ss. 39 (2) (b), 40 CDPA 1988; *The Copyright (Librarians and Archivists) (Copying of Copyright Material) Regulations 1989*, reg. 4. Wann genau eine *reasonable proportion* vorliegt, ist nicht geklärt, vgl. *Burrell/ Coleman*, S. 149. Sie kritisieren zudem, dass die Begrenzung auf Einzelpersonen in der Praxis kaum handhabbar sei. Zudem solle das Gesetz eine Frist benennen, nach deren Ablauf eine zweite Kopie desselben Materials möglich wäre.

[1130] S. 39 (2) (c) CDPA 1988.

[1131] *Laddie/ Prescott/ Vitoria*, Rn. 35.11.

[1132] *Laddie/ Prescott/ Vitoria*, Rn. 35.11. Siehe auch Teil 4.C.III.

deckt, da die dabei erstellten Vervielfältigungsstücke nicht direkt an den Leser übermittelt werden.[1133]

cc) Unveröffentlichte Werke (s. 43 CDPA 1988)

Unveröffentlichte Werke der Literatur, Dramatik oder Musik, die einer Bibliothek oder einem Archiv übergeben wurden, dürfen Bibliothekare oder Archivare mitsamt der darin enthaltenen Illustrationen unter bestimmten Voraussetzungen ganz oder in Auszügen vervielfältigen; die Vervielfältigungsstücke dürfen weitergegeben werden (s. 43 CDPA 1988). Künstlerische Werke erfasst die Regelung nur als Teile eines anderen Werkes, etwa als Abbildungen in einem Buch, nicht aber als eigenständige Werke. Auch Filme oder Tonaufnahmen fallen nicht in ihren Anwendungsbereich.[1134]

Die Ausnahme gilt für sämtliche Bibliotheken in Großbritannien.[1135] Sie erfasst nur Werke, die nach dem 1. August 1989 geschaffen wurden.[1136] Hat der Rechtsinhaber eine Vervielfältigung untersagt, und weiß der Bibliothekar oder Archivar zum Zeitpunkt der Vervielfältigung, dass das Werk unveröffentlicht und eine Vervielfältigung nicht gestattet ist, oder hätte er das wissen müssen, ist die Vervielfältigung unzulässig.[1137]

Auch hier muss der Leser glaubhaft machen, dass er die Kopien nur für nichtkommerzielle Forschung oder private Studien verwendet.[1138] Zudem darf eine Person nicht mehrere Kopien desselben Materials erhalten und muss für die Kosten der Vervielfältigung, einschließlich eines Beitrags für die generellen Ausgaben der Bibliothek oder des Archivs, aufkommen.[1139]

b) Kopien zu internen Zwecken (s. 41 CDPA 1988)

aa) Weitergabe von Kopien zwischen Bibliotheken

Bibliothekare aller Bibliotheken dürfen Zeitschriftenartikel, Werkauszüge und vollständige Werke der Literatur, Dramatik und Kunst vervielfältigen und an andere Bibliotheken weitergeben, ohne dass sie damit das *copyright* am Text, dem

---

[1133] Dies gilt nach *Burrell/Coleman*, S. 150 Fn. 45 beispielsweise dann, wenn ein Artikel erst kopiert wird, um die kopierten Seiten anschließend für den Leser einzuscannen: Weil die Bibliothek diese vorabkopierten Seiten dem Leser nicht direkt übermittle, seien sie von der Norm nicht erfasst.

[1134] Nach *Burrell/Coleman*, S. 152 ff. besteht daher in der Praxis große Unsicherheit, unter welchen Voraussetzungen beispielsweise unveröffentlichte Fotografien, Zeichnungen oder Karten vervielfältigt werden dürfen. Insbesondere das Verhältnis zu *fair dealing* sei nicht eindeutig. Zwar könnten Bibliotheken und Archive für unveröffentlichte künstlerische Werke auf s. 29 CDPA 1988 zurückgreifen, doch würden sie in der Praxis im Zweifelsfall dazu tendieren, keine Kopien anzufertigen.

[1135] *Burrell/Coleman*, S. 151.

[1136] *Laddie/Prescott/Vitoria*, Rn. 35.15. Für frühere Werke gelten aber Übergangsvorschriften, vgl. CDPA 1988, Schedule 1, para 16, eingehend dazu *Burrell/Coleman*, S. 153 f.

[1137] S. 43 (2) CDPA 1988.

[1138] S. 43 (3) CDPA 1988.

[1139] S. 43 (3) CDPA 1988.

sonstigen Werk oder einer darin enthaltenen Illustration verletzen (s. 41 CDPA 1988). Dies ermöglicht Bibliotheken beispielsweise, ihren Bestand um einen Artikel aus einer Zeitschrift zu ergänzen, die sie nicht im Abonnement beziehen.[1140] Für andere Werke als Zeitschriftenartikel gilt diese Ausnahme nicht, wenn eine der Bibliotheken zum Zeitpunkt der Vervielfältigung Namen und Adresse eines Rechteinhabers kannte oder durch eine angemessene Suche (*reasonable inquiry*) hätte herausfinden können.[1141]

Empfänger der Kopien müssen Bibliotheken sein, die Kopien an Leser ausgeben dürfen.[1142] Auch Bibliotheken außerhalb Großbritanniens, die nicht mit Gewinnerzielungsabsicht betrieben werden, dürfen Kopien erhalten,[1143] allerdings grundsätzlich nicht mehr als eine.[1144] Die empfangende Bibliothek trägt die Kosten der Vervielfältigung einschließlich eines generellen Unkostenbeitrags.[1145]

bb) Kopien zur Bestandserhaltung (s. 42 (1) CDPA 1988)

Objekte, die sich in der ständigen Sammlung einer Bibliothek oder eines Archivs in Großbritannien befinden, dürfen vervielfältigt werden, um das jeweilige Objekt im eigenen Bestand zu ersetzen oder zu erhalten oder im Bestand einer anderen Bibliothek zu ersetzen, wenn es dort abhanden gekommen ist, zerstört oder beschädigt wurde (s. 42 (1) CDPA 1988); unter den Bedingungen der Ausnahmeregelung wird das *copyright* an Werken der Literatur, Dramatik oder Musik, darin enthaltenen Illustrationen oder dem Layout des Texts nicht verletzt. Alle Bibliotheken und Archive in Großbritannien, auch profitorientierte, dürfen zu diesem Zweck Kopien herstellen.[1146] Empfänger dürfen jedoch nur solche Bibliotheken sein, die auch zur Ausgabe von Kopien an Leser befugt sind[1147] und keine Gewinnerzielungsabsicht verfolgen.[1148] Dies schließt Bibliotheken außerhalb Großbritanniens ein.[1149] Archive dürfen Vervielfältigungsstücke nur

---

[1140] *Burrell/Coleman*, S. 154.
[1141] S. 41 (2) CDPA 1988; *The Copyright (Librarians and Archivists) (Copying of Copyright Material) Regulations 1989*, reg. 5 (2) (b); *Laddie/Prescott/Vitoria*, Rn. 35.12.
[1142] Siehe Teil 4.C.IV.2.a).
[1143] *Laddie/Prescott/Vitoria*, Rn. 35.12.
[1144] *The Copyright (Librarians and Archivists) (Copying of Copyright Material) Regulations 1989*, reg. 5 (2) (a). Fordert sie darüber hinaus Kopien an, muss sie schriftlich darlegen, dass sie eine Bibliothek i.S.d. *Library Regulations* ist und dass Name und Adresse eines Rechtsinhabers auch nach angemessener Suche nicht bekannt waren, *The Copyright (Librarians and Archivists) (Copying of Copyright Material) Regulations 1989*, reg. 5 (2) (b).
[1145] *The Copyright (Librarians and Archivists) (Copying of Copyright Material) Regulations 1989*, reg. 5 (2) (c).
[1146] *The Copyright (Librarians and Archivists) (Copying of Copyright Material) Regulations 1989*, reg. 3.
[1147] Siehe hierzu Teil 4.C.IV.2.a).
[1148] *The Copyright (Librarians and Archivists) (Copying of Copyright Material) Regulations 1989*, reg. 3.
[1149] *Laddie/Prescott/Vitoria*, Rn. 35.7.

dann erhalten, wenn sie sich in Großbritannien befinden und ohne Gewinner-zielungsabsicht geführt werden.[1150]

Damit die Ausnahmeregelung greift, müssen zudem folgende Voraussetzungen erfüllt sein: Das Objekt muss sich in der ständigen Sammlung einer Bibliothek oder eines Archives befinden und entweder Teil des Präsenzbestandes sein oder ein Objekt, das aus der ständigen Sammlung nur an andere Bibliotheken oder Archive ausgeliehen wird.[1151] Eine Kopie darf nur hergestellt werden, sofern es für den jeweiligen Zweck nicht angebracht wäre, ein neues Exemplar des Werkes zu kaufen.[1152] Die Empfängerbibliothek muss schriftlich darlegen, dass das Objekt in ihrem Bestand abhanden kam, zerstört oder beschädigt wurde, dass es nicht praktikabel ist, ein neues Exemplar anzuschaffen, und dass sie die Kopie nur zur Bestandserhaltung verwenden wird.[1153] Zudem muss sie die Kosten für die Kopien tragen, einschließlich eines generellen Unkostenbeitrags.[1154]

Die britische Regierung plant, die Ausnahmeregelung auf sämtliche Werkarten auszudehnen.[1155] Dann könnten auch Filme, Sendungen, Tonaufnahmen und künstlerische Werke, einschließlich Fotografien, im Bestand von kulturellen Institutionen besser erhalten werden.[1156] Die Werke sollen außerdem so oft kopiert werden können, wie es zur Bestandserhaltung nötig ist.[1157] Außerdem soll die Regelung neben Bibliotheken und Archiven auch Museen und Galerien privilegieren.[1158]

c) Pflichtexemplarbibliotheken (s. 44A CDPA 1988)

Pflichtexemplarbibliotheken dürfen nicht gedruckte Werke (*non print works*), die in speziellen *Regulations* genannt werden, unter den Voraussetzungen von s. 44A CDPA 1988 vervielfältigen oder vervielfältigen lassen.[1159] Nach den *Legal Deposit Libraries (Non-Print Works) Regulations 2013*, die am 6. April 2013 in Kraft tra-

---

[1150] *Laddie/Prescott/Vitoria*, Rn. 35.7.
[1151] *The Copyright (Librarians and Archivists) (Copying of Copyright Material) Regulations* 1989, reg. 6 (2) (a).
[1152] S. 42 (2) CDPA 1988; *The Copyright (Librarians and Archivists) (Copying of Copyright Material) Regulations* 1989, reg. 6 (2) (b).
[1153] *The Copyright (Librarians and Archivists) (Copying of Copyright Material) Regulations 1989*, reg. 6 (2) (c).
[1154] *The Copyright (Librarians and Archivists) (Copying of Copyright Material) Regulations 1989*, reg. 6 (2) (d).
[1155] *IPO*, Modernising Copyright, S. 45.
[1156] *IPO*, Modernising Copyright, S. 45.
[1157] *IPO*, Modernising Copyright, S. 45.
[1158] *IPO*, Modernising Copyright, S. 45.
[1159] Mittels *regulation* dürfen darüber hinaus weitere Nutzungshandlungen gestattet werden, s. 44A (2) CDPA 1988.

ten, sind dies beispielsweise Onlinepublikationen oder Veröffentlichungen auf DVD oder Mikrofilm,[1160] aber keine Tonaufnahmen oder Filme.[1161]

Die kopierende Person muss einen Bezug zu Großbritannien haben, und die Kopien müssen gemäß den Vorgaben der *Regulations* hergestellt werden.[1162] Pflichtexemplarbibliotheken dürfen die Werkexemplare untereinander weitergeben und sie zur Durchsicht und Erhaltung (*reviewing and maintaining*) sowie für eigene nichtkommerzielle Forschung nutzen, auch wenn sie nicht Teil der eigenen ständigen Sammlung sind.[1163]

Ihren Lesern dürfen sie die Werke zugänglich machen, soweit sichergestellt ist, dass dies für das jeweilige Material (*material*) nicht an mehreren Computerarbeitsplätzen zum selben Zeitpunkt möglich ist.[1164]

Außerdem dürfen Pflichtexemplarbibliotheken die Werke für Leser vervielfältigen und ihnen die Vervielfältigungsstücke aushändigen.[1165] Die Bibliothek muss aber sicherstellen, dass der Leser das Material nur für nichtkommerzielle Forschung, private Studien oder einen anderen zulässigen Nutzungszweck verwendet.[1166] Seine Anfrage darf nicht der einer anderen Person entsprechen.[1167]

Auch zur Bestandserhaltung dürfen Pflichtexemplarbibliotheken die genannten Werke vervielfältigen oder anpassen (*adapt*).[1168] Um das Material (*material*) in die eigene ständige Sammlung aufzunehmen oder ein Exemplar zu ersetzen, darf es die Bibliothek in ein anderes Medium oder Format übertragen, wenn sie dies für erforderlich hält.[1169] Gleiches darf sie tun, um ein verlorenes, beschädigtes oder zerstörtes Exemplar in der ständigen Sammlung einer anderen Bibliothek zu ersetzen.[1170]

[1160] *The Legal Deposit Libraries (Non-Print Works) Regulations 2013*, reg. 13 (1); *Guidance on the Legal Deposit Libraries (Non-Print Works) Regulations 2013 (April 2013)*, S. 8 Rn. 3.2.

[1161] *The Legal Deposit Libraries (Non-Print Works) Regulations 2013*, reg. 13 (2).

[1162] S. 44A (1) CDPA.

[1163] *The Legal Deposit Libraries (Non-Print Works) Regulations 2013*, reg. 19, 20.

[1164] *The Legal Deposit Libraries (Non-Print Works) Regulations 2013*, reg. 23.

[1165] *The Legal Deposit Libraries (Non-Print Works) Regulations 2013*, reg. 27 (1).

[1166] Namentlich für Kritik, Anmerkungen oder Berichterstattung, parlamentarische oder gerichtliche Verfahren oder im Rahmen einer gesetzlichen Untersuchung der *Royal Commission*, vgl. *The Legal Deposit Libraries (Non-Print Works) Regulations 2013*, reg. 27 (2) (a). Für Material, welches dem Datenbankrecht unterliegt, gilt dies nur eingeschränkt, vgl. *The Legal Deposit Libraries (Non-Print Works) Regulations 2013*, reg. 27 (2) (b).

[1167] *The Legal Deposit Libraries (Non-Print Works) Regulations 2013*, reg. 27 (2) (a), (d). Bibliotheken nutzen dafür die Musterformulare der Regulations (reg. 27 (c), Schedule Regulation 27).

[1168] *The Legal Deposit Libraries (Non-Print Works) Regulations 2013*, reg. 29, 30.

[1169] *The Legal Deposit Libraries (Non-Print Works) Regulations 2013*, reg. 29 (2) (a), (3), 30 (2) (a), (3).

[1170] *The Legal Deposit Libraries (Non-Print Works) Regulations 2013*, reg. 29 (b), (3), 30 (2) (b), (3).

d) Sonstige Ausnahmeregelungen für Bibliotheken

Öffentliche Bibliotheken dürfen Bücher mit urheberrechtlich geschütztem Inhalt unter den Voraussetzungen des *Public Lending Right Scheme* verleihen.[1171] Erfasst sind im Wesentlichen gedruckte und gebundene Publikationen eines Autors mit Hauptwohnsitz in einem Mitgliedsstaat der Europäischen Union, Norwegen, Island oder Liechtenstein.[1172] Künftig soll auch der Verleih von Hörbüchern und E-Books ermöglicht werden.[1173] Bibliotheken und Archive, die nach ss. 38, 39 CDPA 1988 privilegiert sind und nicht zu kommerziellen Zwecken geführt werden, dürfen sämtliche Werke, nicht nur Bücher, verleihen.[1174]

Artikel von kultureller oder historischer Bedeutung dürfen vervielfältigt und in einer dafür geeigneten Bibliothek oder einem Archiv gelagert werden, wenn dies erforderlich ist, um die Voraussetzungen für einen Export aus Großbritannien zu erfüllen.

Zu Archivzwecken dürfen bestimmte Einrichtungen auch Volkslieder und Sendungen aufnehmen,[1175] wenn der Text des Liedes unveröffentlicht und der Urheber nicht bekannt ist, die Aufnahme keine anderen urheberrechtlichen Befugnisse verletzt und der Aufführende die Aufnahme nicht untersagt hat.[1176] Die Einrichtungen dürfen einzelne Kopien an Dritte weitergeben, die damit nichtkommerzielle Forschung oder private Studien betreiben wollen.[1177] Sendungen dürfen zu Archivzwecken aufgenommen und diese Aufnahmen dürfen für ein Archiv vervielfältigt werden, ohne dass dies Rechte an der Sendung sowie an den darin verkörperten Werken verletzt.[1178] Derzeit ist die Archivierung nur nach einem aufwendigen Autorisierungsprozess gestattet; die britische Regierung will die Voraussetzungen für die Archivierung künftig vereinfachen.[1179]

e) Geplante Regelung für Terminals

Die britische Regierung plant zudem, Bibliotheken, Archiven und Museen zu gestatten, Terminals einzurichten, um ihren Nutzern dadurch den Zugriff auf

---

[1171] S. 40A (1) CDPA 1988. Die Bibliothekstantiemen von Autoren regelt das *Public Lending Right Scheme 1982*, zuletzt geändert durch *The Public Lending Right Scheme 1982* (Commencement of Variation) (No. 2) Order 2012, in Kraft seit 09.01.2013, erlassen aufgrund von s. 1 des *Public Lending Rights Act 1979*.

[1172] *Laddie/Prescott/Vitoria*, Rn. 35.3 Fn. 5.

[1173] S. 43 (7) *Digital Economy Act 2010*.

[1174] S. 40A (2) CDPA 1988. Siehe zu ss. 38, 39 CDPA 1988 Teil 4.C.IV.2.a)aa) – bb).

[1175] Ss. 61, 75 CDPA 1988.

[1176] S. 61 (1), (2) CDPA 1988.

[1177] S. 61 (4) CDPA 1988.

[1178] S. 75 CDPA 1988.

[1179] *IPO*, Modernising Copyright, S. 45.

152

ihre digitalen Bestände zu ermöglichen.[1180] Voraussetzung ist, dass die Einrichtung die betreffenden Werke erworben hat oder über die erforderlichen Lizenzen verfügt.[1181] Die britische Regierung möchte dadurch rechtmäßig digitalisierte Werke einem breiteren Nutzerkreis zugänglich machen.[1182] Zudem könnten die Bibliotheken dadurch ihrer Ansicht nach Kosten einsparen, die anderenfalls für den Erwerb eines Exemplars in physischer Form anfielen.[1183] Der Begriff des elektronischen Leseplatzes (*dedicated terminal*) wird im Vorschlag nicht näher erläutert.[1184]

f) Vergleich mit dem deutschen Recht

Im Gegensatz zum britischen differenziert das deutsche Recht nicht zwischen der Ausgabe von Vervielfältigungsexemplaren an Leser und der Weitergabe an andere Bibliotheken.

Die britischen Ausnahmeregelungen zur Ausgabe an Leser sind vergleichbar mit der deutschen Vorschrift für den Kopienversand auf Bestellung.[1185] Die britischen Normen erfassen Vervielfältigungen, die Bibliothekare für Leser vornehmen. Fertigt ein Nutzer selbst Kopien an, sind die Nutzungen zulässig, wenn die Voraussetzungen der jeweils einschlägigen *fair dealing*-Regelung vorliegen.

Der Kreis der privilegierten Einrichtungen ist in beiden Ländern ähnlich. In Deutschland wird allerdings auf den Zugang von Mitgliedern der Öffentlichkeit abgestellt, während in Großbritannien der Fokus eher darauf liegt, dass die Einrichtung, die einem abgeschlossenen Katalog unterfallen muss, nicht kommerziell geführt wird.

Das britische Recht stellt in gewisser Hinsicht etwas strengere Anforderungen an die Weitergabe von Kopien durch Bibliotheken an Leser. So werden in Großbritannien nur bestimmte Werkarten erfasst, in Deutschland hingegen grundsätzlich alle. Praktisch sind indes oft Schriftwerke betroffen.[1186] Das britische Recht begrenzt die zulässige Zahl von Kopien eines Zeitschriftenartikels sowie von Werkteilen pro Person. Nach deutschem Recht dürfen nur einzelne, in Zeitungen oder Zeitschriften erschienene Beiträge sowie kleine Teile eines Werkes für den Versand vervielfältigt werden.[1187] Was ein „kleiner Teil" eines Werkes ist, definieren beide Rechtsordnungen nicht. Das deutsche Recht er-

---

[1180] *IPO*, Modernising Copyright, S. 35. In das geltende Gesetz soll eine neue s. 43A eingefügt werden, vgl. *IPO*, Amendments to Exceptions for Research, Libraries and Archives, Annex A, s. 43A.
[1181] *IPO*, Modernising Copyright, S. 35.
[1182] *IPO*, Modernising Copyright, S. 45.
[1183] *IPO*, Modernising Copyright, S. 35.
[1184] Vgl. *IPO*, Amendments to Exceptions for Research, Libraries and Archives, Annex A, s. 43A.
[1185] § 53a UrhG. Siehe dazu Teil 3.B.IV.
[1186] Siehe Teil 3.B.IV.3.
[1187] § 53a Abs. 1 S. 1 UrhG.

laubt die Vervielfältigung und Übermittlung auf elektronischem Weg,[1188] das britische Recht weist hier nach Ansicht einiger Kommentatoren eine Lücke auf. Das britische Recht statuiert zudem hinsichtlich der Berechtigung der Leser strengere Prüfpflichten für Bibliotheken. Im deutschen Recht wird ein genereller Hinweis, dass das Urheberrecht zu beachten ist, als ausreichend betrachtet.[1189]

Allerdings gestattet das britische Recht unter bestimmten Voraussetzungen auch eine Nutzung von unveröffentlichten Werken, während Bibliotheken in Deutschland lediglich Werke, die bereits erschienen sind, vervielfältigen und an Leser weitergeben dürfen.[1190] Zudem kennt das britische Recht keine zusätzlichen Einschränkungen hinsichtlich der Vervielfältigung und Übermittlung in sonstiger elektronischer Form. Das deutsche Urheberrecht knüpft diese an das Vorliegen bestimmter Nutzungszwecke und gestattet die Nutzungshandlung nur dann, wenn kein vorrangiges Verlagsangebot besteht.[1191]

Nach deutschem Recht ist umstritten, ob ein elektronischer innerbibliothekarischer Leihverkehr zulässig ist.[1192] Bibliotheken dürfen aber Kopien zur Bestandserhaltung anfertigen.[1193] Zulässig sind Vervielfältigungen von Werken, die in das eigene Archiv aufgenommen werden sollen, sowie von vergriffenen Werken. Dies betrifft beispielsweise die Anfertigung von Mikrofilmen oder digitalen Kopien von Zeitungen oder vergriffenen Werken sowie Kopien zum Ersatz von Teilen beschädigter Bücher.[1194] Die so hergestellten Kopien dürfen Bibliotheken auch ausleihen.[1195]

Das englische Recht erlaubt die Vervielfältigung vollständiger Werke zur Bestandserhaltung sowie zur Weitergabe an andere Bibliotheken, allerdings nur bei einzelnen Werkarten und unter bestimmten Voraussetzungen, etwa jener, dass die Kopie erforderlich zu sein hat. Eine spezielle Regelung für Vervielfältigungen von Onlinepublikationen enthält das deutsche Recht im Gegensatz zum britischen nicht. Die Vervielfältigung ist vielmehr lediglich mittels photomechanischer Verfahren oder zur rein analogen Nutzung erlaubt sowie für im öffentlichen Interesse tätige Archive, die keinen Erwerbszweck verfolgen.[1196]

Das deutsche Recht kennt keine Ausnahmeregelung für den Verleih von Werken durch Bibliotheken. Der Verleih eines Exemplars, an dem das Verbrei-

---

[1188] § 53a Abs. 1 S. 2 und 3 UrhG. Siehe Teil 3.B.IV.6.
[1189] Siehe Teil 3.B.IV.5.
[1190] § 53a Abs. 1 S. 1 UrhG.
[1191] § 53a Abs. 1 S. 2, 3 UrhG. Siehe dazu Teil 3.B.IV.7.
[1192] Siehe Teil 3.B.IV.5.
[1193] § 53 Abs. 2 S. 1 Nr. 2, Nr. 4 lit. b), Abs. 4 lit b), Abs. 6 S. 2 UrhG. Siehe Teil 3.B.III.3.c) und Teil 3.B.III.5.
[1194] Siehe Teil 3.B.III.3.c).
[1195] § 53 Abs. 6 S. 2 UrhG. Siehe Teil 3.B.III.5.
[1196] § 53 Abs. 2 S. 1 Nr. 2, S. 2 Nr. 1 – 3 UrhG. Siehe Teil 3.B.III.3.c)

tungsrecht erschöpft ist, ist gegen Zahlung einer angemessenen Vergütung zulässig.[1197] Spezielle Vorschriften für den Export von Werken oder für die Archivierung von Volksliedern oder Sendungen durch Bibliotheken enthält das
deutsche Urheberrechtsgesetz nicht.

3. Zusammenfassung

Für den Bildungsbereich und für Bibliotheken und Archive gelten zahlreiche
spezifische Ausnahmeregelungen, die eine Werknutzung unter bestimmten Umständen gestatten. Die Regelungen stellen teilweise sehr detaillierte Voraussetzungen auf; in der Literatur werden sie zum Teil scharf kritisiert. In vielerlei
Hinsicht werde der CDPA 1988 den aktuellen Bedürfnissen der beteiligten Institutionen nicht oder nicht mehr gerecht. Zum einen sei der Anwendungsbereich einzelner Normen zu eng. Zum anderen beruhten die Regelungen auf
einem überholten Verständnis von Unterricht und Lehrmethoden. Technischen
Neuerungen im Bildungsbereich sowie im Tätigkeitsbereich von Bibliotheken
und Archiven müsse das Recht stärker Rechnung tragen. Dokumentation und
Archivierung der von den Lesern auszufüllenden Formulare sei zu aufwändig.

Die britische Regierung plant daher sowohl für den Bildungsbereich als auch
für Bibliotheken und Archive gesetzliche Änderungen. Sie will bestehende Einzelvorschriften flexibler gestalten und eine generelle *fair dealing*-Regelung für
Unterrichtszwecke einführen.

D. Vergütungsregelungen

I. Allgemeines

Dem britischen *copyright law* sind Geräte- und Speichermedienabgaben unbekannt. Daran soll auch die geplanten Reformen des CDPA 1988 nichts ändern.[1198] Auch eine Verwertungsgesellschaftspflichtigkeit von Vergütungsansprüchen kennt das britische Recht grundsätzlich nicht. Verwertungsgesellschaften können lediglich im Rahmen von Lizenzvereinbarungen Vergütungsansprüche geltend machen.[1199]

Ausnahmeregelungen erklären gewisse Verwertungshandlungen daher für
vergütungsfrei zulässig:[1200] So sieht etwa die *fair dealing*-Regelung für private

---

[1197] §§ 17 Abs. 2, 27 Abs. 2 UrhG.

[1198] Vgl. *IPO*, Copyright Consultation Paper 2011, S. 65: „*There is evidence that levies are inefficient and
inexact methods of compensating copyright owners, and that they distort markets [...]. In view of these problems, the
Government does not intend to introduce a private copying levy.*"

[1199] Ss. 116 f. CDPA 1988. Vgl. *Lauber-Rönsberg*, S. 343 f.

[1200] Ss. 93B, 182D, 191G CDPA 1988 normieren zwar Vergütungsansprüche von Urhebern und
ausübenden Künstlern; hierbei handelt es sich jedoch nicht um Ausnahmeregelungen. Die Vorschriften setzten Art. 4 Abs. 1 und Art. 8 Abs. 2 der Richtlinie 92/100/EWG (nun Art. 5 Abs. 1
und Art. 8 Abs. 2 der Richtlinie 2006/115/EG) zum Vermiet- und Verleihrecht um, vgl. hierzu
Bently/Sherman, S. 285, 307. Im Unterschied zu Vergütungsansprüchen bei Ausnahmeregelungen

Studien (s. 29 CDPA 1988) keinen Ausgleichsanspruch vor.[1201] Eine Vergütungspflicht wurde auch nach Erlass der InfoSoc-Richtlinie nicht eingeführt, obwohl ihr Art. 5 Abs. 2 lit. b) die Mitgliedstaaten verpflichtet, Vervielfältigungshandlungen zum privaten Gebrauch nur gegen gerechten Ausgleich für den Rechteinhaber zu gestatten.[1202] Auch die geplante Norm zur Privatkopie soll keine Ausgleichsregelung enthalten.[1203] Nach Ansicht der Regierung ist der beim Urheber entstehende finanzielle Nachteil durch die Legalisierung von Privatkopien allenfalls minimal.[1204] Zudem sei es unbillig, den Endnutzer durch Ausgleichssysteme zu belasten.[1205] Kollektivvertragliche Regelungen sowie Musterverträge von Verlegern, Urheberorganisationen und Verwertungsgesellschaften sind darum für das britische Recht von großer Bedeutung.[1206]

Können sich Nutzer und Verwertungsgesellschaften nicht einigen, darf der *Secretary of State* in bestimmten Fällen eine Zwangslizenz anordnen (*order*). Zum Teil sehen diese Lizenzen einen Vergütungsanspruch für die Rechteinhaber vor.[1207] Erzielen sich die betroffenen Parteien keine Einigung über die Vergütungshöhe, darf das *Copyright Tribunal* die Vergütungshöhe festlegen.[1208]

Im Bildungsbereich darf der *Secretary of State* bei bestehenden Lizenzvereinbarungen zwischen Bildungseinrichtungen und Verwertungsgesellschaften die Erweiterung der Lizenz auf vorher nicht erfasste Werkarten anordnen, wenn die Verwertungsgesellschaft das Recht zur Nutzung dieser Werkarten unangemessenerweise von ihrem konkreten Lizenzierungsangebot ausgenommen

---

stellen die Vergütungsansprüche in diesen Vorschriften einen vermögensrechtlichen Anspruch eigener Art und keinen Ausgleich für den Eingriff in ein Verwertungsrecht dar, vgl. zur entsprechenden deutschen Vorschrift Schricker/Loewenheim/*Loewenheim*, § 27 Rn. 7, 19.

[1201] Gleichwohl ist es für die Frage, ob eine Nutzung fair ist, bedeutsam, ob Vervielfältigungsstücke des Werkes oder Lizenzen hierfür auf dem Markt erhältlich sind und der Kauf oder der Lizenzerwerb zumutbar ist, *Bainbridge*, S. 226. Die Ansicht, dass Vertragsbeziehungen die Berufung auf *fair dealing* verwehrten, hat sich nicht durchgesetzt, vgl. hierzu das Green Paper des *Secretary of Trade*, Reform of the Law Relating to Copyright, Designs and Performers' Protection (Cmnd. 830) July 1981, zitiert bei *Picciotto* [2002] (24) EIPR 438, 440.

[1202] Zur Frage, ob dies einen Richtlinienverstoß darstellen kann, siehe Teil 4.B.V. und VI.

[1203] *IPO*, Modernising Copyright, S. 24.

[1204] *IPO*, Modernising Copyright, S. 23.

[1205] *IPO*, Modernising Copyright, S. 24.

[1206] *Ellins*, S. 155, 184. Die Grenze bildet das Wettbewerbsrecht. In *Re: Royal Institute of British Architects*, Case Ref GP/908 wurden beispielsweise eine Vergütungsempfehlung (*fee guidance*) vom *Office for Fair Trading* als unzulässig betrachtet, vgl. hierzu den Verweis bei *Bently/Sherman*, S. 279.

[1207] Beispielsweise ss. 66 (1), 73 (4) CDPA 1988.

[1208] Der *Secretary of State* kann mit Zustimmung des Parlaments eine Lizenz für den öffentlichen Verleih anordnen, s. 63 (3), (4) CDPA 1988; bei Uneinigkeit bestimmt das *Copyright Tribunal* die Vergütungshöhe. Vgl. hierzu und zur Rolle des *Copyright Tribunal British Sky Broadcasting v PRS* [1998] EMLR 193, 210, 211; *Picciotto* [2002] (24) EIPR 438, 443; *Laddie/Prescott/Vitoria*, Rn. 25.62. Ein weiteres Beispiel findet sich in s. 73 (4) CDPA 1988.

hat.[1209] Hiergegen dürfen die Rechteinhaber Beschwerde beim *Copyright Tribunal* erheben.[1210]

Darüber hinaus dürfen individuelle Nutzer und Institutionen das *Copyright Tribunal* anrufen, wenn sie sich mit Verwertungsgesellschaften nicht über die konkrete Ausgestaltung einer Lizenzvereinbarung einigen konnten oder wenn ihnen der Beitritt zu einem bestehenden Lizenzierungsmodell verwehrt wurde.[1211] In diesen Fällen ordnet das *Copyright Tribunal* keine Zwangslizenz an; Rechteinhabern steht es frei, dem Lizenzierungsmodell einer Verwertungsgesellschaft beizutreten oder dies zu unterlassen.[1212] Im Einzelfall können die Entscheidungen des *Copyright Tribunal* jedoch einer Zwangslizenz nahekommen.[1213]

Das *Copyright Tribunal* überprüft, ob die geforderten Lizenzgebühren angemessen sind (*reasonable in the circumstances*).[1214] Seine Zuständigkeit beschränkt sich auf die Überprüfung der Lizenzierungsvorgaben von Verwertungsgesellschaften. Es soll sicherstellen, dass Verwertungsgesellschaften ihre Monopolstellung nicht ausnutzen, um unangemessene Lizenzgebühren durchzusetzen.[1215] Individuelle Lizenzvereinbarungen zwischen einzelnen Rechteinhabern und Nutzern darf es hingegen nicht überprüfen.[1216]

II. Bildung und Wissenschaft

Lizenzvereinbarungen haben im Bereich der Bildung und Wissenschaft enorme Bedeutung für die Rechtspraxis.[1217] Ein gesetzlicher Rahmen für die Verhandlungen besteht nicht.[1218] Die erste Vereinbarung zwischen dem zentralen Lizenzierungsagenten, der *Copyright Licensing Agency (CLA)*, und Universitäten von

---

[1209] S. 137 (2) CDPA 1988. S. 137 CDPA 1988 gilt nur für den Fall, dass bestimmte Werkarten von einem bestehenden Lizenzierungsmodell einer Verwertungsgesellschaft ausgenommen sind. Beschränkungen bezüglich bestimmter Nutzungen an Werken, die von der Lizenz erfasst sind, können daher nicht aufgrund von s. 137 CDPA 1988 aufgehoben werden. Vgl. hierzu *Universities UK v Copyright Licensing Agency* [2002] EMLR 35. Siehe Teil 4.D.II.

[1210] S. 139 (1) CDPA 1988.

[1211] Eine übersichtliche Darstellung der Fälle, in denen das *Coypright Tribunal* angerufen werden kann, findet sich bei *Laddie/Prescott/Vitoria*, Rn. 27.5 – 27.9.

[1212] *British Sky Broadcasting v PRS* [1998] EMLR 193, 211. Vgl. hierzu *Picciotto* [2002] (24) EIPR 438, 443.

[1213] *Picciotto* [2002] (24) EIPR 438, 442.

[1214] *Bently/Sherman*, S. 299 ff. Seine Funktion ähnelt insoweit jener der Schlichtungsstelle nach § 36a UrhG.

[1215] *Bently/Sherman*, S. 300.

[1216] S. 205B CDPA 1988.

[1217] *Picciotto* [2002] (24) EIPR 438, 439 mit Verweis auf den Whitford Report, Rn. 287, in dem das *Committee* die Vergabe von Pauschallizenzen von Rechteverwertern an Bildungseinrichtungen unter angemessenen finanziellen Bedingungen forderte.

[1218] Zur Zurückhaltung des britischen Gesetzgebers, regulierend in Vertragsverhandlungen einzugreifen, vgl. *Ellins*, S. 155, 187.

1989 sah eine Lizenz auf Basis einer pro Kopf-Vergütung vor.[1219] Die Lizenz-vereinbarung von 1993 enthielt eine differenzierte Regelung: Für jede Kurs- bzw. Lehrveranstaltung war nur eine begrenzte Anzahl von Kopien und kopier-ten Werken erlaubt.[1220] Wurde diese Zahl überschritten, konnte die betreffende Universität eine erweiterte Lizenz erwerben, ein sogenanntes *coursepack*, bei der die Vergütung ebenfalls von der Anzahl der kopierten Seiten abhing. Obschon dieses System einer geteilten Lizenz als zu aufwendig, kostspielig und insgesamt unpopulär kritisiert wurde,[1221] fand es sich – mit gewissen Erweiterungen – auch in der Lizenz von 1998.[1222] Nunmehr durfte ein Dozent nur noch ein Ka-pitel eines Buchs oder einen Artikel aus einer Fachzeitschrift zu Lehrzwecken vervielfältigen und verbreiten, jedoch nicht mehr als 5 % eines Werkes. Gedich-te, Kurzgeschichten und kurze literarische Werke, die nicht mehr als 10 Seiten umfassen, durften ausnahmsweise in Gänze vervielfältigt und verbreitet wer-den.[1223] Bei Überschreiten dieser Grenzen musste ein *coursepack* erworben wer-den. Die vorher übliche Praxis von Bibliotheken, in Absprache mit Dozenten Kursmaterialien zur Kurzausleihe (und zur Vervielfältigung) für Studenten in Bibliotheken bereitzuhalten, wurde hierdurch stark eingeschränkt.[1224]

In der Folge stritten die Parteien weiter um die Höhe der zu vereinbarenden Vergütung sowie darum, ob eine differenzierte oder eine Pauschallizenz verge-ben und ob die Lizenz nur auf Sprachwerke begrenzt oder auch Illustrationen, Diagramme und Fotografien umfassen solle.[1225] Das *Copyright Tribunal* ordnete schließlich im Jahr 2002 an, dass die Parteien einen Lizenzvertrag abschließen müssen, bei der sich die Höhe der von einer Universität zu entrichtenden Li-zenzgebühr nach der Anzahl der Studierenden zu richten habe. Der Anwen-dungsbereich der Lizenz wurde auf visuelle Werke erweitert.[1226]

E. Zwischenergebnis

Das britische Recht sieht für den wissenschaftlichen Bereich verschiedene Aus-nahmeregelungen vor. Zum einen sind Nutzungen von bestimmten Werken zu Forschungszwecken oder für private Studien gestattet, soweit sie *fair* sind. Die Bedeutung der einzelnen beschränken Voraussetzungen ist nicht abschließend geklärt, manche sind sehr eng.

[1219] Die pro-Kopf-Vergütung hatten die Universitäten durchgesetzt, vgl. hierzu die ausführliche Darstellung bei *Picciotto* [2002] (24) EIPR 438, 440.
[1220] Hierzu *Picciotto* [2002] (24) EIPR 438, 441.
[1221] *Burrell/Coleman*, S. 131.
[1222] Vgl. die Darstellung bei *Burrell/Coleman*, S. 131.
[1223] *Burrell/Coleman*, S. 131.
[1224] *Burrell/Coleman*, S. 131.
[1225] *Picciotto* [2002] (24) EIPR 438, 441.
[1226] *Universities UK v Copyright Licensing Agency* [2002] EMLR 35, Abs. 107.

Neben *fair dealing* kennt das britische *copyright law* einzelne sektorspezifische Ausnahmen für den Bildungsbereich sowie für Bibliotheken und Archive. Teilweise werden sie als äußerst kleinteilig und nicht in allen Belangen zeitgemäß empfunden.

Der Spielraum, den das europäische Recht hinsichtlich der Schaffung von Ausnahmebestimmungen lässt, wurde nicht ausgeschöpft. Über die Umsetzung der europäischen Richtlinien herrscht in Großbritannien nach wie vor Streit.

Die britische Regierung plant eine umfassende Reform des *copyright law*, im Zuge derer auch die Ausnahmen für den Wissenschaftsbereich flexibler und pragmatischer werden sollen.

F. Zusammenfassender Vergleich mit dem deutschen Recht

Zwischen deutschen und britischen Ausnahmen bestehen sowohl systematische als auch inhaltliche Unterschiede. In vielerlei Hinsicht gleichen sich die Anwendungsbereiche der Regelungen aber auch. Dies liegt nicht zuletzt daran, dass beide auf denselben völker- und europarechtlichen Vorgaben beruhen. Eine Gegenüberstellung der Nutzungshandlungen und anwendbaren Normen im deutschen und britischen Bildungs- und Wissenschaftsurheberrecht (Tabelle 4) findet sich im Anhang.

I. Unterschiede

1. Regelungssystematik

Hinsichtlich der Systematik bestehen erhebliche Unterschiede zwischen den deutschen und britischen Ausnahmeregelungen. Das britische Recht sieht generalklauselartige Normen (*fair dealing*) vor, welche die Nutzung von Werken zu bestimmten, abschließend festgelegten Zwecken erlauben, soweit diese *fair* ist. Erfasst sind auch Nutzungen für Forschung und private Studien. Die einzelnen gesetzlichen Voraussetzungen sind ursprünglich durch Richterrecht entwickelt worden. Nach wie vor ist das Recht stark kasuistisch geprägt. Insbesondere zur Beurteilung der *fairness* haben die Gerichte eine Vielzahl von Faktoren entwickelt, die bei der Prüfung im Einzelfall heranzuziehen sind. So ist beispielsweise der Umfang der jeweiligen Nutzung zu berücksichtigen.

Daneben bestehen im britischen Recht spezielle Ausnahmeregelungen für bestimmte Berechtigte. So sind unter anderem Bildungseinrichtungen sowie Bibliotheken und Archive ausdrücklich privilegiert. Diese sektorspezifischen Ausnahmen sind sehr detailliert und teilweise mit den *fair dealing*-Vorschriften verzahnt.

Die Ausnahmeregelungen des deutschen Rechts sind dagegen nach Verwertungsrechten geordnet.[1227] Statt einer Generalklausel für Forschungs- und Bil-

---

[1227] Siehe dazu allgemein Teil 3.A.II.

dungszwecke finden sich im Urheberrechtsgesetz detaillierte Einzelnormen. Teilweise betreffen sie nicht allein Forschungs- oder Bildungszwecke, sondern regeln diese nur mit.

2. Regelungsinhalt

Manche der britischen Ausnahmeregelungen erlauben nur die Nutzung von Werken bestimmter Kategorien. Dies entspricht der Struktur des britischen *copyright law*, welches einen abgeschlossenen Werkkatalog kennt: Das Ergebnis eines Schaffensprozesses muss immer einer der acht Kategorien angehören, um als Werk urheberrechtlichen Schutz zu genießen. Die Ausnahmeregelungen des deutschen Urheberrechts hingegen sind im Hinblick auf die erfassten Werkarten weitgehend offen formuliert.[1228]

Manche Verwertungshandlungen sind nur in einer der beiden Rechtsordnungen erlaubt: So ist im deutschen Recht die Vervielfältigung von Werken durch natürliche Personen zum privaten Gebrauch zulässig.[1229] Eine solche Ausnahme soll in Großbritannien erst eingeführt werden. Zudem ist dort eine Erweiterung der Regelungen zur Nutzung von Werken für Fernstudien oder Fernunterricht geplant. Nach deutschem Recht sind Fernstudien oder Fernunterricht bereits zulässig. Außerdem enthält nur das deutsche Recht eine Ausnahmeregelung, welche die Wiedergabe von Werken an elektronischen Leseplätzen in Bibliotheken, Museen oder Archiven gestattet[1230] – die Einführung einer entsprechenden Regelung ist in Großbritannien geplant.

Das britische Recht erlaubt Vortrag, Vorführung und Aufführung von Werken in Bildungseinrichtungen. Anders als das deutsche Recht bedient sich das britische Recht dafür keiner Ausnahme, sondern gestattet diese Handlungen in Form eines tatbestandlichen Ausschlusses. Zudem enthält der CDPA 1988 Ausnahmeregelungen für die interne elektronische Weitergabe von Kopien zwischen Bibliotheken. Auch die Modalitäten für die Vervielfältigung von Onlinepublikationen sowie von Werken von kultureller Bedeutung, die für den Export bestimmt sind, sind speziell geregelt. Der Verleih von Werken durch Bildungseinrichtungen und Bibliotheken ist im britischen Recht aufgrund von Ausnahmeregelungen möglich. Das deutsche Recht bedient sich hierfür des Erschöpfungsgrundsatzes und normiert eine gesonderte Vergütungspflicht.[1231]

3. Vergütungsregelungen

Grundsätzlich verschieden ist das jeweilige System einer Vergütung der Urheber für die durch Ausnahmen gestatteten Nutzungshandlungen. Während das deut-

---

[1228] Beachte aber etwa § 47 UrhG („Schulfunksendungen"). Siehe Teil 3.B.II.3.
[1229] § 53 Abs. 1 UrhG. Siehe hierzu Teil 3.B.III.2.
[1230] § 52b UrhG. Siehe Teil 3.B.VI.
[1231] § 27 Abs. 2 UrhG.

sche Recht überwiegend die Zahlung einer angemessenen (Pauschal-)Vergütung vorsieht, ist nach britischem Recht die freie Verhandlung der Parteien vorrangig. Der CDPA 1988 statuiert nur vereinzelt Vergütungsansprüche. Sie stellen jedoch einen vermögensrechtlichen Anspruch eigener Art dar und keinen Ausgleich für eine Ausnahmeregelung.[1232] Lizenzvereinbarungen unterliegen zudem einer staatlichen Überprüfung. Teilweise ist die Nutzung nach einer Ausnahmeregelung nur erlaubt, wenn ein entsprechendes Lizenzmodell fehlt. Verwertungsgesellschaften können lediglich im Rahmen dieser Lizenzvereinbarungen Ansprüche geltend machen.

Im deutschen Recht ist nur die Nutzung von Schulfunksendungen in Bildungseinrichtungen vergütungsfrei zulässig, und auch das nur, sofern die Sendungen innerhalb einer bestimmten Frist gelöscht werden.[1233] Alle anderen gestatteten Nutzungshandlungen im Bereich von Wissenschaft und Bildung werden entweder mittelbar, über eine Betreiber- und Speichermedienabgabe, vergütet oder direkt, indem der Rechteinhaber einen Anspruch auf angemessene Vergütung erhält. Dieser Anspruch kann meist nur durch Verwertungsgesellschaften geltend gemacht werden.

II. Gemeinsamkeiten

Sowohl das deutsche als auch das britische Recht enthalten Ausnahmeregelungen für die Nutzung von Werken zu Forschungszwecken und für eigene Recherchen. Zu Forschungszwecken dürfen Werke vervielfältigt und öffentlich zugänglich gemacht werden, soweit dies nicht kommerziell erfolgt und die Nutzung geboten bzw. *fair* ist. Der Rechtsprechung obliegt es, die Begriffe der Gebotenheit bzw. der *fairness* im Einzelfall zu konkretisieren. Die jeweiligen Regelungen sind stark durch die Vorgaben der InfoSoc-Richtlinie beeinflusst. Gleiches gilt für die Ausnahmen, welche die Nutzung von Werken durch natürliche Personen für eigene Recherchen gestatten.

Im Bildungsbereich sind jeweils nur bestimmte Einrichtungen zur Vornahme einzelner Nutzungshandlungen berechtigt. In beiden Ländern ist darüber hinaus eine Verwendung von Werken in Sammlungen an bestimmten Bildungseinrichtungen gestattet. Auch dürfen Sendungen bzw. Werke, die Teile von Sendungen sind, an diesen Einrichtungen aufgezeichnet, vervielfältigt und wiedergegeben werden. Für den Unterricht dürfen Werke sowohl in Großbritannien als auch in Deutschland vervielfältigt werden. Nur das britische Recht erlaubt dies auch außerhalb von Bildungseinrichtungen. Nach deutschem Recht sind Vervielfältigungshandlungen für Prüfungen erlaubt, nach britischem Recht dagegen sämtli-

---

[1232] Siehe dazu ausführlich Teil 4.D. bei den Vergütungsregeln.
[1233] § 47 Abs. 2 S. 2 UrhG. Siehe Teil 3.B.II.6.

che Nutzungshandlungen zu Prüfungszwecken, auch außerhalb von Bildungseinrichtungen.

Bibliotheken und Archive können sich in beiden Ländern auf Ausnahmeregelungen berufen. Im deutschen Recht sind teilweise auch Museen berechtigt. Das
britische Recht soll diesbezüglich künftig erweitert werden. Britische und deutsche Bibliotheken dürfen Werke vervielfältigen und die Vervielfältigungsstücke
an Leser weitergeben. Zudem dürfen sie Werke zum Zweck der Bestandserhaltung vervielfältigen. Den Verleih von Werken erlauben beide Länder. Sie bedienen sich dafür aber unterschiedlicher Rechtstechniken.

III. Ausblick

Der Vergleich mit dem britischen Recht zeigt, dass detaillierte Einzelregelungen
länderübergreifend praktische Schwierigkeiten bereiten. Technologieneutrale,
flexiblere Ausnahmeregelungen stehen auch in Großbritannien auf der Agenda.
Exemplarisch wird dies bei der Änderung der bisherigen Regelung für nichtreprographische Vervielfältigungen für den Unterricht und für Prüfungen. Sie
soll in Zukunft als offenere *fair dealing*-Norm ausgestaltet werden. Dies würde
den britischen Gerichten eine flexiblere Handhabung im Einzelfall ermöglichen.

Zur Übersichtlichkeit trägt im britischen Recht indes bei, dass die Regelungen
für einzelne privilegierte Akteure, nämlich Bildungseinrichtungen, Bibliotheken
und Archive, in entsprechenden Gruppen zusammengefasst sind und nicht, wie
im deutschen Recht, lediglich nach Verwertungsrechten differenziert wird.

Den Ansatz des britischen *copyright law*, das traditionell einzelne Ausnahmeregelungen kennt, die bestimmte Nutzungshandlungen als *fair* einstufen, will die
britische Regierung beibehalten. Eine generalklauselartige Norm nach amerika-
nischem Vorbild (*fair use*) möchte sie nicht einführen. Der Raum für die Einführung einer weiten Generalklausel ist ihrer Ansicht nach durch die InfoSoc-
Richtlinie beschränkt. Die detaillierten und teilweise wenig pragmatischen Ausnahmevorschriften für den Bildungsbereich sowie für Bibliotheken und Archive
sollen aber flexibler gestaltet werden. Der Wortlaut der geplanten Änderungen
orientiert sich an dem der InfoSoc-Richtlinie.

Die Regierung will diese Änderungen im Rahmen einer Gesamtreform des *copyright law* vornehmen.[1234] Dieses Vorgehen soll eine höhere Konsistenz und
Klarheit gewährleisten.[1235] Bisher setzte Großbritannien Richtlinien mittels
„minimaler" Einzeländerungen um.

[1234] *IPO*, Modernising Copyright, S. 21.
[1235] *IPO*, Modernising Copyright, S. 21.

Der nächste Schritt besteht in der Prüfung der Änderungsvorschläge des *Intellectual Property Office* durch das Parlament. Ursprünglich war die Umsetzung der Neuregelungen für Oktober 2013 geplant. Der nächstmögliche Termin ist der 6. April 2014.[1236]

[1236] In Großbritannien bestehen feste Termine für das Inkrafttreten von bestimmten Gesetzesänderungen. Die sogenannten *common commencement dates* sind der 1. Oktober und der 6. April eines Jahres.

Teil 5: Ausnahmen für Bildung und Wissenschaft in den USA

Das US-amerikanische *copyright law* ist im *US Copyright Act* kodifiziert.[1237] Die Regelungstechnik des *Copyright Act* unterscheidet sich von jener der RBÜ und der durch sie geprägten kontinentaleuropäischen Urheberrechtstradition sowohl hinsichtlich der Begrenzungen und Ausnahmen im Allgemeinen als auch hinsichtlich der bereichsspezifischen Ausnahmen für Bibliotheken und Archive.[1238]

Die Zielrichtung des urheberrechtlichen Schutzes gibt die US-amerikanische Verfassung vor: Nach Art. 1 § 8 Cl. 8 *US Constitution* soll er den Fortschritt von „Wissenschaft" und „nützlichen Künsten" (*to promote the Progress of Science and the useful Arts*) fördern.[1239] Die Gewährung urheberrechtlichen Schutzes dient also letztlich öffentlichen Interessen.[1240] Dies kommt insbesondere in der Ausgestaltung der urheberrechtlichen Ausnahmen zum Ausdruck.

A. *Fair use*

I. Allgemeines

§ 107 ist die zentrale Schrankennorm des *Copyright Act*. Die Nutzung geschützter Werke ist danach zulässig, wenn sie bei einer wertenden Gesamtbetrachtung als *fair* einzustufen ist (*fair use*). Die im 19. Jahrhundert von der Rechtsprechung entwickelte *fair use*-Doktrin[1241] ist das Paradebeispiel einer urheberrechtlichen Schrankengeneralklausel. Der Gesetzgeber nahm sie 1976 in den *Copyright Act* auf. Eine inhaltliche Änderung beabsichtigte er dabei nicht.[1242]

Die Präambel von § 107 benennt mehrere privilegierte Zwecke. Dazu zählen Unterricht, Wissenschaft und Forschung (*use [...] for purposes such as [...] teaching (including multiple copies for classroom use), scholarship or research*). Zudem nennt die Norm vier Faktoren, die bei der Prüfung, ob eine Nutzung im Einzelfall *fair* ist, zu berücksichten sind:[1243]

[1237] 17 U.S.C. (im Folgenden *Copyright Act*).

[1238] Schlagwortartig lässt sich dies mit dem Gegensatz aus Enumerationsprinzip und (begriffsnotwendig nicht abschließender) Schrankengeneralklausel beschreiben, vgl. insoweit *Kleinemenke*, S. 58 f. Vgl. auch *Okediji/Reichmann*, 96 MINN. L. REV. 1362, 1384 (2012). Zur „pedantisch-detaillierten Regelungstechnik" des den *fair use* ergänzenden Schrankenkatalogs vgl. *Förster*, S. 14.

[1239] Zur Auslegung dieser Begriffe unter Berücksichtigung des zeithistorischen Kontexts ihrer Entstehung *Förster*, S. 11 f. *Dietz*, GRUR Int. 2006, 1, 2 versteht unter Förderung der Wissenschaft die „Förderung allen Wissens und der Kreativität".

[1240] Vgl. *Kleinemenke*, S. 47 sowie, zur *incentive theory* allgemein, *Förster*, S. 119 ff.

[1241] Folsom v. Marsh, 9 F. Cas. 342 (C.C.D. Mass. 1841). Die Rechtsprechung knüpfte hierbei an die in England entwickelte Rechtsprechung zu *fair abridgment* bzw. *fair dealing* an, vgl. *Förster*, S. 17. Siehe hierzu Teil 4.B.

[1242] Vgl. nur Marcus v. Rowley, 695 F.2d 1171, 1174 m.w.N. (9th Cir. 1983).

[1243] Die Faktoren sind nicht abschließend. Die Norm besagt: „*the factors to be considered shall include [...]*".

1. der Zweck und die Art der Nutzung, einschließlich der Frage, ob die Nutzung kommerzieller Art ist oder nichtkommerzielle Bildungszwecke verfolgt (*the purpose and character of the use, including whether such use is of commercial nature or is for nonprofit educational purposes*),
2. die Art des genutzten Werkes (*the nature of the copyrighted work*),
3. die Menge und Bedeutung des genutzten Teils im Verhältnis zum geschützten Werk als Ganzes (*the amount and substantiality of the portion used in relation to the copyrighted work as a whole*) sowie
4. die Auswirkungen der Nutzung auf die Verwertung oder den Wert des geschützten Werkes (*the effect of the use upon the potential market for or value of the copyrighted work*).

Die Gerichte müssen alle vier Faktoren in die Gesamtabwägung einbeziehen.[1244] Dem ersten und vierten Faktor kommt hierbei regelmäßig besonderes Gewicht zu.[1245] Gerichte dürfen grundsätzlich zusätzliche Faktoren berücksichtigen, etwa ob die Nutzung Treu und Glauben (*good faith*)[1246] und der Verkehrssitte[1247] entspricht.[1248]

Weil die Kriterien abstrakt formuliert sind, ist *fair use* vergleichsweise flexibel; neue Nutzungsmöglichkeiten können im Einzelfall erlaubnis- und vergütungsfrei sein, ohne dass der Gesetzgeber dafür eine neue Schranke erlassen müsste. Anders als der britische CDPA 1988, der mehrere *fair dealing*-Regelungen sowie einige bereichsspezifische Ausnahmen enthält,[1249] kennt der US-amerikanische *Copyright Act* neben § 107 nur wenige spezielle Schrankenregelungen – sie betreffen vor allem Bibliotheken und Archive.[1250]

II. Institutionelle Nutzungen

Fair use ist im Bildungs und Wissenschaftsbereich enorm praxisrelevant.[1251] Dies zeigt sich an einigen Verfahren, die vor allem Infrastruktureinrichtungen im Bildungs- und Wissenschaftsbereich betreffen:[1252]

[1244] Campbell v. Acuff-Rose Music, Inc., 510 U.S. 569 (1994).

[1245] Der Supreme Court bezeichnete den vierten Faktor sogar als „*undoubtedly the single most important element of fair use*", Harper & Row v. Nation Enterprises, 471 U.S. 539, 566 (1985). Vgl. auch Princeton University Press v. Michigan Document Services, Inc., 99 F.3d 1381, 1385 (6th Cir. 1996).

[1246] Vgl. Marcus v. Rowley, 695 F.2d 1171, 1175 f. (9th Cir. 1983); Harper & Row v. Nation Enterprises, 471 U.S. 539, 540 (1985). Kritisch beispielsweise *Leval*, 103 Harv. L. Rev. 1105, 1126 (1990).

[1247] *Samuelson and Members of the CPP*, 25 BERKELEY TECH. L.J. 1175, 1229 (2010).

[1248] Als Teil der Gesetzgebungsgeschichte (*legislative history*) könnten zudem etwaige Guidelines zu beachten sein, vgl. Basic Books, Inc. v. Kinko's Graphics Co., 758 F. Supp. 1522, 1535 (S.D.N.Y. 1991). Siehe zudem Teil 5.A.V1. – 2. Gleiches gilt für Best Practices. Siehe dazu Teil 5.A.V.3.

[1249] Siehe hierzu nur Teil 4.C.III. und IV.

[1250] § 108 *Copyright Act*. Siehe Teil 5.B.

[1251] Vgl. nur *Crews*, 62 OHIO ST. L.J. 599, 606 f. (2001).

Dem Fall *The Authors Guild v. HathiTrust*[1253] etwa liegt folgender Sachverhalt zu Grunde: Die Mitglieder des HathiTrust, eines Verbundes von Universitätsbibliotheken, hatten Google Zugang zu ihren Beständen gewährt, damit Google diese einscannen konnte. Im Gegenzug hatte sich Google verpflichtet, den Bibliotheken jeweils einen Scan jedes Werkes zur Verfügung zu stellen.[1254] Diese digitalen Kopien führten die Bibliotheken in einer Stiftung, dem HathiTrust, zusammen, über den sie die Kopien öffentlich zugänglich machen wollten. Die Kläger sahen sich dadurch in ihren *copyrights* an den eingescannten Werken verletzt. HathiTrust berief sich auf *fair use* und gewann in erster Instanz. Der U.S. District Court for the Southern Disctrict of New York stellte insbesondere fest, dass die Digitalisierung eine transformative (*transformative*) Nutzung darstelle, da sie die Recherchemöglichkeiten verbessert habe.[1255] Beispielsweise ermögliche die Vervielfältigung die Verwendung neuer Recherchetechniken wie Text Mining.[1256] Insbesondere der erste Faktor spreche daher für *fair use*. Die Kläger haben hiergegen Berufung eingelegt.[1257]

In *Cambridge University Press v. Becker*[1258] wehrte sich eine Gruppe Verleger gegen Nutzungspraktiken an der Georgia State University. Laut der *fair use*-Checkliste der Universität durften Dozenten digitale Kursmaterialien für einen begrenzten Kreis von Unterrichtsteilnehmern in *e-reserves* zum Download vorhalten.[1259] Der U.S. District Court for the Northern District of Georgia stellte in seinem Urteil detaillierte Vorgaben dazu auf, wann die Nutzung ihrem Umfang nach *fair* ist. Nutzer dürften regelmäßig ein Kapitel oder einen äquivalen-

---

[1252] Eine Übersicht aller relevanten Verfahren würde den Rahmen der Untersuchung sprengen. Im Folgenden wird daher lediglich eine Auswahl dargestellt.

[1253] The Authors Guild, Inc., et al. v. HathiTrust, et al., 902 F. Supp. 2d 445 (S.D.N.Y. 2012).

[1254] Google wurde daraufhin 2005 von der Authors Guild und einer Gruppe Verleger verklagt. Am 14. November 2013 entschied der U.S. District Court for the Southern District of New York, dass das von Google betriebene Massendigitalisierungsvorhaben *Google Books* durch *fair use* gedeckt sei. Entscheidend waren der große öffentliche Nutzen und die positive Auswirkung von *Google Books* auf die Verwertung der digitalisierten Bücher – der erste und vierte Faktor sprachen mithin stark für *fair use*, vgl. Authors Guild, Inc., et al. v. Google, Inc., 05 Civ. 8136 (S.D.N.Y. Nov. 14, 2013), 25 f. Zur Vergleichbarkeit jenes Verfahrens mit dem gegen HathiTrust vgl. *Diaz*, 28 BERKELEY TECH. L.J. 683, 685 (2013).

[1255] The Authors Guild, Inc., et al. v. HathiTrust, et al., 902 F. Supp. 2d 445, 460 (S.D.N.Y. 2012).

[1256] The Authors Guild, Inc., et al. v. HathiTrust, et al., 902 F. Supp. 2d 445, 460 Fn. 22 (S.D.N.Y. 2012).

[1257] Die Dokumente zum Fall sind abrufbar unter http://dockets.justia.com/docket/circuit-courts/ca2/12-4547.

[1258] Cambridge University Press, et al. v. Becker, et al., 863 F. Supp. 2d 1190 (N.D. Ga. 2012).

[1259] Das Verfahren begann zwar schon vor Erlass der Checkliste (diese wurde in Reaktion auf das Verfahren an Dozenten verteilt), das Gericht stellte jedoch nur auf Nutzungen nach ihrem Erlass ab. Vgl. hierzu *Berkeley Technology Law Journal*, Survey of Additional IP Developments, 28 BERKELEY TECH. L.J. 1111, 1118 (2013); *Findley*, 64 MERCER L. REV. 611, 612 (2013).

ten Teil eines Buches ohne Zustimmung des Rechteinhabers vervielfältigen.[1260] Überschreite die Nutzung diese Grenze, sei maßgeblich, ob das Buch digital vertrieben werde und wesentliche Lizenzeinnahmen erzielen könne.[1261] Die Universität hatte hiernach nur in einigen wenigen der streitgegenständlichen Fälle eine *copyright*-Verletzung begangen. Die Verleger haben Berufung eingelegt.

In *Encyclopedia Britannica v. Crooks*[1262] hatte eine gemeinnützige Organisation systematisch Film- und Fernsehsendungen, unter anderem auch solche der Klägerin, auf Video aufgenommen. Auf Anfrage überließ sie diese einem begrenzten Kreis von Bildungseinrichtungen. Nach Ansicht des District Court for the Western District of New York waren die Handlungen nicht gerechtfertigt. Vor allem der dritte und vierte Faktor sprächen gegen *fair use*: Die Nutzungen beeinträchtigten die normale Verwertung stark, weil ganze Werke vervielfältigt worden seien und die Vervielfältigungsstücke für etwa zehn Jahre zur Verfügung gestanden hätten.[1263] Dies wiege schwerer als die Tatsache, dass die nichtkommerziellen Nutzungen für den Bildungsbereich bestimmt gewesen seien.[1264] Insbesondere hätten die Beklagten Lizenzverträge mit den Rechteinhabern abschließen können.[1265]

In *American Geophysical Union v. Texaco*[1266] hatte das gleichnamige Großunternehmen verschiedene Fachzeitschriften abonniert. Dazu gehörten auch jene der Klägerin. Für die bei ihnen angestellten Wissenschaftler und Ingenieure stellte Texaco auf Anfrage eine Kopie von Zeitschriftenartikeln her; American Geophysical Union sah sich dadurch in ihrem *copyright* verletzt.[1267] Die Vervielfältigungshandlungen waren nach Ansicht des U.S. Court of Appeals for the Second Circuit nicht von *fair use* gedeckt. Das Unternehmen hätte Zusatzlizenzen erwerben können und müssen.[1268] Zwar habe die Nutzung nicht unmittelbar kommerziellen Interessen gedient. Es sei jedoch „kein Grund dafür ersichtlich, warum das Unternehmen nicht wenigstens irgendeinen Preis an die

---

[1260] Cambridge University Press, et al. v. Becker, et al., 863 F. Supp. 2d 1190, 1243 (N.D. Ga. 2012). Danach ist eine Nutzung eines Schriftwerkes insbesondere dann *fair*, wenn von einem Buch mit bis zu neun Kapiteln höchstens zehn Prozent oder von einem Buch mit zehn oder mehr Kapiteln maximal ein Kapitel kopiert und bereitgehalten werden.

[1261] Cambridge University Press, et al., v. Becker, et al., 863 F. Supp. 2d 1190, 1237 (N.D. Ga. 2012). Vgl. hierzu *Findley*, 64 MERCER L. REV. 611, 622 (2013).

[1262] Encyclopedia Britannica Ed. Corp. v. Crooks, 542 F. Supp. 1156 (W.D.N.Y. 1982).

[1263] Encyclopedia Britannica Ed. Corp. v. Crooks, 542 F. Supp. 1156, 1179 (W.D.N.Y. 1982).

[1264] Encyclopedia Britannica Ed. Corp. v. Crooks, 542 F. Supp. 1156, 1175 (W.D.N.Y. 1982).

[1265] Encyclopedia Britannica Ed. Corp. v. Crooks, 542 F. Supp. 1156, 1176 (W.D.N.Y. 1982). Vgl. hierzu *Dinwoodie*, U. PA. L. REV. 469, 559 Fn. 282 (2000).

[1266] American Geophysical Union v. Texaco, Inc., 60 F.3d 913 (2d Cir. 1995).

[1267] American Geophysical Union v. Texaco, Inc., 60 F.3d 913, 915 (2d Cir. 1995).

[1268] American Geophysical Union v. Texaco, Inc., 60 F.3d 913, 930 (2d Cir. 1995): Die Möglichkeit zum Lizenzerwerb ist danach dann beachtlich, wenn dafür ein „*traditional, reasonable, or likely to be developed*" Markt bestehe. Zur Auswirkung des Urteils auf die Lizenzierungspraxis vgl. *Patry*, 61 BROOK. L. REV. 429, 451 (1995).

Rechteinhaber zahlen sollte" (*it is not obvious why it is fair for Texaco to avoid having to pay at least some price to copyright holders*).[1269] Die Nutzung sei zudem nicht transformativ gewesen.[1270] Daher sprächen der erste und der vierte Faktor gegen *fair use*.[1271]

Auch in *Princeton University Press v. Michigan Document Services (MDS)*[1272] lehnte das Gericht die Berufung des Beklagten auf *fair use* ab. MDS, ein kommerzielles Unternehmen, hatte ohne Zustimmung der Rechteinhaber sogenannte *coursepacks* erstellt, die Auszüge urheberrechtlich geschützter Werke zu Unterrichtszwecken an der University of Michigan enthielten. Diese *coursepacks* verkaufte MDS an Studierende. Nach Ansicht des U.S. Court of Appeals for the Sixth Circuit hätten die Beklagten dafür eine Lizenzvereinbarung mit den Rechteinhabern abschließen müssen, denn die Nutzungshandlungen hätten allein kommerziellen Zwecken gedient.[1273] Zudem sei die Zusammenstellung der *coursepacks* nicht „transformativ"; eine rein „mechanische Transformation" stelle keine „kreative Metamorphose" dar.[1274] Auch der Umfang der übernommenen Auszüge spreche gegen *fair use*.[1275]

Zuvor hatte bereits der U.S. District Court for the Southern District of New York in *Basic Books, Inc. v. Kinko's Graphics Corp.* eine ähnliche Praxis als unzulässig bewertet.[1276] Zentrales Argument war wiederum das kommerzielle Interesse des Anbieters, der *coursepacks* entgeltlich an Studierende verkauft hatte.[1277] Die Wissensvermittlung war dabei nach Ansicht des Gerichts nur von untergeordneter Bedeutung. Zudem sei die Nutzung nicht „transformativ", es habe sich vielmehr um „eine reine Neuverpackung" (*a mere repackaging*) gehandelt.[1278] Der

---

[1269] American Geophysical Union v. Texaco, Inc., 60 F.3d 913, 922 (2d Cir. 1995).

[1270] American Geophysical Union v. Texaco, Inc., 60 F.3d 913, 923 (2d Cir. 1995).

[1271] Als zu eng kritisiert die Entscheidung *Wagoner*, 18 HASTINGS COMM. & ENT. L.J. 181, 216 (1995).

[1272] Princeton University Press v. Michigan Document Services, Inc., 99 F.3d 1381 (6th Cir. 1996).

[1273] Princeton University Press v. Michigan Document Services, Inc., 99 F.3d 1381, 1386 (6th Cir. 1996). Das Gericht stellte dabei nicht auf die (nichtkommerzielle) Endnutzung der *coursepacks* durch die Studierenden ab, sondern auf die Herstellung zum Verkauf an die Studierenden.

[1274] Princeton University Press v. Michigan Document Services, Inc., 99 F.3d 1381, 1389 (6th Cir. 1996): „*It should be noted, finally, that the degree to which the challenged use has transformed the original copyrighted works [...] is virtually indiscernible. If you make verbatim copies of 95 pages of a 316-page book, you have not transformed the 95 pages very much—even if you juxtapose them to excerpts from other works and package everything conveniently. This kind of mechanical 'transformation' bears little resemblance to [a] creative metamorphosis [...].*"

[1275] Der kürzeste Auszug umfasste 8.000 Wörter, der längste 30 % eines Werkes, vgl. Princeton University Press v. Michigan Document Services, Inc., 99 F.3d 1381, 1389 (6th Cir. 1996). Zu den Guidelines, deren Grenzwert von 1.000 Wörtern das Gericht als „*safe harbor*" bezeichnete, siehe Teil 5.A.V.2.a).

[1276] Basic Books, Inc. v. Kinko's Graphics Co., 758 F. Supp. 1522 (S.D.N.Y. 1991). Vgl. *Bartow*, 60 U. PITT. L. REV. 149, 164 (1998).

[1277] Basic Books, Inc. v. Kinko's Graphics Co., 758 F. Supp. 1522, 1532 (S.D.N.Y. 1991).

[1278] Basic Books, Inc. v. Kinko's Graphics Co., 758 F. Supp. 1522 (S.D.N.Y. 1991).

erste Faktor spreche daher in beiden Fällen stark gegen die Anbieter. Die mittelbare Nutzbarkeit zu Studien- und Bildungszwecken wog die Kommerzialität nicht auf.

III. Nutzungen durch Einzelpersonen

Einzelne Nutzer müssen beachten, dass eine Vervielfältigung regelmäßig nicht *fair* ist, wenn die erstellten Vervielfältigungsstücke demselben Zweck dienen, zu dem auch das vervielfältigte Werk geschaffen wurde, und somit den Erwerb eines Werkexemplars ersetzen.[1279] Dies ist insbesondere für die Abwägung im Rahmen des ersten und vierten Faktors von Relevanz.

Bei der Prüfung des vierten Faktors ist im Wissenschaftsbereich überdies zu beachten, dass für Artikel in wissenschaftlichen Fachzeitschriften kein Markt im herkömmlichen Sinne besteht und ihr Wert bisweilen schwer zu definieren ist.[1280] Allerdings kann die Vervielfältigung dieser Artikel zumindest mittelbare Folgen für den Rechteinhaber haben.[1281] Dies ist auch bei der Prüfung des ersten Faktors hinsichtlich der Frage, ob eine Nutzung kommerziell ist oder nicht, von Relevanz.[1282]

IV. Zusammenfassung

Insgesamt gilt: Weder im institutionellen noch im individuellen Bereich ist ein Bezug zu Wissenschaft oder Bildung alleine ausreichend, damit eine Nutzung *fair* ist. Regelmäßig verlangen Gerichte, dass eine Nutzung transformativ ist[1283] – Unterrichtende sollten urheberrechtlich geschütztes Material beispielsweise in einen anderen Kontext stellen und zu einem anderen Zweck benutzen als der

---

[1279] Vgl. nur Marcus v. Rowley, 695 F.2d 1171, 1175 (9th Cir. 1983). Näher zu dieser Entscheidung sogleich bei Teil 5.A.V.2.a). Ähnlich entschied bereits der District Court for the District of Massachusetts im Jahr 1914, als er über die Herstellung von Auszügen aus einem akademischen Lehrbuch sowie die Überlassung der Auszüge an die Teilnehmer eines privaten Tutorats zu urteilen hatte, vgl. MacMillan v. King, 223 F. 862 (D. Mass. 1914).

[1280] Vgl. American Geophysical Union v. Texaco, Inc., 60 F.3d 913, 927 (2d Cir. 1995): „[T]though there is a traditional market for, and hence a clearly defined value of, journal issues and volumes, in the form of per-issue purchases and journal subscriptions, there is neither a traditional market for, nor a clearly defined value of, individual journal articles." So erhielten Wissenschaftler regelmäßig keine Lizenzgebühren für die Veröffentlichung. Der Wert liege in einem Anwachsen ihrer Reputation: „In the distinctive realm of academic and scientific articles, however, the only form of royalty paid by a publisher is often just the reward of being published, publication being a key to professional advancement and prestige for the author [...]" (ebd., 927).

[1281] Vgl. American Geophysical Union v. Texaco, Inc., 60 F.3d 913, 927 (2d Cir. 1995).

[1282] Prägnant Weissmann v. Freeman, 868 F.2d 1313, 1324 (2d Cir. 1989): „The trial court's statement that Freeman's use was entirely for non-profit purposes misapprehends the central proposition that the profit/non-profit distinction is context specific, not dollar dominated."

[1283] *Jaszi*, 25 LAW & LIT. 33, 35 (2013) m.w.N. ist der Ansicht, Gerichte hätten damit gerade Nutzern im Bildungssektor einen „enormen Gefallen" (*tremendous favor*) getan, da sie nun die Möglichkeit haben zu beschreiben, dass „ihre gesellschaftlich und kulturell wertvolle Tätigkeiten" (*their socially and culturally valuable activities*) diese Voraussetzungen erfüllen.

Rechteinhaber.[1284] Allerdings fehlt es gerade für den Bereich der individuellen Nutzung zu Bildungs- und Forschungszwecken an eindeutigem *case law*. So haben Gerichte etwa über die Grenzen des zulässigen wissenschaftlichen Zitierens bislang noch nicht entschieden.[1285] Ebenso wenig ist gerichtlich geklärt, in welchem Umfang die Nutzung im Klassenzimmer zulässig ist.[1286]

Infrastruktureinrichtungen im Bildungs- und Wissenschaftsbereich handeln also derzeit oft in einer rechtlichen Grauzone. Das Risiko, das sie dabei eingehen, vermindert § 504 (c) (2) (i) *Copyright Act*.[1287] Danach sollen Gerichte Schadensersatzforderungen versagen, wenn Angestellte von nichtkommerziellen Bildungseinrichtungen, Bibliotheken und Archiven vernünftige Gründe (*reasonable grounds*) hatten anzunehmen, dass ihre Nutzung eines Werkes *fair* war.

V. Guidelines

1. Allgemeines

Um die Rechtsunsicherheit zu verringern und die praktische Anwendung der *fair use*-Doktrin zu erleichtern, haben sich verschiedene Interessengruppen auf Guidelines verständigt.[1288] Die Guidelines sind rechtlich nicht verbindlich; sie setzen Mindeststandards dafür fest, wann eine Nutzung *fair* ist.[1289] Üblicherweise schenken Gerichte den Guidelines allerdings erst dann Beachtung, wenn sie den betreffenden Fall an den vier in § 107 niedergelegten Faktoren gemessen haben.[1290]

[1284] Vgl. *Jaszi*, 25 LAW & LIT. 33, 42 (2013).

[1285] Vgl. *Crews*, 62 OHIO ST. L.J. 599, 606 (Fn. 16) (2001).

[1286] Vgl. *Jaszi*, 25 LAW & LIT. 33, 37 f. (2013).

[1287] Vgl. hierzu *Kasunic*, 19 J.C. & U.L. 271, 292 (1993).

[1288] Vgl. u.a. Agreement on Guidelines for Classroom Copying in Not-For-Profit Educational Institutions, H.R.Rep. No. 94-1476, 94th Cong., 2nd Sess. S. 68-70 (1976); Guidelines for Educational Uses of Music, H.R.Rep. No. 94-1476, 94th Cong., 2nd Sess. S. 70-74; Guidelines for Off-Air Taping of Copyrighted Works for Educational Use, H.R. Rep. No. 97-495, 97th Cong., 2nd Sess. S. 8-9 (1982). Zu den einzelnen Guidelines im Folgenden.

[1289] Vgl. beispielsweise American Geophysical Union v. Texaco, Inc., 60 F.3d 913, 919 Fn. 5 (2d Cir. 1994). Für eine rechtstheoretischen Auseinandersetzung mit den Guidelines und eine Zusammenfassung ihres „rechtlichen Status" (*legal status*) vgl. *Crews*, 62 OHIO ST. L.J. 599, 685 ff., 691 ff. (2001).

[1290] Eine Analyse der Entscheidungen, in denen Gerichte Bezug auf die Guidelines nehmen, findet sich bei *Crews*, 62 OHIO ST. L.J. 599, 639 ff. (2001). Er kommt zu dem Schluss, dass die Gerichte die Guidelines vor allem dann heranziehen, wenn sie ihre Entscheidung bei unsicherer Rechtslage absichern wollen (ebd., S. 655).

2. Einzelne Guidelines

a) Classroom Guidelines

Dem Unterricht an Schulen und Hochschulen widmen sich die Classroom Guidelines.[1291] Sie wurden zwar von verschiedenen (privaten) Interessengruppen ausgehandelt, sind aber insofern offiziell anerkannt, als sie sich in einem Begleitbericht zur Verabschiedung des *Copyright Act* finden.[1292] Auch darum stellen sie die wohl die bekanntesten dieser Regeln dar.[1293] Trotz der Veröffentlichung im Begleitbericht entfalten sie aber keine Bindungswirkung.[1294] Die Guidelines regeln vor allem die Nutzung von Texten aus Büchern und Periodika, einschließlich der darin enthaltenen Bilder, Diagramme etc. Sie sollen allein das „Minimum" dessen festlegen, was eine zulässige Nutzung darstellt, nicht das „Maximum".[1295] Nutzungen, die über dieses Minimum hinausgehen, können also sehr wohl von *fair use* gedeckt sein.

Die Guidelines unterscheiden zwischen der Herstellung bzw. dem Herstellenlassen einer einzelnen Kopie durch den Lehrer für seine wissenschaftlichen Recherchen, für die Benutzung im Unterricht oder zur Vorbereitung des Unterrichts (*for his or her scholarly research or use in teaching or preparation to teach a class*) sowie der Nutzung im Klassenraum selbst (*for classroom use*). Im ersten Fall ist ihm die Vervielfältigung eines Buchkapitels, eines Zeitungs- oder Zeitschriftenartikels, einer Kurzgeschichte, eines kurzen Essays oder Gedichts, oder eines Bildes, Diagrammes etc. aus einem Buch, einer Zeitschrift oder einer Zeitung erlaubt.

Für die Nutzung im Klassenraum darf der Lehrer mehrere Kopien, nicht aber mehr als eine pro Schüler, herstellen oder herstellen lassen, wenn vier Voraussetzungen erfüllt sind: Kürze (*brevity*), kurzfristige Nutzungsentscheidung (*spontaneity*),[1296] kumulativer Effekt (*cumulative effect*)[1297] sowie Aufnahme eines

---

[1291] Agreement on Guidelines for Classroom Copying in Not-For-Profit Educational Institutions with Respect to Books and Periodicals, H.R. Rep. No. 94-1476, at 68-70 (1976).

[1292] *Melamut*, 92 LAW LIBR. J. 157, 179 (2000).

[1293] *Crews*, 62 OHIO ST. L.J. 599, 615 (2001) bezeichnet sie als „*[t]he best known of all fair-use guidelines*".

[1294] Vgl. nur *Förster*, S. 30. Angesichts der Wirkung dieses Vorgehens auf die breite Öffentlichkeit kritisch *Crews*, 62 OHIO ST. L.J. 599, 622 (2001).

[1295] Classroom Guidelines, S. 68: „*The purpose of the following guidelines is to state the minimum and not the maximum standards of educational fair use under § 107 of H.R. 2233.*" Zur Auslegung der Guidelines als „*safe harbor*" für in jedem Fall zulässige Nutzungen vgl. Princeton University Press v. Michigan Document Services, Inc., 99 F.3d 1381, 1389 (6th Cir. 1996); *Melamut*, 92 LAW LIBR. J. 157, 186 (2000). Manche Universitäten haben die Guidelines ohne ihre Präambel angenommen, so dass deren Regelungen für sie „als oberes Limit für fair use" (*as a ceiling on fair use*) gelten, vgl. *Crews*, 62 OHIO ST. L.J. 599, 641 (2001).

[1296] Unter anderem müssen die Entscheidung über die Nutzung und der Zeitpunkt, zu dem die Nutzung die größte Effektivität für den Unterricht (*maximum teaching effectiveness*) hat, zeitlich so

copyright-Vermerks (*notice of copyright*).[1298] Vor allem zur *brevity* enthalten die Guidelines detaillierte Ausführungen.[1299]

Die Guidelines enthalten zudem eine Reihe weiterer Beschränkungen: Die Nutzung darf nicht dazu dienen, Anthologien oder andere zusammengestellte Werke herzustellen,[1300] die Vervielfältigung von Schulbüchern ist unzulässig,[1301] die Kopien dürfen das Werk nicht ersetzen und nicht jährlich wieder neu hergestellt werden,[1302] und Schülern bzw. Studierenden dürfen für die Fotokopien lediglich die Herstellungskosten in Rechnung gestellt werden.[1303]

Erstmals stützte sich ein Gericht in *Marcus v. Rowley*[1304] auf die Vorgaben der Guidelines.[1305] In dem Fall ging es um die urheberrechtlich geschützte 35seitige Anleitung „Cake Decorating Made Easy" einer Hauswirtschaftslehrerin. Die Beklagte, eine ehemalige Schülerin, hatte von der Autorin ein Exemplar des Werkes erstanden und eine 24seitige Anleitung erstellt, die sie in ihrem eigenen Unterricht kostenlos auslegte. Elf dieser Seiten hatte sie aus der Anleitung der Klägerin übernommen, ohne diese um Erlaubnis zu fragen oder als Autorin zu kennzeichnen.

Der U.S. Court of Appeals for the Ninth Circuit gab der Klägerin recht. Vor allem der erste[1306] und der dritte[1307] Faktor von Section 107 sprächen gegen *fair*

---

nahe beieinanderliegen, dass es unangemessen (*unreasonable*) erscheint, eine Erlaubnis für die Nutzung einzuholen, Classroom Guidelines, S. 69.

[1297] Nutzer dürfen beispielsweise nicht mehr als ein Gedicht eines Autors kopieren, Classroom Guidelines, S. 69.

[1298] Classroom Guidelines, S. 68.

[1299] Hiernach ist *fair use* regelmäßig zu bejahen, wenn entweder gesamte Artikel, Essays oder Erzählungen von weniger als 2500 Wörtern genutzt werden oder kleine Teile eines Prosawerkes. Die Schwelle soll bei 1000 Wörtern bzw. 10 % des Gesamtwerkes liegen, je nachdem welche Schwelle niedriger ist. Kleine Teile eines Werkes in einem Umfang von 500 Wörtern sind jedenfalls kurz genug. Zur Veranschaulichung des Unterrichts dürfen eine Zeichnung, ein Diagramm, eine Abbildung pro Buch oder Fachzeitschrift genutzt werden.

[1300] Classroom Guidelines, S. 69. Auch unter Beachtung der Guidelines widerspricht die Erstellung einer Anthologie aber nicht grds. *fair use*, vgl. Basic Books, Inc. v. Kinko's Graphics Co., 758 F. Supp. 1522, 1537 (S.D.N.Y. 1991) sowie *Crews*, 62 OHIO ST. L.J. 599, 641 ff. (2001).

[1301] Die Classroom Guidelines, S. 69 sprechen von Werken, die dafür bestimmt sind, im oder für den Unterricht gebraucht zu werden (*works intended to be "consumable" in the course of study or of teaching*).

[1302] Classroom Guidelines, S. 69.

[1303] Classroom Guidelines, S. 70.

[1304] Marcus v. Rowley, 695 F.2d 1171 (9th Cir. 1983).

[1305] Siehe dazu *Crews*, 62 OHIO ST. L.J. 599, 650 f. (2001). Die Guidelines werden zudem angeführt in American Geophysical Union v. Texaco Inc., 60 F.3d 913, 919 (2d. Cir. 1995); Basic Books, Inc. v. Kinko's Graphics Co., 758 F. Supp. 1522, 1535 ff. (S.D.N.Y. 1991); Bridge Publications, Inc. v. Vein, 827 F. Supp. 629, 636 (S.D. Cal. 1993).

[1306] So seien Vorlage wie Kopie zum identischen Zweck erstellt worden, nämlich um „Kuchendekoration zu unterrichten" (*teaching cake decorating*), Marcus v. Rowley, 695 F.2d 1171, 1175 f. (9th Cir. 1983).

use. Erst nachdem das Gericht die Norm durchgeprüft hatte, wendete es sich den Kriterien der Guidelines zu.[1308] Sie seien zwar „nicht bindend" (*not controlling*), wohl aber lehrreich (*instructive*) im Hinblick auf die Frage, ob die Handlungen der Beklagten im konkreten Fall von *fair* use gedeckt seien.[1309] Wenig überraschend stimmte das bereits gefundene Ergebnis mit den Vorgaben der Guidelines überein (*in harmony with the Congressional Guidelines*).[1310]

b) Music Guidelines / Off-Air Guidelines

Die Music Guidelines stellen ebenfalls Minimalstandards auf:[1311] Für akademische Zwecke ist die Vervielfältigung kleiner Teile eines Werkes zulässig.[1312] Auch den Music Guidelines fehlt es jedoch nach Ansicht ihrer Kritiker an der Flexibilität, die das Recht eigentlich vorsieht.[1313]

Die Off-Air Guidelines sollen klarstellen, unter welchen Voraussetzungen die Aufzeichnung, Vorhaltung und Wiedergabe von Rundfunksendungen zu Bildungszwecken zulässig ist.[1314] Anders als andere Guidelines machen die Off-Air

---

[1307] So hätten beinahe 50 % der Anleitung der Beklagten aus urheberrechtlich geschütztem Material bestanden, und diese 50 % hätten beinahe den gesamten Inhalt der Anleitung der Klägerin enthalten, Marcus v. Rowley, 695 F.2d 1171, 1176 f. (9th Cir. 1983).

[1308] Marcus v. Rowley, 695 F.2d 1171, 1178 (9th Cir. 1983): Das Erfordernis der „Kürze" (*brevity*) sei bei einer Nutzung von mehr als 10 % des Werkes nicht erfüllt, und eine „kurzfristige Nutzungsentscheidung" (*spontaneity*) liege bei einer Nutzung in mehreren Schuljahren nicht vor. Der *cumulative effect*-Test spreche zwar für die Beklagte, da sie nur ein Werk derselben Urheberin benutzt habe. Allerdings habe die Beklagte Copyright-Vermerke an die von ihr erstellten Vervielfältigungsstücke angebracht. Somit sei die Nutzung auch unter Berücksichtigung der Guidelines nicht *fair*.

[1309] Marcus v. Rowley, 695 F.2d 1171, 1178 (9th Cir. 1983).

[1310] Marcus v. Rowley, 695 F.2d 1171, 1177 f. (9th Cir. 1983). *Crews*, 62 OHIO ST. L.J. 599, 651 (2001) schreibt diesbezüglich: „*[P]erhaps the real value of the guidelines is to serve as a tool for judges to find some degree of assurance about a decision that is in reality based on the four factors from section 107.*"

[1311] Guidelines for Educational Uses of Music, H.R. Rep. No. 94-1476, at 70-71 (1976). Die Eingangserklärung ist mit der Einleitung der Classroom Guidelines identisch.

[1312] Diese Teile dürfen grds. weder einen aufführbaren Umfang erreichen, noch 10 % des Gesamtwerkes überschreiten, Guidelines for Educational Uses of Music, H.R. Rep. No. 94-1476, 71 (1976). Eine einzelne Kopie eines aufführbaren Bestandteils, etwa eines Satzes oder einer Arie, darf nur hergestellt werden, wenn das Werk vergriffen ist und der Rechteinhaber dies bestätigt hat, oder wenn dieser Teil nicht erworben werden kann, ohne ein größeres Werk zu erwerben (ebd.). Nutzer dürfen das Werk bearbeiten, solange sichergestellt ist, dass sie es nicht „entstellen" (*distort*) bzw. keinen Text hinzufügen (ebd.). Erlaubt ist unter bestimmten Voraussetzungen auch die Herstellung von „Notfallkopien" (*emergency copies*) (ebd.). Die Beschränkungen entsprechen denen der Classroom Guidelines, siehe Teil 5.A.V.2.a) sowie *Crews*, 62 OHIO ST. L.J. 599, 619 f. (2001).

[1313] *Crews*, 62 OHIO ST. L.J. 599, 620 (2001).

[1314] Federal Guidelines for Off-Air Recording of Broadcast Programming for Educational Purposes, H.R. Rep. No. 97-495, 8-9 (1982): Berechtigt sind nur nicht-gewinnorientierte Bildungseinrichtungen. Die Aufnahme darf für höchstens 45 Tage gespeichert werden, danach muss sie gelöscht oder zerstört werden. Die Aufzeichnung darf nur einmal und, wenn nötig, ein weiteres Mal, zu den entsprechenden Zwecken gezeigt werden. Die Wiedergabe hat grds. im Klassenzimmer zu erfolgen. Die Sendungen dürfen nur auf Einzelanfrage eines Lehrers aufgenommen und gezeigt werden. Eine regelmäßige, vorsorgende Aufzeichnung von Sendungen ist nicht zulässig. Die Sendung darf nur innerhalb von zehn Schultagen im Unterricht gezeigt werden. Für den Rest der 45 Tage

Guidelines keine Vorgaben über den erlaubten Umfang der Aufzeichnung, so dass auch ganze Sendungen aufgezeichnet werden können – dies mache die Anwendung der Guidelines einfacher und schmackhafter (*palatable*).[1315] Weil sie wie die anderen Guidelines darauf verzichten, die in ihnen enthaltenen Vorgaben direkt aus der gesetzlichen Regelung abzuleiten, geben sie die den Umfang von *fair use* allerdings nicht genau wieder.[1316]

c) Guidelines for *reserves*

Die American Library Association (ALA) hat Guidelines zu *reserves* formuliert.[1317] *Reserves* sind Lehrmaterialien, die Bibliotheken erstellen und zur Verfügung stellen. Sie enthalten urheberrechtlich geschützte Werke oder Teile geschützter Werke, eventuell ergänzt um Lehrempfehlungen. Zentraler Unterschied zwischen *reserves* und *coursepacks* ist, dass letztere meist auf bestimmte Kurse zugeschnitten sind und von kommerziellen Anbietern vertrieben werden.[1318] *Reserves* halten hingegen regelmäßig Werke bereit, die mit dem Unterricht nur in mittelbarem Zusammenhang stehen und die eigentlichen Unterrichtsmaterialien ergänzen. Ihr Inhalt ist damit häufig nicht zur Veranschaulichung einer einzelnen Veranstaltung erforderlich.[1319]

Nach den ALA-Guidelines ist die Bereitstellung von *reserves* dann *fair*, wenn der genutzte Werkteil im Verhältnis zum Gesamtumfang des genutzten Werkes im Hinblick auf Art, Thema und Schwierigkeitsgrad des Kurses angemessen (*reasonable*) ist,[1320] die Anzahl der Kopien im Hinblick auf die Anzahl der Kursteilnehmer, die Schwierigkeit und Länge der Aufgabenstellung sowie die Anzahl der weiteren Kurse, die auf dasselbe Material zurückgreifen, angemessen

---

darf der Lehrer die Aufzeichnung nur verwenden um zu bewerten, ob sie in den Lehrplan aufgenommen werden soll. Ein Lehrer darf jede Sendung nur einmal aufzeichnen, unabhängig davon, wie oft Fernsehsender sie ausstrahlen. Wie auch bei den Classroom sowie den Music Guidelines dürfen die Aufzeichnungen nicht benutzt werden, um „Anthologien oder Sammlungen" (*teaching anthologies or compilations*) zu erstellen. Zudem ist ein Copyright-Vermerk an die Kopien anzubringen. Die Bildungseinrichtung hat Kontrollmechanismen einzurichten, um die Einhaltung der Voraussetzungen sicherzustellen. Vgl. hierzu auch die Reformvorschläge zu § 108 *Copyright Act* hinsichtlich *publicly disseminated works* als dritter Werkkategorie neben veröffentlichten und unveröffentlichten Werken, siehe Teil 5.B.II.2.c).

[1315] *Crews*, 62 OHIO ST. L.J. 599, 621 (2001).

[1316] *Crews*, 62 OHIO ST. L.J. 599, 621 f., 665 ff. (2001).

[1317] *ALA*, Fair Use and Electronic Reserves, abrufbar unter www.ala.org/advocacy/copyright/fairuse/fairuseandelectronicreserves. Die Guidelines sollen insbesondere den Anforderungen universitären Unterrichts gerecht werden, vgl. *Warwick* in Lipinski, Libraries, Museums, and Archives, S. 235, 249.

[1318] *Melamut*, 92 LAW LIBR. J. 157, 180 (2000).

[1319] *Melamut*, 92 LAW LIBR. J. 157, 158 f., 180 (2000).

[1320] *ALA*, Model Policy, S. 8. Diese und die nachfolgende Anforderung sollen den ersten sowie den dritten *fair use*-Faktor spezifizieren.

(*reasonable*) sind,[1321] das *reserve* einen *copyright*-Vermerk entsprechend § 401 *Copyright Act* enthält und den Markt für das genutzte Werk nicht beeinträchtigt.[1322]

Die ALA-Guidelines stammen von 1978. Sie sind auf *reserves* beschränkt, die aus Fotokopien bestehen. *E-reserves*, also Materialien, die innerhalb einer Einrichtung für einen abgegrenzten Kreis von Studierenden oder sonstigen Unterrichtsteilnehmern digital zum Download (und meist auch zum Ausdruck) bereitgehalten werden, erfassen sie daher nicht.

Ein Guideline-Entwurf der *Conference on Fair Use* (CONFU) mit detaillierten Vorschriften zur *fairness* von *e-reserves* von 1996 fand keinen Konsens.[1323] Daraufhin haben die ALA und andere im Jahr 2003 entsprechende Guidelines geschaffen, die allerdings sehr allgemein gehalten sind.[1324] In Anbetracht des hohen praktischen Wertes von *e-reserves* erhoffen sich Beobachter weitere Verhandlungen zwischen den Interessenvertretern.[1325]

Nach Ansicht der Verlage sind *e-reserves* zustimmungsbedürftige *coursepacks*, die Bibliotheken und Bildungseinrichtungen nach *Kinko's* und *Michigan Document Services* daher in der Regel nur mit Zustimmung der Rechteinhaber zur Verfügung stellen dürfen.[1326] Die momentan rechtshängige Klage von Verlegern gegen die Georgia State University dürfte in gewissem Umfang klären, welche Maßstäbe für *e-reserves* gelten.[1327] Vertreter aus dem Universitäts- und Bibliotheksbereich erhoffen sich von dem Rechtsstreit eine grundsätzliche Klärung zur Reichweite von *fair use* für Zwecke nichtkommerzieller Wissenschaft und Bildung.[1328] In erster Instanz hat der U.S. District Court for the Northern Dis-

---

[1321] *ALA*, Model Policy, S. 8 f.

[1322] *ALA*, Model Policy, S. 8 f.

[1323] Ein Streitpunkt war die mangelnde Bereitschaft der Rechteverwerter zuzusichern, dass das Einhalten des von den Guidelines gesetzten Maßstabs vor Klagen schütze, vgl. *Melamut*, 92 LAW LIBR. J. 157, 180 (2000). Vgl. überdies den Entwurf der *CONFU*, Fair use guidelines for electronic reserve systems (1996), abrufbar unter http://copyright.lib.utexas.edu/rsrvguid.html. Allgemein zur CONFU *Crews*, 62 OHIO ST. L.J. 599, 626 ff. (2001).

[1324] *ALA et al.*, Applying Fair Use in the Development of Electronic Reserves Systems, abrufbar unter www.copyright.com/Services/copyrightoncampus/content/library_ers.html.

[1325] Vgl. *Carson*, 19 AGAINST THE GRAIN 30, 33 (2007); *Nolan*, 19 J. INTELL. PROP. L. 457 f. (2012). Es ist nicht zu erwarten, dass der Gesetzgeber die Zulässigkeit von *e-reserves* in absehbarer Zeit regeln wird. Die *Section 108 Study Group* (siehe Teil 5.B.II.1.) hatte das Thema zwar diskutiert, sich jedoch dagegen entschieden, eine Handlungsempfehlung auszusprechen, vgl. *Section 108 Study Group*, Report, S. 128.

[1326] Vgl. hierzu die Position der *Association of American Publishers (AAP)*, Frequently Asked Questions about E-Reserves, abrufbar unter www.copyright.com/Services/copyrightoncampus/content/library_aap.html.

[1327] Cambridge University Press, et al. v. Becker, et al., 863 F. Supp. 2d 1190 (N.D. Ga. 2012). Siehe Teil 5.A.II.

[1328] *Crews*, Georgia State and Fair Use: Copyright on Appeal (January 22, 2013), abrufbar unter http://copyright.columbia.edu/copyright/2013/01/22/georgia-state-and-fair-use-copyright-on-appeal/.

trict of Georgia geurteilt, dass das Bereithalten von Vervielfältigungsstücken in *e-reserves* unter bestimmten Voraussetzungen von *fair use* gedeckt sei.[1329]

d) ALA Model Policy

Die ALA Model Policy Concerning College and University Photocopying for Classroom, Research and Library Reserve Use von 1982[1330] enthält Regelungen für *library reserves* sowie Vorgaben für fotografische Vervielfältigungen zu Forschungs- und Lehrzwecken (*research and classroom uses*) an Universitäten und Hochschulen (*college and university photocopying*). Ausgehend von den „konservativen" Classroom Guidelines („*the most conservative guidelines for fair use*")[1331] versucht sie eine Handreichung dafür zu geben, wann eine Nutzung von *fair use* gedeckt sein könnte.[1332]

Zur eigenen Forschung soll dies der Fall sein, wenn eine andere Kopie nicht verfügbar ist („*the inability to obtain another copy of the work*"), der Nutzer die Vorlage nur einmal vervielfältigen und die Kopie nicht an andere weitergeben möchte („*the intention to photocopy the material only once and not to distribute the material to others*") oder der vervielfältigte Teil in einem angemessen Verhältnis zum Gesamtumfang des Werkes steht („*the ability to keep the amount of material photocopied within a reasonable proportion to the entire work*").[1333] Hiernach ist also ein Großteil einmaliger Vervielfältigungen zum eigenen Forschungsgebrauch („*most single-copy photocopying for your personal use in research*") *fair*, und zwar selbst dann, wenn ein wesentlicher Teil eines Werkes (*substantial portion of a work*) vervielfältigt wird.[1334]

Im Hinblick auf die Lehre empfiehlt die ALA Fakultätsmitgliedern, sich von den Classroom Guidelines nicht zu sehr behindern zu lassen.[1335] Die Nutzung urheberrechtlich geschützten Materials solle aber ausgewählt und sparsam („*selective and sparing*") sein. Stellen Unterrichtende Vervielfältigungsstücke her, habe dies regelmäßig keinen entscheidenden Einfluss auf die normale wirtschaftliche Verwertung im Sinne des vierten Faktors, vor allem, wenn sie nicht wiederholt Auszüge aus einer bestimmten Zeitung oder von einem bestimmten Autor kopierten.[1336] Ein Großteil der Vervielfältigungshandlungen für die eigene For-

---

[1329] Siehe Teil 5.A.II.

[1330] Vgl. hierzu *Crews*, S. 49 ff.

[1331] Siehe Teil 5.A.V.2.a).

[1332] *ALA*, Model Policy, S. 6. Die Model Policy richtet sich dabei ausdrücklich gegen die Verwendung konkreter Grenzwerte, um *fair use* zu bestimmen: „*Fair use cannot always be expressed in numbers – either the number of pages copied or the number of copies distributed.*"

[1333] *ALA*, Model Policy, S. 7.

[1334] *ALA*, Model Policy, S. 7.

[1335] „*These minimum standards normally would not be realistic in the University setting*", *ALA*, Model Policy, S. 8.

[1336] *ALA*, Model Policy, S. 8.

schung und den Gebrauch im Unterricht sei danach *fair*, soweit der Nutzer einige wenige Beschränkungen einhalte.[1337]

3. Kritik an den Guidelines

Die Guidelines präzisieren in gewissem Umfang die Vorgaben der § 107. Insbesondere die einflussreichen Classroom Guidelines stellen allerdings sehr enge Vorgaben auf, die nicht immer mit dem Grundgedanken von *fair use* übereinstimmen. Sie wurden darum bereits zum Zeitpunkt ihrer Entstehung heftig kritisiert:[1338] Ihre Kriterien, die nicht direkt aus dem Gesetz abgeleitet sind, würden alte Fragen durch neue ersetzen.[1339] Untergrenzen dessen zu formulieren, was nach dem Gesetz in jedem Fall erlaubt sei, berge zudem die Gefahr, dass Anwender diese als verbindliche Grenze dessen interpretierten, was (maximal) erlaubt sei.[1340] Zudem seien die engen, detaillierten Anforderungen an die Nutzung praxisfremd.[1341] Gerade die *Classroom Guidelines* bevorzugten einseitig die Interessen der Industrie, seien „extrem unzeitgemäß sowie sehr restriktiv" („*sadly outdated, as well as highly restrictive*").[1342]

Weil die Guidelines als nicht sehr hilfreich empfunden werden, haben Nutzergruppen vermehrt damit begonnen, Best Practices zu formulieren. Sie sollen Nutzungspraktiken innerhalb dieser Gruppe widerspiegeln und dadurch anderen Nutzern bei der Entscheidung helfen, welche Nutzungen für einen bestimmten Bereich *fair* sind.[1343] Für die praktische Arbeit von Bibliotheken ist insbesondere der Code of Best Practice for Academic and Research Libraries der Association of Research Libraries (ARL) von Bedeutung.[1344]

[1337] *ALA*, Model Policy, S. 7.

[1338] Vgl. H.R. Rep. No. 94-1476, 72.

[1339] Vgl. *Crews*, 62 OHIO ST. L.J. 599, 619 (2001).

[1340] Nach *Crews*, 62 OHIO ST. L.J. 599, 671 (2001) beschränken die Guidelines die Nutzung oft stärker als es nach dem eigentlich offenen Konzept von *fair use* nötig sei. Er verweist auf Addison-Wesley Pub. Co., Inc. v. New York University, F. Supp., 1983 WL 1134 (S.D.N.Y. 1983). Dort hatten die AAP und die New York University in einem Vergleich vereinbart, dass der Minimalstandard der Classroom Guidelines zugleich Maximalstandard für *fair use* sei. Insbesondere die in den Classroom Guidelines formulierten Obergrenzen sind Gegenstand heftiger Kritik. *Aufderheide/Jaszi*, S. 111 beispielsweise sind der Ansicht, sie entbehrten einer gesetzlichen Grundlage und seien systemfremd. Vgl. auch *Crews*, S. 54.

[1341] In den Worten von *Crews*, 62 OHIO ST. L.J. 599, 688 (2001): „*[O]ne need not look far within the academic community to find that few, if any, individuals are actually counting words on a page before making photocopies for classroom distribution.*"

[1342] *Aufderheide/Jaszi*, S. 110. Gegen die Aushandlung neuer Guidelines *Jaszi*, 25 LAW & LIT. 33, 36 (2013): „*Perhaps the best that can be said for this approach [to negotiate guidelines] is that it has been tried, and the results have not been pretty.*"

[1343] Vgl. *Aufderheide/Jaszi*, S. 120; *Saint-Amour/Spoo/Jenkins*, 25 LAW & LIT. 1, 2 (2013).

[1344] *ARL*, The Code of Best Practices for Academic and Research Libraries, abrufbar unter www.arl.org/storage/documents/publications/code-of-best-practices-fair-use.pdf. Best Practices bestehen zudem für die Nutzung von Werken zur Vermittlung von Medienkompetenz (*media literacy*). Vgl. Code of Best Practices in Fair Use for Media Literacy Education, abrufbar unter http://mediaeducationlab.com/sites/mediaeducationlab.com/files/CodeofBestPracticesinFairUse

VI. Vergleich mit dem deutschen Recht

Das deutsche Recht kennt keine Entsprechung für die in § 107 *Copyright Act* normierte *fair use*-Klausel, also für eine Norm, die dem Rechtsanwender allgemeine Faktoren zur Hand gibt, die bei der erforderlichen Einzelfallabwägung, ob eine Nutzung zustimmungsfrei zulässig ist, zu berücksichtigen sind. Während *fair use* das *copyright* also unter eine Art Generalvorbehalt stellt, schränkt das deutsche Recht urheberrechtliche Nutzungsrechte durch einzelne, eng gefasste Tatbestände ein. In der Praxis bestehen aber gewisse Überschneidungen zwischen deutschem und US-amerikanischem Recht.

Die Präambel von § 107 *Copyright Act* privilegiert ausdrücklich einige Zwecke (*teaching, scholarship, research*), zu denen auch das deutsche Recht (an mehreren Stellen im Urheberrechtsgesetz und unter Verwendung uneinheitlicher Begriffe) die zustimmungsfreie Nutzung urheberrechtlich geschützter Werke gestattet.[1345] Auch die vier Faktoren, die bei der Gesamtabwägung im Rahmen von § 107 *Copyright Act* zu beachten sind, finden in gewisser Hinsicht, und in anderem Gewand, eine Entsprechung in Einzelregelungen des deutschen Rechts.

1. Nutzungszwecke

So ist die Frage, ob die betreffende Nutzung kommerziellen Zwecken dient, in beiden Rechtsordnungen relevant. Im US-amerikanischen Recht ist sie im Rahmen des ersten Faktors zu beachten. Nach dem Urheberrechtsgesetz darf eine Nutzung zu Bildungs- oder Wissenschaftszwecken regelmäßig keinen kommerziellen Zwecken dienen.[1346] Zudem profitieren von manchen Schranken nur Einrichtungen, die entweder selbst oder deren Besucher keine kommerziellen Zwecke verfolgen.[1347]

2. Umfasste Werkarten

Nach dem zweiten Faktor von *fair use* ist die Art des geschützten Werkes (*nature of the copyrighted work*), also bei Schriftwerken etwa die Frage, ob ein Werk Literatur oder Sachbuch (*factual work*) ist, maßgeblich. Dieser Faktor hat keine direkte Entsprechung im deutschen Recht. Unterscheidungen nach Werkarten sind den deutschen Ausnahmebestimmungen gleichwohl nicht fremd. Nach manchen

---

_0.pdf. In Israel, wo 2007 in Anlehnung an das US-Recht *fair use* eingeführt wurde, gibt es einen Fair Use Best Practices Code for Higher Education Institutions, der die Unwägbarkeiten der Schranke abmildern soll. Vgl. *Dotan/Elkin-Koren/Fischman-Afori/Haramati-Alpern*, 57 J. COPYRIGHT SOC'Y U.S.A. 501, 511 f. (2010).

[1345] §§ 46 Abs. 1, 47 Abs. 2, 52a Ab. S. 1 Nr. 1 und 2, 52b S. 1, 53 Abs. 2 S. 1 Nr. 1, Abs. 3 S. 1 Nr. 1, 53a Abs. 1 S. 2 UrhG. Siehe hierzu Teil 3.B.

[1346] Eine gewisse Ausnahme dazu bildet § 46 UrhG, der im Ergebnis kommerzielle Verlage privilegiert. Die so erstellten Sammlungen werden allerdings von ihren Benutzern in nichtkommerzieller Weise genutzt, siehe Teil 3.B.I.

[1347] Siehe dazu Teil 3.B.III.3.b), Teil 3.B.III.4.b), Teil 3.B.V.2.a) und 4.a), Teil 3.B.VI.2. und 6.

Normen ist die Nutzung von Zeitungs- und Zeitschriftenartikeln gestattet.[1348] Beide sind in der Regel *factual works* und würden also auch nach US-amerikanischem Recht vergleichsweise niedrigen Schutz beanspruchen. Im deutschen Recht werden sie allerdings wohl vor allem deswegen geringerem Schutz unterstellt, weil sie üblicherweise relativ kurz sind. Zumeist, und in allen für diese Untersuchung relevanten Schrankenregelungen, wird außer ihnen nämlich auch die Nutzung von „Werken geringen Umfangs" gestattet.[1349]

3. Umfang der Nutzung

Weiterhin sind nach US-amerikanischem Recht Menge und Bedeutung des genutzten Teils im Vergleich zum genutzten Werk als Ganzem relevant für die Beurteilung, ob die Nutzung eines Werkes *fair* ist. Das bestimmt der dritte Faktor. Auch in Deutschland dürfen regelmäßig (mit Ausnahme von Zeitungs- und Zeitschriftenartikeln sowie von Werken geringen Umfangs)[1350] keine ganzen Werke vervielfältigt und öffentlich zugänglich gemacht werden. Die Ausnahmeregelungen des deutschen Rechts bestimmen teilweise, dass nur „Teile eines Werkes" bzw. „kleine Teile eines Werkes" genutzt werden dürfen.[1351]

4. Auswirkungen auf die übliche Verwertung

Ob die Nutzung Auswirkungen auf die Verwertung oder den Wert des geschützten Werkes hat, ist im US-amerikanischen *copyright law* nach dem vierten *fair use*-Faktor zu berücksichtigen. Wenn Nutzer zulässigerweise Lizenzverträge mit den Rechteinhabern hätten abschließen können, ist eine Nutzung regelmäßig nicht *fair*.[1352] In Deutschland hat sich der BGH jüngst in zwei Verfahren mit einer ganz ähnlichen Frage befasst: Er urteilte, dass die zustimmungsfreie öffentliche Zugänglichmachung unter Umständen dann nicht mehr geboten ist, wenn der Rechteinhaber ein angemessenes Angebot zum Abschluss eines Lizenzvertrags für die beabsichtigte Nutzung unterbreitet hat.[1353]

Aufgrund des ersten und vierten *fair use*-Faktors ist eine Vervielfältigung nach Ansicht der Rechtsprechung regelmäßig dann nicht *fair*, wenn die erstellten Vervielfältigungsstücke demselben Zweck dienen, zu dem auch das vervielfältigte Werk geschaffen wurde,[1354] weil sie dann den Erwerb eines Werkexemplars ersetzen würden. Auch nach deutschem Recht ist eine zustimmungsfreie

---

[1348] §§ 52a Abs. 1 Nr. 1 und 2, 53 Abs. 2 Nr. 4, 53 Abs. 3 S. 1 Nr. 1 und 2, 53a UrhG.
[1349] §§ 52a Abs. 1 Nr. 1 und 2, 53 Abs. 3 S. 1 Nr. 1 und 2 UrhG.
[1350] Siehe Teil 3.B.III.4. und Teil 3.B.V.
[1351] Etwa §§ 46 Abs. 1, 52a Abs. 1 Nr. 1, 53 Abs. 2 S. 1 Nr. 4 lit. a), Abs. 3, 53a Abs. 1 UrhG. Siehe Teil 3.B.I.2., Teil 3.B.III.3.d) und 4.d), Teil 3.B.IV.3., Teil 3.B.V.2.b).
[1352] Siehe Teil 5.A.II.
[1353] Dies entschied der BGH zumindest für die Nutzung nach § 52a Abs. 1 S. 1 Nr. 1 UrhG, BGH, Urt. v. 28.11.2013 – I ZR 76/12 – *Meilensteine der Psychologie* (Entscheidungsgründe liegen noch nicht vor). Siehe Teil 3.B.V.2.b).
[1354] Siehe Teil 5.A.III.

Nutzung unter diesen Voraussetzungen regelmäßig nicht geboten.[1355] Bezüglich Werken, die für den Unterrichtsgebrauch an Schulen bestimmt sind, normiert das Urheberrechtsgesetz diesen Gedanken sogar ausdrücklich: Sie dürfen nur mit Einwilligung des Rechteinhabers für den Unterricht verwendet werden.[1356]

5. Öffentliche Zugänglichmachung für Unterrichtszwecke

Die Frage, ob eine öffentliche Zugänglichmachung von Werken für Unterrichtszwecke zustimmungsfrei gestattet sein soll, wird sowohl in den USA als auch in Deutschland kontrovers diskutiert. In den USA ist noch nicht endgültig entschieden, inwiefern die Nutzung urheberrechtlich geschützter Werke auf elektronischen Lernplattformen (*e-reserves*) nach § 107 *Copyright Act* zulässig ist. In Deutschland hat der Gesetzgeber § 52a UrhG eingeführt, um dem praktischen Bedürfnis nach einem zeitgemäßen Unterricht in gewisser Hinsicht zu entsprechen. Die Geltungsdauer der Norm ist allerdings befristet.[1357]

6. Präzisierung der tatbestandlichen Voraussetzungen

Um die Rechtssicherheit zu erhöhen, haben Vertreter von Rechteinhabern und Nutzergruppen in den USA Guidelines aufgestellt, die die Faktoren des *fair use*-Tests präzisieren und festschreiben sollen, welche Nutzungen zweifelsfrei *fair* sind. Guidelines existieren für den Unterricht an Schulen und Hochschulen, für die Verwendung von Werken in *reserves* und die Bereiche Musik/Off Air. Sie wurden vor vielen Jahren geschaffen; für neuere Nutzungsformen, etwa *e-reserves*, bestehen solche Guidelines nicht. In Deutschland haben die Beteiligten Gesamtverträge abgeschlossen, um einzelne Tatbestandsmerkmale zu präzisieren,[1358] etwa den Begriff der „kleinen Teile".[1359] Inhaltlich ähneln diese Gesamtverträge den Guidelines.[1360]

B. Ausnahmeregelungen für Bibliotheken und Archive

Bibliotheken und Archive sind gemäß § 108 *Copyright Act* berechtigt, urheberrechtlich geschützte Werke unter bestimmten Voraussetzungen zustimmungsfrei zu vervielfältigen und zu verbreiten. Vor Erlass des *Copyright Act* von 1976 hatten, wie im britischen Recht,[1361] unverbindliche *Gentlemen's Agreements* zwischen Bibliotheken und Rechteinhabern die Maßstäbe festgelegt, nach denen eine Nutzung zustimmungsfrei erlaubt war.[1362] Spätestens mit Aufkommen der

---

[1355] Siehe Teil 3.B.III.3.b) und c), Teil 3.B.III.4.d), Teil 3.B.V.4.b).
[1356] §§ 46 Abs. 1 S. 2, 52a Abs. 2 S. 1, 53 Abs. 3 S. 2 UrhG.
[1357] Siehe dazu Teil 3.B.V.8.
[1358] Siehe hierzu Teil 3.B.I.6. Fn. 592.
[1359] Siehe hierzu Teil 3.B.III.4.b), Teil 3.B.V.2.b).
[1360] Siehe Teil 5.A.V.2.
[1361] Siehe Teil 4.C.I.
[1362] *Rasenberger/Weston*, S. 3. Siehe auch *Crews*, 62 OHIO ST. L.J. 599, 614 f. (2001).

Fotokopierer reichte diese Art der „Rechtsfindung" aber nicht mehr.[1363] Das Urteil in *William & Wilkins* befeuerte die anschließende Diskussion noch weiter.[1364]

§ 108 privilegiert Nutzungen zu Zwecken der Bewahrung (*preservation*), privater Studien (*private studies*) sowie des innerbibliothekarischen Leihverkehrs (*inter-library arrangements*). Die Norm wurde erlassen, um die Rechtssicherheit für Bibliotheken und Archive zu erhöhen. Sie soll *fair use* weder ersetzen noch seinen Anwendungsbereich für Bibliotheken und Archive beschränken.[1365] Soweit ersichtlich, gibt es kein Case Law, in dem § 108 alleiniger Gegenstand des Verfahrens war; Beklagte nutzen die Norm allerdings regelmäßig als zusätzliche *defense* neben § 107 (*fair use*).[1366]

I. Geltende Rechtslage

1. Allgemeine Voraussetzungen

§ 108 (a) *Copyright Act* erlaubt Bibliotheken und Archiven, ein Vervielfältigungsstück eines Werkes herzustellen (*to reproduce no more than one copy [...] of a work*) und zu verbreiten,[1367] wenn folgende Voraussetzungen erfüllt sind:[1368]

Vervielfältigung und Verbreitung dienen keinen unmittelbaren oder mittelbaren kommerziellen Zwecken (*without any purpose of direct or indirect commercial advantage*),[1369] die Bestände der Bibliotheken und Archive sind der Öffentlichkeit zugänglich oder stehen nicht nur Forschern offen, die mit der Einrichtung verbunden sind, sondern auch anderen, die in einem bestimmten Gebiet for-

---

[1363] *Rasenberger/Weston*, S. 12. Dennoch wurde eine gesetzliche Regelung skeptisch beurteilt, weil sie aufgrund der schnellen technischen Entwicklungen zu inadäquaten und unfairen Ergebnissen führen könne und Lizenzmodelle eine angemessenere Lösung seien, vgl. 1965 Supplementary Report of the Register of Copyrights on the General Revision of the U.S. Copyright Law: 1965 Revision Bill, S. 25. Verwertungsgesellschaften, mit denen kollektive Vereinbarungen hätten geschlossen werden können, bestanden zu dieser Zeit noch nicht, das *Copyright Clearance Center* (CCC) wurde 1978 gegründet.
[1364] Williams & Wilkins Co. v. U.S., 420 U.S. 376 (1975). Die Entscheidung des *Supreme Court* bestätigte Williams & Wilkins, 487 F. 2d 1345, 1362, 1363 (Ct. Cl. 1973), welches die Nutzungen der *National Library of Medicine* und der *National Institutes of Health* als *fair* eingestuft hatte. Die Beklagten hatten auf individuelle Anfrage von Ärzten Artikel aus Fachzeitschriften kopiert. Das Urteil erging mit vier zu vier Stimmen. Zum Hintergrund des Verfahrens *Rasenberger/Weston*, S. 19.
[1365] § 108 (f) (4) *Copyright Act*. Vgl. auch The Authors Guild, Inc., et al. v. HathiTrust, et al., 902 F. Supp. 2d 445, 464 Fn. 32 (S.D.N.Y. 2012): „*I need not decide if the MDP [Mass Digitization Project] fits within the parameters of 17 U.S.C. § 108 because it unquestionably fits within the definition of fair use.*"
[1366] So *Buttler/Crews* in Lipinski, Libraries, Museums, and Archives, S. 257, 270. Vgl. auch American Geophysical Union v. Texaco, Inc., 802 F.Supp. 1, 27 f. (S.D.N.Y. 1992). Kritisch zu dem Urteil *Band*, 59 J. COPYRIGHT SOC'Y U.S.A. 453, 469 ff. (2012).
[1367] Nach American Geophysical Union v. Texaco, Inc., 802 F.Supp. 1, 28 (S.D.N.Y. 1992) ist die Beschränkung auf ein Vervielfältigungsstück vermutlich so auszulegen, dass eine Kopie pro Nutzer gemeint ist, nicht eine absolute Begrenzung auf eine Kopie.
[1368] Vgl. dazu *Buttler/Crews* in Lipinski, Libraries, Museums, and Archives, S. 257, 261 f.
[1369] § 108 (a) (1) *Copyright Act*.

schen,[1370] die vervielfältigte bzw. verbreitete Kopie enthält einen *copyright*-Vermerk,[1371] und die Vervielfältigung und Verbreitung einzelner Kopien ist „isoliert und unverbunden" (*isolated and unrelated*).[1372]

Werke der Musik, der angewandten Kunst sowie Filmwerke und andere audiovisuelle Werke, die keine Nachrichtensendungen sind, dürfen nur zu Archivierungszwecken[1373] vervielfältigt und verbreitet werden.[1374]

2. Einzelne Nutzungszwecke

a) Bewahrung

aa) Rechtslage

§ 108 (b) und (c) *Copyright Act* erlauben unter bestimmten Voraussetzungen die Herstellung von bis zu drei Vervielfältigungsstücken. § 108 (b) *Copyright Act* gestattet Bibliotheken und Archiven, unveröffentlichte Werke aus ihrem Bestand zu vervielfältigen und zu verbreiten, um sie zu erhalten und zu sichern oder in einer anderen Bibliothek oder einem anderen Archiv wissenschaftlich nutzbar zu machen (*solely for purposes of preservation and security or for deposit for research use in another library or archives*). Digitale Kopien dürfen die Einrichtungen allerdings weder verbreiten noch der Öffentlichkeit außerhalb ihrer Räumlichkeiten zugänglich machen.[1375]

Nach § 108 (c) *Copyright Act* dürfen Bibliotheken und Archive dann, wenn ein Werkstück oder eine Tonaufnahme beschädigt oder gestohlen wurde oder abhandengekommen oder verloren gegangen ist, das darin verkörperte Werk vervielfältigen, um dieses Werkstück zu ersetzen (*solely for the purpose of replacement of a copy or phonorecord that is damaged, deteriorating, lost, or stolen*). Gleiches gilt, wenn

---

[1370] § 108 (a) (2) i) und ii) *Copyright Act*.

[1371] § 108 (a) (3) *Copyright Act*.

[1372] § 108 (g) *Copyright Act*. Bibliotheken oder Archive dürfen aber an „interbibliothekarischen Vereinbarungen (*interlibrary arrangements*)" teilnehmen.

[1373] Sowie im Falle des § 108 (h) *Copyright Act*. Siehe Teil 5.B.I.2.c).

[1374] Nach § 108 (i) *Copyright Act* ist die Vervielfältigung und Verbreitung solcher Werke erlaubt, deren Verwendung nicht ausdrücklich ausgeschlossen ist, sowie von audiovisuellen Werken, die Nachrichten zum Gegenstand haben (*dealing with news*) und Bildern und Grafiken, die als Illustrationen, Diagramme o.ä. in Werken veröffentlicht sind, die nach § 108 (d) oder (e) vervielfältigt werden. Vgl. dazu *Buttler/Crews* in Lipinski, Libraries, Museums, and Archives, S. 257, 262.

[1375] § 108 (b) (2) *Copyright Act*. Kritisch zur räumlichen Begrenzung *Hirtle*, 34 COLUM. J.L. & ARTS 55, 56 (2010); *Kwall*, 29 COLUM. J.L. & ARTS 343, 344 (2006). *Gasaway* in Gasaway/Ginsburg/Pallante/Perlmutter/Rudick, 36 COLUM. J.L. & ARTS 527, 539 (2013) erachtet die Beschränkungen in § 108 (b) (2) *Copyright Act* im Hinblick auf das Erstveröffentlichungsrecht (*author's right of first publication*) für „sinnvoller" (*made more sense*) als die in § 108 (c) (2) *Copyright Act* vorgesehenen Beschränkungen für veröffentlichte Werke. Zu den Reformvorschlägen siehe Teil 5.B.II.

das Format, in dem das Werk aufbewahrt wurde, überholt ist.[1376] Die Einrichtung muss in diesen Fällen einen angemessenen Versuch unternommen haben, ein Ersatzexemplar zu einem fairen Preis zu erwerben (*after a reasonable effort, determined that an unused replacement cannot be obtained at a fair price*). Digitale Vervielfältigungsstücke dürfen Einrichtungen nicht außerhalb ihrer Räumlichkeiten öffentlich zugänglich machen.[1377]

bb) Vergleich mit dem deutschen Recht

Die Archivausnahme aus § 108 (b), (c) *Copyright Act* ist insofern weiter als das deutsche Pendant,[1378] als der Nutzer von einer Vorlage drei Vervielfältigungsstücke erstellen darf, unter gewissen Voraussetzungen keine Bestandsakzessorietät gegeben sein muss und die Vervielfältigung erlaubt ist, wenn das technische Format veraltet ist. Ebenso wie im deutschen Recht fehlen aber Vorschriften, welche die Archivierung von Webinhalten – etwa mittels Web-Harvesting[1379] – zulassen.

b) Forschung, Wissenschaft, private Studien/innerbibliothekarischer Leihverkehr

aa) Rechtslage

Bibliotheken und Archive dürfen nach § 108 (d) *Copyright Act* auf Anfrage (*request*) einzelner Nutzer Vervielfältigungsstücke von einzelnen Zeitschriftenartikeln, von Beiträgen zu Sammelwerken sowie von kleinen Teilen (*small parts*) anderer Werke unter folgenden Voraussetzungen erstellen: Das Werk befindet sich im Bestand (*collection*) der angefragten Einrichtung oder in dem einer anderen Bibliothek oder einem anderen Archiv, die Kopie geht in das Eigentum des Bestellers über, die Einrichtung hat keinen Hinweis darauf, dass das Vervielfältigungsstück zu anderen Zwecken als jenen der Forschung, Wissenschaft oder privaten Studien genutzt wird,[1380] und weist sichtbar auf die Pflicht zur Einhaltung des *copyright law* hin.[1381] Die Vervielfältigung eines gesamten Werkes bzw. wesentlicher Teile (*the entire work, or a substantial part of it*) ist nach § 108 (e) *Copyright Act* unter den gleichen Voraussetzungen und nur dann zulässig, wenn sich die Einrichtung vergewissert hat, dass auf dem Markt keine Kopie zu einem fairen Preis erhältlich ist.

[1376] Die Norm definiert dies wie folgt: „*For purposes of this subsection, a format shall be considered obsolete if the machine or device necessary to render perceptible a work stored in that format is no longer manufactured or is no longer reasonably available in the commercial marketplace.*"

[1377] § 108 (c) (2) *Copyright Act*.

[1378] § 53 Abs. 2 S. 1 Nr. 2, S. 2 Nr. 3 UrhG. Siehe hierzu Teil 3.B.III.3.c).

[1379] Siehe dazu auch Teil 1.D.I.2.b), Teil 3.B.III.3.c) und Teil 6.B.II.3.c).

[1380] § 108 (d) (1) *Copyright Act*.

[1381] § 108 (d) (2) *Copyright Act*.

Den innerbibliothekarischen Leihverkehr erlaubt § 108 (g) (2) in Verbindung mit § 108 (d), (e) *Copyright Act*, solange dieser in seinem Umfang (*such aggregate quantities*) nicht das Abonnement einer Zeitschrift oder den Kauf eines einzelnen Werkes ersetzt.[1382] Nach der National Commission on New Technology Uses of Copyrighted Works (CONTU) ist der Versand von Kopien bei Zeitschriftenbeiträgen zulässig, wenn die bestellende Einrichtung („*requesting entity*") pro Jahr nicht mehr als fünf Beiträge aus den letzten fünf Jahrgängen einer Fachzeitschrift anfordert.[1383] Von sonstigen Werken dürfen höchstens fünf Kopien innerhalb eines Jahres erstellt werden.[1384] Kritiker bemängeln, diese Richtlinien hätten „verhindert" (*chilled*), dass (mittels Rechtsstreitigkeiten) geklärt werde, was nach dem Gesetz maximal zulässig sei.[1385]

bb) Vergleich mit dem deutschen Recht

In den USA dürfen Bibliotheken unter gewissen Voraussetzungen nicht nur einzelne Artikel, sondern ganze Werke im Rahmen des Kopienversands vervielfältigen (und übermitteln). § 108 (d) *Copyright Act* bestimmt ausdrücklich, dass sich das Werk im Bestand der versendenden Bibliothek oder einer anderen Bibliothek bzw. eines anderen Archivs befinden muss. § 53a UrhG enthält diese Voraussetzung nicht, wird aber so ausgelegt, dass die versendende Bibliothek grundsätzlich auf den eigenen und den Bestand anderer Bibliotheken beschränkt ist.[1386] Den elektronischen Versand gestattet § 108 *Copyright Act* nicht, § 53a UrhG nur für Zwecke der Forschung.[1387]

c) Sonstiges

Werke, die sich in den letzten 20 Jahren ihrer Schutzdauer befinden, dürfen Bibliotheken und Archive nach § 108 (h) *Copyright Act* unter bestimmten, engen Voraussetzungen umfassend nutzen. Dies schließt digitale Vervielfältigungen ein.[1388]

Weder Bibliothek oder Archiv noch ihre Angestellten sind haftbar, wenn Nutzer mittels eines „nicht überwachten Vervielfältigungsgeräts" (*unsupervised use of reproducing equipment*) ein *copyright* verletzen, sofern das Gerät einen Hinweis

---

[1382] Vgl. dazu *Buttler/Crews* in Lipinski, Libraries, Museums, and Archives, S. 257, 264. Bisweilen schließen Lizenzvereinbarungen den innerbibliothekarischen Leihverkehr aber aus. Kritisch hierzu *Jones*, 105 Law Libr. J. 425, 437 (2013).

[1383] *CONTU*, Final Report, Chapter 4, S. 55.

[1384] *CONTU*, Final Report, Chapter 4, S. 55. Vgl. hierzu *Buttler/Crews* in Lipinski, Libraries, Museums, and Archives, S. 257, 264.

[1385] Vgl. *Warwick* in Lipinski, Libraries, Museums, and Archives, S. 235, 246.

[1386] Siehe hierzu Teil 3.B.IV.2.

[1387] § 53a Abs. 1 S. 2 UrhG. Siehe hierzu Teil 3.B.IV.6. und Teil 6.B.II.5.c).

[1388] Ob vergriffene Werke hiervon umfasst sind, ist zweifelhaft, vgl. *Gasaway*, 40 Hous. L. Rev. 643, 660 (2003). Zur Bedeutung von § 108 (h) *Copyright Act* für digitale Archive *Besek/Loengard* 31 Colum. J.L. & Arts 267, 283, 285 (2008).

auf die Pflicht zur Einhaltung des *copyright law* enthält (§ 108 (f) (1) *Copyright Act*).[1389]

Gemäß § 108 (f) (4) *Copyright Act* bleiben die vertraglichen Verpflichtungen von Bibliotheken und Archiven unberührt. Etwaige Lizenzvereinbarungen, die Bibliotheken und Archive mit Rechteinhabern abgeschlossen haben, müssen sie also beachten. Ob dies auch bei nicht-verhandelbaren (*non-negotiable*) Lizenzbedingungen gilt, ist umstritten.[1390]

II. Reformvorschläge

1. Allgemeines

§ 108 *Copyright Act* ist seit seiner Verabschiedung 1976 weitgehend unverändert geblieben. Der Gesetzgeber hatte die Vorschrift zwar „technologieneutral" formulieren wollen, damit sie nicht ständig an technologische Entwicklungen angepasst werden müsse.[1391] Nach Ansicht von Kritikern erfasst die Norm aber aktuelle technologische Bedingungen nicht hinreichend.[1392] Insbesondere fehlten Regelungen zur Archivierung von Webinhalten, zum Erhalt digitaler Werke und zum elektronischen Versand an Nutzer.[1393] Nach Ansicht der Leiterin (*Register of Copyright*) des U.S. Copyright Office, Maria Pallante, ist § 108 *Copyright Act* „elendig veraltet" (*woefully out of date*).[1394] Die Norm ist daher seit Jahren Gegenstand rechtspolitischer Diskussion. Die *Section 108 Study Group* formulierte 2008 Reformvorschläge.[1395] Sie sollen eines Tages in einen konkreten Gesetzentwurf münden.[1396] Bislang existiert ein solcher Entwurf noch nicht; momentan sind die Veröffentlichung eines Diskussionsdokuments bzw. weiterer Reformvorschläge geplant.[1397]

[1389] Derjenige, der das Gerät nutzt oder eine Kopieranfrage stellt, ist hingegen nicht privilegiert, wenn seine Benutzung *fair use* überschreitet, vgl. § 108 (f) (2) *Copyright Act*.

[1390] Kritisch zur Geltung von § 108 (f) (4) *Copyright Act* bei nicht verhandelbaren Lizenzen *Jones*, 105 LAW LIBR. J. 425, 443 (2013). Uneinig *Section 108 Study Group*, Report, S. 121 f. Siehe zum Report auch sogleich.

[1391] Vgl. *Buttler/Crews* in Lipinski, Libraries, Museums, and Archives, S. 257, 258 Fn. 4, 264 ff., die dennoch befürchten, dass allein jene Technologien privilegiert sind, die zum Zeitpunkt der Gesetzgebung bekannt waren.

[1392] *Hirtle*, 34 COLUM. J.L. & ARTS 55, 56 (2010). Vgl. auch *Buttler/Crews* in Lipinski, Libraries, Museums, and Archives, S. 257, 265 f.

[1393] *Pike*, Section 108 Study Group Releases Report (April 10, 2008), S. 1, abrufbar unter http://newsbreaks.infotoday.com/NewsBreaks/Section--Study-Group-Releases-Report-48703.asp.

[1394] *Pallante* in Gasaway/Ginsburg/Pallante/Perlmutter/Rudick, 36 COLUM. J.L. & ARTS 527, 529 (2013).

[1395] *Section 108 Study Group*, Report, S. 31 ff.

[1396] *Pallante* in Gasaway/Ginsburg/Pallante/Perlmutter/Rudick, 36 COLUM. J.L. & ARTS 527, 529 (2013).

[1397] Vgl. *U.S. Copyright Office*, Revisiting Section 108: Copyright Exceptions for Libraries and Archives, abrufbar unter www.copyright.gov/docs/section108/. Das Copyright Office nennt den Re-

2. Konkrete Vorschläge

Die *Section 108 Study Group* hat folgende Vorschläge unterbreitet:

a) Zahl der Vervielfältigungsstücke

Derzeit dürfen Bibliotheken und Archive nach § 108 (b) und (c) *Copyright Act* maximal drei Vervielfältigungsstücke herstellen. Bei digitalen Vervielfältigungen lasse sich diese Beschränkung nicht einhalten, weil dafür vorübergehende Vervielfältigungshandlungen, Transfervervielfältigungen und Vervielfältigungen bei Hardware-Austausch erforderlich seien.[1398] Darum solle eine „angemessene und notwendige Anzahl von Vervielfältigungsstücken" (*a limited number of copies [...] as reasonably necessary*) zulässig sein.[1399]

b) Lockerung der Bestandsakzessorietät/Web-Harvesting

Nach § 108 *Copyright Act* dürfen Bibliotheken und Archive Werke, die sich nicht in ihrem Bestand befinden, beispielsweise Webinhalte, nicht vervielfältigen und speichern. Für solche Nutzungen bleibt ihnen nur die Berufung auf *fair use*, einschließlich der damit verbundenen Rechtsunsicherheiten.[1400] In Zukunft sollen Bibliotheken und Archive, so der Vorschlag, online verfügbare Werke mittels Web-Harvesting vervielfältigen und diese Werke für Nutzer zu Wissenschafts- und Forschungszwecken bereithalten dürfen.[1401] Nach Ablauf einer „angemessenen" (*reasonable*) Frist sollen Nutzer der Einrichtungen Zugang zu diesen Kopien erhalten, die als „archivierte Kopie" gekennzeichnet werden müssen.[1402] *Opt-Out*-Klauseln könnten Rechteinhaber in die Lage versetzen, der Nutzung insgesamt oder außerhalb der Räumlichkeiten der jeweiligen Einrichtung zu widersprechen.[1403]

c) *Publicly disseminated works*

Bibliotheken und Archiven sollten bestimmte, per Funk oder Online-Stream gesendete Werke (*publicly disseminated works* als dritte Kategorie neben *published*

---

port der Section 108 Study Group von 2008 als zentrales Referenzdokument für eine Reform der § 108 *Copyright Act*. Kritisch hierzu *Rasenberger*, 34 COLUM. J.L. & ARTS 15 ff. (2010).

[1398] Vgl. hierzu *Pike*, Section 108 Study Group Releases Report (April 10, 2008), S. 1, abrufbar unter http://newsbreaks.infotoday.com/NewsBreaks/Section--Study-Group-Releases-Report-48703.asp.

[1399] *Section 108 Study Group*, Report, S. 64.

[1400] *Hirtle*, Digital Preservation and Copyright (November 10, 2003), abrufbar unter http://fairuse.stanford.edu/2003/11/10/digital_preservation_and_copyr/.

[1401] Gegenüber der *Library of Congress* solle diese Möglichkeit nicht bestehen, *Section 108 Study Group*, Report, S. 85. Für die generelle Zulässigkeit von Web-Harvesting für Bibliotheken ohne *Opt-Out*-Möglichkeit der Rechteinhaber *Graham*, 39 AIPLA Q.J. 269, 286, 292 (2011). Zum Web-Harvesting allgemein siehe Teil 1.D.I.2.b).

[1402] *Section 108 Study Group*, Report, S. 84.

[1403] *Section 108 Study Group*, Report, S. 85.

und *unpublished works*),[1404] die nicht auf dem Markt erhältlich sind, zu Erhaltungszwecken aufzeichnen dürfen.[1405] Zudem solle § 108 *Copyright Act* um eine neue Schranke für sogenannte *at risk*-Werke erweitert werden, also für Werke, die nicht kommerziell verbreitet werden und aufgrund ihres Formats besonders anfällig für Verfall oder Untergang sind.[1406]

d) Elektronische Übermittlung

§ 108 (d) *Copyright Act* solle Bibliotheken und Archiven erlauben, Vervielfältigungsstücke auf Anfrage auch elektronisch an Nutzer zu übermitteln.[1407] Die Einrichtungen sollten für diesen Zweck die angemessen und notwendige (*reasonably necessary*) Anzahl an Vervielfältigungsstücken herstellen dürfen.[1408]

Auch beim innerbibliothekarischen Leihverkehr solle der elektronische Kopienversand grundsätzlich möglich werden,[1409] allerdings nur unter der Voraussetzung, dass die Bibliotheksnutzer sich über ihre jeweilige Bibliothek an die zusendende Bibliothek wenden und die Werke nicht direkt von letzterer anfragen.[1410] Zudem sollten technische Schutzmaßnahmen sicherstellen, dass Endnutzer die Werke weder vervielfältigen noch verbreiten können.[1411]

e) Privilegierung von Museen

Nach dem Vorschlag der Study Group soll § 108 *Copyright Act* auch Museen berechtigen.[1412] Zudem seien die Voraussetzungen zu überarbeiten, denen eine Einrichtung genügen müsse, um der Norm zu unterfallen. Derzeit seien sie unangemessen niedrig. Kriterien wie öffentliche Dienstleistung, Fachpersonal, Fachberatung bzw. -assistenz und Aufbau eines rechtmäßig erworbenen Bestands seien in die Regelung aufzunehmen.

[1404] Ein Werk ist gem. § 101 *Copyright Act* veröffentlicht, wenn materielle Vervielfältigungsstücke verbreitet werden. *Section 108 Study Group*, Report, S. 47 ff. betont, dass es bei digitaler Verbreitung im Einzelfall schwierig sein kann zu bewerten, ob materielle Vervielfältigungsstücke tatsächlich verbreitet wurden; die Unterscheidung zwischen veröffentlichten und unveröffentlichten Werken sei bei digitaler Verbreitung problematisch. Daher solle eine dritte Kategorie eingeführt werden, die *publicly disseminated works*. Vgl. hierzu *Wasoff*, 34 COLUM. J.L. & ARTS 731, 739 Fn. 22 (2011).

[1405] *Section 108 Study Group*, Report, S. 82.

[1406] *Pike*, Section 108 Study Group Releases Report (April 10, 2008), S. 1, abrufbar unter http://newsbreaks.infotoday.com/NewsBreaks/Section--Study-Group-Releases-Report-48703.asp.

[1407] *Section 108 Study Group*, Report, S. 80.

[1408] *Section 108 Study Group*, Report, S. 98.

[1409] *Pike*, Section 108 Study Group Releases Report (April 10, 2008), S. 2, abrufbar unter http://newsbreaks.infotoday.com/NewsBreaks/Section--Study-Group-Releases-Report-48703.asp.

[1410] *Section 108 Study Group*, Report, S. 98.

[1411] Die Study Group konnte sich allerdings nicht einigen, welche Schutzmechanismen für welche Werkarten adäquat sind, vgl. *Section 108 Study Group*, Report, S. 98.

[1412] *Section 108 Study Group*, Report, S. 31 ff. Vgl. auch *Samuelson and Members of the CPP*, 25 BERKELEY TECH. L.J. 1175, 1233 (2010).

f) Streaming

Schließlich sei § 108 (f) (3) *Copyright Act* zu erweitern, so dass die Einrichtungen aufgezeichnete TV-Ausstrahlungen nach einer gewissen Zeit an Nutzer streamen dürfen.[1413]

C. Vergütungsregelungen

I. Rechtslage

Weder § 107 noch § 108 *Copyright Act* sehen vor, dass eine zulässige Nutzung ausgeglichen bzw. vergütet werden muss. Die *fair use*-Doktrin zwingt zu einer „Alles oder nichts"-Entscheidung: Entweder ist die Nutzung vergütungsfrei zulässig, oder aber sie ist insgesamt unzulässig.[1414]

In Grenzfällen, in denen die Nutzung dem öffentlichen Interesse dient, sei es, so eine Ansicht aus der Literatur, unter Umständen aber sachgerechter, nach dem Vorbild von RBÜ, TRIPS und den kontinentaleuropäischen Urheberrechtsordnungen zu verfahren und die Nutzung gegen Zahlung eines angemessenen Ausgleichs zu gestatten.[1415] Das US-*copyright law* könne sich so der „prak-„praktischen Klugheit" (*practical wisdom*) des kontinentaleuropäisch geprägten Drei-Stufen-Tests annähern.[1416]

Eine Fußnote aus *Campbell v. Acuff-Rose Music, Inc.* gibt Anlass für entsprechende Spekulationen.[1417] Der US Supreme Court hatte darin bemerkt, dass den Zielen des *copyright law* im Einzelfall am besten gedient sein könne, wenn die zustimmungsfreie Nutzung vergütungspflichtig sei, der Rechteinhaber also statt des Verbotsrechts einen bloßen Vergütungsanspruch erhalte.[1418] Die Rechtsprechung griff diese (als *obiter dictum* geäußerte) Aussage zunächst nicht auf. Inzwischen haben einzelne Gerichtsentscheidungen die potentiell ausgleichende Funktion eines Vergütungsanspruchs jedoch – wenigstens indirekt – anerkannt.[1419]

Das klassische „Alles oder nichts"-Schema von *fair use* könnte also in Zukunft einem differenzierteren System weichen, das unter dem Schlagwort „*take and pay*" diskutiert wird.[1420] Auch wenn diese Diskussion nicht speziell den wissenschaftlichen Bereich betrifft: Die Argumente greifen gerade dort, wo ein großes

---

[1413] *Section 108 Study Group*, Report, S. 89.
[1414] *Fischman Afori*, 29 CARDOZO ARTS & ENT. L.J. 1, 6 (2011); *Förster*, S. 34; *Kleinemenke*, S. 125 f. Kritisch hierzu bereits *Timberg*, 75 NW. U. L. REV. 193, 235 (1980).
[1415] *Okediji/Reichmann*, 96 MINN. L. REV. 1362, 1434 (2012).
[1416] *Okediji/Reichmann*, 96 MINN. L. REV. 1362, 1436 (2012). Bereits *Timberg*, 75 NW. U. L. REV. 193, 235, 236 (1980) betonte zudem, dass ein finanzieller Ausgleich zudem dem anreizorientierten Charakter des US-*copyright law* entspräche.
[1417] Campbell v. Acuff-Rose Music, Inc., 510 U.S. 569 (1994).
[1418] Campbell v. Acuff-Rose Music, Inc., 510 U.S. 569, 578 Fn. 10 (1994).
[1419] Vgl. z.B. Christopher Phelps & Assocs., LLC v. Galloway, 492 F.3d 532, 535 (4th Cir. 2007).
[1420] Vgl. *Okediji/Reichmann*, 96 MINN. L. REV. 1362, 1409 (2012).

öffentliches Interesse an der Bearbeitung urheberrechtlich geschützter Werke besteht, etwa im Rahmen der wissenschaftlichen Weiterverarbeitung.[1421]

II. Vergleich mit dem deutschen Recht

Hinsichtlich der Vergütungsstruktur bestehen fundamentale Unterschiede zwischen den beiden Rechtsordnungen: In Deutschland sehen Schrankenregelungen nahezu durchgängig[1422] einen Anspruch des Rechteinhabers auf angemessene Vergütung vor, den regelmäßig nur Verwertungsgesellschaften geltend machen dürfen.[1423]

D. Zusammenfassender Vergleich mit dem deutschen Recht

Wie beim Vergleich zwischen britischem und deutschem Recht ist auch beim Rechtsvergleich zwischen den USA und Deutschland zu beachten, dass das deutsche Urheberrecht teilweise andere Ziele verfolgt als das *copyright law*.

I. Unterschiede

Die Unterschiede zwischen deutschen und US-amerikanischen Ausnahmen sind sowohl systematischer als auch inhaltlicher Art.

Bereits die verfassungsrechtlichen Vorgaben unterscheiden sich deutlich: Während in Deutschland bei der Ausgestaltung des Urheberrechts in erster Linie Eigentums- und Persönlichkeitsrechte zu beachten und gegebenenfalls gegen die Wissenschaftsfreiheit abzuwägen sind,[1424] gibt die US-amerikanische Verfassung einen explizit utilitaristischen Ansatz vor.[1425] Im deutschen Recht findet sich hierfür nur insofern eine Parallele, als bei der Ausgestaltung des Eigentums Art. 14 Abs. 2 GG zu beachten ist.[1426]

Im US-amerikanischen Recht existiert mit der *fair use*-Klausel (§ 107 *Copyright Act*) eine zentrale Ausnahmeregelung, nach welcher die Nutzung von urheberrechtlich geschützten Werken für alle Nutzungszwecke und in Bezug auf sämtliche Verwertungsrechte gestattet ist, soweit sie *fair* ist. Die einzelnen Voraussetzungen sind ursprünglich durch Richterrecht entwickelt worden, das Recht ist stark kasuistisch geprägt.

Daneben bestehen im US-amerikanischen Recht spezielle Ausnahmeregelungen für bestimmte Berechtigte. § 108 *Copyright Act* privilegiert in engem Umfang Nutzungen durch Bibliotheken und Archive. Die Norm lässt § 107 *Copyright Act* ausdrücklich unberührt. § 108 *Copyright Act* soll die Rechtssicherheit erhöhen.

[1421] *Okediji/Reichmann*, 96 MINN. L. REV. 1362, 1472 (2012).
[1422] Eine Ausnahme stellt § 47 Abs. 2 S. 2 Hs. 1 UrhG dar.
[1423] Siehe dazu Teil 3.B.I.6., Teil 3.B.II.6., Teil 3.B.III.6., Teil 3.B.IV.8., Teil 3.B.V.7. und Teil 3.B.VI.8.
[1424] Siehe Teil 3.A.II.
[1425] Siehe die Einleitung zu Teil 5.
[1426] Siehe dazu Teil 3.A.II.1.a).

Bestimmte Nutzungen aus dem Kernbereich von Bibliotheken und Archiven werden darin als jedenfalls zulässig bestimmt.[1427]

Die Ausnahmeregelungen des deutschen Urheberrechts sind dagegen nach Verwertungsrechten geordnet. Statt einer Generalklausel für Forschungs- und Bildungszwecke finden sich im Urheberrechtsgesetz detaillierte Einzelnormen. Teilweise betreffen sie nicht allein Forschungs- oder Bildungszwecke, sondern regeln diese nur mit.

Weder § 107 noch § 108 *Copyright Act* statuieren einen Vergütungsanspruch. Die relevanten Ausnahmeregelungen des deutschen Rechts gestatten die zustimmungsfreie Nutzung von Werken hingegen fast durchgehend nur gegen Zahlung einer angemessenen (Pauschal-)Vergütung. Der Vergütungsanspruch richtet sich teilweise gegen den einzelnen Nutzer.

II. Gemeinsamkeiten

§ 107 *Copyright Act* benennt in seiner Präambel einzelne Nutzungszwecke, zu denen eine Nutzung insbesondere *fair* sein kann. Dazu gehören Unterricht, Wissenschaft und Forschung. Diese Nutzungszwecke privilegiert auch das deutsche Recht. Auch die vier Faktoren des *fair use*-Tests finden in gewisser Hinsicht Parallelen im deutschen Recht. So ist im Rahmen der bei § 107 *Copyright Act* gebotenen Abwägung beispielsweise von Relevanz, ob die betreffende Nutzung kommerziellen Zwecken dient, ob nur Teile eines Werkes oder ganze Werke genutzt werden, welcher Art das betreffende Werk angehört und ob die Nutzung einen Eingriff in die gewöhnliche Verwertung des Werkes darstellt. Die Zulässigkeit der öffentlichen Zugänglichmachung ist in beiden Rechtsordnungen umstritten. In beiden Rechtsordnungen versuchen Interessenvertreter zudem, die tatbestandlichen Voraussetzungen im gegenseitigen Einvernehmen zu präzisieren. In den USA wurden diesbezüglich Guidelines geschaffen, in Deutschland haben die Parteien insbesondere Gesamtverträge abgeschlossen.

Bibliotheken und Archive können sich in beiden Ländern auf besondere Ausnahmeregelungen berufen. Im deutschen Recht sind teilweise auch Museen berechtigt. Das US-amerikanische Recht soll diesbezüglich künftig erweitert werden. US-amerikanische und deutsche Bibliotheken dürfen Werke vervielfältigen und die Vervielfältigungsstücke an Leser weitergeben. Zudem dürfen sie Werke zum Zweck der Bestandserhaltung vervielfältigen. Auch der Verleih von Werken, einschließlich des innerbibliothekarischen Leihverkehrs, ist in beiden Ländern unter bestimmten Voraussetzungen gestattet.

[1427] Eine ähnliche Regelungstechnik findet sich auch im britischen Recht. Siehe Teil 4.C.IV.2.

III. Ausblick

§ 108 *Copyright Act* wird als nicht zeitgemäß angesehen. Insbesondere werde die Norm den Gegebenheiten des digitalen Zeitalters nicht gerecht. Derzeit wird an einer Überarbeitung der Norm gearbeitet. Die dafür eingesetzte *Section 108 Study Group* hat einen viel beachteten Report vorgelegt. Konkrete gesetzgeberische Vorhaben sind daraus bislang noch nicht erwachsen.

Selbst dann, wenn eine Reform der sektorspezifischen Ausnahmeregelung nicht gelingen sollte: Nach US-amerikanischen *copyright law* besteht die Möglichkeit, urheberrechtlich geschützte Werke unter Berufung auf § 107 *Copyright Act* unter Verwendung neuer Technologien zustimmungsfrei zu nutzen, obwohl dies nicht explizit im Gesetz festgeschrieben ist. Allerdings geht damit ein gewisses Prozessrisiko einher.

Teil 6: Handlungsoptionen und Normvorschläge

A. Herausforderungen für eine Neuregelung und Handlungsoptionen

Die Untersuchung hat gezeigt, dass die für Bildung und Wissenschaft relevanten Schrankenregelungen des deutschen Urheberrechts reformbedürftig sind.[1428] Dies belegt auch der Rechtsvergleich mit Großbritannien und den USA. Beide Länder haben mit ähnlichen Problemen zu kämpfen wie Deutschland, und in beiden Ländern sind Reformen der jeweiligen Urheberrechtsgesetze geplant.[1429]

I. Herausforderungen für eine Neuregelung

Die Schrankenregelungen für Bildung und Wissenschaft sind in mehrerlei Hinsicht problematisch. Optionen für eine Neuregelung sind maßgeblich danach zu beurteilen, ob und inwiefern sie Lösungen für die vier wichtigsten Problemkomplexe des geltenden Rechts bieten. Dies sind im Einzelnen:

1. Regelungssystematik

Die Nutzungsmöglichkeiten urheberrechtlich geschützter Werke für Bildungs- und Wissenschaftszwecke müssen aus der Systematik des Gesetzes heraus erkennbar sein. Die geltenden Regelungen sind insbesondere nach Verwertungsrechten geordnet.[1430] Diese Regelungssystematik ist nicht nur für rechtliche Laien kaum nachvollziehbar.[1431] Die für Bildung und Wissenschaft relevanten urheberrechtlichen Schranken sind über das Urheberrechtsgesetz hinweg verstreut. Auch die Systematik innerhalb der einzelnen Normen ist zum Teil, etwa bei § 53 UrhG, sehr unübersichtlich.[1432]

2. Bestimmtheit und Rechtssicherheit

Die einzelnen Vorschriften müssen möglichst klar und allgemein verständlich sein. Die gegenwärtigen Schrankenregelungen enthalten zahlreiche unbestimmte Rechtsbegriffe und sind in ihrem Regelungsgehalt höchst umstritten.[1433] Vor allem §§ 52a und 52b UrhG sind für Rechtsanwender schwer zu verstehen[1434] und zu handhaben.[1435] Der Regelungsumfang des § 53 UrhG erschließt sich

---

[1428] Siehe insbesondere Teil 3.B. sowie Tabellen 1 und 2.

[1429] Siehe hierzu Teile 4 und 5.

[1430] Siehe hierzu Teil 3.A.II.3.

[1431] *Sieber*, MMR 2004, 715, 716 kritisiert zudem, dass die Normen ohne Not praktische Nutzungsbedürfnisse ignorieren würden.

[1432] Vgl. hierzu etwa die Kritik von *Sandberger*, ZUM 2006, 818, 825.

[1433] Siehe hierzu nur Tabellen 1 und 2.

[1434] Vgl. etwa BR-Drucks. 582/07, S. 2 ff.; *Allianz der Wissenschaftsorganisationen*, Neuregelung des Urheberrechts, S. 3; *Lorenz*, ZRP 2008, 261, 262 f. m.w.N.; *Lutz*, S. 94 i.V.m. 62; *Sieber*, MMR 2004, 715 f. Siehe Teil 3.B.V., Teil 3.B.VI. und Tabelle 2.

[1435] Vgl. etwa *DBV*, Nutzerinteressen stärken, Urheberrechte wahren S. 2; *Hoeren*, ZUM 2011, 369, 373 f.; *Hoeren/Neubauer*, ZUM 2012, 636, 639 f.; *Lutz*, S. 157; *Steinbeck*, NJW 2010, 2852, 2854 ff.

ebenfalls nur „bei genauerer Analyse".[1436] Selbst wenn ein potentieller Nutzer urheberrechtlich geschützter Werke im wissenschaftlichen Bereich die einschlägigen Vorschriften kennt und rechtlichen Rat einholt, wird er also Schwierigkeiten haben festzustellen, ob eine bestimmte Handlung rechtlich zulässig ist.[1437]

3. Flexibilität und Zweckeignung

Zugleich müssen die Regelungen flexibel genug sein, um Einzelfallgerechtigkeit zu ermöglichen und beispielsweise auch im Rahmen digitaler Nutzungsvorgänge eingreifen zu können. Sie müssen insbesondere möglichst technologieneutral formuliert sein. Hier stoßen einige Schrankenregelungen, etwa § 53a UrhG, an ihre Grenzen.[1438] Nur Regelungen, die den tatsächlichen Nutzungsbedürfnissen und ihrer technischen Entwicklung Rechnung tragen, sind sachgerecht.

4. Angemessener Interessenausgleich

Das Urheberrecht muss einen angemessenen Ausgleich der Interessen aller Beteiligten herbeiführen. Die gegenwärtigen Regelungen sind zum Teil heftiger Kritik ausgesetzt – auch hier kann wiederum § 52a UrhG als Beispiel dienen. Die Norm wird von den wissenschaftlichen Fachverlagen ebenso energisch kritisiert wie von Vertretern der Wissenschaft.[1439] Es ist fraglich, ob Regelungen, die sowohl von Rechteinhabern als auch von Nutzern als unbefriedigend empfunden werden, interessengerecht und sinnvoll sind.

---

m.w.N. Siehe zudem Teil 3.B.V.6. sowie Teil 3.B.VI.4. Bei § 52a UrhG erhöht die Befristung die Rechtsunsicherheit noch zusätzlich – derzeit gilt die Norm nur bis 31. Dezember 2014. Kritisch hierzu etwa *Allianz der deutschen Wissenschaftsorganisationen*, Neuregelung des Urheberrechts, S. 2; *DBV*, Nutzerinteressen stärken, Urheberrechte wahren, S. 1; *Lutz*, S. 91; Wahlprüfsteine des DBV zur Bundestagswahl 2013, abrufbar unter www.bibliotheksverband.de/dbv/themen/bundestags wahl-wahlpruefsteine/urheberrecht.html. Siehe zudem Teil 3.B.V.8.

[1436] So *Sandberger*, ZUM 2006, 818, 825 zur Fassung vor Verabschiedung des Zweiten Korbes. Die Einschätzung trifft auch heute noch zu. Ähnlich *Lutz*, S. 66. Zu den einzelnen Tatbestandsvoraussetzungen der Norm siehe Teil 3.B.III.

[1437] Die an sich Berechtigten würden durch die Normen gestatteten Handlungen wegen dieser Unsicherheiten daher nur selten vornehmen, vgl. *Allianz der Wissenschaftsorganisationen*, Ergänzende Hinweise, S. 8; *Bartlakowski/Talke/Steinhauer*, S. 102; *Sandberger*, ZUM 2006, 818, 824. Zu diesem Effekt allgemein *Raiser*, S. 257 f.

[1438] Nach *DBV*, Nutzerinteressen stärken, Urheberrechte wahren, S. 2 begünstigt § 53a UrhG die analoge Kopie auf eine Weise, die „weder zeitgemäß noch ökologisch sinnvoll" ist. Vgl. auch *Allianz der deutschen Wissenschaftsorganisationen*, Neuregelung des Urheberrechts, S. 4. Siehe im Übrigen Teil 3.B.IV.6.

[1439] Wissenschaftliche Fachverlage beklagen, dass § 52a UrhG zu weitreichend sei und ihre Tätigkeit unzumutbar beeinträchtige, vgl. die Pressemitteilung des Börsenvereins des Deutschen Buchhandels vom 10. Oktober 2011, abrufbar unter www.boersenverein.de/de/158446/Presse mitteilungen/158417?presse_id=458650, während Vertreter der Hochschulen unter anderem geltend machen, dass das Tatbestandsmerkmal „zur Veranschaulichung im Unterricht" in Abs. 1 Nr. 1 der Vorschrift zu eng gefasst sei, vgl. *Allianz der deutschen Wissenschaftsorganisationen*, Neuregelung des Urheberrechts, S. 3.

II. Lehren aus dem Rechtsvergleich

Aus dem Vergleich der Schrankenregelungen für Wissenschaft und Forschung im deutschen Urheberrecht mit jenen Großbritanniens und der USA lassen sich mehrere Lehren ziehen.[1440] Das britische Recht stellt insofern den wichtigeren Bezugspunkt dar, als es denselben europarechtlichen Vorgaben unterliegt wie das deutsche. Die folgenden Ausführungen beschränken sich auf die wichtigsten Aspekte.

1. Regelungssystematik

Die generalklauselartigen *fair dealing*-Regelungen des britischen Rechts sind nach Nutzungszwecken unterteilt. Nur zu diesen Zwecken darf ein Werk verwendet werden. Eine Differenzierung nach Verwertungsrechten findet grundsätzlich nicht statt. Für die Wissenschaft relevant sind die Privilegierungen von Nutzungen zum Zweck der Forschung sowie zum Zweck privater Studien. In beiden Fällen darf die Verwendung, europarechtlichen Vorgaben entsprechend, nicht kommerziell erfolgen. Eine *fair dealing*-Regelung für Unterrichtszwecke ist geplant.

Für einzelne Akteure (Bildungseinrichtungen, Bibliotheken und Archive) finden sich daneben spezifische Ausnahmeregelungen. Teilweise sind sie mit den *fair dealing*-Regelungen verknüpft. Diese spezifischen Regelungen differenzieren nach Verwertungshandlungen zu verschiedenen Zwecken. Manche dieser Regelungen sind sehr kleinteilig und Gegenstand von Kritik. Immerhin ermöglichen sie aber eine klare Zuordnung zu einzelnen Akteuren. Erweiterungen sind insofern geplant, als einige der sektorspezifischen Ausnahmen für Bibliotheken und Archive auf andere Gedächtnisinstitutionen wie Museen oder Galerien ausgeweitet werden sollen.

Im US-amerikanischen Recht findet sich mit *fair use* eine zentrale Generalklausel, nach der anhand abstrakter Kriterien bestimmt werden muss, ob eine Nutzung zustimmungsfrei zulässig ist. Sie unterscheidet nicht nach Verwertungsrechten. In ihrer Präambel benennt sie einzelne Nutzungszwecke, zu denen eine Nutzung insbesondere *fair* sein kann. Dazu gehören Unterricht, Wissenschaft und Forschung. Ob mit der fraglichen Nutzung kommerzielle Zwecke verfolgt werden, ist im Rahmen der nach der Norm gebotenen Abwägung von Relevanz.

Daneben bestehen auch im US-amerikanischen Recht besondere Ausnahmeregelungen zu Gunsten bestimmter Akteure (Bibliotheken und Archive). Hier wird, wie im britischen Recht, nach Verwertungshandlungen zu verschiedenen Zwecken differenziert. Auch hier sind die Regelungen sehr kleinteilig und Gegenstand lebhafter Kritik.

[1440] Siehe hierzu ausführlich Teil 4 und Teil 5.

Wie das britische und (in geringerem Maße) das US-amerikanische Recht möchte das deutsche Recht insbesondere Nutzungen von Werken zu nicht-kommerziellen Forschungs- und Unterrichtszwecken sowie bestimmte Handlungen von Bibliotheken, Archiven und Museen privilegieren. Eine konsequente Systematisierung nach Nutzungszwecken und Akteuren würde eine bessere Übersicht über die gestatteten Nutzungen sowie über die privilegierten Institutionen ermöglichen als dies im geltenden deutschen Urheberrecht der Fall ist. Zudem könnte, in Anlehnung an das britische Recht, zwischen allgemeinen und besonderen Ausnahmeregelungen differenziert werden.

2. Bestimmtheit und Rechtssicherheit

Die britischen *fair dealing*-Regelungen beinhalten unbestimmte Begriffe, die teilweise auf europarechtlichen Vorgaben beruhen und deren Bedeutung nicht abschließend geklärt ist. In gewissen Bereichen besteht erhebliche Unsicherheit bei der Rechtsanwendung. So müssen Bibliotheken sicherstellen, dass ihre Nutzer berechtigt sind, die von ihnen hergestellten Kopien zu erhalten. Sie verwenden dazu detaillierte Formulare, die allerdings die Rechtssicherheit nur scheinbar erhöhen. Die Angaben der Nutzer sind praktisch nicht auf ihren Wahrheitsgehalt überprüfbar. Die Formulare zu verwalten ist aber mit großem Aufwand verbunden.

In Großbritannien wurde die Einführung einer *fair use*-Klausel nach US-amerikanischem Modell diskutiert, letztlich aber abgelehnt, weil eine solche Klausel zu mehr Rechtsunsicherheit führen würde. Auch vor dem Hintergrund europa- und völkerrechtlicher Vorgaben erschien die Einführung einer solchen Klausel problematisch.[1441]

Im US-amerikanischen Recht wurden spezielle Ausnahmeregelungen für Bibliotheken und Archive geschaffen, um die Rechtsunsicherheit, die mit *fair use* einhergeht, für diese institutionellen Nutzer zu vermindern. Zudem haben die Interessenvertreter Guidelines geschaffen, welche die Bedeutung der einzelnen Faktoren des *fair use*-Tests präzisieren sollen. Die Guidelines verwenden teilweise andere Begriffe als das Gesetz. Nach allgemeiner Ansicht haben sie die Rechtsunsicherheit noch erhöht. Zudem werden sowohl sie als auch die sektorspezifischen Ausnahmeregelungen als veraltet und wenig praxistauglich erachtet. Eine Reform der Ausnahmeregelung für Bibliotheken und Archive ist geplant.

Die Ersetzung sämtlicher einzelner Schrankentatbestände des Urheberrechts durch eine abstrakte Norm, die vor allem mit unbestimmten Rechtsbegriffen operiert und den Rechtsanwendern keine Leitlinien dafür an die Hand gibt, wel-

---

[1441] Interessanterweise wird derzeit aber in Irland der Erlass einer *fair use*-Klausel diskutiert, siehe Einleitung und Teil 4.C.II. Das irische Urheberrechtsgesetz ist historisch mit dem britischen eng verknüpft.

che Nutzungen zulässig sind, ist also vermutlich nicht erstrebenswert. Die Erfahrungen des britischen und US-amerikanischen Rechts belegen aber zugleich, dass Versuche, den Umfang zulässiger Nutzungen genau zu beschreiben, die Rechtssicherheit oftmals nur scheinbar erhöhen und die Gefahr bergen, das Recht auf einem bestimmten Stand einzufrieren.

3. Flexibilität und Zweckeignung

Das britische Recht erreicht eine gewisse Flexibilität dadurch, dass die *fair dealing*-Regelungen generalklauselartig und damit relativ offen formuliert sind. Sie lassen eine technologieneutrale Auslegung grundsätzlich zu. Einige der sektorspezifischen Ausnahmeregelungen sind hingegen sehr detailliert und starr. Sie werden stark kritisiert. So ist teilweise nur die Nutzung einzelner Werkarten zulässig. Systematisch korrespondiert dies mit dem geschlossenen Werkkatalog des britischen Rechts. Die Rechtsprechung interpretiert die Normen restriktiv und hat den Spielraum der gesetzlichen Vorgaben dadurch zusätzlich eingeschränkt.

Für den Bildungsbereich ist die Einführung einer zusätzlichen *fair dealing*-Regelung geplant, die nichtkommerzielle Nutzungshandlungen für den Unterricht allgemein ermöglichen soll. In der britischen Literatur wird betont, dass die offen formulierten Tatbestände der *fair dealing*-Regelungen eine großzügigere Anwendung der Normen grundsätzlich ermöglichen.[1442] Flexibilität lasse sich vor allem durch die Interpretation des Begriffs *fairness* erreichen.

Die US-amerikanische *fair use*-Klausel ist offen und technologieneutral formuliert. Sie ist neben den sektorspezifischen Regelungen anwendbar. Obwohl die speziellen Regelungen für Bibliotheken und Archive insbesondere digitale Nutzungen nicht oder nur unzureichend erfassen, ist es Bibliotheken und Archiven (unter Abwägung des Prozessrisikos) also grundsätzlich möglich, derartige Nutzungen unter Berufung auf die *fair use*-Klausel vorzunehmen.

Auch in Deutschland könnten offen formulierte Tatbestände eine flexible, einzelfallgerechte und technologieneutrale Auslegung begünstigen. Die Tatbestandsmerkmale könnten richterrechtlich konkretisiert werden.

4. Angemessener Interessenausgleich

Wie das deutsche bezwecken auch das britische und das US-amerikanische Recht einen angemessenen Ausgleich der Interessen. Konkrete Erkenntnisse lassen sich hieraus aber für das deutsche Recht nicht ableiten. Grund dafür ist unter anderem, dass sich sowohl das britische als auch und ganz besonders das US-amerikanische System zur Vergütung der Urheber und sonstigen Rechteinhaber grundlegend von dem deutschen unterscheiden.[1443]

[1442] Vgl. nur *Dnes*, S. 33 f.
[1443] Siehe Teil 4.D. und Teil 5.C.

III. Handlungsoptionen

Für eine mögliche Veränderung der Schrankenregelungen in Deutschland stehen im Wesentlichen fünf Optionen zur Verfügung: Präzisierung und Weiterentwicklung der bestehenden Schranken durch richterliche Rechtsfortbildung (1.), Umgestaltung der bestehenden Einzeltatbestände (2.), Zusammenfassung der umgestalteten Einzeltatbestände in einer Norm bzw. in einem zusammenhängenden Normkomplex (3.), Einführung einer allgemeinen Bildungs- und Wissenschaftsschranke[1444] ohne Regelbeispiele (4.) und Einführung einer allgemeinen Bildungs- und Wissenschaftsschranke mit Regelbeispielen (5.).

1. Option 1: Richterliche Rechtsfortbildung

Die Kritik an den die Bildung und Wissenschaft betreffenden Schrankenregelungen ist nicht unbedingt gleichzusetzen mit einem Appell an den Gesetzgeber, den Normtext zu verändern. Vor allem der Vorwurf, die bestehenden Regelungen seien unklar und unbestimmt, kann vielmehr als Wunsch verstanden werden, dass Gerichte die Gelegenheit erhalten sollen, bestehende Unklarheiten verbindlich zu beseitigen.[1445]

a) Lösungspotenzial

In der Tat kann und muss die Rechtsprechung einen, wenn nicht den entscheidenden Beitrag zur Präzisierung unbestimmter Rechtsbegriffe leisten.[1446] Sie kann diese Begriffe insbesondere durch Anwendung der herkömmlichen Auslegungsmethoden konkretisieren. Durch großzügigere Interpretation der Tatbestandsmerkmale könnte sie zudem möglicherweise dafür sorgen, dass die bestehenden Regelungen die Interessen der Beteiligten angemessener in Einklang bringen als dies derzeit der Fall ist.

Zahlreiche begriffliche Unsicherheiten im deutschen Urheberrecht sind auf europarechtliche Vorgaben zurückzuführen, vor allem auf die InfoSoc-Richtlinie. Sie lassen sich daher nur durch Auslegung dieser Vorgaben beseitigen und erfordern mithin eine Klärung durch den EuGH.[1447]

[1444] Zum Begriff der allgemeinen Bildungs- und Wissenschaftsschranke siehe Einleitung.

[1445] So wollten die Regierungsfraktionen der letzten Legislaturperiode eine endgültige Entscheidung über eine Entfristung von § 52a UrhG erst treffen, wenn Teilbereiche der Norm letztinstanzlich geklärt sind, vgl. Gesetzentwurf der Fraktionen der CDU/CSU und FDP, BT-Drucks. 17/11317, S. 2.

[1446] Vgl. die Rechtsprechung des BVerfG, das im Rahmen der Frage der rechtsstaatlichen Bestimmtheit einer Norm ausdrücklich auf den Beitrag der Rechtsprechung verweist, BVerfGE 49, 89, 134 – *Kalkar I*; BVerfGE 76, 1, 74 – *Familiennachzug*. Im letztgenannten Urteil betonte das Gericht, dass durch die Konkretisierung auch für den Einzelnen „ein beachtliches Maß an Rechtssicherheit" erreicht werden könne.

[1447] Vgl. etwa die jüngst erfolgte Vorlage des BGH an den EuGH zur Klärung von § 52b UrhG, BGH GRUR 2013, 503 – *Elektronische Leseplätze*.

An ihre Grenzen stößt die Rechtsprechung freilich, wenn eine Regelung als solche nicht sinnvoll ist. Die bestehenden Probleme im Bildungs- und Wissenschaftsurheberrecht können durch richterliche Rechtsfortbildung also nur bedingt behoben werden. Die Rechtsprechung vermag zu helfen, wo unbestimmte Rechtsbegriffe ausgefüllt und unvollständiges Regelwerk ergänzt werden müssen. Die bestehenden Schrankenregelungen sind jedoch nicht primär unvollständig. Vielmehr sind sie unsystematisch, bedienen sich uneinheitlicher Formulierungen und sind in einzelnen Punkten wenig interessengerecht. Diese grundsätzlichen Webfehler kann die Rechtsprechung nicht beheben.

b) Verfassungsrechtliche Grenzen

Eine Rechtsprechung, die gesetzgeberischen Wertungen zuwiderläuft, ist verfassungsrechtlich unzulässig.[1448] Es ist der Grundsatz der Gewaltenteilung (Art. 20 Abs. 2 GG) zu beachten: Die Rechtsprechung darf keine Rechtssetzung vornehmen. Im Einzelnen sind die Grenzen der richterlichen Rechtsfortbildung allerdings nicht genau bestimmbar.[1449]

Die Aufgabe der Rechtsprechung erschöpft sich nicht darin, geltende Gesetze richtig anzuwenden und unbestimmte Rechtsbegriffe zu konkretisieren. Gemäß Art. 20 Abs. 3 GG ist die Rechtsprechung an „Gesetz und Recht" gebunden.[1450] Über die geschriebenen Gesetze hinaus besteht also ein „Mehr" an Recht, „das seine Quelle in der verfassungsmäßigen Rechtsordnung als einem Sinnganzen besitzt und dem geschriebenen Gesetz gegenüber als Korrektiv zu wirken vermag; es zu finden und in Entscheidungen zu verwirklichen, ist Aufgabe der Rechtsprechung."[1451]

Die schöpferische Rechtsfindung ist im Rahmen der Doppelbindung an Recht und Gesetz zulässig, um in der Verfassung enthaltene Wertvorstellungen, die in den Texten der geschriebenen Gesetze nicht oder nur unvollständig zum Ausdruck kommen, durch Entscheidungen im Einzelfall zur Geltung zu verhelfen.[1452] Es bedarf dafür einer ungeplanten Lücke im geschriebenen Recht. Der

---

[1448] BVerfGE 69, 315, 372 – *Brokdorf.*

[1449] Schlaich/Korioth/*Korioth*, Rn. 302 f. Zu beachten ist allerdings, dass als Ergebnis der richterlichen Rechtsfortbildung kein (neuer) Eingriffstatbestand in grundrechtlich geschützte Positionen entstehen darf (Vorbehalt des Gesetzes).

[1450] Diese doppelte Bindung spricht gegen einen engen Gesetzespositivismus, vgl. BVerfGE 34, 269, 286 – *Soraya.*

[1451] BVerfGE 34, 269, 287 – *Soraya.* Weiter heißt es: „Der Richter ist nach dem Grundgesetz nicht darauf verwiesen, gesetzgeberische Weisungen in den Grenzen des möglichen Wortsinns auf den Einzelfall anzuwenden."

[1452] Die Aufgabe der „Fortbildung des Rechts" auf dem Gebiet des Zivilrechts hat der Bundesgesetzgeber durch § 132 Abs. 4 GVG dem Großen Senat für Zivilsachen zugewiesen. Die Zuweisung ist als Letztentscheidungsbefugnis zu verstehen und nicht etwa dahingehend auszulegen, dass den Vorinstanzen kein Recht zur Fortbildung zusteht, vgl. dazu Maunz/Dürig/*Jachmann*, Art. 95 Rn. 13.

Richter darf diese Lücke mit anerkannten methodischen Mitteln im Einklang mit den verfassungsrechtlichen Wertvorstellungen schließen.[1453] Der Inhalt einer Norm ändert sich dabei unter Umständen mit den Anschauungen und Neuerungen der jeweiligen Zeit.[1454]

Unter Berücksichtigung der getroffenen Wertungen darf die Rechtsprechung urheberrechtliche Schranken also im Einzelfall erweiternd auslegen oder sogar ergänzen.[1455] Dies gilt insbesondere bei technischen Neuerungen, die vom geltenden Recht auch bei weiter Auslegung nicht erfasst werden.

2. Option 2: Umgestaltung der Einzeltatbestände

Den beschriebenen Problemen könnte auch durch eine Umgestaltung der bestehenden bildungs- und wissenschaftsbezogenen Schrankenregelungen begegnet werden. Der Rechtsprechung würde hierbei eine unterstützende Rolle zuzukommen. So bliebe die Struktur des Urheberrechtsgesetzes unangetastet.

a) Lösungspotenzial

Option 2 könnte Probleme, die nicht die Formulierung konkreter Tatbestände betreffen, vor allem solche systematischer Art, nicht beheben.[1456] Wohl aber könnte eine Anpassung der Tatbestandsmerkmale Rechtsunsicherheiten auf Tatbestandsebene beseitigen oder abmildern.

So sollten Merkmale zur Eingrenzung privilegierter Nutzungen möglichst einer einheitlichen Terminologie folgen. Die aktuellen Vorschriften tun das nicht durchgehend; ihre Formulierungen unterscheiden sich in einigen Punkten.[1457] Eine weitere Vereinheitlichung wäre zweckdienlich. Beispielsweise ließe sich das, im Hinblick auf eine möglicherweise implizierte zeitliche und räumliche Beschränkung umstrittene, Merkmal „zur Veranschaulichung im Unterricht" in § 52a Abs. 1 Nr. 1 UrhG umformulieren. In Anlehnung an § 53 Abs. 3 Nr. 1 UrhG böte sich die Formulierung „zur Veranschaulichung des Unterrichts" an. Eine Angleichung von § 53 Abs. 2 S. 1 Nr. 1 UrhG, der von „gewerblichen Zwecken" spricht, an § 52a Abs. 1 UrhG, der die Verfolgung „nicht kommerzieller Zwecke" privilegiert, wäre ebenfalls eher redaktioneller Art.[1458] Diese Veränderungen könnten aber eine parallele Auslegung der Regelungen erleichtern.

[1453] BVerfGE 34, 269, 291 – *Soraya*; BVerfGE 122, 248, 258 – *Rügeverkümmerung*.

[1454] BVerfGE 34, 269, 288 f. – *Soraya*.

[1455] Vgl. BGH GRUR 1999, 707 – *Kopienversanddienst*.

[1456] Hierfür würde sich eine Zusammenfassung der umformulierten Vorschriften in einer eigenen Norm oder einem eigenen Normkomplex anbieten (Option 3).

[1457] Siehe hierzu Tabelle 1.

[1458] Die Bundesregierung verwendete die Begriffe im Gesetzgebungsverfahren offenbar synonym, vgl. Gegenäußerung der Bundesregierung, BT-Drucks. 16/1828, S. 48. Zur Kritik daran vgl. *Haupt/Kaulich*, UFITA 2009, 71, 89 f.

Um Folgeprobleme bei der Auslegung neuer Tatbestandsmerkmale zu vermeiden, sollte sich der Gesetzgeber dort, wo es sich anbietet, an Merkmalen bestehender Vorschriften orientieren, die bereits praxiserprobt sind. Sofern Merkmale (wie bei § 52a UrhG) auf europarechtlichen Vorgaben beruhen, ist jedoch genau zu prüfen, ob sie der Verwendung bereits etablierter Begriffe zugänglich sind.[1459] Ein Teil der bezüglich § 52a UrhG bestehenden Rechtsunsicherheit ließe sich zudem durch eine Entfristung der Norm beseitigen.[1460]

Auch die umformulierten Tatbestände müssten, jedenfalls dort, wo sie unbestimmt sind, durch die Rechtsprechung konkretisiert und fortgebildet werden. Die Option 2 steht daher in engem Zusammenhang mit Option 1. Bereits unter geltendem Recht gefällte Urteile könnten zudem die Grundlage der klarstellenden Kodifizierung bilden. Das schließt die Rechtsprechung des EuGH notwendig mit ein. So erschiene es beispielsweise nicht sinnvoll, eine ausdrückliche Regelung zu Annex-Vervielfältigungen bei elektronischen Leseplätzen zu erlassen, solange der EuGH nicht über deren Zulässigkeit entschieden hat.[1461]

Eine Umgestaltung der Einzeltatbestände könnte die Regelungen teilweise sachgerechter machen. Hierbei sind wiederum europarechtliche Vorgaben zu beachten. Die Anpassung der einzelnen Tatbestände im deutschen Recht müsste insbesondere die Anforderungen der InfoSoc-Richtlinie berücksichtigen. So beruht die bestehende Differenzierung zwischen digitaler und analoger Nutzung auf der InfoSoc-Richtlinie.[1462] Auch die Beschränkung, dass eine Nutzung nur zulässig ist, wenn sie keinen gewerblichen Zwecken dient, ist im Wesentlichen durch die InfoSoc-Richtlinie vorgegeben.[1463] Gleiches gilt für die Ungleichbehandlung von Versand mittels Post bzw. Fax und sonstigem elektronischen Versand im Rahmen des § 53a UrhG.[1464] Dort, wo unangemessene Lösungen europarechtlich bedingt sind, müssen sie auf europäischer Ebene angegangen werden.

Dass die Begrifflichkeiten der InfoSoc-Richtlinie teilweise unbestimmt, wenig zweckdienlich und unflexibel sind, bestätigt der Rechtsvergleich. Auch in Großbritannien bereiten uneinheitliche Formulierungen sowie inhaltliche In-

---

[1459] Näher zum Umgang mit den europarechtlichen Vorgaben sogleich.

[1460] Beachte auch den Gesetzentwurf der Fraktionen der CDU/CSU und FDP zur letzten Weiterbefristung von § 52a UrhG: Bis zum 30. Juni 2014 soll der Entwurf einer entsprechenden Neuregelung – ggf. auch in der Form als „neue einheitliche Wissenschaftsschranke" – durch die Bundesregierung vorgelegt werden, BT-Drucks. 17/11317, S. 2.

[1461] Vgl. hierzu BGH GRUR 2013, 503 – *Elektronische Leseplätze*.

[1462] Vgl. etwa Art. 5 Abs. 2 lit. a) und Art. 5 Abs. 3 lit. a) InfoSoc-Richtlinie.

[1463] Nach Art. 5 Abs. 3 lit. a) InfoSoc-Richtlinie können die Mitgliedsstaaten Ausnahmen vom Recht der Vervielfältigung und der öffentlichen Zugänglichmachung zur Veranschaulichung im Unterricht oder für Zwecke der wissenschaftlichen Forschung nur vorsehen, „soweit dies zur Verfolgung nicht kommerzieller Zwecke gerechtfertigt ist". Beachte aber Art. 5 Abs. 2 lit. a) InfoSoc-Richtlinie.

[1464] Siehe Teil 2.B.II.3.a) und Teil 3.B.IV.6.

kongruenzen Schwierigkeiten bei der Rechtsanwendung. Gleichwohl: In einigen Punkten bieten die Vorgaben der InfoSoc-Richtlinie Spielräume, die der Gesetzgeber nicht genutzt hat.[1465]

b) Verfassungsrechtliche Grenzen

Sobald Schrankenregelungen inhaltlich verändert werden, ist insbesondere die Eigentumsgarantie aus Art. 14 GG, zu beachten.[1466] Zwar stellen Schrankenregelungen Inhalts- und Schrankenbestimmungen im Sinne des Art. 14 Abs. 1 S. 2 GG dar,[1467] bei deren Ausgestaltung der Gesetzgeber aufgrund des Sozialbezugs des Eigentums einen weiten Spielraum hat.[1468] Dem Urheber muss aber die Möglichkeit verbleiben, sein Werk selbstbestimmt zu nutzen und für eine Verwertung durch andere eine angemessene Vergütung zu verlangen.[1469]

3. Option 3: Zusammenfassung der Schrankenregelungen

Um die Unzulänglichkeiten der Option 2 auszugleichen, könnten die bildungs- und wissenschaftsbezogenen Schrankenregelungen – nach ihrer Umgestaltung – in einer einzelnen Norm oder einem Normkomplex innerhalb des 6. Abschnitt des Urheberrechtsgesetzes zusammengefasst werden.[1470] Dadurch könnte die Systematik der Schranken verständlicher werden.

So schlägt beispielsweise die *Allianz der Wissenschaftsorganisationen* die Schaffung eines neuen § 45b UrhG vor, der „Wissenschaftlicher Gebrauch und Bildung" heißen und die bisherigen Einzelregelungen in einer einzelnen Norm zusammenfassen würde.[1471] Die Norm würde einzelne Nutzungen zu einem bestimmten Zweck zulassen. Für den Rechtsanwender wäre die Norm leichter als bisher aufzufinden. Ihr Zweck würde sich bereits durch die Überschrift erschließen.

Eine große Herausforderung läge darin, Übersichtlichkeit auf der Ebene der einzelnen Normbestandteile herzustellen. Bereits eine klarstellende Reformierung der aktuellen Regelungen würde zu einem Anwachsen des Gesetzestextes führen. Bei einer Zusammenfassung der Regelungen in einer einzelnen Norm

---

[1465] Siehe hierzu Teil 6.B.

[1466] Vgl. BVerfGE 31, 229, 239 – *Kirchen- und Schulgebrauch.*

[1467] Vgl. BVerfG NJW 1979, 2029 f. – *Verfassungswidriger Zuschlag.* Vgl. auch Loewenheim/*Götting*, § 3 Rn. 4; *Sattler*, S. 28.

[1468] BVerfGE 31, 229, 241 f. – *Kirchen- und Schulgebrauch.* Hierbei ist zu berücksichtigen, dass Wissenschaft und Bildung grundgesetzlich privilegierte Allgemeinwohlbelange darstellen. In zeitlicher Hinsicht ist zu beachten, dass der Gesetzgeber nicht nur befugt ist, Inhalt und Umfang neuer Rechte zu bestimmen. Auch bestehende individuelle Rechtspositionen darf er in gewissen Grenzen umgestalten, BVerfGE 31, 275, 284 f. – *Schallplatten.*

[1469] BVerfG GRUR 1989, 193, 196 – *Vollzugsanstalten* m.w.N.; BGH GRUR 1955, 492, 497 – *Urheberrecht und Magnettonaufnahme.* Auch die Tätigkeit der Verlage ist, als Teil der Verwertungskette, geschützt, obwohl das UrhG den Verlagen keinen dem Urheber vergleichbaren Schutz einräumt, vgl. *Peifer*, GRUR 2009, 22, 24.

[1470] Vgl. hierzu *Flechsig*, ZGE/IPJ 2011, 19, 42 f.

[1471] *Allianz der deutschen Wissenschaftsorganisationen*, Neuregelung des Urheberrechts, S. 8 ff.

wäre erhebliches Feingefühl gefragt, um nicht ein Paragraphenungetüm zu schaffen, das die bestehenden Regeln zwar an einer einzelnen Stelle des Gesetzes verortet, aber so verworren wäre, dass sie das Recht nicht verständlicher machen würde. So ist etwa § 53 UrhG bereits in der heutigen Form wenig nutzerfreundlich.[1472] Dem Vorschlag der *Allianz* ist dieser Spagat nicht gelungen. Bereits die Struktur (arabische Nummerierungen innerhalb arabischer Nummerierungen unter einzelnen Spiegelstrichen) ist unübersichtlich.

Das britische Recht kann als Bezugspunkt dafür dienen, wie sich die Übersichtlichkeit verbessern und damit die Rechtssicherheit erhöhen ließe: Dort finden sich eine generalklauselartige Regelung und, daran anschließend, spezifische, nach privilegierten Akteuren und einzelnen Verwertungshandlungen differenzierende Normen. Eine solche Ordnung der Schrankentatbestände wäre auch für das deutsche Recht denkbar. So ließe sich etwa eine allgemeine Bildungs- und Wissenschaftsschranke als Zusammenfassung der bisherigen Regelungen schaffen, die keine Einschränkungen nach Akteuren vornehmen. Soweit weitere Privilegierungen für bestimmte Akteure vorgesehen werden sollen, etwa für Bibliotheken, Archive und Museen, könnten zusätzlich spezifische Schrankentatbestände formuliert werden.

4. Option 4: Allgemeine Bildungs- und Wissenschaftsschranke ohne Regelbeispiele

Möglich wäre überdies die Schaffung einer generalklauselartigen Schranke, welche die einzelnen Schrankenregelungen für Bildung und Wissenschaft ersetzen würde. Konkrete Vorschläge für eine solche Regelung haben die Kultusministerkonferenz (KMK),[1473] das Aktionsbündnis „Urheberrecht für Bildung und Wissenschaft"[1474] und die Wittem Group mit ihrem *European Copyright Code* (ECC)[1475] unterbreitet. Teilweise unterscheiden sich diese Vorschläge erheblich von den geltenden Schrankenregelungen. Auch untereinander weisen sie gewichtige Unterschiede auf, etwa hinsichtlich der erfassten Nutzer und Werke[1476]

[1472] Siehe allgemein Teil 3.B.III.

[1473] § 52a UrhG (neu), *Pflüger* ZUM 2010, 938, 944.

[1474] § 45b UrhG, Version vom 22.Oktober 2012, *Kuhlen*, BFP 2013, 35, 42 sowie zuvor bereits *Aktionsbündnis „Urheberrecht für Bildung und Wissenschaft"*, Pressemitteilung 06/10 vom 6. Juli 2010, abrufbar unter www.urheberrechtsbuendnis.de/pressemitteilung0610.html.de.

[1475] Art. 5.2 und Art. 5.3 ECC, abrufbar unter www.copyrightcode.eu/.

[1476] Die KMK möchte eine Nutzung nur durch „öffentliche Einrichtungen, denen Aufgaben in Bildung, Wissenschaft und Kultur übertragen sind", erlauben (§ 52a Abs. 1 UrhG (neu)). Das Aktionsbündnis begrenzt die Nutzung „für Zwecke des eigenen wissenschaftlichen Gebrauchs und für Bildungszwecke an Schulen, Hochschulen und nicht-gewerbliche Einrichtungen der Aus-, Weiter- und Berufsbildung" (45b Abs. 1 UrhG). Beide erfassen nur veröffentlichte Werke. Der ECC sieht solche Beschränkungen nicht ausdrücklich vor (Art. 5.2 und Art. 5.3 ECC).

sowie der Nutzungshandlungen,[1477] des Nutzungszwecks allgemein[1478] und der Frage, ob Nutzungen für kommerzielle Zwecke ausgeschlossen sind, im Besonderen,[1479] des Kriteriums der Gebotenheit[1480] sowie der Vergütung.[1481]

a) Rechtstechnik

Generalklauseln, also Rechtsnormen, die sich durch „besonders vage gehaltene" Normtexte auszeichnen,[1482] sind ein verbreitetes Regelungsinstrument im Zivilrecht.[1483] Im Urheberrecht stellt beispielsweise § 32 Abs. 2 S. 2 UrhG eine Generalklausel dar. Die Vorschrift regelt, wann eine Vergütung für die Einräumung von Nutzungsrechten und die Erlaubnis zur Werknutzung angemessen ist, wenn keine gemeinsame Vergütungsregel nach § 36 UrhG existiert. Das zentrale Kriterium zur Bestimmung der Angemessenheit nach § 32 Abs. 2 S. 2 UrhG ist, „was im Geschäftsverkehr [...] üblicher- und redlicherweise zu

---

[1477] Aktionsbündnis (§ 45b Abs. 1 UrhG) und KMK (§ 52a Abs. 1 UrhG (neu)) erklären die Vervielfältigung, Verbreitung und öffentliche Zugänglichmachung für zulässig. Nach dem ECC sind grundsätzlich sämtliche Verwertungshandlungen von der Generalklausel erfasst (Art. 5.2 und Art. 5.3 ECC); eine Ausnahme sind Nutzungshandlungen zu Archivierungszwecken (Art. 5.3 (1) (c) Fn. 52).

[1478] Alle Entwürfe erlauben die Nutzung für Bildung und Wissenschaft und differenzieren dabei zwischen wissenschaftlicher Forschung, allgemeinen Bildungszwecken und Archivierung, die mittelbar Bildungs- und Forschungszwecken dient (§ 45b Abs. 1 S. 1 UrhG; § 52a Abs. 1 UrhG (neu); Art. 5.2 (2) (b) und Art. 5.3 (1) (c), (2) (b) ECC). Die Differenzierung ist insbesondere im Hinblick auf personelle und institutionelle Begrenzungen der Generalklausel sowie auf Vergütungspflichten relevant. Dabei finden sich vereinzelte begriffliche Unterschiede.

[1479] Die KMK möchte nur nichtkommerzielle Nutzungen erfassen (§ 52a Abs. 1 UrhG (neu)). Das Aktionsbündnis schließt Nutzung zu kommerziellen Zwecken nur zu Bildungszwecken und auch dann nur insofern aus, als der Vorschlag allein Schulen, Hochschulen und sonstige nichtgewerbliche Bildungseinrichtungen privilegiert (§ 45b Abs. 1 UrhG). Der ECC lässt, mit Ausnahme der Nutzung zu Archivierungszwecken (Art. 5.3. (1) (c) ECC), kommerzielle Nutzungen grds. zu.

[1480] Nach dem ECC darf die Nutzung nicht über den für den Zweck erforderlichen Umfang hinausgehen (Art. 5.2 (1), (2) und Art. 5.3 (1), (2)). Nach dem Vorschlag der KMK muss die Nutzung im Rahmen der Aufgabenstellung der privilegierten Institution gerechtfertigt und zur Verfolgung nichtkommerzieller Zwecke geboten sein (§ 52a Abs. 1 UrhG (neu)). Der Vorschlag des Aktionsbündnisses sieht ein solches Merkmal nicht vor.

[1481] Um die Interessen der Rechteinhaber zu berücksichtigen, sehen die Vorschläge für einen großen Teil des Regelungsgehalts eine Vergütungspflicht vor. Nach KMK (§ 52a Abs. 3 S. 1, 2 UrhG (neu)) und Aktionsbündnis (§ 45b Abs. 2 S. 1 UrhG) muss die Vergütung angemessen sein. Nach KMK sind hierbei die wirtschaftlichen Auswirkungen auf die Rechteinhaber zu berücksichtigen. Nach dem ECC muss sie fair und „adäquat" sein (Art. 5.7 (1) ECC). Alle Vorschläge nehmen jedoch Nutzungshandlungen zu Archivierungszwecken von der Vergütungspflicht aus (§ 45b Abs. 2 S. 1 i.V.m. Abs. 1 UrhG; § 52a Abs. 3 S. 1 UrhG (neu) nimmt keinen Bezug auf dessen Abs. 2 Nr. 3; Art. 5.3 (1) (c) ECC). KMK (§ 52a Abs. 3 S. 3 UrhG (neu)), Aktionsbündnis (§45b Abs. 2 S. 3 UrhG) und ECC (Art. 5.7 (2)) möchten die Vergütungspflicht für Bildungs- und Wissenschaftszwecke grds. verwertungsgesellschaftspflichtig ausgestalten.

[1482] *Bydlinski*, Grundzüge, S. 113. Vgl. auch *Weber*, AcP 1992, 516, 524. Diese Definition des Begriffs Generalklausel ist nicht unumstritten. Dass es nicht möglich ist, einen Begriff präzise zu definieren, der etwas Unbestimmtes beschreibt, ist allerdings nicht verwunderlich.

[1483] Die wohl bekanntesten Beispiele für bürgerlich-rechtliche Generalklauseln sind §§ 157, 242 und 826 BGB.

leisten ist". Dieses Kriterium ist stark außerrechtlich, sozialnormativ und ethisch geprägt.[1484] Es steht damit in der Nähe der klassischen zivilrechtlichen Generalklauseln, nach denen „Treu und Glauben mit Rücksicht auf die Verkehrssitte" maßgeblich sein sollen (§§ 157, 242 BGB).[1485] Der begriffliche Kern dieser Regelung weist durch seine Abhängigkeit von Einzelfall- und Interessenabwägungen eine erhebliche Unschärfe auf.

Generalklauseln ermöglichen es, eine Vielzahl von denkbaren Einzelfällen in einer einzigen Vorschrift zu erfassen, in der nur die Grundgedanken der möglichen Einzelregelungen beschrieben werden (Rationalisierungsfunktion).[1486] Zudem verhelfen Generalklauseln Wertungen, die außerhalb des Rechts liegen, zu juristischer Geltung (Fensterfunktion).[1487] Bisweilen wird bei der Verwendung sozial-ethischer Elemente gar von einer „Transformation sozialer Geltung in juristische Geltung"[1488] gesprochen. Aufgrund ihrer Offenheit sind Generalklauseln in der Lage, geänderten Wertevorstellungen und sozialen Übungen Rechnung zu tragen (Entwicklungsfunktion).[1489]

b) Lösungspotenzial

Eine generalklauselartige Schranke hätte gegenüber den jetzigen Regelungen den Vorteil, dass sie die komplizierte und schwer verständliche Regelungssystematik aufbrechen würde. Die Rationalisierungsfunktion käme hier zum Tragen. Die Norm könnte nach privilegierten Nutzungszwecken und/oder berechtigten Einrichtungen strukturiert werden. Damit würde sie eine leichtere Orientierung ermöglichen als das bestehende, nach Verwertungsrechten systematisierte Recht.

Weil eine allgemeine Wissenschaftsschranke abstrakte Kriterien verwendet, wäre sie tatbestandlich unbestimmter als die bestehenden Einzelnormen. Unter welchen Voraussetzungen eine Nutzung zulässig wäre, hinge stärker vom Einzelfall ab.[1490] Gerade an den Rändern ihres Anwendungsbereichs würde sie also zu einer gewissen Rechtsunsicherheit führen. Im Laufe der Zeit würde sich diese mit Hilfe der Rechtsprechung vermutlich kontinuierlich verringern lassen

---

[1484] Schricker/Loewenheim/*Schricker/Haedicke*, § 32 Rn. 30 f.
[1485] Schricker/Loewenheim/*Schricker/Haedicke*, § 32 Rn. 31.
[1486] *Fikentscher*, S. 308.
[1487] *Fikentscher*, S. 308.
[1488] *Teubner*, S. 90.
[1489] *Bydlinski*, Juristische Methodenlehre und Rechtsbegriff, S. 584.
[1490] Vgl. *Peifer*, Schriftliche Stellungnahme zur Anhörung der Enquete-Kommission „Internet und digitale Gesellschaft" des Bundestags vom 29.11.2010, S. 19 f., abrufbar unter http://webarchiv. bundestag.de/archive/2013/1212/internetenquete/dokumentation/Sitzungen/20101129/A-Drs __17_24_009_D-_Stellungnahme_Prof__Peifer.pdf.

(vgl. Option 1).[1491] Auch bereits ergangene Urteile ließen sich heranziehen, um Unklarheiten auszuräumen.

Zugleich könnte eine allgemeine Bildungs- und Wissenschaftsschranke aufgrund ihrer abstrakten Kriterien vergleichsweise unabhängig von der Verwendung bestimmter Technologien und damit entwicklungsoffen sein.[1492] Dies belegen auch die US-amerikanischen Erfahrungen mit ihrer *fair use*-Klausel.[1493] Der Gesetzgeber wäre dann nicht mehr zur permanenten reaktiven Reform gezwungen.[1494] Auch etwaigen (durch technologischen Wandel bedingten) Veränderungen der Wertvorstellungen könnte die Generalklausel Rechnung tragen – sie würde insofern ihre Entwicklungsfunktion entfalten.

Schließlich könnte eine allgemeine Wissenschaftsschranke den Interessen von Rechteinhabern und Nutzern prinzipiell gleichberechtigt zur Geltung verhelfen.[1495] Dafür müsste sie vorsehen, dass eine Abwägung der Interessen im Einzelfall erfolgen muss. Im Rahmen einer solchen Abwägung müsste beispielsweise untersucht werden, ob der Umfang der konkreten Nutzung die Interessen der Rechteinhaber über Gebühr beeinträchtigt. Auch die Vorgaben des Drei-Stufen-Tests müssten Berücksichtigung finden.[1496]

c) Verfassungsrechtliche Grenzen

Je nach konkreter Ausgestaltung könnte eine Generalklausel unter Umständen im Hinblick auf den verfassungsrechtlichen Bestimmtheitsgrundsatz (Art. 20 Abs. 3 GG) problematisch sein. Hiernach muss eine Norm „in ihren Voraussetzungen und ihrem Inhalt so formuliert sein, daß die von ihr Betroffenen die Rechtslage erkennen und ihr Verhalten danach einrichten können".[1497] Generalklauseln sind damit nicht von vornherein verfassungswidrig.[1498] Sie können insbesondere dann zulässig sein, wenn der Regelungsgegenstand einer Norm die

---

[1491] Vgl. *Tschmuck*, Beantwortung der Fragen zur „Entwicklung des Urheberrechts in der digitalen Gesellschaft" der Enquete-Kommission Internet und digitale Gesellschaft des Deutschen Bundestags, S. 11 abrufbar unter http://webarchiv.bundestag.de/archive/2013/1212/internetenquete/dokumentation/Sitzungen/20101129/A-Drs__17_24_009_C_-_Stellungnahme_Prof__Tschmuck.pdf. Auch unter der aktuellen Rechtslage ist nicht unbedingt von Rechtssicherheit zu sprechen.

[1492] *Tschmuck*, Beantwortung der Fragen zur „Entwicklung des Urheberrechts in der digitalen Gesellschaft" der Enquete-Kommission Internet und digitale Gesellschaft des Deutschen Bundestags, S. 11 abrufbar unter http://webarchiv.bundestag.de/archive/2013/1212/internetenquete/dokumentation/Sitzungen/20101129/A-Drs__17_24_009_C_-_Stellungnahme_Prof__Tschmuck.pdf.

[1493] Siehe dazu Teil 5.A.

[1494] *Lutz*, S. 226.

[1495] *Lutz*, S. 226. Die (materiellen) Interessen der Urheber sollen zudem mittels Vergütungspflichtigkeit der Nutzung berücksichtigt werden, *Wandtke*, GRUR 2002, 1, 7.

[1496] Vgl. hierzu OLG Stuttgart GRUR 2012, 718, 724 – *Moodle* (nicht rechtskräftig). Näher zum Drei-Stufen-Test siehe Teil 2.A.II.2. und Teil 6.A.III.4.d)aa).

[1497] BVerfGE 31, 255, 264 – *Private Tonbandvervielfältigungen*. Vgl. Auch BVerfGE 110, 33, 53 – *Zollkriminalamt*.

[1498] Vgl. nur BVerfGE 8, 274, 326 – *Preisgesetz*.

Einbeziehung einer Vielzahl von Sachverhalten erfordert.[1499] Allerdings gilt: Je stärker die Eingriffsintensität einer Norm ist, desto größer sind die Anforderungen an ihre Bestimmtheit.[1500]

d) Vereinbarkeit mit internationalen Vorgaben

aa) Völkerrechtliche Grenzen

Eine allgemeine Bildungs- und Wissenschaftsschranke kann mit dem urheberrechtlichen Drei-Stufen-Test vereinbar sein. Danach müssen Schranken auf die Regelung bestimmter Sonderfälle beschränkt sein, dürfen die normale Verwertung von Werken nicht beeinträchtigen und die Interessen von Rechteinhabern nicht unzumutbar verletzen.[1501]

Forschungs- und Unterrichtszwecke sind bestimmte qualifizierte Zwecke, die sich durch Schrankenregelungen privilegieren lassen.[1502] Für Bildungszwecke lässt sich dies nicht zweifelsfrei sagen, da der Begriff der Bildung als komplexer, lebenslanger Entwicklungsprozess kaum greifbar ist. Damit die Schranke die normale bzw. typische Verwertung von Werken nicht unzumutbar beeinträchtigen würde, wären zusätzliche, einschränkende Tatbestandsmerkmale erforderlich. Sie müssten vor allem sicherstellen, dass die ökonomischen Interessen der Rechteinhaber gewahrt werden. So könnte die Norm beispielsweise vorsehen, dass eine Nutzung nur dann gerechtfertigt ist, wenn sie nichtkommerziellen Zwecken dient.[1503] Da eine Schrankenregelung nicht jede Situation, in der sie anwendbar ist, ausdrücklich beschreiben muss,[1504] könnte sie abstrakt formulierte und mithin flexible einschränkende Merkmale beinhalten.

Eine Pflicht, dass die Nutzung zu den privilegierten Zwecken geboten sein muss, könnte gleichermaßen geeignet sein, die Wahrung ökonomischer wie ideeller Interessen der Rechteinhaber sicherzustellen und diese mit den Interessen der privilegierten Nutzer in Ausgleich zu bringen. Ein solch wertungsoffenes Kriterium ist angesichts der dritten Stufe des Drei-Stufen-Tests nicht nur zulässig, sondern notwendig:[1505] Ob eine Verwertungshandlung die Interessen von Rechteinhabern unzumutbar verletzt, ist eine Wertungsfrage und kann nur im jeweiligen Einzelfall genau bestimmt werden.[1506] Im Rahmen einer Gesamtab-

---

[1499] Maunz/Dürig/*Grzeszick*, Art. 20 VII. Rn. 59.

[1500] BVerfGE 83, 130, 145 – *Josephine Mutzenbacher*. Im Hinblick auf den Regelungsgegenstand von Normen ist zu beachten, dass den Gesetzgeber auch in gewissem Umfang eine Pflicht trifft, unterschiedliche Lebenssachverhalte durch verschiedene Normen zu regeln, vgl. *Poeppel*, S. 501 f.

[1501] Im Einzelnen zum Drei-Stufen-Test und seinen Kriterien Teil 2.A.II.2.

[1502] *Sattler*, S. 64; *Senftleben*, GRUR Int. 2004, 200, 207.

[1503] Vgl. Art. 5 Abs. 3 lit. a) InfoSoc-Richtlinie.

[1504] Vgl. *WTO*, Report of the Panel WT/DS160/R, 2000, S. 33, abrufbar unter www.wto.org/english/tratop_e/dispu_e/1234da.pdf.

[1505] Vgl. *Poeppel*, S. 119.

[1506] Vgl. *Frotz* in FS 50 Jahre UrhG, S. 119, 126.

wägung, ob eine Nutzung geboten ist, könnte zudem die Bedeutung der Freiheit der Wissenschaft und des Rechts auf Bildung gebührend berücksichtigt werden.

Um die ökonomischen Interessen der Rechteinhaber zu schützen, sollten Nutzungen im Rahmen einer allgemeinen Bildungs- und Wissenschaftsschranke grundsätzlich angemessen vergütet werden. Dies gebieten neben völker- auch verfassungsrechtliche Vorgaben.[1507] Dass für die Urheber wissenschaftlicher Werke ein finanzieller Ausgleich oftmals nur eine nachrangige Rolle spielt,[1508] ändert daran nichts. Zum einen wären nicht nur wissenschaftliche Werke durch eine allgemeine Bildungs- und Wissenschaftsschranke nutzbar. Zum anderen sind auch die Interessen weiterer Rechteinhaber wie die der kommerziellen (Wissenschafts-)Verlage zu berücksichtigen.

bb) Europarechtliche Grenzen

Eine allgemeine Bildungs- und Wissenschaftsschranke ließe sich auf Art. 5 Abs. 3 lit. a) InfoSoc-Richtlinie stützen. Er erlaubt es den Mitgliedsstaaten, Schranken zur Veranschaulichung im Unterricht und für Zwecke der wissenschaftlichen Forschung einzuführen, soweit dies zur Verfolgung nichtkommerzieller Zwecke gerechtfertigt ist. Hierdurch werden die äußersten Grenzen der Zulässigkeit einer allgemeinen Bildungs- und Wissenschaftsschranke nach europäischem Recht abgesteckt. Eine allgemeine Privilegierung von Bildungszwecken ist demnach nicht möglich, wohl aber eine weite Privilegierung von Nutzungen „zur Veranschaulichung des Unterrichts".[1509] Die Begriffe der „Veranschaulichung im Unterricht" und der „wissenschaftliche Forschung" sind vergleichsweise unbestimmt. Die Mitgliedstaaten haben daher einen relativ großen Umsetzungsspielraum.[1510] Der Drei-Stufen-Test muss hierbei Berücksichtigung finden.[1511]

Eine zusätzliche Privilegierung für bestimmte Infrastruktureinrichtungen im Bildungs- und Wissenschaftsbereich ermöglicht Art. 5 Abs. 2 lit. c) InfoSoc-Richtlinie.[1512] Schranken zugunsten dieser Einrichtungen können demnach jedoch nur „in Bezug auf bestimmte Vervielfältigungshandlungen" geschaffen werden. Dies bedeutet, dass die erlaubten Vervielfältigungen präzise umschrieben und erfassbar sein müssen.[1513] Eine Schrankengeneralklausel zugunsten be-

---

[1507] Vgl. BVerfGE 31, 229, 243 – *Kirchen- und Schulgebrauch*. Siehe auch Teil 3.A.II.1.a).

[1508] Vgl. *Ohly* in Depenheuer/Peifer, Geistiges Eigentum, S. 141, 148.

[1509] Der Begriff „zur Veranschaulichung im Unterricht" ist irreführend; tatsächlich privilegiert Art. 5 Abs. 3 lit. a) InfoSoc-Richtlinie Nutzungen „zur Veranschaulichung des Unterrichts". Siehe hierzu Teil 2.B.II.2.b).

[1510] KOM(2008) 466 endg., S. 16.

[1511] Vgl. Art. 5 Abs. 5 InfoSoc-Richtlinie.

[1512] Siehe hierzu Teil 2.B.II.3.a).

[1513] *Walter/v. Lewinski*, Rn. 11.5.39.

stimmter Einrichtungen wäre daher europarechtlich nicht zulässig. Art. 5 Abs. 3 lit. n) InfoSoc-Richtlinie erlaubt zusätzlich die Einführung einer urheberrechtlichen Schranke zugunsten bestimmter Institutionen für die Zugänglichmachung von Werken an Terminals.[1514]

5. Option 5: Allgemeine Bildungs- und Wissenschaftsschranke mit Regelbeispielen

Schließlich könnten die urheberrechtlichen Schranken für Bildungs- und Wissenschaftszwecke, die keine Einschränkungen nach Akteuren vornehmen, durch eine Generalklausel mit Regelbeispielen ersetzt werden. Sie könnte, wie im britischen Recht, ergänzt werden durch spezielle Privilegierungstatbestände für bestimmte Akteure, etwa für Bibliotheken, Archive und Museen. Diese Lösungsmöglichkeit ist gewissermaßen eine Kombination der ersten vier Optionen. Das geltende Urheberrecht kennt mit § 51 UrhG bereits eine vergleichbare Regelung. Soweit ersichtlich, wurde eine derartige Lösung für das Wissenschafts- und Bildungsurheberrecht aber bislang weniger intensiv diskutiert als die Optionen 2 bis 4.

Bis zu einem gewissen Umfang ließe sich dieses Ergebnis auch durch die Schaffung einer „kleinen Generalklausel" erreichen, die als Auffangtatbestand neben dem Katalog urheberrechtlicher Einzelschranken bestehen könnte.[1515] Sie würde die Schrankenregelungen allgemein ergänzen. Um die begrifflichen und inhaltlichen Schwächen der bestehenden Schrankenregelungen für Bildung und Wissenschaft zu beheben, müssten daneben die Einzeltatbestände verändert werden. Die Schwächen in der Schrankensystematik würden bei einer „kleinen Generalklausel" jedoch bestehen bleiben.

a) Rechtstechnik

aa) Regelungsbeispiele für Regelbeispiele

Die Generalklausel mit Regelbeispielen ist nicht nur dem Zivilrecht,[1516] sondern auch dem Strafrecht[1517] und dem öffentlichen Recht[1518] geläufig. Sie findet sich auch im europäischen Recht.[1519] Merkmal dieser Regelungstechnik ist, dass eine Generalklausel eine allgemeine Regel formuliert, welche die Regelbeispiele für

---

[1514] Siehe hierzu Teil 2.B.II.3.b).

[1515] Vgl. zur kleinen Generalklausel allgemein nur *Metzger* in Leistner, Europäische Perspektiven, S. 101, 122. Vgl. auch *Förster*, S. 221.

[1516] Neben den folgenden Beispielen aus dem BGB und dem UrhG finden sich Generalklauseln mit Regelbeispielen etwa im Wettbewerbsrecht (§§ 3 Abs. 1 i.V.m. 4 – 7 UWG) und im Arbeitsrecht (§ 14 Abs. 1 TzBfG).

[1517] Z.B. § 243 Abs. 1 StGB.

[1518] Z.B. § 42 TKG.

[1519] Z.B. in Art. 5 f. der Richtlinie 2005/29/EG über unlautere Geschäftspraktiken.

bestimmte Fälle konkretisieren.[1520] Regelbeispiele lassen sich also als „ins Konkretere gewendete Ausprägungen der Generalklausel" begreifen.[1521]

Im Bürgerlichen Recht hat sich der Gesetzgeber dieser Regelungstechnik etwa in § 138 BGB sowie in §§ 307 ff. BGB bedient. § 138 Abs. 1 BGB ist eine Generalklausel. Er bestimmt, dass ein Rechtsgeschäft, das gegen die guten Sitten verstößt, nichtig ist. Die Norm ist allgemein formuliert, der Begriff der „guten Sitten" ist wertungsausfüllungsbedürftig. § 138 Abs. 2 BGB normiert dazu ein Regelbeispiel.[1522] Einen umfassenderen Regelbeispielkatalog sehen §§ 307 Abs. 2, 308, 309 BGB vor. §§ 308 und 309 BGB benennen beispielhaft Fälle, in denen Bestimmungen in Allgemeinen Geschäftsbedingungen den Vertragspartner des Verwenders „entgegen den Geboten von Treu und Glauben unangemessen benachteiligen" (so die Generalklausel des § 307 Abs. 1 BGB).

Auch im Urheberrecht finden sich Generalklauseln mit Regelbeispielen. § 15 Abs. 1 Hs. 1 UrhG etwa regelt allgemein, dass der Urheber das ausschließliche Recht hat, sein Werk in körperlicher Form zu verwerten. Hs. 2 bestimmt, dass dies insbesondere das Vervielfältigungs-, Verbreitungs- und Ausstellungsrecht umfasst. Er normiert damit Regelbeispiele. Ähnlich ist auch das Zusammenspiel von §§ 1 und 2 UrhG: § 1 UrhG bestimmt, dass Urheber von Werken der Literatur, Wissenschaft und Kunst für ihre Werke nach dem Urheberrechtsgesetz Schutz genießen. § 2 UrhG enthält einen Katalog von Werken, die insbesondere geschützt werden.

Seit dem 1. Januar 2008 existiert mit § 51 UrhG auch eine urheberrechtliche Schranke, die als Generalklausel mit Regelbeispielen strukturiert ist. Die Regelung wurde in dieser Form durch das Zweite Gesetz zur Regelung des Urheberrechts in der Informationsgesellschaft vom 26. Oktober 2007 („Zweiter Korb") eingeführt.[1523] Zuvor waren die zulässigen Zitatformen in einer abschließenden Aufzählung geregelt.[1524] § 51 UrhG a.F. wurde in Literatur[1525] und Rechtsprechung[1526] als zu eng angesehen. Der BGH etwa wandte § 51 Nr. 2 UrhG a.F.

[1520] *Haesemann*, S. 44; *Schünemann*, JZ 2005, 271, 272.
[1521] *Schünemann*, JZ 2005, 271, 275.
[1522] RGZ 64, 181 f.; BGHZ 125, 135, 137.
[1523] BGBl. I 2007, S. 2513.
[1524] Im Zeitraum vom 01. Januar 1966 bis zum 31. Dezember 2007 lautete § 51 UrhG wie folgt: „Zulässig ist die Vervielfältigung, Verbreitung und öffentliche Wiedergabe, wenn in einem durch den Zweck gebotenen Umfang
1. einzelne Werke nach dem Erscheinen in ein selbständiges wissenschaftliches Werk zur Erläuterung des Inhalts aufgenommen werden,
2. Stellen eines Werkes nach der Veröffentlichung in einem selbständigen Sprachwerk angeführt werden,
3. einzelne Stellen eines erschienenen Werkes der Musik in einem selbständigen Werk der Musik angeführt werden."
[1525] Vgl. nur Loewenheim/*Götting*, § 31 Rn. 180; Möhring/Nicolini/*Waldenberger*, § 51 Rn. 21.
[1526] Vgl. BGHZ 99, 162, 165 – *Filmzitat*.

analog auf Filmzitate an.[1527] Das Gericht war der Ansicht, das Allgemeininteresse an der Förderung des kulturellen Lebens, dem § 51 UrhG Rechnung tragen soll, sei nicht auf Sprachwerke begrenzt.[1528] Es legte die Voraussetzungen des Kleinzitats nach § 51 Nr. 2 UrhG a.F. weit aus, so dass das Zitat aller Werkarten mit Ausnahme von Musikwerken (für die sich in Nr. 3 der Vorschrift eine besondere Regelung fand) zulässig war.[1529]

Die Norm wurde als Generalklausel neu gefasst, um dadurch einzelne, aus der unflexiblen Grenzziehung des alten Rechts folgende, Lücken zu schließen.[1530] Weil alle nach § 51 UrhG a.F. erlaubten Nutzungen weiterhin zulässig bleiben sollten und keine grundlegende Erweiterung der Zitierfreiheit beabsichtigt war,[1531] entschied sich der Gesetzgeber, den Wortlaut der alten Regelungen in § 51 S. 2 UrhG weitgehend beizubehalten. Die Öffnung der Norm entspricht europarechtlichen Vorgaben; Art. 5 Abs. 3 lit. d) InfoSoc-Richtlinie sieht keine Beschränkung auf bestimmte Werkarten vor. Die Reform des § 51 UrhG war im Gesetzgebungsprozess „kaum streitig".[1532]

bb) Funktion

Die Regelbeispiele könnten zunächst zur Orientierung beim Verständnis der Generalklausel beitragen. Sie können unbestimmte und wertungsoffene Rechtsbegriffe aus der Generalklausel konkretisieren bzw. als „Leitlinien" für deren Auslegung dienen.[1533] Laut Gesetzesbegründung sollen etwa die Regelbeispiele des § 14 Abs. 1 S. 2 TzBfG Orientierung bei der Anwendung der Generalklausel bieten.[1534] Darum wird vertreten, dass die Erfüllung eines Regelbeispieltatbestands des § 14 Abs. 1 S. 2 TzBfG eine „widerlegliche Vermutung" dafür darstelle, dass die Voraussetzungen der Generalklausel des § 14 Abs. 1 S. 1 TzBfG erfüllt seien.[1535]

Zudem kann Regelbeispielen ein eigenständiger Regelungsgehalt zukommen. So sind Regelbeispiele regelmäßig eigenständig „der Subsumtion zugänglich und [haben] nicht bloß und ausschließlich eine dienende, Inhalt und Reichweite der Generalklausel aufhellende Funktion".[1536] In diversen Urteilen haben sich Gerichte direkt auf Regelbeispiele zu Generalklauseln gestützt, so etwa zum Wu-

---

[1527] Vgl. BGHZ 99, 162, 165 – *Filmzitat*; RegE, BT-Drucks. 16/1828, S. 25.

[1528] BGHZ 99, 162, 165 – *Filmzitat*. Vgl. auch RegE, BT-Drucks. 16/1828, S. 25.

[1529] BGHZ 99, 162, 165 f. – *Filmzitat*.

[1530] RegE, BT-Drucks. 16/1828, S. 25.

[1531] Der Gesetzgeber wollte lediglich eine „vorsichtige inhaltliche Erweiterung" vornehmen, vgl. RegE, BT-Drucks. 16/1828, S. 25.

[1532] *MPI*, Stellungnahme, S. 1, abrufbar unter www.gesmat.bundesgerichtshof.de/gesetzesmateriali en/16_wp/urh_infoges_2_korb/stellung_hilty_3.pdf.

[1533] *Haesemann*, S. 47.

[1534] RegE, BT-Drucks. 14/4374, S. 13.

[1535] BeckOK Arbeitsrecht/*Bayreuther*, § 14 TzBfG Rn. 20.

[1536] *Schünemann*, JZ 2005, 271, 273.

chertatbestand des § 138 Abs. 2 BGB[1537] oder zu den Regelbeispielen inhaltlich unangemessener AGB-Klauseln gemäß §§ 308, 309 BGB.[1538] Auch zu § 14 TzBfG ergingen Urteile unmittelbar zu den Tatbeständen der Regelbeispiele.[1539]

Dies bedeutet nicht, dass eine Generalklausel neben einem aussagekräftigen Regelbeispielkatalog regelmäßig keine Anwendung finden kann. Zwar ist anzunehmen, dass eine Generalklausel gegenüber einem einschlägigen Regelbeispiel subsidiär ist, und auch dann, wenn kein Regelbeispiel anwendbar ist, kann sich der Regelbeispielkatalog auf die Auslegung der Generalklausel auswirken.[1540] Allerdings würde es den Funktionen einer Generalklausel widersprechen, wenn diese durch die Regelbeispiele auf eine Auffangfunktion in absoluten Ausnahmefällen reduziert würde.[1541] Auch in der Praxis werden von Regelbeispielen begleitete Generalklauseln nicht nur in atypischen Ausnahmefällen angewandt. So hat die Generalklausel des § 307 Abs. 1 S. 1 BGB trotz des differenzierten Katalogs von Regelbeispielen in §§ 308, 309 BGB in der Praxis einen beträchtlichen eigenen Anwendungsbereich.[1542]

Wie sich ein Regelbeispielkatalog auf den Anwendungsbereich der Generalklausel konkret auswirkt, lässt sich nur im Hinblick auf Sinn und Zweck der betreffenden Regelung beurteilen. Weil die Rechtsprechung Schrankenregelungen weitgehend eng auslegt, könnte ein detaillierter Regelbeispielkatalog, der auch solche Nutzungen beschreibt, die unzweifelhaft in den Anwendungsbereich der Generalklausel fallen, praktisch den Anwendungsbereich einer generalklauselartigen Schranke stark begrenzen.

b) Lösungspotenzial

Durch eine allgemeine Wissenschaftsschranke mit Regelbeispielen könnten einzelne Schwächen der übrigen Ansätze vermieden werden.

Im Gegensatz zu einzelfallorientierten Regelungen, „die doch nie vollständig sein können",[1543] würde eine solche Schranke zur Übersichtlichkeit und damit zu einer Verbesserung der Regelungssystematik beitragen. Durch eine allgemeine Wissenschaftsschranke mit Regelbeispielen ließe sich der Inhalt mehrerer, derzeit über den 6. Abschnitt verstreuter Regelungen in einer Norm zusammen-

---

[1537] Z.B. BGH NJW 1994, 1275 ff.

[1538] Z.B. BGH NJW 2013, 291 ff. Zum Ganzen *Schünemann*, JZ 2005, 271, 273.

[1539] Vgl. BAG NZA 2002, 85 (zu § 14 Abs. 1 S. 2 Nr. 7 TzBfG).

[1540] Vgl. *Förster*, S. 219; *Schünemann*, JZ 2005, 271, 276.

[1541] Vgl. *Haesemann*, S. 48.

[1542] Palandt/*Grüneberg*, § 307 Rn. 1. Ein Gegenbeispiel sind die §§ 3 ff. UWG: Hier existieren eine Generalklausel und ein ausführlicher Regelbeispielkatalog. Die Praxis greift fast ausschließlich auf letzteren zurück, vgl. *Scherer*, NJW 2009, 324, 325.

[1543] *Hill*, JZ 1988, 377, 379.

fassen. Ähnlich wie bei Option 3 würde hier eine Kernherausforderung darin liegen, die Übersichtlichkeit innerhalb der Norm selbst zu wahren.[1544]

Ob eine allgemeine Generalklausel ohne Regelbeispiele (Option 4) ein ausreichendes Maß an Rechtssicherheit gewähren könnte, ist – wie soeben gezeigt – problematisch. Bei Option 5 würden das Zusammenspiel aus Regelbeispielkatalog und Generalklausel die Bestimmtheit erhöhen. Die Regelbeispiele könnten gewisse Nutzungen verbindlich für zulässig erklären, bei denen sonst unklar wäre, ob sie dem Anwendungsbereich der Generalklausel unterfallen. Die Regelbeispiele zu einer allgemeinen Bildungs- und Wissenschaftsschranke könnten sich dabei teilweise an bestehenden, eng gefassten Schrankenregelungen wie etwa § 46 UrhG orientieren.

Regelbeispiele könnten durch ihre Leitlinien- und Konkretisierungsfunktion zur Bestimmtheit beitragen. Gerade bei unbestimmten Begriffen ließe sich der Begriffshof erhellen, während für das Verständnis des Begriffskerns die Formulierung in der Generalklausel ausreichen würde.[1545] So ist beispielsweise klar, dass eine Lehrerin im Unterricht handelt, wenn sie in einer Deutschstunde eine Zeile aus einem Gedicht an die Tafel schreibt. Ob eine Klassenarbeit in der Schule noch Teil des Unterrichts ist, ist weniger offensichtlich. Hier könnte ein Regelbeispiel die Unklarheit beseitigen.

Mit der Kombination aus Generalklausel und Regelbeispielen ließe sich, wie durch Option 4, eine wesentlich höhere Flexibilität erreichen als durch Optionen 1 – 3. Sie würde eine technologieoffene Weiterentwicklung des Bildungs- und Wissenschaftsurheberrechts begünstigen.[1546] So ließen sich insbesondere, ähnlich wie bei § 51 UrhG, einzelne Lücken schließen, die aus der unflexiblen Grenzziehung des alten Rechts folgen.[1547] Zugleich würden die Regelbeispiele der Rechtssicherheit dienen und sicherstellen, dass die Norm sich in die bestehende Schrankensystematik des deutschen Urheberrechts einfügt. Eine Generalklausel mit Regelbeispielen entspräche also grundsätzlich „sowohl den Bedürfnissen nach rechtsstaatlicher Sicherheit als auch nach zukunftsgerichteter Rechtsetzung".[1548]

Auf den ersten Blick könnte bei Option 5 (wie bei Option 4) der Eindruck entstehen, dass von der grundsätzlichen Öffnung im Vergleich zum geltenden Recht ausschließlich Nutzer profitieren, die Norm also nicht zu einem angemessenen Interessenausgleich im Urheberrecht führen würde.

[1544] Ein konkreter Vorschlag findet sich im Teil 6.B.I.

[1545] Unbestimmte Rechtsbegriffe haben einen Begriffskern und einen Begriffshof. Die Kernbedeutung unbestimmter Rechtsbegriffe ist demnach für jeden Sprachkundigen klar, ihre Randbedeutung hingegen weniger, vgl. *Heck*, S. 52, 60.

[1546] Diese Offenheit ist gerade Wesensmerkmal eines Gesetzes, das eine Regelung für die Zukunft schafft bzw. schaffen will, *Hill*, JZ 1988, 377, 379.

[1547] Vgl. die amtliche Begründung zu § 51 UrhG, BT-Drucks. 16/1828, S. 25.

[1548] *Hill*, JZ 1988, 377, 379.

Zunächst ist aber – ebenso wie bei Option 4 – zu beachten, dass gerade eine Regelung, die eine Generalklausel enthält, zum Ausgleich der Interessen aller Beteiligten beiträgt. Sie ist offen und flexibel genug, um Einzelfallgerechtigkeit zu ermöglichen. Ob und inwieweit der Anwendungsbereich einer Generalklausel mit Regelbeispielen weiter sein wird als jener bestehender Schranken, ist abhängig von den konkreten Formulierungen sowie von der Interpretation durch die Gerichte.

Zudem muss die Einführung einer Generalklausel mit Regelbeispielen nicht notwendig zu einer grundsätzlichen Erweiterung erlaubter Nutzungen führen. Das belegt das Beispiel des § 51 UrhG: Als § 51 UrhG im Rahmen des „Zweiten Korbes" als Generalklausel mit Regelbeispielen neu gefasst wurde, wollte der Gesetzgeber den Anwendungsbereich der Norm nur vorsichtig verändern, nicht aber grundlegend erweitern.[1549] Soweit erkennbar, ist § 51 UrhG n.F. bisher auch in diesem Sinne angewendet worden.[1550]

Zuzugeben ist allerdings, dass eine Generalklausel mit Regelbeispielen „eine bewusste Entscheidung gegen abschließende Kasuistik [...] und damit auch für Erweiterungsmöglichkeiten" darstellt.[1551] Einzelne Gesetzeslücken lassen sich auch durch die Einführung weiterer präziser Einzeltatbestände schließen. So hat der Gesetzgeber, indem er sich bei der Reform des § 51 UrhG für eine Generalklausel mit Regelbeispielen entschied, beispielsweise gezeigt, dass er den Anwendungsbereich der Norm eher erweitern als eingrenzen und konkretisieren wollte.[1552]

Option 5 vereint mehrere Vorteile, die auch dem britischen Recht eigen sind: Sie erreicht ein höheres Maß an Flexibilität als es starre Einzelregelungen bieten können. Zugleich trägt Option 5 dem Bedürfnis nach Bestimmtheit und Rechtssicherheit Rechnung, indem der Gesetzgeber bei ihr den Anwendungsbereich der Generalklausel (vor allem dort, wo er unklar ist) selbst durch Regelbeispiele konkretisiert.

c) Vereinbarkeit mit internationalen Vorgaben

Eine allgemeine Bildungs- und Wissenschaftsschranke mit Regelbeispielen kann wie eine solche Schranke ohne Regelbeispiele mit dem Drei-Stufen-Test vereinbar sein.[1553] Durch die Regelbeispiele, die die Bestimmtheit der Norm erhöhen, kann sie den Anforderungen des Tests insgesamt sogar besser Rechnung tragen.

[1549] Vgl. die amtliche Begründung zu § 51 UrhG, BT-Drucks. 16/1828, S. 25.
[1550] Vgl. allgemein zum Interessenausgleich bei § 51 UrhG *Berberich/Nordemann*, GRUR 2010, 966, 971.
[1551] *Haesemann*, S. 66 zu § 51 UrhG.
[1552] So auch *Haesemann*, S. 68.
[1553] Siehe dazu Teil 6.A.III.4.d)aa).

Ähnliches gilt für die Vereinbarkeit mit dem europäischen Recht: Art. 5 Abs. 3 lit. a) InfoSoc-Richtlinie ließe grundsätzlich auch eine allgemeine Bildungs- und Wissenschaftsschranke mit Regelbeispielen zu, solange diese auf Zwecke der wissenschaftlichen Forschung und der Veranschaulichung des Unterrichts begrenzt ist sowie die weiteren Vorgaben der Richtlinie beachtet. Der möglicherweise bestehenden Pflicht der Mitgliedstaaten, urheberrechtliche Schranken als auf konkrete Verwertungssituationen zugeschnittene Einzeltatbestände auszugestalten,[1554] könnte eine Generalklausel mit Regelbeispielen besser Genüge tun als eine solche Klausel ohne Regelbeispiele.

B. Normvorschläge und Erläuterungen

Eine allgemeine Bildungs- und Wissenschaftsschranke mit Regelbeispielen (Option 5) ist also am besten geeignet, um die bestehenden Herausforderungen für Bildung und Wissenschaft zu meistern. Die konkrete Ausgestaltung einer solchen Schrankenregelung ist eine komplexe Aufgabe. Nicht nur sind völker- und europa- sowie verfassungsrechtliche Vorgaben zu beachten.[1555] Auch soll sich die Schranke möglichst nahtlos in das bestehende System urheberrechtlicher Schranken einfügen. Um unnötige Gerichtsprozesse zu vermeiden und möglichst große Rechtssicherheit zu bieten, sollte sich die Schranke daher dort, wo es tunlich ist, terminologisch an den bestehenden Schrankenregelungen orientieren. Schließlich muss sie in das bestehende Vergütungssystem eingefasst sein; eine Überarbeitung dieses Systems würde nicht nur den Bereich der Bildung und Wissenschaft betreffen.[1556]

Im Folgenden wird ein Vorschlag dafür unterbreitet, wie eine solche Schrankenregelung aussehen könnte (§ XX). Mit ihrer Einführung würden §§ 46 (soweit er Sammlungen für den Schul- oder Unterrichtsgebrauch betrifft), 47, 52a, 53 Abs. 2 S. 1 Nr. 1 und 53 Abs. 3 UrhG entfallen. Der Regelungsgehalt dieser Normen geht in dem des § XX auf.

Die im Bildungs- und Wissenschaftsbereich tätigen Personen sind für ihre Arbeit auf Infrastruktureinrichtungen wie Bibliotheken, Museen und Archive angewiesen. Eine Änderung der bildungs- und forschungsbezogenen Schranken muss daher sinnvollerweise auch jene Schranken erfassen, die diese Einrichtungen betreffen. Angelehnt an die Struktur des britischen und US-amerikanischen Rechts wird daher die Schaffung eines § YY vorgeschlagen. Durch ihn werden diejenigen Schrankenregelungen, die öffentlich zugänglichen Bibliotheken, Museen und Archiven ermöglichen sollen, ihre Dienste für Zwecke der Forschung und Bildung zur Verfügung zu stellen und ihre Bestände zu bewahren, in einer

---

[1554] Für eine solche Auslegung *Poeppel*, S. 505, der jegliche Abkehr vom Enumerationsprinzip für europarechtlich unzulässig hält.
[1555] Siehe hierzu Teil 2 und Teil 3.A.
[1556] Zum Vergütungssystem siehe insbesondere Teil 3.B.III.6.

Norm zusammengefasst und moderat erweitert. § YY könnte damit §§ 52b, 53 Abs. 2 S. 1 Nr. 2 i.V.m. § 53 Abs. 2 S. 2 Nr. 3 und 53a UrhG ersetzen.

Im Anschluss an den Wortlaut der jeweiligen Norm finden sich eingehende Erörterungen zu Regelungssystematik, Anwendungsbereich und gewählten Formulierungen.

I. Allgemeine Bildungs- und Wissenschaftsschranke

§ XX – Bildung und Wissenschaft

(1) [1]Zulässig ist die Vervielfältigung und öffentliche Zugänglichmachung eines veröffentlichten Werkes zur Veranschaulichung des Unterrichts an Bildungseinrichtungen oder für Zwecke der wissenschaftlichen Forschung, wenn und soweit die Nutzung in ihrem Umfang durch den jeweiligen Zweck geboten ist und keinen kommerziellen Zwecken dient. [2]Zulässig ist dies beispielsweise auch

1. durch den Unterrichtenden zur Vor- und Nachbereitung des Unterrichts,
2. für Prüfungen,
3. als Element einer Sammlung, die Werke einer größeren Anzahl von Urhebern vereinigt und die nach ihrer Beschaffenheit nur zur Veranschaulichung des Unterrichts an Bildungseinrichtungen bestimmt ist,
4. zur eigenen Unterrichtung über den Stand der wissenschaftlichen Forschung und
5. zur automatisierten Analyse des Informationsgehalts auch ganzer, bereits in elektronischer Form befindlicher Werke, wenn die Vervielfältigung einen integralen und wesentlichen Teil des Verfahrens darstellt.

(2) [1]Im Fall des Absatz 1 Satz 2 Nr. 3 ist auch die Verbreitung zulässig. [2]Für die nach Absatz 1 Satz 2 Nr. 3 zulässigen Verwertungen gelten § 46 Absatz 3 und Absatz 5 entsprechend.

(3) [1]Zum Zweck der wissenschaftlichen Forschung ist auch die Vervielfältigung unveröffentlichter Werke zulässig. [2]§§ 12 bis 14 bleiben unberührt.

(4) [1]Für die öffentliche Zugänglichmachung, die Vervielfältigung im Fall des Absatz 1 Satz 2 Nr. 3 und die Verbreitung gemäß Absatz 2 ist dem Urheber eine angemessene Vergütung zu zahlen. [2]Der Anspruch kann nur durch eine Verwertungsgesellschaft geltend gemacht werden. [3]§§ 54 bis 54h bleiben unberührt.

1. Regelungssystematik

a) Generalklausel (Abs. 1 S. 1)

Die Generalklausel des § XX Abs. 1 S. 1 erlaubt die Vervielfältigung und öffentliche Zugänglichmachung veröffentlichter Werke zur Veranschaulichung des Unterrichts und für Zwecke der wissenschaftlichen Forschung, wenn und soweit dies in dem jeweiligen Umfang geboten ist und die Nutzung keinen kommerziellen Zwecken dient.[1557] Wann eine Nutzung zulässig ist, richtet sich in erster Linie nach dem damit verfolgten Zweck. Die von der Vorschrift privilegierten Zwecke werden durch unbestimmte Rechtsbegriffe umschrieben. Zudem muss die Nutzung zu diesem Zweck geboten sein. Das Kriterium der Gebotenheit ist wertoffen.

Der Regelungsgehalt der Generalklausel enthält jenen der §§ 47, 52a Abs. 1 – Abs. 3, 53 Abs. 2 S. 1 Nr. 1 und Abs. 3 S. 1 Nr. 1 UrhG: Die Privilegierung „für Zwecke der wissenschaftlichen Forschung" erfasst die derzeit nach §§ 52a Abs. 1 Nr. 2, 52a Abs. 3 und 53 Abs. 2 Nr. 1 UrhG für zulässig erklärte Vervielfältigung zum eigenen wissenschaftlichen Gebrauch bzw. zur eigenen wissenschaftlichen Forschung und die öffentliche Zugänglichmachung für die eigene wissenschaftliche Forschung. Die Privilegierung „zur Veranschaulichung des Unterrichts" erlaubt die Vervielfältigung und öffentliche Zugänglichmachung zur Veranschaulichung des Unterrichts, die derzeit nach §§ 52a Abs. 1 Nr. 1, 52a Abs. 3, 53 Abs. 3 S. 1 Nr. 1 UrhG zulässig ist. Außerdem umfasst die Generalklausel den bisherigen Regelungsbereich von § 47 UrhG, nach dem die Vervielfältigung und Verwendung für den Unterricht von Werken, die innerhalb einer Schulfunksendung gesendet werden, unter bestimmten Voraussetzungen gestattet ist.

Die Generalklausel übernimmt nicht alle begrenzenden Merkmale bestehender Schrankenbestimmungen wortwörtlich. Gleichwohl fallen die Beschränkungen nicht ersatzlos weg. Sie sind weitgehend in den Formulierungen der Generalklausel enthalten.[1558]

b) Regelbeispiele (Abs. 1 S. 2)

§ XX Abs. 1 S. 2 führt Fälle auf, in denen die Nutzung zu den genannten Zwecken „beispielsweise auch" zulässig ist. Die Beispiele Nr. 1 – 3 betreffen Nutzungen „zur Veranschaulichung des Unterrichts", die Beispiele Nr. 4 – 5 Nutzungen „für Zwecke der wissenschaftlichen Forschung". Alle fünf illustrieren den Anwendungsbereich der Generalklausel dort, wo er unklar ist. Die Regelbeispiele stecken also die Peripherie der Regelung ab und dienen der Rechtssicherheit.[1559] Damit bleibt für die Generalklausel des § XX Abs. 1 S. 1 ein weiter Anwendungsbereich.

[1557] Zum Begriff der Generalklausel siehe Teil 6.A.III.4.a).
[1558] So geht etwa die Beschränkung des § 53 Abs. 3 S. 1 Nr. 1 UrhG auf kleine Teile eines Werkes, Werke von geringem Umfang und einzelne Beiträgen, die in Zeitungen oder Zeitschriften erschienen oder öffentlich zugänglich gemacht worden sind, in dem Erfordernis auf, dass „die Nutzung in ihrem Umfang durch den jeweiligen Zweck geboten" sein muss. Siehe dazu näher Teil 6.B.I.2.c)bb) und Teil 6.B.I.2.e)bb).
[1559] Vgl. allgemein zur Regelungstechnik Teil 6.A.III.5.a)aa).

Damit unterscheidet sich die Regelungstechnik des § XX Abs. 1 S. 2 von jener bestehender Generalklauseln mit Regelbeispielen im Urheberrecht: Im Regelbeispielkatalog des § 2 Abs. 1 UrhG werden die wichtigsten Werkarten benannt, die nach der Generalklausel des § 1 UrhG urheberrechtlichen Schutz genießen.[1560] Bei § 15 Abs. 1 UrhG, der in einer Generalklausel das Recht des Urhebers regelt, sein Werk in körperlicher Form zu verwerten, decken die in Hs. 2 aufgeführten Regelbeispiele den Kernbereich der Regelung bislang nahezu vollständig ab.[1561]

Auch bei § 51 UrhG wird der Anwendungsbereich der Vorschrift durch die Regelbeispiele weitestgehend abgedeckt. Sie entsprechen fast vollständig den Einzeltatbeständen des § 51 UrhG a.F. Dieser war nicht als Generalklausel formuliert. Die Umgestaltung der Norm in eine Generalklausel mit Regelbeispielen sollte § 51 UrhG nicht grundlegend erweitern.[1562] Es lag daher nahe, die bisherigen Einzeltatbestände als den Kernbereich der Norm illustrierende Regelbeispiele beizubehalten. Die Struktur des § 51 UrhG n.F. entspricht zudem den Vorgaben der InfoSoc-Richtlinie. Art. 5 Abs. 3 lit. d) InfoSoc-Richtlinie benennt in einem nicht abgeschlossenen Katalog bestimmte Zwecke, zu denen Zitate erlaubt sind („für Zitate zu Zwecken wie"). Die genannten Zwecke fallen also ebenfalls in den Kernbereich des Zitatrechts.

Dass die Regelbeispiele bei § XX Abs. 1 nicht den Kern des Anwendungsbereichs der Generalklausel illustrieren, sondern seinen Rand, beruht auf folgenden Erwägungen: Die Generalklausel setzt Art. 5 Abs. 3 lit. a) InfoSoc-Richtlinie in deutsches Recht um. Der Anwendungsbereich dieser Vorgabe ist weit. Sie ist technologieneutral formuliert und flexibel; die dort genannten Zwecke („Zwecke der wissenschaftliche Forschung"; „zur Veranschaulichung im Unterricht") werden nicht durch Beispiele präzisiert. Wer die Norm möglichst getreu umsetzen möchte, wird also keine Regelbeispiele vorsehen. Die Nachteile dieser Lösung (Option 4), wurden bereits dargestellt.[1563]

Der deutsche Gesetzgeber hat sich bei der Umsetzung entschieden, die einzeltatbestandlichen Schrankenregelungen des Urheberrechtsgesetzes, welche den Kernbereich von Art. 5 Abs. 3 lit. a) InfoSoc-Richtlinie betreffen, nicht in

---

[1560] Schricker/Loewenheim/*Loewenheim*, § 2 Rn. 75.
[1561] Schricker/Loewenheim/*v. Ungern-Sternberg/Loewenheim*, § 15 Rn. 42. Im Zusammenhang mit der Einführung des Rechts auf öffentliche Zugänglichmachung (§ 19a UrhG) wurde jedoch ausdrücklich darauf hingewiesen, „dass § 15 weiterhin keine abschließende Aufzählung der Rechte des Urhebers enthält", BT-Drucks. 15/38, S. 17. Die Anerkennung von unbenannten Verwertungsrechten bleibt also möglich und ist insbesondere für die Verwertung in unkörperlicher Form i.S.d. § 15 Abs. 2 UrhG von Relevanz. Vgl. diesbezüglich auch den kürzlich ergangenen Vorlagebeschluss des BGH GRUR 2013, 818, 819 – *Die Realität*.
[1562] RegE, BT-Drucks. 16/1828, S. 25. Siehe auch Teil 6.A.III.5.a)aa).
[1563] Siehe Teil 6.A.III.4.

einer Norm zusammenzuführen.[1564] Die verschiedenen Einzeltatbestände wiederholen Teile der europarechtlichen Vorgabe in unterschiedlichen Abwandlungen[1565] und fügen diesen verschiedene begrenzende Merkmale hinzu.[1566] Die Merkmale haben sich als schwer handhabbar erwiesen und waren Anlass für zahlreiche Rechtsstreitigkeiten.[1567] Sie haben also die Rechtssicherheit nicht erhöht, wohl aber das Recht unflexibler gemacht.

Indem § XX Abs. 1 S. 1 den Kernbereich von Art. 5 Abs. 3 lit. a) InfoSoc-Richtlinie (unter Verwendung einheitlicher Formulierungen) zusammenführt, macht er das Recht übersichtlicher – es gibt nun eine zentrale Norm, nach der sich bestimmt, wann ein Werk für Zwecke der wissenschaftlichen Forschung oder zur Veranschaulichung des Unterrichts verwendet werden darf. Die oben genannten, in mehrerlei Hinsicht problematischen begrenzenden Merkmale ersetzt die Norm durch ein abstrakteres Kriterium.[1568] Damit macht sie das Recht flexibler. Der Kernbereich der Norm muss nicht in einem oder mehreren Regelbeispielen festgehalten werden.[1569] Dass der Anwendungsbereich der §§ 47, 52a, 53 Abs. 2 S. 1 Nr. 1 und Abs. 3 S. 1 Nr. 1 UrhG nunmehr in jenem der Generalklausel enthalten ist, ist unzweifelhaft.

Unter den bestehenden Schrankenregelungen des deutschen Rechts finden sich aber auch solche, die eher Randbereichen des Art. 5 Abs. 3 lit. a) InfoSoc-Richtlinie zuzuordnen sind. Beispiele sind §§ 46 und 53 Abs. 3 Nr. 2 UrhG. Würden sie ersatzlos gestrichen, könnte der Rechtsanwender nur schwer erkennen, ob die darin genannten Handlungen nach wie vor zulässig sind. Ihr Anwendungsbereich wird daher in § XX Abs. 1 Satz 2 Nr. 2 und 3 explizit aufgeführt.

Auch § XX Abs. 1 S. 2 Nr. 1 und 4 dienen der Klarstellung: Nach allgemeiner Ansicht erfasst die Nutzung zur Veranschaulichung des Unterrichts im Rahmen der §§ 52a und 53 Abs. 3 S. 1 Nr. 1 UrhG auch Handlungen zur Vor- und Nachbereitung des Unterrichts. Dies macht § XX Abs. 1 S. 2 Nr. 1 nun explizit.

[1564] §§ 47, 53 Abs. 2 S. 1 Nr. 1 und 53 Abs. 3 S. 1 Nr. 1 UrhG bestanden damals bereits. § 52a UrhG, dessen Anwendungsbereich ebenfalls dem Kernbereich des Art. 5 Abs. 3 lit. a) InfoSoc-Richtlinie zuzurechnen ist, wurde in Umsetzung der Richtlinie neu geschaffen.

[1565] „Für den Unterricht" (§ 47 Abs. 2 UrhG); „zur Veranschaulichung im Unterricht" (§ 52a Abs. 1 Nr. 1 UrhG); „zur Veranschaulichung des Unterrichts" (§ 53 Abs. 3 S. 1 Nr. 1 UrhG); „für die eigene wissenschaftliche Forschung" (§ 52a Abs. 1 Nr. 2 UrhG); „zum eigenen wissenschaftlichen Gebrauch" (§ 53 Abs. 2 S. 1 Nr. 1 UrhG). Siehe auch Tabelle 1.

[1566] Siehe Tabelle 1.

[1567] Für eine Übersicht der umstrittenen Merkmale siehe Tabelle 2.

[1568] Eine Vervielfältigung oder öffentliche Zugänglichmachung ist nur gestattet, „wenn und soweit die Nutzung in ihrem Umfang durch den jeweiligen Zweck geboten ist." Siehe hierzu Teil 6.B.I.2.e).

[1569] So lautet etwa § 52a Abs. 1 Nr. 1 UrhG, wenn er von diesen Merkmalen entkleidet ist: „Zulässig ist, veröffentlichte [...] Werke [...] zur Veranschaulichung im Unterricht an [Bildungseinrichtungen ...] öffentlich zugänglich zu machen, soweit dies zu dem jeweiligen Zweck geboten und zur Verfolgung nicht kommerzieller Zwecke gerechtfertigt ist."

§ XX Abs. 1 S. 2 Nr. 4 verdeutlicht, dass der Begriff „wissenschaftliche For-schung" weit zu verstehen ist und auch jene Handlungen erfasst, die im gelten-den Recht nach § 53 Abs. 2 S. 1 Nr. 1 UrhG zulässig sind.

§ XX Abs. 1 Satz 2 Nr. 5 betrifft einen viel diskutierten Fall, der keine aus-drückliche Entsprechung in den bestehenden Schrankenregelungen hat. Das Regelbeispiel veranschaulicht, dass § XX Abs. 1 Satz 1 nicht nur die nach gel-tendem Recht ausdrücklich genannten Verwertungshandlungen privilegiert.

Um zu verdeutlichen, dass die Regelbeispiele in § XX Abs. 1 S. 2 zur Erhel-lung der Peripherie und nicht des Kernbereiches dienen, wurde auf die Ver-wendung des Begriffs „insbesondere", der sich etwa in § 51 UrhG findet, verzichtet. Stattdessen wird die Formulierung „beispielsweise auch" verwendet. Bereits der Begriff „beispielsweise" wird weniger als „insbesondere" mit einer Umschreibung des Kernbereichs einer Regelung assoziiert.[1570] Der Zusatz „auch" dient der weiteren Verdeutlichung.

2. Voraussetzungen der Generalklausel (Abs. 1 S. 1)

a) Nutzungszwecke
Welche Nutzungen nach der Generalklausel des Abs. 1 S. 1 zulässig sind, wird im Wesentlichen durch die Tatbestandsmerkmale „zur Veranschaulichung des Unterrichts an Bildungseinrichtungen oder für Zwecke der wissenschaftlichen Forschung" bestimmt. Diese Zweckbeschränkung orientiert sich an Art. 5 Abs. 3 lit. a) InfoSoc-Richtlinie. In der deutschen Fassung der Richtlinie findet sich die Formulierung „zur Veranschaulichung im Unterricht oder für Zwecke der wissenschaftlichen Forschung".

aa) Veranschaulichung des Unterrichts an Bildungseinrichtungen

(1) Veranschaulichung des Unterrichts
Die Verwertung ist zunächst „zur Veranschaulichung des Unterrichts" zulässig. Der Wortlaut der Generalklausel weicht insofern von der deutschen Fassung des Art. 5 Abs. 3 lit. a) InfoSoc-Richtlinie ab, wonach nur die Verwertung „zur Veranschaulichung im Unterricht" privilegiert ist.

Der deutsche Gesetzgeber hat die Formulierung des Art. 5 Abs. 3 lit. a) InfoSoc-Richtlinie wortgleich in § 52a UrhG übernommen. Dies hat sich als irreführend und sinnwidrig erwiesen. Die Formulierung „zur Veranschauli-

---

[1570] Wenn auch in Gesetzen seltener verwendet, wird der Begriff „beispielsweise" im Handbuch der Rechtsförmlichkeit als Formulierungsalternative für Regelbeispiele vorgeschlagen, BMJ, Teil B, 1.5. Rn. 88: „Um einzelne Elemente einer Vorschrift zu erläutern oder zu konkretisieren, können Zusätze eingefügt werden, die mit ‚insbesondere', ‚zum Beispiel', ‚beispielsweise' oder ‚in der Regel' beginnen. Diese Einleitungen werden verwendet, wenn auch andere gleichartige Fälle, die im Zusatz nicht ausdrücklich genannt werden, von der Vorschrift erfasst werden sollen."

chung im Unterricht" suggeriert, dass die Verwertung urheberrechtlich ge-schützter Werke nur innerhalb der zeitlichen und räumlichen Grenzen des Un-terrichts erlaubt ist.[1571] Damit wäre die Nutzung zur Vor- und Nachbereitung des Unterrichts unzulässig. E-Learning-Angebote und Fernunterricht wären nicht von der Vorschrift gedeckt. Ebenso wenig wäre danach die Nutzung von Werken zur Aufnahme in eine Sammlung zur Veranschaulichung des Unter-richts möglich (sogenanntes Schulbuchprivileg, § XX Abs. 1 S. 2 Nr. 3, derzeit § 46 UrhG).

Eine derartige Beschränkung ist durch die InfoSoc-Richtlinie aber nicht vor-gesehen.[1572] Dementsprechend hat der Gesetzgeber für § 53 Abs. 3 S. 1 Nr. 1 UrhG n.F. die Formulierung „zur Veranschaulichung des Unterrichts" ge-wählt.[1573] Eben diese, dem Telos der Richtlinie entsprechende und dem deut-schen Recht bereits bekannte Formulierung wird nun auch für § XX Abs. 1 S. 1 vorgeschlagen.

Eine darüber hinausgehende, abstraktere und damit potentiell weitere Be-schreibung des privilegierten Zwecks, etwa „für Bildungszwecke",[1574] „für Un-terrichtszwecke" oder „für den Unterrichtsgebrauch" (vgl. § 46 UrhG), ist hingegen nicht angebracht. Eine Schranke, die Bildungszwecke allgemein privi-legieren würde, wäre zunächst europarechtlich bedenklich. Bildung ist ein kom-plexer, lebenslanger Entwicklungsprozess. Bildungszwecke sind daher weit mehr als die Veranschaulichung des Unterrichts. Nur letztere aber privilegiert Art. 5 Abs. 3 lit. a) InfoSoc-Richtlinie. Der europäische Gesetzgeber hat sich bewusst gegen eine umfassende Privilegierung von Bildungszwecken entschie-den.[1575]

Auch die Privilegierung von „Unterrichtszwecken" oder einer Nutzung für den „Unterrichtsgebrauch" empfiehlt sich nicht.[1576] Sie vernachlässigt das Merkmal der „Veranschaulichung", das Art. 5 Abs. 3 lit. a) InfoSoc-Richtlinie

---

[1571] Siehe dazu Teil 3.B.III.4.b), Teil 3.B.V.2.d).

[1572] KOM(97) 628 endg., S. 36. Dies legt auch ein Vergleich der unterschiedlichen Sprachfassungen der Richtlinie nahe. Siehe dazu Teil 2.B.II.2.b).

[1573] Vom 1. Juli 1985 bis zum 1. Januar 2008 lautete die Formulierung „im Schulunterricht".

[1574] Diesen Begriff verwendet das Aktionsbündnis Urheberrecht für Bildung und Wissenschaft in seinem Entwurf einer allgemeinen Wissenschaftsschranke (§ 45b Abs. 1 S. 1 UrhG-E), vgl. *Kuhlen*, BFP 2013, 35, 42. Ähnlich auch die Normvorschläge der Allianz der Wissenschaftsorganisationen (§ 45b Abs. 1 S. 1 UrhG-E: „Für Zwecke [...] der Bildung ist zulässig"), vgl. *Allianz der Wissen-schaftsorganisationen*, Neuregelung des Urheberrechts, S. 8 ff., der KMK (§ 52a UrhG (neu): „Aufga-ben in Bildung, Wissenschaft und Kultur"), vgl. *Pflüger* ZUM 2010, 938, 944, und der Wittem Group (Art. 5.3 Abs. 2 lit. a) European Copyright Code: *use for educational purposes*), abrufbar unter www.copyrightcode.eu/. Siehe hierzu Teil 6.A.III.3. und 4.

[1575] Bericht des Ausschusses für Recht und Bürgerrechte, A4-0026/1999, S. 51. Siehe dazu Teil 2.B.II.2.c).

[1576] Zwar wird in § 46 Abs. 1 UrhG die Nutzung von Werken für den Unterrichtsgebrauch privile-giert. Allerdings stammt diese Formulierung aus der Zeit vor Verabschiedung der InfoSoc-Richtlinie. Sie ist im Lichte des Art. 5 Abs. 3 lit. a) InfoSoc-Richtlinie auszulegen.

vorgibt. Der Begriff findet in anderen Sprachfassungen seine Entsprechung.[1577] Er erfüllt eine wichtige Funktion: Wenn das begrenzende Element der „Veranschaulichung" entfiele, könnte der Adressatenkreis über jenen der Unterrichtsteilnehmer hinausgehen. Bei einer weiten Auslegung könnte bereits die Bereitstellung von Werkkopien über das Internet an eine unbestimmte Anzahl von Adressaten eine Art von Unterricht darstellen. Damit wären die Grenzen des Zulässigen unklar. Eine solch weite Formulierung liefe außerdem den Interessen der Rechteinhaber unangemessen zuwider.

Weil das geltende Recht die Formulierung „zur Veranschaulichung des Unterrichts" bereits kennt, behält die Auslegung des Begriffs durch Rechtsprechung und Literatur ihre Gültigkeit. Damit ist ihr Gehalt klar bestimmbar. Die Verwendung des Wortes „des" führt gegenüber der aktuellen Rechtslage zu keiner Ausweitung der möglichen zulässigen Nutzungshandlungen, dient aber der Klarstellung.

(2) Bildungseinrichtungen

Die Nutzung zur Veranschaulichung des Unterrichts ist an Bildungseinrichtungen zulässig. Das Wort „an" stellt klar, dass keine räumlich-zeitliche Begrenzung vorgesehen ist (das wäre der Fall, wenn der Unterricht „in" den genannten Einrichtungen stattfinden müsste).

Der Begriff „Bildungseinrichtungen" wird in § 54c Abs. 1 UrhG legaldefiniert. Bildungseinrichtungen sind demnach Schulen, Hochschulen sowie Einrichtungen der Berufsbildung oder der sonstigen Aus- und Weiterbildung.

Anders als § 53 Abs. 3 S. 1 Nr. 1 und 2 sowie § 52a Abs. 1 Nr. 1 UrhG privilegiert § XX Abs. 1 S. 1 mithin auch die Veranschaulichung des Unterrichts an kommerziellen Einrichtungen der Aus- und Weiterbildung. Der Anwendungsbereich des § XX wird aber dadurch beschränkt, dass eine zur Veranschaulichung des Unterrichts gebotene Nutzung keinem kommerziellen Zweck dienen darf.[1578] Dadurch wird ein Ergebnis erzielt, das im Wesentlichen dem des geltenden Rechts entspricht, wonach nur „nichtgewerbliche Einrichtungen der Aus- und Weiterbildung" privilegiert werden.

Zugleich trägt die Norm damit den europäischen Vorgaben besser Rechnung als das geltende Recht: Dass §§ 46, 52a Abs. 1 Nr. 1 und 53 Abs. 3 S. 1 Nr. 1 und Nr. 2 UrhG Nutzungen lediglich in bzw. an nichtgewerblichen Einrichtungen der Aus- und Weiterbildung gestatten, steht im Gegensatz zu Erwägungsgrund 42 der InfoSoc-Richtlinie. Hiernach soll „die nicht kommerzielle Art einer Tätigkeit durch diese Tätigkeit als solche bestimmt sein" und nicht durch ihre „organisatorische Struktur und die Finanzierung".

[1577] Siehe Teil 2.B.II.2.b).
[1578] Dazu Teil 6.B.I.2.a)cc).

Anders als nach § 53 Abs. 3 S. 1 Nr. 1 UrhG dürfen Vervielfältigungen zudem auch zur Veranschaulichung des Unterrichts an Hochschulen vorgenommen werden. Derzeit dürfen Hochschulen zwar bestimmte Werke und Werkteile zur Veranschaulichung des Unterrichts öffentlich zugänglich machen, nicht aber vervielfältigen. Dass diese Differenzierung nicht sachgerecht ist, zeigt folgendes Beispiel:[1579] Eine Professorin möchte den Teilnehmern ihres Seminars einen Ausschnitt eines urheberrechtlich geschützten Schriftwerkes digital zur Verfügung stellen. Verschickt sie den Textabschnitt per E-Mail und also an jeden Teilnehmer individuell, richtet sich die Zulässigkeit vermutlich nach § 53 Abs. 3 UrhG.[1580] Die Handlung ist nicht erlaubt. Stellt sie den Textabschnitt dagegen passwortgeschützt in das Intranet der Universität ein, ist § 52a UrhG anwendbar. Die Handlung ist erlaubt. Der Übergang zwischen digitaler Vervielfältigung und öffentlicher Zugänglichmachung ist mithin fließend. Hinzu kommt, dass Hochschulen von ihrem Recht zur öffentlichen Zugänglichmachung zur Veranschaulichung des Unterrichts oftmals nur dann Gebrauch machen können, wenn sie die dafür technisch notwendige vorherige Vervielfältigung vornehmen dürfen.

Bislang gehören Hochschulen deswegen nicht zu den nach § 53 Abs. 3 S. 1 Nr. 1 UrhG privilegierten Einrichtungen, weil der Gesetzgeber der Ansicht war, dass die Herstellung (analoger) Vervielfältigungsstücke für einen kaum abgrenzbaren Kreis von Unterrichtsteilnehmern einen zu intensiven Eingriff in die Rechte der Rechteinhaber darstellen würde, als dass er nach § 53 UrhG gerechtfertigt sein dürfe.[1581] Abgesehen davon, dass Hochschullehre wenigstens nicht durchgehend in Massenveranstaltungen stattfindet, erscheint die Differenzierung auch deswegen nicht gerechtfertigt, weil die öffentliche Zugänglichmachung eines Werkes die Interessen der Rechteinhaber nicht weniger berührt als eine Vervielfältigung – oftmals stellt sie sogar einen stärkeren Eingriff in Nutzungsrechte dar.[1582] Fehlt es an einem sachlichen Grund für eine Ungleichbehandlung, ist diese im Hinblick auf Art. 3 Abs. 1 GG verfassungsrechtlich bedenklich. Auch im Unions- und Konventionsrecht findet die Unterscheidung zwischen Schulen und Hochschulen keine Grundlage – „Unterricht" erfasst alle Lern- und Unterrichtsstufen.[1583]

[1579] Vgl. dazu und zum Folgenden *Poeppel*, S. 195 f., insb. Fn. 503.
[1580] So auch *Poeppel*, S. 195 f. A.A. *Schulze*, ZUM 2008, 836 ff. Seiner Ansicht nach kann auch ein E-Mail-Versand eine öffentliche Zugänglichmachung darstellen.
[1581] Beschlussempfehlung und Bericht des Rechtsausschusses, BT-Drucks. 10/3360, S. 19.
[1582] Vgl. hierzu nur KOM(97) endg., S. 35.
[1583] Siehe hierzu Teil 2.B.II.2.b).

bb) Wissenschaftliche Forschung

Die Formulierung „Zwecke der wissenschaftlichen Forschung" entspricht jener der InfoSoc-Richtlinie. Die Begriffe „wissenschaftliche Forschung" (§§ 52a Abs. 1 Nr. 2; 53a Abs. 1 S. 2 UrhG) bzw. „Forschung" (§ 52b S. 1 UrhG) sind auch bereits in der Terminologie des Urheberrechtsgesetzes verankert.

Die Formulierung ist grundsätzlich geeignet, sämtliche für die Wissenschaft relevanten Nutzungen zu erfassen. Damit gewährleistet der Begriff die in diesem Bereich notwendige Flexibilität. Forschung umfasst die Suche und Erfassung neuer Erkenntnisse von der Recherche bis zur Publikation.[1584] Die eigene Unterrichtung über den Stand der Forschung wird in § XX Abs. 1 Nr. 4 klarstellend der wissenschaftlichen Forschung zugeordnet.

Gegenüber der Privilegierung des „eigenen wissenschaftlichen Gebrauchs" in § 53 Abs. 2 S. 1 Nr. 1 UrhG erfolgt durch die Formulierung „wissenschaftliche Forschung" keine Verengung.[1585] Wissenschaftliche Forschung kann schon bei der Unterrichtung über den gegenwärtigen Stand der Forschung gegeben sein.[1586] Der sich Unterrichtende muss also nicht die Fortentwicklung der Forschung beabsichtigen. Im Einklang mit der Formulierung des Art. 5 Abs. 3 lit. a) InfoSoc-Richtlinie ist es daher angebracht, einheitlich von „wissenschaftlicher Forschung" zu sprechen, statt verschiedene, in ihrer jeweiligen Bedeutung nicht vollständig geklärte Begriffe zu verwenden.[1587]

Die Privilegierung für „Zwecke der wissenschaftlichen Forschung" ist nicht synonym mit der Privilegierung von „Wissenschaftszwecken" allgemein. Erstere ist letzterer vorzuziehen. Wissenschaft umfasst Forschung und Lehre.[1588] Würden also „Wissenschaftszwecke" privilegiert, wäre die von der InfoSoc-Richtlinie vorgegebene Trennung von Forschung und Unterricht verwischt.

cc) Ausschluss kommerzieller Zwecke

Weder Nutzungen zur Veranschaulichung des Unterrichts noch zu Zwecken der wissenschaftlichen Forschung dürfen kommerziellen Zwecken dienen. So verlangt es Art. 5 Abs. 3 lit. a) InfoSoc-Richtlinie. Er erlaubt die Nutzung nur, „soweit dies zur Verfolgung nicht kommerzieller Zwecke gerechtfertigt ist". Nach Erwägungsgrund 42 der Richtlinie soll „die nicht kommerzielle Art der betreffenden Tätigkeit durch diese Tätigkeit als solche bestimmt sein". Weiter heißt es dort: „Die organisatorische Struktur und die Finanzierung der betref-

---

[1584] Siehe Teil 3.A.II.2.b).

[1585] Vgl. hierzu Dreier/Schulze/*Dreier*, § 52a Rn. 10; Fromm/Nordemann/*Nordemann-Schiffel*, § 53a Rn. 15.

[1586] Siehe Teil 2.B.II.2.d). Im Übrigen wäre anderenfalls der jetzige § 53 Abs. 2 S. 1 Nr. 1 UrhG europarechtlich problematisch, weil nicht von Art. 5 Abs. 3 lit. a) InfoSoc-Richtlinie erfasst.

[1587] Siehe dazu Teil 3.B.III.3.b), Teil 3.B.IV.5., Teil 3.B.V.3., Teil 3.B.VI.6.

[1588] Siehe Teil 3.A.II.2.b).

fenden Einrichtung sind in dieser Hinsicht keine maßgeblichen Faktoren." Abzustellen ist danach allein auf den Zweck der Nutzungshandlung.

Dies ist der Grund, weshalb die Vervielfältigung und öffentliche Zugänglichmachung zur Veranschaulichung des Unterrichts von Werken „als Element einer Sammlung, die Werke einer größeren Anzahl von Urhebern vereinigt und die nach ihrer Beschaffenheit nur zur Veranschaulichung des Unterrichts an Bildungseinrichtungen bestimmt ist" (§ XX Abs. 1 S. 2 Nr. 3, bisher § 46 UrhG), grundsätzlich zulässig ist.[1589] Hiernach können – wie bislang – kommerziell ausgerichtete Fachpublizisten Sammlungen erstellen, solange diese für einen Unterricht bestimmt sind, der keinen kommerziellen Zwecken dient.[1590]

Das Urheberrechtsgesetz verwendet derzeit neben „kommerziell" auch den Begriff „gewerblich".[1591] Für § XX ist „kommerziell" vorzugswürdig. Zum einen entspricht der Begriff der Formulierung des Art. 5 Abs. 3 lit. a) InfoSoc-Richtlinie. Zum anderen kann „gewerblich" zu Fehlinterpretationen führen – er suggeriert, dass nur derjenige gewerblich handelt, der ein Gewerbe betreibt. Tatsächlich aber ist zur Verfolgung eines gewerblichen bzw. kommerziellen Zwecks der Betrieb eines Gewerbes nicht erforderlich.[1592]

b) Berechtigte

§ XX Abs. 1 S. 1 beschränkt den Kreis der berechtigten Nutzer nicht. Er entspricht insofern dem Wortlaut von Art. 5 Abs. 3 lit. a) InfoSoc-Richtlinie. Auch die relevanten Schrankenregelungen des geltenden deutschen Rechts enthalten diesbezüglich überwiegend keine Einschränkung. Ausnahmen gelten für manche Schranken, die Nutzungen zu schulischen bzw. zu Unterrichtszwecken privilegieren. Nach § 47 UrhG sind lediglich bestimmte Einrichtungen zur Nutzung berechtigt.[1593] § 53 Abs. 3 S. 1 Nr. 1 und 2 sowie § 52a Abs. 1 Nr. 1 UrhG gestatten Nutzungen lediglich in bzw. an bestimmten Einrichtungen.[1594] Diese Einschränkungen finden ihre Entsprechung in § XX Abs. 1 S. 1, wonach

---

[1589] Siehe Teil 3.B.I.1.

[1590] *Sattler*, S. 125; *v. Bernuth*, GRUR Int. 2002, 567, 569 f.

[1591] Der Begriff „kommerziell" findet sich in § 52a Abs. 1 a.E. UrhG, der Begriff „(nicht-)gewerblich" u.a. in §§ 46 Abs. 1 S. 1; 52a Abs. 1 Nr. 1; 53 Abs. 2 S. 1 Nr. 1, Abs. 3 S. 1 Nr. 1, Nr. 2, Abs. 5; 53a Abs. 1 S. 2 UrhG.

[1592] Vgl. BeckOK UrhG/*Grübler*, § 53 Rn. 22.

[1593] Berechtigt sind Schulen, Einrichtungen der Lehrerbildung und der Lehrerfortbildung sowie Heime der Jugendhilfe, staatliche Landesbildstellen und vergleichbare Einrichtungen in öffentlicher Trägerschaft.

[1594] Bei § 53 Abs. 3 S. 1 Nr. 1 UrhG ist die Nutzung nur zur Veranschaulichung des Unterrichts „in Schulen, in nichtgewerblichen Einrichtungen der Aus- und Weiterbildung sowie in Einrichtungen der Berufsbildung" zulässig, bei § 53 Abs. 1 Nr. 2 UrhG „in Schulen, Hochschulen, in nichtgewerblichen Einrichtungen der Aus- und Weiterbildung sowie in der Berufsbildung." Derselbe Kreis ist wird auch bei § 52a Abs. 1 Nr. 1 UrhG berechtigt.

die Nutzung zur Veranschaulichung des Unterrichts an Bildungseinrichtungen erfolgen muss.[1595]

Die institutionelle Begrenzung in § 47 UrhG, welcher die Vervielfältigung von Werken innerhalb von Schulfunksendungen betrifft, hat sich als praxisfern erwiesen. Berechtigt sind nach § 47 Abs. 1 S. 1 UrhG lediglich „Schulen sowie Einrichtungen der Lehrerbildung und der Lehrerfortbildung". Teilweise wird deswegen angenommen, Lehrer dürften lediglich in den Räumlichkeiten der Schulen und sonstigen Einrichtungen Vervielfältigungshandlungen vornehmen.[1596] Das wird den tatsächlichen Gegebenheiten nicht gerecht: Lehrer bereiten den Unterricht regelmäßig von zu Hause aus vor und verfügen oft nicht über ein eigenes Dienstzimmer.

c) Umfasste Werke

aa) Werkartneutrale Regelung

§ XX sieht keine Beschränkung der zulässigen Nutzungen auf bestimmte Werkarten vor. Dies entspricht den Bedürfnissen der Praxis angesichts zunehmender Medienkonvergenz.[1597] Die Regelung führt damit außerdem zu größerer Flexibilität und Rechtssicherheit als eine solche, die zwischen einzelnen Werkarten unterscheidet, weil sie den Nutzer von der Pflicht entbindet zu entscheiden, welcher Werkart das Werk, das er nutzen möchte, angehört. Insbesondere bei Multimediawerken kann dies zu Problemen führen.

Dies lehren Erfahrungen mit dem Zitatrecht: Die in § 51 Nr. 2 UrhG a.F. enthaltene Beschränkung einer Nutzung von Zitaten auf Sprachwerke erwies sich als zu eng und starr; die Rechtsprechung dehnte daher den Anwendungsbereich der Norm durch Analogiebildung aus.[1598] Auch eine Differenzierung, wie sie etwa § 46 UrhG enthält, nach dem lediglich Werke bestimmter Werkarten vollständig übernommen werden dürfen, erscheint weder notwendig noch zweckmäßig.[1599] So nimmt es nicht wunder, dass der (zeitlich nach § 46 UrhG erlassene) § 53 Abs. 3 UrhG auf eine solche Differenzierung verzichtet. Auch § 53a UrhG ist nicht auf die Nutzung bestimmter Werkarten beschränkt, obwohl im Rahmen dieser Schranke besonders häufig Schriftwerke vervielfältigt werden.[1600]

[1595] Siehe Teil 6.B.I.2.a)aa)(2).

[1596] Schricker/Loewenheim/*Melichar*, § 47 Rn. 11.

[1597] Siehe hierzu allgemein Teil 1.

[1598] So erklärt etwa BGHZ 99, 162, 165 – *Filmzitat* § 51 Nr. 2 UrhG a.F. auf Zitate in Filmwerken für entsprechend anwendbar. Vgl. nur *Flechsig*, ZRP 2004, 249, 251.

[1599] *Poeppel*, S. 183 f.: Von einem „pädagogischen Mehrwert" bestimmter Werkarten könne nicht *a priori* ausgegangen werden.

[1600] Siehe Teil 3.B.IV.3.

Die Analyse des britischen Rechts bestätigt diesen Befund. Dort hat sich gezeigt, dass eine Eingrenzung der Ausnahmeregelungen auf bestimmte Werkarten gerade vor dem Hinblick technischer Neuerungen zu unflexibel ist.[1601] Zu beachten ist hierbei allerdings, dass das Urheberrecht Großbritanniens über einen abgeschlossenen Werkkatalog verfügt. Eine Bezugnahme auf einzelne Werkkategorien in den Ausnahmeregelungen liegt daher in Großbritannien näher als in Deutschland. Umso bemerkenswerter ist es, dass das *Intellectual Property Office* plant, die bisherigen Eingrenzungen auf bestimmte Werkarten teilweise zu lockern.[1602]

bb) Umfang der Nutzung

Vervielfältigungen und öffentliche Zugänglichmachung von Werken nach § XX Abs. 1 sind vom Umfang her zulässig, soweit sie durch den verfolgten Zweck geboten sind. Die diesbezüglichen Beschränkungen des geltenden Rechts sind bei der Prüfung, ob eine Nutzung geboten ist, von Relevanz.[1603]

cc) Veröffentlichte Werke

Ausdrücklich gestatten §§ 46 Abs. 1 und 52a Abs. 1 UrhG nur die Nutzung bereits veröffentlichter Werke (vgl. § 6 Abs. 1 UrhG).[1604] § 53 Abs. 2 und 3 UrhG sehen eine solche Einschränkung nicht explizit vor.[1605] Zu Recht wird aber vertreten, dass § 53 Abs. 3 UrhG nur Nutzungen bereits veröffentlichter Werke rechtfertigen könne.[1606] Ansonsten dürfte ein Werk durch die Nutzung für den Unterricht nach § 53 Abs. 3 UrhG erstmalig veröffentlicht werden im Sinne des § 6 Abs. 1 UrhG. Das aber würde das Veröffentlichungsrecht des Urhebers nach § 12 Abs. 1 UrhG verletzen.

Aus eben diesem Grund dürfen nach § XX Abs. 1 S. 1 lediglich veröffentlichte Werke zur Veranschaulichung des Unterrichts genutzt werden. § XX gestattet unter anderem Vervielfältigungen zur Veranschaulichung des Unterrichts an Hochschulen.[1607] Bei Vorlesungen an Hochschulen ist regelmäßig eine Öffentlichkeit im Sinne des § 15 Abs. 3 UrhG gegeben.[1608]

[1601] Siehe Teil 4.F.III.
[1602] Siehe hierzu Teil 4.C.III.2.
[1603] Siehe Teil 6.B.I.2.e)cc).
[1604] Eine Aufzählung weiterer Schranken, die lediglich die Verwertung veröffentlichter Werke gestatten, findet sich bei Schricker/Loewenheim/*Katzenberger*, § 6 Rn. 3.
[1605] Die Veröffentlichung ist nur insofern implizite Voraussetzung, als sich die Regelungen auf in Zeitungen oder Zeitschriften erschienene Werke beziehen. Das Erscheinen eines Werkes (§ 6 Abs. 2 UrhG) stellt eine qualifizierte Form der Veröffentlichung i.S.d. 6 Abs. 1 UrhG dar, RegE, BT-Drucks. IV/270, S. 40.
[1606] Wie hier Wandtke/Bullinger/*Lüft*, § 53 Rn. 36. Dreier/Schulze/*Dreier*, § 53 Rn. 38 verlangt darüber hinaus, dass das Werk erschienen sein muss. Vgl. auch *Poeppel*, S. 192; *Sattler*, S. 156.
[1607] Siehe dazu näher Teil 6.B.I.2.a)aa)(2).
[1608] Vgl. nur OLG Koblenz NJW-RR 1987, S. 699, 700; BeckOK UrhG/*Götting*, § 15 Rn. 30.

Bei Vervielfältigungen von Werken für Zwecke der wissenschaftlichen Forschung ist die Situation eine andere. Hier kommt es in aller Regel nicht zu einer
Veröffentlichung des Werkes, § 12 UrhG wird also nicht berührt. Zudem besteht ein gesteigertes Bedürfnis, unveröffentlichte Materialien, die urheberrechtlichen Schutz genießen, zum Beispiel Briefe, zu Forschungszwecken nutzen zu
können. Diesem Bedürfnis trägt § XX Abs. 3 S. 1 Rechnung. § XX Abs. 3 S. 2
stellt klar, dass urheberpersönlichkeitsrechtliche Befugnisse unberührt bleiben.
Auch nach bisheriger Rechtslage dürfen unveröffentlichte Werke zum eigenen
wissenschaftlichen Gebrauch nach § 53 Abs. 2 S. 1 Nr. 1 UrhG vervielfältigt
werden.

d) Nutzungshandlungen

Die Generalklausel des § XX Abs. 1 S. 1 gestattet die Vervielfältigung (vgl. § 16
UrhG) und die öffentliche Zugänglichmachung (vgl. § 19a UrhG). Damit setzt
sie die Vorgaben des Art. 5 Abs. 3 lit. a) InfoSoc-Richtlinie im Wesentlichen
um.[1609] Zudem sind das Vervielfältigungsrecht und das Recht der öffentlichen
Zugänglichmachung die für den Bildungs- und Wissenschaftsbereich wichtigsten Verwertungsrechte.[1610] Das Vervielfältigungsrecht umfasst etwa das Recht
zur Erstellung analoger und digitaler Kopien, das Recht der öffentlichen Zugänglichmachung das Recht zur Bereithaltung geschützter Materialien auf
E-Learning-Plattformen.[1611] Nach § XX Abs. 2 S. 1 ist zudem die Verbreitung
eines Werkes zulässig, falls die Nutzung in Sammlungen zur Veranschaulichung
des Unterrichts erfolgt.[1612]

e) Gebotenheit

aa) Allgemeines

Eine Nutzung ist nur dann zulässig gemäß § XX Abs. 1 S. 1, „wenn und soweit
sie in ihrem Umfang durch den jeweiligen Zweck geboten ist". Dieses Merkmal
bietet Raum für eine umfassende Abwägung der Interessen von Rechteinhabern
und Nutzern. Dies schließt verfassungs-, europa- und völkerrechtliche Wertungen mit ein. Im Hinblick auf die zweite Stufe des Drei-Stufen-Tests ist eine
Nutzung nur dann geboten, wenn sie ihrem Umfang nach so begrenzt ist, dass
sie die normale Verwertung des Werkes nicht behindert.

[1609] Art. 5 Abs. 3 lit. a) InfoSoc-Richtlinie betrifft das Recht der öffentlichen Wiedergabe gem.
Art. 3 der Richtlinie. Es ist weiter als das Recht der öffentlichen Zugänglichmachung i.S.d. § 19a
UrhG, aber nicht deckungsgleich mit dem Recht der öffentlichen Wiedergabe i.S.d. § 15 Abs. 2
UrhG. Siehe dazu Teil 2.B.II.1.
[1610] Siehe Teil 3.A.I.2.
[1611] Zum E-Learning allgemein siehe Teil 1.E.I., zu „interaktiven Lernumgebungen" im Besonderen siehe Teil 1.E.II.
[1612] Dazu näher Teil 6.B.I.3.a).

Das Kriterium der Gebotenheit trägt mithin zur flexiblen Einzelfallgerechtigkeit bei. Seine Funktion ähnelt insoweit dem der *fairness* der britischen *fair dealing*-Regelungen. Hier ist im Einzelfall zu prüfen, ob eine Nutzung tatsächlich *fair* und damit zulässig ist. Dabei sind anderweitige Verwertungsmöglichkeiten der Rechteinhaber in Betracht zu ziehen; sie dürfen nicht beeinträchtigt sein, damit die *fairness* bejaht werden kann.[1613]

Die Nutzung muss demnach – wie auch nach geltendem Recht – nicht erforderlich sein im Sinne einer „absoluten Notwendigkeit".[1614] Das würde den Anwendungsbereich der Regelung über Gebühr beschränken. Insbesondere die öffentliche Zugänglichmachung wäre dann nur in den seltensten Fällen zulässig. Für Unterrichts- oder Forschungszwecke ist es oftmals nicht zwingend notwendig, ein Werk öffentlich zugänglich zu machen.[1615]

Allerdings ist die Nutzung nicht bereits dann geboten, wenn sie dem Zweck lediglich in irgendeiner Form nützt. Wäre dies der Fall, würden die Interessen der Rechteinhaber unangemessen beschränkt.

Dem geltenden Recht ist das Erfordernis, dass eine Nutzung „geboten" sein muss, damit sie zustimmungsfrei zulässig ist, nicht neu. Allerdings wird es bislang nicht einheitlich verstanden. Insbesondere wird es nicht oder doch wenigstens nicht durchgehend als Gebot zur umfassenden Interessenabwägung interpretiert. Bei § 52a UrhG soll das Bedürfnis der Nutzung mit der Intensität der Beeinträchtigung des Rechteinhabers im Einzelfall abgewogen werden; die Nutzung muss zur Erreichung des privilegierten Zwecks nicht erforderlich sein, damit sie geboten und also zulässig ist.[1616] Im Rahmen des § 53 Abs. 2 S. 1 Nr. 1 UrhG wird „geboten" eher im Sinne von „erforderlich" verstanden.[1617] Bei § 53 Abs. 3 UrhG muss eine Nutzung nach allgemeiner Ansicht wiederum nicht erforderlich sein; zudem wird betont, dass der Nutzer einen gewissen Entscheidungsspielraum habe.[1618]

Im Hinblick auf diese Pflicht zur umfassenden Abwägung nach § XX Abs. 1 ist die Formulierung „geboten ist" gegenüber der Formulierung „gerechtfertigt

---

[1613] Die britischen Gerichte beziehen sich bei der *fairness*-Prüfung teilweise ausdrücklich auf den Drei-Stufen-Test, vgl. *Fraser-Woodward Ltd v BBC* [2005] EWHC 472, 518 Abs. 55, 520 f. Abs. 61 und *Newspaper Licensing Agency Ltd v Meltwater Holding BV* [2010] EWHC 3099 Ch., Abs. 130. Siehe Teil 4.C.III.5.

[1614] Fromm/Nordemann/*Dustmann*, § 52a Rn. 15; Schricker/Loewenheim/*Loewenheim*, § 52a Rn. 14. Vgl. auch Dreier/Schulze/*Dreier*, § 52a Rn. 12. Siehe auch Teil 3.B.III.3.b), Teil 3.B.V.4.b).

[1615] Vgl. LG Stuttgart GRUR-RR 2011, 419, 421 – *Elektronische Lernplattform* (nicht rechtskräftig); Dreier/Schulze/*Dreier*, § 52a Rn. 12.

[1616] Dreier/Schulze/*Dreier*, § 52a Rn. 12; Fromm/Nordemann/*Dustmann*, § 52a Rn. 15; Schricker/Loewenheim/*Loewenheim*, § 52a Rn. 14. Siehe auch Teil 3.B.V.4.b).

[1617] Dreier/Schulze/*Dreier*, § 53 Rn. 23; Fromm/Nordemann/*W. Nordemann*, § 53 Rn. 19; Schricker/Loewenheim/*Loewenheim*, § 53 Rn. 42. Siehe auch Teil 3.B.III.3.a).

[1618] Dreier/Schulze/*Dreier*, § 53 Rn. 41; Schricker/Loewenheim/*Loewenheim*, § 53 Rn. 63.

ist"[1619] vorzugswürdig. Letztere könnte als bloße Betonung der ohnehin erforderlichen Zweckbindung verstanden werden.[1620]

Die Faktoren, die im Folgenden erörtert werden, sind bei der gebotenen umfassenden Abwägung (unter anderem) zu beachten.

bb) Umfang sowie Art und Weise der Nutzung/Anschlussnutzungen

Nach § XX Abs. 1 S. 1 ist die Vervielfältigung und öffentliche Zugänglichmachung nur zulässig, „wenn und soweit die Nutzung in ihrem Umfang durch den jeweiligen Zweck geboten ist". Das Erfordernis, dass die Nutzung ihrem Umfang nach geboten sein muss, ersetzt die Begrenzungen der geltenden Schrankenregelungen, wonach nur (kleine) Teile eines Werkes, Werke geringen Umfangs und einzelne Beiträge genutzt werden dürfen.[1621]

Diese Begrenzungen haben sich als nicht sachgerecht erwiesen. Sie werden uneinheitlich interpretiert und tragen maßgeblich zu der derzeit beklagten Rechtsunsicherheit bei. Der Streit darüber, wie groß „Teile" bzw. „kleine Teile" eines Werkes sein dürfen, wann ein Werk „geringen Umfangs" ist und wie viele Vervielfältigungsstücke bzw. Werke noch als „einzelne" gelten, ist kaum überschaubar.[1622] Obwohl seit langer Zeit im Gesetz verankert,[1623] ist es in der Praxis nicht gelungen, diese Begriffe im Abstrakten – also mit Gültigkeit über den einzelnen Fall hinaus – zu präzisieren.[1624] Es kursieren zwar Pauschalwerte für die einzelnen Begriffe, die Orientierung bieten sollen.[1625] Diese weichen jedoch erheblich voneinander ab.[1626]

Der BGH hat jüngst zumindest gewisse Grenzwerte dafür festgesetzt, wann ein „kleiner Teil" eines Sprachwerkes im Sinne des § 52a Abs. 1 Nr. 1 UrhG

[1619] So verwendet in § 53a Abs. 1 S. 2 UrhG. Siehe auch Teil 3.B.III.4.d).

[1620] So etwa bei § 52a Abs. 1 a.E. UrhG. Vgl. Fromm/Nordemann/*Dustmann*, § 52a Rn. 16; Schricker/Loewenheim/*Loewenheim*, § 52a Rn. 15. Siehe auch Teil 3.b.V.4.a).

[1621] §§ 46 Abs. 1 S. 1, 52a Abs. 1 Nr. 1 und 2, 53 Abs. 3 UrhG.

[1622] Vgl. *Poeppel*, S. 183; *Sattler*, S. 127 f. Letzterer sieht es als verfassungsrechtlich bedenklich an, dass bei bestimmten Werkarten im Rahmen des § 46 Abs. 1 UrhG nur die Nutzung von Werken geringen Umfangs zulässig ist. Angesichts neuer Darstellungsmöglichkeiten in der modernen Medienwelt könne diese Unterscheidung nicht sinnvoll begründet werden. Siehe auch Teil 3.B.I.2.

[1623] Vgl. etwa § 24 S. 3 des Gesetzes betreffend das Urheberrecht an Werken der Literatur und der Tonkunst (LUG) in der Fassung vom 19. Juni 1901: „Werden einzelne Aufsätze, einzelne Gedichte oder kleinere Theile eines Schriftwerkes in eine Sammlung zum Schulgebrauch aufgenommen, so sind die für diesen Gebrauch erforderlichen Aenderungen gestattet, jedoch bedarf es, solange der Urheber lebt, seiner persönlichen Einwilligung."

[1624] Das gleiche Problem besteht auch im britischen Recht. Siehe Teil 4, vor allem Teil 4.C.IV.1.a)bb).

[1625] Siehe Teil 3.B.I.2., Teil 3.B.III.3.d), Teil 3.B.III.4.d), Teil 3.B.IV.3., Teil 3.B.V.2.b), Teil 3.B.V.3.

[1626] So werden zur Frage, wann ein Schriftwerk geringen Umfangs ist, Werte von zwei oder drei (so *Berger*, GRUR 2010, 1058, 1062) bis zu 25 DIN A4-Seiten gehandelt, vgl. OLG München ZUM-RD 2011, 603, 616 f. – *Gesamtvertrag Hochschulen* (nicht rechtskräftig); *Hoeren*, ZUM 2011, 369, 371.

vorliegt.[1627] Es wird sich zeigen, ob diese Grenzwerte im Einzelfall zu interessengerechten Ergebnissen führen. Umfassende Rechtssicherheit können sie jedenfalls nicht bieten. Für andere Werkarten als Sprachwerke – etwa im multimedialen Bereich – gibt die Entscheidung keine Anhaltspunkte dafür, wann Teile „klein" sind. In vielen Fällen entscheiden weiterhin Einzelfallerwägungen darüber, in welchem Umfang die Nutzung eines Werkes zulässig ist. Indem die Norm auf diese problematischen Begriffe verzichtet, verdeutlicht sie die (ohnehin bestehende) Notwendigkeit zur Abwägung im Einzelfall und macht die Norm zugleich flexibler. Gleichzeitig bietet sie Raum für eine Übertragung der jüngsten BGH-Rechtsprechung.

§ XX Abs. 1 entspricht mit seiner Kombination aus Zweckbindung und Pflicht zur umfassenden Einzelfallabwägung eher den völker- und europarechtlichen Vorgaben als die Formulierungen des geltenden Rechts. Nach Art. 10 Abs. 2 RBÜ kann ein Verbandsstaat eine Benutzung von Werken der Literatur oder Kunst zur Veranschaulichung des Unterrichts „in dem durch den Zweck gerechtfertigten Umfang" gestatten, „sofern eine solche Benutzung anständigen Gepflogenheiten entspricht". Auch die InfoSoc-Richtlinie verpflichtet nicht zu einer Begrenzung durch im Gesetz verankerte quantitative Kriterien.[1628]

Die bisherigen Kriterien zum zulässigen Umfang der Nutzung sollen auch deshalb nicht beibehalten werden, weil bestimmte Methoden der wissenschaftlichen Forschung im Einzelfall eine Nutzung ganzer Werke erfordern, ohne dabei die Interessen der Rechteinhaber über Gebühr zu beeinträchtigen.[1629] Im Regelfall ist die Nutzung ganzer Werke nach geltendem Recht nicht zulässig. Ausnahmen bestehen für folgende Fälle: Die Vervielfältigung ganzer Bücher und Zeitschriften zum „eigenen wissenschaftlichen Gebrauch" nach § 53 Abs. 2 S. 1 Nr. 1 UrhG ist in Ausnahmefällen geboten.[1630] Auch § 47 UrhG erlaubt unter engen Voraussetzungen die Nutzung vollständiger Werke. Nach §§ 46, 52a Abs. 1 Nr. 1, 53 Abs. 3 UrhG kann die Nutzung ganzer Werke zulässig sein, wenn die Werke geringen Umfangs sind.

§ XX lässt dieses Regel-Ausnahme-Verhältnis unberührt. Das belegt nicht zuletzt das Regelbeispiel des § XX Abs. 1 S. 2 Nr. 5. Danach ist eine Nutzung ganzer Werke (lediglich) unter bestimmten Voraussetzungen ausdrücklich zulässig. Darüber hinaus kann etwa eine Nutzung ganzer Werke geringen Umfangs

---

[1627] BGH, Urt. v. 28.11.2013 – I ZR 76/12 – *Meilensteine der Psychologie* (Entscheidungsgründe liegen noch nicht vor). Danach gelten bis zu 12 % eines Schriftwerkes als „kleiner Teil", die Höchstgrenze beträgt jedoch 100 Seiten. Zu den Problemen, die eine solche Grenzziehung mit sich bringen kann, siehe Teil 3.B.V.2.b).

[1628] Vgl. KOM(97) 628 endg., S. 36 (zu Art. 5 Rn. 8): Die Mitgliedstaaten können Ausnahmen vorsehen „für die Nutzung eines Werkes [...] oder Teilen davon".

[1629] Näher dazu Teil 6.B.I.3.e)(5).

[1630] Vgl. § 53 Abs. 4 lit. b) UrhG.

geboten sein. § XX ermöglicht hier flexible Abwägung im Einzelfall, die nach derzeitigem Recht nicht möglich ist.

Für die Abwägung ist auch die Art und Weise der geplanten Verwertung maßgeblich: Die Vervielfältigung eines Schriftwerkes zu dem Zweck, Werkexemplare an Teilnehmer einer Vorlesung zu verteilen, ist beispielsweise eher geboten als das Einstellen des Textes ins Internet.[1631]

Zu beachten ist schließlich auch die jüngste Rechtsprechung des BGH. Er hat entschieden, dass § 52a Abs. 1 Nr. 1 UrhG nicht nur ein Bereithalten kleiner Teile eines Werkes zum Lesen am Bildschirm gestattet, sondern die Zugänglichmachung auch dann erlaubt, „wenn Unterrichtsteilnehmern dadurch ein Ausdrucken und Abspeichern der Texte ermöglicht werde."[1632]

cc) Beschränkung des Kreises der Zugangsberechtigten/auf die erforderliche Anzahl

§ XX Abs. 1 bestimmt, anders als § 52a Abs. 1 UrhG, nicht ausdrücklich, dass die öffentliche Zugänglichmachung „ausschließlich für einen bestimmt abgegrenzten Kreis von Personen" bzw. Unterrichtsteilnehmern erfolgen darf.

Auf diesen Zusatz wird aus eben jenen Gründen verzichtet, die den Gesetzgeber dazu bewogen haben, im Rahmen der Ausweitung von § 46 UrhG auf eine solche Formulierung zu verzichten: Bereits die in § 46 UrhG enthaltene Zweckbindung („für den Unterrichtsgebrauch") verpflichtet zu einer entsprechenden Begrenzung.[1633]

Auch bei § XX ist die Zweckbindung ausreichend um zu verdeutlichen, dass die Zahl der zum Abruf Berechtigten begrenzt sein muss. Eine öffentliche Zugänglichmachung ohne jegliche Zugangsbeschränkung wäre nicht geboten. Zudem ist die Formulierung des § 52a Abs. 1 UrhG insofern nicht als einschränkendes Kriterium geeignet, als ein „bestimmt abgrenzbarer Kreis" eine sehr große Anzahl an Nutzern vereinigen kann.[1634]

Auch fehlt ein Hinweis, dass die Vervielfältigungsstücke nur in der „erforderlichen Anzahl" hergestellt werden dürfen, wie ihn § 53 Abs. 3 UrhG vorsieht. Die Gründe dafür sind die gleichen, aus denen auf eine ausdrückliche Beschränkung des Kreises der Zugangsberechtigten verzichtet wird: Ist die Nutzung allein zur Veranschaulichung des Unterrichts zulässig, ist die Herstellung

---

[1631] Vgl. zu § 51 UrhG LG München ZUM 2005, 407, 409 f.; *Schack*, Rn. 545. Auch hier ähneln die Erwägungen jenen, die im britischen Recht im Rahmen der *fairness*-Prüfung unternommen werden. Siehe dazu Teil 4.C.III.5.

[1632] BGH, Mitteilung der Pressestelle zum Urt. v. 28.11.2013 – I ZR 76/12 – *Meilensteine der Psychologie* (Entscheidungsgründe liegen noch nicht vor). Anders noch die Vorinstanzen, vgl. OLG Stuttgart GRUR 2012, 718 – *Moodle* (nicht rechtskräftig); LG Stuttgart GRUR-RR 2011, 419 – *Elektronische Lernplattform* (nicht rechtskräftig). Siehe hierzu auch Teil 3.B.V.6.

[1633] Siehe Teil 3.B.I.3.

[1634] Vgl. hierzu auch *Gounalakis*, S. 34.

weiterer, nicht zur Veranschaulichung des Unterrichts notwendiger Vervielfältigungsstücke nicht gestattet.

dd) Vorrang von Verlagsangeboten

Die Schranke soll nicht in jedem Fall privatautonomen Lösungen vorgehen. Eine Weiterentwicklung von Lizenzsystemen bei der Nutzung von Werken für Wissenschaft und Bildung kann Vorteile sowohl für Rechteinhaber als auch für Nutzer bringen.[1635] Wenn für die erwünschte Nutzung ein konkretes, angemessenes Lizenzangebot von Rechteinhaberseite vorliegt, ist die Lizenzierung oftmals die interessengerechte Lösung.

Dies entspricht verfassungs- und völkerrechtlichen Vorgaben. Aufgrund der Institutsgarantie des Eigentums nach Art. 14 Abs. 1 GG[1636] dürfte der Ersatz von Ausschließlichkeitsrechten durch Vergütungsansprüche im Kerngeschäftsfeld des Rechteinhabers nicht zulässig sein. Mit der zweiten und dritten Stufe des Drei-Stufen-Tests[1637] wäre es ebenfalls unvereinbar, wenn Nutzungen nach § XX stets zulässig wären, obwohl Rechteinhaber sie als zugeschnittene Leistungen in ihrem Kerngeschäft anbieten.[1638]

Auch nach Erwägungsgrund 51 der InfoSoc-Richtlinie sollen die Mitgliedstaaten „freiwillige Maßnahmen der Rechtsinhaber, einschließlich des Abschlusses und der Umsetzung von Vereinbarungen zwischen Rechtsinhabern und anderen interessierten Parteien, fördern, mit denen dafür Sorge getragen wird, dass die Ziele bestimmter Ausnahmen oder Beschränkungen, die im Einklang mit dieser Richtlinie in einzelstaatlichen Rechtsvorschriften vorgesehen sind, erreicht werden können."

Eine Vervielfältigung im Sinne der § 53 Abs. 2 S. 1 Nr. 1 und Abs. 3 S. 1 Nr. 1 und 2 UrhG ist daher dann nicht gestattet, wenn der Nutzer das betreffende Werk mit zumutbarem zeitlichen und finanziellen Aufwand käuflich erwerben könnte.[1639] Zudem hat der BGH jüngst entschieden: „Eine

---

[1635] *Sattler*, S. 110 ist der Ansicht, „dass eine Weiterentwicklung bzw. erhebliche Vereinfachung im Lizenzierungssystem auch in dem Abwägungsvorgang der widerstreitenden Interessen Berücksichtigung finden muss und auf das Ergebnis der verfassungsrechtlichen Beurteilung [der Schrankenregelung] durchaus Einfluss haben wird." *Schack*, Rn. 539 dagegen warnt „vor einer schleichenden Privatisierung des Urheberrechts durch elektronische Verträge".

[1636] Dazu Teil 3.A.I.1. sowie Teil 3.A.II.1.a).

[1637] Demnach dürfen urheberrechtliche Schrankenregelungen die normale Verwertung von Werken nicht beeinträchtigen und die Interessen von Rechteinhabern nicht unzumutbar verletzen. Siehe hierzu Teil 2.A.II.2.d) sowie e).

[1638] Vgl. dazu OLG München ZUM-RD 2011, 603, 614 f. – *Gesamtvertrag Hochschulen* (nicht rechtskräftig).

[1639] Dreier/Schulze/*Dreier*, § 53 Rn. 23, 41; Fromm/Nordemann/*W. Nordemann*, § 53 Rn. 19; Schricker/Loewenheim/*Loewenheim*, § 53 Rn. 42; Wandtke/Bullinger/*Lüft*, § 53 Rn. 27. Nach *Berger*, ZUM 2006, 844, 847; *Sattler*, S. 158 ist im Rahmen des § 53 Abs. 3 UrhG maßgeblich, ob die Institution den Erwerb des betreffenden Werkes vorab hätte planen können. Siehe auch Teil 3.B.III.4.d).

Zugänglichmachung ist nicht geboten im Sinne des § 52a Abs. 1 Nr. 1 UrhG, wenn der Rechtsinhaber der Hochschule eine angemessene Lizenz für die fragliche Nutzung angeboten hat."[1640] Diese Rechtsprechung könnte auch bei § XX Abs. 1 Berücksichtigung finden.

Zu beachten gilt aber: Geboten ist eine zustimmungsfreie Nutzung nicht nur, wenn die Einholung der Zustimmung zeitlich nicht zumutbar ist oder kein bzw. nur ein unangemessenes Lizenzangebot für die Nutzung eines Werkes vorliegt, sondern auch dann, wenn das Angebot nicht dem konkreten Nutzungsbegehren entspricht. Es ist beispielsweise unzumutbar, einen vollständigen Sammelband zu lizenzieren oder zu erwerben, um eine oder wenige Seiten des Werkes zu nutzen.

Die Berücksichtigung von Lizenzangeboten darf die Anwendung des § XX nicht praktisch unmöglich machen. Das Kriterium der Gebotenheit soll einen angemessenen Ausgleich zwischen den Interessen von Rechteinhaber und Nutzern ermöglichen. Es darf nicht dazu führen, dass Nutzerinteressen fast vollständig zurückgedrängt werden. Der Nutzer ist daher nicht verpflichtet, vor Aufnahme jeder Nutzung Angebote von Rechteinhaberseite einzuholen um zu entscheiden, ob diese geboten ist. Er hat sich jedoch jedenfalls in den Bereichen zu informieren, in denen üblicherweise Lizenzangebote für die begehrte Nutzungshandlung vorliegen. Die Möglichkeit einer lizenzierten Nutzung muss für den jeweiligen Nutzer offensichtlich sein.[1641]

In Einzelfällen werden Unsicherheiten bei der Frage, ob ein Verlagsangebot Vorrang hat, kaum zu vermeiden sein. Aufgrund völker-, europa- und verfassungsrechtlicher Vorgaben lässt sich ein Vorrang von Verlagsangeboten nicht in jedem Fall ausschließen. Auf nationalstaatlicher sowie europäischer Ebene könnten Gesetzgeber und Rechtsprechung aber konkreter bestimmen, unter welchen Voraussetzungen das Bestehen eines Verlagsangebots die Anwendbarkeit von Schrankenregelungen sperren soll. Dies ist eine allgemeine Frage, die nicht nur das Bildungs- und Wissenschaftsurheberrecht betrifft.

[1640] BGH, Mitteilung der Pressestelle zum Urt. v. 28.11.2013 – I ZR 76/12 – *Meilensteine der Psychologie* (Entscheidungsgründe liegen noch nicht vor). So auch das Berufungsgericht OLG Stuttgart GRUR 2012, 718, 726 – *Moodle* (nicht rechtskräftig). Anders noch erstinstanzlich das LG Stuttgart GRUR-RR 2011, 419, 422 f. – *Elektronische Lernplattform* (nicht rechtskräftig). Siehe dazu Teil 3.B.V.4.b). Zudem sei die Vereinbarung eines solchen Vorrangs von Verlagsangeboten im Rahmen eines Gesamtvertrags zu § 52a UrhG zulässig, BGH GRUR 2013, 1220, 1224 ff. – *Gesamtvertrag Hochschul-Intranet*. Siehe dazu Teil 3.B.V.4.b).

[1641] Vgl. hierzu auch die Regelung zum Vorrang von Verlagsangeboten in § 53a Abs. 1 S. 3 UrhG, wonach die dort benannten Nutzungen nur zulässig sind, wenn der Zugang zu den betroffenen Werken oder Werkteilen Mitgliedern der Öffentlichkeit „nicht offensichtlich" von Orten und zu Zeiten ihrer Wahl mittels einer vertraglichen Vereinbarung zu angemessenen Bedingungen ermöglicht wird.

ee) Werke für den Unterrichtsgebrauch und weitere Bereichsausnahmen

§ XX enthält keine ausdrückliche Bereichsausnahme für Werke, die ausschließlich zur Veranschaulichung des Unterrichts an Bildungseinrichtungen bestimmt sind. Eine implizite Beschränkung der Nutzung solcher Werke ist bereits im Kriterium der Gebotenheit enthalten. Außerdem sind die bestehenden Beschränkungen sowohl zu eng als auch zu weit:

Nach §§ 46 Abs. 1 S. 2 und 52a Abs. 2 S. 1 UrhG ist die öffentliche Zugänglichmachung, nach § 53 Abs. 3 S. 2 UrhG die Vervielfältigung von „Werken, die für den Unterrichtsgebrauch an Schulen bestimmt sind", stets nur mit Einwilligung des Berechtigten zulässig. Dürften diese Werke zur Veranschaulichung des Unterrichts beliebig vervielfältigt und öffentlich zugänglich gemacht werden, könnte dies den Kernabsatzmarkt der Rechteinhaber unzumutbar beeinträchtigen.[1642]

Diese Überlegungen treffen aber nicht nur auf Werke zu, die für den „Unterrichtsgebrauch"[1643] an Schulen bestimmt sind. Es gibt Werke, die zur Veranschaulichung des Unterrichts an anderen Bildungseinrichtungen und/oder in bestimmten Fachgebieten bestimmt sind, deren Abnehmerkreis ebenfalls stark beschränkt ist.[1644] Auch bei ihnen darf der Kernabsatzmarkt nicht unzumutbar beeinträchtigt werden.

Zugleich sollten aber gewisse Nutzungen derartiger Werke außerhalb ihres Kernabsatzmarktes zulässig sein. So könnte beispielsweise die zustimmungsfreie Nutzung von Werken, die für die Veranschaulichung des Unterrichts an Schulen bestimmt sind, zur Veranschaulichung des Unterrichts in den Erziehungswissenschaften (also für die Lehre an Hochschulen) durchaus geboten sein. Bei der Bestimmung, ob die Nutzung eines Werkes geboten ist, ist also auch zu beachten, an welcher Einrichtung es verwendet wird. Dies zeigt sich im geltenden Recht an § 46 Abs. 2 UrhG, der eine Bereichsausnahme für Musikschulen vorsieht.

Auch für Werke, die nicht speziell für den Bildungs- und Wissenschaftsgebrauch geschaffen wurden, sind Besonderheiten bei der typischen Verwertung zu beachten. Bei Filmwerken etwa betrifft dies deren „übliche reguläre Auswertung in Filmtheatern". Im geltenden Recht existiert hierfür eine ausdrückliche Bereichsausnahme in § 52a Abs. 2 S. 2 UrhG. § XX verzichtet darauf, sie expli-

---

[1642] Dies wäre insbesondere nach der zweiten und dritten Stufe des Drei-Stufen-Tests unzulässig, siehe Teil 2.A.II.2.d) sowie e).

[1643] Dieser Begriff ist im Hinblick auf Art. 5 Abs. 3 lit. a) InfoSoc-Richtlinie problematisch. Siehe hierzu Teil 6.B.I.2.a)aa)(1) und Teil 6.B.I.3.c).

[1644] Man denke nur an die Zusammenstellung von Unterrichts- und Prüfungsmaterialien für Fahrschulen, die zu den Bildungseinrichtungen zählen, Schricker/Loewenheim/*Loewenheim*, § 54c Rn. 6.

zit zu benennen. Gleiches gilt für jene Ausnahmen, die § 53 Abs. 4 und 7 UrhG enthalten. Dadurch wird eine flexiblere Abwägung möglich.

Geboten sein könnte also etwa die nicht allein durch Abschreiben vorgenommene Vervielfältigung grafischer Aufzeichnung von Werken der Musik[1645] zu Zwecken der wissenschaftlichen Forschung. Die Vervielfältigung solcher Aufzeichnungen zur Veranschaulichung des Musikunterrichts dürfte dagegen regelmäßig nicht mehr geboten sein – dies gilt vor allem im Hinblick auf den Drei-Stufen-Test.

3. Voraussetzungen der Regelbeispiele (Abs. 1 S. 2)

§ XX Abs. 1 S. 2 benennt Fälle, in denen eine Nutzung nach Abs. 1 S. 1 „beispielsweise auch" zulässig ist. Diese Regelbeispiele stecken Randbereiche der für Forschung und Unterrichtszwecke zulässigen Nutzungen ab. Die Zulässigkeit der dort genannten Handlungen erschließt sich für den Rechtsanwender unter Umständen nicht unmittelbar aus der Lektüre des § XX Abs. 1 S. 1. Die Regelbeispiele dienen also der Schaffung von Rechtssicherheit in Zweifelsfällen.

Soweit die Regelbeispiele Merkmale der Generalklausel nicht konkretisieren, müssen die Voraussetzungen der Generalklausel zusätzlich vorliegen, damit eine Nutzung zulässig ist. Dies entspricht der Regelungstechnik in § 51 UrhG. Vor allem ist zu beachten, dass jede Nutzung nur in dem für den jeweiligen Zweck gebotenen Umfang zulässig ist und keinen kommerziellen Zwecken dienen darf. Eine Konkretisierung des gebotenen Umfangs enthält nur § XX Abs. 1 S. 2 Nr. 5, wonach in bestimmten Fällen auch ganze Werke vervielfältigt werden dürfen.

a) Vor- und Nachbereitung des Unterrichts (Nr. 1)

Nach § XX Abs. 1 S. 2 Nr. 1 ist beispielsweise die Nutzung von Werken „durch den Unterrichtenden zur Vor- und Nachbereitung des Unterrichts" zulässig. Dabei handelt es sich um eine Klarstellung. Die Formulierung „Veranschaulichung des Unterrichts" in § 53 Abs. 3 S. 1 Nr. 1 UrhG wird bereits nach geltendem Recht so verstanden, dass sie auch die Vor- und Nachbereitung des Unterrichts umfasst.[1646] Die „Veranschaulichung im Unterricht" in § 52a UrhG muss Zugänglichmachungen außerhalb der Unterrichtszeit, also auch zur Vor- und Nachbereitung der einzelnen Unterrichtseinheiten, umfassen. Während der Unterrichtszeit werden Werke wahrnehmbar gemacht. Betroffen ist dann also

---

[1645] Vgl. § 53 Abs. 4 lit. a) UrhG.
[1646] Dreier/Schulze/*Dreier*, § 53 Rn. 39; Schricker/Loewenheim/*Loewenheim*, § 53 Rn. 60; Wandtke/Bullinger/*Lüft*, § 53 Rn. 38. In der Fassung des § 53 Abs. 3 S. 1 Nr. 1 UrhG vor dem 1. Januar 2008 („im Schulunterricht") war dies umstritten, vgl. *Sieber*, MMR 2004, 715, 717. Siehe dazu auch Teil 3.B.III.4.b).

das Recht nach §§ 19 oder 22 UrhG, nicht das Recht auf öffentliche Zugäng-lichmachung gemäß § 19a UrhG.[1647]

Das Regelbeispiel gestattet nur Handlungen durch den Unterrichtenden. Nut-zungshandlungen der Unterrichtsteilnehmer können aber nach § XX Abs. 1 S. 1 sowie § 53 Abs. 1 und Abs. 2 Nr. 4 UrhG zulässig sein.

b) Prüfungen (Nr. 2)

Nach § XX Abs. 1 S. 2 Nr. 2 ist beispielsweise die Nutzung urheberrechtlich geschützter Werke „für Prüfungen" zulässig. Dadurch wird klargestellt, dass Prüfungen Teil des Unterrichtsvorganges sein können.[1648] Der Unterricht ist stets auf das Erlernen von Kenntnissen ausgerichtet. Sofern Prüfungen im Zu-sammenhang mit dem Unterricht stattfinden und durchgeführt werden, um dort erworbene Kenntnisse abzufragen und den Unterrichtsteilnehmern die Anwendung des Gelernten zu ermöglichen, stehen sie mit dem Unterricht in einem untrennbaren Zusammenhang. Der für das Regelbeispiel erforderliche Unterrichtsbezug muss lediglich inhaltlicher Art sein. Ein räumlich-zeitlicher Bezug ist nicht erforderlich.

Im Gegensatz zur bisherigen Regelung in § 53 Abs. 3 S. 1 Nr. 2 UrhG erlaubt § XX Abs. 1 S. 2 Nr. 2 im Rahmen des Gebotenen auch die öffentliche Zu-gänglichmachung zu Prüfungszwecken. Hierdurch sollen elektronische Prü-fungsverfahren ermöglicht werden, wie sie beispielsweise bei Fernunterricht oder Fernstudien zur Anwendung kommen können. Die öffentliche Zugäng-lichmachung wird aber in aller Regel nur dann geboten sein (vgl. § XX Abs. 1 S. 1), wenn sie in einem Intranet oder sonst passwortgeschützt erfolgt. Es muss sichergestellt sein, dass lediglich Unterrichtsteilnehmer Zugang zu den Werken erhalten.

In Großbritannien geht die Entwicklung in eine ähnliche Richtung.[1649] Ge-stützt auf Art. 5 Abs. 3 lit. a) InfoSoc-Richtlinie soll der DCPA 1988 dahinge-hend geändert werden, dass die bisherigen Ausnahmeregelungen für Nutzungen für den Unterricht (*for purposes of instruction*) und für Prüfungen (*for the purposes of an examination*)[1650] in einer *fair dealing*-Norm zusammengefasst werden, die Nut-zungen für den Unterricht (*instruction*) gestattet.[1651] „Unterricht" soll Handlun-

---

[1647] Vgl. OLG Stuttgart GRUR 2012, 718, 722 – *Moodle* (nicht rechtskräftig); LG Stuttgart GRUR-RR 2011, 419, 421 – *Elektronische Lernplattform* (nicht rechtskräftig), außerdem Dreier/Schulze/Dreier, § 52a Rn. 6. Für eine weite Interpretation plädiert auch der Bundesrat, BR-Drucks. 684/02, S. 4.

[1648] Vgl. BT-Drucks. 10/837, S. 16.

[1649] Siehe Teil 4.C.IV.1.b)bb).

[1650] S. 32 CDPA 1988.

[1651] Siehe hierzu Teil 4.F.III.

236

gen zur Vorbereitung des Unterrichts, zur Durchführung desselben sowie für Prüfungen erfassen.[1652]

c) Sammlungen zur Veranschaulichung des Unterrichts (Nr. 3)

Nach § XX Abs. 1 S. 2 Nr. 3 ist beispielsweise die Nutzung von Werken als Element einer „Sammlung, die Werke einer größeren Anzahl von Urhebern vereinigt und die nach ihrer Beschaffenheit nur zur Veranschaulichung des Unterrichts an Bildungseinrichtungen bestimmt ist", zulässig. Die Nutzung eines Werkes für die Zusammenstellung einer Anthologie kann nach Art. 5 Abs. 3 lit. a) InfoSoc-Richtlinie eine zulässige Nutzung zur Veranschaulichung des Unterrichts darstellen.[1653]

Das Regelbeispiel trägt der besonderen Bedeutung Rechnung, die didaktische Anthologien und Chrestomathien für den Unterricht haben. Die Sammlungen können Verlage oder auch die Lehrenden selbst zusammenstellen. Zu beachten ist aber, dass die Sammlungen „nur" zur Veranschaulichung des Unterrichts bestimmt sein müssen, also keinen weiteren Zwecken dienen dürfen.

§ XX Abs. 1 S. 2 Nr. 3 ist stark an § 46 UrhG angelehnt. Im Wesentlichen kann daher auf die Ausführungen zu § 46 UrhG verwiesen werden.[1654] Im Unterschied zum geltenden Recht ist die Zulässigkeit der Verwertung allerdings nicht mehr von der Art des genutzten Werkes abhängig.[1655]

Zudem ist die Verwertung nunmehr als Element von Sammlungen „zur Veranschaulichung des Unterrichts an Bildungseinrichtungen" statt, wie nach § 46 UrhG, „zum Unterrichtsgebrauch in Schulen, in nichtgewerblichen Einrichtungen der Aus- und Weiterbildung oder in Einrichtungen der Berufsbildung" zulässig. Der Begriff der „Veranschaulichung des Unterrichts" entspricht der Formulierung in Art. 5 Abs. 3 lit. a) InfoSoc-Richtlinie. § 46 UrhG ist bereits jetzt richtlinienkonform auszulegen, so dass mit der sprachlichen Angleichung an die europarechtliche Vorgabe und die für die Generalklausel gewählte Formulierung keine inhaltliche Änderung einhergeht.[1656]

Durch die Verwendung der Präposition „an" wird deutlich, dass die Sammlung nicht für den Gebrauch in den Räumlichkeiten der Bildungseinrichtungen bestimmt sein muss, damit die Vervielfältigung und öffentliche Zugänglichmachung der in ihr enthaltenen Werke vom Regelbeispiel erfasst wird.

Anders als nach bisheriger Rechtslage ist grundsätzlich auch die Nutzung für die Erstellung von Sammlungen zur Veranschaulichung des Unterrichts an

---

[1652] Siehe *IPO*, Amendments to Exceptions for Education, Annex A, s. 32 (2). Prüfungen sollen wie im geltenden britischen Recht beinhalten, dass Prüfungsfragen konzipiert, den Prüfungskandidaten gestellt und von diesen beantwortet werden.
[1653] KOM(97) 628 endg., S. 36.
[1654] Siehe Teil 3.B.I.
[1655] Siehe dazu Teil 6.B.I.2.c)aa).
[1656] Vgl. hierzu auch Teil 6.B.I.2.a)aa)(1).

Hochschulen umfasst. Auch insofern findet eine Anpassung an die europa-rechtlichen Vorgaben statt.[1657] Klassische universitäre Lehrbücher dürfen nach der Norm jedoch nicht erstellt werden.[1658] Sie sind in aller Regel nicht „nur" zur Veranschaulichung des Unterrichts bestimmt, sondern auch für den Gebrauch durch Praktiker.

Wie stets im Anwendungsbereich des § XX Abs. 1 muss die Endnutzung auch hier nichtgewerblichen Zwecken dienen. Maßgeblich dafür ist die Nutzungshandlung als solche, nicht die Organisationsstruktur und Finanzierung der Bildungseinrichtung.[1659]

§ XX Abs. 2 S. 1 erlaubt für die diesem Regelbeispiel entsprechende Nutzung auch die Verbreitung. § XX Abs. 2 S. 2 verweist auf die Einschränkungen des § 46 Abs. 3 und Abs. 5 UrhG.[1660]

d) Eigene Unterrichtung über den Stand der wissenschaftlichen Forschung (Nr. 4)

Nach § XX Abs. 1 Nr. 4 ist die Nutzung von Werken zur eigenen Unterrichtung über den Stand der wissenschaftlichen Forschung zulässig. Dieses Regelbeispiel erhellt den Begriffshof[1661] des unbestimmten Rechtsbegriffs „wissenschaftliche Forschung" in § XX Abs. 1 S. 1. Die Formulierung ist weit zu verstehen. Die Gewinnung wissenschaftlicher Erkenntnisse ist zwingend mit der Unterrichtung über den Stand der Forschung verknüpft. Letztere ist Voraussetzung für weitere Schritte im Forschungsprozess.[1662] Dass die Unterrichtung über den Stand der Forschung letztlich auch zur Gewinnung neuer Erkenntnisse führt, ist nicht Tatbestandsvoraussetzung.

Die ausdrückliche Konkretisierung in § XX Abs. 1 Nr. 4 stellt auch klar, dass der Begriff „wissenschaftliche Forschung" in § XX Abs. 1 S. 1 nicht enger zu verstehen ist als der Begriff des „eigenen wissenschaftlichen Gebrauchs" in § 53 Abs. 2 S. 1 Nr. 1 UrhG.[1663]

e) Text und Data Mining (Nr. 5)

aa) Allgemeines

§ XX Abs. 1 S. 2 Nr. 5 ermöglicht das Text und Data Mining.[1664] Die Regelung hat keine ausdrückliche Entsprechung im geltenden Schrankensystem. Sie soll

---

[1657] Vgl. hierzu Teil 6.B.I.2.a)aa)(2).
[1658] Vgl. auch BeckOK/*Schulz/Hagemeier*, § 52a Rn. 22.
[1659] Siehe dazu Teil 6.B.I.2.a)cc).
[1660] Dazu Teil 6.B.I.4.
[1661] Siehe dazu Teil 6.A.III.5.b).
[1662] Zum Forschungsprozess siehe Teil 1.
[1663] Dazu näher Teil 6.B.I.2.a)bb).
[1664] Siehe dazu allgemein Teil 1.B.II.

Erkenntnisgewinne aus automatisierten Verfahren privilegieren. Großbritannien plant derzeit die Einführung einer ähnlichen Regelung.[1665]

In dem Fragebogen zu der Konsultation, welche die Europäische Kommission derzeit zur Überprüfung der Regeln zum EU-Urheberrecht durchführt, stellt sie zutreffend fest, dass sich Text und Data Mining-Verfahren nicht pauschal urheberrechtlich einordnen lassen.[1666] Einzelne Verfahren können zulässig sein, ohne dass ein urheberrechtliches Verwertungsrecht berührt ist. Andere Verfahren werden möglicherweise von bestehenden Schrankenregelungen erfasst. So kann beispielsweise § 44a UrhG bei solchen Text and Data Mining-Verfahren Anwendung finden, die vorübergehende, flüchtige oder begleitende Vervielfältigungen von Werken erfordern.[1667]

§ XX Abs. 1 S. 2 Nr. 5 betrifft Text und Data Mining-Verfahren, bei denen urheberrechtlich geschützte Werke für Zwecke der wissenschaftlichen Forschung dauerhaft in strukturierter Form in einer Datenbank oder auf ähnliche Weise erfasst werden.[1668] Diese Text und Data Mining-Verfahren sind für den Untersuchungsgegenstand von besonderem Interesse.[1669]

Bei der Durchführung solcher Text und Data Mining-Verfahren sind verschiedene Vervielfältigungshandlungen notwendig, die nicht „flüchtig und begleitend" sind im Sinne des § 44a UrhG. Sie vorzunehmen gestattet § XX Abs. 1 S. 2 Nr. 5. Die öffentliche Zugänglichmachung erlaubt die Vorschrift nicht. Die Lizenzierung der zum Text und Data Mining erforderlichen Vervielfältigungsrechte ist oftmals schwierig, weil die Rechte von einer Vielzahl von Rechteinhabern erworben werden müssten. Nur wenn die jeweiligen Rechteinhaber (zum Beispiel Verlage) für jedes einzelne Werk ihre Zustimmung erteilt haben, dürfen Nutzer diese mittels der beschriebenen Text und Data Mining-Verfahren durchsuchen.[1670] Dies kann zur Folge haben, dass eine bestimmte Art von Forschung überhaupt nicht stattfinden kann.[1671]

[1665] Dazu Teil 4.C.III.6. Der Entwurf des IPO bestimmt ausdrücklich, dass die Schranke nicht durch vertragliche Vereinbarungen abbedungen werden kann. Zur Situation im deutschen Recht siehe Teil 6.B.III.3.

[1666] *Europäische Kommission*, Consultation document, S. 27.

[1667] Vgl. *Europäische Kommission*, Consultation document, S. 27 zu Art. 5 Abs. 1 InfoSoc-Richtlinie, auf dem § 44a UrhG beruht.

[1668] So etwa, wenn zur Durchführung eines langfristigen sprachwissenschaftlichen Forschungsprojektes ein großer Bestand von Briefen aus einem bestimmten Zeitraum digitalisiert und abgespeichert wird, um diese anhand von Sprachanalyse-Werkzeugen auf diverse Eigenheiten zu untersuchen.

[1669] Siehe Teil 1.B.II.

[1670] Regelmäßig schließen die Allgemeinen Geschäftsbedingungen der Verlage die Nutzung von Text und Data Mining-Verfahren ausdrücklich aus. Vgl. statt vieler die AGB der Wiley Online Library, Rules of Use, B., abrufbar unter http://onlinelibrary.wiley.com/termsAndConditions.

[1671] *IPO*, Modernising Copyright, S. 37.

bb) Voraussetzungen

Neben den Tatbestandsmerkmalen des Beispiels gelten, wie bei den anderen Beispielen auch, die allgemeinen Voraussetzungen der Generalklausel. So darf das Text und Data Mining nur für Zwecke der wissenschaftlichen Forschung eingesetzt werden und keinen kommerziellen Zwecken dienen. Zudem muss die Nutzung im Einzelfall geboten sein.[1672]

(1) Zur automatisierten Analyse

Der Begriff der automatisierten Analyse ist grundsätzlich weit und unabhängig von einer konkreten technischen Umsetzung zu verstehen. Erfasst werden sowohl semi- als auch vollautomatische Analyseverfahren. Unbeachtlich ist, ob Zwischenschritte des Verfahrens durch Menschen vorgenommen werden oder nicht. Die automatisierte Analyse muss aber auf einen Erkenntnisgewinn ausgerichtet sein.

(2) Informationsgehalt

Ebenfalls weit auszulegen ist der Begriff „Informationsgehalt". Er umfasst grundsätzlich alles, was semantisch und syntaktisch in dem jeweiligen Werkstück enthalten ist. Durch den Begriff „Informationsgehalt" wird deutlich, dass nicht die schöpferische Leistung selbst Gegenstand der Analyse ist, sondern die in dem Werk enthaltene Information. Damit veranschaulicht er die Zielrichtung der Schranke.

(3) Bereits in elektronischer Form befindlich

Das Werk als Objekt der Analyse muss bereits in elektronischer Form rechtmäßig zur Verfügung stehen.[1673] Vorbereitende Digitalisierungen von Werken erfasst die Schranke nicht.

(4) Integraler und wesentlicher Teil des Verfahrens

Überdies erlaubt § XX Abs. 1 S. 2 Nr. 5 Vervielfältigungshandlungen nur, wenn diese einen integralen und wesentlichen Teil des Verfahrens ausmachen. Das Tatbestandsmerkmal „integraler und wesentlicher Teil" ist dabei gleich auszulegen wie in § 44a UrhG. Vervielfältigungshandlungen müssen also nicht absolut notwendig sein. Vielmehr sind sie bereits dann integral und wesentlich, wenn das Verfahren maßgeblich auf ihnen beruht.[1674] Dies ist auch der Fall, wenn sie das „Verfahren einleiten und abschließen und dabei Menschen mitwirken".[1675] Müssten die Vervielfältigungshandlungen unabdingbar sein, könnte die Schran-

---

[1672] Siehe dazu Teil 6.B.I.2.e).
[1673] Gleiches gilt für die in Großbritannien geplante Schranke, siehe Teil 4.C.III.6.
[1674] Dreier/Schulze/*Dreier*, § 44a Rn. 6; Schricker/Loewenheim/*Loewenheim*, § 44a Rn. 6; Wandtke/Bullinger/*v. Welser*, § 44a Rn. 7.
[1675] Vgl. EuGH Rs. C-302/10 – *Infopaq II*, Rn. 39.

ke insgesamt leerlaufen: Das automatisierte Analyseverfahren müsste dann optimal und frei von jeglichen Redundanzen arbeiten.

Auf die Übernahme weiterer einschränkender Tatbestandsmerkmale wie etwa „flüchtig" oder „begleitend" (vgl. § 44a UrhG) wurde verzichtet. Sonst wären die Text und Data Mining-Verfahren, die § XX Abs. 1 S. 2 Nr. 5 erfassen soll, in der Regel nicht zulässig. Die Vervielfältigungshandlungen sind Vorbereitungshandlungen im Rahmen der Aufbereitung der zu analysierenden Dokumente. Auf die Vervielfältigungsexemplare, die in einer speziellen Datenbank eingespeichert werden, greifen die Algorithmen dann für das eigentliche Text und Data Mining zu. Eine nur flüchtige Speicherung genügt hierfür in der Regel nicht.

(5) Auch ganze Werke

§ XX Abs. 1 S. 2 Nr. 5 erlaubt die Vervielfältigung ganzer Werke ausdrücklich, während dies im Anwendungsbereich des § XX Abs. 1 ansonsten regelmäßig nicht geboten sein wird. Die Formulierung „auch ganzer Werke" konkretisiert mithin das normative Tatbestandsmerkmal der Gebotenheit.

cc) Europa-, völker- und verfassungsrechtliche Zulässigkeit

§ XX Abs. 1 S. 2 Nr. 5 ist mit den europa-, völker- und verfassungsrechtlichen Vorgaben für Schrankenregelungen im Urheberrecht vereinbar.

Die vorgeschlagene Regelung zum Text und Data Mining ist nach Art. 5 Abs. 3 lit. a) InfoSoc-Richtlinie zulässig. Das Erfordernis, dass die Nutzung für Zwecke der wissenschaftlichen Forschung erfolgen und keinen kommerziellen Zwecken dienen darf, werden bereits durch die allgemeinen Voraussetzungen des § XX Abs. 1 S. 1 sichergestellt. Da das Text und Data Mining auf die Gewinnung neuer Erkenntnisse ausgerichtet ist, unterfällt es dem Bereich der wissenschaftlichen Forschung. Die InfoSoc-Richtlinie schließt die Zulässigkeit der Vervielfältigung auch ganzer Werke nicht grundsätzlich aus. Hierbei ist aber vor allem der Drei-Stufen-Test zu beachten.

§ XX Abs. 1 S. 2 Nr. 5 genügt den Anforderungen des Drei-Stufen-Tests. Durch den engen Tatbestand und die Bindung an Zwecke der wissenschaftlichen Forschung ist die Regelung auf bestimmte Sonderfälle beschränkt. Zudem heben sich die für Text und Data Mining-Verfahren erforderlichen Nutzungshandlungen hinreichend von der normalen Werkverwertung ab. Urheberrechtlich geschützte Werke sind regelmäßig nicht zur automatisierten Analyse ihres Informationsgehaltes bestimmt. Sofern dies doch der Fall ist, kann eine Nutzung nach § XX Abs. 1 S. 2 Nr. 5 unter Umständen nicht geboten sein.

Die ökonomischen Interessen der Rechteinhaber werden auch dadurch gewahrt, dass das zu analysierende Werk bereits in elektronischer Form vorliegen muss. Die dem Text und Data Mining vorgelagerte Verwertung des Werkes wird demnach nicht berührt. Letztlich ermöglicht das Text und Data Mining nur Erkenntnisgewinne, die theoretisch auch durch den alleinigen Werkgenuss durch eine Vielzahl von Forschern mit entsprechend langer Forschungszeit erzielt werden könnten, aber aufgrund der fehlenden praktischen Durchführbarkeit verwehrt bleiben.

Schließlich trägt § XX Abs. 1 S. 2 Nr. 5 auch den verfassungsrechtlichen Vorgaben Rechnung. Die Norm ist insbesondere mit Art. 14 Abs. 1 S. 1 GG vereinbar. Hinsichtlich der nach Art. 14 Abs. 1 S. 1 GG zu schützenden ökonomischen Interessen der Rechteinhaber gilt das zum Drei-Stufen-Test Gesagte entsprechend.

Die Privilegierung des Text and Data Mining erfolgt zudem vor dem Hintergrund der verfassungsrechtlich geschützten Wissenschaftsfreiheit (Art. 5 Abs. 3 S. 1 GG) sowie der Informationsfreiheit (Art. 5 Abs. 1 S. 1 Hs. 2 GG). § XX Abs. 1 S. 2 Nr. 5 soll ermöglichen, dass der Informationsgehalt urheberrechtlich geschützter Werke unter minimalem Eingriff in die Verwertungsinteressen extrahiert wird.

4. Sonderregelungen für die Nutzung für Sammlungen (Abs. 2)

a) Verbreitung

§ XX Abs. 2 S. 1 erlaubt die Verbreitung von Werken in Sammlungen für den Unterrichtsgebrauch. Die Vorschrift entspricht § 46 Abs. 1 S. 1 UrhG. Nur wenn auch ihre Verbreitung erlaubt ist, sind Sammlungen, die für den Unterrichtsgebrauch bestimmt sind, tatsächlich sinnvoll nutzbar.

Die Zulässigkeit der Verbreitung ist in § XX Abs. 2 geregelt, da sie neben der Generalklausel und den Regelbeispielen in Abs. 1 einen eigenen Schrankentatbestand bildet. Die Verortung in einem eigenen Absatz verdeutlicht, dass die Generalklausel solche Verwertungshandlungen nicht abdeckt. § XX Abs. 2 nimmt auf die Generalklausel jedoch inhaltlich Bezug. Wann die Verbreitung von Sammlungen im Einzelfall zulässig ist, richtet sich nach § XX Abs. 1 S. 2 Nr. 3 i.V.m. § XX Abs. 1 S. 1.

Die Regelung ist nach Art. 5 Abs. 4 InfoSoc-Richtlinie zulässig. Hiernach dürfen die Mitgliedstaaten Ausnahmen und Beschränkungen des Verbreitungsrechts im Sinne des Art. 4 InfoSoc-Richtlinie schaffen, soweit diese durch den Zweck der erlaubten Vervielfältigung gerechtfertigt sind. Ein solcher Fall ist vorliegend gegeben: Sammlungen, die für den Unterrichtsgebrauch bestimmt sind, müssen sinnvollerweise an Unterrichtsteilnehmer verbreitet werden dürfen. Sonst könnten Sammlungen lediglich online vertrieben, also öffentlich zugänglich gemacht werden, oder jeder Unterrichtsteilnehmer müsste seine eigene Sammlung erstellen.

Eine darüber hinausgehende Beschränkung des Verbreitungsrechts ist zwar unter Umständen nach Art. 5 Abs. 3 lit. a) i.V.m. Abs. 4 InfoSoc-Richtlinie möglich, könnte aber einen erheblichen Eingriff in die Interessen der Rechtein- haber darstellen. Außer der Nutzung von Werken in Sammlungen für den Un- terrichtsgebrauch ist im Bildungs- und Wissenschaftsbereich derzeit kein praktisches Bedürfnis erkennbar, das einen solchen Eingriff rechtfertigen wür- de. Bei der Einführung einer solchen Schranke wäre zudem zu beachten, dass Schrankenregelungen nach dem Drei-Stufen-Test auf bestimmte Sonderfälle beziehen müssen.[1676]

b) Verweis auf § 46 Abs. 3 und 5 UrhG

Gemäß § XX Abs. 2 S. 2 gelten für die nach Absatz 1 Satz 2 Nr. 1 zulässigen Verwertungen § 46 Abs. 3 und Abs. 5 UrhG entsprechend. Demnach ist dem Rechteinhaber die Nutzungsabsicht mitzuteilen; ihm steht zudem ein Verbots- recht wegen gewandelter Überzeugung zu.[1677] Hierdurch wird vor allem dem Urheberpersönlichkeitsrecht Rechnung getragen.

Der Gesetzgeber sollte allerdings erwägen, das Verfahren gemäß § 46 Abs. 3 UrhG so zu verändern, dass die Mitteilung auch mittels modernerer Informati- onstechnologien erfolgen darf. Derzeit muss der Nutzer dem Inhaber des aus- schließlichen Nutzungsrechts seine Nutzungsabsicht „durch eingeschriebenen Brief" mitteilen.

5. Vervielfältigung unveröffentlichter Werke für Forschungszwecke (Abs. 3)

Gemäß § XX Abs. 3 S. 1 ist zum Zweck der wissenschaftlichen Forschung auch die Vervielfältigung unveröffentlichter Werke zulässig. Nach § XX Abs. 3 S. 2 bleiben die Rechte des Urhebers nach §§ 12 – 14 UrhG unberührt. Die Rege- lung bezieht sich auf § XX Abs. 1 und ermöglicht die wissenschaftliche Nut- zung unveröffentlichter Werke in einem eigenen Tatbestand. Soweit es hierdurch nicht zu einer Veröffentlichung kommt, § 12 UrhG also nicht verletzt wird, rechtfertigt das besondere Interesse an wissenschaftlicher Forschung diese zusätzliche Privilegierung.[1678]

6. Vergütung (Abs. 4)

a) Anspruch auf angemessene Vergütung (S. 1 – 2)

Die Vergütungsansprüche für Nutzungen nach § XX regelt Abs. 4. Für die öf- fentliche Zugänglichmachung nach § XX Abs. 1 ist dem Urheber eine angemes-

---

[1676] Dazu allgemein Teil 2.A.II.2.
[1677] Dazu näher Teil 3.B.I.5.
[1678] Siehe dazu Teil 6.B.I.2.c)cc).

sene Vergütung zu zahlen (§ XX Abs. 4 S. 1). Dies entspricht §§ 46 Abs. 4, 52a Abs. 4 UrhG.[1679] Auch die Vervielfältigung und Verbreitung von Werken als Element einer Sammlung für den Unterrichtsgebrauch ist vergütungspflichtig (§ XX Abs. 4 S. 1). Dies entspricht § 46 Abs. 4 UrhG.

Nach § XX Abs. 4 S. 2 kann der Anspruch auf angemessene Vergütung nur durch eine Verwertungsgesellschaft geltend gemacht werden. Dies entspricht § 52a Abs. 4 S. 2 UrhG sowie der Praxis zu §§ 46 und 47 UrhG.[1680] Es ist daher sinnvoll, diese Ansprüche zukünftig auch im Hinblick auf den bisherigen Anwendungsbereich von §§ 46 und 47 UrhG verwertungsgesellschaftspflichtig auszugestalten.

b) Vergütung nach §§ 54 ff. UrhG (S. 3)

Für sonstige Vervielfältigungshandlungen, die nach § XX Abs. 1 zulässig sind, erhält der Urheber keinen Vergütungsanspruch gegen den Nutzer. Die Vergütung richtet sich insoweit nach §§ 54 ff. UrhG.[1681] Diese Normen sind entsprechend anzupassen. Die Regelung des § XX Abs. 4 S. 3 entspricht dem bestehenden Vergütungssystem für Handlungen nach § 53 Abs. 2 S. 1 Nr. 1 und Abs. 3 UrhG.

Sollten nach der Generalklausel des § XX Abs. 1 S. 1 Vervielfältigungshandlungen zulässig sein, die nicht dem Anwendungsbereich von § 53 Abs. 2 S. 1 Nr. 1 und Abs. 3 UrhG unterfallen, würde sich auch ihre Vergütung nach §§ 54 ff. UrhG richten.[1682] Falls die Berechtigten von dieser Möglichkeit Gebrauch machen, müssten die bestehenden Gesamtverträge gegebenenfalls angepasst werden.

Derartige Vervielfältigungshandlungen nach § XX Abs. 4 S. 1 und 2 vergütungspflichtig auszugestalten, ist nicht gerechtfertigt. Hinsichtlich ihrer Eingriffsintensität müssen diese Vervielfältigungen jenen ähneln, die derzeit in § 53 Abs. 2 S. 1 Nr. 1 und Abs. 3 UrhG geregelt sind. Nur dann sind sie von der Generalklausel gedeckt. Das stellen ihre begrenzenden Merkmale (Zweckbindung; Beschränkung auf nichtkommerzielle Zwecke; Gebotenheit) sicher. Auch wären sie ebenso schwierig einzeln zu erfassen wie die derzeit in § 53 Abs. 2 S. 1 Nr. 1 und Abs. 3 UrhG geregelten Handlungen, ohne dabei die Privatsphäre der Nutzer zu verletzen. Darum sind sie auch hinsichtlich der Vergütung gleich zu behandeln.

[1679] Zu den verfassungsrechtlichen Vorgaben siehe Teil 3.A.I.1. und Teil 3.A.II.1.a), zu den völkerrechtlichen Vorgaben siehe Teil 2.A.II.2.
[1680] Siehe Teil 3.B.I.6., Teil 3.B.II.6.
[1681] Zu den verfassungsrechtlichen Vorgaben siehe Teil 3.A.I.1. und Teil 3.A.II.1.a), zu den völkerrechtlichen Vorgaben siehe Teil 2.A.II.2.
[1682] Zum Anwendungsbereich der Generalklausel und der Regelbeispiele allgemein siehe Teil 6.B.I.1.

Die Vergütung nach §§ 54 ff. UrhG wird von Herstellern, Händlern, Importeuren sowie Betreibern von Vervielfältigungsgeräten und Speichermedien erhoben.[1683] Sie soll eine angemessene Beteiligung des Urhebers an der Nutzung seiner Werke sicherstellen.[1684] Das gewählte Vergütungssystem folgt Praktikabilitätserwägungen: Die Vervielfältigungen von Einzelnutzern zur wissenschaftlichen Forschung oder zur Veranschaulichung des Unterrichts können kaum kontrolliert werden.[1685] Daher werden sie pauschal vergütet.

Angemessenheit und Sachgerechtigkeit der Vergütungsregelungen nach §§ 54 ff. UrhG werden immer wieder angezweifelt.[1686] Eine detailgenaue Untersuchung des Vergütungssystems würde jedoch den Rahmen dieser Studie sprengen. Die Vergütung von Vervielfältigungen nach § XX Abs. 1 soll dem gleichen System folgen wie die Vergütung von Vervielfältigungen nach § 53 Abs. 2 und 3 UrhG im geltenden Recht.

[1683] Vgl. Dreier/Schulze/*Dreier*, § 54 Rn. 1.
[1684] Siehe Teil 3.B.III.6.
[1685] Vgl. zu § 53 UrhG Wandtke/Bullinger/*Lüft*, § 54 Rn. 1.
[1686] Siehe Teil 3.B.III.6.

II. Schrankenregelung für Bibliotheken, Museen und Archive

§ YY – Bibliotheken, Museen und Archive

(1) Zulässig ist das Herstellen oder Herstellenlassen von Vervielfältigungs-stücken durch öffentlich zugängliche Bibliotheken, Museen oder durch Archive, die keinen unmittelbaren oder mittelbaren kommerziellen Zweck verfolgen, zur Archivierung

1. von Werken aus ihrem eigenen Bestand,

2. von öffentlich zugänglich gemachten Werken, die ohne vorherige Anmeldung unentgeltlich für jedermann zum vollautomatisierten Abruf bereitstehen,

wenn und soweit die Vervielfältigung zu diesem Zweck geboten ist.

(2) Zulässig ist die Vervielfältigung und öffentliche Zugänglichmachung von veröffentlichten Werken aus dem eigenen Bestand durch die in Absatz 1 genannten Einrichtungen zur Zugänglichmachung für Zwecke der wissenschaftlichen Forschung und privater Studien an eigens dafür eingerichteten elektronischen Terminals in ihren Räumlichkeiten, wenn die Nutzung durch die Einrichtungen geboten ist.

(3) Zulässig ist auf Einzelbestellung die Vervielfältigung und Übermittlung veröffentlichter Werke durch öffentlich zugängliche Bibliotheken

1. im Wege des Post- und Faxversands, sofern die Nutzung durch den Besteller nach § 53 zulässig ist,

2. auch in sonstiger elektronischer Form, sofern die Nutzung durch den Besteller nach § 53 zulässig ist und keinen kommerziellen Zwecken dient,

3. auch in sonstiger elektronischer Form zur Veranschaulichung des Unterrichts oder für Zwecke der wissenschaftlichen Forschung, wenn dies keinen kommerziellen Zwecken dient,

wenn und soweit die Vervielfältigung in ihrem Umfang geboten ist.

(4) ¹Für die Vervielfältigung und öffentliche Zugänglichmachung nach Absatz 2 sowie die Vervielfältigung und Übermittlung nach Absatz 3 ist dem Urheber eine angemessene Vergütung zu zahlen. ²Der Anspruch kann nur durch eine Verwertungsgesellschaft geltend gemacht werden. ³§§ 54 bis 54h bleiben unberührt.

1. Regelungssystematik

§ YY privilegiert bestimmte Handlungen, die institutionelle Akteure im Bildungs- und Wissenschaftssektor vornehmen. Im Gegensatz zu § XX knüpft die Zulässigkeit der Nutzung zunächst nicht an die Verfolgung bestimmter Zwecke an, sondern an die handelnden Einrichtungen. §§ XX und YY stehen gleichberechtigt nebeneinander.[1687] Die nach § YY berechtigten Einrichtungen können also auch Nutzungshandlungen nach § XX vornehmen.

Die zulässigen Nutzungshandlungen werden in Einzeltatbeständen (§ YY Abs. 1 – 3) benannt. Sie würden die bisherigen §§ 52b, 53 Abs. 2 S. 1 Nr. 2 i.V.m. 53 Abs. 2 S. 2 Nr. 3, 53a UrhG ersetzen.

2. Berechtigte Einrichtungen

Alle Menschen sollen an Forschung und Bildung teilhaben dürfen. Im Anwendungsbereich des § XX ist eine Beschränkung des Kreises der Berechtigten daher abzulehnen.[1688] Bibliotheken, Museen und Archiven kommt jedoch insofern eine Sonderstellung zu, als sie die Infrastruktur für Bildung und Wissenschaft zur Verfügung stellen. Um diese Aufgabe zu erfüllen, bedürfen sie einer besonderen Privilegierung.

Das erkennt auch die InfoSoc-Richtlinie an. Ihr Erwägungsgrund 40 bestimmt, dass die Mitgliedstaaten „eine Ausnahme oder Beschränkung zugunsten bestimmter nichtkommerzieller Einrichtungen, wie der Öffentlichkeit zugängliche Bibliotheken und ähnliche Einrichtungen sowie Archive, vorsehen" dürfen. Nach Art. 5 Abs. 2 lit. c) InfoSoc-Richtlinie sind Schrankenregelungen „in Bezug auf bestimmte Vervielfältigungshandlungen von öffentlich zugänglichen Bibliotheken, Bildungseinrichtungen oder Museen oder von Archiven, die keinen unmittelbaren oder mittelbaren wirtschaftlichen oder kommerziellen Zweck verfolgen", zulässig.

§ YY Abs. 1 und 2 privilegieren öffentlich zugängliche Bibliotheken, Museen und nichtkommerzielle Archive. Abs. 3 privilegiert allein öffentlich zugängliche Bibliotheken. Eine gesonderte Privilegierung von Bildungs- und Forschungseinrichtungen sieht § YY, ebenso wie ihre Entsprechungen im geltenden Recht, nicht vor.

Bildungseinrichtungen profitieren jedoch indirekt von § YY Abs. 1 und 2. Die in Abs. 1 und 2 genannten Handlungen setzen jeweils voraus, dass die berechtigte Einrichtung das fragliche Werk in ihrem Bestand hat. Bildungseinrichtungen halten ihre Bestände regelmäßig in Bibliotheken. Diese Bibliotheken sind öffentlich zugänglich oder können öffentlich zugänglich gemacht werden.[1689]

Eine spezielle Privilegierung von Forschungseinrichtungen erlaubt die InfoSoc-Richtlinie nicht;[1690] wenn ihre Bibliotheken öffentlich zugänglich sind, werden sie jedoch ebenfalls indirekt berechtigt. Forschungseinrichtungen können

---

[1687] Dies entspricht dem Verhältnis von § 108 zu § 107 *US Copyright Act*, siehe hierzu Teil 5.
[1688] Siehe Teil 6.B.I.2.b).
[1689] Hierzu sogleich.
[1690] Im UrhG werden Forschungseinrichtungen lediglich in § 54c Abs. 1 als Adressaten der Vergütungspflicht der Betreiber von Ablichtungsgeräten erwähnt.

sich daneben, ebenso wie Bildungseinrichtungen, Bibliotheken, Museen und Archive, auf § XX berufen.

a) Bibliotheken

Eine Bibliothek ist eine Einrichtung, „die unter archivarischen, ökonomischen und synoptischen Gesichtspunkten publizierte Informationen für ihre Benutzer sammelt, ordnet und verfügbar macht".[1691] Nach geltendem Recht sind Bibliotheken durch §§ 52b, 53 Abs. 2 S. 1 Nr. 2, 53a und 58 Abs. 2 UrhG besonders privilegiert. Der Anwendungsbereich von § 52b (Wiedergabe von Werken an elektronischen Leseplätzen in öffentlichen Bibliotheken) und § 53a UrhG (Kopienversand auf Bestellung durch öffentliche Bibliotheken) geht in § YY auf. Bestand und Geltung des § 58 Abs. 2 UrhG (Katalogbildfreiheit für Verzeichnisse) berührt § YY nicht. Seit dem 1. Januar 2014 privilegiert § 61 UrhG (Verwaiste Werke) Bibliotheken. Auch diese Regelung lässt § YY unangetastet.

b) Museen

Museen sind Gedächtnisinstitutionen, die Objekte der Natur sowie von Menschen hergestellte (kulturelle) Güter sammeln, erforschen, bewahren und darstellen.[1692] Bislang werden sie durch §§ 52b und 58 Abs. 2 UrhG privilegiert. Seit dem 1. Januar 2014 sind Museen auch als Adressaten des § 61 UrhG (Verwaiste Werke) berechtigt. § YY ersetzt § 52b UrhG. Bestand und Geltung der §§ 58 Abs. 2 und 61 UrhG berührt der Normvorschlag nicht.

c) Archive

Archive sind „Sammel- und Aufbewahrungsstellen für Geistesgut jeglicher Art, etwa Bücher, Zeitungen und Zeitschriften, Bilder, Filme, Schallplatten, Ton- und Videobänder", die sie nach sachlichen Gesichtspunkten ordnen.[1693] Typischerweise bauen Archive ihren Bestand nicht planmäßig auf, sondern wachsen über längere Zeit „organisch" an.[1694] Für öffentliche Archive existieren sowohl auf Bundes- als auch auf Landesebene Tätigkeitsbestimmungen.[1695]

§ YY erfasst nur Archive, die „keinen unmittelbaren oder mittelbaren kommerziellen Zweck verfolgen". Diese Voraussetzung leitet sich unmittelbar aus Art. 5 Abs. 2 lit. c) InfoSoc-Richtlinie ab. Das geltende deutsche Recht weicht von diesem Wortlaut leicht ab. Berechtigt sind in §§ 52b und 53 Abs. 2 S. 2

[1691] *Ewert/Umstätter*, 33.6 Bibliotheksdienst 1999, 957, 966 m.w.N. Zur Bedeutung von Bibliotheken *Beger*, S. 75; *Lux* in Deutsche UNESCO-Kommission, Open Access, S. 86. Näheres zu ihrer Funktion findet sich in Teil 1.D.

[1692] Vgl. *Gantert/Hacker*, S. 16; *Plassmann/Rösch/Seefeldt/Umlauf*, S. 11. Dazu näher Teil 1.D.

[1693] Schricker/Loewenheim/*Loewenheim*, § 53 Rn. 45 m.w.N. Zu Archiven näher Teil 1.D.

[1694] *Gantert/Hacker*, S. 15.

[1695] Z.B. das Bundesarchivgesetz, das die Aufgaben des Bundesarchivs festlegt und die anbietungspflichtigen Stellen bestimmt. Vgl. hierzu *Euler*, S. 113 f.

Nr. 3 UrhG derzeit Archive, die „keinen unmittelbar oder mittelbar wirtschaftlichen oder Erwerbszweck verfolgen". In Anlehnung an die InfoSoc-Richtlinie ist die Formulierung „kommerzieller Zweck" der Formulierung „wirtschaftlicher oder Erwerbszweck" vorzuziehen.[1696] Diese Vereinheitlichung der Terminologie führt nicht zu einer inhaltlichen Änderung gegenüber dem geltenden Recht.[1697]

Bislang werden Archive durch §§ 52b und 53 Abs. 2 S. 1 Nr. 2 i.V.m. S. 2 Nr. 3 UrhG privilegiert.[1698] § YY Abs. 1 Nr. 2 und Abs. 2 ersetzen diese Regelungen. Seit dem 1. Januar 2014 sind Archive auch als Adressaten des § 61 UrhG (Verwaiste Werke) privilegiert. Diese Regelung berührt § YY nicht.

d) Öffentliche Zugänglichkeit der Einrichtungen

§ YY privilegiert nur Bibliotheken und Museen, die öffentlich zugänglich sind. Das ist dann der Fall, wenn die Benutzung einem Personenkreis möglich ist, der eine Öffentlichkeit im Sinne des § 15 Abs. 3 UrhG darstellt.[1699] Auch die Schüler einer Schule sowie die Mitglieder einer Hochschule bilden regelmäßig eine solche Öffentlichkeit. Schul- und Hochschulbibliotheken sind daher im Regelfall ebenfalls berechtigt.

Archive müssen hingegen nicht öffentlich zugänglich sein, um von § YY erfasst zu werden. Diese Differenzierung zwischen Archiven und übrigen privilegierten Einrichtungen entspricht den Vorgaben des Art. 5 Abs. 2 lit. c) InfoSoc-Richtlinie. Archive sollen Wissensbestände in erster Linie sammeln und erhalten, nicht unbedingt vermitteln. § 52b UrhG ist diese Differenzierung fremd – danach müssen auch Archive öffentlich zugänglich sein, um sich auf die Schrankenregelung berufen zu können.[1700] Insofern ändert § YY Abs. 2 i.V.m. Abs. 1 die geltende Rechtslage.

3. Vervielfältigung zu Archivierungszwecken (Abs. 1)

Nach Erwägungsgrund 40 der InfoSoc-Richtlinie sollen Ausnahmen oder Beschränkungen zugunsten der durch § YY privilegierten Einrichtungen „auf bestimmte durch das Vervielfältigungsrecht erfasste Sonderfälle begrenzt werden." Eine Generalklausel zugunsten dieser Einrichtungen ist also europa-

---

[1696] Zu der Wahl des Begriffs im Einzelnen siehe Teil 6.B.I.2.a)cc).

[1697] Zum Begriff des Erwerbszwecks BGH GRUR 1972, 617, 618 – *Werkbücherei*; Schricker/Loewenheim/*Loewenheim*, § 52b Rn. 4 m.w.N.

[1698] Anders als die übrigen genannten Institutionen sind Archive nicht von § 58 Abs. 2 UrhG erfasst. Nach Schricker/Loewenheim/*Loewenheim*, § 58 Rn. 23 ist dies ein Redaktionsversehen. Es bestehe kein sachlicher Grund dafür, Archive gegenüber den ausdrücklich erwähnten Einrichtungen zurückzustellen. So auch BeckOK UrhG/*Grübler*, § 58 Rn. 16.

[1699] *Spindler*, NJW 2008, 9, 13 m.w.N. Siehe auch Teil 3.B.III.6.h)dd), Teil 3.B.IV.2., Teil 3.B.VI.2.

[1700] Siehe Teil 3.B.VI.2.

rechtlich nicht zulässig. Dementsprechend enthalten § YY Abs. 1 Nr. 1 und 2 einzelne, eng umrissene Schrankentatbestände.

a) Gemeinsame Voraussetzungen

Gemeinsame Voraussetzungen von § YY Abs. 1 Nr. 1 und 2 sind, dass die Vervielfältigung „zur Archivierung" erfolgt und „zu diesem Zweck geboten ist". Der Wortlaut lehnt sich im Grundsatz an jenen des § 53 Abs. 2 S. 1 Nr. 2 UrhG an.[1701]

aa) Zur Archivierung

Im Rahmen des § 53 Abs. 2 S. 1 Nr. 2 UrhG erschöpft sich der Zweck eines Archives „in einer unter sachlichen Gesichtspunkten geordneten Sammlung vorhandener Werke zum internen Gebrauch".[1702] Neben der Archivierung darf es dabei zu keiner weiteren, wirtschaftlich relevanten Verwertung des Werkes kommen.

Diese Auslegung lässt sich auf § YY Abs. 1 übertragen: Die im Rahmen der Schranke erstellten Vervielfältigungsstücke dürfen insbesondere nicht der Öffentlichkeit zugänglich gemacht werden im Sinne des § 19a UrhG. Dies wäre auch europarechtlich unzulässig – Art. 5 Abs. 2 lit. c) InfoSoc-Richtlinie gestattet lediglich Ausnahmen und Beschränkungen des Vervielfältigungsrechts.

Der Zusatz in § 53 Abs. 2 S. 1 Nr. 2 UrhG, nach dem das Archiv ein „eigenes Archiv" sein muss, wird nicht in dem Normtext des § YY Abs. 1 übernommen. Er ist sprachlich verwirrend, weil das Archiv dadurch sowohl zum Subjekt als auch zum Objekt der Schranke wird (ein Archiv darf ein Vervielfältigungsstück eines Werkes herstellen, um es in ein eigenes Archiv aufzunehmen). Zudem verfügt der Zusatz über keinen eigenen Aussagegehalt.[1703] Nach Auslegung des BGH ist ein „eigenes Archiv" ein solches „zum internen Gebrauch".[1704] Es darf nicht „zur Verwendung durch Dritte bestimmt" sein.[1705] Dies folgt aber bereits aus der Voraussetzung, dass eine Vervielfältigung zum Zwecke der Archivierung erfolgen muss. Das konstatiert auch der BGH.[1706]

[1701] Siehe hierzu Teil 3.B.III.3.c).

[1702] BGH GRUR 1997, 459, 461 – CB-Infobank I.

[1703] Die Vorgabe, dass das Archiv ein „eigenes" sein muss, befand sich schon im RegE zum UrhG von 1965, vgl. BT-Drucks. IV/270 S. 12. Der darin vorgesehene § 55 UrhG-E (der im UrhG von 1965 zu § 54 UrhG wurde) lautete „Vervielfältigung zum sonstigen eigenen Gebrauch". Ihm war ein § 54 UrhG-E (der spätere § 53 UrhG) vorangestellt, der die Vervielfältigung zum persönlichen Gebrauch gestattete. Alle Nummern des § 55 UrhG-E enthielten den Begriff „eigen". In Abgrenzung zum „persönlichen Gebrauch" sollte der Begriff „eigen" verdeutlichen, dass der „eigene Gebrauch" auch juristischen Personen offensteht, ebd., S. 72.

[1704] BGH GRUR 1997, 459, 461 – CB-Infobank I.

[1705] BGH GRUR 1997, 459, 461 – CB-Infobank I.

[1706] BGH GRUR 1997, 459, 461 – CB-Infobank I: „Von einer – entsprechend dem Gesetzeswortlaut – ‚zu diesem Zweck (der Archivierung) gebotenen' Vervielfältigung läßt sich indessen nicht sprechen, wenn die Nutzung des Archivs sich nicht auf den internen Gebrauch beschränkt".

bb) Gebotenheit

Eine Vervielfältigung ist nur zulässig, wenn und soweit sie zum Zweck der Archivierung geboten ist. Die Norm entspricht insoweit § 53 Abs. 2 S. 1 Nr. 2 UrhG. Die Voraussetzung ist entsprechend der parallelen Formulierung in § XX Abs. 1 S. 1 als Gebot zur Interessenabwägung zu verstehen.[1707] So wird die Erstellung mehrerer Vervielfältigungsstücke für eine sachgerechte Langzeitarchivierung in aller Regel geboten sein.[1708] Wenn die Schrankenregelung von den berechtigten Einrichtungen hingegen „dazu benutzt wird, ihre Bestände durch Vervielfältigung entliehener Exemplare zu erweitern",[1709] ist dies vermutlich nicht zulässig.

b) Werke aus dem eigenen Bestand (Nr. 1)

§ YY Abs. 1 Nr. 1 erlaubt die Vervielfältigung von Werken aus dem eigenen Bestand zur Archivierung.

aa) Verhältnis zu § 53 Abs. 2 S. 1 Nr. 2 UrhG

Die Regelung lehnt sich an § 53 Abs. 2 S. 1 Nr. 2 UrhG an. Danach dürfen Nutzer Vervielfältigungsstücke eines Werke herstellen oder herstellen lassen „zur Aufnahme in ein eigenes Archiv, wenn und soweit die Vervielfältigung zu diesem Zweck geboten ist und als Vorlage für die Vervielfältigung ein eigenes Werkstück benutzt wird". Zusätzlich erfordert § 53 Abs. 2 S. 2 UrhG, dass „die Vervielfältigung auf Papier oder einem ähnlichen Träger mittels beliebiger photomechanischer Verfahren oder anderer Verfahren mit ähnlicher Wirkung vorgenommen wird" (Nr. 1), dass „eine ausschließlich analoge Nutzung stattfindet" (Nr. 2), oder dass „das Archiv im öffentlichen Interesse tätig ist und keinen unmittelbar oder mittelbar wirtschaftlichen oder Erwerbszweck verfolgt" (Nr. 3).[1710]

Von diesen drei Varianten regelt § YY Abs. 1 Nr. 1 nur die dritte.[1711] § YY würde also § 53 Abs. 2 S. 2 Nr. 3 UrhG ersetzen. § 53 Abs. 2 S. 1 Nr. 2 und S. 2 UrhG ließen sich dann deutlich kompakter fassen als bislang.

bb) Berechtigte Einrichtungen

§ YY Abs. 1 Nr. 1 gilt für alle in Abs. 1 genannten Einrichtungen. Auch Bibliotheken, die archivarisch tätig werden,[1712] können also von der Schranke profitie-

---

1707 Siehe hierzu Teil 6.B.I.2.e).
1708 Siehe hierzu Teil 6.B.II.3.b)cc).
1709 BT-Drucks. IV/270, S. 73.
1710 Siehe dazu Teil 3.B.III.3.c).
1711 Zur inhaltlichen Entsprechung mit § 53 Abs. 2 S. 2 Nr. 3 UrhG sogleich.
1712 Vgl. hierzu *Gantert/Hacker*, S. 17 und siehe Teil 1.D.

ren. Damit trägt die Schrankenregelung der Tatsache Rechnung, dass die Abgrenzung von Bibliotheken und Archiven im Einzelfall schwierig sein kann.[1713]

cc) Eigener Bestand

Einrichtungen dürfen nur Werke „aus ihrem eigenen Bestand" vervielfältigen. Der Wortlaut von § YY Abs. 1 Nr. 1 ist insoweit enger als der des Art. 5 Abs. 2 lit. c) InfoSoc-Richtlinie, der eine derartige Begrenzung nicht ausdrücklich vorsieht. Die Begrenzung ist aber den Vorgaben des Drei-Stufen-Tests geschuldet. Der Drei-Stufen-Test findet sich auch in Art. 5 Abs. 5 InfoSoc-Richtlinie.[1714] Dürften Vervielfältigungen zur Archivierung aus allen Quellen angefertigt werden, könnten Einrichtungen die Archivschranke nutzen, um ihren Bestand zu erweitern und Rechteinhabern damit ein Verwertungsfeld nehmen.[1715]

Ein Werk ist dem „eigenen Bestand" einer Einrichtung zuzuordnen, wenn diese das Eigentum an einem körperlichen Werkexemplar hat oder über die erforderlichen Nutzungsrechte an einem digitalen Exemplar verfügt. Anders als nach geltendem Recht (vgl. § 53 Abs. 2 S. 1 Nr. 2 UrhG) ist nicht erforderlich, dass „als Vorlage für die Vervielfältigung ein eigenes Werkstück benutzt wird".

Der Verzicht auf diese Formulierung verdeutlicht, dass die Schranke den Einrichtungen ermöglichen soll, ihren Werkbestand zu spiegeln.[1716] Für die Praxis ist die Änderung überdies in doppelter Hinsicht bedeutsam: Berechtigte Einrichtungen, die über ein schlecht erhaltenes Werkexemplar verfügen, dürfen danach beispielsweise ein besser erhaltenes Exemplar einer anderen Bibliothek ausleihen und dieses entliehene Exemplar an Stelle des eigenen als Vorlage für etwaige Digitalisierungen verwenden. Vor allem aber dürfen sie mehrere Kopien eines Werkes erstellen und auf unterschiedlichen Datenträgern speichern. Für eine fachgerechte (digitale) Langzeitarchivierung sind derartige Mehrfachspeicherungen unerlässlich. Nach geltendem Recht ist dies nicht möglich; eine Einrichtung muss für jede Archivierung eines Dokuments, selbst wenn sie nur unter einem anderen Stichwort erfolgt, jeweils ein anderes in ihrem Bestand befindliches Werkstück verwenden.[1717]

dd) Unveröffentlichte Werke

Nach § YY Abs. 1 Nr. 1 ist, anders als bei den übrigen Schrankentatbeständen in § YY, auch die Vervielfältigung unveröffentlichter Werke gestattet. Das entspricht dem geltenden Recht. Eine Kerntätigkeit von Archiven besteht in der

---

[1713] Vgl. hierzu *Euler*, S. 86, 112.
[1714] Siehe dazu Teil 2.A.II.2., Teil 2.B.II.4.
[1715] Bei der Frage, wie groß der Eingriff in das Geschäftsfeld der Verlags ist, muss allerdings beachtet werden, dass § YY Abs. 1 Nr. 1 lediglich Vervielfältigungen gestattet, nicht aber, die vervielfältigten Werke auch öffentlich zugänglich zu machen.
[1716] Siehe hierzu Teil 3.B.III.2.c).
[1717] BGHZ 134, 250, 257 f. – *CB-Infobank I.*

Sammlung und Bewahrung unveröffentlichter Dokumente[1718] – es wäre widersinnig, wenn Archive diese Dokumente nicht erhalten dürften. Die Vervielfältigung solcher Werke zur Bewahrung in Archiven ist zudem gerechtfertigt, weil sie nicht geeignet ist, das Veröffentlichungsrecht des Urhebers[1719] in unzumutbarer Weise zu beeinträchtigen. So dürfen die gemäß § YY Abs. 1 Nr. 1 erstellten Vervielfältigungsstücke nicht öffentlich zugänglich gemacht werden.

c) Web-Harvesting (Nr. 2)

aa) Allgemeines

Nach § YY Abs. 1 Nr. 2 dürfen die berechtigten Einrichtungen Vervielfältigungsstücke „von öffentlich zugänglich gemachten Werken, die ohne vorherige Anmeldung unentgeltlich für jedermann zum vollautomatisierten Abruf bereitstehen", zur Archivierung herstellen oder herstellen lassen. Die Schranke privilegiert Vorgänge des Web-Harvesting. Sie findet keine Entsprechung im geltenden Recht.[1720] Aufgrund technologischer Entwicklungen ist eine Regelung erforderlich.

Der Begriff Web-Harvesting bezeichnet Verfahren, bei denen Webinhalte automatisch gesammelt und in digitale Archive kopiert werden.[1721] Dabei kommt es zu Vervielfältigungshandlungen im Sinne des § 16 UrhG.[1722] Gedächtnisinstitutionen wenden Web-Harvesting-Verfahren an, um ihrem Sammelauftrag im Bezug auf Web-Inhalte gerecht zu werden.[1723]

Die Masse von Netzpublikationen lässt sich nur durch automatisierte Harvesting-Verfahren archivieren.[1724] Einrichtungen können nicht für jedes betroffene Werk eine Zustimmung der Rechteinhaber einholen. Genau dazu sind sie nach geltender Rechtslage aber verpflichtet. Zwar können Rechteinhaber durch die Ablage von Metadaten oder bestimmte Lizenzmodelle, etwa Copyleft-Lizenzen, ihre Einwilligung in das Web-Harvesting erklären. Eine Möglichkeit zum flächendeckenden Harvesting besteht jedoch nicht, da nicht alle Web-Inhalte mit entsprechenden Lizenzen oder Daten versehen sind. Die Annahme, dass Rechteinhaber, die Inhalte ins Netz einstellen, dem Web-Harvesting konkludent

---

[1718] *Plassmann / Rösch / Seefeldt / Umlauf*, S. 10. Siehe auch Teil 6.B.II.2.c).

[1719] Siehe dazu Teil 6.B.I.5.

[1720] Nach der bestehenden Archivschranke in § 53 Abs. 2 S. 1 Nr. 2 UrhG sind Web-Harvesting-Verfahren nicht zulässig, da jedenfalls kein eigenes Werkstück als Vorlage für die Vervielfältigung benutzt wird.

[1721] *Euler*, S. 139; *Liegmann* in Hoen, Planungen, Projekte, Perspektiven, S. 57.

[1722] Vgl. *Goebel / Scheller*, S. 41 f. Zudem können bei der Speicherung der Werke Formatänderungen erfolgen. Diese stellen jedoch keine urheberrechtlich relevanten Bearbeitungen nach § 23 UrhG dar, wenn die äußere Erscheinungsform des Werkes erhalten bleibt, Loewenheim / *Koch*, § 78 Rn. 59.

[1723] Siehe Teil 1.D.I., vor allem Teil 1.D.I.2.b).

[1724] Vgl. *Euler*, CR 2008, 64, 64.

bzw. durch schlichte Einwilligung zustimmen, ist rechtsdogmatisch überaus fragwürdig.[1725] Daher ist eine Schranke erforderlich, damit Einrichtungen Netz-Inhalte zukünftig effektiv archivieren können.

bb) Voraussetzungen

(1) Berechtigte Einrichtungen

§ YY Abs. 1 Nr. 2 gilt für alle in Abs. 1 genannten Einrichtungen. Auch Bibliotheken, die archivarisch tätig werden,[1726] können damit von der Schranke profitieren. Damit trägt die Schrankenregelung der Tatsache Rechnung, dass die Abgrenzung von Bibliotheken und Archiven im Einzelfall schwierig sein kann.[1727]

(2) Öffentlich zugänglich gemachte Werke

Die Regelung ist beschränkt auf Werke, die im Sinne des § 19a UrhG öffentlich zugänglich sind. Die Werke müssen demnach über das Internet oder ähnliche Netzwerksysteme[1728] der Öffentlichkeit von Orten und zu Zeiten ihrer Wahl zugänglich sein.

(3) Ohne vorherige Anmeldung und unentgeltlich

Der Abruf muss darüber hinaus „ohne vorherige Anmeldung" und „unentgeltlich" möglich sein. Es dürfen also keine Zugangsbarrieren etwa in Form von Paywalls oder Registrierungsverfahren bestehen.

Der Begriff „vorherige Anmeldung" erfasst nur solche Zugangsbarrieren, bei denen sich der Nutzer aktiv anmelden muss. Nicht unter diesen Begriff fallen etwa Registrierungsverfahren, die beim Abruf einer Website automatisch im Hintergrund vorgenommen werden. Wenn also auf dem Computer des Nutzers zur Ansicht der Website ein Cookie gesetzt werden muss, stellt dies noch keine „Anmeldung" im Sinne der Vorschrift dar.

Das Merkmal „unentgeltlich" ist entsprechend dem gleichlautenden Merkmal in § 53 Abs. 1 S. 2 UrhG zu verstehen.[1729]

(4) Zum vollautomatisierten Abruf für jedermann bereitstehend

Die Werke müssen „für jedermann zum vollautomatisierten Abruf bereitstehen." „Zum Abruf bereit" sind Werke, wenn die privilegierte Einrichtung Zu-

---

[1725] Zur Kritik gegenüber der Rechtsfigur der schlichten Einwilligung vgl. nur *Ohly*, GRUR 2012, 983.

[1726] Vgl. hierzu *Gantert/Hacker*, S. 17 und Teil 1.D.

[1727] Vgl. hierzu *Euler*, S. 86, 112.

[1728] Vgl. hierzu Dreier/Schulze/*Dreier*, § 19a Rn. 6.

[1729] Dazu Dreier/Schulze/*Dreier*, § 53 Rn. 16.

griff auf die Werke hat, ohne dass es eines weiteren Handelns desjenigen bedarf, der die Werke bereithält.

Das alleine ist aber nicht ausreichend: Die Werke müssen „für jedermann zum vollautomatisierten Abruf" bereitstehen. Sie müssen auf eine Weise bereitstehen, dass ein potentiell unbeschränkter Personenkreis mit technischen Hilfsmitteln vollautomatisierten Zugriff auf die Werke nehmen kann. Ist erkennbar, dass der Rechteinhaber keinen Abruf wünscht, dürfen Webinhalte nicht gesammelt werden. Die berechtigten Einrichtungen dürfen Internetinhalte also beispielsweise dann nicht crawlen, wenn der Rechteinhaber den Abruf durch Crawler ausgeschlossen hat, etwa mittels einer robots.txt-Datei.

cc) Europa-, völker- und verfassungsrechtliche Zulässigkeit

In ihrer Empfehlung vom 24. August 2006 zur Digitalisierung und Online-Zugänglichkeit kulturellen Materials und dessen digitaler Bewahrung fordert die Europäische Kommission die Mitgliedsstaaten explizit auf zur „Verankerung von Bestimmungen in ihren Rechtsordnungen, die eine Bewahrung von Webinhalten durch damit beauftragte Einrichtungen unter Einsatz von Erfassungstechniken wie der Web-Lese (Web-Harvesting) erlauben, wobei den gemeinschaftlichen und internationalen Vorschriften zum Schutz des Rechte des geistigen Eigentums vollständig Rechnung zu tragen ist".[1730]

§ YY Abs. 1 Nr. 2 trägt diesen Vorschriften Rechnung. Art. 9 InfoSoc-Richtlinie bestimmt, dass die Richtlinie Vorschriften über „Anforderungen im Bereich gesetzlicher Hinterlegungspflichten" unberührt lässt. Die begrenzenden Kriterien in § YY Abs. 1 Nr. 2 stehen im Einklang mit Erwägungsgrund 40 der InfoSoc-Richtlinie. Danach sollen nach Art. 5 Abs. 2 lit. c) InfoSoc-Richtlinie zulässige Schranken zugunsten der privilegierten Einrichtungen „auf bestimmte durch das Vervielfältigungsrecht erfasste Sonderfälle begrenzt werden".

Zudem berücksichtigt die Norm die Vorgaben des Drei-Stufen-Tests. Sie trägt insbesondere auch der dritten Stufe Rechnung, wonach die Interessen von Rechteinhabern durch Schrankenregelungen nicht unzumutbar beeinträchtigt werden dürfen. Die Beschränkung auf solche Werke, die „unentgeltlich öffentlich für jedermann zum vollautomatisierten Abruf bereitstehen", stellt sicher, dass das Web-Harvesting nur in Fällen zulässig ist, in denen die Rechteinhaber ihre Werke frei zugänglich gemacht haben.

Ebenso ist § YY Abs. 1 Nr. 2 mit verfassungsrechtlichen Vorgaben – insbesondere der Eigentumsgarantie gemäß Art. 14 Abs. 1 S. 1 GG – vereinbar. Der Kern der Verwertungsinteressen der Rechteinhaber ist durch die Vorschrift schon deshalb nicht berührt, weil sie nur die Vervielfältigung zu Archivierungs-

---

[1730] 2006/585/EG, Empfehlung Nr. 11. Ähnlich auch die Empfehlung der Europäischen Kommission zur Digitalisierung und Online-Zugänglichkeit kulturellen Materials und dessen digitaler Bewahrung vom 27. Oktober 2011, 2011/711/EU.

zwecken gestattet. Die Privilegierung des Web-Harvesting erfolgt zudem zum Schutz des kulturellen Gedächtnisses, der im Rahmen des Kulturstaatsprinzips Schutz genießt.[1731]

4. Terminal-Schranke (Abs. 2)

a) Allgemeines

§ YY Abs. 2 erlaubt die Vervielfältigung und öffentliche Zugänglichmachung von Werken aus dem Bestand der privilegierten Einrichtungen an eigens dafür eingerichteten elektronischen Terminals. Es ist die einzige Schranke des § YY, die die öffentliche Zugänglichmachung gestattet.

§ YY Abs. 2 beruht auf Art. 5 Abs. 3 lit. n) InfoSoc-Richtlinie.[1732] Danach kann eine Ausnahme „für die Nutzung von Werken und sonstigen Schutzgegenständen, für die keine Regelungen über Verkauf und Lizenzen gelten und die sich in den Sammlungen der Einrichtungen gemäß Absatz 2 Buchstabe c) befinden, durch ihre Wiedergabe oder Zugänglichmachung für einzelne Mitglieder der Öffentlichkeit zu Zwecken der Forschung und privater Studien auf eigens hierfür eingerichteten Terminals in den Räumlichkeiten der genannten Einrichtungen" vorgesehen werden. Diese Ausnahme darf sich auf das Vervielfältigungsrecht und das Recht der öffentlichen Wiedergabe im Sinne der Info-Soc-Richtlinie beziehen.[1733]

Art. 5 Abs. 3 lit. n) InfoSoc-Richtlinie wurde durch § 52b UrhG in deutsches Recht umgesetzt. Ihn ersetzt § YY Abs. 2. Die Norm orientiert sich stärker als die bisherige Regelung an den Vorgaben der InfoSoc-Richtlinie. Ihr Anwendungsbereich ist etwas weiter als § 52b UrhG.

b) Voraussetzungen

aa) Berechtigte Einrichtungen

§ YY Abs. 2 erlaubt Nutzungen durch öffentlich zugängliche Bibliotheken, Museen und nichtkommerzielle Archive. Der Kreis der Berechtigten entspricht jenem des § 52b UrhG. Im Gesetzgebungsverfahren, das zum Erlass des § 52b UrhG führte, wurde eine Ausweitung der Regelung auf Bildungseinrichtungen im Sinne des Art. 5 Abs. 3 lit. n) i.V.m. lit. c) InfoSoc-Richtlinie diskutiert und abgelehnt.[1734] Auch § YY begünstigt Bildungseinrichtungen nicht unmittelbar. Allerdings fallen sie faktisch nicht aus dem Anwendungsbereich der Vorschrift heraus. Sie verfügen regelmäßig über Bibliotheken, die öffentlich zugänglich

---

[1731] Siehe dazu Teil 3.A.II.2.c).

[1732] Art. 5 Abs. 2 lit. c) InfoSoc-Richtlinie erlaubt Mitgliedstaaten lediglich die Schaffung von Ausnahmen „in Bezug auf bestimmte Vervielfältigungshandlungen".

[1733] Siehe hierzu auch Teil 2.B.II.

[1734] Vgl. BT-Drucks. 16/1828, S. 40, 47.

sind oder gemacht werden können.[1735] Diese dürfen die in § YY Abs. 2 genannten Handlungen vornehmen.[1736]

bb) Vervielfältigung und öffentliche Zugänglichmachung

§ 52b UrhG erfasst ausdrücklich nur das Recht der öffentlichen Zugänglichmachung.[1737] Dem Rechtsanwender ist damit nach geltendem Recht nicht ersichtlich, ob er Vervielfältigungen vornehmen darf, die technisch notwendig sind, um Werke an elektronischen Terminals öffentlich zugänglich zu machen. § YY Abs. 2 gestattet solche Vervielfältigungen ausdrücklich.

Die Norm nutzt damit den von der InfoSoc-Richtlinie eingeräumten Handlungsspielraum und verbessert so die Rechtssicherheit. Nach Art. 5 Abs. 3 lit. n) InfoSoc-Richtlinie dürfen Mitgliedstaaten in ihren Terminalschranken Ausnahmen vom Vervielfältigungsrecht und vom Recht der öffentlichen Zugänglichmachung vorsehen. Die für eine öffentliche Zugänglichmachung technisch notwendigen Annex-Vervielfältigungen sind also wenigstens von der Richtlinienvorgabe erfasst.[1738]

Ob die Mitgliedstaaten Einrichtungen zudem die Digitalisierung von Werken aus ihrem Bestand gestatten dürfen, wenn dies notwendig ist, damit diese Werke an Terminals zugänglich gemacht werden können, ist Gegenstand eines Vorlageverfahrens vor dem EuGH.[1739] Die Norm ist so formuliert, dass sie das Ergebnis dieses Verfahrens nicht vorwegnimmt und unabhängig von seinem Ausgang Bestand haben kann.

cc) Umfasste Werke

§ YY Abs. 2 umfasst nur veröffentlichte Werke aus dem Bestand der berechtigten Einrichtungen. Dies entspricht der Regelung in § 52b UrhG. Die diesbezüglichen Ausführungen sind also übertragbar.[1740]

dd) Nutzungszwecke/Anschlussnutzungen

Die Endnutzer dürfen die an den elektronischen Terminals bereitgestellten Werke „für Zwecke der wissenschaftlichen Forschung und privater Studien" nutzen. Diese Formulierung ist angelehnt an jene des Art. 5 Abs. 3 lit. n) InfoSoc-Richtlinie, die § 52b UrhG im Wesentlichen aufgegriffen hat. Sie ist zugleich so gewählt, dass sie mit § XX harmoniert, dessen Abs. 1 ebenfalls Nutzungen „für Zwecke der wissenschaftlichen Forschung" gestattet.

[1735] So sind Schulbibliotheken öffentlich zugänglich i.S.d. Vorschrift, wenn „sie der Gesamtheit der Lehrer und Schüler einer Schule offen stehen", vgl. BT-Drucks, 16/1828, S. 48.

[1736] Siehe Teil 6.B.II.2.d.

[1737] Siehe dazu Teil 3.B.VI.1.

[1738] Siehe hierzu Teil 3.B.VI.4.

[1739] Vgl. den Vorlagebeschluss des BGH GRUR 2013, 503 – *Elektronische Leseplätze*.

[1740] Siehe Teil 3.B.VI.3.

Die Zulässigkeit von Handlungen der Endnutzer bestimmt sich nicht nach § YY, sondern nach den übrigen Schrankenregelungen, etwa nach § XX oder § 53 Abs. 1 UrhG. Der BGH hat dem EuGH die Frage vorgelegt, ob die Rechte, welche die Mitgliedstaaten in Umsetzung des Art. 5 Abs. 3 lit. n) InfoSoc-Richtlinie schaffen, so weit reichen dürfen, „dass Nutzer der Terminals dort zugänglich gemachte Werke auf Papier ausdrucken oder auf einem USB-Stick abspeichern können."[1741] Die Norm nimmt den Ausgang des Verfahrens nicht vorweg.

ee) In ihren Räumlichkeiten/eigens eingerichtete Terminals

Die Endnutzung darf nur in den Räumlichkeiten der privilegierten Einrichtungen „an eigens dafür eingerichteten elektronischen Terminals" erfolgen. Die Formulierung der Norm lehnt sich wiederum stark an Art. 5 Abs. 3 lit. n) Info-Soc-Richtlinie an („auf eigens hierfür eingerichteten Terminals in den Räumlichkeiten der genannten Einrichtungen"). Die Vorgabe der Richtlinie verbietet es, auch den Zugang von außerhalb der Einrichtungen (Remote Access) für zulässig zu erklären.[1742]

Auf den Begriff „Leseplätze", wie ihn § 52b UrhG verwendet, verzichtet der Vorschlag. Stattdessen verwendet er wie Art. 5 Abs. 3 lit. n) InfoSoc-Richtlinie den Begriff „Terminals". „Leseplätze" könnte so verstanden werden, als sei lediglich die öffentliche Zugänglichmachung von Schriftwerken gestattet. Dies ist jedoch nicht der Fall. § YY bringt insoweit Klarheit gegenüber dem geltenden Recht.

ff) Gebotenheit

Die Nutzung der Werke durch die berechtigten Einrichtungen muss geboten sein. Entsprechend der Ausführungen zu § XX bedeutet dies,[1743] dass Einrichtungen Werke nur dann vervielfältigen und öffentlich zugänglich machen dürfen, wenn daran im konkreten Fall ein berechtigtes Interesse besteht und zugleich die Interessen der Rechteinhaber gewahrt sind. Die Einrichtungen dürfen nicht den Erwerb zusätzlicher Werkexemplare durch die massenhafte Zugänglichmachung digitaler Exemplare umgehen. Wenn digitale Vervielfältigungen zu diesem Zweck hergestellt und öffentlich zugänglich gemacht werden, ist dies nicht mehr geboten.

Das einschränkende Kriterium des § 52b S. 2 UrhG, dass „grundsätzlich nicht mehr Exemplare eines Werkes an den eingerichteten elektronischen Leseplätzen gleichzeitig zugänglich gemacht werden, als der Bestand der Einrichtung

---

[1741] BGH GRUR 2013, 503 – *Elektronische Leseplätze*. Näher zu dieser Problematik Teil 3.B.V.6. und Teil 3.B.VI.5.
[1742] Hierzu Teil 1.D.IV.
[1743] Siehe Teil 6.B.I.2.e).

umfasst" (Bestandsakzessorietät), ist mithin entbehrlich. Dieses Kriterium ist weniger flexibel als die Formulierung des § YY Abs. 2, nach dem die Nutzung geboten sein muss. Die Bestandsakzessorietät ist auch weniger sachgerecht, weil sie die Vorzüge der digitalen Nutzungsmöglichkeiten stark relativiert. Solange die öffentliche Zugänglichmachung vergütungspflichtig ist, werden die Interessen von Rechteinhabern auch dann nicht unangemessen beeinträchtigt, wenn Bibliotheken zeitgleich mehr Exemplare zur Nutzung zur Verfügung stellen als sie in ihrem (analogen) Bestand halten. Bei Bedarfsspitzen ist dies nach geltendem Recht ohnehin bereits gestattet.[1744]

Wenn Lizenzen zu angemessenen Bedingungen erworben werden können, ist die öffentliche Zugänglichmachung gemäß § YY Abs. 2 unter Umständen nicht mehr geboten. Die Norm bietet also Raum für das einschränkende Kriterium des § 52b S. 1 UrhG, nach dem eine Nutzung nur erfolgen darf, „soweit dem keine vertraglichen Regelungen entgegenstehen".[1745] Der BGH hat dem EuGH eine Frage zur Auslegung des Merkmals „für die keine Regelungen über Verkauf und Lizenzen gelten" in Art. 5 Abs. 3 lit. n) InfoSoc-Richtlinie vorgelegt, dessen Umsetzung die betreffende Formulierung in § 52b UrhG dient.[1746] Der Wortlaut des § YY Abs. 2 ist so gewählt, dass er unabhängig vom Ausgang des Verfahrens Bestand hat.

5. Kopienversand auf Bestellung (Abs. 3)
§ YY Abs. 3 erlaubt unter bestimmten Voraussetzungen den Versand von Kopien veröffentlichter Werke auf Einzelbestellung durch öffentlich zugängliche Bibliotheken. Die Regelung lehnt sich an § 53a Abs. 1 UrhG an.

a) Gemeinsame Voraussetzungen
Zulässig ist nach § YY Abs. 3 nur die Nutzung veröffentlichter Werke durch öffentlich zugängliche Bibliotheken, wenn und soweit die Vervielfältigung in ihrem Umfang geboten ist.

aa) Berechtigte Einrichtungen
Privilegiert sind ausschließlich „öffentlich zugängliche Bibliotheken". Der Begriff entspricht dem in § YY Abs. 1 und Abs. 2. Die Werke müssen sich – entsprechend der geltenden Rechtslage[1747] – nicht im Bestand der versendenden Bibliothek befinden. Grundsätzlich zulässig ist somit weiterhin der sogenannte innerbibliothekarische Leihverkehr.

[1744] Siehe Teil 3.B.VI.3.
[1745] Dies beruht auf der Vorgabe in Art. 5 Abs. 3 lit. n) InfoSoc-Richtlinie, dass nur Nutzungen von Werken vorgenommen werden dürfen, „für die keine Regelungen über Verkauf und Lizenzen gelten".
[1746] BGH GRUR 2013, 503 – *Elektronische Leseplätze*.
[1747] Siehe Teil 3.B.IV.2.

bb) Umfasste Werke

Im Hinblick auf das Veröffentlichungsrecht des Urhebers gemäß § 12 UrhG dürfen nur „veröffentlichte Werke" für Zwecke der Versendung vervielfältigt und übermittelt werden.[1748] Wann ein Werk veröffentlicht ist, richtet sich nach § 6 Abs. 1 UrhG. § YY ist in dieser Hinsicht weiter als § 53a Abs. 1 S. 1 UrhG. Danach ist nur die Nutzung von Werken gestattet, die erschienen sind im Sinne des § 6 Abs. 2 UrhG.

Durch seine Formulierung trägt § YY Abs. 3 der Tatsache Rechnung, dass Werke zunehmend unkörperlich zur Verfügung gestellt werden. Sie erscheinen oftmals nicht, denn ein Erscheinen erfordert als qualifizierte Form der Veröffentlichung eine Zugänglichmachung in verkörperter Form.[1749] Das persönlichkeitsrechtliche Interesse der Urheber zu bestimmen, ob und wann ihr Werk veröffentlicht wird, bleibt dadurch gewahrt.

cc) Gebotenheit

Anders als § 53a UrhG sieht § YY Abs. 3 keine Beschränkung auf die Vervielfältigung und Übermittlung einzelner in Zeitungen und Zeitschriften erschienener Beiträge sowie kleiner Teile eines Werkes vor. Auch findet sich in § YY Abs. 3 Nr. 3 keine § 53 Abs. 4 und Abs. 7 UrhG entsprechende Beschränkung. Die Vervielfältigung muss aber „in ihrem Umfang geboten" sein. Dadurch wird die Norm flexibler.

Bei der Beurteilung, ob eine bestimmte Nutzung dieses Kriterium erfüllt, ist auch in Betracht zu ziehen, welcher Werkart das betreffende Werk angehört. Insoweit entspricht die Regelungssystematik jener des § XX.[1750] Wie nach geltendem Recht wird in erster Linie der Versand einzelner Zeitungs- und Zeitschriftenbeiträge oder aber solcher Teile eines Werkes gestattet sein, bei der die Anschaffung des gesamten Werkes unangemessen erscheint. Eine grundlegende Ausweitung der bisherigen Regelung ist nicht beabsichtigt.

b) Post und Faxversand (Nr. 1)

§ YY Abs. 3 Nr. 1 erlaubt die Vervielfältigung und Übermittlung zum Post- und Faxversand auf Einzelbestellung von Nutzern der Bibliotheken. Ebenso wie nach § 53a Abs. 1 S. 1 UrhG ist die Vervielfältigung und Übermittlung urheberrechtlich geschützter Werke gestattet, sofern die Nutzung durch den Besteller nach § 53 UrhG zulässig ist.

[1748] Dazu näher Teil 6.B.I.2.c)cc).
[1749] Schricker/Loewenheim/*Katzenberger*, § 6 Rn. 30.
[1750] Vgl. dazu Teil 6.B.I.2.e)

c) Erweiterter Versand (Nr. 2 und 3)

Nach § YY Abs. 3 Nr. 2 und 3 sind die Vervielfältigung und Übermittlung auch in sonstiger elektronischer Form zulässig.

Nach § YY Abs. 3 Nr. 2 ist dies der Fall, sofern der Besteller nach § 53 UrhG berechtigt ist, die Vervielfältigung vorzunehmen oder vornehmen zu lassen, und die Nutzung keinen kommerziellen Zwecken dient. Nach Anpassung des § 53 UrhG an die Änderungen, die durch § XX nötig werden, bleibt als Anwendungsbereich für diesen Fall allein die Herstellung und Übermittlung elektronischer Vervielfältigungsstücke zum Privatgebrauch.[1751]

§ YY Abs. 3 ist insofern weiter als § 53a Abs. 1 S. 1 UrhG: Das geltende Recht gestattet nur die Vervielfältigung und Übermittlung „im Wege des Post- und Faxversands". Mit der Erweiterung trägt § YY Abs. 3 Nr. 2 nicht nur einem praktischen Bedürfnis Rechnung,[1752] sondern nutzt zugleich den Spielraum des Art. 5 Abs. 2 lit. b) InfoSoc-Richtlinie aus. Danach dürfen zum privaten Gebrauch einer natürlichen Person zu nichtkommerziellen Zwecken „Vervielfältigungen auf beliebigen Trägern" erstellt werden. Verpflichtend einzuräumen ist dann ein Anspruch auf angemessene Vergütung; ihn sieht § YY Abs. 4 vor.

§ YY Abs. 3 Nr. 3 setzt voraus, dass die Nutzung „zur Veranschaulichung des Unterrichts oder für Zwecke der wissenschaftlichen Forschung" erfolgt und „keinen kommerziellen Zwecken dient". Dies entspricht § 53a Abs. 1 S. 2 UrhG und der Systematik von § XX sowie Art. 5 Abs. 3 lit. a) InfoSoc-Richtlinie. Anders als § YY Abs. 3 Nr. 1 und Nr. 2 verweist § YY Abs. 3 Nr. 3 nicht auf die Voraussetzungen des § 53 UrhG, also auch nicht auf die Einschränkungen des § 53 Abs. 4 und Abs. 7 UrhG. Allerdings müssen die Nutzungen geboten sein; in die dafür erforderliche Abwägung können auch die dem § 53 Abs. 4 und Abs. 7 UrhG zugrunde liegenden Erwägungen Eingang finden.[1753]

Die Bibliothek hat im Rahmen von § YY Abs. 3 Nr. 2 und Nr. 3 keine dem britischen Recht entsprechende Prüfpflicht, ob die Nutzung durch den Besteller nach § 53 UrhG zulässig ist oder zur Veranschaulichung des Unterrichts oder für Zwecke der wissenschaftlichen Forschung erfolgt.[1754] Allerdings muss die Bibliothek ihre Nutzer auf die Pflicht zur Einhaltung des Urheberrechts hinweisen.[1755]

„Besteller" im Sinne der Norm ist stets derjenige, der den ersten Impuls für die Bestellung gesetzt hat und an den das Vervielfältigungsstück schlussendlich übermittelt werden soll. Beim innerbibliothekarischen elektronischen Leihver-

---

[1751] Siehe Teil 3.B.III.2.
[1752] Siehe hierzu Teil 1.D.IV. sowie Teil 3.B.IV.6.
[1753] Siehe Teil 6.B.I.2.e)ee) sowie Teil 6.B.II.5.a)cc).
[1754] Siehe Teil 4.C.IV.2.a) und e).
[1755] Siehe Teil 3.B.IV.5.

kehr ist also nicht die anfragende Bibliothek Bestellerin, sondern die Nutzerin, in deren Diensten sie tätig wird.[1756] Der innerbibliothekarische elektronische Leihverkehr ist demnach zulässig, wenn die Bestellung zu Zwecken des Privatgebrauchs, der wissenschaftlichen Forschung oder der Veranschaulichung des Unterrichts erfolgt.

Der Anwendungsbereich von § YY Abs. 3 Nr. 2 und 3 ist insofern weiter als jener des § 53a Abs. 1 S. 2 UrhG, als der Versand nicht „ausschließlich als grafische Datei" zulässig ist. Diese Beschränkung ist nicht (mehr) sachgerecht. In Grafikdateien enthaltener Text lässt sich inzwischen mit geringem technischen Aufwand durchsuchen und auslesen. Es erscheint daher sinnwidrig, Bibliotheken die Umwandlung vorhandener digitaler Textdateien in Grafikdateien aufzugeben.

6. Vergütung (Abs. 4)
Die Pflicht zur Vergütung von Nutzungen nach § YY regelt Abs. 4.

a) Anspruch auf angemessene Vergütung (S. 1 – 2)
Gemäß § YY Abs. 4 S. 1 ist die Vervielfältigung und öffentliche Zugänglichmachung zur Nutzung an Terminals (Abs. 2) sowie die Vervielfältigung und Übermittlung beim Kopienversand (Abs. 3) durch den Nutzer angemessen zu vergüten.

Soweit die Schrankenregelungen im bestehenden Urheberrecht eine Entsprechung haben, korrespondiert die Vergütungspflicht gemäß § YY Abs. 4 mit jener des geltenden Rechts. Die Vergütungspflicht für den Kopienversand entspricht § 53a Abs. 2 S. 1 UrhG. Die Vergütungspflicht für die öffentliche Zugänglichmachung zur Nutzung an Terminals entspricht § 52b S. 3 UrhG. Die Vergütung für die bislang noch nicht zulässige Vervielfältigung zur Nutzung an Terminals ist gleichläufig geregelt.

Nach § YY Abs. 4 S. 2 kann nur eine Verwertungsgesellschaft den Anspruch auf angemessene Vergütung geltend machen. Auch hier orientier sich die Vorschrift an den Regelungen in §§ 52b S. 4 und 53a Abs. 2 S. 2 UrhG.

b) Vergütung nach §§ 54 ff. UrhG (S. 3)
Für Vervielfältigungen zur Aufnahme in eigene Archive nach § YY Abs. 1 hat der Urheber gegenüber dem Nutzer keinen Vergütungsanspruch. Dies entspricht der Regelung für Nutzungen nach § 53 Abs. 2 S. 1 Nr. 2 UrhG. Diese Nutzungen werden nach §§ 54 ff. UrhG vergütet; dadurch soll ebenfalls eine angemessene Beteiligung des Urhebers an der Nutzung seiner Werke sichergestellt werden.[1757] §§ 54 ff. UrhG sind im Hinblick auf § YY Abs. 1 anzupassen.

[1756] Siehe Teil 3.B.IV.5.
[1757] Näher dazu Teil 6.B.I.6.b).

III. Erfordernis zur Anpassung weiterer Regelungen

§§ XX und YY würden §§ 47, 52a, 52b und 53a UrhG vollständig ersetzen.

§ 46 UrhG würde nur noch für den „Kirchengebrauch" gelten. Bei der Neuformulierung der Vorschrift sollte eine religionsneutrale Formulierung gewählt werden.[1758] Zudem sollte der Gesetzgeber die nach § 46 Abs. 3 UrhG erforderliche Mitteilung auch mittels modernerer Informationstechnologien gestatten.[1759]

§ 53 UrhG müsste neu gefasst werden. Dies betrifft insbesondere § 53 Abs. 2 UrhG. Er könnte durch die Neufassung wesentlich übersichtlicher werden als bisher. § 53 Abs. 3 UrhG würde ganz entfallen.

Darüber hinaus wären eine Reihe weiterer begleitender Änderungen notwendig:

1. Quellenangabe

§ XX stützt sich im Wesentlichen auf Art. 5 Abs. 3 lit. a) InfoSoc-Richtlinie. Diese Vorschrift sieht eine Pflicht zur Quellenangabe vor. Für die zulässigen Nutzungen ist „außer in Fällen, in denen sich dies als unmöglich erweist – die Quelle, einschließlich des Namens des Urhebers, wann immer dies möglich ist" anzugeben.

Im Urheberrechtsgesetz ist die Pflicht zur Quellenangabe für Nutzungen nach diversen Schranken zentral in § 63 UrhG geregelt. Diese Vorschrift müsste im Hinblick auf die nach § XX zulässigen Nutzungen ergänzt werden.

2. Vergütungsregelungen

§ XX Abs. 4 S. 3 und § YY Abs. 4 S. 3 verweisen hinsichtlich der Vergütung für Vervielfältigungen zum privaten und sonstigen eigenen Gebrauch auf §§ 54 ff. UrhG. Diese sollten umgekehrt zur Klarstellung auch auf §§ XX und YY Bezug nehmen.

3. Durchsetzung der Schrankenbestimmungen

§ 95b UrhG regelt die Durchsetzung von Schrankenbestimmungen. Gemäß § 95b Abs. 1 S. 1 UrhG sind Rechteinhaber, die technische Maßnahmen nach § 95a UrhG anwenden, verpflichtet, den Begünstigten bestimmter Schrankenbestimmungen, soweit sie rechtmäßig Zugang zu dem Werk oder Schutzgegenstand haben, die notwendigen Mittel zur Verfügung zu stellen, um von diesen Bestimmungen in dem erforderlichen Maße Gebrauch machen zu können. Erfasst sind unter anderem §§ 46, 47, 52a, 53 UrhG. Die Liste der Normen wäre zu modifizieren und um die entsprechenden Bestandteile von §§ XX und YY zu ergänzen.

[1758] Vgl. zudem die Kritik bei *Schack*, Rn. 572.
[1759] Siehe hierzu Teil 6.B.I.4.b).

Des Weiteren könnte eine Anpassung des § 95b Abs. 1 S. 2 UrhG sachdienlich sein. Hiernach sind Vereinbarungen zum Ausschluss der Verpflichtungen nach Abs. 1 S. 1 der Vorschrift unwirksam. Unklar ist, ob diese Regelung auch die vertragliche Unabdingbarkeit der in § 95b Abs. 1 S. 1 UrhG genannten Schranken zur Folge hat.[1760] Der Gesetzgeber könnte an dieser Stelle klarstellen, dass die in § 95b Abs. 1 S. 1 UrhG genannten Schrankenregelungen vertraglich nicht disponibel sind. Ein solcher Hinweis würde hinsichtlich der in § XX und § YY Abs. 1 vorgesehenen Regelungen zur Rechtssicherheit beitragen.

Auch § 95b Abs. 3 UrhG könnte präziser gefasst werden.[1761] Der Gesetzgeber könnte beispielsweise klarstellen, ob diese Ausnahme zu Abs. 1 (und 2) der Vorschrift ausschließlich auf den Vorgang des Zugänglichmachens oder auch auf daran anschließende Verwertungshandlungen anwendbar ist; derzeit ist dies umstritten.[1762]

4. Sonstige

Zudem wären die Regelungen zum Änderungsverbot (§ 62 UrhG)[1763] und zum Schutz von Sendeunternehmen (§ 87 Abs. 4 UrhG) anzupassen.

Auch eine Anpassung des Datenbankherstellerrechts (§ 87c UrhG)[1764] könnte, insbesondere im Hinblick auf die Zulässigkeit des Text and Data Mining (§ XX Abs. 1 S. 2 Nr. 5), geboten sein.

[1760] Vgl. *Hillegeist*, S. 112 ff.; Schricker/Loewenheim/*Götting*, § 95b Rn. 20. Allgemein zur Abdingbarkeit urheberrechtlicher Schranken *Gräbig*, passim.

[1761] § 95b Abs. 3 UrhG regelt eine Ausnahme von Abs. 1 und 2 der Vorschrift, „soweit Werke und sonstige Schutzgegenstände der Öffentlichkeit auf Grund einer vertraglichen Vereinbarung in einer Weise zugänglich gemacht werden, dass sie Mitgliedern der Öffentlichkeit von Orten und zu Zeiten ihrer Wahl zugänglich sind". Die Vorschrift beruht auf Art. 6 Abs. 4 Unterabs. 4 InfoSoc-Richtlinie. In ihrem Anwendungsbereich ist die Durchsetzung der Schrankenbestimmungen gegenüber technischen Schutzmaßnahmen also ausgeschlossen. „Damit steht die Zulassung der Schrankennutzung in diesem Bereich im Belieben des jeweiligen Rechtsinhabers", BT-Drucks. 15/38, S. 27.

[1762] Erstere Ansicht vertreten Dreier/Schulze/*Dreier*, § 95 Rn. 18; Fromm/Nordemann/*Czychowski*, § 95b Rn. 27; Wandtke/Bullinger/*Wandtke/Ohst*, § 95b Rn. 45, letztere Loewenheim/*Peukert*, § 36 Rn. 7; *Spindler*, GRUR 2002, 105, 119.

[1763] § 62 Abs. 4 UrhG nimmt Bezug auf § 46 UrhG.

[1764] Der Hersteller einer Datenbank hat gem. § 87b Abs. 1 S. 1 UrhG das ausschließliche Recht, die Datenbank insgesamt oder einen nach Art oder Umfang wesentlichen Teil der Datenbank zu vervielfältigen, zu verbreiten und öffentlich wiederzugeben. § 87c UrhG gestattet unter anderem die Vervielfältigung zum eigenen wissenschaftlichen Gebrauch, wenn und soweit die Vervielfältigung zu diesem Zweck geboten ist und der wissenschaftliche Gebrauch nicht zu gewerblichen Zwecken erfolgt. Art. 9 der Richtlinie 96/9/EG des Europäischen Parlaments und des Rates vom 11. März 1996 über den rechtlichen Schutz von Datenbanken ermöglicht den Mitgliedsstaaten vorzusehen, dass der rechtmäßige Benutzer einer der Öffentlichkeit zur Verfügung gestellten Datenbank ohne Genehmigung des Herstellers der Datenbank einen wesentlichen Teil des Inhalts der Datenbank unter anderem zur Veranschaulichung des Unterrichts oder zu Zwecken der wissenschaftlichen

Zudem wäre eine Anpassung der Übergangsregelungen des UrhG (§§ 137e ff.) zu bedenken. § 137k UrhG (Übergangsregelung zur öffentlichen Zugänglichmachung für Unterricht und Forschung) wäre aufgrund des Wegfalls von § 52a UrhG überflüssig.

Schließlich ist eine Anpassung des Straftatbestandes § 106 Abs. 1 UrhG zu erwägen. Ansonsten müsste der offene Tatbestand des § XX Abs. 1 im strafrechtlichen Kontext womöglich anders als bei seiner zivilrechtlichen Anwendung ausgelegt werden.

Forschung entnehmen und/oder weiterverwenden kann. Dabei muss die Quelle angegeben werden und die Entnahme muss durch den nichtkommerziellen Zweck gerechtfertigt sein.

Tabelle 1: Tatbestandselemente der Schranken für Bildung und Wissenschaft

	§ 46	§ 47	§ 53 II 1 Nr. 1	§ 53 II 1 Nr. 2	§ 53 II 1 Nr. 4	§ 53 III 1 Nr. 1	§ 53 III 1 Nr. 2	§ 53a (Post/Fax)	§ 53a (elektr.)	§ 52a I Nr. 1	§ 52a I Nr. 2	§ 52b
Nutzer bzw. privilegierte Einrichtungen	keine Einschränkung	Schulen, Einrichtungen der Lehrer(fort)bildung, Einrichtungen in öffentlicher Trägerschaft i.S.d. § 47 Abs. 1 S. 2	keine Einschränkung	keine Einschränkung	keine Einschränkung	jeder i.R.d. Nutzungszwecks an Schulen, nichtgewerblichen Einrichtungen der Aus- und Weiterbildung sowie an Einrichtungen der Berufsbildung	jeder i.R.d. Nutzungszwecks an Schulen, Hochschulen, nichtgewerblichen Einrichtungen der Aus- und Weiterbildung sowie in der Berufsbildung	öffentliche Bibliotheken	öffentliche Bibliotheken	jeder i.R.d. Nutzungszwecks an Schulen, Hochschulen, nichtgewerblichen Einrichtungen der Aus- und Weiterbildung sowie an Einrichtungen der Berufsbildung	grds. keine Einschränkung	öffentlich zugängliche Bibliotheken, Museen und nicht kommerzielle Archive

266

	§ 46	§ 47	§ 53 II 1 Nr. 1	§ 53 II 1 Nr. 2	§ 53 II 1 Nr. 4	§ 53 III 1 Nr. 1	§ 53 III 1 Nr. 2	§ 53a (Post/Fax)	§ 53a (elektr.)	§ 52a I Nr. 1	§ 52a I Nr. 2	§ 52b
Werke	Teile eines Werkes, Sprachwerke oder Werke der Musik von geringem Umfang, einzelne Werke der bildenden Künste, einzelne Lichtbildwerke	Werke, die innerhalb einer Schulfunksendung gesendet werden	grds. keine Einschränkung (s.u.)	alle außer Elemente elektronischer Datenbankwerke	kleine Teile eines Werkes, einzelne Beiträge aus Zeitungen oder Zeitschriften; seit mind. zwei Jahren vergriffene Werke; keine Elemente elektronischer Datenbankwerke	kleine Teile eines Werkes, Werke geringen Umfangs, einzelne Beiträge aus Zeitungen oder Zeitschriften; keine Werke, die für den Unterrichtsgebrauch an Schulen bestimmt sind	kleine Teile eines Werkes, Werke geringen Umfangs, einzelne Beiträge aus Zeitungen oder Zeitschriften; keine Elemente elektronischer Datenbankwerke; keine Werke, die für den Unterrichtsgebrauch an Schulen bestimmt sind	kleine Teile eines Werkes, einzelne Beiträge aus Zeitungen oder Zeitschriften	kleine Teile eines Werkes, einzelne Beiträge aus Zeitungen oder Zeitschriften	kleine Teile eines Werkes, Werke geringen Umfangs, einzelne Beiträge aus Zeitungen oder Zeitschriften	Teile eines Werkes, Werke geringen Umfangs, einzelne Beiträge aus Zeitungen oder Zeitschriften	Werke aus dem Bestand der jeweiligen Institution; i.Ü. keine Einschränkung

§ 46	§ 47	§ 53 II 1 Nr. 1	§ 53 II 1 Nr. 2	§ 53 II 1 Nr. 4	§ 53 III 1 Nr. 1	§ 53 III 1 Nr. 2	§ 53a (Post/Fax)	§ 53a (elektr.)	§ 52a I Nr. 1	§ 52a I Nr. 2	§ 52b
				Nur i.S.d. § 6 I UrhG veröffentlichte Werke							
ja	i.E. ja	nein	nein	„erschienen" i.S.d. § 6 II	„Beiträge, die in Zeitungen oder Zeitschriften erschienen oder öffentlich zugänglich gemacht worden sind"; i.Ü. umstritten	„Beiträge, die in Zeitungen oder Zeitschriften erschienen oder öffentlich zugänglich gemacht worden sind"; i.Ü. umstritten	„erschienen" i.S.d. § 6 II	„erschienen" i.S.d. § 6 II	ja	ja	ja

	§ 46	§ 47	§ 53 II 1 Nr. 1	§ 53 II 2	§ 53 II 4	§ 53 III 1 Nr. 1	§ 53 III 1 Nr. 2	§ 53a (Post/Fax)	§ 53a (elektr.)	§ 52a I Nr. 1	§ 52a I Nr. 2	§ 52b
Nutzungshandlung	Vervielfältigung; Verbreitung; öffentliche Zugänglichmachung	Vervielfältigung (Herstellen einzelner Vervielfältigungsstücke durch Übertragung auf Bild- und/oder Tonträger)	Vervielfältigung (Herstellen oder Herstellenlassen)	Vervielfältigung (Herstellen oder Herstellenlassen)	Vervielfältigung (Herstellen oder Herstellenlassen)	Vervielfältigung (Herstellen oder Herstellenlassen)	Vervielfältigung (Herstellen oder Herstellenlassen)	Vervielfältigung (und Übermittlung)	Vervielfältigung (und Übermittlung)	öffentliche Zugänglichmachung	öffentliche Zugänglichmachung	Zugänglichmachung an elektronischen Leseplätzen
Nutzungszweck	als Element einer für den Unterrichtsgebrauch bestimmten Sammlung	Verwendung der hergestellten Bild- und Tonträger nur für den Unterricht	zum eigenen wissenschaftlichen Gebrauch	zur Aufnahme in ein eigenes Archiv	zum sonstigen eigenen Gebrauch	zum eigenen Gebrauch zur Veranschaulichung des Unterrichts	zum eigenen Gebrauch für bestimmte Prüfungen	–	auf Bestellung zur Veranschaulichung des Unterrichts oder für Zwecke der wissenschaftlichen Forschung durch Endnutzer	zur Veranschaulichung im Unterricht	für die eigene wissenschaftliche Forschung	zur Zugänglichmachung zu Zwecken der Forschung und für private Studien

	§ 46	§ 47	§ 53 II 1 Nr. 1	§ 53 II 1 Nr. 2	§ 53 II 1 Nr. 4	§ 53 III 1 Nr. 1	§ 53 III 1 Nr. 2	§ 53a (Post/Fax)	§ 53a (elektr.)	§ 52a I Nr. 1	§ 52a I Nr. 2	§ 52b
Ausschluss kommerzieller Zwecke	mittelbar durch privilegierte Einrichtungen	–	Vervielfältigung darf keinem gewerblichen Zweck dienen	mittelbar durch privilegierte Einrichtungen	–	mittelbar durch privilegierte Einrichtungen	mittelbar durch privilegierte Einrichtungen	–	Nutzung darf keinem gewerblichen Zweck dienen („soweit")	öffentliche Zugänglichmachung darf keinem kommerziellen Zweck dienen („soweit")	öffentliche Zugänglichmachung darf keinem kommerziellen Zweck dienen („soweit")	mittelbar durch privilegierte Einrichtungen
Pflicht zur Prüfung der Gebotenheit — h.M.: teilweise	–	–	ja („wenn und soweit")	ja („wenn und soweit")	–	ja („wenn und soweit")	ja („wenn und soweit")	–	–	ja („soweit")	ja („soweit")	–

§ 46	§ 47	§ 53 II 1 Nr. 1	§ 53 II 1 Nr. 2	§ 53 II 1 Nr. 4	§ 53 III 1 Nr. 1	§ 53 III 1 Nr. 2	§ 53a (Post/Fax)	§ 53a (elektr.)	§ 52a I Nr. 1	§ 52a I Nr. 2	§ 52b
				Subsidiarität gegenüber Verlagsangeboten							
–	–	wird vertreten, wenn Erwerb möglich ist	–	–	wird vertreten, wenn Erwerb möglich ist	wird vertreten, wenn Erwerb möglich ist	–	bei offensichtlichem Angebot zu angemessenen Bedingungen	umstritten (BGH v. 28.11.2013 I ZR 76/12: „Ein Zugänglichmachen [ist] nicht geboten [...], wenn der Rechtsinhaber der Hochschule eine angemessene Lizenz für die fragliche Nutzung angeboten hat.")	umstritten	bei entgegenstehenden vertraglichen Regelungen; umgen; umstritten ist, ob Angebot genügt

	§ 46	§ 47	§ 53 II 1 Nr. 1	§ 53 II 1 Nr. 2	§ 53 II 1 Nr. 4	§ 53 III 1 Nr. 1	§ 53 III 1 Nr. 2	§ 53a (Post/Fax)	§ 53a (elektr.)	§ 52a I Nr. 1	§ 52a I Nr. 2	§ 52b
Pflicht zur Quellenangabe	§ 63 Abs. 1 S. 1, Abs. 2 S. 2	–	§ 63 Abs. 1 S. 1	–	–	§ 63 Abs. 1 S. 1	–	–	–	§ 63 Abs. 2 S. 2	§ 63 Abs. 2 S. 2	–
Bereichsausnahmen	Werke für den Unterrichtsgebrauch an Schulen (bei öffentlicher Zugänglichmachung); Werke der Musik nicht für Musikschulsammlungen	–	Elemente elektronischer Datenbankwerke; Noten; Pläne und Entwürfe zu Werken der bildenden den; Künste; Aufnahme öffentlicher Vorträge u.ä.; Werke der Baukunst	Elemente elektronischer Datenbankwerke; Noten; Pläne und Entwürfe zu Werken der bildenden den; Künste; Aufnahme öffentlicher Vorträge u.ä.; Werke der Baukunst	Elemente elektronischer Datenbankwerke; Noten; Pläne und Entwürfe zu Werken der bildenden den; Künste; Aufnahme öffentlicher Vorträge u.ä.; Werke der Baukunst	Werke für den Unterrichtsgebrauch an Schulen; Noten; Pläne und Entwürfe zu Werken der bildenden den; Künste; Aufnahme öffentlicher Vorträge u.ä.; Werke der Baukunst	Werke für den Unterrichtsgebrauch an Schulen; Elemente elektronischer Datenbankwerke; Noten; Pläne und Entwürfe zu Werken der bildenden den; Künste; Aufnahme öffentlicher Vorträge u.ä.; Werke der Baukunst	–	–	Werke für den Unterrichtsgebrauch an Schulen; Filmwerke	Werke für den Unterrichtsgebrauch an Schulen; Filmwerke	–

§ 46	§ 47	§ 53 II 1 Nr. 1	§ 53 II 1 Nr. 2	§ 53 II 1 Nr. 4	§ 53 III 1 Nr. 1	§ 53 III 1 Nr. 2	§ 53a (Post/Fax)	§ 53a (elektr.)	§ 52a I Nr. 1	§ 52a I Nr. 2	§ 52b
				sonstige Einschränkungen der Nutzung							
Zweck der Sammlung ist in den Vervielfältigungsstücken oder bei der öffentliche Zugänglichmachung deutlich anzugeben; Nutzung erst nach Mitteilung an Rechteinhaber zulässig	Pflicht zur Löschung am Ende des auf die Übertragung der Sendung folgenden Schuljahres	nur einzelne Vervielfältigungsstücke; bei Noten sowie ganzen Büchern und Zeitschriften, die nicht mindestens seit zwei Jahren vergriffen sind, nur durch Abschreiben zulässig	nur einzelne Vervielfältigungsstücke; nur auf Papier o. ähnl. Träger mittels fotomech. bzw. ähnl. wirkender Verfahren o. bei ausschl. analoger Nutzung o. wenn das Archiv im öffentl. Interesse tätig ist und keinen unmittelbar o. mittelbar wirtschaftl. o. Erwerbszweck verfolgt	nur einzelne Vervielfältigungsstücke; nur auf Papier oder ähnlichem Träger mittels fotomechanischer bzw. ähnlich wirkender Verfahren oder bei ausschließlich analoger Nutzung; Noten nur durch Abschreiben	nur in der erforderlichen Anzahl; Noten nur durch Abschreiben	nur in der erforderlichen Anzahl; Noten nur durch Abschreiben	Nutzung muss für den Besteller nach § 53 zulässig sein; nur auf Einzelbestellung	Nutzung muss für den Besteller nach § 53 zulässig sein; nur auf Einzelbestellung, ausschließlich als grafische Datei	öffentliche Zugänglichmachung ausschließlich für den bestimmt abgegrenzten Kreis von Unterrichtsteilnehmern	öffentliche Zugänglichmachung ausschließlich für einen bestimmt abgegrenzten Kreis von Personen für deren eigene wissenschaftliche Forschung	ausschließlich in den Räumen der jeweiligen Einrichtung; an elektr. Leseplätzen; Bestandsakzessorietät

	§ 46	§ 47	§ 53 II 1 Nr. 1	§ 53 II 1 Nr. 2	§ 53 II 1 Nr. 4	§ 53 III 1 Nr. 1	§ 53 III 1 Nr. 2	§ 53a (Post/Fax)	§ 53a (elektr.)	§ 52a I Nr. 1	§ 52a I Nr. 2	§ 52b
Annexvervielfältigungen	nicht anwendbar	nicht anwendbar	nicht anwendbar	nicht anwendbar	nicht anwendbar	nicht anwendbar	nicht anwendbar	nicht anwendbar	nicht anwendbar	ja, wenn erforderlich	ja, wenn erforderlich	umstritten
Anschlussnutzungen	–	–	–	–	–	–	–	–	–	umstritten (ja nach BGH v. 28.11.2013, I ZR 76/12)	umstritten (ja nach BGH v. 28.11.2013, I ZR 76/12)	umstritten
angemessene Vergütung des Urhebers	ja	ja, um Löschungspflicht zu entgehen	Geräte- und Betreiberabgabe	Geräte- und Betreiberabgabe	Geräte- und Betreiberabgabe	Geräte- und Betreiberabgabe	Geräte- und Betreiberabgabe	ja	ja	ja	ja	ja
Verwertungsgesellschaftspflicht	nein, aber tatsächliche Praxis	nein, aber tatsächliche Praxis	ja	ja	ja	ja	ja	ja	ja	ja	ja	ja

Tabelle 2: Unklare und umstrittene Elemente der Schranken für Bildung und Wissenschaft

§ 46	§ 47	§ 53 II 1 Nr. 1	§ 53 II 1 Nr. 2	§ 53 II 1 Nr. 4	§ 53 III 1 Nr. 1	§ 53 III 1 Nr. 2	§ 53a (Post/Fax)	§ 53a (elektr.)	§ 52a I Nr. 1	§ 52a I Nr. 2	§ 52b
Nutzer bzw. privilegierte Einrichtungen											
	Ist die Aufzeichnung durch einen Lehrer außerhalb der Schule, z. B. zu Hause, zulässig?								Ist die Nutzung im Schulunterricht „öffentlich" i.S.d. § 15 Abs. 3?		Welche der privilegierten Einrichtungen dürfen Erwerbszwecke verfolgen?

275

§ 46	§ 47	§ 53 II 1 Nr. 1	§ 53 II 1 Nr. 2	§ 53 II 1 Nr. 4	§ 53 III 1 Nr. 1	§ 53 III 1 Nr. 2	§ 53a (Post/Fax)	§ 53a (elektr.)	§ 52a I Nr. 1	§ 52a I Nr. 2	§ 52b
					Werke						
Was sind „Teile eines Werkes", was „Werke von geringem Umfang"?	Was bedeutet „Schulfunk"?		Ist die Beschränkung auf „ein eigenes Werkstück" als Vorlage im Hinblick auf Langzeitarchivierung und Web-Harvesting sachgerecht?	Was sind „kleine Teile eines Werkes"?	Was sind „kleine Teile eines Werkes", was „Werke von geringem Umfang"?	Was sind „kleine Teile eines Werkes", was „Werke von geringem Umfang"?	Was sind „kleine Teile eines Werkes"? Müssen die Werke aus dem eigenen Bestand der versendenden Bibliothek stammen?	Was sind „kleine Teile eines Werkes"? Müssen die Werke aus dem eigenen Bestand der versendenden Bibliothek stammen?	Was sind „kleine Teile eines Werkes", was „Werke geringen Umfangs"? (siehe dazu BGH v. 28.11.2013, I ZR 76/12)	Was sind „Teile eines Werkes", was „Werke geringen Umfangs"?	

§ 46	§ 47	§ 53 II 1 Nr. 1	§ 53 II 1 Nr. 2	§ 53 II 1 Nr. 4	§ 53 III 1 Nr. 1	§ 53 III 1 Nr. 2	§ 53a (Post/Fax)	§ 53a (elektr.)	§ 52a I Nr. 1	§ 52a I Nr. 2	§ 52b
				Nur i.S.d. § 61 veröffentlichte Werke							
				Unter welchen Voraussetzungen sind Online-Quellen erschienen?	Bezieht sich „erschienen oder öffentlich zugänglich gemacht" auch auf kleine Teile eines Werkes bzw. Werke geringen Umfangs?	Bezieht sich „erschienen oder öffentlich zugänglich gemacht" auch auf kleine Teile eines Werkes bzw. Werke geringen Umfangs?	Unter welchen Voraussetzungen sind Online-Quellen erschienen?	Unter welchen Voraussetzungen sind Online-Quellen erschienen?			
					Nutzungshandlung						
											Was sind „elektronische Lese-plätze"?

	§ 46	§ 47	§ 53 II 1 Nr. 1	§ 53 II 1 Nr. 2	§ 53 II 1 Nr. 4	§ 53 III 1 Nr. 1	§ 53 III 1 Nr. 2	§ 53a (Post/Fax)	§ 53a (elektr.)	§ 52a I Nr. 1	§ 52a I Nr. 2	§ 52b
Nutzungszweck			Ist die Unterrichtung über den Stand der Forschung erfasst?			Sind die Vor- und Nachbereitung des Unterrichts erfasst?		Müssen Bibliotheken kontrollieren, ob ihre Nutzer privilegierte Zwecke verfolgen? Wenn ja, wie weit geht die Prüfungspflicht?	Müssen Bibliotheken kontrollieren, ob ihre Nutzer privilegierte Zwecke verfolgen? Wenn ja, wie weit geht die Prüfungspflicht?	Ist „zur Veranschaulichung im Unterricht" enger zu verstehen als „zur Veranschaulichung des Unterrichts" in § 53 Abs. 3 Nr. 1?	Entspricht „wissenschaftliche Forschung" dem Begriff des „eigenen wissenschaftlichen Gebrauchs" in § 53 Abs. 2 Nr. 1?	Müssen Bibliotheken kontrollieren, ob ihre Nutzer privilegierte Zwecke verfolgen? Wenn ja, wie weit geht die Prüfungspflicht?

	§ 46	§ 47	§ 53 II 1 Nr. 1	§ 53 II 1 Nr. 2	§ 53 II 1 Nr. 4	§ 53 III 1 Nr. 1	§ 53 III 1 Nr. 2	§ 53 (Post/Fax)	§ 53a (elektr.)	§ 52a I Nr. 1	§ 52a I Nr. 2	§ 52b
Ausschluss kommerzieller Zwecke										Können sich Schulen, die sich über Schulgebühren finanzieren, auf die Norm berufen?	Können sich Forscher an Instituten, die Auftragsforschung betreiben, auf die Norm berufen?	
Pflicht zur Prüfung der Gebotenheit	In welchen Fällen ist die Gebotenheit ungeschriebene Voraussetzung?	Wie ist der Begriff „Gebotenheit" auszulegen?				Wie ist der Begriff „Gebotenheit" auszulegen?	Wie ist der Begriff „Gebotenheit" auszulegen?		Entspricht „gerechtfertigt" dem Begriff der „Gebotenheit"?	Wie ist der Begriff „Gebotenheit" auszulegen?	Wie ist der Begriff „Gebotenheit" auszulegen?	

§ 46	§ 47	§ 53 II 1 Nr. 1	§ 53 II 1 Nr. 2	§ 53 II 1 Nr. 4	§ 53 III 1 Nr. 1	§ 53 III 1 Nr. 2	§ 53a (Post/Fax)	§ 53a (elektr.)	§ 52a I Nr. 1	§ 52a I Nr. 2	§ 52b
				Subsidiarität gegenüber Verlagsangeboten							
		Unter welchen Voraussetzungen ist eine Vervielfältigung nicht „geboten", wenn eine Möglichkeit zum Erwerb des Werk(teil)s besteht, etwa bei Verlagsangeboten?	Unter welchen Voraussetzungen ist eine Vervielfältigung nicht „geboten", wenn eine Möglichkeit zum Erwerb des Werk(teil)s besteht, etwa bei Verlagsangeboten?		Unter welchen Voraussetzungen ist eine Vervielfältigung nicht „geboten", wenn eine Möglichkeit zum Erwerb des Werk(teil)s besteht, etwa bei Verlagsangeboten?	Unter welchen Voraussetzungen ist eine Vervielfältigung nicht „geboten", wenn eine Möglichkeit zum Erwerb des Werk(teil)s besteht, etwa bei Verlagsangeboten?		Unter welchen Voraussetzungen liegt ein Angebot zum Vertragsschluss i.S.d. § 53a Abs. 1 S. 3 zu „angemessenen Bedingungen" vor?	Ist die Nutzung nicht mehr „geboten", wenn ein Angebot zu angemessenen Bedingungen vorliegt?	Ist die Nutzung nicht mehr „geboten", wenn ein Angebot zu angemessenen Bedingungen vorliegt?	Bedeutet die Formulierung „soweit dem keine vertraglichen Regelungen entgegenstehen", dass ein Angebot zum Vertragsschluss zu angemessenen Bedingungen ausreicht?

§ 46	§ 47	§ 53 II 1 Nr. 1	§ 53 II 1 Nr. 2	§ 53 II 1 Nr. 4	§ 53 III 1 Nr. 1	§ 53 III 1 Nr. 2	§ 53a (Post/Fax)	§ 53a (elektr.)	§ 52a I Nr. 1	§ 52a I Nr. 2	§ 52b
		sonstige Einschränkung der Nutzung									
	Wie ist die Löschungsfrist zu berechnen?								Inwiefern muss derjenige, der das Werk/den Werkteil öffentlich zugänglich macht, kontrollieren, ob ein „bestimmt abgegrenzter Kreis" vorliegt?	Inwiefern muss derjenige, der das Werk/den Werkteil öffentlich zugänglich macht, kontrollieren, ob ein „bestimmt abgegrenzter Kreis" vorliegt?	Inwiefern ist im Einzelfall eine Ausnahme von der Voraussetzung der Bestandsakzessorietät zulässig, etwa bei Belastungsspitzen?

§ 46	§ 47	§ 53 II 1 Nr. 1	§ 53 II 1 Nr. 2	§ 53 II 1 Nr. 4	§ 53 III 1 Nr. 1	§ 53 III 1 Nr. 2	§ 53a (Post/Fax)	§ 53a (elektr.)	§ 52a I Nr. 1	§ 52a I Nr. 2	§ 52b
Annexvervielfältigungen									Gestattet die Norm auch die Digitalisierung von Werken?	Gestattet die Norm auch die Digitalisierung von Werken?	Ist die Digitalisierung des Bestands erlaubt?
Anschlussnutzungen									Ist das Ausdrucken bzw. Abspeichern der Inhalte durch Endnutzer erlaubt?	Ist das Ausdrucken bzw. Abspeichern der Inhalte durch Endnutzer erlaubt?	Ist das Ausdrucken bzw. Abspeichern der Inhalte durch Endnutzer erlaubt?

§ 46	§ 47	§ 53 II 1 Nr. 1	§ 53 II 1 Nr. 2	§ 53 II 1 Nr. 4	§ 53 III 1 Nr. 1	§ 53 III 1 Nr. 2	§ 55a (Post/Fax)	§ 55a (elektr.)	§ 52a I Nr. 1	§ 52a I Nr. 2	§ 52b
	angemessene Vergütung des Urhebers										
	Hat sich die Vergütungsregelung praktisch bewährt?	Ist die Geräte- und Betreiberabgabe im Hinblick auf die Vervielfältigung digitaler Vorlagen sachgerecht?		Ist die Geräte- und Betreiberabgabe im Hinblick auf die Vervielfältigung digitaler Vorlagen sachgerecht?	Ist die Geräte- und Betreiberabgabe im Hinblick auf die Vervielfältigung digitaler Vorlagen sachgerecht?	Ist die Geräte- und Betreiberabgabe im Hinblick auf die Vervielfältigung digitaler Vorlagen sachgerecht?	Steht die Vergütungspflicht der Übermittlung, die eine Umgehung der Vergütungspflicht bei Übermittlung aus dem Ausland verhindern soll, im Widerspruch zum Schutzlandprinzip?	Steht die Vergütungspflicht der Übermittlung, die eine Umgehung der Vergütungspflicht bei Übermittlung aus dem Ausland verhindern soll, im Widerspruch zum Schutzlandprinzip?	Ist die Vergütung konkret oder pauschal zu berechnen?	Ist die Vergütung konkret oder pauschal zu berechnen?	Ist die Vergütungspflicht notwendig, obwohl sie nicht ausdrücklich eurorechtlich vorgeschrieben ist?

Tabelle 3: Vorgaben der InfoSoc-Richtlinie
bezüglich Schranken für Bildung und Wissenschaft[1765]

Art. 5 RL 2001/29/EG	UrhG	Wortlaut UrhG
(2) Die Mitgliedstaaten können in den folgenden Fällen Ausnahmen oder Beschränkungen in Bezug auf das in Artikel 2 vorgesehene Vervielfältigungsrecht vorsehen:		
a) in Bezug auf Vervielfältigungen auf Papier oder einem ähnlichen Träger mittels beliebiger fotomechanischer Verfahren oder anderer Verfahren mit ähnlicher Wirkung, mit Ausnahme von Notenblättern und unter der Bedingung, dass die Rechtsinhaber einen gerechten Ausgleich erhalten;	§ 53 II Nr. 2	*[Beachte: § 53 II Nr. 2 wurde nicht aufgrund der InfoSoc-RL erlassen, aber mit dem „Ersten Korb" angepasst. Weitere Anknüpfungspunkte sind Art. 5 Abs. 2 lit. c) sowie Abs. 3 lit. o)]* (2) ¹Zulässig ist, einzelne Vervielfältigungsstücke eines Werkes herzustellen oder herstellen zu lassen (...) 2. zur Aufnahme in ein eigenes Archiv, wenn und soweit die Vervielfältigung zu diesem Zweck geboten ist und als Vorlage für die Vervielfältigung ein eigenes Werkstück benutzt wird, ²Dies gilt im Fall des Satzes 1 Nr. 2 nur, wenn zusätzlich 1. die Vervielfältigung auf Papier oder einem ähnlichen Träger mittels beliebiger photomechanischer Verfahren oder anderer Verfahren mit ähnlicher Wirkung vorgenommen wird oder (...)

[1765] Vergütungsregelungen sind in der Tabelle nicht berücksichtigt.

| | § 53 II Nr. 4 | *[Beachte: § 53 II Nr. 4 wurde nicht aufgrund der InfoSoc-RL erlassen, aber mit dem „Ersten Korb" angepasst. Weiterer Anknüpfungspunkt ist Art. 5 Abs. 3 lit. o)]*

(2) ¹Zulässig ist, einzelne Vervielfältigungsstücke eines Werkes herzustellen oder herstellen zu lassen
(...)

4. zum sonstigen eigenen Gebrauch,

a) wenn es sich um kleine Teile eines erschienenen Werkes oder um einzelne Beiträge handelt, die in Zeitungen oder Zeitschriften erschienen sind,

b) wenn es sich um ein seit mindestens zwei Jahren vergriffenes Werk handelt.

²Dies gilt im Fall des Satzes 1 Nr. 2 nur, wenn zusätzlich
1. die Vervielfältigung auf Papier oder einem ähnlichen Träger mittels beliebiger photomechanischer Verfahren oder anderer Verfahren mit ähnlicher Wirkung vorgenommen wird oder
(...)

³Dies gilt in den Fällen des Satzes 1 Nr. (...) 4 nur, wenn zusätzlich eine der Voraussetzungen des Satzes 2 Nr. 1 oder 2 vorliegt. |

c) in Bezug auf bestimmte Vervielfälti-gungshandlungen von öffentlich zu-gänglichen Bibliotheken, Bildungs-einrichtungen oder Museen oder von Archiven, die keinen unmittelbaren oder mittelbaren wirtschaftlichen oder kommerziellen Zweck verfolgen;	§ 53 II Nr. 2	*[Beachte: § 53 II Nr. 2 wurde nicht auf-grund der InfoSoc-RL erlassen, aber mit dem „Ersten Korb" angepasst. Weitere Anknüp-fungspunkte sind Art. 5 Abs. 2 lit. a) sowie Abs. 3 lit. o)]* (2) ¹Zulässig ist, einzelne Vervielfälti-gungsstücke eines Werkes herzustellen oder herstellen zu lassen (...) 2. zur Aufnahme in ein eigenes Ar-chiv, wenn und soweit die Vervielfälti-gung zu diesem Zweck geboten ist und als Vorlage für die Vervielfälti-gung ein eigenes Werkstück benutzt wird, (...) ²Dies gilt im Fall des Satzes 1 Nr. 2 nur, wenn zusätzlich (...) 3. das Archiv im öffentlichen Interesse tätig ist und keinen unmittelbar oder mittelbar wirtschaftlichen oder Er-werbszweck verfolgt.
(3) Die Mitgliedstaaten können in den folgenden Fällen Ausnahmen oder Beschränkungen in Bezug auf die in den Artikeln 2 und 3 vorgesehenen Rechte vorsehen:		
a) für die Nutzung ausschließlich zur Veranschaulichung im Unterricht oder für Zwecke der wissenschaftlichen Forschung, sofern – außer in Fällen, in denen sich dies als unmöglich erweist – die Quelle, einschließlich des Na-mens des Urhebers, wann immer dies möglich ist, angegeben wird und so-weit dies zur Verfolgung nicht kom-merzieller Zwecke gerechtfertigt ist;	§ 46	*[Beachte: von dem Abdruck von Art. 5 Abs. 3 lit. g) InfoSoc-Richtlinie – Nutzung bei religiösen Veranstaltungen – wurde abge-sehen]* (1) ¹Nach der Veröffentlichung zuläs-sig ist die Vervielfältigung, Verbrei-tung und öffentliche Zugänglichma-chung von Teilen eines Werkes, von Sprachwerken oder von Werken der Musik von geringem Umfang, von einzelnen Werken der bildenden Künste oder einzelnen Lichtbildwer-ken als Element einer Sammlung, die Werke einer größeren Anzahl von Ur-hebern vereinigt und die nach ihrer Beschaffenheit nur für den Unter-richtsgebrauch in Schulen, in nichtge-werblichen Einrichtungen der Aus- und Weiterbildung oder in Einrich-

		tungen der Berufsbildung oder für den Kirchengebrauch bestimmt ist. [2]Die öffentliche Zugänglichmachung eines für den Unterrichtsgebrauch an Schulen bestimmten Werkes ist stets nur mit Einwilligung des Berechtigen zulässig. [3]In den Vervielfältigungsstücken oder bei der öffentlichen Zugänglichmachung ist deutlich anzugeben, wozu die Sammlung bestimmt ist. (2) Absatz 1 gilt für Werke der Musik nur, wenn diese Elemente einer Sammlung sind, die für den Gebrauch im Musikunterricht in Schulen mit Ausnahme der Musikschulen bestimmt ist.
	§ 47	*[Beachte: § 47 UrhG fällt in den Anwendungsbereich von Art. 5 III lit. a) InfoSoc-RL. Er wurde aufgrund der InfoSoc-RL aber weder erlassen noch geändert.]* (1) [1]Schulen sowie Einrichtungen der Lehrerbildung und der Lehrerfortbildung dürfen einzelne Vervielfältigungsstücke von Werken, die innerhalb einer Schulfunksendung gesendet werden, durch Übertragung der Werke auf Bild- oder Tonträger herstellen. [2]Das gleiche gilt für Heime der Jugendhilfe und die staatlichen Landesbildstellen oder vergleichbare Einrichtungen in öffentlicher Trägerschaft. (2) [1]Die Bild- oder Tonträger dürfen nur für den Unterricht verwendet werden. [2]Sie sind spätestens am Ende des auf die Übertragung der Schulfunksendung folgenden Schuljahrs zu löschen, es sei denn, daß dem Urheber eine angemessene Vergütung gezahlt wird.

	§ 52a I – III	[Beachte: § 52a wurde mit dem „Ersten Korb" eingeführt.]

§ 52a I – III

[Beachte: § 52a wurde mit dem „Ersten Korb" eingeführt.]

(1) Zulässig ist,

1. veröffentlichte kleine Teile eines Werkes, Werke geringen Umfangs sowie einzelne Beiträge aus Zeitungen oder Zeitschriften zur Veranschaulichung im Unterricht an Schulen, Hochschulen, nichtgewerblichen Einrichtungen der Aus- und Weiterbildung sowie an Einrichtungen der Berufsbildung ausschließlich für den bestimmt abgegrenzten Kreis von Unterrichtsteilnehmern oder

2. veröffentlichte Teile eines Werkes, Werke geringen Umfangs sowie einzelne Beiträge aus Zeitungen oder Zeitschriften ausschließlich für einen bestimmt abgegrenzten Kreis von Personen für deren eigene wissenschaftliche Forschung

öffentlich zugänglich zu machen, soweit dies zu dem jeweiligen Zweck geboten und zur Verfolgung nicht kommerzieller Zwecke gerechtfertigt ist.

(2) ¹Die öffentliche Zugänglichmachung eines für den Unterrichtsgebrauch an Schulen bestimmten Werkes ist stets nur mit Einwilligung des Berechtigten zulässig. ²Die öffentliche Zugänglichmachung eines Filmwerkes ist vor Ablauf von zwei Jahren nach Beginn der üblichen regulären Auswertung in Filmtheatern im Geltungsbereich dieses Gesetzes stets nur mit Einwilligung des Berechtigten zulässig.

(3) Zulässig sind in den Fällen des Absatzes 1 auch die zur öffentlichen Zugänglichmachung erforderlichen Vervielfältigungen.

288

	§ 53 II Nr. 1	[*Beachte: § 53 II Nr. 1 wurde nicht aufgrund der InfoSoc-RL erlassen, aber mit dem „Zweiten Korb" angepasst.*] (2) ¹Zulässig ist, einzelne Vervielfältigungsstücke eines Werkes herzustellen oder herstellen zu lassen 1. zum eigenen wissenschaftlichen Gebrauch, wenn und soweit die Vervielfältigung zu diesem Zweck geboten ist und sie keinen gewerblichen Zwecken dient, (...)
	§ 53 III Nr. 1	[*Beachte: § 53 III Nr. 1 wurde nicht aufgrund der InfoSoc-RL erlassen, aber mit dem „Zweiten Korb" angepasst.*] (3) ¹Zulässig ist, Vervielfältigungsstücke von kleinen Teilen eines Werkes, von Werken von geringem Umfang oder von einzelnen Beiträgen, die in Zeitungen oder Zeitschriften erschienen oder öffentlich zugänglich gemacht worden sind, zum eigenen Gebrauch 1. zur Veranschaulichung des Unterrichts in Schulen, in nichtgewerblichen Einrichtungen der Aus- und Weiterbildung sowie in Einrichtungen der Berufsbildung in der für die Unterrichtsteilnehmer erforderlichen Anzahl oder (...) herzustellen oder herstellen zu lassen, wenn und soweit die Vervielfältigung zu diesem Zweck geboten ist. ²Die Vervielfältigung eines Werkes, das für den Unterrichtsgebrauch an Schulen bestimmt ist, ist stets nur mit Einwilligung des Berechtigten zulässig. (...)

	§ 53 III Nr. 2	*[Beachte: § 53 III Nr. 2 UrhG fällt nach der hier vertretenen Auffassung in den Anwendungsbereich von Art. 5 III lit. a) Info-Soc-RL.]*
		(3) ¹Zulässig ist, Vervielfältigungsstücke von kleinen Teilen eines Werkes, von Werken von geringem Umfang oder von einzelnen Beiträgen, die in Zeitungen oder Zeitschriften erschienen oder öffentlich zugänglich gemacht worden sind, zum eigenen Gebrauch
		(...)
		2. für staatliche Prüfungen und Prüfungen in Schulen, Hochschulen, in nichtgewerblichen Einrichtungen der Aus- und Weiterbildung sowie in der Berufsbildung in der erforderlichen Anzahl
		herzustellen oder herstellen zu lassen, wenn und soweit die Vervielfältigung zu diesem Zweck geboten ist. ²Die Vervielfältigung eines Werkes, das für den Unterrichtsgebrauch an Schulen bestimmt ist, ist stets nur mit Einwilligung des Berechtigten zulässig.
	§ 53a	*[Beachte: § 53a geht auf BGHZ 141, 13 – Kopienversanddienst zurück. Da § 53a aber erst mit dem „Zweiten Korb" aufgenommen wurde, beruht die Regelung zumindest in seiner konkreten Form auch auf Art. 5 III lit. a).]*
		(1) ¹Zulässig ist auf Einzelbestellung die Vervielfältigung und Übermittlung einzelner in Zeitungen und Zeitschriften erschienener Beiträge sowie kleiner Teile eines erschienenen Werkes im Wege des Post- oder Faxversands durch öffentliche Bibliotheken, sofern die Nutzung durch den Besteller nach § 53 zulässig ist. ²Die Vervielfältigung und Übermittlung in sonstiger elektronischer Form ist ausschließlich als grafische Datei und zur Veranschaulichung des Unterrichts oder für Zwecke der wissenschaftlichen Forschung zulässig, soweit dies zur Verfolgung

		nicht gewerblicher Zwecke gerechtfertigt ist. [3]Die Vervielfältigung und Übermittlung in sonstiger elektronischer Form ist ferner nur dann zulässig, wenn der Zugang zu den Beiträgen oder kleinen Teilen eines Werkes den Mitgliedern der Öffentlichkeit nicht offensichtlich von Orten und zu Zeiten ihrer Wahl mittels einer vertraglichen Vereinbarung zu angemessenen Bedingungen ermöglicht wird. (...)
n) für die Nutzung von Werken und sonstigen Schutzgegenständen, für die keine Regelungen über Verkauf und Lizenzen gelten und die sich in den Sammlungen der Einrichtungen gemäß Absatz 2 Buchstabe c) befinden, durch ihre Wiedergabe oder Zugänglichmachung für einzelne Mitglieder der Öffentlichkeit zu Zwecken der Forschung und privater Studien auf eigens hierfür eingerichteten Terminals in den Räumlichkeiten der genannten Einrichtungen;	§ 52b	[*Beachte: § 52b wurde mit dem „Zweiten Korb" eingeführt.*] [1]Zulässig ist, veröffentlichte Werke aus dem Bestand öffentlich zugänglicher Bibliotheken, Museen oder Archive, die keinen unmittelbar oder mittelbar wirtschaftlichen oder Erwerbszweck verfolgen, ausschließlich in den Räumen der jeweiligen Einrichtung an eigens dafür eingerichteten elektronischen Leseplätzen zur Forschung und für private Studien zugänglich zu machen, soweit dem keine vertraglichen Regelungen entgegenstehen. [2]Es dürfen grundsätzlich nicht mehr Exemplare eines Werkes an den eingerichteten elektronischen Leseplätzen gleichzeitig zugänglich gemacht werden, als der Bestand der Einrichtung umfasst. (...)
o) für die Nutzung in bestimmten anderen Fällen von geringer Bedeutung, soweit solche Ausnahmen oder Beschränkungen bereits in einzelstaatlichen Rechtsvorschriften vorgesehen sind und sofern sie nur analoge Nutzungen betreffen und den freien Waren- und Dienstleistungsverkehr in der Gemeinschaft nicht berühren; dies gilt unbeschadet der anderen in diesem Artikel enthaltenen Ausnahmen und Beschränkungen.	§ 53 II Nr. 2	[*Beachte: § 53 II Nr. 2 wurde nicht aufgrund der InfoSoc-RL erlassen, aber mit dem „Ersten Korb" angepasst. Weitere Anknüpfungspunkte sind Art. 5 Abs. 2 lit. c) sowie Abs. 3 lit. o)*] (2) [1]Zulässig ist, einzelne Vervielfältigungsstücke eines Werkes herzustellen oder herstellen zu lassen (...) 2. zur Aufnahme in ein eigenes Archiv, wenn und soweit die Vervielfältigung zu diesem Zweck geboten ist und als Vorlage für die Vervielfältigung ein eigenes Werkstück benutzt wird,

		(...)
		²Dies gilt im Fall des Satzes 1 Nr. 2 nur, wenn zusätzlich
		(...)
		2. eine ausschließlich analoge Nutzung stattfindet oder
		(...)
	§ 53 II Nr. 4	[*Beachte: § 53 II Nr. 4 wurde nicht aufgrund der InfoSoc-RL erlassen, aber mit dem „Ersten Korb" angepasst. Weiterer Anknüpfungspunkt ist Art. 5 Abs. 2 lit. a)*]
		(2) ¹Zulässig ist, einzelne Vervielfältigungsstücke eines Werkes herzustellen oder herstellen zu lassen
		(...)
		4. zum sonstigen eigenen Gebrauch,
		a) wenn es sich um kleine Teile eines erschienenen Werkes oder um einzelne Beiträge handelt, die in Zeitungen oder Zeitschriften erschienen sind,
		b) wenn es sich um ein seit mindestens zwei Jahren vergriffenes Werk handelt. ²Dies gilt im Fall des Satzes 1 Nr. 2 nur, wenn zusätzlich
		(...)
		2. eine ausschließlich analoge Nutzung stattfindet oder
		(...)
		³Dies gilt in den Fällen des Satzes 1 Nr. 3 und 4 nur, wenn zusätzlich eine der Voraussetzungen des Satzes 2 Nr. 1 oder 2 vorliegt.

	§ 53a	[*Beachte: § 53a geht auf BGHZ 141, 13 – Kopienversanddienst zurück. Da er aber erst mit dem „Zweiten Korb" aufgenommen wurde, beruht er zumindest in seiner konkreten Form auch auf Art. 5 III lit. o)*]
		(1) [1]Zulässig ist auf Einzelbestellung die Vervielfältigung und Übermittlung einzelner in Zeitungen und Zeitschriften erschienener Beiträge sowie kleiner Teile eines erschienenen Werkes im Wege des Post- oder Faxversands durch öffentliche Bibliotheken, sofern die Nutzung durch den Besteller nach § 53 zulässig ist. (...)

Tabelle 4: Ausnahmen für Bildung und Wissenschaft in Deutschland und Großbritannien

Problemstellung	Deutschland	Großbritannien
Forschung/Wissenschaft	in Einzelnormen verteilt	Generalklausel
Nutzung von Werken zu Forschungszwecken und für private Studien	§ 53 UrhG: Vervielfältigung zum eigenen wissenschaftlichen Gebrauch § 52a UrhG: öffentliche Zugänglichmachung § 52b UrhG: elektronische Leseplätze	s. 29 CDPA (*fair dealing*)
Bildungsbereich	in Einzelnormen verteilt	sektorenspezifisch geregelt
Nutzung von Werken in Sammlungen	§ 46 UrhG	s. 33 CDPA
Aufführung von Werken in Bildungsinstitutionen	§ 52 UrhG: öffentliche Wiedergabe	s. 34 (1) CDPA: keine Ausnahmeregelung, sondern tatbestandlicher Ausschluss des Vortragsrechts
Nutzung von Sendungen bzw. Werken in Sendungen im Unterricht	§ 47 UrhG: Aufnahme, Vervielfältigung	s. 35 CDPA: Aufnahme, Vervielfältigung und öffentliche Wiedergabe innerhalb von Bildungseinrichtungen
Nutzung im Unterricht	§ 52a UrhG: öffentliche Zugänglichmachung § 53 Abs. 3 UrhG: Vervielfältigungen	Differenzierung: reprographische Vervielfältigungen an Bildungseinrichtungen: s. 36 CDPA nicht-reprographische Vervielfältigungen unabhängig von Bildungseinrichtungen: s. 32 (1) CDPA (*nicht reprographisch*) *fair dealing* geplant
Nutzung für Prüfungen	§ 53 UrhG: Vervielfältigungen	s. 32 (3) CDPA: jegliche Nutzungshandlungen für Prüfungsfragen/Prüfungen *fair dealing* geplant
Verleih von Werkexemplaren	– (vgl. §§ 17 Abs. 2, 27 Abs. 2 UrhG)	s. 36A CDPA
Nutzung von Werken bei Fernstudien/Fernunterricht	§§ 52a, 53 Abs. 3 UrhG anwendbar, sofern fest institutionalisierte Organisation	**Anpassung des geltenden Rechts geplant**

Problemstellung	Deutschland	Großbritannien
Bibliotheken/Archive	in Einzelnormen verteilt	sektorenspezifisch geregelt
Ausgabe von Kopien	§ 53a UrhG: Kopienversand (Berechtigung nach § 53 UrhG)	Ausgabe von Kopien an Leser: ss. 38, 39, 43 CDPA interne Anfertigung und Weitergabe von Kopien zwischen Bibliotheken: ss. 41, 42, 44A CDPA
Kopien zur Bestandserhaltung	§ 53 Abs. 2 S. 1 Nr. 2, Nr. 4 lit. b), Abs. 4 lit. b) UrhG	s. 42 CDPA
Verleih von Werken	– (vgl. §§ 17 Abs. 2, 27 Abs. 2 UrhG)	s. 40A CDPA
Export von Werken	–	s. 44 CDPA: Vervielfältigungen, wenn Werke exportiert werden
elektronische Leseplätze in Bibliotheken	§ 52b UrhG	**geplant**
Sonstiges		
Privatgebrauch	§ 53 Abs. 1 UrhG	**– (enge Ausnahmeregelung für Vervielfältigungen im privaten Bereich geplant)**

Literaturverzeichnis

Ahlberg, Hartwig/Götting, Horst-Peter (Hrsg.), Beck'scher Online-Kommentar Urheberrecht, 3. Ed. 2013

Ahrens, Hans-Jürgen, Der Ghostwriter – Prüfstein des Urheberpersönlichkeitsrechts, GRUR 2013, 21-25

Akademie für Lehrerfortbildung und Personalführung Dillingen, Medienrecht und Schule – Medien verantwortlich nutzen und selbst gestalten, 2013, abrufbar unter http://dozenten.alp.dillingen.de/mp/recht/medrecht+schule_alp.pdf

American Library Association (ALA), Model Policy Concerning College and University Photocopying for Classroom, Research and Library Reserve Use, 1982, abrufbar unter http://library.ucmo.edu/circulation/Model_Policy.pdf

Albrecht, Rainer, E-Learning in Hochschulen – Die Implementierung von E-Learning an Präsenzhochschulen aus hochschuldidaktischer Perspektive, 2003, abrufbar unter www.raineralbrecht.de/resources/Dissertation_albrecht_030723.pdf

Alexander, Isabella, Copyright Law and the Public Interest in the Nineteenth Century, 2010

Allianz der deutschen Wissenschaftsorganisationen, Ergänzende Hinweise zu den Desideraten der Allianz der Wissenschaftsorganisationen im Hinblick auf den Dritten Korb UrhG und Entgegnung auf die Argumentation des Börsenvereins des deutschen Buchhandels, 2011, abrufbar unter www.allianzinitiative.de/filead min/user_upload/2011-04-04_allianz.pdf

Allianz der deutschen Wissenschaftsorganisationen, Neuregelung des Urheberrechts: Anliegen und Desiderate für einen Dritten Korb, 2010, abrufbar unter www.wissenschaftsrat.de/download/archiv/Allianz_Desiderate_UrhG.pdf

Andermann, Heike/Degkwitz, Andreas, Zirkulation wissenschaftlicher Information in elektronischen Räumen, in Hofmann, Jeanette (Hrsg.), Wissen und Eigentum – Geschichte, Recht und Ökonomie stoffloser Güter, 2006, S. 221-240, abrufbar unter www.bpb.de/system/files/pdf/MJPQ2J.pdf

Aufderheide, Patricia/Jaszi, Peter, Reclaiming Fair Use: How to Put Balance Back in Copyright, 2011

Bainbridge, David, Intellectual Property, 9. Auflage, 2012

Band, Jonathan, The Impact of Substantial Compliance with Copyright Exceptions on Fair Use, 59 J. COPYRIGHT SOC'Y U.S.A. 453-476 (2012)

Bargheer, Margo, Open Access und Universitätsverlage: Auswege aus der Publication Crisis? in Hagenhoff, Svenja (Hrsg.), Internetökonomie der Medienbranche, 2006, S. 173-199, abrufbar unter http://webdoc.sub.gwdg.de/univerlag/2006/mediaconomy_book.pdf

Bartlakowski, Katja/Talke, Armin/Steinhauer, Eric, Bibliotheksurheberrecht, 2010

Bartow, Ann, Educational Fair Use in Copyright: Reclaiming the Right to Photocopy Freely, 60 U. PITT. L. REV. 149-230 (1998)

Bayreuther, Frank, Beschränkungen des Urheberrechts nach der neuen EU-Urheberrechtsrichtlinie, ZUM 2001, 828-839

Beger, Gabriele, Langzeitarchivierung und Recht, in Dreier, Thomas/Euler, Ellen (Hrsg.), Kulturelles Gedächtnis im 21. Jahrhundert, 2005, S. 75-85, abrufbar unter http://digbib.ubka.uni-karlsruhe.de/volltexte/documents/2938

Ben-Dov, Moty/Feldman, Ronan, Text Mining and Information Extraction, in Maimon, Oded/Rokach, Lior (Hrsg.), Data Mining and Knowledge Discovery Handbook, 2010, S. 809-835

Bently, Lionel/Sherman, Brad, Intellectual Property Law, 3. Auflage, 2009

Berberich, Matthias/Nordemann, Jan Bernd, Das notwendige Mitzitat „vermittelnder" Werke, GRUR 2010, 966-971

Berger, Christian, Aktuelle Entwicklungen im Urheberrecht – Der EuGH bestimmt die Richtung, ZUM 2012, 353-361

Berger, Christian, Die Erstellung von Fotokopien für den Schulunterricht, ZUM 2006, 844-853

Berger, Christian, Die Neuregelung der Privatkopie in § 53 Abs. 1 UrhG im Spannungsverhältnis von geistigem Eigentum, technischen Schutzmaßnahmen und Informationsfreiheit, ZUM 2004, 257-265

Berger, Christian, Die öffentliche Wiedergabe von urheberrechtlichen Werken an elektronischen Leseplätzen in Bibliotheken, Museen und Archiven – Urheberrechtliche, verfassungsrechtliche und europarechtliche Aspekte des geplanten § 52b UrhG, GRUR 2007, 754-760

Berger, Christian, Die öffentliche Zugänglichmachung urheberrechtlicher Werke für Zwecke der akademischen Lehre – Zur Reichweite des § 52a I Nr. 1 UrhG, GRUR 2010, 1058-1064

Bergmeyer, Winfried, Museum, in Neuroth, Heike/Oßwald, Achim/Scheffel, Regine/Strathmann, Stefan/Huth, Karsten (Hrsg.), nestor Handbuch: Eine kleine Enzyklopädie der digitalen Langzeitarchivierung, 2010, Kap. 2.16-2.25, abrufbar unter http://nestor.sub.uni-goettingen.de/handbuch/nestor-handbuch_23.pdf

Berkeley Technology Law Journal, Survey of Additional IP Developments, 28 BER-KELEY TECH. L.J. 1111-1134 (2013)

Besek, June/Loengard, Philippa, Maintaining the Integrity of Digital Archives, 31 COLUM. J.L. & ARTS 267-353 (2008)

Bisges, Marcel, Beeinträchtigung des Systems der Urhebervergütung für Privatkopien durch Cloud-Dienste, GRUR 2013, 146-149

Björk, Bo-Christer, A model of scientific communication as a global distributed information system, 12(2) Information Research 2007, paper 307, abrufbar unter www.informationr.net/ir/12-2/p307.pdf

Boni, Manfred, Analoges Geld für digitale Zeilen: der Publikationsmarkt der Wissenschaft, Leviathan 2010, 293-312

Borghoff, Uwe/Rödig, Peter/Scheffczyk, Jan/Schmitz, Lothar, Langzeitarchivierung, Informatik Spektrum 2005, 489-492

Borghoff, Uwe/Rödig, Peter/Scheffczyk, Jan/Schmitz, Lothar, Long-Term Preservation of Digital Documents – Principles and Practices, 2006

Bornkamm, Joachim, Der Dreistufentest als urheberrechtliche Schrankenbestimmung, in Ahrens, Hans-Jürgen/Bornkamm, Joachim/Gloy, Wolfgang/Starck, Joachim/von Ungern-Sternberg, Joachim (Hrsg.), Festschrift für Willi Erdmann – Zum 65. Geburtstag, 2002, S. 29-48

Börsenverein des Deutschen Buchhandels, Buch und Buchhandel in Zahlen 2013, 2013

Börsenverein des Deutschen Buchhandels, Die Publikation wissenschaftlicher Zeitschriften in der digitalen Welt, 2008, abrufbar unter www.boersenverein.de/sixcms/media.php/976/Folder%20STM.pdf

Börsenverein des Deutschen Buchhandels, Kommentar zur Stellungnahme der Allianz der deutschen Wissenschaftsorganisationen ‚Neuregelung des Urheberrechts: Desiderate und Anliegen für einen Dritten Korb', 2010, abrufbar unter www.boersenverein.de/sixcms/media.php/976/Allianz-Stellungnahme_mit_Anmerkungen_BoeV_29_9_2010.pdf

Bradshaw, David, "Fair Dealing" as a Defence to Copyright Infringement in UK Law: An Historical Excursion from 1802 to the Clockwork Orange Case 1993, [1995] (10) Denning Law Journal 67-90

Braun, Frank/Keller, Christoph, Urheberrechtskonforme Nutzung elektronischer Lernplattformen an Hochschulen – Anmerkung zu OLG Stuttgart 4. Zivilsenat, Urteil vom 04.04.2012 - 4 U 171/11, jurisPR-ITR 14/2012 Anm. 4

Breiter, Andreas/Welling, Stefan/Stolpmann, Björn Eric, Medienkompetenz in der Schule – Integration von Medien in den weiterführenden Schulen in Nordrhein-Westfalen, 2010, abrufbar unter www.lfm-nrw.de/fileadmin/lfm-nrw/For schung/LfM-Band-64.pdf

Brenken, Benjamin, Zur Berechnung, Verhandlung und Geltendmachung von Geräteabgaben – Die §§ 54 ff. UrhG nach EuGH, Urt. v. 21.10.2010 – C-467/08 - Padawan und BGH, Urt. v. 30.11.2011 – I ZR 59/10 – PC als Bild- und Tonaufzeichnungsgerät auf dem Prüfstand der Praxis, WRP 2013, 48-52

Brenncke, Martin, Is "fair use" an option for U.K. copyright legislation?, Beiträge zum Transnationalen Wirtschaftsrecht, Heft 71, 2007, abrufbar unter http://telc.jura.uni-halle.de/sites/default/files/altbestand/Heft71.pdf

British Academy, Guidelines on Copyright and Academic Research, 2006, abrufbar unter www.britac.ac.uk/policy/copyright-research.cfm

British Library, Driving UK Research. Is copyright a help or a hindrance?, 2010, abrufbar unter http://pressandpolicy.bl.uk/imagelibrary/downloadMedia.ashx? MediaDetailsID=628

Brödel, Rainer, Vorwort, in Holten, Roland/Nittel, Dieter (Hrsg.), E-Learning in Hochschule und Weiterbildung – Einsatzchancen und Erfahrungen, 2010, S. 7-8

Brown, David/Boulderstone, Richard, The Impact of Electronic Publishing, 2. Auflage, 2008

Bundesministerium für Bildung und Forschung, IT-Ausstattung der allgemein bildenden und berufsbildenden Schulen in Deutschland, 2006, abrufbar unter www.bmbf.de/pub/it-ausstattung_der_schulen_2006.pdf

Bundesministerium für Justiz, Handbuch der Rechtsförmlichkeit, 2008

Burrell, Robert, Defending the Public Interest, [2001] (22) EIPR 394-404

Burrell, Robert, Reining in Copyright Law: Is Fair Use the Answer?, [2001] (8) IPQ 361-388

Burrell, Robert/Coleman, Allison, Copyright Exceptions: The Digital Impact, 2005

Buttler, Dwayne K./Crews, Kenneth, Copyright Protection and Technological Reform of Library Services, in Lipinski, Tomas (Hrsg.), Libraries, Museums and Archives, 2002, S. 257-273

Bydlinski, Franz, Grundzüge der juristischen Methodenlehre, 2. Auflage, 2012

Bydlinski, Franz, Juristische Methodenlehre und Rechtsbegriff, 2. Auflage, 1991

Campbell, Robert/Wates, Edward, Open Access aus der Sicht eines subskriptions-basierten Publikationsmodells, in Deutsche UNESCO-Kommission (Hrsg.), Open Access – Chancen und Herausforderungen – Ein Handbuch, 2007, S. 89-94, abrufbar unter www.unesco.de/fileadmin/medien/Dokumente/Kommunikation/Handbuch_Open_Access.pdf

Carson, Bryan, Electronic Reserves and the Failed CONFU Guidelines: A Place to Start Negotiations, 19 AGAINST THE GRAIN 30-34 (2007)

Chapman, Audrey, A Human Rights Perspective on Intellectual Property, Scientific Progress, and Access to the Benefits of Science, 1999, abrufbar unter www.oapi.wipo.net/edocs/mdocs/tk/en/wipo_unhchr_ip_pnl_98/wipo_unhchr_ip_pnl_98_5.pdf

Chattamvelli, Rajan, Data Mining Methods, 2009

Cohen Jehoram, Herman, Einige Grundsätze zu den Ausnahmen im Urheberrecht, GRUR Int. 2001, 807-810

Committee on Issues in the Transborder Flow of Scientific Data/National Research Council, Bits of Power: Issues in Global Access to Scientific Data, 1997, abrufbar unter www.nap.edu/openbook.php?record_id=5504&page=R1

Contreras, Jorge, Data Sharing, Latency Variables, and Science Commons, 25 BERKELEY TECH. L.J. 1601-1672 (2010)

Cook, Trevor, EU Intellectual Property Law, 2010

Copyright Review Committee, The Report of the Copyright Review Committee, 2013, abrufbar unter www.enterprise.gov.ie/en/Publications/CRC-Report.pdf

Cornish, William/Llewelyn, David/Aplin, Tanya, Intellectual Property: Patents, Copyrights, Trademarks & Allied Rights, 8. Auflage, 2013

Crews, Kenneth, Copyright, Fair Use, and the Challenge for Universities, 1993

Crews, Kenneth, The Law of Fair Use and the Illusion of Fair-Use Guidelines, 62 OHIO ST. L.J. 599-702 (2001)

de Zwart, Melissa, An Historical Analysis of the Birth of Fair Dealing and Fair Use: Lessons for the Digital Age, [2007] (11) IPQ 60-91

Degkwitz, Andreas/Andermann, Heike, Angebots-, Nutzungs- und Bezugsstrukturen elektronischer Fachinformationen in Deutschland, ABI Technik 2003, 122-141

Derclaye, Estelle, Of Maps, Crown Copyright, Research and the Environment, [2008] (30) EIPR 162-164

300

Deutsche Forschungsgemeinschaft, Positionspapier: Elektronisches Publizieren, 2005, abrufbar unter www.dfg.de/download/pdf/foerderung/programme/lis/pos_papier_elektron_publizieren_0504.pdf

Deutsche Forschungsgemeinschaft, Publikationsstrategien im Wandel?, 2005, abrufbar unter www.dfg.de/download/pdf/dfg_im_profil/evaluation_statistik/programm_evaluation/studie_publikationsstrategien_bericht_dt.pdf

Deutscher Bibliotheksverband DBV) Nutzerinteressen stärken, Urheberrechte wahren – Positionen des Deutschen Bibliotheksverbands zur Urheberrechtsreform, 2012, abrufbar unter www.bibliotheksverband.de/fileadmin/user_upload/DBV/positionen/2012_04_20_dbv-Positionspapier_Urheberrecht.pdf

Diaz, Angel, Fair Use & Mass Digitization: The Future of Copy-Dependent Technologies After Authors Guild v. Hathitrust, 28 BERKELEY TECH. L.J. 683-713 (2013)

Dietz, Adolf, Verfassungsklauseln und Quasi-Verfassungsklauseln zur Rechtfertigung des Urheberrechts – gestern, heute und morgen, GRUR Int. 2006, 1-9

Dinwoodie, Graeme, A New Copyright Order: Why National Courts Should Create Global Norms, U. PA. L. REV. 469-580 (2000)

Dnes, Antony, A Law and Economics Analysis of Fair Use Differences Comparing the US and UK, 2011, abrufbar unter www.ipo.gov.uk/ipreview-doc-j.pdf

Dotan, Amira/ Elkin-Koren, Niva/ Fischman-Afori, Orit/ Haramati-Alpern, Ronit, Fair Use Best Practices for Higher Education Institutions: The Israeli Experience, 57 J. COPYRIGHT SOC'Y U.S.A. 501-521 (2010)

Dreier, Horst (Hrsg.), Grundgesetz-Kommentar, Band 1, 3. Auflage, 2013

Dreier, Thomas, Anmerkung zu EuGH, Urteil vom 27. Juni 2013 – C-457/11 bis C-460/11 – *VG Wort*, ZUM 2013, 769-775

Dreier, Thomas, Die Umsetzung der Urheberrechtsrichtlinie 2001/29/EG in deutsches Recht, ZUM 2002, 28-43

Dreier, Thomas, Padawan und die Folgen für die deutsche Kopiervergütung, ZUM 2011, 281-291

Dreier, Thomas/ Euler, Ellen/ Fischer, Veronika/ van Raay, Anne, Museen, Bibliotheken und Archive in der Europäischen Union – Plädoyer für die Schaffung des notwendigen urheberrechtlichen Freiraums, ZUM 2012, 273-281

Dreier, Thomas/ Schulze, Gernot, Urheberrechtsgesetz, 4. Auflage, 2013

Ellins, Julia, Copyright, Urheberrecht und ihre Harmonisierung in der Europäischen Gemeinschaft, 1997

Enquête-Kommission „Internet und digitale Gesellschaft" – Projektgruppe Bildung und Forschung, Handlungsempfehlungen, 2012, abrufbar unter http://webarchiv.bundes tag.de/cgi/showsearchresult.php?filetoload=/srv/www/htdocs/archive/2012/0718/internetenquete/dokumentation/Sitzungen/20120625/A-Drs_17_24_052_-_PG_Bildung_und_Forschung_Handlungsempfehlungen.pdf&id=1196

Enquête-Kommission „Internet und digitale Gesellschaft", Sechster Zwischenbericht, BT-Drucks. 17/12029, abrufbar unter http://dip21.bundestag.de/dip21/btd/17/120/1712029.pdf

Epping, Volker/Hillgruber, Christian (Hrsg.), Grundgesetz, 2. Auflage, 2013

Euler, Dieter/Seufert, Sabine, Von der Pionierphase zur nachhaltigen Implementierung – Facetten und Zusammenhänge einer pädagogischen Innovation, in Euler, Dieter/Seufert, Sabine (Hrsg.), E-Learning in Hochschulen und Bildungszentren, 2005, S. 1-24

Euler, Ellen, Das kulturelle Gedächtnis im Zeitalter digitaler und vernetzter Medien und sein Recht, 2011

Euler, Ellen, Web-Harvesting vs. Urheberrecht – Was Bibliotheken und Archive dürfen und was nicht, CR 2008, 64-68

Euler, Ellen/Steinhauer, Eric/Bankhardt, Christina, Digitale Langzeitarchivierung als Thema für den 3. Korb zum Urheberrechtsgesetz – Urheberrechtliche Probleme der digitalen Langzeitarchivierung, Bibliotheksdienst 2011, 322-328, abrufbar unter http://files.dnb.de/nestor/berichte/nestor-Stellungnahme_AG-Recht.pdf

Europäische Kommission, Online survey on scientific information in the digital age, 2012, abrufbar unter http://ec.europa.eu/information_society/activities/digi tal_libraries/doc/reports/online_survey_on_scientific_digital_en.pdf

Europäische Kommission, Public consultation on the review of the EU copyright rules, consultation document, abrufbar unter http://ec.europa.eu/internal_mar ket/consultations/2013/copyright-rules/docs/consultation-document_en.pdf.

European Schoolnet/University of Liege, Survey of Schools: ICT in Education, 2013, abrufbar unter https://ec.europa.eu/digital-agenda/sites/digital-agenda/files/KK-31-13-401-EN-N.pdf

Ewert, Gisela/Umstätter, Walther, Die Definition der Bibliothek, Bibliotheksdienst 1999, 957-971

Fechner, Frank, Geistiges Eigentum und Verfassung: Schöpferische Leistungen unter dem Schutz des Grundgesetzes, 1999

Fezer, Karl-Heinz, Lauterkeitsrecht: UWG, 2. Auflage, 2010

Ficsor, Mihály, The Law of Copyright and the Internet, 2002

Fikentscher, Wolfgang, Methoden des Rechts in vergleichender Darstellung, Band 4, 1977

Filipek, Dorota, Konsortialverträge zwischen Bibliotheken und Verlagen: Ein erfolgversprechendes Modell?, 2010

Finch, Accessibility, sustainability, excellence: how to expand access to research publications, 2012, abrufbar unter www.researchinfonet.org/wp-content/up loads/2012/06/Finch-Group-report-FINAL-VERSION.pdf

Findley, Jennifer, Liberating the Library: Fair Use Mostly Upheld for University E-Reserves in Cambridge University Press v. Becker, 64 MERCER L. REV. 611-631 (2013)

Fischer, Helge, E-Learning im Lehralltag – Analyse der Adoption von E-Learning-Innovationen in der Hochschullehre, 2013

Fischman Afori, Orit, Flexible Remedies as a Means to Counteract Failures in Copyright Law, 29 ARTS & ENT. L.J. 1-46 (2011)

Fladung, Rainer/Dugall, Berndt, Ausweg aus der Zeitschriftenkrise? Ein Entscheidungsmodell für den Bezug elektronischer Zeitschriften im konsortialen Rahmen, Bibliotheksdienst 2003, 1557-1574

Flechsig, Norbert, Urheberrecht in der Wissensgesellschaft – Zum Referentenentwurf des Bundesjustizministeriums eines zweiten Gesetzes zur Regelung des Urheberrechts in der Informationsgesellschaft – Ein Überblick, ZRP 2004, 249-253

Flechsig, Norbert, Zur Zukunft des Urheberrechts im Zeitalter vollständiger Digitalisierung künstlerischer Leistungen, ZGE 2011, 19-46

Förster, Achim, Fair Use – Ein Systemvergleich der Schrankengeneralklausel des US-amerikanischen Copyright Act mit dem Schrankenkatalog des deutschen Urheberrechtsgesetzes, 2008

Fromm, Friedrich/Nordemann, Wilhelm (Hrsg.), Urheberrecht, 10. Auflage, 2008

Frotz, Gerhard, Zum Vervielfältigungsrecht des Urhebers und zu den konventionskonformen nationalen Beschränkungen – Ein Beitrag zur Fortentwicklung des UrhG, in Dittrich, Robert (Hrsg.), Festschrift 50 Jahre Urheberrechtsgesetz, 1986, S. 119-139

Funk, Stefan, Einführung, in Neuroth, Heike/Oßwald, Achim/Scheffel, Regine/Strathmann, Stefan/Huth, Karsten (Hrsg.), nestor Handbuch: Eine kleine Enzyklopädie der digitalen Langzeitarchivierung, 2010, Kap. 8.1-8.2, abrufbar unter http://nestor.sub.uni-goettingen.de/handbuch/nestor-handbuch_23.pdf

Funk, Stefan, Emulation, in Neuroth, Heike/Oßwald, Achim/Scheffel, Regine/Strathmann, Stefan/Huth, Karsten (Hrsg.), nestor Handbuch: Eine kleine Enzyklopädie der digitalen Langzeitarchivierung, 2010, Kap. 8.16-8.23, abrufbar unter http://nestor.sub.uni-goettingen.de/handbuch/nestor-handbuch_23.pdf

Funk, Stefan, Migration, in Neuroth, Heike/Oßwald, Achim/Scheffel, Regine/Strathmann, Stefan/Huth, Karsten (Hrsg.), nestor Handbuch: Eine kleine Enzyklopädie der digitalen Langzeitarchivierung, 2010, Kap. 8.10-8.15, abrufbar unter http://nestor.sub.uni-goettingen.de/handbuch/nestor-handbuch_23.pdf

Gantert, Klaus/Hacker, Rupert, Bibliothekarisches Grundwissen, 8. Auflage, 2008

Garfield, Eugene/Sher, Irving H., New factors in the evaluation of scientific literature through citation indexing, 14 American Documentation, 195-201 (1963)

Garnett, Kevin/Davies, Gillian/Harbottle, Gwilym, Copinger & Skone James on Copyright, 2011

Gärtner, Anette/Heil, Ulf, Kodifizierter Rechtsbruchtatbestand und Generalklausel, WRP 2005, 20-24

Gasaway, Laura, America's Cultural Record: A Thing of the Past?, 40 HOUS. L. REV. 643-671 (2003)

Gasaway, Laura/Ginsburg, Jane/Pallante, Maria/Perlmutter, Shira/Rudick, Richard, Session 1: The Legal Landscape, 36 COLUM. J.L. & ARTS 527-546 (2013)

Geerlings, Jörg, Das Urheberrecht in der Informationsgesellschaft und pauschale Geräteabgaben im Lichte verfassungs- und europarechtlicher Vorgaben, GRUR 2004, 207-213

Geiger, Christophe, Der urheberrechtliche Interessenausgleich in der Informationsgesellschaft – Zur Rechtsnatur der Beschränkungen des Urheberrechts, GRUR Int. 2004, 815-821

Geiger, Christophe, Fundamental Rights as Common Principles of European (and International) Intellectual Property Law, in Ohly, Ansgar (Hrsg.), Common Principles of European Intellectual Property Law, 2012, S. 223-238

Geiger, Christophe, Fundamental Rights, a Safeguard for the Coherence of Intellectual Property Law?, 35 INT'L REV. INTELL. PROP. & COMP. L. 268-280 (2004)

Geiger, Christophe/Griffiths, Jonathan/Hilty, Reto, Erklärung für eine ausgewogene Auslegung des Drei-Stufen-Tests im Urheberrecht, GRUR Int. 2008, 822-825

Geller, Paul Edward, Geistiges Eigentum auf dem Weltmarkt: Welche Beteiligung hat die Streitbeilegung nach TRIPS?, GRUR Int. 1995, 935-944

Ginsburg, Jane, Towards Supranational Copyright Law? The WTO Panel Decision and the "Three-Step Test" for Copyright Exceptions, 187 RIDA 3-65 (2001), abrufbar unter www.law.columbia.edu/center_program/law_econo mics/wp_listing_1/wp_listing?exclusive=filemgr.download&file_id=64212&rtc ontentdisposition=filename%3DWP207.pdf

Goebel, Jürgen/Scheller, Jürgen, Digitale Langzeitarchivierung und Recht, 2004, abrufbar unter http://files.d-nb.de/nestor/materialien/nestor_mat_01.pdf

Goldstein, Paul, International Intellectual Property Law, 3. Auflage, 2012

Götting, Horst-Peter, Der Begriff des Geistigen Eigentums, GRUR 2006, 353-358

Götze, Dietrich/Korwitz, Ulrike, Irrweg oder Notausgang?, Börsenblatt 50/2004, 16-17

Gounalakis, Georgios, Elektronische Kopien für Unterricht und Forschung (§ 52a UrhG) im Lichte der Verfassung, 2003

Grabitz, Eberhard/Hilf, Meinhard/Nettesheim, Martin (Hrsg.), Das Recht der europäischen Union: EUV/AEUV, 51. Auflage 2013, Loseblatt

Gräbig, Johannes, Abdingbarkeit und vertragliche Beschränkungen urheberrechtlicher Schranken, 2011

Graham, Jodie, Save the Tweets: Library Acquisition of Online Materials, 39 AIPLA Q.J. 269-294 (2011)

Gray, Jim, eScience: A Transformed Scientific Method, 2007, abrufbar unter http://research.microsoft.com/en-us/collaboration/fourthparadigm/4th_para digm_book_jim_gray_transcript.pdf

Griebel, Rolf/Reinhardt, Werner, Gründung der Arbeitsgemeinschaft Konsortien, Bibliotheksdienst 2000, 799-803

Griebel, Rolf/Tscharntke, Ulrike, Analyse der Etatsituation der wissenschaftlichen Bibliotheken 1998/1999, 1999

Griffiths, Jonathan, Preserving judicial freedom of movement - interpreting fair dealing in copyright law, [2000] (2) IPQ 164-186

Griffiths, Jonathan, Taking Forward the Gowers Review on Exceptions - Rhetoric & the "Three-Step Test", [2010] (32) EIPR 309-312

Griffiths, Jonathan, The "Three-Step Test" in European Copyright Law - Problems and Solutions, [2009] (13) IPQ 428-457

Grolman.Result, Ein wissenschafts- und innovationsfreundliches Urheberrecht für die digitale Wissensgesellschaft, 2013, abrufbar unter www.bmbf.de/pubRD/Abschlussbericht_strategischer_Dialog_wissfreundl_Urheberrecht.pdf

Grzeszick, Bernd, Geistiges Eigentum und Art. 14 GG, ZUM 2007, 344-353

Gumpenberger, Christian/Ovalle-Perandones, María Antonia/Gorraiz, Juan, On the impact of Gold Open Access journals, 96 Scientometrics, 221-238 (2013)

Haesemann, Johanna, Die Auslegung des § 51 S.1 UrhG n.F. in der Informationsgesellschaft am Beispiel der „Google-Bildersuche", 2012

Hagenhoff, Svenja/Seidenfaden, Lutz/Ortelbach, Björn/Schumann, Matthias, Neue Formen der Wissenschaftskommunikation: Eine Fallstudienuntersuchung, 2007, abrufbar unter http://webdoc.sub.gwdg.de/univerlag/2007/fallstudien_wikom.pdf

Halle, Axel, Hochschulen als Verleger: Wissenschaftliche Publikationskultur und Hochschulverlage, ZfBB 2003, 243-248, abrufbar unter http://zs.thulb.uni-jena.de/servlets/MCRFileNodeServlet/jportal_derivate_ 00001626/j03-h5-auf-1.pdf

Halle, Axel, Universitätsverlage: eine vergleichende Perspektive, ZfBB 2004, 277-283

Halle, Axel, Universitätsverlage: Stand und Entwicklungsperspektiven, Bibliotheksdienst 2006, 809-817, abrufbar unter www.opus-bayern.de/bib-info/volltexte/2006/189/pdf/Universit%E4tsverlage.pdf

Hanekop, Heidemarie/Wittke, Volker, Das wissenschaftliche Journal und seine möglichen Alternativen: Veränderungen der Wissenschaftskommunikation durch das Internet, in Hagenhoff (Hrsg.), Internetökonomie der Medienbranche, 2006, S. 201-233, abrufbar unter http://webdoc.sub.gwdg.de/univerlag/2006/mediaconomy_book.pdf

Hansen, Gerd, Warum Urheberrecht? Die Rechtfertigung des Urheberrechts unter besonderer Berücksichtigung des Nutzerschutzes, 2009

Hargreaves, Ian, Digital Opportunity – A Review of Intellectual Property and Growth, 2011, abrufbar unter www.ipo.gov.uk/ipreview-finalreport.pdf

Haupt, Stefan/Kaulich, Rolf, „Gewerblicher Zweck" im Urheberrecht?, UFITA 2009, 71-94

Haupt, Stefan/Wiśniewska, Agnieszka, Brauchen wir überhaupt noch § 47 UrhG?, UFITA 2010, 663-677

Haynes, Jason, Critically Reconceptualising the United Kingdom's Fair Dealing Exception to Copy – Right Infringement in Light of the Government's Most Recent Proposals for Reform and Lessons Learnt from Civil Law, [2012] (34) EIPR 811-814

Heck, Philipp, Begriffsbildung und Interessenjurisprudenz, 1932

Heckmann, Jörn/Weber, Marc Philipp, Elektronische Netzpublikationen im Lichte des Gesetzes über die Deutsche Nationalbibliothek (DNBG), AfP 2008, 269-276

Heckmann, Jörn/Weber, Marc Philipp, Open Access in der Informationsgesellschaft – § 38 UrhG de lege ferenda, GRUR Int. 2006, 995-1000

Hedemann, Justus Wilhelm, Die Flucht in die Generalklauseln, 1933

Henning-Bodewig, Frauke, Das neue Gesetz gegen den unlauteren Wettbewerb, GRUR 2004, 713-720

Heyer, Gerhard/Quasthoff, Uwe/Wittig, Thomas, Text Mining: Wissensrohstoff Text, 2008

Hill, Hermann, Akzeptanz des Rechts – Notwendigkeit eines besseren Politikmanagements, JZ 1988, 377-381

Hillegeist, Tobias, Rechtliche Probleme der elektronischen Langzeitarchivierung wissenschaftlicher Primärdaten, 2012, abrufbar unter www.oapen.org/download?type=document&docid=442037

Hilty, Reto, Kritische Analyse und Vorschau in Deutschland, in Hilty, Reto/Geiger, Christophe (Hrsg.), Impulse für eine europäische Harmonisierung des Urheberrechts, 2007

Hirtle, Peter, Undue Diligence, 34 COLUM. J.L. & ARTS 55-60 (2010)

Hoeren, Thomas, Anmerkung zu EuGH, Urteil vom 21. Dezember 2010 – Rs. C-467/08 – *Padawan v. SGAE*, MMR 2010, 831

Hoeren, Thomas, Der Zweite Korb – Eine Übersicht zu den geplanten Änderungen im Urheberrechtsgesetz, MMR 2007, 615-620

Hoeren, Thomas, Kleine Werke? – Zur Reichweite von § 52a UrhG, ZUM 2011, 369-375

Hoeren, Thomas, Rechtsfragen zur Langzeitarchivierung (LZA) und zum Anbieten von digitalen Dokumenten durch Archivbibliotheken unter besonderer Berücksichtigung von Online-Hochschulschriften, 2005, abrufbar unter http://files.d-nb.de/nestor/berichte/hoeren.pdf

Hoeren, Thomas/Neubauer, Arne, Zur Nutzung urheberrechtlich geschützter Werke in Hochschulen und Bibliotheken, ZUM 2012, 636-643

Höbarth, Ulrike, Konstruktivistisches Lernen mit Moodle, 2010

Houghton, John et al., Economic implications of alternative scholarly publishing models: Exploring the costs and benefits, 2009, abrufbar unter http://repository.jisc.ac.uk/278/3/EI-ASPM_Report.pdf

Houghton, John/ Dugall, Berndt/ Bernius, Steffen/ Krönung, Julia/ König, Wolfgang, General Cost Analysis for Scholarly Communication in Germany, 2012, abrufbar unter http://publikationen.ub.uni-frankfurt.de/files/27530/Houghton_Report_Germany_final.pdf

Hufen, Friedhelm, Kulturklausel in das Grundgesetz?, HFR 2006, 35-39

Hugenholtz, Bernt/ Okediji, Ruth, Conceiving an International Instrument on Limitations and Exceptions to Copyright, 2008, abrufbar unter www.ivir.nl/publications/hugenholtz/limitations_exceptions_copyright.pdf

Initiative D21, Bildungsstudie: Digitale Medien in der Schule, 2011, abrufbar unter www.initiatived21.de/wp-content/uploads/2011/05/NOA_Bildungsstudie_140211.pdf

Institut für Museumsforschung, Staatliche Museen zu Berlin – Preußischer Kulturbesitz, Statistische Gesamterhebung an den Museen der Bundesrepublik Deutschland für das Jahr 2012, abrufbar unter www.smb.museum/fileadmin/website/Institute/Institut_fuer_Museumsforschung/Heft67.pdf

Intellectual Property Office IPO)), Amendments to Exceptions for Education, 2013, abrufbar unter www.ipo.gov.uk/techreview-education.pdf

Intellectual Property Office IPO), Amendments to Exceptions for Research, Libraries and Archives, 2013, abrufbar unter www.ipo.gov.uk/techreview-research-library.pdf

Intellectual Property Office IPO), Consultation on Copyright, 2011, abrufbar unter www.ipo.gov.uk/consult-2011-copyright.pdf

Intellectual Property Office (IPO), Consultation on UK Implementation of Directive 2001/29/EC on Copyright and Related Rights in the Information Society: Analysis of Responses and Government Conclusions, 2002, abrufbar unter www.ipo.gov.uk/copydirect.pdf

Intellectual Property Office (IPO), Modernising Copyright: A modern, robust and flexible framework, Government response to consultation on copyright exceptions and clarifying copyright law, 2012, abrufbar unter www.ipo.gov.uk/response-2011-copyright-final.pdf

Intellectual Property Office (IPO), New Exception for Data Analysis for Non-commercial Research, 2013, abrufbar unter www.ipo.gov.uk/techreview-data-analysis.pdf

Intellectual Property Office (IPO),, Technical review of draft legislation on copyright exceptions, 2013, abrufbar unter www.ipo.gov.uk/types/hargreaves/hargreaves-copyright/hargreaves-copyright-techreview.htm

Jani, Ole, Eingescannte Literatur an elektronischen Leseplätzen – Was dürfen Bibliotheken?, GRUR-Prax 2010, 27-29

Jani, Ole, Überprüfung eines gerichtlich festgesetzten Gesamtvertrags, GRUR-Prax 2013, 494

Jarass, Hans, Charta der Grundrechte der Europäischen Union, 2. Auflage, 2013

Jarass, Hans/Pieroth, Bodo, Grundgesetz für die Bundesrepublik Deutschland, 12. Auflage, 2012

Jaszi, Peter, Fair Use and Education: The Way Forward, 25 LAW & LIT. 33-45 (2013)

Jehn, Matthias/Schrimpf, Sabine, LZA-Aktivitäten in Deutschland aus dem Blickwinkel von nestor, in Keitel, Christian, Archive, in Neuroth, Heike/Oßwald, Achim/Scheffel, Regine/Strathmann, Stefan/Huth, Karsten (Hrsg.), nestor Handbuch: Eine kleine Enzyklopädie der digitalen Langzeitarchivierung, 2010, Kap. 2.2-2.5, abrufbar unter http://nestor.sub.uni-goettingen.de/handbuch/nestor-handbuch_23.pdf

Jones, D.R., Locked Collections: Copyright and the Future of Research Support, 105 LAW LIBR. J. 425-460 (2013)

Junker, Markus, Urheberrechtliche Probleme beim Einsatz von Multimedia und Internet in Hochschulen (1. Teil), 1999, abrufbar unter www.jurpc.de/jurpc/show?id=19990069

Junker, Markus, Urheberrechtliche Probleme beim Einsatz von Multimedia und Internet in Hochschulen (2. Teil), 1999, abrufbar unter www.jurpc.de/jurpc/show?id=19990086

Kahl, Wolfgang/Waldhoff, Christian/Walter, Christian (Hrsg.), Bonner Kommentar zum Grundgesetz, 165. Aktualisierung, Januar 2014, Loseblatt

Kaiser, Michael, „sehepunkte"/„zeitenblicke" – Aufbau und Betrieb geschichtswissenschaftlicher E-Journals, in Peifer, Karl-Nikolaus/Gersmann, Gudrun (Hrsg.), Schriften zum europäischen Urheberrecht, 2007, S. 9-30

Kammerl, Rudolf, Theoretische und empirische Aspekte zur Integration von E-Learning-Diensten an Hochschulen, in Holten, Roland/Nittel, Dieter (Hrsg.), E-Learning in Hochschule und Weiterbildung – Einsatzchancen und Erfahrungen, 2010, S. 19-34

Kasunic, Robert, Fair Use and the Educator's Right to Photocopy Copyrighted Material for Classroom Use, 19 J.C. & U.L. 271-293 (1993)

Kaufhold, Ann-Katrin, Wissenschaftsfreiheit als ausgestaltungsbedürftiges Grundrecht?, NJW 2010, 3276-3279

Keitel, Christian, Archive, in Neuroth, Heike/Oßwald, Achim/Scheffel, Regine/Strathmann, Stefan/Huth, Karsten (Hrsg.), nestor Handbuch: Eine kleine Enzyklopädie der digitalen Langzeitarchivierung, 2010, Kap. 2.9-2.15, abrufbar unter http://nestor.sub.uni-goettingen.de/handbuch/nestor-handbuch_23.pdf

Keitel, Christian, Mikroverfilmung, in Neuroth, Heike/Oßwald, Achim/Scheffel, Regine/Strathmann, Stefan/Huth, Karsten (Hrsg.), nestor Handbuch: Eine kleine Enzyklopädie der digitalen Langzeitarchivierung, 2010, Kap. 8.32-8.33, abrufbar unter http://nestor.sub.uni-goettingen.de/handbuch/nestor-handbuch_23.pdf

Kianfar, Mina, Öffentliche Zugänglichmachung und dann? Zur Frage der Anschlussnutzung im Rahmen des § 52a UrhG, GRUR 2012, 691-697

Kirchgäßner, Adalbert, Können sich die Bibliotheken die Zeitschrift noch leisten?, Mitteilungen der VÖB 2002, 38-51, abrufbar unter http://kops.ub.uni-konstanz.de/bitstream/handle/urn:nbn:de:bsz:352-opus-9202/kirchgaessner pdf?sequence=1

Kleimann, Bernd/Özkilic, Murat/Göcks, Marc, Studieren im Web 2.0 – Studienbezogene Web- und E-Learning-Dienste, 2008, abrufbar unter https://hisbus.his.de/hisbus/docs/hisbus21.pdf

Kleimann, Bernd/Wannemacher, Klaus, E-Learning an deutschen Hochschulen – Von der Projektentwicklung zur nachhaltigen Implementierung, 2004, abrufbar unter www.his-he.de/pdf/pub_hp/hp165.pdf

Kleinemenke, Manuel, Fair Use im deutschen und europäischen Urheberrecht?, 2013

Kleinemenke, Manuel, Plädoyer für ein „Kombinationsmodell" zur Flexibilisierung der urheberrechtlichen Schrankenbestimmungen, ZGE 2013, 103-139

Koch, Benjamin/Krauspenhaar, Daniel, Hat das derzeitige System der Abgaben auf Vervielfältigungsgeräte und Speichermedien nach §§ 54ff. noch eine Zukunft?, GRUR Int. 2012, 881-886

Kommission Zukunft der Informationsinfrastruktur (KII), Gesamtkonzept für die Informationsinfrastruktur in Deutschland, 2011, abrufbar unter www.leibniz-gemeinschaft.de/fileadmin/user_upload/downloads/Infrastruktur/KII_Ge samtkonzept.pdf

Kreutzer, Till, Kopienversanddienste und deutsches Urheberrecht nach dem „Zweiten Korb", ZGE 2009, 220-253

Kröger, Detlef, Enge Auslegung von Schrankenbestimmungen – wie lange noch? Zugang zu Informationen in digitalen Netzwerken, MMR 2002, 18-21

Kuhlen, Rainer, Das Gegenteil von gut ist gut gemeint – gefragt sind neue, die Beschränkungen des Urheberrechts neutralisierende Publikationsmodelle, in Schmitz, Wolfgang/von Becker, Bernhard/Hrubesch-Millauer, Stephanie, Probleme des neuen Urheberrechts für die Wissenschaft, den Buchhandel und die Bibliotheken, 2008, S. 110-127, abrufbar unter http://kops.ub.uni-konstanz.de/xmlui/bitstream/handle/urn:nbn:de:bsz:352-opus-70995/Das_Gegenteil_von_gut_ist_gut_gemeint.pdf?sequence=1

Kuhlen, Rainer, Erfolgreiches Scheitern – Eine Götterdämmerung des Urheberrechts?, 2008

Kwall, Roberta, Library Reproduction Rights for Preservation and Replacement in the Digital Era: An Author's Perspective on Section 108, 29 COLUM. J.L. & ARTS 343-360 (2006)

Laddie, Hugh, Copyright: Over-strength, Over-regulated, Over-rated?, [1996] (18) EIPR 253-260

Laddie, Hugh/Prescott, Peter/Vitoria, Mary (Hrsg.), The Modern Law of Copyright and Designs, 2011

Lauber, Anne/Schwipps, Karsten, Das Gesetz zur Regelung des Urheberrechts in der Informationsgesellschaft, GRUR 2004, 293-300

Lauber-Rönsberg, Anne, Urheberrecht und Privatgebrauch, in Berger, Christian/Götting, Horst-Peter (Hrsg.), Schriften zum geistigen Eigentum und zum Wettbewerbsrecht, 2011

Lenz, Carl Otto/Borchardt, Klaus-Dieter, EU-Verträge Kommentar, 6. Auflage, 2012

Leopold, Patricia, The Whitford Committee Report on Copyright and Designs Law, [1977] (40) MLR, 685-705, abrufbar unter http://onlinelibrary.wiley.com/doi/10.1111/j.1468-2230.1977.tb02453.x/pdf

Leval, Pierre N., Toward a Fair Use Standard, 103 HARV. L. REV. 1105-1136 (1990)

Liegmann, Hans, Web-Harvesting: Aktivitäten von Nationalbibliotheken, in Hoen, Barbara (Hrsg.), Planungen, Projekte, Perspektiven – Zum Stand der Archivierung elektronischer Unterlagen, 2006, S. 57-65

Loewenheim, Ulrich (Hrsg.), Handbuch des Urheberrechts, 2. Auflage, 2010

Loewenheim, Ulrich, Die urheber- und wettbewerbsrechtliche Beurteilung der Herstellung und Verbreitung kommerzieller elektronischer Pressespiegel, GRUR 1996, 636-643

Lorenz, Bernd, Braucht das Urheberrecht eine Schranke für die öffentliche Zugänglichmachung für Unterricht und Forschung (§ 52a UrhG)?, ZRP 2008, 261-264

Losch, Bernhard, Wissenschaftsfreiheit, Wissenschaftsschranken, Wissenschaftsverantwortung, 1993

Lossau, Norbert, Der Begriff „Open Access", in Deutsche UNESCO-Kommission (Hrsg.), Open Access – Chancen und Herausforderungen – Ein Handbuch, 2007, S. 18-22, abrufbar unter www.unesco.de/fileadmin/medien/Dokumente/Kommunikation/Handbuch_Open_Access.pdf

Lossau, Norbert, Virtuelle Forschungsumgebungen und die Rolle von Bibliotheken, ZfBB 2011, 156-165

Lucas-Schloetter, Agnès, Die Rechtsnatur des Droit Moral, GRUR Int. 2002, 809-815

Lutterbeck, Bernd/Gehring, Robert, Kritik aus der Sicht eines Hochschullehrers und Wissenschaftlers, den Gesetzentwurf der Bundesregierung zum UrhG und die Schrankenbestimmung für „Unterricht und Forschung" betreffend, 2003, abrufbar unter http://ig.cs.tu-berlin.de/ma/rg/ap/2003-01/LutterbeckGehring-Stellungnahme-UrhGGE-26012003.pdf

Lutz, Alexander, Zugang zu wissenschaftlichen Informationen in der digitalen Welt, 2012

Lux, Claudia, Bibliotheken und Open Access, in Deutsche UNESCO-Kommission (Hrsg.), Open Access – Chancen und Herausforderungen – Ein Handbuch, 2007, S. 86-88, abrufbar unter www.unesco.de/fileadmin/medien/Dokumente/Kommunikation/Handbuch_Open_Access.pdf

Macqueen, Hector/Waelde, Charlotte/Laurie, Graeme/Brown, Abbe, Contemporary Intellectual Property – Law and Policy, 2010

Masouyé, Claude, Kommentar zur Berner Übereinkunft zum Schutz von Werken der Literatur und Kunst, 1981

Maunz, Theodor/Dürig, Günter (Begr.), Kommentar zum Grundgesetz, 69. Auflage, 2013, Loseblatt

McDonald, Diane/Kelly, Ursula, The Value and Benefits of Text Mining, 2012, abrufbar unter www.jisc.ac.uk/media/documents/publications/reports/2012/value-text-mining.pdf

Melamut, Steven, Pursuing Fair Use, Law Libraries, And Electronic Reserves, 92 LAW LIBR. J. 157-192 (2000)

Metzger, Axel, Der Einfluss des EuGH auf die gegenwärtige Entwicklung des Urheberrechts, GRUR 2012, 118-126

Metzger, Axel, Urheberrechtsschranken in der Wissensgesellschaft: "Fair Use" oder enge Einzeltatbestände?, in Leistner, Matthias (Hrsg.), Europäische Perspektiven des Geistigen Eigentums, 2010, S. 101-122

Meyer, Jürgen (Hrsg.), Charta der Grundrechte der Europäischen Union, 3. Auflage, 2011

Mittler, Elmar, Langzeitarchivierung in Bibliotheken – Zum Stand der Entwicklung in Deutschland, in Dreier, Thomas/Euler, Ellen (Hrsg.), Kulturelles Gedächtnis im 21. Jahrhundert, 2005, S. 87-97, abrufbar unter http://digbib.ubka.uni-karlsruhe.de/volltexte/documents/2938

Mittler, Elmar, Wissenschaftliche Forschung und Publikation im Netz. Neue Herausforderungen für Forscher, Bibliotheken und Verlage, in Füssel, Stephan (Hrsg.), Medienkonvergenz – Transdisziplinär, 2012, S. 31-80

Möhring, Philipp/Nicolini, Käte (Hrsg.), Urheberrechtsgesetz, 2. Auflage, 2000

Müller, Uwe Thomas, Peer-Review-Verfahren zur Qualitätssicherung von Open-Access-Zeitschriften – Systematische Klassifikation und empirische Untersuchung, 2008, abrufbar unter http://edoc.hu-berlin.de/dissertationen/mueller-uwe-thomas-2008-12-17/PDF/mueller.pdf

National Commission on New Technological Uses of Copyrighted Works (CONTU), Final Report, 1979, abrufbar unter http://digital-law-online.info/CONTU/PDF/index.html

Nolan, Savanna, Standing on the Shoulders of Giants: How a Drastic Remodeling of 17 U.S.C. § 108 Could Help Save Academia, 19 J. INTELL. PROP. L. 457-485 (2012)

Nordemann, Wilhelm/Vinck, Kai/Hertin, Paul, Internationales Urheberrecht und Leistungsschutzrecht der deutschsprachigen Länder unter Berücksichtigung auch der Staaten der Europäischen Gemeinschaft, 1977

Oechsler, Jürgen, Das Vervielfältigungsrecht für Prüfungszwecke nach § 53 III Nr. 2 UrhG, GRUR 2006, 205-210

Ohly, Ansgar, Urheberrecht als Wirtschaftsrecht, in Depenheuer, Otto/Peifer, Karl-Nikolaus (Hrsg.), Geistiges Eigentum: Schutzrecht oder Ausbeutungstitel?, 2008, S. 141-161

Ohly, Ansgar, Zwölf Thesen zur Einwilligung im Internet, GRUR 2012, 983-992

Okediji, Ruth/Reichmann, Jerome, When Copyright Law and Science Collide: Empowering Digitally Integrated Research Methods on a Global Scale, 96 MINN. L. REV. 1362-1490 (2012)

Ott, Stephan, Bildersuchmaschinen und Urheberrecht – Sind Thumbnails unerlässlich, sozial nützlich, aber rechtswidrig?, ZUM 2009, 345-354

Outsell Inc., Scientific, Technical & Medical Information: 2007 Market Forecast and Trends Report, 2007

Palandt, Bürgerliches Gesetzbuch, 73. Auflage, 2014

Pampel, Heinz, Universitätsverlage im Spannungsfeld zwischen Wissenschaft und Literaturversorgung, 2006, abrufbar unter http://eprints.rclis.org/9590/1/pampel.pdf

PARSE.Insight, Insight into digital preservation of research output in Europe – D3-6, 2010, abrufbar unter www.parse-insight.eu/downloads/PARSE-Insight_D3-6_InsightReport.pdf

Patry, William, American Geophysical Union v. Texaco, Inc.: Copyright and Corporate Photcopying, 61 BROOK. L. REV. 429-451 (1995)

Patry, William, The Fair Use Privilege in Copyright Law, 2. Auflage, 1995

Peifer, Karl-Nikolaus, Betriebswirtschaftliche Aspekte digitaler Publikationen, in Peifer, Karl-Nikolaus/Gersmann, Gudrun (Hrsg.), Schriften zum europäischen Urheberrecht, 2007, S. 31-38

Peifer, Karl-Nikolaus, Forschung und Lehre im Informationszeitalter – zwischen Zugangsfreiheit und Privatisierungsanreiz, in Peifer, Karl-Nikolaus/Gersmann, Gudrun (Hrsg.), Schriften zum europäischen Urheberrecht, 2007, S. 1-6

Peifer, Karl-Nikolaus, Wissenschaftsmarkt und Urheberrecht: Schranken, Vertragsrecht, Wettbewerbsrecht, GRUR 2009, 22-28

Peters, Klaus, Rechtsfragen der Bestandserhaltung durch Digitalisierung, Bibliotheksdienst 1998, 1949-1955

Pflüger, Thomas, Die Befristung von § 52a UrhG – eine (un)endliche Geschichte?, ZUM 2012, 444-452

Pflüger, Thomas, Positionen der Kultusministerkonferenz zum Dritten Gesetz zur Regelung des Urheberrechts in der Informationsgesellschaft – »Dritter Korb«, ZUM 2010, 938-945

Pflüger, Thomas/Ertmann, Dietmar, E-Publishing und Open Access – Konsequenzen für das Urheberrecht im Hochschulbereich, ZUM 2004, 436-443

314

Pflüger, Thomas/Heeg, Jürgen, Die Vergütungspflicht nichtkommerzieller Nutzung urheberrechtlich geschützter Werke in öffentlichen Bildungs-, Kultur- und Wissenschaftseinrichtungen – ein Plädoyer für einen einheitlichen Vergütungstatbestand, ZUM 2008, 649-656

Picciotto, Sol, Copyright Licensing: The Case of Higher Education Photocopying in the UK, [2002] (24) EIPR 438-447

Plappert, Rainer, Elektronisches Zeitschriftenmanagement in einem dezentralen Bibliothekssystem, in Mittermaier, Bernhard (Hrsg.), eLibrary – den Wandel gestalten, 2010, S. 179-194, abrufbar unter http://juwel.fz-juelich.de:8080/dspace/bitstream/2128/3811/1/Bibliothek_20.pdf

Plassmann, Engelbert/Rösch, Hermann/Seefeldt, Jürgen/Umlauf, Konrad, Bibliotheken und Informationsgesellschaft in Deutschland – Eine Einführung, 2. Auflage, 2011

Plassmann, Engelbert/Syré, Ludger, Die Bibliothek und ihre Aufgabe, in Frankenberger, Rudolf/Haller, Klaus (Hrsg.), Die moderne Bibliothek – Ein Kompendium der Bibliotheksverwaltung, 2004, S. 11-41

Plett, Mikel, Bewahrung digitaler Kultur – Vorschläge und Strategien zur Webarchivierung, eine neue Herausforderung nicht nur für Nationalbibliotheken, 2008, abrufbar unter http://edoc.sub.uni-hamburg.de/haw//volltexte/2008/578/pdf/Plett_Mikel_20080229.pdf

Poeppel, Jan, Die Neuordnung der urheberrechtlichen Schranken im digitalen Umfeld, 2005

Raiser, Thomas, Grundlagen der Rechtssoziologie, 6. Auflage, 2013

Rasenberger, Mary, Copyright Issues and Section 108 Reform, 34 COLUM. J.L. & ARTS 15-22 (2010)

Rasenberger, Mary/Weston, Christopher, Overview of Libraries and Archives Exception in the Copyright Act: Background, History, and Meaning, 2005, abrufbar unter www.section108.gov/docs/108BACKGROUNDPAPER%28final%29.pdf

Rauer, Nils, Entscheidung im Musterverfahren zu § 52a UrhG: Plädoyer gegen die Abschaffung der Norm durch die richterliche Hintertür, GRUR-Prax 2012, 226-229

Rehbinder, Manfred, Urheberrecht, 16. Auflage, 2010

Reilly, Susan/Schallier, Wouter/Schrimpf, Sabine/Smit, Eefke/Wilkinson, Max, Report on integration of data and publications, 2011, abrufbar unter www.alliancepermanentaccess.org/wp-content/uploads/downloads/2011/11/ ODE-ReportOnIntegrationOfDataAndPublications-1_1.pdf

Reinbothe, Jörg, Beschränkungen und Ausnahmen von den Rechten im WIPO-Urheberrechtsvertrag, in Tades, Helmuth/Danzl, Karl-Heinz/Graninger, Gernot (Hrsg.), Ein Leben für Rechtskultur: Festschrift Robert Dittrich zum 75. Geburtstag, 2000, S. 251-268

Reinbothe, Jörg/von Lewinski, Silke, The WIPO Treaties 1996, 2002

Reinhardt, Werner/Hartmann, Helmut/Piguet, Arlette, 5 Jahre GASCO – Konsortien in Deutschland, Österreich und der Schweiz, ZfBB 2005, 245-266

Report of the Copyright Committee, Command Paper No. 6732, 1977 (zitiert als „Whitford Report")

Report of the Copyright Committee, Command Paper No. 8662, 1952 (zitiert als „Gregory Report")

Ricketson, Sam, The Berne Convention for the Protection of Literary and Artistic Works: 1886-1986, 1987

Ricketson, Sam/Ginsburg, Jane, International Copyright and Neighbouring Rights, 2. Auflage, 2006

Riesenhuber, Karl, Grundlagen der „angemessenen Vergütung", GRUR 2013, 582-590

Rolfs, Christian/Giesen, Richard/Kreikebohm, Ralf/Udsching, Peter (Hrsg.), Beck'scher Online-Kommentar Arbeitsrecht, 29. Auflage, 2013

Rose, Mark, The Author as Proprietor: Donaldson v. Beckett and the Genealogy of Modern Authorship, [1988] (23) Representations 51-85

Rosenkranz, Timo, Open Contents – Eine Untersuchung der Rechtsfragen beim Einsatz „freier" Urheberrechtslizenzmodelle, 2011

Rowlands, Ian/Olivieri, René, Overcoming the barriers to research productivity: A case study in immonology and microbiology, 2006

Sachs, Michael (Hrsg.), Grundgesetz, 6. Auflage, 2011

Saint-Amour, Paul/Spoo, Robert/Jenkins, Joseph, Futures of Fair Use, 25 LAW & LIT. 1-9 (2013)

Samuelson, Pamela and Members of the CPP, The Copyright Principles Project, Directions for Reform, 25 BERKELY TECH. L.J. 1175-1245 (2010)

Sandberger, Georg, Behindert das Urheberrecht den Zugang zu wissenschaftlichen Publikationen?, ZUM 2006, 818-828

Sattler, Susen, Der Status quo der urheberrechtlichen Schranken für Bildung und Wissenschaft – Eine Untersuchung anhand der konventions- und europarechtlichen sowie der verfassungsrechtlichen Vorgaben, 2009

Schack, Haimo, Dürfen öffentliche Einrichtungen elektronische Archive anlegen? Zur geplanten Neufassung des § 53 Abs. 2 UrhG im Lichte des Drei-Stufen-Tests, AfP 2003, 1-8

Schack, Haimo, Urheber- und Urhebervertragsrecht, 6. Auflage, 2013

Scheffel, Regine/Rohde-Enslin, Stephan, Voraussetzungen für eine Langzeiterhaltung digitalen Kulturerbes in Museen, ZfBB 2005, 143-150

Scherer, Inge, "Case law" in Gesetzesform – Die „Schwarze Liste" als neuer UWG-Anhang, NJW 2009, 324-331

Schlaich, Klaus/Korioth, Stefan, Das Bundesverfassungsgericht, 9. Auflage, 2012

Schmidt-Bleibtreu, Bruno/Hofmann, Hans/Hopfauf, Axel, Kommentar zum Grundgesetz, 12. Auflage, 2011

Schmolling, Regine, Paradigmenwechsel in wissenschaftlichen Bibliotheken? Versuch einer Standortbestimmung, Bibliotheksdienst 2001, 1037-1060

Scholz, Leander/Pompe, Hedwig/Kümmel, Albert/Schumacher, Eckhard, Rhetorik des Neuen – Mediendiskurse zwischen Buchdruck, Zeitung, Film, Radio, Hypertext und Internet, in Fohrmann, Jürgen/Schüttpelz, Erhard (Hrsg.), Die Kommunikation der Medien, 2004, S. 177-274

Schwarze, Jürgen/Becker, Ulrich/Hatje, Armin/Schoo, Johann, EU-Kommentar, 3. Auflage, 2012

Schöwerling, Helena, Anmerkung zu LG Frankfurt am Main, Urteil vom 13. Mai 2009 – 2-06 O 172/09, ZUM 2009, 665-667

Schricker, Gerhard (Hrsg.), Verlagsrecht, 3. Auflage, 2001

Schricker, Gerhard, Der Urheberrechtsschutz von Werbeschöpfungen, Werbeideen, Werbekonzeptionen und Werbekampagnen, GRUR 1996, 815-826

Schricker, Gerhard/Dreier, Thomas, Urheberrecht auf dem Weg zur Informationsgesellschaft, 1997

Schricker, Gerhard/Loewenheim, Ulrich (Hrsg.), Urheberrecht, 4. Auflage, 2010

Schulmeister, Rolf, Medien und Hochschuldidaktik: Welchen Beitrag können neue Medien zur Studienreform leisten?, in Hauff, Mechtild (Hrsg.), media@uni-multi.media? – Entwicklung – Gestaltung – Evaluation neuer Medien, 1998, S. 37-54

Schulte, Christina, Aus Fehlern lernen, Börsenblatt 19/2005, 34-35

Schulze, Gernot, Der individuelle E-Mail-Versand als öffentliche Zugänglichmachung, ZUM 2008, 836-843

Schünemann, Wolfgang, Generalklausel und Regelbeispiele, JZ 2005, 271-279

Schwartmann, Rolf, Angemessene Schranken des Wissenschaftsurheberrechts in Zeiten der Digitalisierung, BFP 2013, 16-24

Schwartmann, Rolf/Hentsch, Christian-Henner, Die verfassungsrechtlichen Grenzen der Urheberrechtsdebatte, ZUM 2012, 759-771

Seefeldt, Jürgen/Syré, Ludger, Portale zu Vergangenheit und Zukunft – Bibliotheken in Deutschland, 4. Auflage, 2011

Seith, Sebastian, Wie kommt der Urheber zu seinem Recht?, 2003

Senftleben, Martin, Bridging the Differences Between Copyright's Legal Traditions – The Emerging EC Fair Use Doctrine, 57 J. COPYRIGHT SOC'Y U.S.A. 521-552 (2010)

Senftleben, Martin, Comparative Approaches to Fair Use: An Important Impulse for Reforms in EU Copyright Law, in Dinwoodie, Graeme (Hrsg.), Methods and Perspectives in Intellectual Property, 2013, S. 30-70

Senftleben, Martin, Grundprobleme des urheberrechtlichen Dreistufentests, GRUR Int. 2004, 200-211

Shaver, Lea, The Right to Science and Culture, 121 WIS. L. REV. 121-184 (2010)

Sherman, Brad/Wiseman, Leanne, Fair Copy: Protecting Access to Scientific Information in Post-War Britain, [2010] (73) MLR 240-261

Shotton, David, Semantic publishing: the coming revolution in scientific journal publishing, 22.2 Learned Publishing 85-94 (2009), abrufbar unter http://delos. zoo.ox.ac.uk/pub/2009/publications/Shotton_Semantic_publishing_evaluatio n.pdf

Sieber, Ulrich, Urheberrechtlicher Reformbedarf im Bildungsbereich, MMR 2004, 715-719

Simma, Bruno/Alston, Philip, The Sources of Human Rights Law: Custom, Jus Cogens, And General Principles, 12 Aust. Y. B. Int'l. L. 82-108 (1988/1989)

318

Simon, Holger, „prometheus" und Justitia – Bildarchive der Kunst- und Kulturwissenschaften im Spannungsfeld des medialen Umbruchs hin zu einer digitalen Informationsgesellschaft, in Peifer, Karl-Nikolaus/Gersmann, Gudrun (Hrsg.), Schriften zum europäischen Urheberrecht, 2007, S. 65-86

Sims, Alexandra, Strangling their Creation: The Courts' Treatment of Fair Dealing in Copyright Law since 1911, [2010] (14) IPQ 192-224

Spindler, Gerald, Europäisches Urheberrecht in der Informationsgesellschaft, GRUR 2002, 105-120

Spindler, Gerald, Rechtliche und Ökonomische Machbarkeit einer Kulturflatrate, 2013, abrufbar unter www.gruene-bundestag.de/fileadmin/media/gruenebun destag_de/themen_az/medien/Gutachten-Flatrate-GrueneBundestagsfrak tion__CC_BY-NC-ND_.pdf

Spindler, Gerald, Reform des Urheberrechts im „Zweiten Korb", NJW 2008, 9-16

Spindler, Gerald/Schuster, Fabian (Hrsg.), Recht der elektronischen Medien, 2. Auflage, 2011

Sprang, Christian, Wissenschaftsfreiheit und starkes Urheberrecht, Politik & Kultur 2012, 19, abrufbar unter www.kulturrat.de/dokumente/puk/puk2012/ puk06-12.pdf

Steinbeck, Anja, Der Beispielskatalog des § 4 UWG – Bewährungsprobe bestanden, GRUR 2008, 848-854

Steinbeck, Anja, Kopieren an elektronischen Leseplätzen in Bibliotheken, NJW 2010, 2852-2856

Steinhauer, Eric, Bemerkungen zum „Kröner-Urteil" des OLG Stuttgart (Az.: 4 U 171/11, Urteil vom 04.04.2012), RBD (42) 2012, 103-129

Steinhauer, Eric, Pflichtablieferung von Netzpublikationen, K&R 2009, 161-166

Stranieri, Andrew/Zeleznikow, John, Knowledge Discovery from Legal Databases, 2005

Suttorp, Anke, Die öffentliche Zugänglichmachung für Unterricht und Forschung (§ 52a UrhG), 2005

Tauss, Jörg, Ein „Dritter Korb" für die Wissensgesellschaft. Open Access und Bildungspolitik: Überlegungen eines Bildungspolitikers, in Deutsche UNESCO-Kommission (Hrsg.), Open Access – Chancen und Herausforderungen – Ein Handbuch, 2007, S. 100-102, abrufbar unter www.unesco.de/fileadmin/medien /Dokumente/Kommunikation/Handbuch_Open_Access.pdf

Teubner, Gunter, Standards und Direktiven in Generalklauseln, 1971

The Section 108 Study Group, Report, 2008, abrufbar unter www.section108.gov/docs/Sec108StudyGroupReport.pdf

Timberg, Sigmund, Modernized Fair Use Code for the Electronic As Well As the Guttenberg Age, 75 Nw. U. L. Rev. 193-244 (1980)

Torremans, Paul, "Fair use" for Europe?: Private international rather than substantive law, 32 ADI 369-387 (2011-2012)

Tschmuck, Peter, Beantwortung der Fragen zur „Entwicklung des Urheberrechts in der digitalen Gesellschaft" der Enquete-Kommission Internet und digitale Gesellschaft des Deutschen Bundestags, 2010, abrufbar unter http://webarchiv.bundestag.de/archive/2013/1212/internetenquete/dokumentation/Sitzungen/20101129/A-Drs__17_24_009_C_-_Stellungnahme_Prof__Tschmuck.pdf

Ullrich, Dagmar, Bitstream Preservation, in Neuroth, Heike/Oßwald, Achim/Scheffel, Regine/Strathmann, Stefan/Huth, Karsten (Hrsg.), nestor Handbuch: Eine kleine Enzyklopädie der digitalen Langzeitarchivierung, 2010, Kap. 8.3-8.9, abrufbar unter http://nestor.sub.uni-goettingen.de/handbuch/nestor-handbuch_23

Ulmer, Eugen, Urheber- und Verlagsrecht, 3. Auflage, 1980

Umstätter, Walther, Lehrbuch des Bibliotheksmanagements, 2011

Van Orsdel, Lee/Born, Kathleen, Big Chill on the Big Deal?, 128.7 Library Journal, 51-56 (2003)

Völzmann-Stickelbrock, Barbara, Zulässigkeit und Grenzen der Werknutzung an elektronischen Leseplätzen nach § 52 b UrhG – Zugleich Besprechung von BGH, Beschluss vom 20.09.2012 - I ZR 69/11 – Elektronische Leseplätze, WRP 2013, 843-851

von Bernuth, Wolf, § 46 UrhG und die Multimedia-Richtlinie, GRUR Int. 2002, 567-571

von Lewinski, Silke, EU und Mitgliedstaaten ratifizieren WIPO-Internetverträge – Was ändert sich aus deutscher Sicht?, GRUR-Prax 2010, 49-51

von Lewinski, Silke, International Copyright Law and Policy, 2008

von Mangoldt, Hermann/Klein, Friedrich/Starck, Christian (Hrsg.), Kommentar zum Grundgesetz, 6. Auflage, 2010

von Ungern-Sternberg, Joachim, Die Rechtsprechung des Bundesgerichtshofs zum Urheberrecht und zu den verwandten Schutzrechten in den Jahren 2008 und 2009 (Teil I), GRUR 2010, 273-282

Wagoner, Shannon, American Geophysical Union v. Texaco: Is the Second Circuit Playing Fair with the Fair Use Doctrine?, 18 HASTINGS COMM. & ENT. L.J. 181-218 (1995)

Walter, Michel (Hrsg.), Europäisches Urheberrecht, 2001

Walter, Michel/von Lewinski, Silke, European Copyright Law: A Commentary, 2010

Wandtke, Artur-Axel, Copyright und virtueller Markt in der Informationsgesellschaft oder das Verschwinden des Urhebers im Nebel der Postmoderne?, GRUR 2002, 1-11

Wandtke, Artur-Axel/Bullinger, Winfried (Hrsg.), Praxiskommentar zum Urheberrecht, 3. Auflage, 2009

Ware, Mark/Mabe, Michael, The stm report – An overview of scientific and scholarly journal publishing, 2012, abrufbar unter www.stm-assoc.org/2012_12_11_STM_Report_2012.pdf

Warwick, Shelly, Copyright for Libraries, Museums and Archives, in Lipinski, Tomas (Hrsg.), Libraries, Museums and Archives, 2002, S. 235-255

Wasoff, Lois, If Mass Digitazation is the Problem, Is Legislation the Solution? Some Practical Considerations Related to Copyright, 34 COLUM. J.L. & ARTS 731-746 (2011)

Weber, Ralph, Einige Gedanken zur Konkretisierung von Generalklauseln durch Fallgruppen, 192 AcP (1992), 516-567

Wiesner, Margot/Werner, Andreas/Schäffler, Hildegard, Bestandsaufbau, in Frankenberger, Rudolf/Haller, Klaus (Hrsg.), Die moderne Bibliothek: Ein Kompendium der Bibliotheksverwaltung, 2004, S. 166-221

Wissenschaftsrat, Empfehlungen zur Weiterentwicklung der wissenschaftlichen Informationsinfrastrukturen in Deutschland bis 2020, 2012, abrufbar unter www.wissenschaftsrat.de/download/archiv/2359-12.pdf

Woldering, Britta, Europeana: Die Europäische Digitale Bibliothek – Entwicklungen und Perspektiven, ZfBB 2008, 33-37

Woll, Christian, Wissenschaftliches Publizieren im digitalen Zeitalter und die Rolle der Bibliotheken, 2005, abrufbar unter www.fbi.fh-koeln.de/institut/papers/kabi/volltexte/band046.pdf

Zinth, Claas-Philip/Schütz, Julia, E-Learning in der Hochschulpraxis: Wie Lehren und Lernen nicht auf der (virtuellen) Strecke bleiben, in Holten, Roland/Nittel, Dieter (Hrsg.), E-Learning in Hochschule und Weiterbildung – Einsatzchancen und Erfahrungen, 2010, S. 95-106